**영어자막도
쫓아가기 힘든
신참 미드족을 위한**

미드영어
첫걸음
떼기

CHRIS SUH · 서성덕

MENTORS

미드기본입문서
미드영어 첫걸음 떼기

2024년 10월 21일 인쇄
2024년 10월 28일 발행

지 은 이 Chris Suh
발 행 인 Chris Suh
발 행 처 **MENTⓞRS**
　　　　경기도 성남시 분당구 분당로 53번길 12 313-1
　　　　TEL 031-604-0025 FAX 031-696-5221
　　　　mentors.co.kr
　　　　blog.naver.com/mentorsbook
　　　　* Play 스토어 및 App 스토어에서 '멘토스북' 검색해 어플다운받기!
등록일자 2005년 7월 27일
등록번호 제 2009-000027호
I S B N 979-11-989667-0-4 13740
가　　격 25,000원(MP3 무료다운로드)

머리말

왜 미드로 영어공부를 하나?

우리가 미드에 열광하는 이유는 여러가지일 것이다. 대표적으로 먼저 드라마의 재미, 흡인력일 것이고 또하나는 이를 통해서 살아있는 영어를 접하고 자기 것으로 만들고 싶은 욕심일게다. 영어공부를 책이나 오디오로 따라하면서 할 수도 있겠지만 재미도 있으면서 영어히어링이 절로 되는 등 미국현지에 가서 영어를 체험한 듯한 효과를 가져다 주기 때문이다. 정말 폐인이라 불릴 정도로 미드를 뒤집어쓰고 사는 미드족들을 보면 아예 에피소드 몇개 쯤은 가뿐하게 통째로 외우는 경우를 보아왔다. 지겹도록 그자리를 맴도는 영어실력을 한단계 업시키려면 적어도 그 정도와 같은 열정과 헌신이 있어야 할 것이다.

하지만 시도를 해본 사람들은 다 알겠지만 미드가 어디 그렇게 만만한가…. 단순한 책에서 시청각이라는 학습방법의 변화 외에는 여전히 가장자리만을 맴돌면서 고개를 흔들며 역시 영어는 어려워하고 미리 포기하고 한글자막이나 열씨미 보는 사람들이 수두룩 할 것이다.

본서 〈맨처음 미드영어 : 113개의 에피소드로 미드영어기본 따라잡기!〉는 바로 이런 미드의 간만 보다가 주춤거리거나 포기하는 분들을 위해 기획 구성된 교재이다. 뭔든지 부담이 없어야 좋다. 그래야 재미있어지고 즐길 수 있게 되고 자연스럽게 그 속에 빠질 수가 있는 것이다. 누가 완벽주의 아니랄까봐 처음부터 안들리고 모르는 표현이 너무 많다고 두손들면 그거야 말로 엘도라도를 눈앞에 두고 하늘만 보고 뒤돌아서는 것과 매한가지일 것이다. 본서는 Section 1과 2로 구성되어 있다. Section 1에서는 미드에 자주나오는 패턴과 필수표현들 그리고 미드히어링을 하는데 도움이 되도록 최소한의 듣기요령을 정리하여 초보 미드족들에게는 크게 도움이 될 것이다. 또한 Section 2에서는 미드기본핵심표현들을 난이도에 따라 5단계로 구분하여 이를 Season 1~5로 구분하여 담았다. 또한 각 Season은 미드상황을 만들어 이를 에피소드라하고 에피소드별로 6개의 핵심표현를 설명하고 다이알로그 그리고 보충 응용표현들을 수록하였다. 단순한 표현을 나열하는 것은 지양하고 하나의 에피소드를 그래픽하게 머리에 떠올리면서 그에 맞는 미드표현들을 쉽게 이해할 수 있도록 꾸며져 있어 초보자들이 쉽게 미드에 접근할 수 있을 것이다.

미드는 미국사람들도 모르는 표현이 나올 뿐만 아니라 잘 들리지 않는 부분도 많다. 우리가 네이티브인 우리 드라마를 보면서 가끔 이게 무슨 말인가, 뭐라고 했드라하면서 수십년간 네이티브짓을 하면서도 그런 경험들을 해본 적이 있을 것이다. 미드 또한 하나의 정형화된 상황이 아니라 범죄, 배신, 싸움, 부정 등 우리가 접할 수 없는 다양한 배경과 소재를 사용하기 때문에 우리가 미드를 다 듣는다는 것은 거의 불가능하다고 봐야 한다. 대신 우리는 미드에서 일상생활에 사용되는 살아있는 엑기스 표현들만 얌체처럼 빼먹으면 된다. 그러기 위해서는 사전을 통째로 외우겠다는 우직한 결심은 잠시 미루어두고 하나하나씩 배워서 미드를 즐기면서 영어를 배울 수 있도록 자기암시를 해야 한다.

너무 어려우면 먼저 영어자막이라도 봐라. 영어자막 읽는 것도 결코 쉬운 일이 아니다. 물론 자막을 안보면 좋겠지만 독해용으로 시나리오를 읽는다는 기분으로 영어자막을 제대로 따라가보도록 노력해보자. 꼭 들어야 말할 수 있는게 아니다. 하지만 많이 알아야 들을 수도 있고 말할 수도 있는 것이다. 결국 미드는 드라마가 주는 즐거움을 느끼는 동시에 우리에게 필요한 영어표현들이 어떤 상황에서 어떻게 쓰이는가를 감각적으로 받아들이는게 최종목표인 것이다. 다 듣고 이해하겠다는 것은 초보자들에게는 위험한 발상이다. 그런 의미에서 본서가 초보 미드족을 위한 소중한 첫걸음이 되기를 바란다. 이 책을 더 가치있고 의미있게 만들기 위해 함께 고락을 같이 한 미드매니아 부자민 님과 골수 미드족 서성덕 님의 광적인 열정이 고스란히 녹아 들어 있음을 알려드리며, 그분들의 헌신적인 노력이 여러분의 미드갈망을 조금이나마 채워주기를 진심으로 바란다.

미드로 영어공부하기

지금까지 많은 영어학습서가 시중에서 선풍적인 인기를 끌었지만 그로 인해 영어대박난 사람은 없어보인다. 언어는 솔직하다. 지름길이 없다는 이야기이다. 영어도 마찬가지이다. 영어습득에 시간투자를 하지 않으면서 영어가 어렵다고 짜증을 내니 마음은 급해지고 그렇다보니 이런 급한 마음을 이용해 홀딱 반할 만한 책제목으로 영어학습자들을 꾀어보지만 그때 반짝할 뿐 그 결과는 다시 한번 절망맛보기에 불과하다. 영어도 언어이다. 좋은 소재, 좋은 방법을 택해서 꾸준히 매진하는 것, 그게 바로 지름길이다. 영어학습에서는 가장 좋은 방법은 미드이다. 여기서는 "어렵게만 느껴지는 미드를 어떻게 공부해야 하나"라는 주제로 몇가지 방법을 제시하고자 한다.

 ## 1. 먼저 미드 자체를 즐겨라

현재 미드로 영어공부를 하려는 사람이 계속 많아 진다는 것은 기정 사실이다. 하지만 또 하나 명백한 사실은 일부 미드족을 빼고는 다람쥐 쳇바퀴 돌듯이 미드로 영어공부하는데 어려움을 겪고 있다는 것이다.

사실 간단히 줄여서 미드라고 하지만 '미드'의 정체가 무엇인가? 현재 또는 과거의 문화와 영어가 혼재되어 있는 또 하나의 미국이 아닌가. 즉 미국에 가서 영어를 직접 접하는 것에 가장 근접한 경우이다. 아니 어떻게 보면 미국에 이민가는 경우보다 미드를 정복하는 것이 더 어렵다고 할 수도 있다. 우리나라에서 네이티브와 이야기를 하거나 미국에 출장가거나 여행가서 잠시 이야기하는 경우에는 네이티브가 우리를 배려해서 천천히 쉬운 영어로 말해주는 등의 배려를 받을 수도 있다. 하지만 이 미드는 막무가내이다. 우리가 알아듣거나 말거나 그냥 고밀도의 농축된 미국 문화와 슬랭 등을 마구 버무려 내뱉는다. 이런 미드를 책 몇권가지고 공부했는데 완전히 안들리고 이해가 되지 않는다고 짜증을 내는 것은 어제 make love 하고서 아이가 아직 나오지 않는다고 우울증에 빠지는 거에 다름아니다.

영미인이 영어의 네이티브이듯 우리도 한국어의 네이티브이다. 그럼 우리는 어떻게 언어를 습득했는가 생각해보자. 네이티브들은 1등한 감격을 뒤로 한채 엄마 뱃속에서부터 귀를 쫑긋하고 엄마 및 주변사람들의 말을 히어링한다. 그들이 정상적으로 말하기 전까지 얼마나 많은 시간을 히어링에 투자했는지 생각을 해보라. 그리고 우리가 외국어인 영어의 히어링을 도대체 몇시간이나 하고서 어렵다고 안들린다고 하는지 반성을 해보자. 나이들어서 미드를 보려니 들리지도 않고 이러니 자연 좌절감에 빠지고 이책저책 사보다가 다 보지도 않고 "아, 영어는 어렵다!"라며 포기한다.

영어는 사실 공부나 학습이란 개념으로 인식하면 안된다. 물론 고급언어는 따로 공부를 하지만 살아가는데 필요한 의사소통을 하는데는 학교수업없이 그냥 저절로 할 수 있게 된 것이다. 여기서 우리가 생각을 도출해낼 수 있는 것은 노출(exposure)이다. 우리가 미국에 가지 않고 미국의 문화나 영어가 가장 잘 노출될 수 있는 것은 비록 one way이기는 하지만 그것은 바로 미드이다. 따라서 미드 몇편보고 "나는 안돼"하고 자학하지 말고 끈기 있게 미드를 붙잡고 그 세계에 푹 빠져야 한다.

 ## 2. 영어자막이라도 제대로 따라 읽어라

영어자막은 실제로 영어실력을 향상하는데 도움이 되지는 않는다. 그 순간은 자막을 보면서 마치 영어가 다 들리는 것처럼 착각을 하게 만들기 때문이다. 귀보다는 시력만을 향상시켜주기 때문에 나중에 네이티브와 얘기할 때 자신의 영어리스닝 실력이 제로임을 확인할 수 있게 된다. 하지만 영어듣기가 목적이 아니라 일단 미드에 재미를 붙이기 위해서는 한글자막을 보면서 미드의 세계에 빠져도 된다. 물론 계속 그러라는 것은 아니다. 첫단계에서 일시적으로 그럴 수 있다는 말이다. 그리고 나서는 귀를 막더라도 영어자막이라도 열씨미 따라가보자. 듣기목적이

아니라 영어회화문장을 독해하는 목적으로 말이다. 그냥 잘 들리면 무슨 상관이랴마는 그렇게 되지 않는 이상 먼저 영어회화문장에 익숙해지기 위해서라도 영어자막을 열씨미 읽는 연습을 하는 것도 좋은 방법이다. 고작 미드 표현 몇백개 외운다고 미드가 다 잘 들릴거라고 생각하는 것은 오산이다. 영어자막읽는데 열등감을 느끼지 말고 영어를 잘하기 위한 하나의 과정(phase)이라고 생각하고 영어시나리오 읽는 기분으로 열씨미 들어보도록 한다. 사실, 이것도 어렵다.

 ## 3. 이제 미드표현을 외워두자

이렇게 미드 영어자막을 열씨미 본 사람이라면 알겠지만 자주 나오는 표현, 자주 나오지만 잘 모르겠는 표현 등 다양한 수준의 문장들이 나온다는 것을 깨닫게 될 것이다. 솔직히 말해서 우리가 네이티브와 만나서 얘기하기 위한 스피킹용으로 미드는 너무 분에 넘친다. 미드에 나오는 표현중에서 한 10%만 제대로 알아도 영어말하는데는 무리가 없을 것이다. 우리가 만나서 슬랭이나, 욕이나, 속담이나 혹은 아주 관용적인 표현들을 굳이 사용할 필요는 없기 때문이다. 이런 것들이 많이 나옴에도 불구하고 그래도 미드로 영어회화공부를 해야 되는 이유는 미드를 영어로 재미있게 즐기면서 아까 말한 10%의 스피킹용 영어회화를 자연스럽게 우리 몸에 체득하기 위하는데 이보다 더 좋은 방법이 없기 때문이다.

그래서 미드를 즐겨야 되는 것이고 그래서 거기 나오는 스피킹용 표현이나 좀 구어적인 표현들을 집중적으로 모아놓은 교재들로 학습을 해야 하는 것이다. 그래야 속도와 정확성이 뒤따르기 때문이다. 다만 소설책 읽듯이 말고 제발 수험생처럼 한두번은 달달 외워야 한다. 많은 표현을 알아야 더 잘 들리기 때문이다.

 ## 4. 혼자서 가상연습을 해본다

본서 〈맨처음 미드영어〉를 기본으로 좀 더 난이도 있는 표현들을 모아놓은 〈미드영어 단숨에 따라잡기〉, 그리고 구체적인 상황별로 집대성한 〈미드 상황별 공식 581〉 그리고 〈미드영어표현사전〉이라는 라인업을 갖추고 있다. 물론 아직 많이 부족하며 또한 광고목적은 아니다. 미드빈출표현들은 어느 정도 중복될 수 밖에 없다. 위와 같은 책들을 단계적으로 외우고 또 외우면 자연 반복적으로 핵심미드표현들을 자기 것으로 만들 수 있게 될 것이다. 이런 암기한 표현들로 혼자 걸어가면서 상황영작을 해보고 아니면 그 좋은 스마트폰으로 게임만 하지말고 자신의 일상이나 생각을 영어로 적어보는 훈련을 해보면 영어실력이 가속도로 늘어날 것이다.

 ## 5. 아무 자막없이 보는 연습을 해본다

이렇게 되면 이제 자막없이 미드를 보는 모험을 단행해본다. 10%만 들려도 좋다. 낙심말고 계속 들어봐라. 안되면 가끔 눈을 감고 집중해서 들어봐라. 예전보다는 들리기 시작하는 표현들이 하나둘씩 늘어날 것이다. 그렇게 되면 자연 보람도 느끼게 되고 미드도 더 예뻐할 수 있을 것이다.

이런 식으로 다 듣겠다는 못된 완벽주의 습성을 버리고 스텝바이스텝하면 서서히 미드 주인공들이 천천히 말하는 것처럼 들리게 될 것이다. 이게 바로 심리적 시간의 변화이다. 이래야만 상대방의 이야기를 들으면서 내가 할 말을 생각할 수 있는 여유가 생기는 것이다.

위대한 스타들이 노력없이 되는 경우는 없다. 노력하는 모습은 보지 못하고 그 결과만을 우리는 보기 때문에 잘 인식하지 못할 뿐이다. 여러분도 미드정복을 목표로 하였다면 그에 맞는 노력을 하는 진지한 모습을 보여야 할 것이다.

113개의 에피소드로 미드영어기본 따라잡기!

❶ 미드족 초보들을 위해 미드필수패턴, 미드필수표현을 간략히 정리하였다.

❷ 특히 미드듣기에 필요한 엑기스를 집중적으로 정리하고 녹음하여 초보자들의 미드 듣기능력을 높이는데 주력하였다.

❸ 113개의 다양한 에피소드 상황을 설정하여 미드에 자주 나오는 표현들을 단계적으로 학습할 수 있도록 하였다.

❹ 미드핵심표현별로 착한 해설과 친절한 관련표현 그리고 각 두 개의 생동감있는 대화를 통해 표현을 감각적으로 익힐 수 있게 하였다.

❺ 에피소드 상황과 각 표현별 대화는 모두 네이티브들의 현장감있는 목소리로 녹음되어 있어서 듣고만 있어도 미드영어의 첫단계를 훌쩍 뛰어 넘을 수 있다.

[1] Section 1 맨처음 미드영어 기본잡기

미드영어 초보자들을 위해 미드에 자주 등장하는 패턴과 표현들을 간략하게 일괄 정리하였을 뿐만 아니라 미드영어 듣기에 고생하는 분들을 위해 꼭 필요한 미드영어듣기 요령을 수록하였다. 구질구질한 발음규칙들은 다 버리고 꼭 미드를 듣는데 필요한 부분만을 실용적으로 정리하여 미드영어의 기본을 최단기간에 단단히 다질 수 있다.

1] 미드필수패턴 : 미드에 자주 등장하는 다양한 미드표현들을 양산하는 미드공식들

2] 미드필수표현 : 역시 자주 등장하는 빈출필수표현들을 예문과 함께 수록하였다.

3] 미드듣기비법 : 미드를 듣는데 꼭 필요한 엑기스만 담은 미드듣기요령 총집합.

[2] Section 2 113개의 에피소드로 미리보는 미드

표현들의 난이도별로 Season 1~5로 분류하여 총 113개의 에피소드를 통해서 미드에 꼭 나오는 표현들을 익힐 수 있도록 하였다.

1] Season 1 미드 생기초표현들

총 10개의 에피소드를 통해서 미드의 기본표현들을 익힌다.

2] Season 2 미드 적어도 이정도는 알아야지

총 18개의 에피소드로 난이도가 기본은 넘지만 미드에 자주 나오기 때문에 꼭 알아두어야 하는 표현들

3] Season 3 미드 뻔질나게 나오는 주요표현들

핵심부분으로 총 33개의 에피소드를 통해 미드핵심표현들을 이것저것 다 맛볼 수 있다.

4] Season 4 미드에서만 볼 수 있는 표현들

총 28개의 에피소드를 통해 미드에서나 볼 수 있는 표현들을 집중적으로 정리하여 이 부분을 학습하고 자기 것으로 만들면 자타공인 미드족이라고 존경받을 수 있는 표현들.

5] Season 5 미드 냄새 팍팍 풍기는 표현들

마지막으로 24개의 에피소드를 통해서 일반 영어회화에서는 자주 보지 못했던 표현들을 정리하여 미드의 어려움을 극복할 수 있도록 꾸몄다.

* 놓치면 아까운 미드토막상식

심심하고 지겨울 때마다 미드 뒷이야기, 최신미드정보나 미드족들은 어떻게 공부하나 등 흥미로운 이야기 등을 수록하였다.

이책의
이용법

섹션 1의 발음부분과 섹션 2의 두 페이지를 통해서 어떤 내용들이 어떻게 배치되어 있는지 알아본다. 이 책을 한 눈에 이해하고 학습하는데 도움이 될 것이다.

Section 1 Unit 03 미드듣기비법

미드에서 잘 들리지 않은 이유는, 지나치게 구어체이다 보니 일단 빠르고 또한 생략도 개뿔 많이 하고 또 비문법적인 문장도 훨 많이 쓴다. 배우는 입장에서 그런 못된 것을 배울 필요는 없으니 너무 빨리 발음하여 잘 들리지 않는 부분은 열정을 가지고 열씨미 귀를 뚫어야 한다. 특히 평서문이든 부정문, 의문문이든 인칭과 조동사 그리고 주어대명사 간의 어우러짐을 좀 더 잘 들으려는 노력이 꼭 필요한 부분

I could've done that better. 더 잘 할 수 있었는데
It must've been very hard for you. 너한테 무척 힘들었음에 틀림없었겠

C 진짜 안들리는 의문사+인칭대명사+조동사

이미 합체한 「조동사 + 주어」 세트가 각종 의문사와 격렬히 모였하는 모습을 알아보는 첫번과 are의 경우로 각각 예상되는 주어인 'I'와 'you', 'we', 'they'와 결합되어 어떤 소리를 만들

1. 의문사 + be 동사 현재형 am과 are

■ 의문사 + am ~? : am은 「의문사 + am I ~ ?」의 형태밖에 없다. am은 의문사와의 로 들린다. 상대적으로 출현 빈도수가 적다.

What am I going to do? 이제 뭘 해야 하지?
Where am I? 여기가 어디지?
So, when am I gonna know when it's time? 그럼, 언제 내가 때가 되
How am I gonna raise a kid? 내가 어떻게 아이를 키울까?

■ 의문사 + are ~? : 이번에는 be 동사 중 활용도가 가장 높은 are와 의문사의 만남. 또한 앞 의문사와 연음되어 아래와 같이 발음된다. 가장 주목할 경우
What are you(왓아유)는 「변질」과 「약화」를 통해 [와라유] 내지 [와

So what are we gonna do? 그럼 우리는 어떻게 해야 되지?
What are you gonna do if we win? 우리가 이기면 너 무엇을 할거야?
So when are you getting married? 그럼 너 언제 결혼하는거야?
Whoa, wait. Uh, where are you going? 와, 잠깐, 너 어디가?

Section 2 Episode별 구성

에피소드
각 Season 별 개별 에피소드가 시작됨을 알려주는 부분

넘버링 및 대표표현
에피소드 넘버 및 이 에피소드에서 가장 대표적인 표현을 제목을 내세웠다.

에피소드 상황
미드에 자주 등장하는 상황을 장문의 다이알로그로 만든 부분과 그 해석

여기서 놓쳐서는 안되는 미드표현들
이번 에피소드에서 꼭 배우고 가야 하는 미드표현들을 따로 정리하였다. 본문 대화에서는 볼드처리하여 알아보기 쉽게 하였으며 여기서는 별도의 예문을 통해 표현의 이해를 좀 더 이해하기 쉽게 하였다

6_ It's not that bad

Karen You said you had something terrible to tell me. **What's up?**
Britt **It's not that bad,** but I heard Phoebe cheated on her boyfriend.
Karen **Hold it!** Did you say Phoebe cheated on Brian? **How come?**
Britt She said he was ignoring her and she felt lonely.
Karen We better go see if we can comfort Brian.
Britt **That's so sweet.** Let's meet at his apartment at seven.
Karen Alright, seven is good. **I'll see you then.**

Karen 내게 끔찍한 일이 있다고 말했자. 뭔 일이야?
Britt 그렇게 끔찍하진 않지만 피비가 남친 몰래 바람이 다고 들었어
Karen 잠깐! 피비가 브라이언 몰래 바람피웠다고? 어째서?
Britt 걔가 자길 무시해서 외롭다고 했어.
Karen 가서 브라이언을 위로해줄수는 없을까
Britt 그럼 좋지. 7시에 그의 아파트에서 보자.
Karen 좋아, 7시 좋지. 그럼 그때 봐자

What's up?
What's up? 무슨 일이야?

My office called and said it was some kind of emergency. **What's up?** 사무실에서 전화가 급한 일이라고 하는데. 무슨 일이야?

It's not that bad
괜찮은데, 그렇게 나쁘지 않은

So what do you think, Tony? **It's not that bad,** right? 그래, 토니, 너 생각은 어때? 괜찮지, 맞지?

Hold it!
그대로 있어, 잠깐

Hold it! Let me see your hands! 움직이지 마손을 내가 볼 수 있도록 해

How come?
어째서, 왜?

You have to leave now? **How come?** 지금 가야 한다고? 어째서?

That's so sweet
고맙기도 해라

That's a present for my parents. **That's so sweet.** 내 부모님 드릴 선물을 샀어. 정말 고마워라

I'll see you then
그럼 그때 봐자

You have no idea how grateful I am. **See you then.** 내가 얼마나 고마워하는 지 넌 모르겠지. 그럼 그때 봐자

What's up? 어때?

두가지 경우로 쓰이는데 하나는 뭘 인사말의 인사말로 '안녕', 어때?라는 뜻으로 하는는 특별히 어떤 상황인지 정보를 요구하는 질문이 된다. 이 때는 좀 더 구체적인 걸 What's up with~?라는 형태로 쓰이기도 한다. 또한 What's new? 또한 인사말로 쓰이는데 이래 대화 전형적인 인사로 「그러는 넌 별일 없나?」라고 물 는 What's new with you?의 줄임.

A: Hey, Eddie, what's up?
B: Not much.
A: 에디, 어떻게 지내?
B: 그냥 그렇지 뭐.

A: Hi, Alice. What's new?
B: Um... actually, I'm getting married next month.
A: 엘리스 별일없니?
B: 음. 실은 나 다음 달 결혼해.

It's not that bad 괜찮은데

생각보다, 예상보다 그리 나쁘지 않을 경우 말하면 되는 표현. 여기서 that은 '그리 안나쁜' 나쁘다 정도를 뜻한다. 다시 그대로 받으면 괜찮은데라는 의미가 된다.

A: I'm really worried about starting this new job.
B: It's not that bad. You'll do fine.
A: 새로운 시작하는 게 정말 걱정돼
B: 괜찮다니 너 잘 할 수 있을거야

A: You guys, I am not that bad!
B: Yeah, you are, Tim.
A: 애들아, 나는 그렇게 나쁘지 않아!
B: 아니야, 팀, 너 나쁜 놈 맞지

미드핵심표현 착한 설명
미드표현의 다양한 의미와 어떤 형태로 쓰이는지를 간단명료하게 설명한 공간

다이알로그
미드표현을 이용한 대화를 두개 씩 정리함으로써 의미를 좀 더 명확하고 다양하게 이해할 수도 있도록 하였다.

이왕이면 이것도 함께
미드표현을 중심으로 자주 쓰이는 문장, 혹은 관련 표현들을 함께 정리하여 실제적으로 이 표현들이 어떻게 쓰이고 어떻게 활용되나를 한눈에 살펴 볼 수 있다.

134   135

목차 >> Contents

section **1** 맨처음 미드영어 기본잡기 10

UNIT « **01** 미드필수패턴 12
UNIT « **02** 미드필수표현 20
UNIT « **03** 미드듣기비법 50

section **2** 113개 에피소드로 미리보는 미드 68

Season **1**
미드 생기초표현들 71
Episode 01 **I'll be back soon** 72
Episode 02 **I'll catch you later** 76
Episode 03 **Are you serious?** 80
Episode 04 **How about you?** 84
Episode 05 **That's right** 88
Episode 06 **Doing okay?** 92
Episode 07 **It's my fault** 96
Episode 08 **Are you sure?** 100
Episode 09 **How are you doing?** 104
Episode 10 **Are you insane?** 108

Season **2**
미드 적어도 이정도는 알아야지 113
Episode 01 **Don't be upset** 114
Episode 02 **Do you have some time?** 118
Episode 03 **This is for you** 122
Episode 04 **What a shame** 126
Episode 05 **Forget about that** 130
Episode 06 **It's not that bad** 134
Episode 07 **That's a good point** 138
Episode 08 **What's going on?** 142
Episode 09 **Can I ask you a question?** 146
Episode 10 **Good for you** 150
Episode 11 **Let's get together** 154
Episode 12 **I didn't know that** 158

Episode 13 **That's for sure** 162
Episode 14 **What's the problem?** 166
Episode 15 **That's another story** 170
Episode 16 **I'm cool with that** 174
Episode 17 **Something's wrong** 178
Episode 18 **I feel the same way** 182

Season **3**
미드에 뻔질나게 나오는 주요표현들 187
Episode 01 **Don't get me wrong** 188
Episode 02 **Could you excuse me?** 192
Episode 03 **I've had enough of you** 196
Episode 04 **It's gonna make a difference** 200
Episode 05 **You want some more?** 204
Episode 06 **That makes me sick** 208
Episode 07 **How could you do that?** 212
Episode 08 **Got a minute?** 216
Episode 09 **Back off!** 220
Episode 10 **No harm done** 224
Episode 11 **Get out of here!** 228
Episode 12 **I'm just saying** 232
Episode 13 **I never thought I'd get better** 236
Episode 14 **Shame on you** 240
Episode 15 **That's no excuse** 244
Episode 16 **You won't believe this** 248
Episode 17 **God only knows** 252

Episode 18 **I'm sick of this** 256

Episode 19 **I'm outta here** 260

Episode 20 **That makes sense** 264

Episode 21 **What did you say?** 268

Episode 22 **How could this happen?** 272

Episode 23 **What are you doing here?** 276

Episode 24 **You have my word** 280

Episode 25 **What took you so long?** 284

Episode 26 **I'm listening** 288

Episode 27 **I got it** 292

Episode 28 **I don't see why not** 296

Episode 29 **What're you talking about?** 300

Episode 30 **What's with you?** 304

Episode 31 **What do you think?** 308

Episode 32 **Hear me out** 312

Episode 33 **It doesn't matter to me** 316

Season **4**

미드에서나 볼 수 있는 표현들 321

Episode 01 **Get off my back!** 322

Episode 02 **You're telling me** 326

Episode 03 **That works for me** 330

Episode 04 **Do I make myself clear?** 334

Episode 05 **So I figured it out** 338

Episode 06 **I'm pissed off** 342

Episode 07 **I'm done with it** 346

Episode 08 **How'd it go?** 350

Episode 09 **This can't wait** 354

Episode 10 **Why would you say that?** 358

Episode 11 **You got it?** 362

Episode 12 **Don't let me down** 366

Episode 13 **Don't take it personally** 370

Episode 14 **Is that some kind of joke?** 374

Episode 15 **Let me get this straight** 378

Episode 16 **No way to tell** 382

Episode 17 **That reminds me** 386

Episode 18 **Go easy on me** 390

Episode 19 **He set me up with her** 394

Episode 20 **It's on me** 398

Episode 21 **No offense** 402

Episode 22 **What do you want from me?** 406

Episode 23 **You tell me** 410

Episode 24 **I'll get right on it** 414

Episode 25 **I'm talking to you!** 418

Episode 26 **What's the catch?** 422

Episode 27 **You up for it?** 426

Episode 28 **This has never happened before** 430

Season **5**

미드냄새 팍팍 풍기는 표현들 435

Episode 01 **Just hang out with me** 436

Episode 02 **Tell me about it** 440

Episode 03 **Does that ring a bell?** 444

Episode 04 **How are you holding up?** 448

Episode 05 **You heard me** 452

Episode 06 **How do you do that?** 456

Episode 07 **I'll catch you later** 460

Episode 08 **Don't go there** 464

Episode 09 **That's not how it works** 468

Episode 10 **I'll see what I can do** 472

Episode 11 **I'm on it** 476

Episode 12 **I get that a lot** 480

Episode 13 **I don't see that happening** 484

Episode 14 **It's your call** 488

Episode 15 **It's not what you think** 492

Episode 16 **We'll see about that** 496

Episode 17 **For what it's worth** 500

Episode 18 **Where did that come from?** 504

Episode 19 **How did it happen?** 508

Episode 20 **What do you think you're doing?** 512

Episode 21 **A deal's a deal** 516

Episode 22 **What do you got?** 520

Episode 23 **I'm flattered** 524

Episode 24 **It's never going to happen** 528

section 1

맨처음

미드영어 기본잡기

1. 미드필수패턴
2. 미드필수표현
3. 미드듣기비법

01 미드필수패턴

● What do you say (if) ~? (…라면 그것에 대해) 어떻게 생각해?

What do you say we go take a walk, just us, not them?

우리 산책하러 가면 어때? 우리끼리만, 쟤네는 빼놓고.

● I am not sure (if[that]) ~ …인지 아닌지 모르겠어

I just bought something. I'm not sure she's gonna like.

뭘 좀 샀는데 그 여자가 맘에 들어할지 모르겠어.

● I (don't) feel like ~ing 난 …하고 싶(지 않)다

I don't feel like seeing her right now. Tell her I'm not in.

지금은 그 여잘 만나고 싶지 않아. 나 없다고 해.

● It turns out to be[It turns out S + V~] 결국 …인 것으로 드러났어

I've been calling you, but it turns out I had the number wrong.

너한테 전화했는데 결국 알고보니 내가 잘못 걸었더라구.

● I (just) need to know that ~ …는 꼭 알아야겠어

I just need to know that you're not gonna tell your sister.

네 여동생한테 비밀을 지킬 건지 꼭 알아야겠어.

● It would be nice to + V …하면 참 좋겠다

I thought it would be nice to get to know him. 그 사람하고 친해지면 참 좋겠다고 생각했어.

● I should have told you about~ …에 대해 말해줬어야 했는데

I probably should've told you about Betty. She divorced a couple of months ago.

베티에 대해 너에게 말해줬어야 했는데. 베티는 두어 달 전에 이혼했어.

● You don't need to + V …할 필요는 없어(=You don't have to~)

You don't need to bring a gift to the party. 이번 파티에 선물을 가져올 필요는 없어.

● There is only one way to + V …하려면 딱 한가지 방법 밖에 없어

There's only one way to resolve this. Run! 이 일의 해결방법은 하나밖에 없어. 튀라고!

Now that S + V 이제는 …니까

Now that you're not with Cindy, I'd really like to ask you out sometime.
이제 넌 신디하고 사귀지 않으니까, 언제 너에게 데이트 신청을 하고 싶어.

Let's see if S + V …인지 두고 보자구

Alright, let's see if you're as good in person as you are on paper.
좋아요. 당신이 서류에 쓰여있는 대로 괜찮은 사람인지 봅시다.

Let's say (that) ~ …라고 가정해 보자

Let's say I had slept with Mark. Would you be able to forgive me?
내가 마크하고 잤다고 가정해보자구. 그럼 넌 나를 용서할 수 있겠어?

What makes you think (that) S + V? 어째서 …라고 생각하는거야?

What makes you think we're gonna break up? 어째서 우리가 잘 안될 거라고 생각하는거야?

Can you tell me + N[S+V] ~? …를 말해줄래?

Can you tell me who is there, please?
누구신지 말씀해주실래요? (전화로 상대편에게 혹은 문밖에 찾아온 사람에게 하는 말)

It says ~ …라고 적혀 있어

A: What does your fortune cookie say?
B: It says that I should take risks today.
A: 포춘 쿠키에 뭐라고 써있니? B: 오늘 모험에 도전해보라는군.

I'd (just) like to say (that) ~ 그러니까 내 말은

❖ What I'm trying to say is (that) ~ 내가 하려는 말은~
　 I'm not saying (that) ~ …라는 말은 아냐

I'd just like to say that it did take a lot of courage for Anna to come here tonight.
그러니까 내 말은, 애나가 오늘 밤 이리로 온 건 굉장히 용기를 내서 한 일이란 얘기지.

I'm not saying that I don't want to have a baby, I'm just saying maybe we could wait
a little while. 아기 갖기를 원치 않는다는 게 아냐. 그저 좀더 있다가 가질 수도 있겠단 얘기지.

01 미드필수패턴

- ## It's time to + V …할 때가 되었다
  All right everybody! It's time to open the presents! 좋아 얘들아! 선물 열어볼 시간이다!

- ## I can't tell you how much S + V 얼마나 …한지 모르겠어
  I can't tell you how much respect I have for you not going to that stupid audition.
  그 바보같은 오디션에 가지 않아서, 내가 얼마나 널 존경하는지 몰라.

- ## Tell me S + V …라고 해줘(=Please tell me…), 제발 …이기를
  A: I see a woman with him.   B: Tell me it's his mother!
  A: 그 남자가 어떤 여자랑 있는 게 보여.   B: 제발 그 사람 어머니였으면!

- ## That's like saying (that) ~ 이를테면 …란 말이지
  ❖ [상대방이 한 말의 진의를 확인하고자 할 때 쓰는 말로 Do you mean ~ ?, Are you saying ~ ?의 뉘앙스를 담고 있다]
  That's like saying you don't want to work. 그 얘긴 일하기 싫단 말이지?
  (=Are you saying you don't want to work?)

- ## All I'm saying is (that) ~ 내가 하고 싶은 얘기는 …뿐이야
  All I'm saying is don't judge Robin before you get to know him, all right?
  내가 하고 싶은 얘기는, 로빈을 잘 알게 되기도 전에 걔를 판단하려 들지 말라는 것뿐이야, 알겠어?

- ## I wouldn't say ~ …라고 할 수는 없지
  I wouldn't say that she is fat, but if she lost some weight, she would be attractive.
  그 여자가 뚱뚱하다고 할 수는 없지만, 살을 좀 뺀다면 좀 더 매력적이겠지.

- ## I would have to say~
  (생각을 말씀드리자면) …라고 해야겠네요 [자신의 생각 · 의견 등을 말할 때]
  ❖ I have to say ~ (솔직히) …라고 해야겠네(frankly speaking의 뉘앙스)
  Well, I would have to say that it's a... it's a tragic love story.
  글쎄요, 내 생각에 이건 음… 비극적인 사랑 이야기인 것 같네요.
  I have to say you really impressed me today. 이 말은 해야겠구나. 넌 오늘 정말 인상적이었어.

- ## Let's go get sth …를 가지러 가자
  All right, come on, let's go get your coat. 좋아, 자, 네 코트 가지러 가자.

You don't know ~ 넌 모를거야

You don't know how much I missed you when we were living in different cities.
우리 둘이 다른 도시에 떨어져 살 때 내가 널 얼마나 그리워했는지 넌 모를거야.

Suppose[Supposing] S + V
만약 …이라면 [있음직한 행동이나 상황을 가정해볼 때]

❖ Suppose[Supposing] I do 한다면 어쩔건데, 내가 하겠다고 하면 (의문문의 억양이 아님)

Suppose[Supposing] I don't 내가 안하겠다고 하면, 안한다고 하면 어쩔건데

Kate, suppose one of your lotto tickets win. 케이트, 네 로또복권 중 하나가 당첨된다고 생각해봐.

How would you like + N[to+V] ~ ? …할래요?

How would you like some coffee? 커피 좀 드실래요?
How would you like to get together? 만날래?

Why don't you + V? …하는 게 어때?, 그러지 않을래?

Why don't you just get a roommate? 룸메이트를 구해보는 게 어때?

I'm[We're] talking about~
지금 …얘길 하고 있는 거잖아 [딴 얘기 하지 말라는 의미]

Come on, we're talking about someone that you're going out with.
왜 이래, 지금 네가 데이트할 사람 얘기를 하고 있는 거잖아.

You don't want to + V …하지마

You don't want to work for a guy like that. 그런 사람 밑에서 일하지마.

Let's start with~ …부터 시작하자

So now let's start with your childhood. What was that like?
자 그럼 어린 시절부터 시작해볼까. 네 어린 시절은 어땠어?

I'm calling to + V …하려고 전화했어

I'm just calling to say that I really hope you can make it to the wedding.
당신이 결혼식에 와주길 진심으로 바란다는 얘길 하려고 전화했어요.

- **Do you want[need] me to + V ~ ?** 내가 …해줄까?

  Do you want me to stay? 내가 함께 있어줄까?

- **given + N[given (that) S + V]** …라고 가정하면

  A: Given the traffic, they might be a little late.
  B: I'll try them on the cell phone and see how long they'll be.
  A: 교통을 감안하면 그들이 좀 늦을 것 같아. B: 핸드폰으로 연락해보고 얼마나 늦을지 알아볼게.

- **How come S + V?** 어째서 …인 거야?

  How come you guys have never played poker with us?
  너희들은 어째서 우리랑 포커게임을 하지 않는 거야?

- **I am sorry to say (that) ~** …를 말씀드리게 되어 죄송해요

  I'm sorry to say that I have to fire a few of you.
  여러분 중 몇 명을 해고해야 한다는 사실을 말씀드리게 되어 죄송합니다.

- **Isn't there any way S + V?** …할 방도는 없니?

  Isn't there any way we can keep this poor cat?
  이 불쌍한 고양이를 계속 데리고 있을 방도는 없을까?

- **Do you happen to know + N[S+V] ?** 혹시 …를 알아?

  Do you happen to know what I'm supposed to say?
  이런 경우에 내가 뭐라고 해야 하는 건지 혹시 알아?

- **(The) Next time S + V** 다음 번에 …할 땐

  Next time you snore, I'm rolling you over! 다음번에 또 코골면 밀쳐버릴거야!

- **the way S + V** …하는 방식

  ❖ Is this the way S + V? 이런 식으로 …해요?

  He wasn't invited because of **the way** he behaved at our engagement party.
  그 사람은 초대 안했어. 우리 약혼식에서 그런 식으로 행동했잖아.

  Is this the way you get girls to go out with you? 이런 식으로 여자들을 꼬셔서 데이트해요?

Don't tell me S + V …라고는 하지마, 설마 …는 아니겠지

Don't tell me you just forgot to pick her up. 설마 걜 데려오는 걸 잊은 건 아니겠지.

I told you S + V

그것봐 내가 …라고 했잖아, 내가 …라고 했는데 [내 말을 듣지 않다니!]

I told you I should not wear this color. 그것봐, 난 이런 색깔 옷을 입으면 안된다고 했잖아.

I'd say 말하자면 …이죠, 아마 …일걸요

❖ [자신의 의견을 조심스럽게 말할 때 서두에 붙이는 표현]

I'd say that you should take a break. 내 생각엔 너 좀 쉬어야 할 것 같아.

Tell me why S + V …한 이유를 말해봐

Tell me why you did this again. 왜 이런 짓을 또다시 저질렀는지, 이유를 말해봐.

That's why S + V 그게 …한 이유야

A: You can't live off your parents your whole life.
B: I know that. **That's why** I was getting married.

A: 평생 부모에게 의지해 살아갈 순 없어.   B: 나도 알아. 그래서 내가 결혼하려고 했던 거야.

Why can't we just + V? 그냥 …만 하면 안되나?

Why can't we just get some pizzas and get some beers and have fun?

그냥 피자를 좀 먹고 맥주를 마시면서 즐기면 안될까?

It's a known fact that S + V …은 다들 아는 사실이잖아

It's a known fact that women love babies, all right?

여자들이 아기를 좋아한다는 건 다들 아는 사실이잖아, 그렇지?

There is no way for sb to + V[There is no way that S + V]

…할 방법이 없어

I know **there is no way** I'm gonna get there in time.

내가 거기 제 시간에 도착할 방법이 없다는 거 알아.

01 미드필수패턴

- ## I am afraid (that) ~ …이 걱정돼, …라서 유감이야
  I'm afraid the situation is much worse than we expected.
  유감이지만 상황이 우리가 예상했던 것보다 훨씬 안좋아.

- ## You seem to + V …하는 것처럼 보인다, …인 것 같다
  You guys seem to be having a good time. 너희들은 재미있는 시간을 보내고 있는 것 같구나.

- ## once S + V 일단 …하면, …하자마자
  Once I started talking to her, she got all happy and wouldn't shut up.
  일단 그 여자하고 얘기를 시작하기만 하면 그 여잔 완전히 도취되어서 입을 다물지 않는다구.

- ## (just) in case S + V …인 경우에 대비해서
  Just in case she comes to the party, I prepared some vegetarian food.
  그 여자가 파티에 올 경우를 대비해서 채식위주의 음식을 좀 준비했어.

- ## I would give anything to + V …할 수만 있다면 뭐라도 하겠어
  I would give anything to work for a famous designer.
  유명 디자이너 밑에서 일할 수만 있다면 뭐라도 하겠다.

- ## That's exactly what S + V 그게 바로 …라구
  That's exactly what my dad used to say! 그게 바로 우리 아빠가 늘상 얘기하시던 거라구!

- ## Do[Would] you mind if ~? …해도 괜찮을까?
  Do you mind if I turn the heat down? 온도 좀 낮춰도 될까?

- ## Have you (ever) + p.p.? …해본 적 있니?
  Have you ever had a boyfriend who was like your best friend?
  남자친구가 친한 친구랑 닮았던 경험 있니?

- ## in a way that S + V …한 방식으로
  I will wake you up in a way that's very popular these days.
  요즘 아주 유행하는 방식으로 널 깨워줄게.

The last thing I want to do is + V 내가 가장 하기 싫은 일은 …야

The last thing I want to do is to freak you out or make you feel uncomfortable.
널 깜짝 놀라게 하거나 불편하게 만드는 건 정말로 싫어.

make sure (that) ~ 반드시 …하다

You make sure nobody leaves. I'll be back. 아무도 못가게 하라구. 곧 돌아올테니.

I was told (that) ~ …라고 들었는데

I was told that he would be here on time for the meeting, but he is late.
회의시간에 정확히 맞춰 온다고 들었는데 늦네.

know better than to + V …할 정도로 그렇게 어리석진 않다

Teddy knows better than to do that again by now.
테디도 이제와서 또 그런 짓을 할 정도로 어리석진 않아.

never, ever + V 절대로

❖ 그러면 안된다고 거듭 강조하는 표현

OK, you've got to promise that you'll never, ever tell Ken that I told you.
좋아, 너 절대로 켄한테 내가 말해줬다는 얘기하지 않겠다고 약속해야 돼.

speaking of + 특정 단어 …에 대해서 얘기하자면, …라니 말인데

❖ speak for sb …에 대한 감정·의견 등을 말하다

Speaking of together, how about we send out a holiday card this year?
함께라니 말인데, 올해엔 크리스마스 카드를 보내는 게 어때?

02 미드필수표현

● **check sth[sb] out** (흥미를 끄는 사람이나 물건을) 보다, …을 확인하다

I wasn't **checking her out**. I'm into fashion, I was looking at her skirt.

저 여잘 쳐다본 게 아냐. 난 패션에 관심 많잖아. 저 여자 치마를 보고 있었던 거라구.

● **be on call** (언제든 …할 수 있도록) 대기하고 있다 [주로 의사, 상담원 등의 경우]

I gotta go. I'm **on call** tonight. See you later. 난 가야 해. 오늘 밤에 대기해야 하거든. 나중에 봐.

● **go away** 자리를 뜨다(leave), (휴가 등으로) 멀리 놀러가다

Fanny told me that she plans to **go away** during her summer vacation.

패니는 여름휴가 때 멀리 놀러갈거래.

● **as of + 날짜** …일부로, …일 현재

As of this moment, I will never have to deal with demanding customers again.
'cause I just quit. 지금 이 순간부터 다시는 까다로운 손님들을 상대할 필요가 없을 거야. 나 방금 그만뒀거든.

● **make time to + V[for + N]** …할 시간을 내다

I tell you what, from now on, we will **make time to** hang out with each other.

있잖아, 지금부터는 서로 함께 있을 시간을 내보자.

● **get sb sth** …에게 주려고 ~를 사오다[가져오다]

Let's **get her a gift** in that shop. 저 가게에서 걔한테 줄 선물을 좀 사다 주자.

● **for your information** 참고삼아 말하자면, 알아두는 편이 좋을 것 같아서

❖ 글로 쓸 때는 FYI로 줄여쓰기도 한다

A: I have been looking all over for you.
B: **For your information**, I was doing my homework.

A: 널 여기저기 찾아다녔다구. B: 참고로 말하자면 난 숙제하고 있었어.

● **make up one's mind** 결심하다

Finally, he will **make up his mind** and call her.

결국엔 그 사람도 결심을 하고 그 여자에게 전화하겠지.

get sb ~ing[to + V] …가 ~하도록 만들다

He **got you** think**ing** this was a great idea.

그 사람이 널 그렇게 만든 거야, 이게 좋은 생각이라고 생각하게끔.

good for nothing 아무 짝에도 쓸모없는

This old **good for nothing** computer breaks down too often.

이 아무 짝에도 쓸모없는 고물 컴퓨터는 너무 자주 고장난단 말이야.

make something happen 일을 벌이다, 새로 시작하다

I think that the new manager is going to **make something happen** at our office.

새로 온 매니저가 우리 사무실에서 무슨 일을 벌이고 있는 것 같은데.

as a matter of fact 사실은

As a matter of fact, when I started dating Judy, I was unemployed.

사실은 내가 주디랑 사귀기 시작했을 때 난 직업이 없었어.

come over 들르다, 오다

Do you guys wanna **come over** tomorrow? I'll make pasta.

너네들 내일 들를래? 내가 파스타 요리 해줄게.

go with …와 어울리다, 조화되다

This clock doesn't **go with** any of the stuff in my room.

이 시계는 내 방에 있는 물건들 중 어느 것하고도 어울리지 않는다구.

have trouble ~ing[with + N] …에 어려움을 겪다

I'm **having trouble** sleeping at night, lately. 요즘, 밤에 잠자는데 애를 먹고 있어.

might[may] as well + V (가벼운 명령) 그러는 게 좋겠어, …하는 편이 낫겠어

You **might as well** bring me my book. It's on the counter in your apartment.

내 책을 갖다 주는 게 어떠니. 그거 너네집 현관에 있더라.

- **catch the movie[TV shows, etc.]** 놓치지 않고 영화[TV 프로 등]를 보다

  All right honey, we'd better go if we wanna **catch that movie**.

  좋아 자기야, 그 영화 놓치지 않고 보고 싶으면 이제 가야 돼.

- **look forward to + N** …를 기대하다

  I'm really **looking forward to** Saturday night's party! 토요일 밤의 파티가 정말 기대돼!

- **fall off** 떨어지다, 양·정도 등이 줄어들다

  A: How did you break your leg? B: I **fell off** my bicycle.

  A: 어쩌다가 다리가 부러진거야? B: 자전거 타다가 넘어졌어.

- **from scratch** 맨손으로, 아무 것도 없는 데서, 무(無)에서

  I'm gonna be starting a career **from scratch**. 난 밑바닥에서부터 경력을 쌓기 시작하게 될거야.

- **get along (with sb)** (…와) 사이좋게 지내다

  I had no idea they weren't **getting along**. 걔네들이 사이좋지 않게 지낼 줄은 몰랐어.

- **go along with sth[sb] (~sth)** 받아들이고 따르다, (~sb, idea) 동의하다

  I didn't want to **go along with it**. 난 받아들이고 싶지 않았어.

- **in no time** 즉시

  I'll have my car back **in no time**. 내 차를 즉시 되찾아야야겠어.

- **be up to sth[~ing]** …을 감당하다

  Oh, he's really shy. I don't think he's **up to meeting** everyone yet.

  아, 그 사람은 정말 수줍음이 많아. 아직 너희 모두를 만나는 걸 감당할 수 없을 것 같아.

- **be bound to + V** 꼭 …하게 마련이다, …하기 십상이다

  Linda **is bound to** be mad when she sees how her favorite dress was stained.

  자기가 제일 아끼는 옷이 얼룩진 걸 보면 린다는 십중팔구 무지 화낼텐데.

all over again 다시 한번, 새로이

Sweetheart, just give me another chance. We'll start **all over again**.
자기야, 한번 더 기회를 줘. 처음부터 다시 시작하는거야.

get[be] caught in (곤란한 상황 등)에 처하다

They **got caught in** the big rainstorm. 걔네들은 큰 폭풍우를 만났던 거야.

put A before B B보다 A를 중요시하다

If I were you, I would **put** my career **before** men. 내가 너라면 남자보다 일을 중요시하겠어.

ahead of time 약속시간보다 빠르게

If you can't come, let me know **ahead of time**. 올 수 없게 되면 미리 알려줘.

give birth 아이를 낳다

Actually, **giving birth** to three babies isn't that different from giving birth to one.
사실 아이 셋을 낳는 건 아이 하나를 낳는 거랑 다를 게 없죠.

show up 나타나다

I just wanted to tell you that I was really hurt when you didn't **show up** the other day. 며칠 전에 당신이 보이지 않아서 정말 가슴아팠다는 얘길 하고 싶었어요.

get dressed 옷을 입다

A: We have 8:00 reservations at the restaurant.
B: Wow, that's in like 20 minutes. You'd better **get dressed**.
A: 식당 8시로 예약했어. B: 이야, 20분 남았잖아. 너 옷 입어야겠다.

chip in 갹출하다, (돈, 도움 등을) 모아서 주다(pitch in)

Let's **chip in** to buy her dinner tonight. 돈을 조금씩 모아서 오늘 밤에 걔한테 저녁을 사주자.

all the time 언제나, 줄곧

Kevin and I used to play together **all the time** in grade school.
케빈하고 나는 초등학교 때 언제나 함께 놀았지.

02 미드필수표현

● **play hard to get** 관심없는 척하다, 튕기다

I'm trying to **play hard to get**. Oh, he's looking over here. Say something funny.

나 관심 없는 척하려고 해. 어머, 그 사람이 이쪽을 보잖아. 뭐 재밌는 얘기 좀 해봐.

● **show[teach] sb a thing or two about** …에 대해 한수 가르쳐주다

We **showed them a thing or two about** softball.

우리가 걔네들한테 소프트볼에 대해 한수 가르쳐줬지.

● **as it is** 현재 상태에서, 이 상태로는

The company wants to give raises, but **as it is**, there is not enough money.

회사 측에서는 월급을 올려드리고 싶지만 현재로서는 자금이 충분하지 않습니다.

● **be out of sb's league** 능력 밖이다, 힘에 부친다

I think he's a little **out of your league**. 그 남자는 너한테 좀 버거운 것 같아.

● **make a day of it** 유쾌한 하루를 보내다

You have to join us on the boat. Karen'll pack a lunch, we'll **make a day of it**.

너도 우리랑 보트 타자. 캐런이 도시락을 싸올 거구, 즐거운 하루를 보내게 될거야.

● **the way we were** 예전 그대로

❖ the way it was, the way they were...도 같은 맥락의 표현들

I just want things back. Y'now, **the way they were**.

난 그저 일들을 되돌려놓고 싶을 뿐이야. 그러니까, 예전 그대로.

● **ask for trouble** 사서 고생하다

Don't tell her about it. It's like **asking for trouble**.

그 여자에겐 입도 뻥긋 하지마. 괜히 긁어 부스럼 만드는 거라구.

● **hands down** 쉽게(easily), 명백히

❖ win hands down 낙승을 거두다

Billy would have won **hands down**, if he hadn't gotten cold.

감기만 안걸렸어도 빌리가 쉽게 이겼을텐데.

get[have] the feeling that ~ …한 기분이 들어

I kinda **got the feeling that** she was sort of... coming on to me.
그 여자가 좀… 나한테 접근하는 듯한 기분이 살짝 들었어.

take back 말실수 등을 인정하다, 다시 주워담다

How could you call my ex-girlfriend a slut? **Take** that **back**!
너 어떻게 내 옛날 여자친구를 헤픈 여자라고 할 수 있냐? 취소해!

beat the traffic 교통혼잡을 피하다

You'll have to leave early if you want to **beat the traffic** on Friday.
금요일에 교통혼잡을 피하려면 일찍 출발해야 할 걸.

be[get] ahead of …보다 앞서다, 능가하다

I need to **get ahead of** the other competitors. 다른 경쟁자들을 앞질러야 해.

to top it (all) off 게다가

After dinner, he got drunk, and **to top it off**, he wanted to fight the restaurant's manager. 저녁 먹고 나서 그 사람은 술에 곤드레가 되더니, 거기다 식당 지배인하고 싸우려 들더라구.

on a short notice (미리 알려주지 않고) 갑작스럽게, 급하게

Thank you so much for coming **on** such **a short notice**.
이렇게 갑작스럽게 찾아와주시니 감사하기 그지없군요.

get technical 전문용어를 쓰다

We are not experts, so please don't **get technical** with your explanation.
우린 전문가가 아니니까 설명할 때 전문용어를 쓰지 말라구.

get off 자리를 뜨다(leave a place)

❖ get off with sb하면 …의 곁을 떠나다라는 뜻.

What time do you **get off**? 몇시에 가?
You guys are all gonna **go off** and get married, and I'm gonna end up alone.
너희들은 모두 내 곁을 떠나 결혼하고 난 결국 홀로 남겠지.

02 미드필수표현

● **throw caution to the wind** 간땡이 붓다, 다가오는 위험 등을 무시해 버리다

You quit your job? Hey, you've thrown caution to the wind.

직장을 때려쳤다구? 야, 너 간땡이가 부었구나.

● **have your work cut out (for you)** 어려운[벅찬] 일을 맡다

You might have your work cut out for you. 아무래도 네겐 벅찬 일을 맡은 것 같군.

● **get some sleep** 잠을 좀 자다

I need to get some sleep. 난 잠을 좀 자야겠어.

● **talk sb up** …를 (말로) 치켜세워주다

Please talk her up so that your boss gives her a job.

너희 사장님이 걔를 채용하도록 걔 칭찬을 좀 해줘.

● **get back at sb[get sb back]** 앙갚음하다

I am telling you that she is using you to get back at me!

그 여잔 나한테 앙갚음하려고 널 이용하는 거라니깨!

● **out of it** (몹시 피곤하거나 하여) 정신이 맑지 않은

Hey, look at Jeff. He seems kinda out of it. 야, 제프 좀 봐. 좀 멍해보여.

● **as usual** 여느 때처럼

They're hanging around at the mall, as usual.

걔네는 언제나처럼 쇼핑몰에서 어슬렁거리고 있어.

● **be even** 공평하다

You buy me a soda and we are even. 소다수 사주세요. 그럼 공평하죠.

● **catch[take, throw] sb off guard** …를 놀라게 하다

You just caught me off guard! 방심하고 있을 때 당했네!, 이거 전혀 예상하지 못한 일인걸!

work on ···에 관한 일을 하다

She is sitting on the couch alone, **working on** a crossword puzzle.

걘 지금 혼자 소파에 앉아서 크로스워드 퍼즐을 풀고 있어.

would rather ···하는 편이 좋다

You'**d rather** be with your family. It's Christmas Eve.

가족들하고 같이 있는 게 좋을거야. 크리스마스 이브잖아.

double check 다시 한번 확인하다

Uh, listen I gotta **double check** our tickets. Who got what?

어, 있지, 티켓을 다시 한번 확인해야겠어. 누가 뭘 갖고 있지?

have something in common 공통점이 있다, 얘기가 잘 통한다

All I'm saying is... I don't think that Duncun and Kelly **have anything in common**.

내 말은··· 던컨하고 켈리는 공통점이 하나도 없는 것 같다는 얘길 하고 싶은 것뿐이야.

keep in mind 마음에 새기다, 명심하다

Just **keep in mind** we haven't enough time. 시간이 충분하지 않다는 것, 명심하세요.

grab + 음식 음식을 재빨리 먹다, 요기하다

Let's **grab** some lunch at that restaurant around the corner first. They have great burgers. 요 모퉁이에 있는 식당에 가서 얼른 점심부터 해치우자. 그 집 버거가 맛있잖아.

put through 전화를 연결시켜주다, 바꿔주다

Hold on a moment. I'll **put** you **through** to someone who is responsible for it.

잠시만요. 그 일의 책임자를 바꿔드리죠.

have[get] the courage[guts, nerve] to + V
···할 용기가[배짱이] 있다

❖ work up the courage to + V ···할 용기를 내다

A: **Have you worked up the courage to** ask her out? B: I'm still too afraid.

A: 용기를 내서 그 여자에게 데이트 신청을 해보지 그래? B: 난 아직도 너무 두려운 걸.

02 미드필수표현

● **work** 작동하다, 효과가 있다

The phone **is working**! Why isn't she calling me back?

전화는 잘 되는데! 왜 그 여자가 전화를 안해주지?

● **give sb credit** …를 칭찬하다, 인정해주다

❖ take credit oneself for …을 자기의 공적으로 돌리다

Come on, let's **give** him a little **credit** for being honest.

그러지 마, 걔가 솔직하다는 점은 좀 인정해주자구.

I'd like to **take the credit myself for** this victory, but it's Mike?

이번 승리를 제 공으로 돌리고 싶지만, 실은 마이크 덕분이죠.

● **put sth behind you** 나쁜 기억 등을 잊어버리다

I'm going to see him so I can **put** all of those feelings **behind me**.

이런 기분을 모두 잊어버릴 수 있도록 그 사람을 만나러 갈래.

● **feel so bad[good]** 기분이 나쁘다[좋다]

Now I don't **feel so bad** about beating you. 널 이기니 기분이 그리 나쁘지 않네.

● **keep up with** …에 뒤떨어지지 않다, 따라잡다

I'd like to travel with a laptop so I can **keep up with** e-mail.

여행갈 때 노트북을 챙겨 가고 싶어, 이메일을 계속 확인할 수 있게.

● **look like** 마치 …처럼 보인다, …인 것 같다

Do I **look like** a guy who doesn't want to get married?

내가 결혼하고 싶어하지 않는 남자처럼 보여?

● **come up with** 고안해내다, 따라잡다

Wow! It took you all night to **come up with** that plan?!

우왜! 그 계획을 짜내는 데 하룻밤 꼬박 걸렸다구?!

● **lose one's mind** 이성을 잃다

I'm going to **lose my mind** if I have to continue doing this.

이 일을 계속 해야 한다면 난 미쳐버릴거야.

put together 한데 모으다, 조립하다

Jimmy and Chris are coming over tonight to help me **put together** my new furniture. 지미하고 크리스가 오늘 밤에 와서 날 도와 새 가구를 조립할거야.

make it on one's own 남의 도움을 받지 않고 스스로 해내다

❖ make it은 「성공하다」라는 뜻

You'll never **make it on your own**. 넌 혼자 힘으로는 해내지 못할거야.

go through 경험하다

When Julie and I broke up, I **went through** the same thing.
줄리하고 내가 헤어졌을 때 나도 똑같은 일을 겪었어.

up for grabs 쉽게 얻을 수 있는(freely available)

At the auction, many antiques will be **up for grabs**.
그 경매에는 쉽게 얻을 수 있는 골동품들이 많을 겁니다.

keep an eye on sb[sth] …를 감시하다, 계속 지켜보다

A: I want you right here where I can keep an eye on you.
B: You're gonna **keep an eye on** us?
A: 여기 있었으면 좋겠어. 내가 지켜볼 수 있는 곳에.   B: 우릴 계속 감시하려고?

go out of one's way 각별히 애쓰다

❖ 반드시 해야 할 일이 아니었는데도 특별히 신경썼다는 뉘앙스

He **goes out of his way** to help me. 그 사람은 날 돕기 위해 애를 많이 쓰지.

teach sb a lesson …에게 단단히 이르다, 하면 안된다는 것을 똑똑히 가르쳐주다

I'm gonna go down there and **teach** that guy **a lesson**.
내가 가서 저 자식에게 한수 단단히 가르쳐주겠어.

come to think of it 생각해보니

You should get some rest. **Come to think of it**, you should take a day off.
너 좀 쉬어야겠다. 생각해보니까, 하루 휴가를 내는 게 좋겠어.

02 미드필수표현

put on 옷을 입다

You put this on, you're good to go. 이거 입어, 나가게.

get + 사람 해치우다, 압도하다, 얻다, …와 특별한 관계가 되다

❖ Do you get me? 내 말 이해했어?

You'll never get me. 넌 절대 날 못이겨.
That's why you won't get Brittney. 그래서 네가 브리트니랑 사귈 수가 없는 거야.

on the other hand 한편으로는, 반대로

I could quit, but on the other hand, I might continue working here.
직장을 그만둘 수도 있겠지만 반대로 여기 계속 근무할지도 몰라.

turn into …이 되다

If Jack doesn't stop eating all of the time, he'll turn into a fat person.
잭이 시도 때도 없이 먹는 걸 그만두지 않는다면 뚱보가 될 걸.

get out of the[sb's] way (방해가 되지 않도록) 피하다, 비키다

Just get out of my way and stop moping. 저리 비켜. 걸레질 그만 하고.

talk sb into ~ing 설득하여 …하게 하다

He didn't want to go to the nightclub, but his co-workers talked him into it.
그 사람은 나이트클럽에 가고 싶어하지 않았는데 동료들이 설득해서 데려갔어.

go in for …에 흥미를 갖기 시작하다, 몰두하다, 의사에게 진단받다

He really goes in for the Big Bang Theory sitcom. 걘 정말 시트콤 『빅뱅이론』에 재미들렸어.
On Tuesday I'll go in for some work on my sore tooth.
화요일에는 쑤시는 이를 치료받으러 갈거야.

make the call 결정하다

❖ make a phone call / make some calls 전화를 걸다

Because you are the manager, you'll have to make the call on this project.
당신이 관리자이니까 이 건에 대해 결정을 내려야 해요.

throw a party 파티를 열다

You have to **throw a party** for Chris. 네가 크리스를 위해서 파티를 열어줘야 해.

get there[here] 그곳[여기]에 도착하다

Call me when you **get there**. Okay? 거기 도착하면 나한테 전화해. 알았지?

say something about …이 ~에 대해 뭔가 말해주다

❖ 주어가 about 이하의 사실을 드러내준다, 실감하게 해준다는 의미

Doesn't my marriage proposal **say something about** how much I love you?
내가 결혼하자고 프로즈한 게 내가 널 얼마나 사랑하는지에 대해 뭔가 말해주지 않아?

the other way 다른 방식(으로), 다른 방향(으로)

Why don't you think about it **the other way**? 그 문제에 대해 다른 방향으로 생각해보는 건 어때?

either way 양쪽으로, 어느 쪽으로나

Hey, look, you're in trouble **either way**! 이거 봐, 넌 어느 쪽으로든 곤란한 상황이라구!

end up ~ing[with] (의도하지는 않았지만) 결국 …이 되다

I **ended up telling** her everything. 결국 걔한테 모두 다 말했어.
We're gonna **end up** together. 우린 결국 함께 있게 될거야.
I'll **end up** like my mom. 난 결국 우리 엄마처럼 되겠지.

take sth the wrong way …을 오해하다, 잘못 받아들이다

Um, don't **take this the wrong way**, but your place kinda has a weird smell.
음, 오해하진 마, 너희 집에서 이상한 냄새가 좀 나.

get out of + N[~ing] 하기 싫은 일을 성공적으로 하지 않다, 피하다

❖ get sb out of + N[~ing] …를 하지 않도록 해주다

I think he is trying to **get out of** his commitment to marry you.
걔가 너랑 결혼 약속을 하지 않으려고 하는 것 같아.
There are some people who just always try to **get out of** paying.
돈을 내지 않으려고 항상 애쓰는 사람들이 있다니까.

02 미드필수표현

● be (just) around the corner 바로 가까이에 있다, 임박했다

The changing room **is around the corner** on your left.

탈의실은 왼편 모퉁이에 있습니다.

● find a way to + V …할 방도를 찾다(figure out a way to + V)

Well, just **figure out a way to** talk him out of it.

걜 설득해서 그걸 못하게 만들 방도를 찾아봐.

● turn on / be turned on 성적인 흥미가 생기다

❖ turn off 성적인 흥미를 잃다

I **was** more **turned on** by the delivery guy than by Jim!

짐보다는 차라리 그 배달부에게 더 끌렸어!

● make one's way to

(뒤에 장소가 와서) …로 가다, (어려움을 극복해서) 애써 나아가다, 성공하다

I've gotta **make my way to** his place. 그 사람 집으로 가야겠어.

● get past 벗어나다, 넘어가다

I wanna **get past** this, I don't wanna be afraid of the commitment thing.

난 이것에서 벗어나고 싶어. 결혼에 관련된 일로 겁내긴 싫다구.

● all the way 내내, 여러가지로

I got on the subway, and it was at night, and I rode it **all the way** to Brooklyn.

전철을 탔지, 밤이었고, 내내 그걸 타고 브룩클린까지 왔어.

● catch on 간파하다, 붙잡다

I guess I should have **caught on** when my wife started going to the dentist four or five times a week. 지금 생각해보니 아내가 일주일에 너댓번씩 치과에 다니기 시작할 때 알아챘어야 했는데 말야.

● beat sb over the head with …에게 ~에 관해서 똑같은 소리를 되풀이하다

I understand your argument, so don't **beat me over the head with** it.

너희들이 뭘 가지고 실랑이하는 건지 알겠으니 계속 똑같은 소리 하지마.

make up for (안좋은 일 등에 대해) 보상하다, 벌충하다

I'm sorry I overreacted. I just wanna **make up for** it by taking you out shopping.

과민반응해서 미안해. 널 데리고 쇼핑하러 나가서 네 맘을 좀 풀어주고 싶어.

one at a time 한번에 하나씩

You have a lot of problems, but you need to learn to take on **one** thing **at a time**.

여러 가지 문제가 있지만, 한번에 하나씩 처리할 줄 알아야 해.

tell the truth 사실대로 말하다

Tell me **the truth**. You're gonna propose to her tonight, aren't you?

사실대로 말해봐. 너 오늘밤에 걔한테 청혼할 거지, 그렇지?

get (a) hold of ···을 빌리다, 알아내다, 찾아내다

❖ get[grab] hold of ···을 잡다

How could someone **get a hold of** your credit card number?

어떻게 다른 사람이 네 신용카드 번호를 알아낼 수 있겠어?

put our heads together 머리를 맞대고 의논하다

I'm thinking, if we **put our heads together**, we can break them up.

내 생각에 우리가 머리를 맞대고 의논하면 걔네들을 갈라놓을 수 있을 것 같아.

keep A away from B
A를 B에서 떨어뜨려두다, (B가 사물일 경우에만) A가 B를 못하게 하다

Just **keep** him **away from** me. 그냥 그 사람이 내게 접근 못하게만 해줘.

make a move 움직이다, 행동을 취하다

If you want to buy that house, you'll have to **make a move** on it soon.

그 집을 사고 싶다면 어서 행동을 취해야 할 걸요.

the other way around (상황 등이) 다른 방향으로, 반대로

Actually, I was kinda hoping it would be **the other way around**.

실은 다른 방향으로 일이 풀리기를 좀 바랬었어.

UNIT ‹‹ 02 미드필수표현

- ## get in on (이미 다른 사람들이 시작한 것에) 끼다, 참석하다

  Hmm... Smells good. Hey, can I **get in on** that? Because I'm kinda hungry myself.

  음… 냄새 좋은데. 야, 나도 껴도 될까? 배가 좀 고파서 말이야.

- ## be stuck 꼼짝달싹 못하다, , …하는 데 푹 빠져있다 (~ing)

  Sorry I'm late, I **was stuck** at work. 늦어서 미안해. 일하느라 나올 수 없었어.

  I **got stuck in** traffic for three and a half hours on the way to my cottage.

  오두막에 가는 길에 3시간 반 동안이나 교통체증에 시달렸어.

- ## get it on (with sb) 즐기다, 성적으로 놀다

  She's in the bedroom, **getting it on with** Mr. Big. 그 여잔 빅하고 한창 즐기는 중이라구.

- ## make up 꾸미다, 조작하다, 화해하다, 화장하다

  I'll **make up** a schedule and make sure you stick to it.

  내가 계획표를 짜고 반드시 네가 그 계획을 충실히 지킬 수 있도록 만들게.

- ## as far as sb be concerned …의 생각으로는

  ❖ as far as sth be concerned …에 관한 한

  As far as I'm concerned, there is nothing that stupid guy can do right.

  내 생각으론 지 멍청한 남자기 제대로 할 수 있는 거라곤 아무 것도 없어요.

- ## crank it up a notch 분발하다, 좀더 열심히 하다

  ❖ 시동을 걸어(crank) 기계를 움직이는 데서 착안한 표현으로, crank sth up은 「양을 늘리거나 강도를 강화하다」라는 뜻이고, notch는 「등급」, 「단계」, 「점수」 등을 의미

  What do you say we **crank it up a notch**? 우리 좀더 분발하는 게 어때?

- ## get caught ~ing …하다 들키다

  Did you hear that Ann **got caught** smok**ing** by her father yesterday?

  앤이 어제 담배 피우다 아버지한테 들켰다는 얘기 들었어?

- ## turn down 거절하다

  I just had to **turn down** a job catering a funeral for sixty people.

  난 장례식에서 60명 분의 음식을 준비해주는 일을 거절해야만 했어.

get through (작업 등을) 마치다, (어려운 시기 등을) 넘기다

Couldn't you guys **get through** a day without arguing?

너넨 말다툼을 하지 않고는 하루도 넘길 수가 없는 거니?

I need to **get through** to the boss with some urgent information.

긴급 정보가 있어서 사장님과 통화해야겠어요.

head off to + N …로 향해 가다

Let's **head off to** the new bar on our street. 우리 동네에 새로 생긴 술집으로 가자구.

make fun of …을 놀리다

Maybe your resolution is to not **make fun of** your friends.

네 새해결심이라면 친구들을 놀리지 않겠다는 거겠지 뭐.

tell specifically 구체적으로 말하다

❖ be (more) specific (좀더) 구체화시키다

A: Go to the store and get me something.

B: Would you please **be more specific**?

A: 가게에 가서 뭐 좀 사다 줘. B: 좀더 구체적으로 얘기해줄래?

on one's way over here 여기로 오는 도중에

On my way over here, I stepped in some gum. 여기로 오는 도중에 껌을 밟았지 뭐야.

way 훨씬

I'm sorry. It's obviously **way** too early for us having that conversation.

미안해. 우린 그런 얘길 나누기엔 분명히 너무나 일러.

turn + 나이 …살이 되다

When I **turned** 50, I got a Porsche. 내 나이 50이 되었을 때 난 포르셰 자동차를 손에 넣었지.

mixed up 머릿속이 혼란스러운

Tell her she doesn't want to **get mixed up with** me.

그 여자에게 나 때문에 혼란스러워하지 말라고 해줘.

02 미드필수표현

● **kick one's ass** 혼구멍을 내주다

❖ ass(엉덩이)라는 단어에서 이미 눈치챘겠지만 아무에게나 쓰면 안되는 무례한 언사

Cut it out Morgan! I hate to have to save your life and **kick your ass** in the same day! 그만해, 모건! 하루 동안 한번은 널 구해줘야 하고 한번은 널 혼내줘야 하다니 싫다구!

● **something like that** 그런 거, 그 비슷한 거

Now that is the third time someone has said **something like that** to me today.
오늘 누가 나한테 그런 비슷한 얘기 한 게 이번이 세 번째야.

● **if it helps** 그게 도움이 된다면, 그렇게 해서 네가 편해진다면

If it helps, I can loan you money until you get paid.
그렇게 해서 도움이 된다면 내가 너한테 돈을 빌려줄 수 있어.

● **get in the way** 방해되다

I just came here to observe. Let me know if I **get in the way**.
난 그냥 참관하러 온 것 뿐이니까 방해가 되면 말해줘요.

● **wear[do] makeup** 화장하다

❖ take off makeup 화장을 지우다

Are you wearing makeup? Interesting. I haven't seen a guy **wearing makeup**.
너 지금 화장하고 있는 거야? 재밌네. 남자가 화장하는 거 본 적 없는데.

● **talk dirty to sb** …에게 야한 이야기를 하다

If you can't **talk dirty to** me, how're you going to talk dirty to her?
나한테 야한 얘기를 할 수 없다면 그 여자한테는 어떻게 하려고 그래?

● **while you're at it** 그거 하는 김에

Fill it up with unleaded gas and **while you're at it**, take a look under the hood and check the oil. 무연가솔린으로 가득 채우고, 하는 김에 엔진부분과 오일을 점검해줘요.

● **be in trouble** 곤경에 처하다

Nothing is going to happen to you. You **are** not in that much **trouble**.
아무 일 없을 거야. 그다지 커다란 곤경에 빠진 건 아니라구.

make a mess 어지르다, 망쳐놓다

A: I'm afraid I've made a mess here on your desk.

B: Oh, don't worry. Messy is its normal state.

A: 제가 이 책상을 어질러놓은 거 같아요.   B: 어, 괜찮아요. 지저분한 게 정상이거든요.

get married 결혼하다

Don't you think he's a little young to get married?

걔가 결혼하기엔 좀 어리다고 생각하지 않니?

in my defense 내 변호를 하자면, 변명하자면

I know I acted badly, but in my defense, I was drunk.

내가 못되게 굴었다는 거 알아. 하지만 내 변호를 하자면 난 취했었다구.

not in a good way 안좋은 쪽으로, 안좋은 의미로

I think Debbie is an unusual woman, and not in a good way.

데비는 참 독특한 여자같아. 안좋은 의미로.

fall in love with …와 사랑에 빠지다

When do you think you fell in love with your wife?

부인하고는 언제부터 사랑에 빠지게 된 것 같아요?

give sb a call …에게 전화하다

When you find out the results, please give me a call. 결과가 나오면 전화해줘라.

come off well 잘 되다

Your speech came off well with the members of the audience.

네 연설이 청중들에게 먹혀 들어갔어.

work out (계획 등이) 잘 되어가다, 문제 등이 풀리다[풀다], 운동하다

Oh. I'm sorry it didn't work out. 죄송해요. 일이 잘 안됐어요.

02 미드필수표현

- ## that way (앞에서 말한 내용 등을 받아) 그런 식으로

  I'm glad you feel **that way**. 그렇게 생각한다니 기뻐.

- ## catch up on 밀린 것을 하다

  I had a lot of work to **catch up on**. 밀린 일이 아주 많아.

- ## drop by 들르다

  A father can't **drop by** to see his daughter on her birthday?
  아버지란 사람이 딸 생일에 딸 얼굴 보러 들르지도 못하냐?

- ## have a blast (with sb) (…와) 신나게 즐기다(enjoyed very much)

  I **had** such **a blast with** Tim the other night. 요전날 밤에 팀하고 굉장히 신나게 놀았어.

- ## fall apart 산산조각나다, (사람이 주어인 경우) 혼란스러워지다

  He **fell apart** and started drinking heavily after his divorce.
  그 사람은 이혼 후로 실의에 빠져 술을 많이 마시기 시작했어.

- ## settle down 자리를 잡다, (결혼 등으로) 정착하다, 한곳에 머물러 살다

  Look, I think it's time for you to **settle down**.
  이거봐, 넌 결혼해서 한 곳에 정착해야 할 때가 온 것 같아.

- ## get over (어려움 등을) 이겨내다, 슬픔 등을 잊다

  You're just gonna have to **get over** it. 이 일을 극복해야 할거야.

- ## be written all over sb's face 얼굴에 다 쓰여있다

  I can see you're lying. It's **written all over your face**.
  너 지금 거짓말 하고 있는 거 알아. 얼굴에 다 쓰여있다구.

- ## out of the blue 갑작스럽게

  I know this is **out of the blue** but uh, I'm getting married tomorrow.
  갑작스럽다는 건 알지만, 어, 나 내일 결혼해.

~ is my middle name …라면 자신있어, …하면 나잖아

I can handle this. 'Handle' is my middle name. 그건 내가 처리할 수 있어. "처리"하면 나잖아.

on the table (제안 등을) 검토중인

I'm going to be honest with you and put my offer on the table.
솔직하게 얘기할테니까 내 제안을 한번 검토해보시라구요.

let go (of) (쥐고 있던 것을) 놓다, 걱정 등을 멈추다

Although it had been ten years since the divorce, I couldn't let go of my feelings for her. 이혼한 지 십년이 지났는데도 아내에 대한 사랑을 멈출 수가 없었죠.

let one's guard (down) 긴장을 늦추다, 방심하다.

You know... you let your guard down, you start to really care about someone.
있잖니, 그렇게 곤두세우지 말고 누군가를 진심으로 좋아해봐.

in the middle of nowhere 멀리 떨어진 곳에

Why don't we get away to an island that is quiet and in the middle of nowhere?
조용한 외딴 섬으로 여행가는 건 어때?

in the nick of time 아슬아슬한 때에, 겨우 늦지 않게

He got to the presentation just in the nick of time.
그 사람, 프리젠테이션에 아슬아슬하게 도착했다니까.

Give me five! 손바닥 부딪히자!

❖ How about a high five?(손바닥 부딪히는 건 어때?)라고 말해도 된다.

A: Nice shot. Give me five!
B: I'm glad it went in. I've been practicing my golf swing for months.
A: 잘 쳤어. 하이파이브! B: 들어가서 기뻐. 수개월동안 골프 스윙을 연습했거든.

high and dry 어려운 처지에 빠져, 고립무원의 상태인

❖ in a helpless situation의 의미로, 주로 leave high and dry의 형태로 쓰인다

I don't want to leave you high and dry. 도와줄 사람 하나 없는 가운데 널 내버려두고 싶지 않아.

● Let's split (the bill) 나누어 내자

❖ Let's go Dutch라고 해도 된다.

A: Let's split the bill.

B: That sounds like a good idea.

A: 각자 내자.　B: 좋은 생각이야.

● Neither will I 나도 안그럴거야

A: I won't be attending the meeting tomorrow afternoon.

B: Neither will I. I've got to go see a doctor.

A: 난 내일 오후 회의에 참석하지 못할거야.　B: 나도 못가. 그 시간에 병원에 가봐야 해.

● have a soft spot for …를 좋아한다, …에 약하다(have a weakness for)

Girls have a soft spot for love stories. 여자들은 사랑 이야기에 약하죠.

● Is that for here or to go? 여기서 드실 겁니까, 가지고 가실 겁니까?

❖ 대답은 가져갈 때는 To go, please, 여기서 먹을 때는 For here, please라고 한다. 또한 그냥 포장되나요라고 물어보려
면 Can I get it to go?라고 물어보면 된다.

A: I'd like to order two hamburgers, a large order of fries and a coke.

B: Is that for here or to go?

A: 햄버거 두 개하고 감자튀김 큰 것 하나, 콜라 한 잔 주세요.　B: 여기서 드실 겁니까 포장해가실 건가요?

● You're a pain in the neck[ass] 너 참 성가시네

You're a pain in the neck. No one complains as much as you.

너 참 성가시다. 너처럼 투덜거리는 사람도 없을거야.

● Could I leave a message? 메모 좀 전해주세요

❖ 반대는 Can I take a message?라고 한다.

Jill is busy at the moment. Could I take a message?

질이 지금 바빠서요. 메시지를 남기실래요?

● I wanna have sex with you 너하고 섹스하고 싶어

How could you have sex with her mother? You're gay!

네가 어떻게 걔 엄마와 섹스할 수 있어? 너 게이잖아!

I made a killing 떼돈 벌었어

I made a killing in the stock market this year. 올해 주식해서 떼돈 벌었잖아.

As I mentioned before 내가 전에 말했듯이

❖ 간단히 as I said before라고 해도 된다.

As I mentioned before, I've been to Asia. 전에 말했듯이 아시아에 갔다 왔었어요.

Behave yourself 버릇없이 굴면 안돼(아이들에게), 점잖게 행동해

❖ 또한 Your behavior is out of place하면 "네 행동은 무례한 짓이야"라고 야단치는 말이다.

Behave yourself. People here are beginning to stare at us.

점잖게 굴어. 여기 있는 사람들이 우릴 볼거야.

Gotcha! 잡았다!, 속았지!, 당했지!, 알았어!

❖ I've got you!의 줄임말

A: Are you sure that the boss wants me to see him right now?
B: Gotcha!

A: 사장이 나보고 지금 당장 보자고 하는 게 확실해? B: 뻥이야!

He's an easy-going person 성격이 좋은 사람야

She's a really easy-going person. She's easy to talk to.

성격이 아주 둥글둥글한 분이야. 얘기하기가 편해.

Look alive! 잠 깨!, 빨리빨리!

Come on boys! Look alive! Do you want to lose this game!

자자, 이봐! 꾸물대지 말고 빨리빨리! 이 게임 지고 싶어?

He got lucky with Julie 걔, 줄리랑 잤대

I wonder if Chris has gotten lucky with Rachel yet.

크리스가 레이첼하고 같이 잤는지 몰라

I'm so psyched 정말 신난다

I was so psyched to hear you're back with my brother!

난 네가 내 오빠와 다시 합쳐서 너무 신났어!

02 미드필수표현

● **It's time we should be going** 그만 일어납시다

It's time we should be going. We appreciate your hospitality.

이제 가봐야겠어요. 대접 잘 받고 갑니다.

● **I think I'm lost** 길을 잃은 것 같아요

❖ 길을 잃었다고 말할 때는 I got lost, 길을 잃은 사람에게 길잃었냐고 물어볼 때는 "Are you lost?"라고 하면 된다.

Could you tell me how to get to Time Square? I think I'm lost.

타임 스퀘어에 어떻게 가야 하는지 알려주시겠어요? 길을 잃은 것 같아요.

● **be that as it may** 그렇다 해도, 그 말이 사실이긴 해도

❖ 상대방의 말이 사실이라도 이미 일어난 일이라 어쩔 수 없다는 뉘앙스

Be that as it may, do you think you could help us out right now?

그렇다곤 해도, 네가 지금 당장 우리를 도와줄 수 있다고 생각해?

● **(It is) (right) Off the top of my head**

깊이 생각해보지 않고 바로, 감으로 대충, 즉석에서

Right off the top of my head, I'd say your plan won't succeed.

지금 막 드는 생각으로는 네 계획이 성공 못할거 같아.

● **Hopefully!** 바라건대!, 그랬음 좋겠다!

Hopefully you never make that mistake again. 바라건대, 절대로 그 같은 실수를 반복하지마.

● **Shit happens** (살다보면) 재수없는 일도 생기는 법이야

Shit happens. I hope that you have good car insurance.

재수없는 일도 생기는 법이야. 네가 든 자동차 보험이 좋은 것이길 바랄 뿐이야.

● **Over my dead body** 내 눈에 흙이 들어가기 전엔 안돼

❖ Not on your life도 같은 맥락으로 "결사반대!," "절대 안돼!"라는 의미.

She'll get that position over my dead body. 걔가 그 자리를 맡는 건 결사 반대야.

● **Last but not least** 끝으로 중요한 말씀을 더 드리자면

Last but not least, I want to wish you a happy new year.

끝으로 한 말씀 더 드리자면, 새해 복 많이 받으십시오.

I'm easy (to please) 네 결정에 따를게, 난 어느 쪽도 상관없어

❖ 비슷한 표현으로는 I'm happy either way 또는 Either will do 등이 있다.

I'm easy to please. What would you recommend? 난 아무거나 상관없어요. 뭘 추천해 줄래요?

Things change, roll with the punches 변화에 순응해라

It'll be OK. Things change, roll with the punches. 괜찮을거야. 변화에 적응해봐.

Let's get cracking 빨리 가자, 시작하자

Let's get cracking. We have a long drive before we get to New York.
출발하자. 뉴욕에 도착하려면 먼 길을 가야하니 말이야.

I'll have the same 같은 걸로 주세요

❖ make it two라고 해도 된다.

I'll have the same as she's having. 저 여자가 먹는 거랑 같은 걸로 주세요.

We're doomed 우린 죽었다, (그게) 우리 운명이야

There isn't enough time. We're doomed! 시간이 부족해. 우린 죽었다!

Are you going my way? 혹시 같은 방향으로 가니?, 같은 방향이면 태워줄래?

Down to the park. Are you going my way? 공원에. 나랑 같은 방향으로 가니?

Say when 됐으면 말해

A: Let me pour that for you. Say when.
B: OK, stop! I don't want to get drunk tonight.
A: 내가 따라줄게. 됐으면 말해. B: 좋아, 그만! 오늘 밤엔 고주망태가 되면 안되거든.

What do you do for a living?

직업이 뭐예요? [종종 for a living을 생략해서 말하기도 한다.]

Nice to meet you too. So, what do you do for a living?
나도 반가워요. 그런데, 무슨 일 하세요?

02 미드필수표현

● **Where am I?** (길을 잃고) 여기가 어디죠?

Where am I? This doesn't look familiar at all. 여기가 어디지? 영 못보던 곳인데.

● **Clear the way!** 비켜주세요!

❖ 거리 등에서 남을 추월할 때는 Coming through!

Clear the way! We have to move this table into the other room.
저리 비켜 봐! 이 테이블을 다른 방으로 옮겨야 한단 말이야.

● **Just have him call me** 그냥 전화 좀 해달라고 해주세요

Yes. Just have her call me when she gets home. 네. 집에 오시면 전화해달라고 해주세요.

● **Would you care to join us?** 우리랑 같이 할래?

I'm going to dinner with my friends tonight. Would you care to join us?
오늘 저녁에 친구들하고 저녁 먹을건데. 너도 같이 갈래?

● **How true** 정말 그렇다니까

How true. I've been sweating a lot. 정말이라니까. 난 땀을 엄청 흘렸어.

● **How many times do I have to tell you?** 도대체 몇번 말해야 알겠어?

The floor is dirty again. How many times do I have to tell you to keep it clean?
바닥이 또 더럽잖아. 깨끗하게 해놓으라고 도대체 몇번을 말해야 알아듣니?

● **Make it snappy!** 서둘러!, 빠릿빠릿하게 움직여!

❖ 비슷한 표현으로는 snap to it도 있다.

Jason, I need you to send this email to the home office. And make it snappy!
제이슨, 본사에 이거 메일로 보내줘요. 급해요!

● **What's new?** 뭐 새로운 일 있어?

❖ What's new with you?는 What's new?라는 질문에 대한 전형적인 답으로, 「그러는 넌 별일 있느냐?」는 의미

A: Hi, Chris. What's new?
B: Um... actually, I'm getting married next week.
A: 안녕, 크리스. 뭐 새로운 일 있어? B: 어… 실은 나 다음 주에 결혼해.

What a small world! 세상 참 좁네!

What a small world! He's one of my son's professors.

세상 한번 좁군! 그 사람은 우리 아들놈을 가르치는 교수들 중 한 사람이야.

It's good to hear your voice (전화상) 네 목소리 들으니 좋다

It's good to hear your voice, sweetheart. I've missed you.

목소리 들으니까 기분좋다, 자기야. 보고 싶었어.

Time (out)! 잠깐만!

Time out! I'm really okay. All right? Please leave me alone for a while.

잠깬! 나 정말 괜찮다구. 알았어? 제발 잠시 날 좀 내버려둬.

Watch out 조심해

Well, some people are causing problems. Watch out.

뭐, 문제를 일으키는 사람들이 있긴 하지. 조심하라구.

I am being helped now 다른 사람이 봐주고 있어요

Thanks. I'm already being helped. 고마워요. 이미 다른 분한테 얘기했어요.

I am making (some) money 돈을 좀 벌고 있어

I'm making some money, but it could be better. 돈은 좀 벌고 있지만 그저 그래요.

give sb a ride 차를 태워주다

I'll give you a ride. I have to go near the library anyway.

내가 태워다줄게. 도서관 근처로 가야 하거든.

Don't work too hard 너무 무리하지 말구

I'll see you later. Don't work too hard. 나중에 또 봐요. 너무 무리하지 마세요.

It sure is 그렇고 말고, 맞고 말고

It sure is. I've never seen anything like it either.

그래. 나도 그와 같은 것을 보지 못했어.

02 미드필수표현

● **Come and get it** 자 와서 먹자, 자 밥먹게 와라

Supper is ready. **Come and get it.** 저녁 다 됐어. 와서 먹어.

● **Nice going!** 참 잘했어!

Nice going! I'm not surprised, though. You were studying for that exam for weeks!

잘 했다! 그치만 놀랄 일도 아니지. 몇주동안 시험공부 했었잖아!

● **What brings you here?** 무슨 일로 오셨나요?

Hi Jeff, this is a surprise. **What brings you here?**

안녕, 제프. 이거 놀라운데. 여긴 어쩐 일이야?

● **I just want to apologize for that** 내 사과할게요

Last night I acted like a fool. **I just want to apologize for that.**

어젯밤엔 내가 바보같이 굴었어. 사과하고 싶어.

● **You can't believe how sorry I am** 내가 얼마나 미안한지 모를거야

You can't believe how sorry I am. What can I do to make it up?

얼마나 죄송한지 모르겠어요. 벌충을 하려면 제가 어떻게 해야 하나요?

● **Let me ask you something** 뭐 좀 물어볼게

Let me ask you something. Would it be okay with you if I set Rick up on a date?

뭐 좀 물어볼게. 내가 릭한테 소개팅을 시켜줘도 너 괜찮겠어?

● **It's out of the question** 그건 불가능해, 절대 안돼

It's out of the question. My schedule is too busy. 그건 안돼요. 제 스케줄이 너무 빡빡해서 말이죠.

● **I got cold feet** 나 자신없어

I think he **got cold feet** and canceled the wedding. 행크가 겁을 먹고 결혼식을 취소한 것 같아.

● **I am swamped** 나 엄청 바빠

I am really **swamped.** I have more work than I can handle.

정말 정신을 못차리겠어. 내가 처리할 수 있는 것 이상으로 일이 많다니까.

Remember your manners 버릇없이 굴지 말구, 예의를 지켜야지

Remember your manners, children. Always be on your best behavior.

버릇없이 굴지 마라, 얘들아. 항상 예의바르게 행동해.

Way to go! 잘한다 잘해!

Way to go! I think our team will be able to win this game.

잘한다! 우리팀이 경기를 이길 수 있을 거라고 생각해.

I guess I dropped the ball 큰 실수를 한 거 같아

I guess I dropped the ball on the Legenvy project. What should I do?

내가 레젠비 프로젝트에서 큰 실수를 한 거 같아. 어떡하지?

The cat got your tongue? 왜 말이 없어?

Why are you so quiet tonight? **The cat got your tongue?**

오늘밤에 왜 그리 조용해? 벙어리 됐어?

Don't be a smart-ass 건방지게 굴지마

Don't be a smart-ass. I wouldn't use someone for money.

잘난 척하지마. 난 돈때문에 사람을 이용하진 않을거야.

I have to call in sick 오늘 결근한다고 전화해야겠어

I think I caught the flu. **I have to call in sick.**

감기에 걸렸나봐. 아파서 못간다고 전화해야겠어.

I was just wondering 그냥 물어봤어

What do you think of the president? **I was just wondering.**

사장님을 어떻게 생각하세요? 그냥 궁금해서요.

Attaboy! 야, 잘했다!

You were able to complete the presentation in an hour? **Attaboy!**

한 시간만에 이 설명회를 끝냈단 말야? 정말 잘했어!

● **Look here** 이것 봐(Listen to me)

Look here, if you continue to be late, I'll have to fire you.

이것 봐, 너 계속 지각하면 해고당할거야.

● **You can't do that!** 그러면 안되지!

You can't do that! We need the money to survive.

그러면 안돼! 먹고 살려면 돈이 필요하다구.

● **(There is) No doubt about it!** 틀림없어!

There is no doubt about it. We caught her with the security camera.

의심의 여지가 없지. 보안카메라로 그 여자를 잡았으니까.

● **The point is that~** 요점은 …라는 것이다

The point is that we're playing too much.

내 말의 요지는 우리가 너무 많이 놀고 있다는 거야.

● **You've got nothing to lose** 밑져야 본전인데 뭐

Why not? You've got nothing to lose.

왜 안돼? 밑져야 본전인데, 뭐.

● **When can you make it?** 몇시에 도착할 수 있겠니?

We're having a party for Sam. Hope you can make it.

샘에게 파티를 열어주려고 해. 너도 올 수 있었으면 좋겠다.

● **Watch your mouth!** 입 조심해!

Watch your tongue. You shouldn't be starting rumors.

말 조심해. 소문을 만들어내고 그러면 안된다구.

● **You're (such) a loser** 한심한 놈, 꼴통

You are such a loser! I would never be seen with you.

이런 머저리야! 너랑은 절대 데이트 안해!

Let's talk late 나중에 이야기하죠

Let's talk later. I've got to meet a deadline and am very busy right now.
좀 있다가 이야기합시다. 마감에 맞춰야 해서 지금 매우 바쁘거든요.

What's with you? 뭐 땜에 그래?

What's with you? You're usually more cheerful.
뭣 때문에 그래? 평소엔 쾌활한 사람이.

Get on with it 제대로 계속해봐

Come on. Just get on with it. If we finish today then we can take a break tomorrow.
이러지 마. 그냥 계속 해봐. 오늘 다 끝내면 내일 쉴 수 있잖아.

Where am I? 여기가 어디죠?

Where are we? I don't recognize this area. 여기가 어디지? 어딘지 모르겠네.

over the top 과도하게, 지나치게

Don't you think that's a little over the top. 그건 좀 지나치다고 생각하지 않아?

for the long haul 오랫동안

We're in this for the long haul. 우린 이 일에 오랫동안 매달리고 있어.

03 미드듣기비법

A 미드영어듣기 기본상식

1. /t/가 [ㄷ] 혹은 [ㄹ]로 들려

/t/가 모음 사이에 끼어 /d/나 /r/로 바뀌는 경우. 이같은 /t/의 음변절은 왜 우리가 입에 '버터'(butter)를 잔뜩 발라야 하는지를 절감케해주는 부분. better, getting, dirty 등 이미 많이 알려진 현상이다. 우리가 장난으로 미국식으로 발음한다고 party animal을 [파리애니멀]이라고 발음하는 경우가 바로 그 예이다.

He's very excited about the bachelor party. 걔는 총각파티한다고 무척 들떠있어.

I'd better get back to my desk. 난 책상으로 돌아가는게 낫겠어.

Hey, the wedding is so close! Are you getting nervous? 야, 결혼식이 다가왔는데 긴장돼?

Talk dirty to me. 내게 야한 이야기를 해줘.

2. /t/는 [은/ㄴ]·[을]·[츄]로도 들려

/t/는 또한 /ㄴ/(/n/ 앞), /을/(/l/ 앞), /은/(끝이 /n/으로 끝나는 경우)으로 들리기도 한다. /r/ 발음 앞에서 /추/에 가까운 소리로 바뀐다는 것도 주목해본다. 일례로 네이티브가 [렉세너]라 발음하는게 뭐냐하면 각종 레크리에이션 기구 등이 갖춰진 recreation center를 줄여서 발음한 것이다.

We need to stop the interview. 우리는 인터뷰를 중단해야 돼.

I have absolutely no interest in his personal life. 난 걔 사생활에 아무런 관심도 없어.

5 days ago the same thing happened at the local recreation center.
5일전, 같은 일이 지역 레크레이션 센터에서 벌어졌어.

3. /d/도 지조없어 [ㄹ], [쥬]로 변해

/d/도 /t/와 비슷해서 모음 사이에 올 경우 발음하기 편하게 /r/에 가까운 소리를 낸다. middle, riddle, drug 등이 대표적 경우.

We're in the middle of a homicide investigation. 우리는 살인사건을 수사하고 있는 중입니다.

You took a lethal drug home from work? 네가 직장에서 집으로 치명적인 마약을 가져온거야?

4. 연음현상 1

/t/, /d/, /s/ 발음으로 끝나는 단어가 반모음 /j/로 시작하는 단어와 야합하여 우리말의 /취/, /쥐/, /쉬/와 같은 하나의 발음으로 들리는 경우. 멍하니 아무 생각없이 듣다가는 기본단어들도 못듣는 패가망신을 당할 수도 있다. 대표적인 것으로는 this year(디쉬어러), find you(퐈인쥬), miss you(미쉬유) 등이 있다.

Third time he's been caught this year. 걘 금년에 세번 체포됐어.

Chris, how did he find you? 크리스, 걔가 널 어떻게 찾아낸거야?

I just wanted to call to say I miss you. 난 그냥 네가 보고 싶다고 말하려 전화하고 싶었어.

5. 연음현상 2

앞 단어의 끝자음과 뒷 단어의 앞모음이 연음되어 남녀의 합체처럼 두 몸뚱아리가 하나의 몸뚱아리로 된 경우이다. 영어듣기를 더욱 어렵게 하는 대표적 주범중의 하나. 그만큼 예가 너무 많아서 하나둘 드는게 무의미할 수도 있다.

It really only hurts when I think about it. 내가 그걸 생각할 때면 맘이 정말 아파.

Stevie's an old family friend. 스티비는 오래된 가족의 친구야.

That's what we need to find out. 그게 바로 우리가 알아내야 하는거야.

6. 발음대로 표기도 해

going to나 want to를 발음나는대로 표기하는 gonna나 wanna가 확고히 자리잡은 것처럼, 바쁜 세상 그냥 발음나는대로 적으려는 경향, 즉 축약되고 변형되는 발음들이 표기에까지 영향을 미치는 현상이 더욱 가속화되고 있다.

1 「동사 + to」의 노골적인 합체 : wanna/gonna/oughtta/gotta...

- have to → [hafta]   • got to → [gotta]   • going to → [gonna]
- want to → [wanna]   • Let me → [Lemme]   • give me → [gimme]
- don't know → [dunno]

We've gotta get something to eat. 우린 뭘 좀 먹어야겠어.

I didn't know what was gonna happen. 난 무슨 일이 일어날지 몰랐었어.

I wanna see! Lemme see! Lemme see! 나도 보고 싶어! 보여줘! 보여줘!

I dunno. Who cares? 몰라. 누가 신경이나 쓴데?

2 g는 버린 자식

-ing는 -in'까지만 발음하려고 하고 대본같은 곳에서는 표기까지 goin'/havin'/doin'이라고 한다.

Hi, Jack. How you doin'? 안녕, 잭. 어떻게 지내?

What's goin' on? 무슨 일이야?

I got somethin' to show ya. 네게 보여줄 게 있어.

3 너(you)도 예외는 아냐 you → ya, /t/ + you → cha

• Do you → [Do ya' / Dya']   can't you → [can't cha]   got you → [gotcha]

03 미드듣기비법

- you know → [y'now]   What do you mean? → [Whaddaya mean?]

Do ya like, ya like? 너 좋아해, 좋아하냐고?
What are ya gonna do, Dick, huh? 딕, 넌 어떻게 할건데?
I've uh, y'know, I've got a cab, I've got a girlfriend.
저기 말야, 택시가 기다리고 있고, 여친도 기다리거든.

④ 그들(them)을 −들('em)로

- get them → [get 'em]   want them → [want 'em]   kill them → [kill 'em]

Get 'em out of here! What's wrong with you? 걔네들 쫓아내! 너 어떻게 된거냐?
Pass 'em forward. 시험지 앞으로 보내세요.
I wanna see 'em. 걔네들 만나보고 싶어.

⑤ of는 어디에

- out of → [outta]   a lot of → [lotta]   kind of → [kinda]   sort of → [sorta]

Get outta here! 썩 꺼져!
Sex is kinda like pizza. 섹스는 어느정도 피자와 같아.
We just sorta looked at each other. 우리는 좀 그냥 서로 쳐다봤어.

⑥ 아예 줄여줄어

- because → ['cause, 'coz, 'cuz]   about → ['bout]   and → ['n']

How 'bout that? 이거 어때요?
C'mon, you're the smartest person I know. 이러지마, 넌 내가 아는 가장 스마트한 사람야.
It's funny 'cause it's true. 그게 진짜라니 웃기는구만.

⑦ 세 단어도 붙여

연음을 계속 적용하다보면 세단어까지도 연이어 속도감있게 발음하며 그중에는 whodunit (Who done it? ← Who did it?: 「추리소설」)이나 wannabe(추종자)처럼 아예 연음된 채로 단어로 쓰이는 경우도 있다.

- What did you~? → [Whaddya~?]   What are you~? → [Whatcha~?]
- What do you~? → What are you~? → Whaddaya~?

Whatcha doing? 너 뭐하고 있는거야?
Let's go out for a lunch break, whaddya say? 잠깐 멈추고 점심먹으러 나가는 거야, 어때?

Whaddaya say? I just wanna talk with you. 무슨 말이야? 난 단지 너랑 얘기하고 싶은거야.

7. 듣기 오적

기차가 지나갈 때 열차칸들은 보이지만 그 열차들을 연결하는 고리들은 잘 보이지 않는다. 마찬가지로 영어에서도 단어들을 연결시켜주며 문장을 만드는 접착제 역할을 하지만 기차의 경우에서처럼 발음상 대접을 못받는 품사들(기능어)이 있다.

1 관사

a는 약모음 /어/, the는 /드/ 내지 /어/ 정도로 슬렁슬렁 발음되는 게 보통. 그러나 특별히 a를 강조할 때는 /에이/로, the를 강조할 때는 /ði/로 발음한다.

- with a [위트어] → [위더]　　　　the right man in the right place
- sign the [싸인더] → [싸인너]　　　first thing in the morning

Saturday she was here with a guy. 토요일, 걔는 어떤 사람과 여기에 있었어.
These people were in the wrong place at the wrong time.
이 사람들은 부적절한 시간에 부적절한 장소에 있었어.

2 관계사

관계대명사, 관계부사 등도 문장 연결기능을 갖는 품사.

He is not what he was. 걘 예전의 그가 아냐.
I know what I am doing. 내 일은 내가 알아서 한다고.
That's the last thing that I remember. 저건 정말 내가 가장 기억하기 싫은거야.

3 접속사

단어 및 문장 등을 연결해주는 접속사도 발음은 스리슬쩍.

You look so tan and gorgeous! 넌 멋지게 선탠한 것같고 아주 매력적으로 보여!
Do you think that men can't be trusted? 남자들은 믿지 못할 것들이라고 생각해?
I'm not gonna say or do anything to you. 난 네게 아무런 말도 행동도 하지 않을거야.

4 전치사

마찬가지로 연결사 역할을 하는 전치사도 발음은 두리뭉실.

Me and some of the boys were out huntin'. 나와 얘들 몇몇이 나가서 사냥하고 있었어.
There are 10 new victims as of tonight. 오늘밤 시각으로 새로운 희생자가 10명이야.

5 h로 시작하는 인칭대명사

h로 시작하는 인칭대명사는 h가 힘을 잃거나 아예 발음이 안된다.

• him[힘] → [임]　　　　　　his[히즈] → [이즈]　　　　　her[허ㄹ] → [어ㄹ]

We'll go see him first thing in the morning, OK?
우리는 내일 아침 일찍 걔를 만나러 갈거야, 알겠지?

He's gone back to his old patterns.　그자는 다시 자기의 옛방식으로 돌아갔어.

She stole her foster mom's credit card.　걔는 위탁모의 신용카드를 훔쳤어.

8. 생략해서 말하기에 익숙하면 미드가 편하게 들린다!

우리말과는 달리 주어를 꼬박꼬박 채워주는 영어도 시대의 변화에는 어쩔 수 없는 노릇. 의사소통에 지장이 없는 범위 내에서 뻔한 주어는 과감히 생략하는 추세이다. 함께 그 현장을 가보자.

1 말 안해도 다 알아 I, It

Nice to meet you, Sounds like 등의 표현은 앞에 It's 및 It이 생략된 경우로 생략된 표현이 오히려 더 자연스럽다. 이처럼 어떤 상태나 기분을 나타내는 비인칭 주어 It 및 It's는 부담없이 생략하고 말하기도 한다. 또한 문맥상 나(I)를 빼고 말해도 지장이 없을 때 편한 걸 너무 좋아하는 언어의 속성상 아예 생략하는 경우가 많다. 거의 굳어진 표현처럼 쓰인 Sounds like~, Looks like~, Beats me, Nice to meet you 외에 Gotta go, Afraid not, Be right back 등 말안해도 통하는 경우에는 주어를 생략하는 경향이 점점 강해지고 있다.

Gotta go. Excuse me.　가야 돼. 미안.

Hope he didn't have any children.　걔가 자식이 없었기를 바래.

Won't happen, 'cause I'll be there looking out for you.
내가 너를 지켜줄테니 그럴 일은 없을거야.

2 주어 You는 조동사와 함께 생략해

'명령문'에서 You가 생략되는 것과 마찬가지로 '권고' 및 '질문' 등도 상대방 You에게 하는 것임은 당연한 일. 따라서 You를 빼고 말한들 어떠하리. 이때 함께 다니는 조동사도 You와 함께 과감히 생략해본다. 대표적인 경우로 had better 에서 had는 'd로 축약되다 못해 아예 속편하게 빼고 말하는 것을 흔히 들을 수 있다.

• You had better call soon. → You'd better call soon. → You better call soon.

(Do you) Mind if I join you?　내가 같이 가도 괜찮겠어?

(You had) Better get used to it.　거기에 익숙해지도록 해야 돼.

(Do you) Want some more?　좀 더 먹을래요?

(Do you) Understand it?　알겠니?

❸ 빼도 말이 되면 are, have도 빼

주어도 빼는 판국에 조동사인들 가만 놔둘 리 만무하다. 특히 다른 단어들과 몸을 섞어 값어치가 떨어진 조동사들이 능멸의 주 대상. 살아있는 현장영어인 건 사실이나 아직까지 공인된 합법(?)적 문법은 분명 아니다. 대표적인 경우에 How you doing?, You okay? 등으로 are를 빼거나 보통 've로 축약되어 발음되지만 아예 생략되기도 하는 have, 마지막으로 의문문에선 Is도 빼고 말하기도 한다.

(Are) You sure about that? 그거 확실해?

You (are) done? 끝냈어?

You (are) a nice guy. 자네 멋진 친구로구만.

Where have you been?(어디 갔다 왔어?) → Where've you been? → Where you been?

How have you been?(어떻게 지냈어?) → How've you been? → How you been?

I have got to go.(가봐야겠어요) → I've got to go → I got to go → I gotta go

You have been keeping busy.(너 그간 계속 바빴었구나) → You've been keeping busy

→ You been keeping busy

What have you got? → What you got? 무슨 일이야?, 어떻게 됐어?

(Is) Someone feeling sick today? 오늘 누구 몸 안좋은 사람있어?

❹ 문법개판 5분전

우리도 말을 하다보면 문법에 어긋나는 경우가 비일비재하다. 인터넷 언어에서 보듯 언어는 끊임없이 변하기 때문이다. 이번에는 비문법적인 그러나 현재 통용되고 있어 언젠가는 공식적인 문법계에 데뷔(?)할 비문법적 사항들을 알아보도록 한다. 미국의 남부 등 지역적인 방언 또는 street talk 등 non-standard English에서 두드러지게 나타나는 Be와 Do 동사의 인칭·수를 지키지 않는 현상이나 시제의 일치를 깨고 과거형이 와야 할 자리에 현재형을 쓰는 문장들이 미드영어에서는 자주 나타난다.

How're you doing?(잘 지내니?) → How's you doing?

This doesn't concern you.(이 일은 너랑 관계없어) → This don't concern you.

Where're my shoes?(내 신발 어디 있지?) → Where's my shoes?

There're a lot of people over there.(저기에 사람들이 많네)

→ There's a lot of people over there.

She said they would take a bus.(걔 말이 그 사람들은 버스를 이용할거래.)

→ She said they will take a bus.

How did he know I was here?(내가 여기 있다는 걸 걔가 어떻게 알았어?)

→ How did he know I am here?

9. 미리 정확한 발음을 알고 들어가면 좋은 단어들

McDonald's (패스트푸드점)	Tylenol(약품명)	Viagra(약품명)
Wal-Mart (할인매장)	cafeteria (셀프서비스식 식당)	pasta (파스타)

03 미드듣기비법

muffin (머핀)	Mexico (멕시코)	Berlin (베를린)
Las Vegas (라스베거스)	New Jersey (뉴저지)	Manhattan (맨하튼)
Bloomingdale's(블루밍데일 백화점)	Central Park (센트럴 파크)	erotic(에로틱)
Macy's (메이시 백화점)	Alzheimer's disease(알츠하이머)	archive (기록보관소)
colonel (대령)	corps (부대)	diabetic (당뇨병의)
realtor (부동산 중개업자)	suite (호텔·사무실 등의 스위트룸)	unanimous (만장일치의)
valet (시종, 호텔보이)	trivia (토막상식)	vice versa (반대로)
bona fides (선의)	cum laude (우등으로)	deja vu (전에 봤던 것 같음)
virtuoso (음악의 대가)	avatar (화신, 구체화)	lingerie (란제리)
marijuana(마리화나)	allergy (앨러지)	leisure (레저)
sauna (사우나)	penis (페니스)	Statue of Liberty (자유의 여신상)

Waldorf Astoria (월도프 아스토리아 호텔)
ASAP (가능한 한 빨리 As soon as possible)
aka (일명 …라고도 하는 also known as)

If you take the Staten Island ferry from Manhattan, you'll get a chance to see the Statue of Liberty up close.
맨해튼에서 스태튼 아일런드 페리호를 타고 가면 자유의 여신상을 가까이서 볼 수 있을 거야.

I talked to the realtor about the proposed bid, but he seemed doubtful we would make the sale. 부동산 중개업자와 사겠다는 사람이 제시한 가격에 대해 얘기를 나눴지만 부동산 업자는 그게 팔릴지 미심쩍어 하는 것 같았다.

I was 14 and graduating summa cum laude from college.
난 열네살에 최우등생으로 대학을 나왔어.

Garcia needs to talk to us ASAP. 가르시아가 가능한 빨리 우리에게 말해야 된대.

On Valentine's Day in America, boys give girls chocolate, and vice versa.
미국에서는 밸런타인 데이에 남자가 여자에게, 여자가 남자에게 초콜렛을 준다.

When I was running yesterday, I ran into a pipe and hit my penis.
어제 달려가다가 파이프에 내 거시기를 부딪혔다.

B 진짜 안들리는 인칭대명사+조동사(be, do)

be 동사가 주격 (인칭)대명사와 만나면 개별적으로 발음되기도 하지만 일반적으로 관계(?)가 너무나도 뜨거운 나머지 be 동사는 주어와 축약·변절되는 게 일반적인 현상이다.

1. 주격 (인칭)대명사에 착 달라붙는 be 동사
   1 긍정 : be 동사가 주격(인칭)대명사와 긍정적으로 만나서 축약되는 경우.

   • I'm / You're / We're / They're / There're / She's / He's / It's / There's / That's

I think you're thinking about this the wrong way.
내 생각엔 네가 이걸 잘못 생각하고 있는 것 같아.

My father said she's very beautiful. 아버지는 걔가 무척 아름답다고 하셨어.

Hurry up. There're people waiting. 서둘러. 사람들이 기다리고 있어.

2 부정 : be 동사의 부정형인 aren't, isn't, wasn't, weren't는 모두 끝철자 t 발음이 약하게 파열되므로 /t/보다는 /n/으로 부정(否定)임을 알아차려야 한다. 그리고 ain't는 비문법적인 표현으로 am not, are not, is not 등 be 동사의 부정형을 나타내는 슬랭. 끝의 /t/ 발음은 역시 대개 이어지는 단어들의 발음에 영향을 받는다.

- You aren't / We aren't / They aren't / There aren't / She isn't / It isn't / There isn't
- I wasn't / He wasn't / She wasn't / It wasn't / You weren't / We weren't / They weren't

She isn't traveling. She isn't writing a book. 걔는 여행하고 있지도 책을 쓰고 있지도 않아.

You weren't officially his girlfriend. 너는 공식적으로 걔의 여친이 아니었어.

We aren't working together. 우리는 함께 일하지 않아.

3 의문 : 이번엔 be 동사가 문두에 위치해 의문꼴의 형태로 쓰이는 경우로 특히 「약화」, 「연음」 및 「생략」의 과정을 거쳐 거의 한소리처럼 들린다

- Am I[애마이] / Are you[아ㄹ유] / Is he[이지이] / Is she[이쉬] / Is it[이짓] / Is there[이즈데얼]
- Was I[워자이] / Were you[워ㄹ유] / Was he[워지이] / Was she[워쉬이] / Was it[워짓]

Are you ready to go to dinner? 저녁먹으러 갈 준비 됐어?

Is he available? 걔 지금 시간이 돼?

Is it okay with you if we bring him in for questioning? 걔를 심문하러 데려와도 괜찮겠어?

Was she being pressured into having the abortion? 걔는 낙태를 하라고 압력을 받았어?

Was it the first time you had sex with her? 넌 걔와 섹스한 게 처음이었어?

4 부정의문 : be 동사가 주어에 따라 변화무쌍하게 발음이 달라지는 경우들.

- Aren't you[안츄] / Aren't they[안ㅌ데이] / Isn't she[이즌쉬] / Isn't he[이즈니] / Isn't it[이즈닛]
- Weren't you[원츄] / Wasn't she[워즌쉬] / Wasn't he[워즈니] / Wasn't it[워즈닛]

Aren't you going to say anything? 넌 아무 말도 하지 않을거야?

Isn't she a bit young to be made up like a fashion model?
걘 패션모델처럼 만들기에는 좀 어리지 않아?

Why wasn't he nervous? 걘 왜 초조해하지도 않는거야?

03 미드듣기비법

2. 조동사 do와 주격 (인칭)대명사의 질펀한 어우러짐

do 동사도 주어의 뜻대로 이랬다 저랬다 하는 것은 be 동사와 매한가지. 긍정의 경우는 막강한(?) 기본실력으로 제끼고 여기서는 듣기 어려운 「부정」 및 「의문」, 그리고 「부정의문」형만을 살펴보도록 한다.

1 부정 : do 동사의 부정형 don't, doesn't, didn't은 모두 끝철자 t가 제대로 파열되지 않아 [돈], [더즌]으로 그리고 didn't 은 여기에 한술 더 떠 「변절」까지 해 [디든] 또는 [디른] 정도로 들린다.

- I don't / You don't / We don't / They don't / She doesn't / He doesn't / It doesn't
- I didn't / You didn't / We didn't / They didn't / She didn't / He didn't / It didn't

You don't think I'm serious? 내가 심각하지 않다고 생각하는거야?
Uh, there's a brother she doesn't talk to. 어, 걔가 얘기하고 싶어하지 않는 동생이 있어.
They didn't have to shoot her. 개네들은 그녀를 쏠 필요가 없었어.

2 의문 : do가 의문문에서 문두에 위치해 주어와 연결될 경우 [드] 정도로 약화되어 들린다. 그밖에 Does나 Did의 경우 이어지는 주어에 따라 아래와 같이 「변절」 및 「약화」의 과정을 보이게 된다.

- Do I[두아이] / Do you[드야] / Do we[드위] / Do they[드데이]
- Does she[더쉬] / Does he[더지이] / Does it[더짓]
- Did I[디라이] / Did you[디쥬]/ Did we[딛위] / Did they[디데이]
- Did she[딛쉬] / Did he[딛히] / Did it[디리잇]

Do you remember the name of the taxi company? 택시회사 이름이 기억나?
Does she look sixteen to you? 너한테는 걔가 16세 처럼 보여?
Does it look like I'm kidding you? 내가 징난하는 깃처럼 보여?
Did they bring you anything to drink? 개네들이 뭐 마실거 갖다 줬어?
Did she find you, or did you find her? 걔가 널 찾은거야 아니면 네가 걜 찾은거야?

3 부정의문 : don't[doesn't]와 didn't은 기본적으로 /t/ 발음의 「변절」 및 「약화」 원리에 따라 뒤따라온 주어와 한몸인 양 소리난다.

- Don't you[돈츄] / Doesn't she[더즌쉬] / Doesn't he[더즈니] / Doesn't it[더즈닛]
- Didn't you[디든츄] / Didn't she[디든쉬] / Didn't he[디든히] / Didn't it[디든닛]

Don't you want to be famous? 너 유명해지고 싶지 않아?
Doesn't he look like a pimp? 저 사람은 포주같이 보이지 않아?
Didn't she mention we dated? 우리가 데이트했다고 걔가 말하지 않았어?

3. 조동사 have와 주격 (인칭)대명사의 질펀한 어우러짐

['ve]로 약화되어 들리는 have 역시 주격 (인칭)대명사와의 어우러짐은 남못지 않다.

1 긍정 : have, has, had가 주어와 만나면 축약되어 발음되는 게 보통이다. 특히 He's, She's, It'd 그리고 I'd 등은 각각 be 동사나 would 등이 주어와 축약된 것으로 착각하기 쉽기 때문에 눈으로 볼 때보다 들을 때 더욱 귀를 쫑긋해야 한다.

- I have(I've) / You have(You've) / We have(We've) / They have(They've)
- She has(She's) / He has(He's) / It has(It's)
- I had(I'd) / You had(You'd) / We had(We'd) / They had(They'd)
- She had(She'd) / He had(He'd) / It had(It'd)

I've never been in love. 난 사랑을 해본 적이 전혀 없어.
They've already been warned. 걔네들은 이미 경고를 받았어.
She's only been missing since last night. 걔는 어젯밤에 실종됐어.
You'd forgotten all about Jamie. 넌 제이미에 대한 모든 것을 잊었었어.

2 부정 : have 동사의 부정형, haven't, hasn't, hadn't 역시 끝철자 /t/ 발음이 힘을 제대로 못쓰는 경우로 [해븐], [해즌], [해든]/[해른] 등으로 발음된다.

- I haven't / You haven't / We haven't / They haven't / She hasn't / He hasn't / It hasn't
- I hadn't / You hadn't / We hadn't / They hadn't / She hadn't / He hadn't / It hadn't

Well, I haven't slept in two days. 어, 나 이틀동안 잠도 못잤어.
She hasn't had a boyfriend since high school.
걔는 고등학교 이래 남친을 사귀어본 적이 없어.
It hasn't been used for a while. 그것은 잠시 사용되지 않았어.
He hadn't even told his wife about it yet.
걘 아직 그것에 대해 아내에게 얘기조차 하지 않았었어.

3 의문 : 이번엔 have 동사가 문두에 위치해 의문꼴의 형태로 쓰이는 경우. 앞서 살펴본 be 동사나 do 동사와 마찬가지로 「변절」 및 「약화」의 과정을 거쳐 발음이 재생산되는 경우들을 나열해 본다. 눈으로만 보거나 귀로만 듣지말고 자신의 입과 귀로 듣는(?) "총체적이고도 입체적인 듣기연습"을 해보도록 한다.

- Have you[해뷰-] / Has she[해ㅈ쉬] / Has he[해지] / Has it[해짓]
- Haven't you[해븐츄] / Hasn't she[해즌쉬] / Hasn't he[해즌니] / Hasn't it[해즌닛]

Have you found a job yet, dad? 아빠, 아직 취직못했어?
Has she said anything about the fires? 걔가 화재에 관해 뭐 얘기한게 있어?
Haven't you ever been unemployed? 실직해본 적 있지 않아?

59

4. will, can, should 등과의 만남

그밖의 조동사들은 주격 (인칭)대명사와 어떻게 축약 및 약화되는지 대표적인 경우들을 통해 알아보기로 한다.

1 will : will은 주어와 합체하여 축약되며 또한 연음과 약화의 과정도 거친다. 특히 won't는 [wount]로 발음된다는 점에 주목하자.

- I'll / You'll / We'll / They'll / She'll / He'll / It'll
- Will I / Will you(Will ya) / Will they / Will she / Will he / Will it
- Won't you[워운츄] / Would you[우어쥬] / Wouldn't you[우든츄]

I'll have what she's having. 저 여자가 먹는 걸로 주세요.
It'll be all day, it'll be boring. 하루 종일 걸릴거구, 지겨울거야.
Will you dance with me? 나와 춤출래?
I won't be here tomorrow. 난 내일 여기 오지 않을거야.
Would you like another cocktail? 칵테일 한잔 더 할래?

2 할 수 있다는 거야 없다는 거야?: can *vs.* can't

/t/의 발음은 어딜 가도 골치덩어리. 특히 부정 축약형을 만드는 경우(-n't) 마지막 자음 t가 앞음절의 받침으로 편입되는 까닭에 앞서 언급했듯이 긍정형과 부정형의 구분이 어렵다. 그래서 구분을 /t/가 아니라 /n/을 기준으로 하라고 했으나 조동사 끝단어가 아예 -n으로 끝나는 can의 경우는 긍정형(can)과 부정형(can't)의 구분은 거의 난공불락이다. 된다는 보장은 없지만 열쉬미 듣고 또 들어 감각적으로 익숙해지도록 한다.

- I can / You can / We can / They can / He can / She can / It can
- I can't / You can't / We can't / They can't / He can't / She can't / It can't
- Can't you[캔츄] / Could you[쿠쥬] / Couldn't you[쿠든츄]

I can't believe it. 그럴 리가.
Jessica is 8 years old. She can't defend herself. 제시카는 8세이고 자신을 보호할 수 없어.
Can't you wait for my break? 내가 쉴 때까지 기다릴 수 없어?
I can do whatever I want! 내가 원하는대로 할거야!

3 should've + p.p. / shouldn't have + p.p. : have가 should, would, could, might, must 등의 조동사와 만나면 [어브] 내지 [어] 혹은 [브] 정도로 과감하게 축약되어 연음된다.

- should've[슈더브] → [슈럽] / would've[우더브] → [우럽] / could've[쿠더브] → [쿠럽]
- might've[마잇어브] → [마잇럽] / must've[머스터브]
- shouldn't have[슈든어브] → [슈드너브] / wouldn't have[우든어브] → [우드너브]
- couldn't have[쿠든어브] → [쿠드너브] / mustn't have[머슨어브] → [머스너브]

You should've told me that from the beginning. 넌 시작할 때부터 내게 그걸 말했어야 했어.

You shouldn't have **done this**. 뭐, 이런 걸 다 주시고.
I could've **done that better**. 더 잘 할 수 있었는데.
It must've **been very hard for you**. 너한테 무척 힘들었음에 틀림없었겠다.

C 진짜 안들리는 의문사+인칭대명사+조동사

이미 합체한 「(조)동사 + 주어」 세트가 각종 의문사와 격렬히 포옹하는 모습을 알아보는 첫번째 시간. 먼저 be 동사중 am 과 are의 경우로 각각 예상되는 주어인 'I'와 'you', 'we', 'they'와 결합되어 어떤 소리를 만들어 내는지 함께 들어보자.

1. 의문사 + be 동사 현재형 am과 are

1 의문사 + am ~? : am은 「의문사 + am I ~ ?」의 형태밖에 없다. am은 의문사와의 합체시 음이 약화되어 [m] 정도로 들린다. 상대적으로 출현 빈도수가 적다.

What am I going to do? 이제 뭘 해야 하지?
Where am I? 여기가 어디지?
So, when am I gonna know when it's time? 그럼, 언제 내가 때가 되었음을 알게 될까?
How am I gonna raise a kid? 내가 어떻게 아이를 키울까?

2 의문사 + are ~? : 이번에는 be 동사 중 활용도가 가장 높은 are와 의문사의 만남. 이때 are은 약화되어 발음되고, 또한 앞 의문사와 연음되어 아래와 같이 발음된다. 가장 주목할 경우는 /t/를 모신 What과의 결합. What are you[왓알유]는 「변절」과 「약화」를 통해 [와라유] 내지 [와라야]로 발음된다.

So what are we gonna do? 그럼 우리는 어떻게 해야 되지?
What are you gonna do if we win? 우리가 이기면 너 무엇을 할거야?
So when are you getting married? 그럼 너 언제 결혼하는거야?
Whoa, wait. Uh, where are you going? 와, 잠깐, 너 어디가?
Who are you talking about? 너 누구얘기하는거야?
Why are you so worried, Castle? 캐슬, 왜 그렇게 걱정하는거야?
How are you gonna do that? 넌 저걸 어떻게 할거야?

2. 의문사 + be 동사의 현재형 is

이번엔 be 동사의 3인칭 단수형인 is. 대개 he, she, it 그리고 소유격인 his와 her로 시작되는 주어부와 연결되는 상황으로 「의문사 + is + 주격[소유격] 대명사[형용사]」를 한단위로 듣는 연습을 해본다.

03 미드듣기비법

What is she **doing here? She wasn't invited.** 쟤 여기 웬일이야? 초대도 하지 않았는데.
What is he **wearing?** 걔는 뭐를 입고 있어?
When is this **gonna stop?** 이게 언제 멈추게 될까?
When is he **gonna pick you up?** 걔가 널 언제 픽업할거야?
Where is that **stupid waiter?** 저 멍청한 웨이터 어디있는거야?
Who is she **seeing now?** 걔 지금 만나는 사람있어?
Who is her **father working for?** 걔 아버지가 어디서 일하고 있어?
Why is she **asking me that?** 걔가 왜 내게 그걸 물어보는거야?
Why is his hair **all messy?** 왜 걔 머리가 엉망이야?
How is he **going to finish it?** 걔가 그걸 어떻게 마무리할거야?

3. 의문사 + be 동사의 과거형 was, were
be 동사의 마지막 경우인 과거형 was와 were. 우선 was와 were가 각각 의문사들과 격렬하게 포옹하면서 어떤 괴성
(?)을 지르는지 귀기울여 들어본다.

1 의문사 + was ~?
was의 경우 의문사와 결합해 소리가 약화된다는 사실 외에는 별 변화를 겪지 않는다. 따라서 이런 경우엔 의문사를 정확
히 듣고 또한 was 뒤에 이어지는 he, she, it 등이 was와 연음되어 하나의 단어처럼 들린다는 점만 주의하면 된다.

Wait. What was **she talking about?** 잠깐. 걔가 뭐에 대해 얘기하고 있었어?
What was I **supposed to say?** 내가 뭐라고 말해야 되는 거였어?
When was **the last time you spoke to her?** 네가 걔하고 마지막으로 이야기한게 언제야?
Who was **he looking for?** 걔는 누구를 찾고 있는거야?
Why was **that house so clean of prints?** 저 집은 왜 지문하나없이 깨끗한거였어?
How was **your date with Sara?** 새라와의 데이트는 어땠어?
How was **he killed?** 걔는 어떻게 죽었어?

2 의문사 + were ~?
이번에는 마지막으로 복수 과거형 were가 바로 앞의 의문사 및 다음에 나오는 you, we, they 등과 결합되는 소리.

What were you **talking about?** 너는 무슨 얘기를 하고 있었던거야?
When were you **leaving?** 넌 언제 떠날거였어?
Where were you **staying?** 너는 어디에 머무르고 있었어?
Who were you **connected to?** 너는 누구와 연결되었던거야?
Why were you **late today?** 넌 왜 오늘 늦었어?
How were you **feeling?** 네 기분은 어땠어?

How was **the computer show you attended?** 네가 참가했던 컴퓨터 박람회는 어땠어?

4. 의문사 + do 동사의 현재형 do와 does

1 의문사 + do ~? : 대표 연음현상으로 단골로 등장하는 What do you ~[왓두유]가 [와루유]로 들린다. 하지만 속도를 더 내면 Whaddaya[[와다야] → [와라야]]처럼 들리며 앞서 나온 What are you와 마찬가지로 아예 표기 자체를 Whaddaya로 하는 경우도 있다. 다음 When do you는 [웬다], Where do you는 [웨어류], Who do you는 [후루유] 내지 [후루야] 심하면 [후류]/[후랴] 정도로 들린다. 또한 Why do you는 [와이댜]로 그리고 마지막으로 How do you는 [하우류] 정도로 들린다.

What do you do for a living? 너 직업이 뭐야?
When do they show up? 걔네들이 언제 온데?
Where do you want to stay? 너 어디서 머물고 싶어?
Who do you think you are? 네가 뭐라도 되는 것처럼 생각하는거야?
Why do you think I'm angry? 왜 내가 화났다고 생각하는거야?
How do you do that? 어떻게 그런거야?

2 의문사 + does ~? : 3인칭 단수형인 does가 의문사와 만나면 /d/ 음이 생략되거나 약화되어 발음된다.

What does this place mean to our unsub?
그럼, 이 곳이 우리가 찾는 미확인범에게 무슨 의미가 있을까?
When does she do her laundry? 걔는 언제 빨래를 해?
Where does he wanna meet you? 걔는 어디서 너를 만나고 싶어해?
Who does the account belong to? 이 계좌는 누구꺼야?
Why does she act like that? 왜 걔는 저렇게 행동하는거야?
I don't understand. How does everybody know? 모르겠어. 다들 어떻게 알고있지?

3 의문사 + did ~? : 앞의 do, does와는 달리 비위 좋은 과거형 did는 인칭을 가리지 않고 살을 섞는 즐거움을 만끽한다. 따라서 뒤에 등장하는 주격(인칭)대명사들과의 다양한 만남에 여러분의 귀 또한 다양하게 열어놓도록…. 의문문의 속성상 상대방(you)에게 혹은 제 3자에 관한 내용을 질문하게 되는 경우가 대부분인데 이때 가장 많이 쓰이는 시제는 바로 현재와 과거. 여기서는 do 동사의 과거형인 did가 2인칭 you 및 그밖의 다양한 주격대명사들과 결합한 것들을 세트로 모아본다. 개별 발음이 아닌 하나의 발음덩어리로 익숙해지는 기회로 삼아보자.

What did you do to Jack? 너 잭에게 어떻게 한거야?
Oh! Grace. When did you get here? 오, 그레이스. 언제 여기 온거야?
Now, think! Where did you leave it? 이제 생각해봐! 그걸 어디에 둔거야?
Who did we decide to hire? 우리는 누구를 채용하기로 결정한거야?

03 미드듣기비법

Why did you **wait twelve hours to call the police?**
왜 12시간이나 기다렸다 경찰을 부른거야?
How did she **contact the police?** 걔는 어떤 방법으로 경찰에 연락한거야?

5. 의문사 + have[has]

이번엔 have 동사와 의문사들의 결합을 실제 일상생활에 초점을 맞춰 자주 쓰이는 경우만을 집중적으로 알아본다. What have you [와어브], Where have you [웨얼해브], Why have I [와이해브], When have you [웬헤브], Who have you [후해브], 그리고 끝으로 How have you [하우해브] 등을 잘 알아둔다.

1 의문사 + have you + p.p. ~? : have 동사가 의문사와 어울려 만드는 가장 대표적인 경우.

What have you done **to your hair?** 네 머리에 무슨 짓을 한거야?
What have we got **here?** 무슨 일이야?
Where have you been **all day?** 종일 어디 있었어?
Why have I been taken **off this case?** 내가 왜 이 사건에서 제외된거야?
Why have you been **following me?** 왜 나를 계속 쫓아다니는거야?
Come on, Nate. When have you ever been **happy?**
이봐, 네이트. 넌 언제 행복해본 적 있어?
Good gracious! Who have you killed **now?** 맙소사! 너 누굴 죽였던거야?
How have you been, **Gordon?** 고든, 어떻게 지냈어?

2 의문사 + has he[she/it] + p.p. ~? : 이번에는 3인칭 단수형 has와 의문사와의 만남을 알아본다.

Where is Hellen? What has **happened to her?** 헬렌 어디있어? 걔한테 무슨 일이 생긴거야?
That's enough. What has **gotten into you?** 됐어. 도대체 왜 그러는거야?
When has **finding someone ever been easy for me?**
내가 사람찾는게 언제 이렇게 쉬웠던 적이 있나?
Where has she **been the past 12 hours?** 걔는 지난 12시간동안 어디에 있었어?
Come on! Who has **the biggest boobs?** 이러지말라고! 누구 가슴이 가장 큰데?
How has **he been feeling?** 걔는 기분이 어땠어?

6. 의문사 + will, can, may ~?

의문사와 조동사 현재형인 will, can, may를 사용하여 만든 의문문에서 「의문사」와 「조동사」가 결합하여 나는 소리를 들어보자. 빈도수가 높은 will과 can을 중점적으로 살펴보기로 한다.

1 조동사 will을 포함하는 의문문 : will과 다음에 이어지는 주격대명사 사이에는 복잡한 연음관계가 없어, will 발음이
[월] 정도로 약화된다는 사실을 중점 확인해보자.

- What will [와를] ~?　　When will [웨늘] ~?　　Where will [웰월] ~?
- Who will [후월] ~?　　Why will [와이월] ~?　　How will [하우월] ~?

What will you do when you find it? 네가 그걸 찾으면 어떻게 할거야?
Okay, well, when will she get better? 좋아, 어, 걔가 언제 나아질까?
You have forty people. Where will you hide them? 40명이야. 어디에다 걔네들을 숨길거야?
Who will be there to catch you when you fall. 네가 떨어지면 누가 거기서 널 잡아줄거야?
Who'll protect my mom? 누가 내 엄마를 보호해줄까?
Why will you get in trouble? 니가 왜 어려움에 처하는데?
How will you pay for this? 이거 어떻게 계산하실건가요?

2 의문사 + can ~? : 다음은 의문사들과 can의 발음이 어떻게 조화를 이루는지에 초점을 맞춰 본다. 또한 may의 경우 How may I help you?처럼 주로 주로 1인칭(I, we) 대명사와 어울리는 게 일반적이다.

- What can [왓큰] ~?　　When can [웬큰] ~?　　Where can [웰큰] ~?
- Who can [후큰] ~?　　Why can [와이큰] ~?　　How can [하우큰] ~?

What can I say? I know what women want. 뭐랄까? 난 여자들이 뭘 원하는지 알아.
What can you tell me about these? 넌 이것들에 대해 내게 뭐라고 말할 수 있는거야?
When can we talk with him? 우리 언제 걔와 얘기를 할 수 있을까?
I want you so bad. When can I see you again? 난 정말 널 원해. 언제 다시 볼 수 있을까?
Where can I find him? 어디서 걔를 찾을 수 있어?
Who can blame him?! 누가 걔를 비난할 수 있겠어?!
Why can you not accept the truth? 넌 왜 진실을 받아들이지 못하는거야?
How can you be sure it was John's truck? 그게 존의 트럭이었다고 어떻게 확신하는거야?

7. 의문사 + would, should, could, might

1 의문사 + would ~? : 조동사 과거형 would와 각종 의문사와의 만남. 「의문사 + would」 다음에는 다양한 인칭이 오지만 여기서는 의문사와 조동사만 한세트로 들어보자.

- What would [왓우어드] ~?　　When would [웬우어드] ~?　　Where would [웰우어드] ~?
- Who would [후우어드] ~?　　Why would [와이우어드] ~?　　How would [하-우어드] ~?

How would you feel if he raped me? What would you do?
걔가 날 강간하면 네 기분이 어떨 것 같아? 넌 어떻게 할거야?
What would you do if you actually met God one day.
네가 언젠가 진짜로 신을 만난다면 너 어떻게 할거야?

03 미드듣기비법

When would I have time to go out and get syphilis?

나가서 매독걸릴 시간이 내가 어디 있어?

Garcia said he's got nobody. Where would he go?

가르시아가 걔는 아는 사람이 아무도 없대. 어디에 갔을까?

Why would I have to sleep with you? 내가 왜 너와 자야 하는데?

Let me ask you a question. How would you protect our country?

하나 물어보자. 너 어떻게 우리나라를 지킬거야?

2 **의문사 + should ~?** : 조동사 과거형 should의 경우. 마찬가지로 인칭대명사와의 연음은 생략하고 의문사와 조동사의 발음을 통째로 익혀보기로 한다.

- What should [왓슈드] ~?   When should [웬슈드] ~?   Where should [웨슈드] ~?
- Who should [후슈드] ~?   Why should [와이슈드] ~?   How should [하우슈드] ~?

What should I do first in New York? 내가 뉴욕에서 제일 먼저 뭘 해야 하는데?

What should we tell them? 우리는 걔네들에게 뭐라고 말해야 할까?

I went too far, didn't I? When should I have stopped?

내가 너무 심했지, 그지 않아? 내가 언제 멈췄어야 했는데?

Where should I take my clothes off? 내 옷을 어디에다 벗어놔야 돼?

Thanks. Where should I put this? 고마워. 이거 어디에다 두어야 돼?

Who should I be looking at? 내가 누굴 바라다보고 있어야 돼?

Why should we believe your evidence? 우리가 왜 네 증거를 믿어야 돼?

How should I know? We were at the movies. 내가 어떻게 알아? 우리는 영화보고 있었어.

3 **의문사 + could ~?** : could도 마찬가지. 여러 인칭과 어울리는 사교적인 조동사이지만 여기서는 의문사와 조동사 could의 '결합발음' 만을 귀에 박히도록 들어보자.

- What could [왓쿠드] ~?   When could [웬쿠드] ~?   Where could [웨쿠드] ~?
- Who could [후쿠드] ~?   Why could [와이쿠드] ~?   How could [하우쿠드] ~?

What is he hiding? What could be so bad? 걔 뭘 숨기는거야? 뭐가 그렇게 나쁠수가 있지?

When could you come over to my place? 넌 언제 우리 집에 올 수 있어?

Where could I find someone who looks exactly like me?

어디서 나랑 똑같은 사람을 찾을 수 있겠어?

Who could say "no" to me? 누가 내게 "아니"라고 말할 수 있겠어?

How could you not recognize me? 어떻게 날 못알아볼 수가 있어?

How could you know that? 이걸 어떻게 알았어?

Mini Test

01 _____ while Dad is gone?

02 _____ going to be a problem?

03 _____ be able to do this?

04 _____ doing drugs?

05 _____ the last time you heard from her?

06 _____ aware of what's going on upstairs?

07 _____ having any trouble in her personal life?

08 _____ going to fix it?

09 You have got _____ for us?

10 _____ your meal? Did you order wine with dinner?

11 _____ been doing all this time?

12 _____ you pay for this?

13 _____ talking about?

14 No, _____ that smart, are you?

15 We don't get him _____ here, he's gonna die.

16 I _____ believe Jessie was murdered.

17 _____ called me.

18 _____ been here before?

19 _____ helping me?

20 _____ want us to find them?

21 You're her guardian. _____ stay with you?

22 _____ anything like this?

23 There's something I _____ need to do.

24 _____ people just leave me alone?

25 The holidays are lonely for people. I wanted to keep _____ company.

26 _____ going to do, call the cops?

27 She got engaged to Jeremy earlier _____.

28 _____ when you saw Patty?

29 _____ abandon you baby?

30 If he doesn't confess, we'll need _____ as evidence.

Answers

1. What do you do	8. How are you	15. outta	22.Have you ever seen	28.What did you do
2. Is that	9. somethin'	16. I can't	23.kinda	29.Why did you
3. Are you going to	10.How was	17.You should have	24.Can't you	30.'em
4. Were you	11.What has he	18.Have you ever	25.'em	
5. When is	12.How will	19.How is that	26.What are you	
6. Are you	13. What is she	20.Don't you	27.this year	
7. Was she	14. you're not	21.Didn't she		

section 2

Episode로 미리보는 미드

Season 1 미드 생기초표현들
Season 2 미드 적어도 이정도 표현은 알아야
Season 3 미드에 뻔질나게 나오는 주요표현들
Season 4 미드에서나 볼 수 있는 표현들
Season 5 미드냄새 팍팍 풍기는 표현들

113개

Season **1**

미드
생기초표현들

1_ I'll be back soon

Gina	**Are you ready to go** to the store with me?
Eddie	No, I really can't go with you now.
Gina	**All right**, tell me why you can't go to the store.
Eddie	**Be cool.** I've just got too much work to do here.
Gina	You rather stick around than go shopping?
Eddie	**Absolutely. By the way,** how long are you going to be gone?
Gina	Don't worry, **I'll be back soon.** I've just got to get a few things.

Gina	나랑 가게에 갈 준비됐어?	Gina	쇼핑하러가기 보다는 여기 죽치고 있겠다는거구만.
Eddie	안돼, 정말 지금 너와 갈 수가 없어.	Eddie	물론이지. 그런데 말야, 얼마동안 자리를 비울거야?
Gina	알았어, 왜 가게에 갈 수 없는지 이유를 말해봐.	Gina	걱정마, 금방 돌아올게. 몇 가지만 사면 돼.
Eddie	진정하라구. 나 여기서 할 일이 너무 많아.		

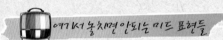

여기서놓치면안되는 미드 표현들

Are you ready to go? 갈 준비됐어?	We're late for the theater. **Are you ready to go?** 극장에 늦었어. 갈 준비됐어?
All right 좋아, 알았어	**All right**, everyone calm down! 알았어, 다들 진정해! **All right**, I'll see you in the morning. 좋아, 내일 아침에 봐.
Be cool 진정해, 침착해	All right, relax, just relax. **Be cool.** 알았어, 긴장풀라고. 진정하고.
Absolutely 물론이지	**Absolutely**! I could be a vegetarian. 물론야! 난 채식주의자가 될 수 있어.
by the way 참, 그런데, 그건 그렇고	Oh! **By the way**, can I borrow some Rum from your place? 외 그건 그렇고, 네 집에서 럼주 좀 빌려줄테야?
I'll be back soon 금방 돌아올게	Would you pour me some water? **I'll be back soon.** 물 좀 따라줘. 금방 돌아올게.

Are you ready to go? 갈 준비 다 됐어?

be ready to[for~]는 …할 준비가 되어 있다라는 의미로 내가 준비되었다고 말할 때는 I'm ready to[for~], 그리고 상대방에게 준비되었냐고 할 때는 Are you ready to[for~]를 사용하면 된다. 주어 동사는 빼버리고 Ready~?로 사용하기도 한다. be all set 또한 be ready와 같은 의미.

A: Are you ready to go?

B: Let me grab one more thing and I'll be ready.

  A: 갈 준비 다 됐어?
  B: 얼른 하나만 더 가져올게. 그럼 준비 다 돼.

A: Are you ready to start our trip?

B: I sure am. Let's hit the road.

  A: 우리 여행 떠날 준비 됐어?
  B: 물론. 출발하자고.

이왕이면 이것도 함께!

▸ I'm ready when you are
  난 언제라도 좋아
▸ We're ready. 준비됐어요
▸ All right, you ready?
  좋아, 준비됐니?
▸ Ready? 준비됐니?
▸ You guys ready?
  너네들 준비된거야?

All right 알았어, 좋아

몇 가지 뜻이 있는데 먼저 상대방의 의견이나 제안에 동의하고자 할 때는 「알았어」, 다른 얘기로 넘어가고자 할 때 하는 「좋아 얘들아」라는 뜻이 있다. 또한 문장 끝에서 ~ all right?하게 되면 자기가 한 말을 상대방에게 확인시켜주는 것으로 「알았어?」라는 의미가 된다.

A: What are you doing after work? Let's meet to talk about the new project.

B: All right.

  A: 퇴근 후에 뭐 할 거니? 만나서 새로운 프로젝트에 대해 얘기하자.
  B: 좋아.

A: Go to the car and get the equipment. All right?

B: Okey-dokey!

  A: 차에 가서 장비 좀 가져와. 알았어?
  B: 알겠사와요!

이왕이면 이것도 함께!

▸ All right, I see
  좋아, 알았어
▸ All right, I get it
  좋아, 알겠어
▸ All right then
  좋아 그럼

Be cool 진정해라

cool은 「냉정한」, 「침착한」이라는 의미로 무슨 일인지 안절부절 못하거나 화가 나서 씩씩거리고 있는 사람에게 쓸 수 있는 표현이다. 한편 젊은이들 사이에서는 헤어질 때 인사로도 쓰인다.

이왕이면 이것도 함께!
▶ Keep[Stay] cool
진정해

A: Sometimes I feel like I could just kill Kevin.

B: Be cool. He's really not a bad guy.

A: 가끔 케빈이 죽이고 싶을 정도로 미울 때가 있어.
B: 진정해. 케빈이 그렇게 나쁜 놈은 아니야.

A: Oh my God. Look at that guy. Wow, isn't he cute? I think I might fall in love with him at first sight.

B: He's coming here. Be cool.

A: 세상에. 저 남자 좀 봐. 어쩜, 멋있지 않냐? 나 첫눈에 반한 거 같아.
B: 그 사람이 이리로 온다. 마음 좀 가라앉혀.

Absolutely 물론이죠

부사가 단독으로 쓰이는 경우로 상대방의 물음에 강한 긍정이나 동의를 할 때 사용하면 된다. Certainly 또한 같은 맥락의 표현. 반대로 강하게 부정할 때는 not만 붙여서 Absolutely not!이라고 하면 된다.

이왕이면 이것도 함께!
▶ Definitely!/ Definitely not!
틀림없어! / 절대 아냐!
▶ Certainly!/ Certainly not!
확실해! / 정말 아냐!
▶ Of course
물론이지, 확실해

A: Are you sure you want to travel to Europe?

B: Absolutely. I want to learn more about European cultures.

A: 유럽으로 여행을 가고 싶은 거 맞아?
B: 그렇고 말고. 유럽문화에 대해 더 많은 걸 배우고 싶어.

A: Did you make love to her last night?

B: Absolutely!

A: 어젯밤에 그 여자하고 잤어?
B: 당근이지!

By the way 참, 그런데, 참고로, 덧붙여서

상대방과 이야기를 하다 더 중요한 이야기가 생각났을 때 혹은 의도적으로 화제를 바꾸고자 할 때 요긴하게 써먹을 수 있는 표현. 「그런데」, 「근데 말야」 정도의 의미이다.

A: By the way, I invited my boss to dinner tomorrow.

B: Really? We need to clean this place up.

> A: 참 그런데, 우리 사장님을 내일 저녁식사에 초대했어.
> B: 정말? 그럼 집을 치워야겠네.

A: By the way, what are you doing tonight?

B: Me? Uh, well, I don't know.

> A: 근데, 오늘 밤에 뭐하실 거예요?
> B: 나? 어, 모르겠는데.

Be back soon 금방 돌아올게

상대방에게 이야기 도중 잠시 자리를 비우면서 하는 말로, 「다시 오겠다」라는 의미. 「빨리」 오겠다고 하려면 right을 넣어 (I'll) Be right back이라고 하거나, 혹은 back 뒤에 soon, in a sec[second], in a minute 등을 붙이면 된다.

A: Hey, do you have more beer?

B: Yeah, in the fridge. Let me go get some. Be back soon.

> A: 야, 맥주 더 있냐?
> B: 있어, 냉장고에. 내가 가서 좀 가져오지. 금방 갔다올게.

A: When do you think you'll return from the library?

B: I don't know exactly, but I'll be back soon.

> A: 도서관에서 언제 돌아올거니?
> B: 정확히는 모르겠지만 금방 갔다올게.

2_ I'll catch you later

Anne	**I don't understand it.** Why do you look so tired?
Mike	**I'm exhausted.** I stayed up all of last night.
Anne	**Cheer up!** You'll be able to go to bed early tonight.
Mike	**I guess so.** Unfortunately, my wife and I fight every night.
Anne	Just go get a hotel room and grab a nap. No one will bother you.
Mike	Hey, that's a great idea. **I love it!**
Anne	So go do that right now. **I'll catch you later.**

Anne	어째 그래? 왜 그렇게 피곤해보여?
Mike	지쳤어. 밤을 꼬박 샜거든.
Anne	기운 내! 오늘은 일찍 잘 수 있잖아.
Mike	그럴 수도 있지. 불행하게도 아내랑 매일 밤 싸워.

Anne	그냥 호텔방에서 가서 낮잠이나 자. 아무도 방해하지 않을거야.
Mike	야, 그것 참 좋은 생각이다. 맘에 들어!
Anne	그럼 지금 당장 가서 그렇게 해. 나중에 연락할게.

여기서 놓치면 안되는 미드 표현들

I don't understand (it) 왜 그런지 모르겠어, 알 수가 없네	**I don't understand.** Why do we need private sessions? 이해가 안돼요. 왜 우리가 개인상담이 필요한가요?
I'm exhausted 지쳤어	I am drinking lots of cups of coffee because **I'm exhausted!** 난 너무 지쳐서 커피를 마시고 있는 중야!
Cheer up! 기운내!, 힘내!	**Cheer up!** You're gonna see him again, right? 기운내라고! 걔를 다시 보게 될거야, 그지?
I guess so 아마 그럴 걸	**I guess so.** I didn't see anybody. 그럴 걸. 난 아무도 못봤어.
I love it! 정말 좋다!, 내 맘에 꼭들어!	Are you kidding? **I love it.** 그걸 말이라고 해? 정말 맘에 든다고.
Catch you later 나중에 보자	Look, I'm running late. I'll **catch you later**. 이봐, 나 늦겠어. 나중에 보자.

I don't understand (it) 왜 그런지 모르겠어, 알 수가 없네

understand라는 생기초동사를 이용한 표현으로 뭔가 이해가 안되는 상황에서 「정말 알 수가 없네」라는 의미로 쓰는 표현. I don't understand wh~의 형태로 궁금한 내용을 함께 쓸 수도 있다.

A: I don't understand it. Athena was supposed to meet me an hour ago.

B: Oh, she called and asked me to tell you she's stuck in traffic.

A: 알 수가 없네. 아테나랑 한 시간 전에 만나기로 되어있었는데 말야.
B: 아, 걔가 전화했는데 차가 막힌다고 전해 달라더라.

A: I don't understand that, you're such a nice guy.

B: That's the problem. I'm too nice, you know?

A: 난 이해가 안돼. 넌 정말 좋은 사람이잖아.
B: 그게 문제야. 저기 난 너무 착해.

I'm exhausted 지쳤어

무척 피곤하고 지쳤는데 tired라는 단어로는 식상하고 그 정도가 부족하다고 할 때 사용하는 단어로, 다른 일을 할 수 없을 정도로 extremely tired하다는 의미.

A: Can you help me move these boxes?

B: I'm exhausted. Can we do it tomorrow?

A: 이 박스들 옮기는 것 좀 도와줄래?
B: 나 녹초거든. 내일 해도 될까?

A: You look exhausted.

B: Oh, I'm fine. I just need some coffee.

A: 너 무척 지쳐 보여.
B: 어, 괜찮아. 그냥 커피 좀 마셔야겠어.

Cheer up! 기운내!, 힘내!

cheer sb up하면 sb를 기운나게 해주다라는 말로 Cheer up!하게 되면 굳어진 표현으로 처져 있거나 꿀꿀한 표정의 사람에게 기운을 내라고 격려할 때 사용하는 문장이다.

A: My wife keeps saying that we don't have enough money.

B: Hey, **cheer up!** You can find a better job.

A: 집사람이 우리가 돈이 별로 없다고 계속 바가지야.
B: 이봐, 기운내라구! 더 좋은 일자리를 찾을 수 있을거야.

A: Well, I gotta go, so try and **cheer** her **up**, would you?

B: Uh sure.

A: 나 가야 돼, 그러니 걔 좀 기운나게 해줄래?
B: 물론이지.

이왕이면 이것도 함께!
- ▶ Come on, cheer up
  이것봐, 기운내라고
- ▶ You have to cheer up, OK?
  너 기운내야 돼, 알았어?

I guess so 아마 그럴 걸

guess는 확실한 정보없이 단지 한번 예상을 해보는 것. 따라서 I guess so하면 예스는 예스인 것 같은데 자신이 없을 때 사용하는 표현으로, 상대방의 말에 희미하게 동의하는 것으로 I think so와 같은 의미.

A: Can you wash the dishes before you go out?

B: **I guess so,** but I don't have much time.

A: 나가기 전에 설거지 좀 해놓을 수 있어?
B: 할 수 있을 것 같긴 한데, 시간이 별로 없어.

A: Do you get along well with your new partner?

B: **I guess so,** but I really don't know him very well yet.

A: 새 파트너하고는 잘 지내?
B: 그런 것 같아, 하지만 실은 아직 그 사람을 아주 잘 아는 건 아냐.

이왕이면 이것도 함께!
- ▶ I believe so
  그럴 거라 생각해
- ▶ I expect (so)
  그럴 것 같아
- ▶ I suppose (so)
  그럴 걸
- ▶ I suspect (so)
  그런 게 아닐까 의심스러워

I love it! 정말 좋다!, 내 맘에 꼭 들어!

██

매우 훌륭하고 멋져서 「내맘에 꼭 든다」는 표현으로, 좋고 싫은 감정을 확실하게 표현하는 미드에서 자주 들을 수 있다. 참고로 I'd love it하면 I would love it으로 상대방의 제안 등에 「그럼 좋지」라는 의미가 되니 조심해야 한다.

이왕이면 이것도 함께!

▶ I'll love it 좋을 거야
▶ I'd love it (if ~)
  (…하면) 좋을텐데
▶ She will love it
  걔가 좋아할거야
▶ It is to your liking
  그건 네가 좋아하겠는데

A: This is the best weekend I've had in a long time.

B: Me too. I love it! This is so fun.

> A: 오랜만에 정말 즐거운 주말이구나.
> B: 나도 그래. 정말 좋다! 아주 재미있어.

A: Jen is so jealous that you're going out with Luke.

B: I know. I love it! She deserves it for being so mean to him.

> A: 젠은 네가 루크와 데이트하게 된 것을 꽤나 배아파하고 있어.
> B: 맞아. 딱 좋아! 걘 그래도 싸다구. 걔가 루크에게 좀 심술궂었니.

Catch you later 나중에 보자

██

Catch you later는 만났다 헤어질 때 「나중에 만나서 다시 이야기하자」 (contact or meet to talk again soon)라고 가볍게 던지는 인사말. 「나중에 시간나면 보자구」 또는 「나중에 다시 이야기하자」라는 의미.

이왕이면 이것도 함께!

▶ I'll catch up with you later
  나중에 보자
▶ I'll try to catch you
  some other time
  언제 한번 보자구
▶ I'll try to see you later
  나중에 봐

A: I've got to go home. Catch you guys later.

B: OK Hank. Give me a call sometime.

> A: 집에 가야겠어. 나중에 봐 얘들아.
> B: 그래 행크. 언제 전화 한번 해.

A: See you tomorrow, Samantha.

B: OK, catch you later.

> A: 내일 봐요 사만다.
> B: 그래요, 나중에 봐요.

3_ Are you serious?

Rudy   **Excuse me,** did you hear someone was robbed in this building?

Tina   **Are you serious?** Was the security guard on duty?

Rudy   Yeah, he was downstairs, **same as always**.

Tina   Well, I guess we need to keep our doors locked all the time.

Rudy   That's right, stay safe. And **good luck to you**.

Tina   Thanks for the info. **Could I call you** if I ever see a prowler?

Rudy   **You're very welcome.** And please call me any time.

Rudy 저기, 이 빌딩에 도둑이 들었다는거 들었어?	Rudy 맞아, 조심하고 행운을 빌어.
Tina 정말야? 경비원들이 근무하고 있었대?	Tina 알려줘서 고마워. 혹 도둑보면 연락해도 돼?
Rudy 어, 언제나처럼 밑에 층에 있었어.	Rudy 물론이지. 언제든지 전화해.
Tina 그럼, 우리 항상 문을 잠그고 있어야겠네.	

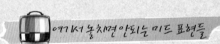

여기서 놓치면안되는 미드 표현들

Excuse me 실례해요, (말끼내면서) 저기	**Excuse me**, I'll just come back later. 실례지만, 나중에 다시 올게요. **Excuse me**. I don't think we've been introduced. 저기, 우리 인사나누지 않은 것 같네요.
Are you serious? 정말이야?, 농담 아냐?	She's a virgin? **Are you serious**? 걔가 처녀라고? 정말이야?
Same as always 맨날 똑같지 뭐	You know what? Your relationship is the **same as always**. 그거 알아? 네 관계는 늘상 똑같아.
Good luck to you 행운을 빌어	**Good luck to you** guys. You can do it! 너희들 모두에게 행운을 빌어. 너희들은 할 수 있어!
Could[Can] I call you? 나중에 전화해도 될까요?	Dad, **can I call you** back tomorrow? 아빠, 내일 전화 다시 해도 돼요?
You're (very) welcome 천만에, 별말씀요, 물론이지	**You're welcome**. We'll talk about it later. 천만에. 우리 그 얘기는 나중에 하자.

Excuse me 실례해요

상대방의 주의를 끌거나 사소한 실례를 범했을 때 사용하는 대표적 표현. 미안한 내용을 같이 쓰려면 excuse me for ~ing라고 하면 되고, Excuse me?하게 되면 상대방의 말을 제대로 못 들었을 때, 혹은 들었지만 말도 안 되는 소리여서 따지기 시작할 때 사용하는 표현이 된다.

이왕이면 이것도 함께!
▶ Step aside
비켜주세요

A: Excuse me, coming through.

B: Be careful, she's carrying hot coffee.

> A: 실례합니다만, 좀 지나갈게요.
> B: 조심하세요, 이 여자분이 뜨거운 커피를 나르고 있으니까요.

A: Excuse me. I need to get past you.

B: Oh, I'm sorry. I didn't know I was in the way.

> A: 실례합니다. 좀 지나갈게요.
> B: 어, 죄송해요. 길을 막고 있는 줄은 몰랐어요.

Are you serious? 정말이야?, 농담 아냐?

serious가 「진지한」이라는 의미로 쓰여 Are you serious?하면 「정말이야?」, 「농담 아니야?」라는 뜻으로, 상대방의 말이 단번에 수긍이 가지 않는 좀 황당한 얘기일 때 쓸 수 있는 표현이다.

이왕이면 이것도 함께!
▶ No lie?
거짓말 아니지?, 정말?
▶ Did I hear you right?
정말이니?, 내가 제대로 들은 거지?
▶ You mean it? 정말이지?
▶ Do you mean that?
정말이지?
▶ Are you for real?
정말이야?

A: Are you serious? You want to quit school?

B: I'm not sure yet, but I may quit attending school next year.

> A: 진심이야? 학교를 그만두겠다는 게?
> B: 아직 확실치 않지만 내년에 학교를 그만둘지도 몰라.

A: I asked Emily to marry me.

B: Are you serious? I mean, you've only known her for six weeks!

> A: 에밀리에게 청혼했어.
> B: 정말이야? 그러니까 내 말은, 에밀리를 안지 6주밖에 안됐잖아!

81

Same as always 늘 그래

상대방의 안부인사 등에 별로 특별한 게 없다고 할 때 사용하는 표현으로 same as usual, same old story 등과 같은 맥락의 표현. 「늘 그렇지 뭐」라는 뜻.

A: How are your parents doing these days?

B: Same as always.

  A: 너희 부모님은 요즘 어떻게 지내셔?
  B: 늘 같으셔.

A: How are things going at your school?

B: Same as always. We have a lot of homework to do.

  A: 학교 생활은 어때?
  B: 늘 그렇지 뭐. 숙제가 너무 많아.

이왕이면 이것도 함께!

▶ Same as usual
  늘 그렇지 뭐
▶ Same old story[stuff]
  늘 그렇지 뭐

Good luck to you 행운을 빌어

먼 길을 떠나는 사람이나 뭔가 중요한 일을 앞두고 있는 사람에게 쓰는 표현으로 Good luck to you!라고 한 다음 You'll need it하면 금상첨화! 또한 행운을 빌어주는 대상이 사람이 아니라 일일 경우에는 Good luck with sth!이라고 하면 된다.

A: Today I will be starting university for the first time.

B: Good luck to you. Remember to always do your best.

  A: 나 오늘 대학생활 처음 시작해.
  B: 행운을 빌어. 언제나 최선을 다하는 거 명심하구.

A: I'm sorry that you're resigning. Good luck to you.

B: Thank you. I hope I can do better in the future.

  A: 그만 둔다니 유감인걸. 행운을 빌게.
  B: 고마워. 나도 앞으로 더 잘 됐으면 좋겠어.

이왕이면 이것도 함께!

▶ I wish you good luck
  행운을 빌어요
▶ Good luck (to you),
  you'll need it
  행운을 빌어, 행운이 필요할거야
▶ Good luck, go get them
  행운을 빌어, 가서 (행운을) 잡
  으라고
▶ (The) Best of luck (to
  someone)
  행운을 빌어, 잘 되기를 빌게
▶ Wish me luck!
  행운을 빌어줘!
▶ Good luck with that!
  행운이 있기를!

Could I call you? 나중에 전화해도 될까요?

상대방에게 내가 전화해도 되냐고 물어보는 표현으로 Can[Could] I call you?
단독으로도 쓰이지만 you 다음에 좀 더 구체적인 시간을 나타내는 sometime,
tomorrow, later 등과 어울려 자주 쓰인다.

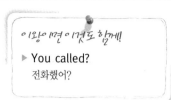

이왕이면 이것도 함께!
▶ You called?
전화했어?

A: It was nice meeting you, Jack.

B: Nice meeting you too, Terry. Could I call you
sometime?

A: 만나서 반가웠어요, 잭.
B: 저도요, 테리. 언제 한번 전화해도 되죠?

A: Can I call you in a couple days?

B: Okay. All right. Bye.

A: 며칠 안에 내가 전화할게
B: 그래, 안녕

You're welcome 뭘요, 천만에

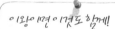

상대방이 고맙다는 말을 할 때 쓰는 가장 대표적인 표현으로 강조하려면 You're
very[more than] welcome이라 하고, 줄여서 그냥 Welcome이라고도 한
다. 또한 상대방이 당황하던, 놀라던, 바쁘던지 해서 Thank you라는 말을 해야
할 때 하지 않을 경우 이때 혼자서 You're welcome이라고 할 때가 있는데 이
때의 상황에 따라 "고맙다는 말은 됐구," "고맙다는 인사는 받을 생각도 없어" 정도
로 유연하게 해석해야 한다.

이왕이면 이것도 함께!
▶ You're welcome to~
기꺼이 …해도 돼
▶ Not at all
뭘요
▶ Don't mention it
신경쓰지마요
▶ It's no trouble at all
수고도 아닌 걸요

A: Thank you for inviting us to your Christmas
party. It was fun.

B: You're very welcome. I hope you can come
again next year.

A: 크리스마스 파티에 저희를 초대해주셔서 감사합니다. 즐거웠어요.
B: 별 말씀을요. 내년에 또 와주세요.

A: That was fun, Julie. Thanks for including me.

B: You're welcome.

A: 재미있었어, 줄리. 날 끼워줘서 고마워.
B: 천만에.

4_ How about you?

Ted	Thank you for the party to **welcome me home**. I enjoyed it.
Mary	**That's great.** Everyone **had a lot of fun**.
Ted	I'd like to have another drink. **How about you?**
Mary	No thanks. It's getting late and I must go home.
Ted	Do you really have to get going?
Mary	**I'm afraid so.** I need to wake up early tomorrow.
Ted	OK, **goodbye for now**. And thank you for everything.

Ted	집에 돌아온 나를 환영하는 파티를 열어줘 고마워. 즐거웠어.	Mary	난 됐어. 늦었는데 집에 가야 돼.
Mary	잘됐다. 다들 재미 엄청 있었어.	Ted	정말 꼭 가야 돼?
Ted	난 한잔 더 하고 싶은데? 넌 어때?	Mary	그래야 될 것 같아. 내일 일찍 일어나야되거든.
		Ted	좋아, 그럼 오늘은 그만 헤어지자. 여러모로 고마웠어.

여기서 놓치면 안되는 미드 표현들

Welcome home 어서 와, 잘 다녀왔어	**Welcome home**, Director. How was the Interpol conference? 국장님 어서 오세요. 인터폴 회의는 어땠어요?
That's great 아주 좋아, 대단해, 잘됐다	**That's great**! It's so good that you had a good time in France! 잘됐다! 네가 프랑스에서 즐거웠다니 너무 좋다!
Have fun 즐겁게 지내	And we're gonna **have** a lot of **fun**, right? 그리고 우리는 재미있게 노는 거지, 그렇지?
How about you? 네 생각은 어때?	I had fun. **How about you?** 난 재미있었어. 너는 어때?
I'm afraid so (안타깝게도) 그런 것 같아	**I'm afraid so.** It looks like you're the latest victim. 그런 것 같아. 네가 마지막 피해자인 것 같아.
Goodbye for now 그만 여기서 작별하죠	**Goodbye for now**, I'll see you next week. 그만 헤어지고, 다음 주에 보자.

Welcome home 어서 와

Welcome to~은 "…에 온 걸 환영해"라는 표현이다. to 다음에는 구체적인 장소 명사 등이 오지만 추상명사인 date나 21st century 등의 단어가 올 수도 있다. Welcome home은 집에 돌아온 사람보고 "잘 왔다, 환영해, 어서 와"라는 의미.

A: Welcome home, son. Good to see you.

B: Thanks. I'm happy to be back.

A: 어서와라 얘야. 얼굴보니 좋구나.
B: 고마워요. 집에 오니 저도 좋아요.

A: Welcome home, Mike.

B: You're not mad at me, are you?

A: 어서 와, 마이크.
B: 나한테 화난 거 아니지, 맞지?

That's great 아주 좋아

뭔가 동의하고 인정한다는 의미에서 That's good의 강조형으로 볼 수 있다. 단, That's great는 종종 칭찬의 의미로도 쓰이는데, 이때는 Good for you와 같은 의미로 봐도 된다.

A: I got this dress at a sale in the department store.

B: That's great.

A: 백화점에서 세일가격에 이 옷을 샀어.
B: 잘했다.

A: She said that she wants to go out with me again.

B: That's great. I always thought you two made a cute couple.

A: 그 여자가 나랑 또 데이트하고 싶다고 했어.
B: 잘됐다. 난 늘 너희 두 사람 잘 어울린다고 생각했어.

Have (much) fun 즐겁게 지내

여행에서 혹은 파티에서 좋은 시간, 재미있는 시간을 보내라고 인사말을 건넬 때 쓰는 표현. much를 넣어서 강조해 줄 수 있다. 또한 We're having fun하게 되면 즐겁게 지내고 있다, Go nuts!하면 실컷 재미있게 놀아보라는 표현이 된다.

A: We're going to the Christmas party now. See you in a little while.

B: Okay. Have fun.

A: 우린 이제 크리스마스 파티에 가야 해. 나중에 봐.
B: 알았어. 재밌게 놀아.

A: How is your date going?

B: It's been great. We're having fun.

A: 데이트는 잘 하고 있어?
B: 응 좋아. 우린 즐겁게 지내고 있어.

이왕이면 이것도 함께!

▶ Enjoy yourself
즐겁게 보내

▶ Have a ball
자, 마음껏 즐기자

▶ Have a good time
재밌게 놀자

▶ We're having fun
우린 즐겁게 지내고 있어

▶ Are we having fun yet?
아직 재미난 일 없는 거야?

▶ Go nuts! 실컷 놀아보라구!

How about you? 네 생각은 어때?

How about you?는 단순히 상대방의 의견을 물어볼 때 혹은 여러 의견이 분분할 때 「네 생각은 어때?」라며 상대의 의중(what they think or want)을 떠보는 표현으로 주로 쓰인다. 물론 상대방의 상황을 물어볼 때도 사용할 수 있다.

A: I think I'd rather go to the beach this weekend than go hiking. How about you?

B: Either one sounds good to me.

A: 이번 주말에 등산보다는 해변에 가는 게 나을 거 같아. 네 생각은 어때?
B: 난 둘 다 좋아.

A: So, Chris, how about you? Are you married?

B: Oh, not really. I mean no!

A: 그럼, 크리스, 너는 어때? 결혼했어?
B: 어, 꼭 그런 것은 아니고. 내 말은 아니라는 말야.

이왕이면 이것도 함께!

▶ What about you?
넌 어때?

I'm afraid so (안됐지만) 그런 것 같아

상대방의 기대하던 내용과 반대되거나 뭔가 안 좋은 이야기를 할 때 아쉽게도 그런 것 같다라고 할 때는 I'm afraid so를 쓰고, 반대로 아닌 것 같아라고 할 때는 I'm afraid not을 쓴다. 두 표현이 반대이지만 상대방에게 안 좋다라는 측면에서는 같다.

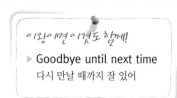

이왕이면 이것도 함께!
▶ I am afraid not
아무래도 아닌 것 같아

A: My monkey is very sick. Is he going to die?

B: Yes. I'm afraid so.

A: 내가 기르는 원숭이가 몹시 아파요. 죽을까요?
B: 네. 아무래도 그럴 것 같습니다.

A: She called the police?

B: I'm afraid so.

A: 걔가 경찰을 불렀어?
B: 아무래도 그런 것 같아.

Goodbye for now 이제 그만 안녕

그냥 "바이바이"가 아니라 (Good)Bye for now하게 되면 작별의 아쉬움을 표현하면서 동시에 다음 만날 것을 기약하는 문장이 된다. 특히 TV 쇼 등에서 마무리 멘트로 많이 사용된다.

이왕이면 이것도 함께!
▶ Goodbye until next time
다시 만날 때까지 잘 있어

A: Thank you for showing me such a romantic evening.

B: I hope we can do it again soon. Goodbye for now.

A: 이렇게 낭만적인 밤을 보내게 해줘서 고마워요.
B: 곧 다시 한번 이런 자리를 가졌으면 좋겠네요. 오늘은 이만 갈게요.

A: Bye for now!

B: See you later. Don't forget to e-mail me.

A: 이제 그만 안녕!
B: 담에 봐. 잊지 말고 메일 보내.

5_ That's right

Laura   Hello there, **how may I help you?**

Pete   I need ten dollars right now! **Hurry up!**

Laura   **Wait a minute,** why should I give you any money?

Pete   My girlfriend is sick, and I need to pay for a taxi to her house.

Laura   **Be honest,** you really think I'll give you ten dollars?

Pete   **That's right.** I'm sure you can help me.

Laura   **I'm sorry about this,** but I won't pay for your taxi.

Laura	야, 안녕, 뭘 도와줄까?	Laura	솔직히 얘기해봐, 넌 내가 너한테 10달러를 줄거라 생각하는거야?
Pete	지금 당장 10달러 필요해! 빨리!		
Laura	잠깐만, 내가 왜 너한테 돈을 줘야 하는데?	Pete	어. 네가 날 도울거라 확신해.
Pete	여친이 아파서 집에까지 데려다 줄 택시비가 필요해.	Laura	미안하지만, 네 택시비를 대주지 않을거야.

여기서 놓치면 안되는 미드 표현들

How may I help you? 어떻게 도와드릴까요?	Rachel Green's line, **how may I help you?** 레이첼 그린 자리 전화입니다. 뭘 도와드릴까요?
Hurry up! 서둘러!	**Hurry up!** You promised to get me to the zoo by 2:00. 서둘러! 2시까지 동물원에 데려가기로 했잖아.
Wait a minute[second] 잠깐만	**Wait a minute.** I've got an idea. 잠깐만. 내게 좋은 생각이 떠올랐어.
Be honest 솔직히 털어놔	Now, tell me what you see. **Be honest.** 이제, 보이는 것을 내게 말해봐. 솔직하게 말야.
That's right 맞아, 그래	**That's right**, Chris. It's now or never. 맞아, 크리스. 지금 아니면 기회가 없어.
I am sorry about that 미안해	Hey, **I'm sorry about that**. Are you okay? 저기, 그거 미안해. 너 괜찮아?

How may I help you? 어떻게 도와드릴까요?

가게 점원이나 식당종업원이 손님에게 하는 말로 가장 빈번하게 들을 수 있고, 또한 일상의 전화영어로도 많이 쓰이는 표현. 좀 더 캐주얼하게 How can I help you?라고 해도 된다.

이왕이면 이것도 함께!

▶ How can I serve you?
어떻게 도와드릴까요?

▶ How can I help you?
어떻게 도와드릴까요?

▶ May I help you?
도와드릴까요?

▶ Could I help you?
도와드릴까요?

A: How may I help you?

B: I was wondering if you have this sweater in extra large?

A: 어떻게 도와드릴까요?
B: 이 스웨터, X-라지 사이즈로 있나요?

A: Can I help you?

B: This is Ted's dorm room, right?

A: 무슨 일이세요?
B: 여기가 테드의 기숙사 방이죠, 맞죠?

Hurry up! 서둘러!

상대방에게 빨리 서두르라고 재촉할 때 쓰는 표현. 응용해서 서둘러 …해라라고 말 하려면 hurry up and~의 형태로 쓰면 된다. 예로 "우리 서둘러 이거 하자"라고 할 때면 Let's hurry up and do this라고 하면 된다는 말씀. 또한 좀 어려운 표현으로 I haven't got all day란 것이 있는데 이는 "이럴 시간 없어"라는 문장.

이왕이면 이것도 함께!

▶ Come on, hurry up.
이봐, 서둘러.

▶ You better hurry up
너 서둘러야 돼

▶ I haven't got all day
여기서 이럴 시간 없어, 빨리 서둘러

A: Hold on a minute. I have to go to the bathroom.

B: Hurry up! The train leaves in 20 minutes.

A: 잠깐만 기다려. 화장실 좀 가야겠어.
B: 서둘러! 기차가 20분 후에 출발한다구.

A: Hurry up! I haven't got all day.

B: Sorry. I'm almost ready.

A: 서둘러! 이러고 있을 시간 없다구.
B: 미안해. 거의 다 됐어.

Wait a minute[second] 잠깐만

일반적인 상황이나 전화상에서 상대방보고 잠깐 기다리라고 하는 표현. 비슷한 표현으로는 Just a minute, Just a sec(ond), 그리고 One moment, please 등이 있다.

이왕이면 이것도 함께!
▶ Just a minute
잠시만
▶ One moment, please
잠시만

A: Dinner is ready. Come and get it.

B: Wait a minute. The TV show is almost finished.

> A: 저녁식사 다 됐어요. 와서 드세요.
> B: 잠시만. 이 프로가 거의 끝나 가.

A: Hey, Kate. What are ya doin'?

B: Oh, just a sec.

> A: 야, 케이트. 뭐해?
> B: 어, 잠깐만.

Be honest 솔직히 털어놔

Be+형용사 형태의 명령문. be honest는 솔직하다라는 뜻으로 Be honest!하게 되면 솔직하게 말해라가 된다. …에게 솔직하다라고 하려면 뒤에 with sb를 붙이면 된다.

이왕이면 이것도 함께!
▶ I'll be honest with you
네게 솔직히 털어놓을게
▶ Let's be honest
우리 서로 솔직해지자
▶ You have to be honest
with me
너 나한테 솔직히 말해

A: Do you enjoy working at your job? Be honest.

B: Well, I like the people I work with, but the work itself is kind of boring.

> A: 하는 일이 맘에 드세요? 솔직히 말해봐요.
> B: 글쎄요, 같이 일하는 사람들은 맘에 드는데, 일이 좀 지루하네요.

A: I haven't been honest with you.

B: Okay, spill it.

> A: 난 네게 솔직하지 못했어.
> B: 좋아, 털어놔봐.

That's right 맞아, 그래

▬▬▬▬▬▬▬▬▬▬▬▬▬▬▬▬▬▬▬▬▬▬▬▬▬▬▬▬▬▬▬▬▬▬▬▬▬▬▬

상대방의 말이 맞거나 상대방의 의견이나 제안에 동의할 때 사용하는 표현으로 상대방의 사과나 감사에 괜찮다고 말하는 That's all right과 구분을 잘 해야 한다.

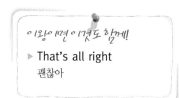

이왕이면 이것도 함께!
▶ That's all right
괜찮아

A: So, you guys have been playing cards for four hours?

B: That's right, pal.

> A: 그럼 너희들 네 시간째 카드게임을 하고 있는 거란 말야?
> B: 맞아, 친구.

A: You're saying you killed her by yourself, all alone?

B: That's right.

> A: 네가 걔를 도움없이 혼자서 죽였단말야?
> B: 맞아.

(I am) Sorry about that 미안해

▬▬▬▬▬▬▬▬▬▬▬▬▬▬▬▬▬▬▬▬▬▬▬▬▬▬▬▬▬▬▬▬▬▬▬▬▬▬▬

상대방에게 저지른 특정한 실수에 대해(about that) 사과하는 말로, 막연하게 I am sorry에서 그치는 것보다 공손하게 느껴지는 표현이다. I'm sorry about that[this], but~,의 형태로 혹은 That was a huge mistake. I'm sorry about that처럼 먼저 잘못한 것을 인정하고 그 잘못에 대해 미안하다고 하면서 쓸 수 있다.

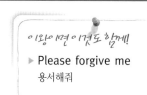

이왕이면 이것도 함께!
▶ Please forgive me
용서해줘

A: Hey! You just spilled your coffee on my report.

B: Oops. Sorry about that.

> A: 이봐! 내 리포트에다가 커피를 쏟았잖아.
> B: 이런. 미안해.

A: The client was really angry when you forgot his name.

B: Sorry about that. It won't happen again.

> A: 당신이 그 고객 이름을 잊어버려서 그 사람이 굉장히 기분나빠 했다구요.
> B: 죄송합니다. 다시는 그런 일 없을 거예요.

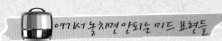

6_ Doing okay?

Megan   Hey there Jeff. **Are you doing okay** today?

Jeff   I'm good. I'm on my way to a blind date.

Megan   **That's nice.** What time are you two meeting?

Jeff   **Right away. We've got plans to** go to the theater.

Megan   **I like that.** Going to see a play is a lot of fun.

Jeff   Yes, it is. Well, I'm sorry, but I've got to go now.

Megan   Okay, have a good time. **I'll see you later.**

Megan 안녕, 제프. 오늘 어때?	Megan 좋지. 연극보러가는 건 정말 재미있어.
Jeff 좋아. 소개팅하러 가는 중이야.	Jeff 맞아, 그래. 저기, 미안하지만, 나 지금 가봐야 돼.
Megan 잘됐다. 언제 만나는데?	Megan 좋아. 좋은 시간 보내고. 나중에 보자.
Jeff 지금 바로. 우리는 극장에 갈 계획야.	

여기서 놓치면 안되는 미드 표현들

(Are you) Doing okay? 잘지내?, 괜찮어?	So are guys **doing okay**? 그래, 너희들 잘지내고 있어?
That's nice 좋아	Well, **that's nice**, but what about our lives? 저기, 좋아, 하지만 우리의 삶은 어떻게 되는거야?
Right away 지금 당장	I need you back here **right away**. 너 지금 당장 이리로 돌아와라.
I've got plans 나 계획있어	Can't do it. **I got plans** this weekend. 안돼. 이번 주말에 계획이 있어.
I like that 그거 좋은데, 맘에 들어	**I like that**! Oh, okay! Show him your bra! 그거 좋다! 좋아! 걔한테 네 브라를 보여줘!
(I'll) See you later 나중에 봐	Well, I gotta go you guys. **I'll see you later**. 자, 애들아, 나 가야 돼. 나중에 봐.

92

(Are you) Doing okay? 잘지내?, 괜찮어?

말 그대로 잘 지내고 있다는 말로 do okay를 많이 쓴다. 내가 별일 없이 잘 지내고 있다라고 말하려면 I'm doing okay, 반대로 상대방에게 잘 지내냐고 물어볼 때는 Are you doing okay?라고 하면 된다. 또한 너 잘해내는 것 같아 보인다는 You seem to do okay라 하기도 한다.

이왕이면 이것도 함께!
▶ (Have) (you) Been okay?
그동안 잘지냈니?

A: Tara told me that you lost your job. Are you doing okay?

B: I'll be alright this month, but I need to find another job soon.

> A: 타라가 그러는데 너 실직했다며. 괜찮은거야?
> B: 이번 달엔 괜찮아. 그렇지만 곧 다른 일자리를 알아봐야지.

A: Are you doing okay? Is there anything I can get for you?

B: I'd like a glass of water and a cheese sandwich.

> A: 잘 지내? 내가 뭐 도와줄게 있어?
> B: 물 한잔하고 치즈샌드위치 좀 줘.

That's nice 좋아

nice는 멋진, 맘에 드는, 착하게 굴다 등의 의미로 That's nice는 「좋아」, 「멋져」라는 표현이 된다. nice하면 be nice of you to~로 「…해줘서 고마워」, 그리고 be nice to sb는 「…에게 잘 대해주다」라는 문구들로 기본적으로 알고 있어야 한다.

이왕이면 이것도 함께!
▶ That's nice of you to~
…해줘서 참 고마워

A: Henry gave me a diamond ring to celebrate our first anniversary.

B: That's nice. I wish my husband was that romantic.

> A: 헨리가 우리의 첫 기념일을 축하한다고 다이아몬드 반지를 주었어.
> B: 멋지구나. 우리 남편도 그렇게 낭만적이었으면 좋겠어.

A: I'm here! I was here!

B: Nice of you to join us, Mark.

> A: 나 여기 있어! 아까부터 있었다구!
> B: 마크, 우리랑 함께 해서 정말 고마워.

Right away 지금 당장

▬▬▬▬▬▬▬▬▬▬▬▬▬▬▬▬▬▬▬▬▬▬▬▬▬▬▬▬▬▬▬▬▬▬▬▬

뭔가 행동을 지체없이(without hesitation) 즉시(immediately) 한다는 부사구로 일반적으로 많이 쓰이지만 특히 식당에서 종사하는 사람들이 손님의 주문을 받고서 「바로 갖다 드리겠습니다」라고 할 때 전형적으로 쓰는 표현이다.

A: Gary told me the whole thing. We have to talk right away.

B: Meet me at the studio.

> A: 게리가 모든 걸 다 말했어. 우리 당장 이야기해야 돼.
> B: 스튜디오에서 봐.

A: I need to take this to my lab right away.

B: You're what?

> A: 나 이거 당장 실험실로 가져 가야 돼.
> B: 뭐라고?

I've got plans 나 계획있어

▬▬▬▬▬▬▬▬▬▬▬▬▬▬▬▬▬▬▬▬▬▬▬▬▬▬▬▬▬▬▬▬▬▬▬▬

보통 약속을 잡을 때 많이 쓰이는 표현으로 I've got plans하면 「나 계획있어」, You got plans tonight?하면 「오늘밤에 계획있어?」라고 서로의 계획여부를 확인하는 탐색전 표현. 이미 계획이 있을 때는 I have other plan, I already have plans라 한다. 또한 계획의 구체적인 것을 말하려면 plans 다음에 to~를 이어쓰면 된다.

A: I want you to meet my new boyfriend tonight.

B: Sorry, I can't because I've got plans.

> A: 오늘 밤에 내 새 남친 만나줘.
> B: 미안해, 다른 계획이 있어서 안돼.

A: Aren't you going on the trip to Washington?

B: I want to go, but I have other plans.

> A: 워싱톤으로 여행가지 않을거야?.
> B: 가고는 싶은데, 다른 계획이 있어서.

I like that 그거 좋은데, 맘에 들어

뭔가 마음에 들었을 때 하는 말로, 앞서 배운 I love it과 같은 의미. 또한 I love it과 I'd love it이 다르듯이 I like that은 그냥 마음에 든다는 것이고, I'd like that은 「그러면 좋겠다」라는 가정의 의미를 포함한 표현이라는 점을 꼭 기억해둔다.

이왕이면 이것도 함께!

▶ I'd like that
그러면 좋겠다, 그렇게 한다면 난 좋겠다

A: Did you hear that we have to start working on Saturdays?

B: I like that. I need the extra money.

A: 이제부터 토요일에도 근무를 해야 한다는 소식 들었어요?
B: 난 좋아요. 돈이 좀 더 필요하니까.

A: I like you. Have dinner with me.

B: I'd like that.

A: 나 니가 좋아. 나랑 저녁먹자.
B: 그럼 좋지.

(I'll) See you later 나중에 봐

헤어질 때 하는 인사말의 기본이다. See you later, alligator라고도 하는데 여기서 alligator는 later의 운을 맞춰 나온 단어로 특별한 의미는 없다.

이왕이면 이것도 함께!

▶ (I'll) See you guys later
얘들아 나중에 봐

▶ See you later, alligator
나중에 보자

▶ See ya 또 봐

▶ (I'll) Be seeing you
또 보자

▶ See you around 또 보자

▶ See you soon 또 보자

A: Are you leaving the party Tracey?

B: Yes, I'm really tired. See you later.

A: 파티장에서 나갈 거니, 트레이시?
B: 응, 정말 피곤해서. 또 봐.

A: Good night everyone. I'll see you guys later.

B: OK John, we'll see you at the game tomorrow.

A: 잘 가 얘들아. 나중에 봐.
B: 그래 존, 내일 경기에서 보자.

7_ It's my fault

Angie   You look kind of sad. **Is everything okay?**

Phil   **I'm cool,** it's just that I may be getting a divorce soon.

Angie   No way! **How's your family doing?** Are they upset?

Phil   Yes, but **it's my fault**. I've fallen in love with someone else.

Angie   Look, **let's talk** tomorrow. Do you have time to get together?

Phil   Yes, I can meet you for lunch. Thanks for your concern.

Angie   **It's my pleasure.** Anything I can do to help.

Angie 너 좀 슬퍼보여. 다 괜찮은거야?	빠졌거든.
Phil 괜찮아, 곧 이혼할 지도 몰라서야.	Angie 이봐, 내일 얘기하자. 내일 만날 시간 돼?
Angie 말도 안돼! 너희 가족은 어때? 화나 있어?	Phil 어, 점심때 만날 수 있어. 걱정해줘서 고마워.
Phil 어, 하지만 내 잘못이야. 내가 다른 사람과 사랑에	Angie 무슨 말을. 도움이 된다면 뭐든지 할게.

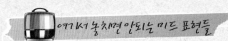 여기서 놓치면 안되는 미드 표현들

(Is) Everything okay? 잘 지내지?, 일은 다 잘 되지?	You've been quiet all morning. **Is everything okay**? 아침내내 말이 없네. 무슨 일 있어?
I'm cool 잘 지내, 난 괜찮아	**I'm cool**. Have a great time. 난 괜찮아. 즐겁게 지내.
How's the[your] family? 가족들은 다 잘 지내죠?	**How's the family**? Is everything okay at home? 가족들 다 잘 지내? 집에 별 일 없지?
It is my fault 내 잘못이야	'Cause my dad thinks **this is my fault**. 아빠는 그게 내 잘못이라고 생각하기 때문이야.
Let's talk 같이 이야기해보자	**Let's talk** about it in the morning, okay? 아침에 그거에 대해 얘기해보자, 알았지?
It's my pleasure 도움이 됐다니 내가 기쁘네, 무슨 말을, 별말씀을	**It's my pleasure**. I'm always happy to help out Chris. 무슨 말을. 언제든 기쁜맘으로 크리스를 난 도와줘.

(Is) Everything okay? 잘 지내지?, 일은 다 잘 되지?

상대방에게 안부인사를 하는 것으로 모든 일이 다 괜찮냐, 즉 별 일 없지라는 의미이다. 섹션 1에서 언급했듯이 그냥 Is를 빼버리고 Everything okay?라고 줄여말하기도 한다.

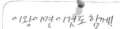

이왕이면 이것도 함께!

▶ Everything okay in there?
거기 다 괜찮아?
▶ Everything okay at home?
집에 별일 없지?

A: You look really depressed. Is everything okay?

B: I feel miserable. My boyfriend and I broke up this weekend.

A: 너 굉장히 기운없어 보이는데, 괜찮은거야?
B: 비참해. 남자 친구랑 이번 주말에 헤어졌어.

A: Jack. Is everything okay?

B: Sure, yeah, everything's fine.

A: 잭. 별 일 없지?
B: 그럼, 다 괜찮아.

I'm cool 잘 지내, 난 괜찮아

How are you?, How's it going?, Are you okay? 등, 상대방의 안부나 상태를 묻는 말에 대한 답변으로 Good이나 I'm fine 대신에 쓸 수 있는 쿨한(?) 표현.

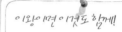

이왕이면 이것도 함께!

▶ I'm cool. Casual
나 잘 지내. 그저 그래
▶ I'm cool. How's work?
난 괜찮아. 일은 어때?

A: How are you doing?

B: I'm cool. Everything's just great.

A: 어떻게 지내?
B: 잘 지내. 모든 게 다 좋아.

A: Are you sure you're okay?

B: Yeah, yeah... It's no big deal. I'm cool.

A: 너 정말 괜찮아?
B: 그럼, 그럼… 별일 아닌걸. 난 괜찮아.

How's the[your] family? 가족들은 다 잘 지내죠?

역시 안부인사 중의 하나로 이번에는 상대방 가족에 대한 인사를 하는 것으로 How's the family? 혹은 How's your family?라고 쓴다. 그러면 상대방은 Great!라고 대답하고 그럼 너희 가족은 잘 지내냐고 물어볼 때는 How's yours?라고 하면 된다.

A: Beth, you haven't been here in a long time. **How's the family?**

B: Good. My husband just got promoted.

A: 베스,.오랫만이야. 가족들은 어떻게 지내?
B: 잘 지내. 남편이 승진했어.

A: Hi honey. **How's your day going?**

B: Same old same old.

A: 안녕, 자기야. 오늘 어때?
B: 맨날 그래.

이왕이면 이것도 함께!
▶ How's the wife[your kid]?
부인[애들]은 잘 지내?
▶ How was your day?
오늘 어땠어?
▶ How's your day going?
오늘 어때?

It is my fault 내 잘못이야

요즘 듣기 힘든 표현이지만, 자기가 잘못한 것을 용기있게 콜하는 문장. 반대로 상대방이 잘못했을 때는 It's your fault라고 하면 된다. 강조하려면 This is all my fault, 조금 구어적인 표현으로는 My bad 등이 있다.

A: You don't have to say you're sorry.

B: Sure I do. **It was all my fault.**

A: 미안하단 말은 할 필요 없어요.
B: 어떻게 그래요. 이게 다 제 잘못인데.

A: Oh, no. **This is not my fault.**

B: I'm not blaming anybody.

A: 이건 아냐. 이건 내 잘못이 아니야.
B: 난 지금 누굴 비난하는 것은 아니야.

이왕이면 이것도 함께!
▶ This is all[totally] my fault
모두 내 잘못야
▶ It's not your fault
네 잘못이 아냐
▶ It's my fault that she was dead
걔가 죽은 것은 내 잘못이야

Let's talk 같이 이야기해보자

어떤 문제에 대하여 같이 이야기를 나눠보고 해결책을 찾으려고 할 때 사용하는 표현. 얘기할 대상을 언급할 때는 Let's talk about~이라고 하면 되는데, 간혹 about없이 Let's talk flowers, Let's talk law, Let's talk reality처럼 쓰이기도 한다.

A: Hey, Eddie. Can you give me a minute?

B: Sure, Lisa, **let's talk**. What's on your mind?

    A: 야, 에디. 시간 좀 내줄 수 있니?
    B: 그럼, 리사, 얘기하자. 할 얘기란 게 뭔데?

A: You sounded pretty upset on the phone. What's up?

B: **Let's talk** about our wedding. I'm having second thoughts about it.

    A: 전화했을 때 무척 화가 난 것 같던데. 무슨 일이야?
    B: 우리 결혼에 대해 얘기 좀 하자. 우리 결혼, 다시 생각해 봐야겠어.

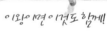

이왕이면 이것도 함께!

▶ Let's talk about it[you]
  그 문제[너]에 대해 얘기해보자

▶ Let's talk about our relationship
  우리 관계에 대해 얘기해보자

▶ Let's talk about snow
  눈에 대해 얘기해보자

▶ Let's talk (about) money
  돈 얘기 좀 해보자

▶ Let's talk (about) singing
  노래부르는 얘기 좀 해보자

(It's) My pleasure 도움이 됐다니 내가 기쁘네, 별말씀을

상대방이 고맙다고 했을 때 대답하는 You're welcome보다 더 괜찮다는 마음을 전달할 수 있는 표현으로 도움이 되어 내가 기쁘다라는 의미를 담고 있다. 과거형 It was my pleasure(나도 즐거웠어요, 제가 좋아서 한걸요)가 특히 많이 쓰임.

A: Thank you for the great birthday gift, Uncle Mike.

B: **My pleasure.**

    A: 멋진 생일 선물 고맙습니다, 마이크 삼촌.
    B: 천만에.

A: Thanks for being with us today, Penny.

B: **My pleasure, Louis.**

    A: 오늘 우리랑 같이 있어줘서 고마워, 페니.
    B: 나도 즐거웠어, 루이스.

이왕이면 이것도 함께!

▶ The pleasure is mine
  내가 좋아서 한 일인데요

8_ Are you sure?

Andrew   Hi Carol. **Long time no see.**

Carol   **Nice to see you too.** I think it's been a few years.

Andrew   **Are you sure?** Didn't I see you at my Christmas party?

Carol   No, I wasn't there. **Anytime** you have a party, I miss it.

Andrew   Oh, that's sad. Would you like my wife to e-mail you party invitations?

Carol   **No, thank you.** I really don't like going to parties.

Andrew   **Are you okay?** I thought everyone liked social events.

Andrew 안녕, 캐롤. 오랜만이야.

Carol   나도 만나서 반가워. 몇 년만인 것 같아.

Andrew 정말야? 내 크리스마스 파티 때 보지 않았어?

Carol   아냐, 난 안 갔었어. 네가 파티할 때마다, 내가 놓치잖아.

Andrew 안됐다. 아내보고 파티 초대장 보내라고 할까?

Carol   고맙지만, 됐어. 난 정말 파티에 가는 걸 싫어해.

Andrew 그래도 되겠어? 다들 사교모임을 좋아한다고 생각했는데.

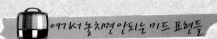

여기서 놓치면안되는 미드 표현들

Long time no see 오랜만이야	**Long time no see**, Mr. Miller. Where you been? 밀러 씨, 오래간만예요. 어디 계셨어요?
Nice to see you 만나서 반가워요, 만나서 반가웠어요	Peter, **nice to see you**. But, Steve and I have a meeting. 피터, 만나서 반갑지만, 스티브와 회의중이야.
Are you sure? 정말이야?	She seems to hate you. **Are you sure?** 걘 너를 싫어하는 것 같은데, 정말이야?
Anytime 언제든지, 별말씀을	Yeah, **anytime**, Chris. I'll see you tonight, okay? 그래, 언제든지, 크리스, 저녁에 보자, 알았지?
No, thank you 고맙지만 사양하겠어	**No, thank you.** It's all right. 고맙지만 됐어. 괜찮아.
Are you okay? 괜찮아?	Hi. **Are you okay?** I've been texting you all day. 안녕, 별 일없지? 종일 문자를 보냈는데.

Long time no see 오랜만이야

Long time no see는 말 그대로 오랫동안(long time) 서로 얼굴을 보지 못하고(no see) 지내던 사람들이 만났을 때 던지는 전형적인 인사말(say hello when you have not seen someone for a long time). 같은 맥락의 표현으로는 It has been a long time since we met이나 I haven't seen you in ages 등이 있다.

A: Chris, long time no see.

B: You're not kidding. How long has it been?

A: 크리스, 오랫만이야.
B: 정말 그러네. 이게 얼마만이지?

A: Hey Liz. Long time, no see.

B: Yeah, that's why I love Christmas. You can meet old friends again.

A: 이봐 리즈. 오랫만이야.
B: 그러게. 이래서 내가 크리스마스를 좋아한다니까. 옛 친구들을 다시 만날 수 있잖아.

이왕이면 이것도 함께!

▶ It has been a long time since we met
오랜만이야

▶ I haven't seen you in ages
오랜만에 보네

Nice to see you 만나서 반가워, 만나서 반가웠어요

만날 때나 헤어질 때, 모두 사용할 수 있는 가장 기본적인 인사표현이다. to 부정사 대신 동명사를 사용한 Nice seeing you 역시 같은 맥락의 표현이다. 물론 써도 되지만 앞에 It's가 생략된 것으로 보면 된다.

A: Hi! We're finally arrived!

B: It's nice to see you. Did you have any difficulty finding our apartment?

A: 안녕하세요. 우리 드디어 왔어요!
B: 만나서 반가워요. 우리 아파트 찾기 힘들었어요?

A: It's nice to see you. Steven is always saying nice things about you.

B: That's good to hear.

A: 만나서 반가워. 스티븐이 항상 네 얘길 좋게 하더라구.
B: 다행이네.

이왕이면 이것도 함께!

▶ It's nice to see you
만나서 반가워

▶ I am glad to see you
진짜 반갑다

Are you sure? 정말이야?

상대방으로부터 의외의 말이나 놀라운 이야기를 들었을 때 재차 확인하는 표현으로 Is that true?와 같은 맥락의 표현. 역시 그냥 Are를 빼고 You sure?라고만 써도 된다.

이왕이면 이것도 함께!
▶ Is that so?
  확실해?, 정말 그럴까?
▶ Is that true[right]?
  정말이야?

A: Believe me! I didn't say anything about it to her.

B: Are you sure?

  A: 믿어줘! 난 걔한테 그 문제에 대해서 입도 뻥긋 안했다구.
  B: 확실해?

A: I'm sure it's nothing, really.

B: You sure?

  A: 정말이지 그거 아무 것도 아냐.
  B: 확실해?

Anytime 언제든지, 언제라도, 별말씀을

한 단어로 된 표현이지만 문맥에 따라 상대방으로부터 초대 받았을 경우 「언제든지 좋다」는 의미로, 도와준 것 등에 대해 상대방이 감사하다는 말을 했을 때 You're welcome의 의미로 「언제라도 괜찮다」는 뜻으로, 또한 언제라도 할 수 있도록 「난 준비가 다 되어있음」을 나타내는 말로 각각 쓰인다.

이왕이면 이것도 함께!
▶ Sure. Anytime
  그럼. 언제라도

A: Can I give you a call later on this week?

B: Anytime. I'd be happy to have the chance to talk to you again.

  A: 이번 주중에 전화드려도 될까요?
  B: 언제라도요. 다시 얘기 나눌 기회가 생기면 좋겠어요.

A: Thanks for inviting me to your house for this meal.

B: Anytime.

  A: 집으로 식사 초대 해주셔서 고맙습니다.
  B: 언제든 오세요.

No, thank you 고맙지만 사양하겠어

상대방의 제의를 공손하게 거절하는 표현. 거절하기는 하지만 「그래도 권해줘서 고맙다」, 「그 호의는 충분히 알겠다」는 뉘앙스가 배어있다.

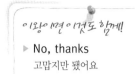

이왕이면 이것도 함께!
▶ No, thanks
   고맙지만 됐어요

A: Would you like to drink some whiskey with me?

B: No, thank you. I still have to drive home.

>   A: 나랑 위스키 마실래?
>   B: 고맙지만 사양할게. 집까지 차를 몰고 가야하거든.

A: Would you like to use my computer to check your e-mail?

B: No, thank you. I'll do that later.

>   A: 내 컴퓨터에서 이메일 확인하실래요?
>   B: 감사합니다만 괜찮습니다. 나중에 할게요.

Are you okay? 괜찮아?

아주 기본적인 표현으로 일상생활에서 뻔질나게 나오는 표현. okay는 대답으로도 자주 쓰이지만 여기처럼 be okay의 뜻으로 구어체에서 be all right의 의미로 많이 사용된다. …에 괜찮냐고 물어보거나 괜찮다고 할 때는 be okay with를 활용하면 된다.

이왕이면 이것도 함께!
▶ Are you okay with this?
   너 이거 괜찮아?
▶ Is Thai food okay with you?
   태국 음식 괜찮아?
▶ I'm okay with that.
   나 그거 괜찮아.

A: Are you okay? You seem a little down.

B: My girlfriend dumped me so I'm a little sad.

>   A: 괜찮니? 조금 우울해보이는데.
>   B: 여자친구가 날 차버려서 좀 슬퍼.

A: Are you okay?

B: Oh yeah. I'm just feeling a little sad.

>   A: 괜찮아?
>   B: 어 그래. 좀 기분이 안 좋아서.

9_ How are you doing?

Leon	Hi there Brittany. **How are you doing?**
Brittany	I'm nervous. Someone robbed our store and a clerk got killed.
Leon	Oh my God! **Are you all right?** Were you hurt?
Brittany	**Sure**, I'm okay, but I can't believe someone got murdered.
Leon	**Same here.** This place always seems so safe.
Brittany	It's **not always** as safe as you think. I need to go speak to the cops.
Leon	Alright, **take care** then. I hope this never happens again.

Leon	안녕, 브리티니. 어떻게 지내?
Brittany	떨려. 우리 가게를 털렸고 점원이 살해됐어.
Leon	맙소사! 너 괜찮은거야? 다쳤니?
Brittany	어, 난 괜찮지만 사람이 살해되다니 믿기지 않아.
Leon	나도 그래. 이 곳은 안전한 것 같았는데.

Brittany	네 생각처럼 항상 그런 것은 아냐. 경찰한테 가서 진술해야 돼.
Leon	그래, 그럼 조심하고. 이런 일이 다시는 없었으면 좋겠다.

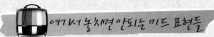 여기서 놓치면 안되는 미드 표현들

How are you doing?
안녕?, 잘 지냈어?, 어때?

So **how you doing?** You look terrific.
그래, 잘 지냈어? 너 아주 끝내주게 멋져 보인다.

(Are) You all right?
괜찮아?

Oh, my God! I'm so sorry! **Are you all right?**
맙소사! 정말 미안해! 괜찮아?

Sure
물론, 당연하지, 뭘

Sure. He's a nice guy, hard worker.
그럼. 걘 멋지고 일도 열심히 하는 친구야.

Same here
나도 그래

A: Nice to meet you. B: **Same here**.
A: 만나서 반가워. B: 나도 그래.

Not always
항상 그런 건 아니다

First of all, these tests are **not always** accurate.
무엇보다도, 이런 테스트는 항상 정확한 게 아니야.

Take care!
조심하고, 잘 가!

Take care. Good to see you.
잘 가고, 만나서 반가웠어.

How (are) you doing? 안녕?, 잘지냈어?, 어때?

상대방의 안부를 묻는 대표적 구어체 인사말. How are you doing?에서 대개 are는 생략하고 How you doing? 혹은 How ya doin'? 정도로 잽싸게 말해 버린다. How are you?도 그렇듯 꼭 새로 만나서만 사용하는 것은 아니고 만나 서 같이 있다가도 상대방이 어떤지 물어볼 때도 쓴다는 점을 꼭 기억해두어야 한다.

A: Hey, Suzie, how are you doing? Nice weather, huh?

B: Hi! Yeah, we're had great weather today.

    A: 야, 수지, 안녕? 날씨 좋다, 그지?
    B: 안녕! 그래, 오늘 날씨 참 좋으네.

A: Hello Aarron? It's Evelyn. How are you?

B: Great. I'm really happy that you called me.

    A: 안녕, 애론. 나 에블린이야. 잘 지내?
    B: 잘 지내. 전화해 줘서 너무 기뻐.

이왕이면 이것도 함께!

▶ How (have) you been?
어떻게 지냈어?, 잘 지냈어?

▶ How're things with you?
어때?

▶ How's every little thing?
별일 없이 잘 지내지?

▶ How are you? 잘 지내?

▶ Howdy! 안녕

(Are) You all right? 괜찮아?

상대방이 좋지 않은 일을 당했거나 표정이 어둡고 근심 걱정이 있어 보일 때 상대방 이 괜찮은지(well and safe) 걱정하며 물어보는 표현.

A: You look a little weird. You all right?

B: I'm fine. I'm just a little sleepy.

    A: 너 좀 이상해보인다. 괜찮은 거야?
    B: 난 괜찮아. 조금 졸린 것 뿐이야.

A: It must be hard losing your grandmother. You all right?

B: Yeah. I'll be okay.

    A: 할머니가 돌아가셔서 힘들겠다. 너 괜찮아?
    B: 응. 괜찮아질거야.

이왕이면 이것도 함께!

▶ You okay? You all right?
괜찮아? 괜찮은거야?

▶ Son, are you all right?
아들아, 괜찮은거야?

▶ How you doing? You all right?
안녕? 잘 지내고?

▶ Sorry. You all right?
미안. 너 괜찮아?

Sure 물론, 당연하지, 뭘

역시 한 단어로 된 단어로 실제 구어체 회화에서는 아주아주 많이 쓰이는 표현. 주로 상대방의 부탁에 대해 승낙한다는 의미로, 「물론」, 「당연하지」라는 의미로 쓰인다. 또한 상대방이 감사하다고 할 때 가볍게 「괜찮아」, 「뭘」이라고 말할 때도 쓰인다는 것도 함께 알아둔다.

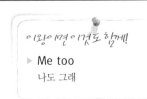

이왕이면 이것도 함께!
▶ Sure thing
물론이지, 그럼

A: How would you like to go out for pizza?

B: Sure. What pizza restaurant do you prefer?

A: 나가서 피자 먹는 게 어떨까?
B: 좋지. 넌 어떤 피자가게가 좋아?

A: Oh, hey, can I ask you something?

B: Sure.

A: 어, 야, 내가 뭐 좀 물어봐도 돼?
B: 물론.

Same here 나도 그래

상대방이 만나서 반갑다고 할 때나 상대방의 말에 공감할 때 혹은 식당 등에서 나도 똑같은 걸로 하겠다고 할 때 사용하면 좋은 표현. 「나도 반가워」, 「나도 그렇게 생각해」, 「나도 같은 걸로 할게」 등 상대방과 같음을 간단히 나타낸다.

이왕이면 이것도 함께!
▶ Me too
나도 그래

A: Pleasure meeting you.

B: Same here.

A: 만나서 기뻤어요.
B: 나도 그래요.

A: Spaghetti is one of my favorite foods to eat.

B: Same here. I eat at an Italian restaurant once a week.

A: 스파게티는 내가 가장 좋아하는 음식 중 하나야.
B: 나도 그래. 난 일주일에 한번씩 이탈리아 식당에서 식사를 하지.

Not always 항상 그런 건 아니다

■■

영어문법에서 부분부정이란 말로 학습한 것으로 여기서는 Not always가 단독으로 쓰여서 「항상 그런 것은 아니다」라고 완곡하게 부정하는 표현으로 쓰인 경우.

A: Did you use a condom?

B: Not always.

    A: 콘돔을 썼어요?
    B: 항상 그런 건 아녜요.

A: You go swimming here all the time, don't you?

B: Well, not always. Sometimes I go to a different pool.

    A: 넌 항상 여기서 수영하잖아, 그렇지?
    B: 글쎄, 항상 그런 건 아니지. 다른 수영장에 갈 때도 있거든.

Take care! 조심하고!

■■

take care of~로 유명한 take care란 숙어가 명령문 형태로 Take care!이라고 쓰이면 헤어질 때 하는 인사표현이 된다. See you, Goodbye와 같은 맥락이지만 훨씬 상대방을 생각하는 맘이 담겨져 있는 따뜻한 표현이 된다.

A: You kids have a good day in school. Take care!

B: Mom, don't worry about us.

    A: 얘들아 학교에서 잘 지내구. 조심해!
    B: 엄마, 걱정마세요.

A: So, where were you today, Pam?

B: I just had to take care of a few things.

    A: 그래, 팸, 오늘 어디 있었어?
    B: 그냥 몇가지 일을 처리해야 했어.

10_ Are you insane?

Linda   I heard you got in a fight last night. How are you doing today?

Sam   **It was my mistake.** I got drunk and punched someone.

Linda   **Are you insane?** You'll get thrown into jail.

Sam   **You're right.** I didn't get arrested, but I cut my hand.

Linda   **It's all right?** I don't see where it was injured.

Sam   Yeah, it was just a small cut. Thanks for asking.

Linda   **What are friends for?** But I hope you're more careful in the future.

Linda   어젯밤에 싸웠다며. 오늘은 괜찮아?

Sam   내가 잘못했어. 술취해서 폭행을 했어.

Linda   너 미쳤냐? 감방에 갈거야.

Sam   네 말이 맞아. 체포되지는 않았지만 손을 벴어.

Linda   괜찮아? 어디 다친 데가 보이지 않는데.

Sam   어, 조금 베었어. 물어봐줘서 고마워.

Linda   친구 좋다는게 뭐야? 하지만 앞으로는 좀 더 조심해.

여기서 놓치면안되는 미드 표현들

It was my mistake
내 잘못이야

Honey don't worry, **it was my mistake**.
자기야, 걱정마, 그건 내 잘못이었어.

Are you insane?
너 돌았니?

Are you insane? You're gonna miss Chris!
너 미쳤니? 너 크리스를 잃게 될거야!

You're right
네말이 맞아

Jack, **you're right**. Maybe we shouldn't tell her.
잭, 네 말이 맞아. 걔한테 말하지 않는게 좋을 것 같아.

That's all right
괜찮아, 됐어

That's all right. I'll get over it.
괜찮아. 난 이겨낼거야.

What are friends for?
친구 좋다는게 뭐야?

You don't need to thank me. **What are friends for?**
나한테 고맙다고 할 필요없어. 친구 좋다는 게 뭐야?

It was my mistake 내 잘못이야

▬▬▬▬▬▬▬▬▬▬▬▬▬▬▬▬▬▬▬▬▬▬▬▬▬

용기있게 「내 잘못이에요」, 「내가 그랬어요」하고 실수를 그대로 인정하는 표현. mistake 대신에 fault를 써도 된다. 단순한 실수임을 강조하려면 simple을, 그리고 잘못이 좀 중요한 거라면 앞에 huge나 big이란 형용사를 각각 붙이면 된다. 또한 그냥 단순히 My mistake라 해도 된다.

이왕이면 이것도 함께!
▶ My mistake 내 잘못이야
▶ I made a mistake
   내가 실수했어
▶ It was a simple mistake
   단순한 실수였어
▶ It was a big[huge]
   mistake 크나큰 실수였어

A: We're late for the movie. I thought you said it started at 7:30 but it starts at 7:00!

B: It was my mistake! I must have read the times for the wrong movie.

A: 영화시간에 늦겠어. 네가 7시 반에 시작한다고 한 줄 알았는데 7시에 시작하잖아!
B: 내 잘못이야! 엉뚱한 영화 시간표를 봤나봐.

A: Who erased my files from the computer?

B: My mistake! I thought they were old files.

A: 이 컴퓨터에 있던 내 파일들을 지운 게 누구야?
B: 내 실수야! 옛날 파일들인 줄 알았지 뭐야.

Are you insane? 너 돌았니?

▬▬▬▬▬▬▬▬▬▬▬▬▬▬▬▬▬▬▬▬▬▬▬▬▬

상대방이 어처구니 없거나 어리석은 말이나 행동을 했을 때, 「너 제정신이냐?」, 「너 미쳤냐?」라고 놀라면서 말할 때 쓰는 표현. 미드 캐릭터 중에서는 빅뱅이론의 쉘든이 가장 많이 들을 것 같은 표현이다.

이왕이면 이것도 함께!
▶ What, are you insane?
   뭐야, 너 미쳤냐?
▶ So, I murder her? Are
   you insane?
   그래서, 내가 걜 죽였다구? 너
   미쳤니?

A: Are you insane? How could you suggest that he should resign?

B: I was just being honest. He is too old to be the head of our company anymore.

A: 너 돌았니? 어떻게 그 사람이 사임해야 된다는 말을 꺼낼 수 있는거야?
B: 솔직했던 것 뿐이야. 그 사람은 너무 늙어서 더이상 우리 회사 수장 역할을 할 수 없다구.

A: Is this a good suit to wear for the interview?

B: Are you insane? That suit looks terrible on you.

A: 이거 면접 때 입어도 괜찮은 옷일까?
B: 너 미쳤냐? 네가 그 옷 입으면 끔찍해 보여.

You're right 네 말이 맞아

상대방의 말이나 의견이 맞다고 직접적으로 인정하고 동조할 때 사용하는 것으로 네 말이 맞아라는 뜻. 조금 부드럽게 네 말이 맞는 것 같다고 할 때는 I think you're right, 희망을 담아 네 말이 맞길 바래라고 하려면 I hope you're right라고 응용하면 된다.

A: Well, we should be careful with our household budget.

B: You're right. You never know when we'll need some extra money.

> A: 저기, 우리 집 생활비에 신경을 써야 해.
> B: 맞아. 언제 추가로 돈이 들게 될지 모르니까 말야.

A: I hope you're right about this.

B: So do I.

> A: 네가 이거에 관해 맞기를 바래.
> B: 나도 그래.

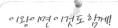

이왕이면 이것도 함께!

- ▶ You're right about this
  이거에 관해서 네 말이 맞아
- ▶ I think you're right
  네 말이 맞는 것 같아
- ▶ I hope you're right
  네 말이 맞길 바래

That's all right 괜찮아, 됐어

앞서 말한 것이 만족할 만해서 「받아들일 만하다」는 의미이다. 특히 상대방이 사과 및 감사 인사를 해올 경우, 이에 대한 답변으로도 많이 사용된다. 또한 It's all right?이라고 의문형이 되면 상대방의 입장에서 괜찮은지, 받아들일 수 있는지를 물어보는 표현.

A: Oh, excuse me. I seem to have stepped on your foot.

B: That's all right. Don't let it bother you.

> A: 어머, 미안해요. 제가 당신 발을 밟은 듯 하군요.
> B: 괜찮아요. 신경쓰지 마세요.

A: I'm sorry I didn't get back to you sooner.

B: That's all right. I have been pretty busy as well.

> A: 더 빨리 연락 못 줘서 미안해.
> B: 괜찮아. 나도 그동안 꽤나 바빴는 걸 뭐.

이왕이면 이것도 함께!

- ▶ It's all right?
  괜찮겠어?
- ▶ That's okay (with me)
  괜찮아, 난 상관없어
- ▶ You sure it's all right?
  정말 괜찮겠어?

What are friends for? 친구 좋다는 게 뭐야?

생긴 모양은 의문문이지만 대답을 요구하는 질문이 아니다. 직역해 보면 「친구가 무엇을 위해 있는거냐?」, 즉 「친구 좋다는 게 뭐야?」라는 말이다.

A: I appreciate all of the help you've given me.

B: What are friends for? You can count on me anytime.

A: 내게 베풀어준 모든 도움에 고마워.
B: 친구 좋다는 게 뭐겠어? 언제든 도와줄게.

A: Are you saying that you'll loan me $20,000?

B: What are friends for? I trust you to pay it back.

A: 나한테 2만 달러를 빌려주겠다는거야?
B: 친구 좋다는 게 뭐야? 네가 갚을 거라고 믿어.

이왕이면 이것도 함께!
▶ That's what friends are for
이런 게 친구 좋다는거 아니겠어

놓치면 아까운 미드 토막상식

blah blah blah

놀람, 기쁨, 불만 등의 감정을 겪을 때 감탄사내지는 혹은 의성어로 자신의 상태를 표현하기도 한다. blah, blah, blah도 그 중 하나로 그다지 중요하지 않은 말을 할 때 혹은 지루하다고 생각되는 말을 할 때 군이 말할 필요없이 얼렁뚱땅, 두리뭉실 가볍게 넘어가는게 좋을 때가 있는데 이럴 때 쓸 수 있는 표현이 "어쩌구 저쩌구"라는 blah blah blah이다. 또한 억양을 달리하며 의문, 놀람, 경멸, 무관심을 타내는 huh가 있으며, hmm은 깊이 생각하거나 주저하고, 의심할

때 쓰면 된다. 그리고 Eh?는 그냥 통명스럽게 "뭐?"라고 하는 것이고, Uh-huh는 상대방의 말에 맞장구를 치는 것으로 'Yes'와 같다고 생각하면 된다.

그리고 Uh-oh는 뭔가 떨어트리는 등 실수를 했을 때 가볍게 놀라면서 사과하는 뉘앙스를 풍기는 표현으로 "이를 어째," "어머"에 해당한다. Whoa는 말을 멈출 때 내는 소리로 상대방이 열받을 때 그만하고 진정하라는 의미이고 Yuck은 역겹다고 할 때 "왝"이라는 말이고 Eww 또한 같은 맥락의 뜻이다. 유명한 Ouch는 우리말로 "아얏"이란 뜻으로 어디에 부딪히거나 다쳤을 때 내는 소리이다. 반면 Yee-haw는 아주 흥분된 상태에서 기쁨을 소리를 지를 때, Wow는 뭐든 감탄과 감동을 먹었을 때, Yoo-hoo는 "이봐요"처럼 상대주의를 끌 때, 조용히 하라고 할 때는 Shh, 그리고 Yo는 아는 사람을 만났을 때 잠깐 멈추게 하는 소리이다. 말을 좀 망설일 때는 Er, Um 등의 표현들이 있다.

1_ Don't be upset

Rich   **How's it going,** Helena? You look unhappy.

Helena   **You know,** I really hate being a cop at a murder scene.

Rich   **Don't be upset.** We have a very important job to do.

Helena   **Guess what?** Not everyone likes seeing blood and dead bodies.

Rich   **You get used to it.** Soon it becomes very normal.

Helena   **Never mind.** I'm sure you're right about this.

Rich   Yes, I am. This is just an unpleasant part of our work.

Rich   헬레나, 어떻게 지내? 안좋아보여.

Helena 저말야, 난 정말이지 경찰로 살인현장에 있는게 너무 싫어.

Rich   화내지마. 우린 매우 중요한 일을 하는거야.

Helena 그거 알아? 모든 사람이 피를 보고 죽은 시체 보는 것을 좋아하는 것은 아냐.

Rich   익숙해져야지. 곧 일상적으로 보일거야.

Helena 신경쓰지마. 네 말이 맞을거야.

Rich   어, 그래. 이건 단지 우리 일의 불쾌한 한 부분일 뿐이야.

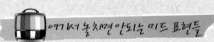

여기서 놓치면안되는 미드 표현들

How's it going? 잘 지내?, 어때?	**How's it going?** How you holding up? 어떻게 지내? 어떻게 견디고 있는거야?
You know 말야	I mean, **you know**, we've never really talked. 저기 말야, 내 말은 우리가 정말 진지하게 얘기해본 적이 없다는거야.
Don't be upset! 화내지 말고!	I'm sorry, please **don't be upset**, it could happen to anyone. 미안, 제발 화내지마, 누구에게든 일어날 수 있는 일이야.
Guess what? 저기 말야?, 그거 알아?	**Guess what?** Chris is going to be in a TV commercial! 그거 알아? 크리스가 TV광고에 나올거래!
You have to get used to it 적응해야지	**You need to get used to** being alone. 넌 홀로 지내는 거에 적응해야 돼.
Never mind 신경쓰지마, 맘에 두지마	Whatever. **Never mind.** I'll bring him back tomorrow. 어쨌든, 신경쓰지마. 내일 걜 데려올게.

How's it going? 잘 지내?, 어때?

여기서 go는 「가다」가 아니라 「일이 진행되다」(progress or develop in the stated way)라는 뜻. it은 막연히 사정이나 상황을 말하는 것으로 it 대신 everything이나 things를 대신 쓰기도 하고, 간단히 How goes it?이라 하기도 한다.

A: Have you met Ray before?

B: Yes, I have. How's it going, Ray?

    A: 너 레이 알지?
    B: 알지. 잘 지내지, 레이?

A: Hello there. How's it going?

B: Pretty good. How are you today?

    A: 안녕. 잘 지내?
    B: 아주 잘 지내. 넌 오늘 어떠니?

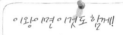

이왕이면 이것도 함께!

▶ How's everything going?
다 잘 돼가?

▶ How goes it (with you)?
어떻게 지내?

▶ How's (it) with you?
요즘 어때?

▶ How are you feeling?
기분 어때?

You know 말야

말을 꺼내기 전에, 말을 하는 도중에 혹은 말을 하고 나서 맨 나중에 별 의미없이 집어넣는 허사중의 하나로 저말야정도에 해당하는 표현이다. 의사소통하는데 중요한 역할을 하지는 않지만 미드에서는 자주 나오기 때문에 꼭 알아두어야 한다. 너무 자주 문장에 이 표현을 쓰면 조금은 uneducated person같은 느낌을 준다.

이왕이면 이것도 함께!

▶ You see,
보다시피,

▶ Let me see,
어디보자, 그런데,

A: She never talks to me. I think she doesn't like me.

B: You know, she's just very shy.

    A: 그 앤 나한테 말을 하지 않아. 날 싫어하나봐.
    B: 저기 말야, 걘 수줍음을 너무 많이 타는 것 뿐이야.

A: You know, a lot of people don't like you.

B: I couldn't care less.

    A: 저 말이지, 널 좋아하지 않는 사람들이 많아.
    B: 알게 뭐람.

Don't be upset! 화내지 말고!

upset은 속이 뒤집어지는 거라고 생각하면 이해가 빠르다. 무슨 일 때문인지는 모르겠지만 기분이 나쁘고, 걱정도 많이 되고 또 그래서 화도 나고 그런 전반적인 기분상태를 말한다.

A: Please don't be upset. It could happen to anyone.

B: I'm not upset.

> A: 화내지마. 누구에게나 있을 수 있는 일이잖아.
> B: 화 안났다니까.

A: I don't want you to be upset.

B: How can I not be upset? Okay?

> A: 난 네가 속상해 하지 않았으면 좋겠어.
> B: 어떻게 내가 속상해하지 않을 수 있겠어? 그지?

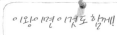

이왕이면 이것도 함께!

▶ Please, don't be upset
제발 화내지마

▶ You have the right to be upset
네가 화낼만도 해

▶ I thought you'd be upset
네가 화낼거라 생각했어

Guess what? 저기 말야?, 그거 알아?

Guess what?을 직역하면 「무엇을 추측해봐라」가 되는데, 일상 회화에서는 뭔가 새로운 정보를 상대에게 전하려 할 때 본론을 말하기에 앞서 먼저 꺼내는 말로 쓰인다. 즉 대화를 시작하거나 상대방과의 대화를 유도하기 위한 기능을 갖는 표현이다. 우리말로는 「저기 말이야」, 「그거 알아?」 정도로 옮기면 된다. You know what? 도 같은 표현.

이왕이면 이것도 함께!

▶ You know what
저 말이야

A: Guess what? I'm being promoted to manager at work.

B: That's great! Are you getting a salary increase too?

> A: 저 말야. 회사에서 매니저로 승진했어.
> B: 잘됐다! 월급도 오르는거야?

A: Hey... guess what?

B: What?

A: I just got asked out on a date by my next door neighbor.

> A: 이봐… 있잖아?
> B: 뭔데?
> A: 이웃집 애한테서 방금 데이트 신청을 받았어.

You have to get used to it 적응해야지

형태상 used to + V(…하곤 했다)와 유사해 시험문제에 단골로 출제되는 get used to + N는 「…에 적응하다」(be accustomed to)라는 뜻. 새로운 환경이나 생활방식에 적응해야 될 거라고 충고하는 표현.

A: How's your new job going?

B: Oh, it was really tough at first but I'm **getting used to it.**

    A: 새로 시작한 일은 어떻게 되어가?
    B: 처음엔 정말 힘들었는데, 익숙해지고 있어.

A: My new boss is making a lot of changes.

B: **You'll have to get used to it.** He can do whatever he wants.

    A: 새로 오신 사장님이 변화를 많이 시도하고 있어.
    B: 거기에 적응해야 할거야. 그분은 하고 싶은 건 뭐든 하는 사람이야.

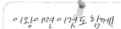

이왕이면 이것도 함께!

▶ I'm getting used to it
   난 적응하고 있어

▶ (There's) Nothing to it
   아주 쉬워, 해보면 아무것도 아냐

Never mind 신경쓰지 마, 맘에 두지마

상대방이 감사하다고 하거나 혹은 미안하다고 사과할 때 괜찮으니 신경쓰지마라는 의미, 혹은 상대방에게 더 이상의 정보를 주고 싶지 않거나 말하고 싶지 않을 때 쓸 수 있는 표현. That's all right, Forget it 등과 같은 맥락의 표현.

A: I'm really sorry I stood you up on Friday.

B: **Never mind,** forget it.

    A: 금요일날 바람 맞혀서 정말 미안해.
    B: 신경쓰지마, 잊어버리라구.

A: Why are you yelling at me?

B: Sorry, I'm sorry! **Never mind,** we're cool.

    A: 왜 나한테 소리치는거야?
    B: 미안, 미안해! 신경쓰지마, 우리는 괜찮아.

이왕이면 이것도 함께!

▶ Forget it
   걱정마

▶ Don't worry about it
   걱정마

▶ That's all right
   괜찮아

2_ Do you have some time?

Pam	**Do you have some time?** I need to talk about some problems I have.
George	**Come on!** You have way too many personal problems.
Pam	**Don't get mad at me.** My boyfriends treat me badly.
George	Damn it, just stop dating so many losers!
Pam	**Don't worry,** someday I'll find the man of my dreams.
George	I hope it's **no problem** for you, but I think the men you like suck.
Pam	**Watch it!** I don't intentionally date guys who are bad.

Pam	시간 좀 있어? 내 문제 좀 이야기해야 돼.	George	네게는 별 문제가 아니기를 바라지만 네가 좋아하는 남자들은 밥맛인 것 같아.
George	이봐! 넌 개인적 문제가 너무나 많아.		
Pam	내게 화내지마. 내 남친들도 내게 못되게 군다고.	Pam	말 조심해! 내가 일부러 별로인 놈들하고 데이트하는 것은 아냐.
George	젠장, 그런 한심한 놈들하고 데이트 좀 그만해!		
Pam	걱정마, 언젠가 내가 꿈에 그리던 남자를 찾을거야.		

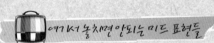 여기서 놓치면안되는 미드 표현들

Do you have (some) time? 시간 있어요?	Do you have to go to the new house right away, or **do you have some time?** 새 집으로 지금 바로 가야 돼, 아니면 시간 좀 돼?
Come on! 어서!, 그러지마!, 제발!, 자 덤벼!	**Come on!** Not all married women feel that way. 그런 말마! 유부녀가 다 그렇게 느끼는 것은 아냐.
No problem 문제없어	Oh, **no problem**. I'm just gonna move in with you. 어, 문제없어. 너와 동거할게.
Don't get mad (at me)! 열받지 말라고!	**Don't get mad.** She asked me to come. 화내지마. 걔가 나보고 와달라고 했어.
Don't worry 걱정마, 미안해할 것 없어	**Don't worry** about me, I'll be fine. 내 걱정마, 난 괜찮을거야.
Watch it! 조심해!	**Watch it!** Hands off me! 조심해! 내 몸에서 손을 떼라고!

Do you have (some) time? 시간 있어요?

상대방에게 시간이 있냐고 물어보는 것으로 some은 붙여도 되고 빼도 된다. 단 주의할 것은 Do you have the time?하면 지금이 몇시인지를 묻는 문장이 되지만, Do you have (the) time to~?하게 되면 …할 시간이 있냐고 구체적으로 물어보는 표현이 된다는 점이다.

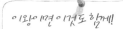

이왕이면 이것도 함께!

▶ Got a minute?
시간 돼?

▶ I don't have time for this
나 이럴 시간없어

A: I need to talk to you. **Do you have some time?**

B: Sure. What's up?

A: 얘기 좀 하자. 시간 있어?
B: 그럼. 무슨 일인데?

A: Sir, do you have a city employee I.D.

B: Look, I really **don't have time** for this.

A: 선생님, 시직원 신분증이 있으신가요?
B: 저기, 정말 나 이럴 시간이 없어요.

Come on! 어서!, 그러지마!, 제발!, 자 덤벼!

바빠죽겠는데 여유작작한 양반에겐 「서둘러!」(Hurry up!)라는 의미, 언행이 지나친 사람에겐 억양을 내려서 「그만 좀 해!」(Stop it!)라는 뜻으로 쓴다. 또한 애교섞인 코맹맹이 소리로 말하면 「제발 좀 허락해 주세요!」라는 뜻이고, 주먹다짐 상황에서는 「자 덤벼」라고 하는 말.

이왕이면 이것도 함께!

▶ come-on
미끼상품, 성적유혹

A: **Come on,** Mandy! We're going to be late!

B: Okay, okay. Quit yelling at me and relax.

A: 서둘러, 맨디! 늦겠어!
B: 알았어, 알았다구. 나한테 소리 좀 그만 지르고 마음을 느긋이 가져.

A: I don't think that I want to go out tonight.

B: **Come on,** that's silly. You love to go out.

A: 오늘 밤엔 외출하고 싶지 않아.
B: 이러지 마, 바보같이. 즐거울거야.

A: Do you think my make up looks all right?

B: **Come on,** you look beautiful!

A: 나 화장 괜찮은 것 같아?
B: 왜 이래, 아주 예뻐!

Don't get mad (at me)! 열받지 말라고!

angry보다 더 화가 났다는 단어가 이 mad. 화가 난 대상을 적으려면 be[get] mad at sb라고 하고, 여기에 그 이유까지 덧붙여 말하려고 하면 be[get] mad at sb for~ing[because S+V]의 형태를 활용하면 된다.

A: I can't believe you didn't help me back there.

B: **Don't get mad.** I didn't want to intrude on your personal business.

A: 거기서 네가 나를 도와주지 않다니 그게 말이 돼.
B: 흥분하지마. 네 개인적인 일에 끼어들고 싶지 않아서 그랬어.

A: I'm glad you're back.

B: I thought you were still **mad at me.**

A: 네가 돌아와서 기뻐.
B: 난 네가 아직도 나한테 화났을거라 생각했어.

이왕이면 이것도 함께

▶ I'm not mad at him
  난 걔한테 화나지 않았어

▶ I'm mad at you for leaving!
  난 네가 떠나서 화났어!

▶ Why are so mad at him?
  왜 그렇게 걔한테 화난거야?

▶ It really made me mad
  정말 그것 때문에 열받아

Don't worry 걱정마, 미안해할 것 없어

모든 게 다 제대로 될 거라며 걱정 근심에 휩싸인 상대방을 안심시킬 때 쓰는 표현. 뒤에 about sth의 형태로 걱정거리를 언급해주기도 한다. That's all right, 그리고 Never mind, Forget it도 같은 맥락의 표현.

A: I think that I may have broken this copying machine.

B: **Don't worry**, it breaks a lot. I'll call a serviceman.

A: 제가 이 복사기를 망가뜨린 것 같아요.
B: 염려말게. 자주 그러니까. 내가 수리공을 부르지.

A: Darn it! I forgot to leave a tip for the waiter at the restaurant.

B: **Don't worry.** I tipped him while you were paying the bill.

A: 이런! 식당에서 종업원에게 팁 주는 걸 잊었어.
B: 걱정마. 네가 계산할 동안 내가 줬어.

이왕이면 이것도 함께

▶ Don't worry about it
  걱정마, 잘 될거야

▶ Don't worry about us
  우리 걱정하지마

▶ Don't worry. I'll be fine
  걱정마. 난 괜찮을거야

▶ It's okay. Don't worry
  괜찮아. 걱정마

▶ Don't worry. You'll be okay
  걱정마, 너 괜찮을거야

No problem 문제 없어, 괜찮아, 알았어

━━━

다양한 의미로 쓰이는 표현으로 상대방의 감사에 대한 인사로도 쓰이고, 상대방이 부탁할 때는 「어 알았어」, 그리고 미안하다고 사과할 때는 「괜찮아」라는 의미로 각각 쓰인다. 줄여서 그냥 No pro라고 하기도 한다.

A: I shouldn't have tied you up so long.

B: **No problem**, it was great talking to you.

> A: 당신을 이렇게 오랫동안 잡아두는 게 아닌데.
> B: 괜찮아요. 말씀나누게 되어서 좋았어요.

A: I'm sorry, I can't come to your party.

B: **Don't sweat it.** I'll have other parties.

> A: 미안해, 네 파티에 갈 수가 없어.
> B: 너무 걱정마, 내가 파티 또 열게.

A: Thank you for helping me.

B: **Think nothing of it.** That's what friends are for.

> A: 도와줘서 고마워.
> B: 별거 아닌 걸 뭐. 그래서 친구가 있는 거지.

Watch it! 조심해!

━━━

상대방에게 조심하라고(to be careful) 할 때 사용하는 표현으로 Watch out for~의 형태로 조심하거나 잘 살펴야 할 대상이나 내용을 말해줘도 된다. Watch it은 상대방이 이미 저지른 행동이 위험했을 수도 있다며 조심하라고 주의를 줄 때 혹은 문맥에 따라 경고나 협박을 할 때 쓰면 된다.

A: Hey, **watch it!** You almost hit me with that box you're carrying.

B: I'm sorry. Would you mind moving out of my way?

> A: 이봐, 조심해! 나르고 있는 박스로 나를 칠 뻔했다구.
> B: 미안해. 길 좀 비켜줄래?

A: So you better **watch out**. Betrayal makes me vengeful.

B: Well, that's good to know.

> A: 그러니 조심하는게 좋아. 배신은 날 복수심에 불타게 하거든.
> B: 음, 알게 되어 다행이네.

3_ This is for you

Jack	**These are for you.** I hope you like them.
Brenda	**Excuse me?** Why are you giving me roses?
Jack	I want to show I'm so happy I met you. **Today is my lucky day.**
Brenda	**I had no idea** that you felt that way about me.
Jack	Oh, absolutely. **You look great** tonight. I'm falling in love.
Brenda	**That's not true,** is it? We just met a week ago.
Jack	Haven't you ever heard of love at first sight?

Jack 이거 너 주려고. 맘에 들었으면 해.
Brenda 뭐라고? 왜 네게 장미를 주는거야?
Jack 널 만나서 정말 행복하다는 걸 보여주고 싶어서. 오늘은 내겐 운좋은 날이잖아.
Brenda 네가 나를 그런 식으로 느끼는지 몰랐어.

Jack 물론이고 말고. 너 오늘밤에 멋져보이고, 난 사랑에 빠졌어.
Brenda 진짜 아니지, 그지? 우리 만난지 일주일 되었잖아.
Jack 첫눈에 반한 사랑에 대해 들어본 적 없어?

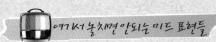
여기서놓치면안되는 미드 표현들

This is for you
널 위해 준비했어, 이건 네 거야

This is for you. I've given one to all the boys in the hall.
이거 네거야. 기숙사 남자애들에게 하나씩 다 줬어.

Excuse me?
뭐라구요?, 잠깐만요?

Excuse me? Did you just say this man is a partner?
뭐라구? 이 남자가 파트너라고 말한거야?

Today is my lucky day
오늘 일진 좋네

You're thinking, "**Today's my lucky day**, the window's not locked." 넌 생각하지, "오늘 일진 좋으네, 창문도 잠겨져 있지 않고."

I have no idea
몰라

I have no idea what you two are talking about.
너희들이 무슨 이야기를 하는지 모르겠어.

You look great!
너 멋져 보인다!

You look great. Did you get a haircut?
너 정말 멋지다. 머리 깎았어?

That's not true (is it?)
그렇지 않아

That's not true. I know great couples that met on blind dates. 그렇지 않아. 소개팅에서 만난 멋진 커플들을 알고 있어.

This is for you 널 위해 준비했어, 이건 네 거야

━━

선물을 주면서 「널 위해 준비했어」라고 하거나 우편물을 건네주면서 「너한테 왔어」라는 말. 여기서 for는 「…에게 주려고」(intended to be given to)라는 의미이다. 「너한테 전화 왔어」라는 의미로 자주 쓰이는 It's for you 역시 같은 의미로 사용된다.

A: Here, Joe. This is for you.

B: A birthday present! What is it?

    A: 자, 조. 이거 받아.
    B: 생일선물이구나! 뭐야?

A: Here's something for you. Just a little birthday present.

B: That's so sweet.

    A: 널 위해 준비했어. 그냥 자그마한 생일선물이야.
    B: 고맙기도 해라.

Excuse me? 뭐라구요?

━━

생기초 표현같지만 의외로 다른 의미로 쓰이는 경우가 많다. 가장 기본은 뭔가 상대방에게 실례되는 행동을 하거나, 말을 걸거나 할 때 사용되지만, Excuse me?하게 되면 상대방의 말을 제대로 못 알아들었을 때 「네?」, 귀가 의심스러울 만큼 놀라운 얘기를 들었을 때 「뭐라구?」하는 말이 된다.

A: And that is the reason that economics is a very important subject to study.

B: Excuse me? I couldn't hear you over the noise in this room.

    A: 그것 때문에 경제학이 가장 중요한 과목이란 거야.
    B: 뭐라구? 이 방 소음 때문에 못들었어.

A: Mr. Hughes, I'm afraid that we can't offer you a job right now.

B: I'm sorry? Are you saying that I can't work here?

    A: 휴 씨, 우린 지금 당장 당신에게 일자리를 줄 수가 없겠네요.
    B: 뭐라구요? 내가 여기서 일할 수 없다고 하시는 거예요?

Today is my lucky day 오늘 일진 좋네

모든 게 뜻대로 되고 운수가 좋은 날에 쓸 수 있는 표현. 반대로 This is not my day하면 하나도 제대로 풀리는 일이 없는 그런 날에 사용하면 된다. 「오늘은 재수가 없군」, 「오늘 정말 일진 안 좋네」 정도의 의미이다.

이왕이면 이것도 함께!

▶ This is not your[his] day
오늘은 네가[그가] 되는 게 없는 날이다

▶ It hasn't been your day
되는 일이 아무것도 없는 날야

A: **This is my lucky day!** I won $20.00 in the lottery.

B: Wow, congratulations!

> A: 오늘 일진 좋네! 복권에 20달러 당첨됐어.
> B: 와, 축하해!

A: I heard that you had a car accident today.

B: Yeah, **this is not my day.**

> A: 네가 오늘 교통사고를 당했다는 얘기를 들었어.
> B: 응, 오늘은 일진이 안좋은 날이야.

I have no idea 몰라

여기서 idea는 창의력이 있는 아이디어가 아니다. 숙어로 have no idea하면 I don't know의 훌륭한 대용표현이 된다. 단독으로 쓰거나 자신이 모르는 내용을 뒤에 구체적으로 이어줄 수도 있다.

이왕이면 이것도 함께!

▶ I have no idea what you just said
네가 무슨 말 하는지 모르겠어

▶ I have no idea who Jim is 짐이 누군지 모르겠네

A: Do you know what I mean?

B: Actually, **I have no idea** what you are talking about.

> A: 무슨 말인지 알겠어?
> B: 실은 무슨 얘긴지 모르겠어.

A: What's the difference between sex and love?

B: **I have no idea.**

A: Sex relieves tension and love causes it.

> A: 사랑과 섹스의 차이점이 뭐게?
> B: 글쎄 모르겠는데.
> A: 섹스는 긴장을 풀어주지만 사랑은 긴장을 하게 만들지.

You look great! 너 멋져 보인다!

You look good, You look great로 유명한 표현으로 상대방 얼굴이 좋아보일
때 혹은 멋지게 차려입었을 때 던질 수 있는 덕담. 그밖에 You look 다음에 다양
한 형용사를 넣어 여러 문장을 만들어볼 수 있다. You look crazy, You look
tired, You look familiar 처럼 말이다.

이왕이면 이것도 함께!

▶ You look good
  너 멋져 보인다
▶ You look fine
  너 좋아 보인다
▶ You look terrific!
  너 참 끝내준다!

A: Barry! You look great! How have you been all
   these years?

B: I've been great. How about you?

> A: 배리! 좋아보이는구나! 요 몇년 동안 어떻게 지냈냐?
> B: 잘 지냈어. 넌?

A: It's so wonderful to see you, Susan.

B: You look great.

> A: 수잔, 만나서 너무 좋아.
> B: 너 멋져 보인다.

That's not true 그렇지 않아

사실과 틀린 이야기를 하는 상대방을 바로 잡아주는 표현. 반대는 That's true라
고 하면 된다. 강조하려면 I'm sure that's not true, 사실이 아님을 알고 있다
고 할 때는 I know that's not true라고 하면 된다.

이왕이면 이것도 함께!

▶ I know that's not true
  그게 사실이 아닌지 알고 있어
▶ I'm sure that's not true
  그게 사실이 아닌지 확실해

A: Someone said that you were going to study in
   Paris.

B: That's not true. I might study there, but it might
   be too expensive.

> A: 누가 그러는데 너 파리에서 공부할 거라면서.
> B: 그렇지 않아. 거기서 공부할 수도 있지만 돈이 너무 많이 들거야.

A: Love can fix things.

B: Oh, we both know that's not true.

> A: 사랑은 모든 걸 해결해줘.
> B: 어, 우리 모두 그게 사실이 아닌지 알고 있잖아.

4_ What a shame

Mitt	Good morning. **What can I do for you?**
Celia	My dad got sick this morning, and I need medical advice.
Mitt	**What a shame.** Well, **come on in** and tell me about it.
Celia	He said his stomach was hurting after he ate.
Mitt	Give him some of this pink medicine. **We'll see** if it helps.
Celia	Okay. Thank you, and I'll call to tell you if he feels better.
Mitt	Sounds good. **Give my best to your folks.**

Mitt	안녕. 무슨 일이야?	Mitt	이 핑크색 약을 조금 드려봐. 약효가 드는지 보자고.
Celia	아빠가 오늘 아침 아프셔서 의료관련 조언이 필요해.	Celia	좋아. 고마워, 나아지시는지 전화해서 알려줄게.
Mitt	안됐구나. 저기, 어서 들어와서 말해봐.	Mitt	좋아. 가족들에게 안부 전해드리고.
Celia	식후에 배가 아프시다고 하셨어.		

여기서 놓치면 안되는 미드 표현들

What can I do for you?
뭘 도와드릴까요?

Officers, **what can I do for you?**
경관나리들, 무슨 일이세요?

What a shame!
안됐구나!

What a shame. The conversation's over.
안됐지만, 대화는 이제 끝났어요.

Come on in
어서 들어와

Come on in. Let me take your coat.
어서 들어와. 코트는 내게 주고.

We'll see
좀 보자고, 두고 봐야지

We'll see if Jack wants to come back.
잭이 돌아오고 싶어하는지 두고보자고.

Give my best to your folks
가족들에게 안부전해주세요

I'm fine. **Send my best to your** dad.
난 괜찮아. 네 아빠에게 안부전해줘.

What can I do for you? 뭘 도와드릴까요?

내가 뭘 도와줄까?, 무슨 일이야?라는 친절한 문장으로 일반적인 상황에서도 많이 쓰이지만 특히 상점에서 병원에서 그리고 고객센터 등 전화를 받은 사람이 상대방이 바라는 것이 무엇인지 물어볼 때 사용하는 표현이다.

이왕이면 이것도 함께!

▶ So, what can I do for you?
그래, 무슨 일이야?

▶ Bree, hi. What can I do for you?
안녕, 브리. 뭘 도와줄까요?

A: Is this the marketing department?

B: It sure is. What can I do for you?

<blockquote>
A: 여기가 마케팅 부서인가요?
B: 그렇습니다. 무엇을 도와드릴까요?
</blockquote>

A: What can I do for you today?

B: I wanna close my account.

<blockquote>
A: 오늘 뭘 도와드릴까요?
B: 내 계좌를 폐쇄할려구요.
</blockquote>

What a shame! 안됐구나!

shame하면 오로지 「부끄러움」, 「수치」만 떠올리는 편협함에서 벗어나자. 여기서 shame은 「유감스럽고 딱한 상황」(something you're sorry about)을 뜻하는 것으로, 뭔가 좋지 않은 상황에 대해 「저런, 안됐구나」(That's too bad; What a pity)라며 안쓰러움을 표시하는 말이다. Shame on you(창피한 줄 알아)와 구별은 필수!!

이왕이면 이것도 함께!

▶ What a shame your wife isn't here
아내가 여기 없어 안됐네

▶ That's a shame
유감이네, 안됐네

▶ You don't smoke? That's a shame
담배안펴? 안됐구만

A: Shoot! I can't go to the beach with you guys. I have to work!

B: What a shame.

<blockquote>
A: 제기럴! 나 너희랑 같이 해변에 못가. 일하러 가야 한다구!
B: 안됐구나.
</blockquote>

A: Yeah, she died a year ago.

B: That's a shame. She was a good cop.

<blockquote>
A: 어, 걔는 일년 전에 죽었어.
B: 안됐네. 걔는 훌륭한 경찰이었는데.
</blockquote>

Come on in 어서 들어와

██

아는 사람이 찾아와 문밖에 서있을 경우 집 주인이 공통적으로 하게 되는 말로,「어서 들어오라」는 표현. 미드에서 아주 많이 볼 수 있다.

A: Hi! Are we early?

B: No, come on in.

    A: 안녕! 너무 일찍 왔나?
    B: 아니야, 들어와.

A: Come on in. Can I get you a drink?

B: I'd like a beer if you have one.

    A: 들어와. 마실 것 좀 갖다줄까?
    B: 맥주 있으면 좀 줘.

> 이왕이면 이것도 함께!
> - Could I come in?
>   들어가도 되나요?
> - Won't you come in?
>   들어오지 않을래요?
> - Make yourself at home
>   편히 해요

We'll see 좀 보자고, 두고 봐야지

██

지금 당장 결정을 내리거나 단정짓는 것을 피하고자 할 때 유용한 표현. 시간을 갖고 두고봐야 되는 것을 함께 말하려면 We'll see if~라 하면 된다. 또한 You'll see는 앞으로 일어날 일에 대한 자기의 말이 사실임을 확신하면서 내뱉는 말로 「곧 알게 될거야」, I'll see는 「두고 보자고」라는 뜻으로 각각 쓰인다.

A: Do you want to go away this weekend?

B: Well, we'll see.

    A: 이번 주말에 여행갈래?
    B: 글쎄, 좀 두고 보자구.

A: I don't think Carrie will ever marry you. You're just not good enough for her.

B: You'll see. I'm going to make her love me.

    A: 캐리가 너하고 결혼해줄지 모르겠다. 너한텐 과분한 여자인데.
    B: 두고봐. 캐리가 날 사랑하게 만들고 말테니.

> 이왕이면 이것도 함께!
> - We'll see if he wants to come back
>   걔가 돌아오고 싶어하는지 두고 보자고
> - I'll see 두고 보자구
> - You'll see 곧 알게 될 거야, 두고 보면 알아
> - I'm telling the truth
>   진짜야
> - I'm not lying
>   정말이라니까
> - (You) Just watch!
>   넌 보고만 있어!

Give my best to your folks 가족들에게 안부전해주세요

「…에게 인사말을 전해주세요」, 즉 「안부 전해주세요」라고 헤어질 때 하는 인사말로,
좀 더 캐주얼한 표현으로는 아래의 Say hello to sb 등이 있다.

이왕이면 이것도 함께!

▶ All the best to everyone
모두에게 안부 전합니다

A: I'm going to visit Eddie in New York this
summer.

B: I really miss Eddie. Give my best to him.

A: 올 여름엔 뉴욕에 있는 에디네 집에 갈 거야.
B: 에디 정말 보고 싶다. 내 안부 전해줘.

A: See you later, Mr. Brown. I'm going home now.

B: Have a good night, Charlie. Give my best to
your folks.

A: 나중에 또 뵈요, 브라운 씨. 전 이제 집에 가야겠어요.
B: 안녕히 가세요, 찰리. 가족들에게 안부 전해주세요.

놓치면 아까운 미드 토막상식

Take a picture!

언어는 화자가 의미하는 1차적인 의미와 언어가 발화되는 상황 및 화
자의 억양 등 비언어적 요소가 나타내는 2차적 의미로 구성된다. 후
자는 종종 언어적인 의미를 보완하는 것이 주 목적이나 혹은 언어적
의미를 완전히 뒤엎는 경우도 있다. 우리는 이를 반어법이라 한다.
한 예로 옆 친구가 TOEIC점수를 100점 맞았다고 할 때, 우리는
웃으면서 "야, 참 대단하다!"라고 말하기도 한다. 이때 우리말 네이
티브들 중 이 말의 진의(眞意)를 모르는 사람은 없을 것이다. 하지

만 영어를 학습으로 배우는 입장의 우리는 영어에서 "That's great!"하면 고지식하게 글자그대로만 해석하
려는 습성이 있다.

우리말과 마찬가지로 영어도 형태는 긍정과 칭찬의 문장일지라도 문맥과 상황에 따라 비아냥거리는 표
현으로 쓸 수 있다는 말이다. Nice going 또한 그런 대표적인 경우. 영화 아메리칸 뷰티에서 아버지가 자
기 친구에게 집적대자 그 딸이 하는 말이 "Nice going!"이다. 비꼬는 말인 것이다. 또 하나의 예로 해외출
장가서 난생 처음 topless bar에 간 친구가 있다. 이 친구, 옆을 지나가는 topless girl들에 완전히 넋을 잃
고 자신도 모르게 한 여자의 가슴을 뚫어져라 처다보고 있었다. 그 때 그 여자가 콧방귀를 뀌면서 "Take a
picture!"라고 했단다. 영어로 듣고 해석하기에 급급한 정도인 이 넋나간 친구가 이 반어적 표현을 알 리가
없다. 이 말을 사진찍으라는 말로 알아듣고 스마트폰을 꺼내들었다가 바로 멧돼지 같은 bouncer들에게 개
끌려가듯 끌려갔단다. 그만 처다보라는 냉소적인 표현인 것을 몰랐던 것이다.

5_ Forget about that

Tim	**Feel free to ask** me anything you want.
Joanna	**Hang on a minute,** you'll answer any questions I have?
Tim	Well, I won't answer questions about my sex life. **Forget about that.**
Joanna	**For shame.** I thought you'd be honest about everything.
Tim	Hey, **whatever**. I need to keep some things in my life private.
Joanna	Well, I'm going to leave now. **Give me a call** if you want to be totally open.
Tim	Oh, come on! Don't get angry and leave!

Tim	무엇이든 물어보고 싶은거 편하게 물어봐.		Tim	야, 어쨌거나. 난 내 생활의 일부는 사적인 걸로 지켜야 돼.
Joanna	잠깐만 기다려, 뭘 물어보든지 답해줄거야?		Joanna	저기, 나 이제 간다. 완전히 솔직해지고 싶으면 전화해.
Tim	음, 성생활에 대한 질문은 답하지 않을거야. 그건 됐고.		Tim	어, 이러지마! 화를 내고 가지마!
Joanna	아쉬워라. 네가 모든 문제에 대해 솔직할 줄 생각했는데.			

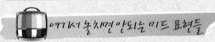
여기서 놓치면 안되는 미드 표현들

Feel free to ask 뭐든 물어봐, 맘껏 물어봐	**Feel free to ask** any personal questions. 개인적인 질문 뭐라도 편히 해.
Hang on (a minute) 잠깐만, 끊지말고 기다려요	**Hang on**, do you not realize what we just did? 잠깐만, 우리가 지금 무슨 짓을 했는지 몰라?
Forget (about) it! 잊어버려!, 됐어!	Honey, **forget about it**. I'm glad you made me come in here. 자기야, 됐어. 네가 날 여기로 오게 해서 기뻐.
For shame 부끄러운 줄 알아야지, 창피한 일이야	You were flirting on your anniversary, **for shame**, 네 기념일에 집적대다니. 부끄러운 줄 알아야지.
Whatever! 뭐든지간에!	**Whatever!** Everybody has problems. 어쨌거나! 문제없는 사람은 없지.
Give me a call 전화해	**Give me a call** when you get back in town. 다시 돌아오면 전화해.

130

Feel free to ask 뭐든 물어봐, 맘껏 물어봐

■■

feel free to는 「…하는 데 자유롭게 느껴라」, 「…을 맘껏 하라」는 뜻으로, 상대방을 배려해서 어떤 것을 「허락」(permission)할 때 쓸 수 있는 전형적인 표현. Feel free to ask는 이를 이용한 대표적 문장 중의 하나로 상대방에게 언제든지 맘대로 물어보라고 할 때 사용하면 된다.

이왕이면 이것도 함께!

▶ Feel free to contact me
언제든지 연락해
▶ Feel free to check it out
맘껏 확인해봐

A: Thank you for offering to guide us around the city.

B: Sure. If you have any questions, feel free to ask me.

> A: 구경시켜주셔서 감사합니다.
> B: 뭘요. 궁금한 게 있으면, 뭐든지 물어보세요.

A: Feel free to give me a call if you have any questions.

B: Thanks, I probably will.

> A: 궁금한 점이 있으면 조금도 주저하지 마시고 전화주세요.
> B: 고마워요, 그렇게 할게요.

Hang on (a minute) 잠깐만요, 끊지말고 기다려요

■■

전화통화시 상대방에게 「끊지말고 잠시만 기다려 달라」고 할 때 뿐만 아니라, 전화통화시가 아닌 일반적인 상황하에서도 「기다려달라」고 할 때 자유롭게 사용해도 무방하다.

이왕이면 이것도 함께!

▶ Hang on a moment [second]
잠시 (끊지 말고) 기다리세요

A: Come on. The bus is here.

B: Hang on a minute. I have to get my jacket.

> A: 어서 가자. 버스 왔잖니.
> B: 잠깐만. 재킷을 가져와야 해.

A: Pola, hang on a second. Ben wants to say something.

B: Hello. Pola? It's Ben.

> A: 폴라, 잠시만 끊지말고 기다려. 벤이 할 말 있대.
> B: 여보세요. 폴라? 나 벤이야.

Forget (about) it! 잊어버려!, 됐어!

사과하는 상대방에게 Forget it하면 「괜찮으니까 신경쓰지 말라」는 말이 되지만, 뭔가를 계속 알려달라고 하는 등 상대방이 귀찮아 하는 경우에 Forget it하면 「신경꺼」 「그만 이야기하고 싶어」라는 의미가 되기도 한다.

A: Would you like to come to my house to study?

B: Forget it! All you want is help doing your homework.

A: 우리집에 공부하러 올래?
B: 됐네! 네 숙제 도와줬으면 하는 거잖아.

A: Thanks for letting me tag along tonight you guys.

B: Forget about it.

A: 너희들 오늘 밤에 나 끼워줘서 고마워.
B: 신경쓰지마.

이왕이면 이것도 함께!
▶ Forget about it. It's not that important
잊어버려. 그렇게 중요한 것도 아닌데

For shame 부끄러운 줄 알아야지, 창피한 일이야

부끄럽고 수치스러운 짓을 한 상대방에게 야단치며 비난하면서 하는 말. You should be ashamed, Shame on you와 같은 맥락으로 보면 된다.

A: You continually cause problems at school. For shame!

B: I'm sorry, Mom. I don't mean to be a problem.

A: 너 학교에서 계속 문제만 일으키는구나. 부끄러운 줄 알아야지!
B: 죄송해요, 엄마. 문제 학생이 되려는 건 아니에요.

A: For shame! You should not have taken the money.

B: I told you I needed it to pay some debts.

A: 부끄러운 줄 알아야지! 돈을 가져가지 말았었지.
B: 빚 좀 갚기 위해 돈이 필요하다고 말했잖아요.

이왕이면 이것도 함께!
▶ You should be ashamed
창피한 줄 알아야지
▶ Shame on you
창피해라, 안됐구만

Whatever! 뭐든지 간에!

상대방의 어떤 언급, 판단, 그리고 제안에 대해 무관심 혹은 나아가 비난을 나타내는 한 단어 문장. 뭐든간에, 어느 쪽이든 상관없어라는 뉘앙스를 가진다.

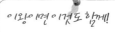

이왕이면 이것도 함께!

▶ Whatever! Anything!
뭐든! 아무거나!

▶ Whatever! Your loss
뭐든, 너 손실이야

A: I don't like the clothes you wear, and your haircut is odd.

B: Whatever. Your criticisms don't bother me at all.

A: 난 네가 입고 있는 옷도 맘에 안들고, 네 머리자른 것도 이상해보여.
B: 뭐라든. 네가 시비 걸어도 난 눈 하나 깜짝 안해.

A: I won't be coming back here again.

B: Whatever! We don't care if you're here or not.

A: 난 다시 이리로 되돌아오지 않을거야.
B: 좋을대로! 네가 여기 있든 없든 상관안해.

Give me a call 전화해

give a call은 전화하다(call sb on the phone)라는 표현으로 한 단어로 하자면 동사인 call, phone과 같다. 하지만 영어의 특성 중 하나인 한 단어보다는 그 단어를 명사로 포함한 숙어를 많이 쓰듯, give a call이 많이 쓰이는데 give sb a call의 형태로 「…에게 전화하다」라고 표현할 수 있다. call 대신 ring이나 buzz를 써도 된다.

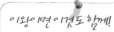

이왕이면 이것도 함께!

▶ Give me a ring
전화해

▶ Give me a buzz
전화해

A: Give me a call if you want to do something this weekend.

B: Okay.

A: 이번 주말에 뭔가 하고 싶으면 나한테 전화해.
B: 알았어.

A: Actually, I gotta get going. Give me a call sometime.

B: Oh, but y'know, no, you didn't give me your phone number.

A: 실은 나 가야 돼요. 언제 한번 전화해요.
B: 어, 하지만 저기, 전화번호도 안알려줬잖아요.

6_ It's not that bad

Karen	You said you had something terrible to tell me. **What's up?**
Britt	**It's not that bad,** but I heard Phoebe cheated on her boyfriend.
Karen	**Hold it!** Did you say Phoebe cheated on Brian? **How come?**
Britt	She said he was ignoring her and she felt lonely.
Karen	We better go see if we can comfort Brian.
Britt	**That's so sweet.** Let's meet at his apartment at seven.
Karen	Alright, seven is good. **I'll see you then.**

Karen	내게 끔찍한 일이 있다고 말했지. 뭔 일이야?	Britt	걔가 자기를 무시해서 외롭다고 했어.
Britt	그렇게 끔찍하지 않지만 피비가 남친 몰래 바람핀다고 들었어.	Karen	가서 브라이언을 위로해보는게 낫겠어.
		Britt	그럼 좋지. 7시에 걔 아파트에서 보자.
Karen	잠깐! 피비가 브라이언 몰래 바람핀다고? 어째서?	Karen	좋아, 7시 좋지. 그럼 그때 보자.

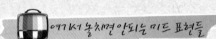 여기서 놓치면 안되는 미드 표현들

What's up? 어때?, 무슨 일이야?	My office called and said it was some kind of emergency. **What's up?** 사무실에서 전화와서 급한 일이라고 하던데. 무슨 일야?
It's not that bad 괜찮은데, 그렇게 나쁘지 않아	So what do you think, Tony? **It's not that bad**, right? 그래, 토니, 네 생각은 어때? 괜찮지, 맞지?
Hold it! 그대로 있어!, 잠깐!	**Hold it!** Let me see your hands! 꼼짝마! 두손을 내가 볼 수 있도록 해!
How come? 어째서?, 왜?	You have to leave now? **How come?** 지금 가야 한다고? 어째서?
That's so sweet 고맙기도 해라	You got a present for my parents. **That's so sweet.** 내 부모님 드릴 선물을 샀어. 정말 고마워라.
I'll see you then 그럼 그때 보자	You have no idea how grateful I am. **See you then**. 내가 얼마나 고마워하는지 넌 모를거야. 그럼 그때 보자.

What's up? 어때?

▪▪

두가지 경우로 쓰이는데 하나는 별 의미없는 인사말로 안녕?, 어때?라는 뜻이고 또 하나는 특별히 어떤 상황인지 정보를 요구하는 질문이 된다. 이때는 좀 더 구체적으로 What's up with~?라는 형태로 쓰이기도 한다. 또한 What's new? 또한 인사말로 쓰이는데 이에 대한 전형적인 답으로 「그러는 넌 별일 있느냐?」라고 할 때는 What's new with you?라 한다.

이왕이면 이것도 함께!
▶ What's up with that?
그거 어떻게 된거야?
▶ What's new?
뭐 새로운 일 있어?, 안녕?

A: Hey, Eddie, what's up?

B: Not much.

> A: 야, 에디, 어떻게 지내?
> B: 그냥 그렇지 뭐.

A: Hi, Alice. What's new?

B: Um... actually, I'm getting married next month.

> A: 안녕, 앨리스. 뭐 새로운 일 있어?
> B: 어… 실은 나 다음 달에 결혼해.

It's not that bad 괜찮은데

▪▪

생각보다, 예상보다 그리 나쁘지 않을 경우 말하면 되는 표현. 여기서 that은 앞서 언급한 나쁨의 정도를 뜻한다. 그리 나쁘지 않다, 다시 말해서, 생각보다 괜찮다라는 의미가 된다.

이왕이면 이것도 함께!
▶ I'm not that bad
내가 그렇게 형편없거나 나쁘
지는 않은 사람이야

A: I'm really worried about starting this new job.

B: It's not that bad. You'll do fine.

> A: 이번에 시작하는 새로운 일때문에 정말 걱정돼.
> B: 괜찮아. 넌 잘 해낼거야.

A: You guys, I am not that bad!

B: Yeah, you are, Tim.

> A: 얘들아, 내가 그렇게 나쁜 놈은 아니잖아!
> B: 아니야, 팀, 너 나쁜 놈 맞아.

Hold it! 그대로 있어!

상대방에게 지금 하고 있는 행동을 멈추고 그 자리에 「꼼짝말고 있으라」고 하는 표현. 상대방이 말하는 도중에 「잠깐만」 하고 끼어들 때에도 사용할 수 있다.

A: I'm going downtown to do some shopping.

B: Hold it! You've spent enough money this week.

<blockquote>
A: 시내에 가서 쇼핑 좀 하고 올게.
B: 잠깬! 당신 이번 주에 돈이라면 쓸만큼 썼잖아.
</blockquote>

A: Hold it! What do you think you're doing?

B: Your boss told me to move this cabinet outside.

<blockquote>
A: 잠시만요! 지금 무슨 짓 하는 거예요?
B: 댁의 상사가 이 캐비넷을 밖으로 옮기라고 했어요.
</blockquote>

이왕이면 이것도 함께!

▶ Hold everything!
그대로 멈춰!, 가만 있어!

▶ Wait up (a minute)!
잠깐!, 기다려!, 잠깐 거기서 기다려줘!

How come? 어째서?, 왜?

상대방의 말에 대해 놀라움과 이유를 물어보는 초간단 구어체. 궁금한 내용은 How come 다음에 S + V 형태로 붙여 말해주면 된다. 의문문이지만 주어와 동사의 도치를 신경쓰지 않아노 된다는 점에서, 영어를 외국어로 배우는 우리에게 Why ~? 보다 훨씬 부담이 덜한 표현이다.

A: I'm going to quit this job.

B: How come? Are you having problems?

<blockquote>
A: 나 이 일 그만둘거야.
B: 왜? 무슨 문제라도 있니?
</blockquote>

A: I heard your marriage is having problems. How come?

B: It's a private matter.

<blockquote>
A: 결혼생활에 문제가 있다면서. 어떻게 된거야?
B: 그건 개인적인 문제야.
</blockquote>

이왕이면 이것도 함께!

▶ You did? How come?
네가 그랬다고? 어째서?

▶ How come? Everybody else does
왜? 다른 사람들 다 그러는데

▶ Really? How come?
정말? 어째서?

That's so sweet 고맙기도 해라

━━

상대방이 친절이나 도움을 베풀었을 때 감사하는 마음을 표현하는 문장으로 특히 여성들이 감동을 받은 후 많이 사용하는 표현이다. 이렇게 다정할 수가, 이렇게 고마울수가, 이렇게 친절할 수가 정도의 뜻으로 쓰인다. 주어에는 This, That, It 뿐만이아니라 You나 She 등이 올 수 있다.

이왕이면 이것도 함께!

▶ This is[It is] so sweet
  고마워라
▶ He is so sweet
  그 사람은 정말 고마운 사람야
▶ This was so sweet of
  you to ask
  물어봐줘서 정말 고마웠어

A: These roses are to celebrate our 5th anniversary.

B: That's so sweet. I really love you!

  A: 결혼 5주년을 기념하는 장미야.
  B: 너무 고마워. 정말 사랑해!

A: Hey uh, I brought you some lunch.

B: Ohh! That's so sweet of you!

  A: 야, 점심 좀 가져왔어.
  B: 와! 너 정말 고마워!

I'll see you then 그럼 그때 보자

━━

약속 등을 정하고 나서 그때 보자고 하는 표현. then은 그때라는 뜻으로 서로 이미정해진 시간을 뜻한다. 줄여서 See you then이라고 많이 쓰인다.

이왕이면 이것도 함께!

▶ See you in the morning
  [tomorrow]
  아침에[내일] 보자
▶ See you later
  나중에 보자
▶ See you soon
  이따 봐

A: Do you mind picking me up tomorrow? Around
   8:00 in the morning.

B: Sure. I'll see you then.

  A: 내일 나 좀 태워 줄 수 있겠니? 아침에 한 8시 쯤.
  B: 물론이지. 그럼 그때 보자.

A: Well, I'll let you get back to work. See you later.

B: Can't wait.

  A: 저기, 너 일해야지. 나중에 봐.
  B: 언능보고 싶어.

7_ That's a good point

Olivia	**Hold on a minute,** when is the interview for the job?
Tommy	It will start soon. **Help yourself to** some coffee. It's fresh.
Olivia	**I'm glad to hear it.** I need some coffee.
Tommy	The interview will be difficult. **Don't give up too easily.**
Olivia	**That's a good point.** I always try my best.
Tommy	And **don't waste your time** talking about unimportant things.
Olivia	Okay, I've got it. Thank you for your advice.

Olivia	잠깐만, 취업면접이 언제야?	Olivia	맞는 말이야. 난 항상 내 최선을 다해.
Tommy	곧 시작할거야. 커피 좀 갖다마셔. 바로 만든거야.	Tommy	그리고 쓸데없는 이야기하는데 시간 버리지 말고.
Olivia	반가운 소리네. 난 커피 좀 마셔야 돼.	Olivia	어, 알았어. 충고해줘서 고마워.
Tommy	면접은 어려울거야. 쉽게 포기는 마.		

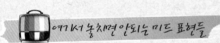
여기서 놓치면 안되는 미드 표현들

Hold on (a second [a minute])! 잠깐만요!	Hey, **hold on**, wait for me. 야, 잠깐만, 나 좀 기다려. **Hold on a second,** I have another call. 잠깐만, 다른 전화가 와서.
Help yourself 마음껏 들어, 어서 갖다 드세요	You always **help yourself** to something sweet while you work? 넌 일하는 중에 항상 단것을 먹는거야?
I am glad to hear it 반가운 소리야	**I'm glad to hear** you're not seeing Cindy anymore. 네가 신디랑 더이상 안만난다니 기쁘네.
Don't give up too easily 너무 쉽게 포기하지마	You've come this far, Tammy. **Don't give up** now. 태미야, 여기까지 왔잖아. 지금와서 포기하지마.
That's a good point 좋은 지적이야, 맞는 말이야	**That's a good point**. So uh, how long are you gonna punish her? 좋은 지적이야. 그럼, 어, 얼마동안이나 걜 벌줄거야?
Don't waste your time 시간낭비하지마, 시간낭비야	Come on, Mike, **don't waste your time**. 이봐, 마이크, 시간낭비하지 말라고.

Hold on a second 잠깐만요

기본적으로 잠깐 기다리다(wait)라는 뜻으로 특히 전화에서 원하는 사람이나 부서로 바꿔줄테니 끊지 말고 잠시 기다리라고 쓰는 대표전화영어이다. 뒤에 잠깐이라는 의미로 Hold on a sec(ond)나 Hold on a minute라고 쓰기도 한다.

이왕이면 이것도 함께!

▶ Can you hold on a second?
잠깐만 기다리세요

A: Can you help me carry these boxes?

B: Hold on a sec. Let me get my gloves.

A: 이 상자들 나르는 것 좀 도와줄래?
B: 잠깐만. 장갑 좀 끼고.

A: Susan. Hi. It's Chris.

B: Chris? Uh...hi. Can you hold on a second?

A: 수잔. 안녕. 크리스야.
B: 크리스? 어, 안녕. 잠깐만 기다려.

Help yourself 마음껏 들어, 어서 갖다 드세요

먹고 싶은대로 직접 갖다 먹으라(serve yourself anything you want)는 의미의 공손한 표현. 먹는 것까지 얘기하려면 뒤에 to sth을 붙이면 된다. 한편 두번째 dialog에서 처럼 꼭 먹는 것과 관련된 일이 아니더라도 사용할 수 있다.

이왕이면 이것도 함께!

▶ Help yourself to anything (in the refrigerator)
(냉장고에 있는 거) 마음껏 드세요

▶ Enjoy your meal
맛있게 드세요

▶ Dig in
자 먹자꾸나(친구끼리)

A: Can I have one of these apples?

B: Help yourself. There are plenty of them.

A: 이 사과 하나 먹어도 돼요?
B: 마음껏 먹어. 많으니까.

A: Do you mind if I use your shower?

B: Help yourself. The towels are hanging on the wall.

A: 샤워 좀 해도 될까요?
B: 마음껏 하세요. 수건은 벽에 걸려 있어요.

I am glad to hear it 그 얘기를 들으니 기뻐, 반가운 소리야

뭔가 상대방으로부터 좋은 소식을 듣고 그 기쁜 마음을 전달하는 기본적인 문장.
I'm glad to hear it[that] 혹은 줄여서 Glad to hear it[that]이라 많이 쓰인다. 또한 I'm glad to hear (that) S+V의 형태로 반가운 소식을 좀 길게 that 이하에 말할 수 있다. 물론 이때의 that과 위의 that[it]과는 다르다.

A: The landlord is going to put a new heater in the apartment.
B: I'm glad to hear it.

<blockquote>
A: 집주인이 아파트에 새 히터를 설치할거야.
B: 듣던 중 반가운 소리네.
</blockquote>

A: Well, I'm just fine, thank you for asking.
B: Good, I'm glad to hear it.

<blockquote>
A: 어, 잘 지내. 물어봐줘서 고마워.
B: 좋아, 반가운 소리네.
</blockquote>

이왕이면 이것도 함께!

▶ I'm glad to hear that you're all right
네가 괜찮다니 기뻐

▶ I'm glad to hear you say that
네가 그렇게 말하니 반가워

Don't give up too easily 너무 쉽게 포기하지마

기본숙어인 give up을 이용한 표현. give sb up for dead는 죽은 것으로 찾는 것을 포기하다, give oneself up은 「항복하다」 혹은 「…에 몰두하다」란 뜻으로 쓰인다. 또한 give up on sb는 「…에 대한 기대를 포기하다」, 「…의 수색을 포기하다」라는 의미.

A: You need to practice more to be on the baseball team. Don't give up too easily.
B: I'll try, but I still am not a good athlete.

<blockquote>
A: 야구팀에 들어가려면 좀더 연습해야겠다. 너무 쉽게 포기하지는 말구.
B: 노력할게요. 하지만 좋은 운동선수가 되려면 아직 멀었는걸요.
</blockquote>

A: You got to trust me, okay?
B: Don't give up on me.

<blockquote>
A: 넌 나를 믿어야 돼, 알았어?
B: 나에 대한 기대를 포기하지마.
</blockquote>

이왕이면 이것도 함께!

▶ You (always) give up too easily
넌 (늘) 해보지도 않고 포기하더라

▶ Don't give up (yet)!
아직 포기하지마!

▶ Give it up
당장 때려 치워

▶ give up on
포기하다, 수색을 중단하다

That's a good point 좋은 지적이야, 맞는 말이야

point는 사물의 핵심, 말의 요지를 뜻하는 단어로 That's a good point라고 하면 상대방의 말이 일리가 있다고 맞장구치는 표현이 된다.

A: If you fail this class, you won't graduate.

B: That's a good point. I'd better study hard.

    A: 너 이 과목을 통과하지 못하면 졸업못해.
    B: 그 얘기 맞는 말이야. 열심히 해야 돼.

A: If you buy that car, you won't have any money left.

B: That's a good point. Maybe I should wait until later.

    A: 네가 그 차를 사면 돈이 안 남을거야.
    B: 그 말이 맞아. 나중으로 미뤄야 할까봐.

이왕이면 이것도 함께!
- ▶ Okay, that's a good point
  그래, 좋은 지적이야
- ▶ You know what? That's a good point
  저 말이야, 그거 맞는 말이야

Don't waste your time 시간낭비하지마, 시간낭비야

가능성이 없거나 쓸모없는 일을 하려는 사람에게 「헛수고 말라」고 충고하는 표현. 또 You're wasting my time이라고 하면 상대방이 말하고자 하는 것에 관심없으니 「그만 이야기하라」는 의미이다.

A: Do you think that I should upgrade my old computer?

B: Don't waste your time. You can buy a nicer new computer for the same price.

    A: 내 구형 컴퓨터를 업그레이드시켜야 할까?
    B: 괜히 시간낭비하지마. 같은 값이면 더 좋은 새 컴퓨터를 살 수 있어.

A: I'd like to invite Cindy out on a date with me.

B: Don't waste your time. She's in love with Brad and not interested in you.

    A: 신디한테 데이트 신청하고 싶어.
    B: 시간 낭비마. 신디는 브래드랑 사랑에 빠져서 넌 안중에도 없어.

이왕이면 이것도 함께!
- ▶ You're (just) wasting my time
  시간낭비야, 내 시간 낭비마
- ▶ Don't waste my time
  남의 귀한 시간 축내지마, 괜히 시간낭비 시키지 말라고
- ▶ I don't like wasting my time
  시간낭비하고 싶지 않아

8_ What's going on?

Zander **What's going on?** Why are the police here?

Maddie Some thugs just robbed a store. **We're just looking for** them.

Zander **That's too bad.** Does anyone know what they looked like?

Maddie **I don't think so.** They were wearing masks.

Zander **Go on,** tell me what clothes they were wearing.

Maddie No, **that's enough** talking. I need to get back to work.

Zander Well, I hope you're able to lock up those criminals.

Zander 무슨 일이야? 왜 경찰들이 온거야?

Maddie 어떤 불량배들이 가게를 털었대. 그놈들을 찾고 있어.

Zander 안됐네. 누구 인상착의를 아는 사람이 있어?

Maddie 없을 걸. 마스크를 쓰고 있었대.

Zander 그놈들이 무슨 옷을 입었는지 어서 말해봐.

Maddie 싫어, 그만 얘기해. 나 다시 일해야 돼.

Zander 그래, 네가 그 범죄자들을 잡기를 바래.

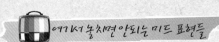 여기서 놓치면 안되는 미드 표현들

What's going on? 무슨 일이야?	**What's going on?** Are you mad? Are you depressed? 무슨 일이야? 화났어? 기분이 상했어?
I'm looking for you 널 찾고 있어	Hey, **I was looking for you**. Where are you going? 야, 너 찾고 있었어. 어디 가는거야?
That's too bad 저런, 안됐네, 이를 어쩌나	**That's too bad**, because I don't love you. 안됐네, 난 너를 사랑하지 않는데.
I don't think so 그런 것 같지 않은데	**I don't think so**. I got to go back with the body. 그렇지 않아. 다시 시신을 봐야겠어.
Go on 그래, 어서 계속해	**Go on**, Catherine. Do your work. 어서 해, 캐서린. 네 일을 하라고.
That's enough! 이제 그만!, 됐어 그만해!	All right detectives, **that's enough**. 좋아요, 형사님들, 이제 됐어요.

142

What's going on? 무슨 일이야?

go on은 「발생하다」, 「일어나다」(happen; take place)의 뜻으로, What's going on?하면 「무슨 일 있어?」라는 의미. 친구의 안색이 좋지 않거나 반대로 희색이 만면한 경우, 간접적으로 그 원인을 묻는 표현이다.

A: I saw a lot of police cars outside. **What's going on?**

B: There was a fight between three drunk guys. The police came and arrested everyone.

A: 밖에 경찰차가 많이 와 있더라. 무슨 일이야?
B: 술취한 애들 셋사이에 싸움이 있었어. 경찰이 와서 다 잡아갔어.

A: I see you left six voice messages for me. **What's going on?**

B: Your wife is in the hospital giving birth. You'd better get over there fast.

A: 음성메시지를 6개나 남겼던데. 무슨 일이야?
B: 네 아내가 출산 때문에 병원에 와있어. 빨리 그리로 가봐.

이왕이면 이것도 함께!

▶ **What's going on here?**
무슨 일이야?

▶ **What's going on in there [here]?**
거기[여기] 무슨 일 있어?

▶ **What's going on with him?**
그 사람 무슨 일 있어?

▶ **(Is) Anything going on?**
여긴 별일 없니?, 뭐 재미있는 일 없니?

I'm looking for you 너를 찾고 있어

look for는 …을 찾다(search)라는 기본표현으로 이를 토대로 I'm looking for~하게 되면 …을 찾고 있다는 뜻으로 for 다음에는 사람이나 사물이 다 올 수 있다. 특히 형사들이 탐문수사하거나 안내데스크에서 많이 쓰게 된다. 한편 I'm just looking은 특히 가게 등에서 그냥 둘러보는 중이라고 말할 때 사용한다.

A: Is there anything I can do for you?

B: No thanks. **I'm just looking.**

A: 제가 도와드릴 것이 있나요?
B: 고맙지만 됐어요. 그냥 둘러보고 있는 중이에요.

A: **I'm looking for** the best lawyer I can find. I think that's you.

B: What kind of case is this?

A: 최고의 변호사를 찾고 있는데, 당신인 것 같군요.
B: 어떤 종류의 소송이죠?

이왕이면 이것도 함께!

▶ **I'm only looking**
그냥 구경하고 있는 거예요

▶ **I'm just browsing**
그냥 구경하는 거거든요

That's too bad 저런, 안됐네, 이를 어쩌나

이 역시 위로의 말로, 상대방이 갑자기 실연을 당하거나 사고를 당했거나 혹은 이런 저런 안 좋은 일을 당했을 때 유감스러움, 동정, 안타까움 등의 감정을 확실하게 표현하는 말이다.

이왕이면 이것도 함께!
▶ What a pity!
그것 참 안됐구나

A: My girlfriend broke up with me this weekend.

B: That's too bad. Let me buy you a drink after work.

A: 이번 주말에 여자친구랑 깨졌어.
B: 안됐다. 내가 퇴근 후 한잔 살게.

A: My best friend is in the hospital with cancer.

B: That's too bad.

A: 내 가장 친한 친구가 암으로 병원에 입원해 있어.
B: 정말 안됐다.

I don't think so 그런 것 같지 않은데

상대방의 말에 동의할 수 없을 때 「내 생각은 그렇지 않은데」라며 조심스럽게 그리고 부드럽게 동의하지 않는다는 의사를 표시하는 말.

이왕이면 이것도 함께!
▶ I guess not
아닌 것 같아
▶ I don't believe so
그런 것 같지 않은데
▶ I expect not
아닌 것 같아
▶ I suppose not
아닐 걸
▶ I don't see that
그런 것 같지 않아
▶ I don't see it (that way)
난 그렇게 생각하지 않아요

A: Are we going to have to work on Christmas Day?

B: I don't think so. Last year we didn't have to.

A: 크리스마스에 일을 해야 하는 거야?
B: 아닐걸. 작년엔 그럴 필요 없었잖아.

A: Sara and Josh seem to be seeing each other.

B: Well, I don't see that.

A: 새라하고 조쉬가 사귀는 것 같아.
B: 글쎄, 그런 것 같지 않은데.

Go on   그래, 어서 계속해

What's going on?에서의 go on은 일어나다(happen)이지만 여기서의 go on (~ing)은 계속하다라는 뜻이 된다. 또한 go on to+동사의 경우는 계속해서 …가 되다라는 의미.

A: Hey come on, you haven't heard my reason yet.

B: Alright. **Go on.**

A: 야 그러지 마. 내 변명은 아직 듣지도 않았잖아.
B: 좋아, 어디 해봐.

A: Oh, thanks. I'll go do that now.

B: **Go on** in the car, sweetie. I have to talk to your mom real quick.

A: 어, 고마워. 지금 가서 그렇게 할게.
B: 어서 차에 타, 자기야. 장모님하고 잠깐 얘기 좀 해야 돼.

▶ Go on, I'm listening.
계속해, 어서 말해.

▶ I'm about to go on trial.
난 재판을 받을거야

▶ I can't go on lying
계속 거짓말을 할 수가 없어

▶ Go ahead
어서 계속 해, 어서 먹어

That's enough!   이제 그만!, 됐어 그만해!

상대가 듣기 싫은 소리를 넌더리 날 정도로 계속할 때 더 이상 참지 못하고 내뱉는 말. 한편 음식을 권하는 문맥에서는 「배가 부르다」라는 뜻. 또한 …하기에 충분하다는 뜻으로 That's enough for[to]~의 형태로도 많이 쓰인다.

A: How could you do this to me?

B: **That's enough!** I said I'm sorry more than a thousand times!!

A: 어떻게 나한테 이럴 수가 있어?
B: 그만 좀 해! 수천번도 더 미안하다고 했잖아!!

A: Mom, Katie keeps hitting me in the head!

B: **That's enough!** You children stop fighting while I'm driving!

A: 엄마, 케이티가 자꾸 내 머리 때려!
B: 그만 좀 해! 엄마가 운전하고 있을 땐 싸우지 말란 말야!

이왕이면 이것도 함께!

▶ That's enough for now
이젠 됐어

▶ Enough is enough!
이젠 충분해!

▶ Enough of that! 이제 됐어!, 그만해!, 그걸로 됐어!

▶ Good enough! 딱 좋아!

▶ That's enough to make an arrest
체포하기에는 충분해

▶ I guess that's enough for me
나한테는 충분한 것 같아

9_ Can I ask you a question?

Jess	Hello, **is Jen there?** I need to talk with her.
Hunt	**Let me see.** No, I think she left already.
Jess	**Can I ask you a question?** Where did she go?
Hunt	I think she went out with her boyfriend. **She'll be back late.**
Jess	**Are you nuts?** I'm her boyfriend! Did she go out with another guy?
Hunt	**First things first,** maybe she just went out with a friend.
Jess	I think I'd better try calling her cell phone now.

Jess	여보세요, 젠 있나요? 얘기 좀 해야 되는데요.
Hunt	글쎄요. 없는데요, 벌써 나간 것 같아요.
Jess	하나 물어볼게요. 어디 갔나요?
Hunt	남친하고 외출한 것 같아요. 늦게나 돌아올거예요.

Jess	미쳤어요? 내가 남친인데요! 다른 놈하고 나갔다구요?
Hunt	중요한 것부터 말하죠. 걘 아마 친구하고 외출했을 수도 있어요.
Jess	당장 핸드폰으로 전화해봐야겠군요.

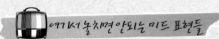

여기서 놓치면 안되는 미드 표현들

Is sb there? …씨 계세요?, …있어?	**Is Steve there**? Could I talk to him? 스티브 있어요? 얘기할 수 있을까요?
Let me see 그러니까 (내 생각엔), 저기, 어디보자	**Let me see**. Come on, sit down and show me. 어디보자. 어서, 앉아서 내게 보여줘. **Let me see**. These numbers can't be right. 저기, 이 숫자들은 맞을리가 없어.
Can I (just) ask you a question? 질문 하나 해도 될까?	Excuse me, detective. **Can I ask you a question?** 형사님, 실례지만 질문하나 해도 될까요?
I'll be back 다녀 올게, 금방 올게	I need to draft a statement, **I'll be back**. 성명서 초안을 작성해야 돼. 금방 돌아올게.
Are you nuts? 너 미쳤니?	**Are you nuts?** You can't sleep on the street. 너 미쳤냐? 거리에서 자면 안되지.
First thing's first 중요한 것부터 먼저 하자	All right, hold on okay? **First thing's first**. 좋아, 기다려, 알았지? 중요한 것부터 하고.

Is Jeryy there? 제리 있어요?

우리에게 잘 알려진 May[Can] I speak to~?보다 훨씬 캐주얼한 표현으로 Is sb there?이나 Is sb in?을 쓰면 된다. 조금 더 미드현장에서 막 쓰이는 표현들로는 Get me Chris, Give me Chris 등이 있다. 하지만 Get me sb의 경우에는 전화가 아닌 일상에서도 …데려와[불러와]라는 의미로 사용될 수 있다.

A: Is Jerry there?

B: Yes. Just a moment. I'll get him for you.

    A: 제리 있어요?
    B: 네. 잠깐만요. 바꿔줄게요.

A: Is Jack Smith in?

B: You have the wrong number.

    A: 잭 스미스 있나요?
    B: 전화 잘못거셨네요.

이왕이면 이것도 함께!

▶ Is Chris in?
  크리스 있어?

▶ You got Susan
  수잔인데요

▶ Get me Jane
  제인 바꿔줘

Let me see 그러니까 (내 생각엔), 저기, 어디보자

단독으로 쓰이면 무슨 말을 꺼내기 전에 「어디보자」, 「그러니까」 정도에 해당되는 의미로 허사 내지는 연결어에 가까운 기능성 표현이다. 하지만 Let me see sth하게 되면 「…을 보자」라는 의미가 되고, Let me see if~하게 되면 「…인지 한번 보자」라는 표현이 된다.

A: Let me see, where is the remote control?

B: Is that it on your sofa?

    A: 저기, 리모콘 어디있지?
    B: 소파위에 있는 게 리모콘 아냐?

A: Let me see your teeth.

B: I beg your pardon?

    A: 이 좀 보여주세요.
    B: 뭐라구요?

이왕이면 이것도 함께!

▶ Let me see that again
  그거 다시 한번 보자

▶ Let me see your hands
  두 손 다 보이게 해

▶ Let me see if I
  understand this
  내가 이걸 이해했는지 보자

Can I (just) ask you a question? 질문 하나 해도 될까?

뭔가 물어보기 전에 꺼내는 상대방 주의끌기용 문장으로 「뭐 좀 물어보자」, 「뭐 하나 물어볼게」 정도에 해당되는 표현. Can I ask you something?이라고 해도 되고 또한 Let me ask you something[a question]이라고 해도 된다.

A: Can I just ask you a question?

B: Sure. Go ahead.

    A: 뭐 하나 물어봐도 돼?
    B: 그럼. 어서 말해봐.

A: Could I ask you a question?

B: Oh, yeah, sure. What is it?

    A: 뭐 하나 물어봐도 돼?
    B: 그래 물론. 뭔데?

이왕이면 이것도 함께!

▶ Can I ask you something?
  뭐 좀 물어봐도 돼?

▶ Let me ask you
  something 뭐 좀 물어볼게

▶ Let me ask you a
  question 뭐 하나 물어볼게

▶ I'm gonna ask you
  something
  뭐 좀 물어볼게 있어

I'll be back 다녀 올게, 금방 올게

Terminator의 명(名) 대사 I'll be back처럼 「돌아오겠으니 기다려」라고 할 때 전형적으로 쓸 수 있는 표현. 바로 돌아오겠다고 강조하려면 I'll be right back이라 하면 된다. 비슷한 표현으로는 I'll be back soon이나 I'll be right with you 등이 있다.

A: Where are you going?

B: I'm just going to make a copy of this and I'll be right back.

    A: 어디 가?
    B: 이거 복사해서 금방 올게.

A: Are you going to be long?

B: No, I'll be back in a minute.

    A: 오래 걸리나요?
    B: 아뇨, 금세 돌아올 거예요.

이왕이면 이것도 함께!

▶ I'll be right back
  금방 돌아올게

▶ I'll be back soon
  곧 돌아올게

▶ I'll be right with you
  바로 다시 올게

Are you nuts? 너 미쳤니?

▪▪

nuts는 여러가지 의미로 쓰이는 단어 중의 하나. 여기서는 be nuts 혹은 go nuts의 형태로 「미치다」(go crazy) 혹은 「어리석다」(be foolish)라는 뜻으로 쓰였다.

A: You just hit our boss! **Are you nuts?**

B: He insulted me and he insulted my wife! What else could I do?

    A: 당신, 우리 사장님을 쳤어! 미쳤어?
    B: 나를 모욕하고 내 아내를 모욕했다구! 그 수밖에 더 있겠어?

A: I'm going to take her to a good restaurant and ask her to marry me.

B: **Are you nuts?** You're only nineteen years old!

    A: 걔를 근사한 레스토랑에 데리고 가서 청혼할거야.
    B: 너 돌았니? 겨우 열아홉살 밖에 안됐으면서!

> 이왕이면 이것도 함께!
>
> ▶ We went nuts
> (경기·콘서트 등에서) 열광했지, (쇼핑, 파티 등을) 미친듯이 했지
>
> ▶ You crazy? 너 미쳤냐?
>
> ▶ This is nuts[crazy]
> 이건 말도 안되는 짓이야
>
> ▶ Is this my fault? Or am I just nuts?
> 내가 실수한 거야 아님 멍청한 거야?

First thing's first 중요한 것부터 먼저 하자

▪▪

실용주의 시대에 걸맞는 표현. 냉정하게 판단하여 가장 급하고 중요한 것부터 처리하자고 할 때 사용하면 좋은 표현. first thing이 들어가는 다른 표현으로는 The first thing is~(우선은~), first thing in the morning(낼 아침 일찍) 등이 있다.

A: What is the most delicious food in this restaurant?

B: **First thing's first.** Let's order our drinks.

    A: 여기서 제일 맛있는 게 뭐야?
    B: 중요한 것부터 먼저 고르자. 술부터 주문하자구.

A: We're leaving **first thing in the morning**, all of us.

B: Where are you going?

    A: 우리 모두는 내일 일찍 떠날거야.
    B: 어디로 가는데?

> 이왕이면 이것도 함께!
>
> ▶ This first thing is~
> 우선은~
>
> ▶ first thing in the morning
> 내일 아침 일찍

10_ Good for you

Amanda	Pete, **there's a phone call for you!**
Pete	Tell them to hold on, **I'll be right there.**
Amanda	The caller wants to know if you and I want to grab some dinner.
Pete	**No way!** I am really full and couldn't eat another bite.
Amanda	**So am I.** Look, I'll tell the caller **not right now, thanks.**
Pete	Sure, let's stay home. I've been trying to save money and this helps.
Amanda	**Good for you.** You don't need to spend money at a restaurant.

Amanda 피트, 전화왔어!

Pete 기다리라고 해. 금방갈게.

Amanda 전화한 사람이 너와 내가 저녁을 간단히 먹고 싶은 건지 알고 싶어해.

Pete 절대 안돼! 정말 배불러서 한입도 더 먹지 못할거야.

Amanda 나도 그래. 야, 전화한 사람에게 고맙지만, 지금은 사양한다고 할게.

Pete 그래, 집에 있자. 돈을 절약하려는데 안나가면 도움이 될거야.

Amanda 잘하고 있어. 식당에서 돈을 쓸 필요가 없지.

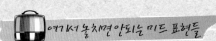 여기서 놓치면 안되는 미드 표현들

Phone call for you 너한테 전화왔어	There's a **phone call for me**? 내게 전화가 왔다고?
I'll be right there 곧 갈게, 지금 가	**I'll be right there**. Just stay there. 곧 갈테니까. 거기 그대로 있어.
No way! 절대 안돼!, 말도 안돼!	Oh, my god! **No way!** She's such a fox! 맙소사! 말도 안돼! 개는 정말 여시야!
So am I(or So do I) 나도 그래	Well, what a coincidence. **So am I**. 어, 이런 우연의 일치가 있어. 나도 그래. You make your hotel bed, too? **So do I**. 너도 호텔가면 침대 잠자리도 다시 준비해? 나도 그래.
Not right now, thanks 지금은 됐어요	I don't want any coffee **right now, thanks**. 지금은 커피생각이 없어, 고마워.
Good for you 잘됐네, 잘했어	That's great. **Good for you** guys. 아주 좋아, 너희들 잘했어.

Phone call for you 너한테 전화왔어

원래는 There's a phone call for you로 There's a가 생략된 형태. 굳이 phone call을 사용하지 않고 간단하게 Call for you 혹은 It's for you라고 해도 된다.

A: Is Tim in?

B: Yes, just a moment. Tim, phone call for you!

    A: 팀 있어요?
    B: 그래, 잠깐만. 팀, 전화왔다!

A: There's a phone call for you.

B: I'll take it in my office.

    A: 전화왔어요.
    B: 내 사무실에서 받을게요.

이왕이면 이것도 함께!

▶ You have a phone call
전화받아

▶ There's a phone call
for you 전화왔어

▶ I have a call for you
전화왔어

▶ You are wanted on the
telephone
너한테 전화왔어

I'll be right there 곧 갈게, 지금 가

be there은 go, be here은 come의 대용어로 구어체에서 많이 쓰이는 표현이다. 그래서 I'll be right there하면 바로 그곳으로 갈게라는 뜻이 되는데, 중요한 것은 I'll be there (for you)와의 차이점이다. I'll be right there가 Just a moment, I will arrive soon이라면 I'll be there은 일종의 약속으로 「네 옆에 있을게」라는 뜻이라는 점이다.

A: Hey Jim, you up there? You want to go for a walk?

B: Yeah. Don't move. I'll be right there.

    A: 이봐 짐, 그 위에 있니? 산책할래?
    B: 응, 거기 있어. 곧 내려갈게.

A: Would you like to come to the office's annual
Christmas party?

B: Absolutely, I'll be there. I love going to parties.

    A: 사무실에서 매년 하는 크리스마스 파티에 와주시겠어요?
    B: 그럼요, 갈게요. 파티라면 아주 좋아하거든요.

이왕이면 이것도 함께!

▶ I'll be there
갈게, 네 옆에 있을게

▶ They're going to be here
걔네들 이리 올거야

▶ I am going to be there
갈게, 갈거야

▶ You bet I'll be there
꼭 갈게

▶ I am there
간다니까

No way! 절대 안돼!, 말도 안돼!

상대방의 말을 강하게 부정하거나 자신은 절대 하지 않겠다고 거절하거나 반대 의사를 강하게 나타낼 때 쓰는 표현. 또한 너무 놀라 믿어지지 않을 때 말도 안돼!라고 사용할 수도 있다. 안되는 내용까지 말해주려면 There's no way of ~ing[that S+V]의 형태로 써주면 된다.

A: Can I borrow your car for a date tonight?

B: **No way!** Last time you borrowed it, you left the gas tank empty.

A: 오늘 밤 데이트하러 가는데 네 차 좀 빌릴 수 있을까?
B: 절대 안돼! 지난번에 빌려갔을 때 네가 기름을 몽땅 다 써버렸잖아.

A: I need you to finish this by tomorrow.

B: What?! There's **no way** I can do that.

A: 내일까지 이걸 끝내.
B: 뭐라구요?! 그건 불가능해요.

이왕이면 이것도 함께!

▶ Not by a long shot
어떠한 일이 있어도 아냐, 어림도 없지

▶ No, no, a thousand times no! 무슨 일이 있어도 안돼!, 절대로 싫어!

▶ No means no
아니라면 아닌 거지

▶ I said no
안된다고 했잖아, 아니라고 했잖아

So am I 나도 그래

상대방과 같다고 동조하는 표현. 상대방의 문장에서 동사가 be, be ~ing이면 So am I를, 동사가 일반동사인 경우에는 So do I를 쓰면 된다. 이런 까닭에 보는 것은 쉽지만 실제 우리가 사용하기에는 좀 어려워 보인다. 핵심어만 듣고서 문장을 이해해야하는 바쁜 와중에 상대방이 쓴 동사가 be~인지 일반동사인지 구분하는게 어렵기 때문이다.

A: I am looking forward to my vacation this year.

B: **So am I.** I hope to take my wife and children to the Grand Canyon.

A: 올해 내 휴가가 기다려져.
B: 나도 그래. 난 아내와 아이들을 데리고 그랜드 캐년에 가고 싶어.

A: I was kidding.

B: **So was I.**

A: 나는 농담이었어.
B: 나도 그랬어.

이왕이면 이것도 함께!

▶ So was I
나도 그랬어

▶ So do I
나도 그래

▶ So did I
나도 그랬어

Not right now, thanks 지금은 됐어요, 지금은 아냐

상대방의 제안에 지금은 괜찮다고 제한적으로 공손하게 거절하는 표현. 다시 말해 다른 때는 괜찮을지 모르겠지만 지금은 됐다고 정중하게 거절하는 문장이다. 좀 정중함을 빼려면 Not right now만 써도 된다. 물론 어떤 정보를 물어보는 경우에는 지금은 아냐라고 해석하면 된다.

A: Can I get you some coffee or tea?

B: No, **not right now, thanks.**

A: 커피나 차 좀 갖다 드릴까요?
B: 아뇨, 지금은 됐어요. 고마워요.

A: Gaby, can we talk for a sec?

B: Mmm, **not right now.**

A: 개비, 잠깐 얘기할까?
B: 음, 지금은 안돼.

이왕이면 이것도 함께!

▶ Please not right now
제발 지금은 안돼

▶ Especially not right now
특히 지금은 안돼

▶ Not right now. no
지금은 됐어. 안돼

Good for you 잘됐네, 잘했어

복권에 당첨된 친구의 행운(luck)을, 승진한 남편의 성공(success)을 축하할 때 쓰는 표현인 Good for you는, 상대방이 한 일(something that someone has done)에 대해 「잘했어!」라고 하는 칭찬과 격려의 의미.

A: I finally got that promotion that I've been waiting for.

B: **Good for you!**

A: 드디어 기다리던 승진을 하게 됐어.
B: 잘됐네!

A: My teacher told me that my presentation was the best in any of his classes.

B: **Good for you!** Now you see the benefit of working hard.

A: 우리 선생님은 내 발표가 선생님이 맡은 반에서 가장 훌륭했다고 하셨어요.
B: 잘됐구나! 이제 열심히 한 성과가 나타나는구나.

이왕이면 이것도 함께!

▶ Good for me
나한테 잘된 일이네

▶ Congratulations! 축하해!

▶ Congratulations on + 축하할 일[to+사람] …에 대해서 축하해![…야, 축하해!]

▶ You deserve it
넌 충분히 그럴만해

▶ You more than deserve it 너 정도면 충분히 그리고도 남지

153

11_ Let's get together

Milo   **Look out,** I think Mr. Stevens is out to get you.

Scarlet   **I don't care.** That guy has never liked me.

Milo   Well, **it's going to be okay.** He won't be your boss next year.

Scarlet   You're saying that **just for fun.** He'll still be my boss.

Milo   No, he's getting transferred in a few months. Just hang on till then.

Scarlet   **I can do that.** I can't wait until he's out of here.

Milo   **Let's get together** to celebrate when that happens.

Milo   조심해. 스티븐스 씨가 널 노리고 있어.
Scarlet 상관없어. 그 사람 날 좋아한 적이 없어.
Milo   어, 괜찮을거야. 내년에 네 사장이 아니겠지.
Scarlet 그걸 농담이라고 하는거야. 아직 내 사장이라고.

Milo   아니, 몇달 후면 전근갈거야. 그때까지만 기다려.
Scarlet 그러지. 그 사람이 빨리 가는게 마구 기다려지네.
Milo   그렇게 되면 만나서 기념하자.

여기서 놓치면 안되는 미드 표현들

Look out! 조심해!, 정신 차리라고!	Excuse me, **look out!** Heads up! Coming through! 실례합니다, 조심해요! 조심해요! 지나갑니다!
I don't care (about it) 상관없다, 관심없다	**I don't care** about making you feel better. 널 기분좋게 해주는데 관심없어 **I don't care** what you want. 네가 뭘 원하든 상관없어.
It's going to be okay 잘 될거야, 괜찮을거야	**It's going to be okay**, honey. Just listen to me. 자기야, 잘 될거야. 내말을 들어봐.
Just for fun 그냥 재미로	It was **just for fun**. We did it all the time. 그냥 장난이었어. 우린 늘상 그렇게 했어.
I can do that[it, this] 내가 할 수 있어	It's okay. **I can do it**. 괜찮아. 난 할 수 있어.
Let's get together (sometime) 조만간 한번 보자	**Let's get together**, and this time, I'll show up. Okay? 한번 보자, 이번엔 꼭 나올게. 알았지?

Look out! 조심해!, 정신 차리라고!

상대방에게 위험이 근접해있음을 경고할 때 사용하는 가장 대표적인 표현 중의 하나. 상대방에게 주의를 기울이라(pay attention)는 의미에서 하는 말이다.

A: Look out! The bus almost hit you!

B: Wow! I need to be more careful while I'm walking.

A: 조심해! 버스에 거의 치일 뻔했잖아!
B: 휴! 걸어다닐 땐 좀 더 조심해야겠다.

A: Hey, you're blocking the TV! Look out!

B: Oh, sorry.

A: 야, TV를 가로막고 있잖아. 주의해야지!
B: 어머 미안.

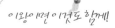
이왕이면 이것도 함께!

▶ Look out for ~
…을 돌보다, 방심하지 않다

▶ Heads up!
위험하니까 잘 보라구!

▶ Behind you!
조심해!

▶ You be careful!
조심해!

I don't care (about it) (상대방의 부탁, 제안에 승낙하며) 상관없어

care가 「…에 대해 신경쓰다」 동사로 쓰인 경우. 즉 상대의 부탁·제안에 대해 I don't care (about it)란 대답은 「(어떻게 하든) 상관없어」란 말이 되어, 「편할 대로 해」라며 상대방의 부담을 덜어주는 승낙의 뜻이 되거나 혹은 관심이 없다라는 의미로 쓰인다. 이를 슬랭으로 쓰자면 I don't give a shit[damn].

A: She said that she expects you to be fired soon.

B: I don't care. I never enjoyed working here anyhow.

A: 그 여자는 네가 곧 해고됐으면 한다고 말했어.
B: 신경안써. 어쨌든 나도 여기서 일하는 거 좋아한 적이 없으니까.

A: His name is Chris. I met him three years ago.

B: I don't care what his name is.

A: 걔 이름은 크리스야. 3년 전에 만났어.
B: 걔 이름이 뭔지 난 상관없어.

이왕이면 이것도 함께!

▶ I don't care if[what, how much~]~
난 (뭐라도, 얼마나 ~해도) 상관없어

▶ I don't give a shit [damn, fuck]
난 상관안해

155

It's going to be okay 잘 될거야, 괜찮을거야

■■■

비인칭주어 It과 be going to be가 합쳐진 경우로 ~be 다음에는 형용사가 오게 되는데 여기서는 괜찮다라는 의미의 okay가 왔다. going to는 역시 [gona]로 축약되어 발음되고 그리고 미드영어의 구어체문장에서는 표기까지도 gonna로 한 다는 점까지 알아두자.

이왕이면 이것도 함께!

▶ You're going to be great
  넌 잘 될거다
▶ It's going to get better
  더 잘 될거야
▶ It's all for the best
  앞으로 나아질거야 (지금은 안 좋지만)

A: Yesterday I had an accident and broke my leg.

B: **It's going to be okay.** Your insurance will pay the hospital bills.

> A: 어제 사고를 당해서 다리가 부러졌지 뭐야.
> B: 다 잘될 거야. 보험회사에서 병원비를 댈거구.

A: I can't believe that she broke off our relationship.

B: **It's all for the best.** You'll meet a better girl.

> A: 걔가 우리 관계를 깬 게 믿어지지가 않아.
> B: 앞으로 나아질거야. 더 괜찮은 앨 만날 거니까.

Just for fun 그냥 재미로

■■■

별다른 이유 없이(not for any other reason) 그냥 「장난삼아」, 「재미삼아」 한 번 해보는 거라는 의미. for the fun of it이라고 하기도 한다.

이왕이면 이것도 함께!

▶ For kicks
  그냥 이유없이, 재미삼아

A: So you have a date with Andrea?

B: It's not a date. It's **just for fun.**

> A: 그럼 너 앤드리아하고 데이트하는 거니?
> B: 데이트 아니라니까. 그냥 재미로 만나는 거야.

A: Hey, what are you writing on the wall?

B: I'm putting our names down, **just for fun.**

> A: 야, 벽에다 뭐 쓰는 거야?
> B: 그냥 장난삼아 우리 이름을 적어놓는 거야.

I can do that 내가 할 수 있어

━━━

할 수 있다는 자신의 적극성을 드러내는 표현. that 대신에 this, it을 써서 I can do it, I can do this라고 해도 된다. 꼭 거대한 능력만 언급하는 것은 아니고 일상에서 가볍게 내가 할 시간이나 여유가 된다는 의미로 많이 쓰인다.

이왕이면 이것도 함께!
- ▶ I can do it better
  내가 더 잘 할 수 있어요
- ▶ I don't think I can do that 못할 것 같아
- ▶ I don't know if I can do this
  할 수 있을지 모르겠어

A: Can you take this down to the post office?

B: Sure, I can do that.

  A: 이걸 우체국에 갖다주겠어?
  B: 그러지, 내게 맡겨.

A: I don't know if I can do this.

B: OK, just.. just stay calm.

  A: 내가 이걸 할 수 있을지 모르겠어.
  B: 알았어, 그냥 잠자코 있어.

Let's get together (sometime) 조만간 한번 보자

━━━

캐주얼하게 「만나다」라는 의미. 만나는 사람을 구체적으로 언급할 때는 get together with + 만나는 사람'을 말하면 되고, 「만나서 …하다」라고 더 구체적으로 예정을 잡으려면 get together and+V의 형태로 써주면 된다. 또한 get-together란 형태로 「만남」이란 명사로 쓰이기도 한다.

이왕이면 이것도 함께!
- ▶ get together with sb
  …와 만나다
- ▶ get together and+V
  만나서 …하다
- ▶ get-together
  만남

A: If you're not too busy, let's get together sometime.

B: I don't know. My schedule is pretty full over the next month.

  A: 많이 바쁘지 않으면 언제 한번 만납시다.
  B: 글쎄요. 다음달까진 제 일정이 꽉 차 있어서요.

A: Maybe we could get together and have a drink sometime.

B: I would really love that.

  A: 우리 언제 한번 만나서 술한잔 하지.
  B: 그러면 나는 너무 좋지.

12_ I didn't know that

Alonzo	You're picking your nose again. **Please don't do that.**
Gwen	**I didn't know** that it bothered you so much.
Alonzo	It does. **I'm so ashamed of** your behavior.
Gwen	Okay, okay, I won't do it. **Not anymore.**
Alonzo	Good. So it's **not likely** you'll embarrass me again?
Gwen	That's right. Now I don't want to talk about this stuff.
Alonzo	**Me neither.** Let's just change the subject.

Alonzo	너 또 코파고 있네. 제발 그러지마.		Alonzo	좋아. 그럼 나를 또 당황하게 만들지 않겠네?
Gwen	그렇게 네게 신경쓰이는지 몰랐어.		Gwen	맞아. 이젠 이 이야기는 그만하자.
Alonzo	신경씨여. 네 행동이 정말 창피하다니까.		Alonzo	나도 그래. 다른 이야기하자.
Gwen	알았아, 알았어. 그러지 않을게. 더 이상 말야.			

여기서 놓치면안되는 미드 표현들

Please don't do that 제발 그러지마	**Don't do that.** Don't you pretend you don't care. 그러지마. 상관없는 척지 말라고.
I didn't know that 모르고 있었지 뭐야	**I didn't know that.** Um, what's going on? 난 몰랐어. 음, 무슨 일이야? **I didn't know that** you loved him like that. 네가 걔를 그렇게 사랑했는지 몰랐어.
I'm ashamed of you **(or I'm so humiliated)** 정말 창피해, 부끄러워	I can't believe you did this. **I'm so humiliated.** 네가 그랬다니 믿기지 않아. 정말 부끄러워. **I'm ashamed of how** I treated you. 널 그렇게 대해서 내가 너무 부끄러워.
Not anymore 이젠 됐어, 지금은 아니야	It did at first, but **not anymore**. 처음에는 그랬지만 지금은 아니야.
Not likely 그럴 것같지 않은데	It's **not likely**. She's got 100 grand in cash. 그럴 것 같지 않아. 걘 현금으로 백만달러를 갖고 있어.
Me neither 나도 안그래	Good! **Me neither**! So it's not a problem. 좋아! 나도 안그래! 그럼 문제가 안되네.

Please don't do that 제발 그러지마

상대방에게 뭔가를 금지하거나 신신당부하는 부정명령문의 대표적인 예. 부정명령문은 Don't be+형용사[명사] 형태이거나 혹은 Don't+일반동사로 쓰이는데, 일반동사가 쓰인 Don't do that!은 「그러지마」, 「그거 하면 안돼」라는 의미이다.

A: I'm going to stop going to school. It's so boring.

B: Don't do that. That would be stupid.

    A: 학교 관둘까봐. 너무 지루해.
    B: 그러지마. 바보같은 짓이야.

A: I'll have a talk with him.

B: Oh, no, don't do that. That'll just make it worse.

    A: 걔하고 이야기 좀 할게.
    B: 어, 아니, 그러지마. 더 나빠질거야.

이왕이면 이것도 함께!

▶ Don't do that anymore
더는 그러지 마

▶ Don't ever do that again
두번 다시 그러지 마

▶ Don't do that to me
나한테 그러지마

▶ Don't do that to
yourself 자신한테 그러지마

▶ Friends don't do that
친구라면 그렇지 하지 않아

I didn't know that 모르고 있었지 뭐야

문맥에 따라 상대방의 이야기에 약간 놀라면서 관심과 흥미를 나타내거나, 혹은 나는 몰랐다라고 억울함을 하소연할 때 사용한다. 몰랐던 사실을 같은 문장에 이어서 말하려면 I didn't know that S+V라 하면 된다.

A: Well, you know, Julia and I used to go out.

B: Oh, I didn't know that.

    A: 음, 있잖아, 줄리아하고 난 예전에 사귀었어.
    B: 어, 몰랐어.

A: Years ago in Boston. We worked together.

B: I didn't know that.

    A: 수년 전에 보스톤에서. 우리 함께 일했었지.
    B: 난 몰랐었지.

이왕이면 이것도 함께!

▶ I didn't know that S+V
…을 몰랐어

▶ You didn't know that?
너 몰랐단 말야?

I'm ashamed of you 네가 부끄럽다

be ashamed of~는 뭔가 자신이 부끄러운 짓을 하였거나 혹은 다른 사람의 기대치에 못미치게 행동하였을 때 스스로 자신이 부끄러울 때 사용한다. 하지만 be ashamed of sb하게 되면 sb의 행동에 실망하거나 속이 상한다는 말씀.

A: First you got drunk, and then you started a fight with our guests. I'm ashamed of you.

B: I'm sorry, I was wrong. Can you forgive me?

    A: 처음엔 고주망태가 되더니, 다음엔 손님들한테 시비를 걸더군. 창피해 죽겠어.
    B: 미안, 내가 잘못했어. 용서해줄래?

A: I heard that you spilled wine all over your dress at the party.

B: I am so humiliated. They'll never invite me back.

    A: 그 파티에서 옷에다 와인을 쏟았다며.
    B: 쪽 팔려 죽겠어. 다시는 날 초대 안하겠지.

이왕이면 이것도 함께!

▶ be ashamed of[that~]
…가 부끄럽다, 창피하다

▶ be ashamed to do
…해서 창피하다

▶ be ashamed of sb
…에게 실망하다, 창피하다

▶ I have nothing to be ashamed
난 창피한게 하나도 없어

▶ You embarrass me
너 때문에 창피하다

▶ I'm so humiliated
창피하다

Not anymore 이젠 됐어, 지금은 아니야

전에는 그랬지만 「현재는 그렇지 않다」는 말로 부분 부정의 일종. 학창시절 연계하여 외운 no longer 역시 같은 의미이나 이는 not anymore보다 딱딱한 표현이며 단독으로 쓰이지도 못한다.

A: What are you doing here? I thought you lived in Chicago.

B: Not anymore. I moved to Dallas last year.

    A: 너 여기 웬일이야? 난 네가 시카고에서 사는 줄 알았는데.
    B: 이제 거기 안 살아. 작년에 달라스로 이사갔어.

A: Are you and Kent still dating?

B: Not anymore. We broke up a few months ago.

    A: 너 켄트랑 아직도 사귀니?
    B: 이제 안 사귀어. 우린 몇 달전에 헤어졌어.

이왕이면 이것도 함께!

▶ Not anymore, anyway
어쨌든 더 이상 아냐

▶ I used to. Not anymore, no
예전엔 그랬지만 더 이상 아냐

Not likely 그럴 것같지 않은데

일종의 부드러운 부정의 의견을 나타내는 표현으로 It's not likely를 줄여쓴 것으로 보면 된다. 「아마도 그럴 일은 없을 것이다」, 「그렇지 않을 것이다」라는 뜻.

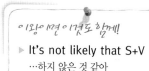

이왕이면 이것도 함께!

▶ It's not likely that S+V
…하지 않은 것 같아

A: I guess that you would like to have your own business someday.

B: Not likely. That would be very stressful.

A: 언젠가 자기 사업을 하고 싶어 할거야.
B: 그렇진 않을거야. 그게 얼마나 스트레스를 받는데.

A: Andy's death was accidental?

B: Not likely.

A: 앤디의 죽음은 사고사였어?
B: 그렇지 않은 것 같아.

Me neither 나도 그래

상대방의 부정적인 의견에 동의하는 표현. Neither+동사+주어 형태를 이용하려면 상대방이 말한 문장의 동사 및 시제에 맞춰 써야 되는데 반해, Me neither는 모든 경우에 마음편히 사용할 수 있다는 편리한 장점이 있다.

이왕이면 이것도 함께!

▶ Me neither. I don't have a choice
나노 그래. 선택권이 없어

▶ Me neither, okay?
나도 그래, 알았어?

A: I don't think that our team will be able to meet its deadline.

B: Me neither. There is not enough time.

A: 우리 팀이 마감시한을 맞출 수 없을 거라고 생각해.
B: 나도 그렇게 생각해. 시간이 부족하다구.

A: I like most movies, but I really don't like sci-fi films.

B: Me neither.

A: 난 영화라면 대부분 다 좋아하지만 공상과학영화는 정말 싫더라.
B: 나도 그런데.

161

Episode

13_ That's for sure

Alfred	I want you to **say hello to** a friend of mine. You two could go out.
Isabel	I don't want you to try and set me up. It's **sort of** embarrassing.
Alfred	**So what?** Have you dated a lot this year?
Isabel	No, **not too much**. I haven't had any luck finding a boyfriend.
Alfred	**That's for sure.** That's why I'm trying to help you out.
Isabel	Look, let me think about it. I'll give you a call tonight.
Alfred	Good, do that. **I'll talk to you soon.**

Alfred 내 친구에게 인사해. 너희 둘은 나가도 좋아.
Isabel 네가 날 소개시켜주는 걸 원치 않아. 좀 당황스러워.
Alfred 그래서 어쨌다고? 금년에 데이트 많이 한거야?
Isabel 아니, 별로. 남친찾는데 운이 없었어.

Alfred 그렇겠지. 그래서 내가 널 도와주려는거야.
Isabel 저기, 생각 좀 해볼게. 오늘밤에 전화할게.
Alfred 좋아, 그렇게 해. 곧 통화하자고.

여기서 놓치면안되는 미드 표현들

Say hello to sb
…에게 안부 전해줘, 인사하다

You didn't get a chance to **say hello to Olivia**, did you?
너 올리비아에게 인사할 기회가 없었지, 그지?

Sort of
어느 정도는, 다소

I **sorta** have some bad news, can I come in?
좀 안좋은 소식이 있는데, 들어가도 돼?

So what?
그래서 뭐가 어쨌다고?

So what? You obviously don't love him.
그래서 뭐 어쨌다고? 넌 확실히 걔를 사랑하지 않잖아.

Not (too) much
별일 없어, 그냥 그럭저럭

A: What did Penny tell you? B: **Not too much**.
A: 페니가 네게 뭐라고 말했어? B: 별로.

That's for sure
확실하지, 물론이지

She was the love of his life, **that's for sure**.
걔는 그의 인생에서 하나밖에 없는 소중한 사람이었어, 그건 확실해.

Talk to you soon
또 걸게, 다음에 통화하자

Okay, we must go now. **Talk to you soon**.
그래, 우리는 지금 가야 돼. 다음에 얘기하자.

Say hello to sb ···에게 안부 전해줘, ···에게 인사하다

헤어지면서 하는 인사이지만 상대방에게 하는 인사가 아니라 제 3자에게 안부인사를 전해달라고 하는 의미로 이때는 Give my best (regard) to sb와 동일한 표현. 하지만 상황에 따라 단순한 숙어로 「···에게 인사하다」라는 의미로도 많이 쓰이니 너무 고정관념에 사로잡히면 안된다.

이왕이면 이것도 함께!
▶ Dan, say hello to your father
  댄, 네 아빠에게 인사해라
▶ Say hello to my date
  내 데이트 친구에게 인사해
▶ Remember me to sb
  ···에게 제 안부 전해줘

A: I heard you are going to Mr. Glen's store. Say hello to him for me.

B: OK, I'll let him know that you asked about him.

  A: 너 글렌 씨네 가게에 갈거라며. 인사 좀 전해줘.
  B: 그래, 네가 안부 묻더라고 전할게.

A: Hey. How's it going?

B: Good, good. Just came by to say hello.

  A: 야, 어떻게 지내?
  B: 좋아, 좋아. 그냥 인사나 하려고 들렀어.

Sort of 어느 정도는, 다소

sort는 동사로는 분류하다, 명사로는 종류나 성질을 뜻하는 단어이지만 sort of의 형태로 부사처럼 쓰일 때는 「약간」, 「어느 정도」, 「다소」라는 뜻이 된다. 발음을 빨리하여 표기도 sorta로 하는 경우가 있다. kind 또한 명사로 종류라는 뜻이지만 kind of의 형태로 sort of와 같은 의미로 많이 쓰인다.

이왕이면 이것도 함께!
▶ kind of
  어느 정도는

A: Was Professor Roberts's test very difficult?

B: Sort of. Most students got C's or D's.

  A: 로버츠 교수님 시험 아주 어려웠니?
  B: 그런 편이지. 대부분 C나 D를 받았어.

A: You sound like you're impressed.

B: I sorta am.

  A: 너 감동받은 것 같아.
  B: 좀 그래.

So what? 그래서 뭐가 어쨌다고?

━━━━━━━━━━━━━━━━━━━━━━━━━━━━━━━━━━━━

So what?은 「그래서 뭐가 어쨌다는 거야」라는 뜻으로 상대의 말에 무관심을 나타내는 대표적인 표현중 하나. 「별로 중요하지 않다」(It's not important to me)라고 여기거나 「누가 상관이나 한데」(Why should I care?)라며 시큰둥한 의사표시를 할 때 사용하면 된다. 같은 의미의 표현으로는 Who cares?, I don't care, I don't care less, 또는 It's no big deal 등이 있다.

이왕이면 이것도 함께!

▶ What of it?
그게 어쨌다는거야?

▶ It doesn't mean anything to[with] me
난 상관없어

A: Guess what? It's raining out.

B: So what?

　　A: 그거 알아? 지금 밖에 비가 와.
　　B: 그게 뭐 어쨌다구?

A: They say that MCI is going to go bankrupt.

B: It doesn't mean anything to me. Inefficient businesses usually fail.

　　A: MCI가 파산할 거라고 하더라.
　　B: 내가 무슨 상관이야. 비효율적인 기업은 언제나 망하게 되어있다구.

Not (too) much 별일 없어, 그냥 그럭저럭

━━━━━━━━━━━━━━━━━━━━━━━━━━━━━━━━━━━━

안부를 묻는 말에 대한 막연한 대답으로 쉽게 쓸 수 있는 말로, Nothing과 함께 「별일 없이 그럭저럭 지낸다」는 의미의 대표적인 대답 표현이다.

이왕이면 이것도 함께!

▶ Nothing much
별로 특별한 건 없어, 별일 아냐

▶ (I've) Been up to no good
별일없이 그냥 지냈어

▶ No more than I have to
그저 그렇지 뭐

▶ So-so
그저 그래, 그냥 그래요

A: What did you do during your vacation?

B: Not too much. My wife and I decided to stay home and save money.

　　A: 휴가 동안 뭐했어?
　　B: 별거 없었지. 아내랑 집에 있으면서 돈이나 절약하기로 했거든.

A: What's new with you?

B: Oh, not much. My life is pretty much the same day in and day out.

　　A: 뭐 새로운 일 있니?
　　B: 그저그래. 매일 매일이 변함이 없지.

That's for sure 확실하지, 물론이지

자신있게 자신의 생각이나 주장에 대해 확실하다고 말하는 것으로 그냥 For sure 라고만 해도 된다. 한단어로 하자면 Surely. 같은 표현으로 Sure thing, It sure is 등이 있다. It sure is의 경우에 sure는 형용사가 아니라 부사라는 점 기억해둔다.

A: Boy, I'm really tired of this cold winter weather.

B: That's for sure. I can't wait until the spring arrives.

A: 야, 난 정말이지 이 추운 겨울 날씨가 정말 지겹다.
B: 물론이야. 봄이 하루빨리 왔으면 좋겠다.

A: Are you sure that Mark stole the ring?

B: That's for sure. I found it in his office.

A: 마크가 반지를 훔친게 확실해?
B: 정말야. 걔 사무실에서 발견했거든.

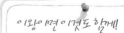

이왕이면 이것도 함께!
▶ For sure
  물론
▶ It's for sure
  물론이야
▶ I don't know for sure
  확실히 모르겠는데

Talk to you soon 또 걸게, 다음에 통화하자

전화를 끊을 때 하는 말로 「다음에 다시 전화하겠다」라는 뜻. 이외에도 전화를 끊을 때 하는 인사말로는 (It's) Good talking to you 등이 있다.

A: Well, I'd better get going. My wife is waiting on me for dinner.

B: Okay. See you later.

A: Talk to you soon.

A: 음, 이제 끊어야겠어. 내 아내가 저녁 차려놓고 기다리고 있어서.
B: 알았어. 나중에 보자구.
A: 전화할게.

A: I gotta go now, Brett. Let's try to keep in touch more.

B: Sounds good. I'll talk to you soon.

A: 이제 끊어야겠다, 브렛. 좀더 자주 연락하고 지내자.
B: 좋지. 전화할게.

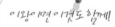

이왕이면 이것도 함께!
▶ (I'll) Talk to you soon
  또 걸게, 다음에 통화하자
▶ Talk to you tomorrow
  내일 통화하자

14_ What's the problem?

Ivy	**It's good to see you** again. What brings you here?
Jared	I need to find the person who stole my underwear. Who was it?
Ivy	Someone stole your underwear? **That's just too much!**
Jared	You think **that's funny**? I'm really upset about it.
Ivy	Just buy some more. **What's the problem?**
Jared	Yeah I guess I could go to the store right now and get a few pair of them.
Ivy	**What's the hurry?** Let's have some coffee and you can go afterwards.

Ivy	다시 보게 돼서 반가워. 여기 어쩐 일이야?		Ivy	그냥 몇개 더 사. 뭐가 문제야?
Jared	내 속옷을 훔친 사람을 찾아야 돼. 누구 였을까?		Jared	그래, 지금 가게 가서 몇벌 사야겠다.
Ivy	누가 네 속옷을 훔쳤다고? 그건 너무 하네!		Ivy	뭐 그리 급해? 커피 좀 마시고나서 가.
Jared	그게 웃기다는거야? 난 열받아 있는데.			

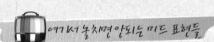
여기서 놓치면안되는 미드 표현들

(It's) Good to see you 만나서 반가워, 만나서 반가웠어	Well thank for coming here, **it's good to see you**. 여기 와줘서 고마워, 만나서 반가워.
That's (just) too much! 해도 해도 너무해!, 너무 재밌다!, 그럴 필요는 없는데!	Your daughter joined the police? **That's too much**. 네 딸도 경찰에 들어갔다고? 그거 너무하다.
That's funny 거참 이상하네	**That's funny**. She was here a minute ago. 이상하네. 걔 조금 전에 여기 있었는데.
What's the problem? 무슨 일인데?, 뭐가 문제야?	I don't know what it is. **What's the problem?** 그게 뭔지 몰라. 무슨 일인데?
What's the rush? 왜 그렇게 서둘러?, 왜 이리 급해?	**What's the rush?** Am I pregnant? 왜 이리 서둘러? 내가 임신한거야?

(It's) Good to see you 만나서 반가워, 만나서 반가웠어

이미 알고 있는 사람과 만날 때 사용하는 표현. 특히 다시 만나서 반갑다고 선제적으로 반가움을 표현하려면 Good to see you again이라고 하면 된다. 또한 헤어지면서도 사용할 수 있는 표현이기는 하지만 이때는 It was good to see you라고 보통 말한다.

이왕이면 이것도 함께!

▶ Good to see ya
  만나서 반가워

▶ Good to see you again
  다시 만나니 반가워

▶ Good to see you too
  나도 만나서 반가워

A: Hi, John. It's good to see you here.

B: I know. How many years has it been since we've gotten together?

A: 안녕, 존. 여기서 보다니 반갑다.
B: 응. 우리 만났던 게 몇 년 전이더라?

A: So, yeah, good to see you.

B: Yeah, it's good to see you too. We should really go.

A: 그래, 어, 만나서 반가워.
B: 어, 나도 만나서 반가워. 우린 정말 가야 돼서.

That's (just) too much!

해도 해도 너무해!, 그럴 필요는 없는데!, 너무 재밌다!

too much는 that이 가리키는 상황이나 행동이 「터무니없는」(unreasonable), 「감당할 수 없을 정도로 너무 어렵고 힘든」(so difficult and tiring that you cannot cope with) 것을 의미. 한편 지나친 호의나 과분한 선물을 받고 「그럴 필요는 없는데」(You shouldn't have)라는 뜻으로도 쓸 수 있다.

이왕이면 이것도 함께!

▶ It's too much for her
  걔한테는 너무 지나쳐

▶ It's too much for anyone
  누구도 감당하기 힘들거야

▶ That's too much work for him
  걔한테는 너무 힘든 일이야

A: Did you know that we're expected to have a decrease in salary next year?

B: That's too much! They are always expecting us to sacrifice more and more.

A: 내년에 월급이 줄어들 거라는데 알고 있었어요?
B: 너무해! 맨날 우리만 더 희생하라는 거잖아요.

A: Well, sounds like it was too much for her.

B: It was too much for anyone.

A: 저기, 걔가 감당하기에는 너무 힘들었던 같네.
B: 어느 누구도 감당하지 못했을거야.

That's funny 거참 이상하네

여기서 funny는 「웃기는」이라기 보다는 「좀 이상하다」는 말로 That's funny하면 평소 자기가 알고 있는 것과 다르게 돌아가는 상황에서 쓰는 표현. 달리 말하자면 That's strange[odd, unusual] 혹은 That's weird라 할 수 있다. 참고로 weird한 사람은 weirdo라고 한다.

이왕이면 이것도 함께!
▶ That's so weird
   정말 이상하네
▶ This feels (very) weird
   이상한 거 같아

A: Tom is the son of one of the richest men in the country.
B: That's funny, he doesn't act like he's rich.

A: 탐은 그 나라 최고 갑부중 한 사람의 아들이야.
B: 이상하네. 걘 부자집 애처럼 굴지 않던데.

A: Look! They painted that house pink!
B: That's weird. Why would anyone paint a house that color?

A: 야! 핑크색으로 집을 칠했네!
B: 거 이상하네. 왜 그런 색으로 집을 칠하려고 하는 걸까?

What's the problem? 무슨 일인데?, 뭐가 문제야?

그냥 단순히 네가 직면한 문제가 뭐냐고 물어보는 경우가 있고 또한 문맥에 따라서는 뭐가 문제냐고 물어보는 듯하지만 별 문제가 될게 없는데 뭐가 문제냐하고 핀잔성 표현으로 쓰일 경우도 있다.

이왕이면 이것도 함께!
▶ What's the problem with it?
   그게 뭐가 문제야?

A: Waiter! Come here for a moment!
B: What's the problem sir? Is the food OK?

A: 웨이터! 잠깐 이리 와봐요!
B: 무슨 일이십니까? 음식이 이상합니까?

A: What is the problem? It was just a kiss.
B: Oh, no. You don't understand. It was a really good kiss.

A: 뭐가 문제야. 그냥 단순한 키스였잖아.
B: 어, 아니야. 넌 이해못해. 그건 정말 멋진 키스였어.

What's the hurry? 왜 그렇게 서둘러? 왜 이리 급해?

■■■

뭔가 급히 서두르는 상대방에게 그 이유를 묻는 표현. 대개 순수하게 그 이유를 묻는다기 보다는 「그렇게 급할 것 없지 않느냐」는 항변의 표현으로 많이 쓰인다. the 대신에 your를 써도 되고, hurry 대신에 rush를 써도 된다.

이왕이면 이것도 함께!
▶ There's no hurry
서두를 것 없다, 급할 것 없다
[=I'm no hurry]
▶ Where's the fire?
왜 이리 급해?

A: Can you drive a little faster? I want to get to Chicago.

B: What's the rush? We have all day.

A: 좀더 속력을 내줄래? 시카고에 도착해야지.
B: 뭐가 그렇게 급해? 오늘 안에는 도착하겠지.

A: You need to get married before you get too old.

B: What's the hurry? I'm still young.

A: 너무 나이들기 전에 결혼해야 돼.
B: 급할 거 뭐 있어. 난 아직 젊은데.

놓치면 아까운 미드 토막상식

Friendship is love minus sex and plus reason
Love is friendship plus sex and minus reason

남녀 사이엔 사랑(love)만 존재하고 우정(friendship)이란 정말 불가능한 걸까? 프렌즈와 기타 시트콤 및 미드에서 많은 텐션을 주는 소재가 바로 이 남녀사이의 우정과 사랑이다. 이 문제에 대해 한 미국의 애포리스트(aphorist) Mason Cooley가 내린 결론은 다음과 같다. "Friendship is love minus sex and plus reason"(우정=사랑-섹스+이성), 즉 「우정」이란 서로에게 대한 친밀함(love)은 있지만 그것이 육체적인 친밀함으로까지는 발전하지 않고 (minus sex) 그 대신에 합리적이고 이성적인 조언을 통해(plus reason) 서로를 밀어주고 끌어주는 관계이며, "Love is friendship plus sex and minus reason"(사랑=우정+섹스-이성), 즉 「사랑」이란 서로에 대한 호감(friendship)과 함께 육체적 친밀함이 동반되면서(plus sex) 머리에 번개라도 맞은 듯 합리적이고 이성적인 사고가 마비되는(minus reason) 현상이라고. 남녀의 관계를 구분지을 수 있는 게 어디 "섹스와 이성" 두 가지 뿐이랴마는, 영원히 풀리지 않을 것 같은 "남녀 사이의 우정"에 대해 이성적으로 도식화한 것으로 우리 모두 다 어느 정도 공감할 수 있는 얘기가 아닐까?

Friendship = Love − Sex + Reason (우변의 Sex와 Reason을 좌변으로 보내면)
Friendship + Sex − Reason = Love ∴ Love = Friendship + Sex − Reason

15_ That's another story

Monica   **I was sorry to hear** that someone in your family died.

Steve   **It's very nice of you** to say that. I've been feeling sad.

Monica   **Who was it?** Was it someone you were close to?

Steve   It was my Aunt Patty. We were close, but **that's another story**.

Monica   **I can't wait to** hear more about her. I have a favorite aunt too.

Steve   **What a coincidence.** I guess we bond with certain family members.

Monica   That's right. I have some very good memories of my aunt.

Monica   가족 중에 누가 사망했다며, 안됐어.
Steve   그렇게 말해줘서 고마워. 슬펐었어.
Monica   누구였어? 너하고 가까운 사람이었어?
Steve   패티 숙모였어. 친했지. 하지만 그건 다른 이야기이고.
Monica   숙모님에 대해 더 이야기해줘. 나도 좋아하는 숙모

가 있어.
Steve   정말 우연이네. 우린 친족들하고 유대관계가 좋은 가봐.
Monica   맞아. 난 내 숙모님과 아주 좋은 기억들이 좀 있어.

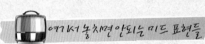
여기서 놓치면안되는 미드 표현들

I'm sorry to hear that
안됐네

I'm sorry to hear that. That'll cause a big delay, won't it?
안됐네. 그러면 많이 늦어질텐데, 그렇지 않아?

It's very nice of you
정말 친절하네요

That's very nice of you, but I made other plans.
정말 친절해 고맙지만, 난 다른 계획이 있어.

Who was it?
누군데? 누구였어?

If it wasn't them then **who was it?** 걔네들이 아니었다면 그럼 누구였어?
Who is it? It's open. 누구세요? 열려 있어요.
I heard you're seeing someone. **Who is it?**
누구 만나고 있다며. 누구야?

That's another story
그건 또 다른 얘기야

Convicting him of rape **is another story**.
걔를 강간으로 기소하는 별개의 이야기야.

I can't wait to do it
지금 당장이라고 하고 싶어

He's my best friend and **I** just **can't wait to** live with him.
걔 내 베프야, 걔랑 살고 싶어 죽겠어.

What a coincidence!
이런 우연이!

What a coincidence, I just stopped being a cop.
우연의 일치네, 나 방금 경찰 그만뒀거든.

I am sorry to hear that 안됐네

여기서는 「미안하다」라는 사과의 말이 아니라 「안됐다」, 「유감이다」라는 뜻으로, 「그것 참 안됐구나」, 「유감스럽게 됐구나」라는 의미. 좋지 않은 소식을 접했을 때 사용하는 전형적인 위로의 말.

이왕이면 이것도 함께!
▶ I'm sorry to hear about that
그거 정말 안됐어

A: I just got a call saying that my grandfather has died.

B: I'm sorry to hear that. Is there anything I can do for you?

A: 좀전에 우리 할아버지께서 돌아가셨다는 전화를 받았어.
B: 그것 참 안됐구나. 내가 해줄 수 있는 일 없니?

A: Apparently we won't get any bonus at work this year.

B: I'm sorry to hear that.

A: 듣자하니 올해는 보너스가 전혀 없을 거라면서.
B: 이를 어째.

It's very nice of you 정말 친절하네요

고마운 행동을 한 상대방에게 감사하다고 말하는 표현법 중의 하나로 단순히 It's very nice of you라고만 해도 되고, 아니면 고마운 행위까지 언급하려면 It's very nice of you to~라고 하면 된다. 물론 It's very까지는 생략해도 된다.

이왕이면 이것도 함께!
▶ Nice of you to show up
와줘서 고마워
▶ You're such a kind person
정말 친절하네요
▶ He's got such a good heart!
걘 무척 자상한 애야!

A: If you need to use a car, I will let you borrow mine.

B: It's very nice of you.

A: 차를 써야 한다면 내 차 빌려줄게.
B: 정말 친절하구나.

A: My friend had an operation. I'm buying her some things.

B: Oh, well, that's very nice of you.

A: 내 친구가 수술을 받았어. 걔한테 뭐 좀 사줄려고.
B: 어, 너 참 착하구나.

Who was it? 누군데?, 누구였어?

Who is it?은 방문객이 초인종을 눌렀을 때 혹은 전화왔다고 누가 말해줬을 때, 「문밖에 있는 게 누구냐?」, 「전화 건 사람이 누구냐?」고 물어보는 표현이다. 「누구였느냐?」고 물어보는 과거형은 Who was it?

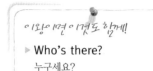

이왕이면 이것도 함께!
▶ Who's there?
누구세요?

A: Mom, I think someone is at the door.

B: Who is it?

    A: 엄마, 밖에 누가 왔나봐요.
    B: 누군데?

A: That was a strange phone call.

B: Who was it?

    A: 이상한 전화를 받았어.
    B: 누구였는데?

That's another story 그건 또 다른 얘기야, 그건 또 별개

상대방과 논쟁을 하거나 다툴 때 특히 유용한 표현으로, 「문제의 핵심에서 벗어나지 말자」는 의미이다. another 대신에 a different를 써서 That's a different story라고 해도 된다.

이왕이면 이것도 함께!
▶ That's not the end of the story
얘기가 끝난 게 아냐

A: You gave Leo an A for this report. Are you going to give Stephany an A too?

B: That's a different story. Stephany's report isn't as good.

    A: 이 리포트로 레오한테 A학점을 주셨죠. 스테파니한테도 A를 주실 건가요?
    B: 그건 얘기가 다르지. 스테파니가 한 보고서는 제대로 안돼 있어.

A: Are you dating your teacher?

B: Yeah, but that's another story. I don't want to talk about it.

    A: 너 선생님하고 연애하니?
    B: 응, 하지만 그건 좀 다른 얘기야. 그 얘긴 하고 싶진 않아.

I can't wait to do it 지금 당장이라고 하고 싶어

몹시 뭔가를 하고 싶을 때, 안달이 나 있을 때 사용할 수 있는 표현으로 I can't wait to+V를 사용한다. …하기를 기다릴 수 없을 정도로 바로 하고 싶다는 뜻으로 be eager to+동사, be dying to+동사와 같은 뜻이다.

A: Just ten more days until our trip to Hawaii!

B: I know. I can't wait.

> A: 딱 10일만 더 있으면 하와이 여행이다!
> B: 그래. 당장이라도 가고 싶어.

A: I can explain.

B: We can't wait to hear it.

> A: 내가 설명할 수 있어.
> B: 빨리 듣고 싶어.

이왕이면 이것도 함께!

▶ I'm dying to know
알고 싶어 죽겠어

▶ I'm eager to do it
무지 하고 싶어

▶ I'm looking forward to doing it
기대 만땅이야

What a coincidence! 이런 우연이!

What+(관사)+명사 형태의 감탄문으로 우연한 일치가 되는 상황에서 쓸 수 있는 표현. 비슷한 구조 그리고 비슷한 의미로 유명한 What a small world!는 뜻하지 않은 장소에서 뜻하지 않은 사람을 만나게 되면 불쑥 튀어나오게 되는 말.

A: I talk in my sleep.

B: What a coincidence! So do I.

> A: 난 잠꼬대를 해.
> B: 이런 우연이! 나도 그래.

A: When I travelled around Spain, I saw your sister in a restaurant in Barcelona.

B: Really? Wow, what a small world.

> A: 스페인 여행할 때 바르셀로나에 있는 음식점에서 네 여동생을 봤어.
> B: 정말? 와, 세상 정말 좁네.

이왕이면 이것도 함께!

▶ What a small world!
세상 참 좁네!

▶ Small world, isn't it?
세상 좁네요, 그렇죠?

▶ It's a small world
세상 참 좁네요

16_ I'm cool with that

Wayne   **Can we talk?** I don't like the way you've been treating me.

Elise   Sorry, there's no time. **I've really got to run.**

Wayne   **I'm cool with that,** but you'd better make time tonight.

Elise   **Let me just say** that tonight or tomorrow would be better than now.

Wayne   **That's fine by me,** but don't you forget about it.

Elise   **Sounds like a plan.** We'll meet up tonight when I get home.

Wayne   And remember, this is serious. We may have to break up.

Wayne 얘기 좀 하자. 너 날 대하는게 맘에 안들어.	Wayne 나도 좋아, 하지만 잊지 말라고.
Elise 미안, 시간이 없어. 정말 빨리 가야 돼.	Elise 좋아. 오늘밤 집에 오면 만나자고.
Wayne 좋아, 하지만 오늘밤 시간내라고.	Wayne 그리고 기억하라고, 이거 장난아냐. 헤어질 수도 있
Elise 오늘밤이나 내일이 지금보다는 좋지.	다고.

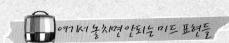

여기서 놓치면 안되는 미드 표현들

Can we talk? 얘기 좀 할까?	**Can we talk?** It's about my wife. 얘기 좀 할까? 내 아내 이야기야.
I've got to run 서둘러 가봐야겠어	Hey, sweetie, **I gotta run**. Thanks for everything. 자기야, 나 가야 돼. 여러모로 고마워.
I'm cool with that 난 괜찮아, 상관없어	**I'm cool with** your old girlfriend sleeping in your apartment. 네 옛 여친이 네 아파트에 자도 괜찮아.
Let me (just) say 말하자면, …라 할 수 있지	**Let me say** that I really love porno. 말하자면 난 포르노 매니아라 할 수 있지. First, **let me just say** you have amazing taste. 먼저, 너는 정말 대단한 취향을 가졌다고 할 수 있지.
That's fine by[with] me 난 괜찮아	I will **be fine by** myself. I am not a child. 나 자신은 괜찮을거야. 난 어린애가 아니잖아.
Sounds like a plan 좋은 생각이야	You'd like to meet at noon tomorrow? **Sounds like a plan**. 내일 정오에 만나자고? 좋은 생각이야.

Can we talk? 얘기 좀 할까?

상대방과 얘기를 나눌게 있을 때 얘기 좀 할까?라는 의미로 Can we talk?이라고 할 수 있다. 응용해서 Can we talk about~?, Can I talk to sb~?의 형태로 사용할 수도 있다.

A: I have something important to tell you. Can we talk?

B: Sure. Let's go out and get a drink.

A: 너한테 중요한 할 말이 있는데. 얘기 좀 할까?
B: 그러지 뭐. 나가서 한 잔 하자.

A: Can we talk about something else?

B: What?

A: 우리 다른 얘기 할까?
B: 무슨 얘기?

이왕이면 이것도 함께!

▶ Can we talk to you for a minute?
잠깐 얘기 좀 할까?

▶ Can we talk about it?
그거에 대해 얘기 좀 할까?

▶ Can we have a talk?
얘기 좀 할까?

I've got to run 서둘러 가봐야겠어

약속시간이 늦거나 뭔가 할 일이 있거나 등의 이유로 있던 자리에서 빨리 일어나 다른 곳으로 이동해야 경우에 쓰는 표현. 자신의 다급함이 문장에 배어 있다. 발음나는 대로 I gotta run이라고 쓰기도 한다.

A: I've got to run. See you tomorrow.

B: See you then!

A: 가봐야겠어. 내일 봐.
B: 그래 내일 보자!

A: Is it eleven o'clock already? I gotta run!

B: Are you sure you can't stay longer?

A: 벌써 11시야? 나 빨리 가야 돼!
B: 정말 더 있으면 안되는거야?

이왕이면 이것도 함께!

▶ I gotta run to the bathroom
화장실 빨리 가야 돼

▶ I gotta run. I'm late
빨리 가야 돼. 늦었어

I'm cool with[about] that 난 괜찮아, 상관없어

▬▬▬▬▬▬▬▬▬▬▬▬▬▬▬▬▬▬▬▬▬▬▬▬▬▬▬▬▬▬▬▬▬

cool을 「아주 좋다」, 「멋지다」라는 뜻으로만 알고 있으면 이해하기가 좀 당황스러울 수도 있다. 이 표현은 that에 대해 반대하거나(I don't object) 싫어하지 않는다(I have no problem with your idea), 따라서 「당황하거나(be upset), 화내지(get angry) 않고 받아들일 수 있다」라는 의미이다.

이왕이면 이것도 함께!

▶ I'm totally cool with that
난 전혀 상관없어
▶ You just have to be cool with it
흥분하지 말고 받아들여야 해
▶ Are you cool with this?
이거 괜찮아요?

A: If you want to stay home tonight, I'm cool with that.

B: Thanks. I'm really tired after working all day.

A: 네가 오늘밤에 집에 머무르고 싶어해도 난 괜찮아.
B: 고마워. 하루종일 일하고 나니까 너무 피곤해.

A: Do you mind if I use your car to pick up my friend from the airport?

B: Sure, I'm cool with that.

A: 공항에 친구를 마중나가야 하는데 네 차 좀 써도 될까?
B: 그래, 난 괜찮으니까.

Let me (just) say 말하자면, …이지

▬▬▬▬▬▬▬▬▬▬▬▬▬▬▬▬▬▬▬▬▬▬▬▬▬▬▬▬▬▬▬▬▬

직역하면 내가 말할게라는 뜻으로 단독으로 쓰이거나 혹은 뒤에 절을 붙여서 자신이 하고 싶은 중요한 말을 부드럽게 그리고 상대방의 긴장을 풀 수 있는 역할을 하는 표현법이다. 꼭 내가 말할게를 옮기기보다는 상황과 문맥에 따라 …이지요, … 라 할 수 있지요 등으로 해석하면 자연스러워 진다.

이왕이면 이것도 함께!

▶ Let me (just) say
말하자면, …이지
▶ Let me (just) say S+V
…라 할 수 있지
▶ Let me just say something
뭐 좀 얘기할게
▶ Let me just say again
내 다시 말할게

A: Let me just say that you have made me the happiest woman alive tonight.

B: Good. I love you so much, can't wait until we get married.

A: 말하자면 당신이 날 오늘밤 세상에서 가장 행복한 여자로 만들어 준 거예요.
B: 고마워요. 너무나 사랑해요. 빨리 결혼하고 싶어요.

A: Let me say that I am so sorry for your loss.

B: Yeah. Don't be.

A: 조의를 표합니다.
B: 네, 괜찮습니다.

That's fine by me 난 괜찮아

That's[It's] fine이나 I'm fine은 기초영어회화에서 마스터한 것. 하지만 누구에게 괜찮은 지를 붙여 쓸 경우 보통 우리는 That's fine with me로 알려져 있지만 특이하게도 by를 써서 That's fine by me도 만만치 않게 쓰인다는 점을 기억해두어야 한다. 그냥 줄여서 Fine by me라고 자주 쓴다.

이왕이면 이것도 함께!
▶ I'm totally fine with this
  난 전혀 괜찮아
▶ That'll be fine
  괜찮을거야

A: I can't believe I lost the game. I want a rematch.

B: Well, that's fine with me.

  A: 내가 지다니 믿을 수가 없어. 다시 해.
  B: 뭐, 난 좋아.

A: Let's meet again next week, at the same location.

B: That's fine by me. I'll mark it on my schedule.

  A: 다음주, 같은 장소에서 다시 만나자.
  B: 난 괜찮아. 일정표에 표시해놓을게.

Sounds like a plan 좋은 생각이야

sound like는 「…같이 들리다」, plan은 「계획」, 그럼 Sounds like a plan!은 「그거 계획같은데」라는 뜻? 계획같은 소리 하지 마라. 이 표현은 대개 상대방의 제안에 「그거 좋은 생각이야」, 「그게 좋겠다」라고 밝은 얼굴로 찬성을 표시하는 말로 쓰인다. Sounds good!, Sounds like a good idea! 정도의 의미.

이왕이면 이것도 함께!
▶ Sounds good (to me)
  좋은데
▶ Sounds interesting
  재미있겠는데
▶ Sounds like a fun
  재미있을 것 같은데
▶ Sounds like a good idea
  좋은 생각 같은데

A: I'd like to own at least seven houses by the time I'm fifty years old.

B: That sounds like a plan. It's good to own property.

  A: 50살이 될 때까지 최소한 집을 일곱 채는 갖고 싶어.
  B: 그거 좋은 생각이야. 부동산을 갖고 있는 게 좋지.

A: You're organizing a surprise party for Pam? That sounds like a plan.

B: I know. She loves to celebrate her birthday.

  A: 팸을 위해 깜짝 파티를 준비하고 있구나. 멋진데.
  B: 그래. 걘 자기 생일을 축하하고 싶어하거든.

17_ Something's wrong

Melinda	**Something's wrong** with my arm, doctor. Can you help me?
Guy	You may have strained a muscle. **Let me take care of it.**
Melinda	**I'm not sure about that.** It feels like my arm is broken.
Guy	We'll take an x-ray. **I can't do that** until we go to the hospital.
Melinda	Okay, let's go to the hospital. **I'm all right with that.**
Guy	It's strange though, I don't think your arm looks broken.
Melinda	**Neither do I,** but it is so painful I'm sure it is.

Melinda 내 팔이 좀 이상해요, 의사 선생님. 도와주실래요?	Melinda 좋아요, 병원에 가요. 난 좋아요.
Guy 근육에 염좌가 생겼을 수도 있어요. 내가 봐줄게요.	Guy 이상하긴해도 팔이 부러진 것 같지 않아요.
Melinda 잘 모르겠어요. 팔이 부러진 것 같은 느낌예요.	Melinda 나도 그래요, 하지만 너무 아프다보니 부러진 것
Guy 엑스레이를 찍어보죠. 병원에 가야 찍어볼 수 있어요.	같아요.

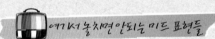 여기서 놓치면안되는 미드 표현들

Something's wrong 뭔가 잘못된거야	**Something's wrong.** I think I'm having a stroke. 뭔가 잘못됐어. 나 뇌졸중이 오나봐. **Something's wrong** with that. I had no choice. 그거 뭔가 잘못됐어. 난 어떻게 할 수가 없었어.
Let me take care of it 나한테 맡겨	Why don't you **let me take care of** the sink? 싱크대는 나한테 맡기지 그래.
I'm not sure about that 그건 잘 모르겠는데	I'm not sure. **I'm not sure about** any of this. 잘 모르겠어. 이건 전혀 모르겠는데.
I can't do this 나 이건 못해	**I can't do that.** I feel terrible. 나 이건 못해. 기분이 끔찍해. **I can't do this** alone, Jack. I don't want to. 잭, 나 이거 혼자 못해. 하고 싶지 않아.
I'm all right with that 난 괜찮아	Please don't tell me **you're all right with this**! 제발 이게 괜찮다고 말하지마!
Neither did I 나도 안그랬어	The judge didn't find any merits to the claims, **neither did I**. 판사는 그 주장에 어떤 근거도 찾지 못했고, 나도 그랬어.

178

Something's wrong 뭔가 잘못됐어

뭔지 모르겠지만 뭔가 평소보다 이상하고 잘못된 것 같을 때 하는 말로 우리말로 뭔가 이상해, 뭔가 잘못됐어라는 뜻이다. 잘못된 것을 언급하려면 Something's wrong with~라고 이어서 말하면 된다. 이 표현은 (There's) Something wrong with~라 쓸 수도 있다.

A: I heard everybody is getting a raise next month.

B: Something's wrong. We have never gotten a raise before!

    A: 다음 달에 다들 봉급이 오른다는 얘길 들었어.
    B: 뭔가 이상해. 지금까지 한번도 봉급이 오른 적이 없었다구!

A: Something wrong with your neck?

B: Man, it's killing me.

    A: 목이 뭐 잘못됐어?
    B: 휴, 목이 아파 죽겠어.

이왕이면 이것도 함께!

▶ Something's wrong with me
내가 좀 이상해

▶ I know something's wrong 뭔가 잘못되었다는 걸 알고 있어

▶ Is something wrong with the car?
차가 뭐 잘못됐어?

▶ There's something wrong with her
걔 좀 뭔가 이상해

Let me take care of it 나한테 맡겨

「…을 하게 허락하다」라는 뜻의 사역동사 let은 구어에서 let me+V의 형태로 「…하게 해달라」고 상대방에게 허락이나 양해를 구할 때 쓰이는데, 여기서는 「…을 잘 다루다[처리하다]」(deal with)라는 뜻의 take care of와 만나 「내가 처리하게 해달라」, 즉 「나한테 맡겨」(leave it to me)라는 든든한 말이 되었다.

A: I can't find the time to make a dentist appointment.

B: Let me take care of it for you. You're too busy.

    A: 치과에 전화 예약할 짬이 안나.
    B: 나한테 맡겨. 넌 너무 바쁘잖아.

A: So what do I do?

B: You don't do anything. I'll take care of it.

    A: 그럼 내가 어떻게 해야 돼?
    B: 넌 아무 것도 안해도 돼. 내가 알아서 처리할게.

이왕이면 이것도 함께!

▶ I'll take over now
이제 내가 책임지고 할게

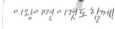

I am not sure about that 그건 잘 모르겠는데

뭐가 뭔지 확신할 수 없거나 어떤 일을 바로 결정할 수 없을 때 쓰는 표현. sure 다음에는 확신할 수 없는 것을 that절 혹은 what[how] 의문사절로 받거나 「…을 확신을 하지 못하지만 그럴지도 모른다」라는 의미에서 but으로 유도되는 절이 오기도 한다. 반대로 「…가 틀림없어」라고 강한 확신을 표시할 때는 not만 빼주면 된다.

이왕이면 이것도 함께!

▶ I'm not sure about you moving in
너와 동거하는 것에 대해 확신이 없어

▶ I'm not sure what you mean
무슨 말인지 모르겠어

A: She was saying that Susan and Ed may be getting a divorce soon.

B: I'm not sure about that. I saw them yesterday and they looked very happy.

A: 그 여자가 그러는데 수잔과 에드가 곧 이혼을 할거래.
B: 난 잘 모르겠어. 어제 걔네들 봤는데 아주 행복해 보이던데.

A: Do you think we should give Ted the project?

B: I am not sure that Ted can handle the responsibility.

A: 그 프로젝트를 테드에게 맡겨야 된다고 생각해?
B: 테드가 그런 책임을 떠맡을 수 있을지 모르겠어.

I can't do this 나 이건 못해

자신의 상황이나 능력 등을 고려해볼 때 할 수 없다고 말하는 것으로 I can't do that[this, it]이라 쓴다. 주어를 살짝 바꾸어서 You can't do that하면 금지의 표현으로 「이건 하면 안돼」라는 뜻이 된다.

이왕이면 이것도 함께!

▶ I'm afraid we can't do that
우리가 못할 것 같아

▶ I'll never get through this
난 절대 못해낼 거야

A: Go for it! You have to go over there and ask that girl for a date.

B: I can't do this! I'm too nervous.

A: 힘내! 저리 가서 저 여자애한테 데이트 신청을 해야지.
B: 못하겠어! 너무 떨려.

A: Come on, I can't do this!

B: You can, I know you can!

A: 그러지마, 난 못하겠어!
B: 할 수 있어. 난 네가 할 수 있다는 걸 알아.

I'm all right with that 난 괜찮아

All right의 다양한 표현은 꼭 알아 두어야 한다. 여기서는 I'm cool with that, I'm okay with that 그리고 It's fine with[by] me와 같은 맥락의 의미로 with 이하의 것에 괜찮다라는 뜻의 표현이 된다.

A: Are you going to be able to work late tonight?

B: Yeah, I guess I'm all right with that.

A: 오늘 밤에 늦게까지 일할 수 있어요?
B: 예, 저는 괜찮아요.

A: We'd like to get a sample of your DNA, if that's all right with you.

B: Wait a minute. Do I need to have a lawyer present?

A: 괜찮다면 DNA 샘플을 채취할게요.
B: 잠깐만요. 내가 변호사를 불러야 되나요?

이왕이면 이것도 함께!
▶ They seem all right with it
그 사람들은 괜찮은거 같아
▶ if that's all right with you,
네가 괜찮다면,

Neither did I 나도 안그랬어, 나도 마찬가지였어

So do I의 부정형태로 생각하면 된다. 상대방과 마찬가지라고 말하는 경우는 동일하지만, 맞장구쳐야 될 상대방의 말이 부정문일 때 쓴다는 점이 다르다. 상대방이 과거형을 썼으면 Neither did I, 미래형을 썼으면 Neither will I라고 하면 된다.

A: I didn't break the copy machine.

B: Neither did I. Whoever did is going to be in trouble, though.

A: 이 복사기 내가 망가뜨린 거 아냐.
B: 나도 아냐. 하지만 누가 그랬건 그 사람은 이제 큰일났다.

A: I can't say that I blame her.

B: Neither do I.

A: 내가 걜 비난하는 것은 아니지. .
B: 나도 그래.

이왕이면 이것도 함께!
▶ Neither do I
나도 안그래
▶ Neither will I
나도 안그럴거야

18_ I feel the same way

Brandy   **What's wrong with you?** Why are you acting so unkind to me?

Barry   **You're dead wrong.** I've just been feeling depressed.

Brandy   **I feel the same way.** The grey sky and winter weather bring me down.

Barry   **Say it again?** You don't like the winter either?

Brandy   I hate it. Last winter lasted so long. **It was close to** making me crazy.

Barry   So you aren't mad about the way I've been acting?

Brandy   No, I guess not. Look, **drop me a line** in a few days when we both feel better.

Brandy   무슨 일이야? 왜 그렇게 퉁명스럽게 행동해?
Barry   전혀 아냐. 좀 기분이 꿀꿀해서.
Brandy   나도 그래. 잿빛 하늘과 겨울이 처지게 만드네.
Barry   뭐라고? 너 겨울을 싫어한다고?

Brandy   싫어해. 지난 겨울은 정말 길었잖아. 거의 미칠뻔했어.
Barry   그럼 내가 퉁명스러운거에 화나지 않지?
Brandy   그럼, 그렇지 않아. 이봐, 며칠 지나 우리 둘다 기분 좋아지면 연락해.

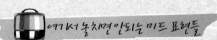
여기서 놓치면 안되는 미드 표현들

What's wrong (with~)? 무슨 일이야? 뭐 잘못됐어?	Come on. **What's wrong?** You're wearing my shirts. 이봐, 무슨 일이야? 너 내 셔츠를 입고 있잖아. I don't get it. **What's wrong with** you people? 난 이해가 안돼. 너희들 뭐가 문제야?
You're dead wrong 넌 완전히 틀렸어	**You are dead wrong**. It's too late. It's done. 네가 완전히 틀렸어. 너무 늦었구 다 끝났어.
I feel the same way 나도 그렇게 생각해	I think that you **feel the same way** about your mother. 난 너도 네 엄마에 대해 같은 식으로 생각할거라 생각해.
Say it again? 뭐라구요?, 다시한번 말해줄래요?	I couldn't hear what you said. Can you **say it again?** 네가 한 말 잘 못들었어. 다시 말해줄래?
That was close 아슬아슬했어	**That was close**. We almost got caught cheating. 아슬아슬했어. 우리 커닝하다 거의 걸릴 뻔했어.
Drop me a line 연락해	**Drop me a line** when you reach your hotel. 호텔에 도착하면 연락해.

What's wrong with you? 무슨 일이야?, 뭐 잘못됐어?

뭔가 정상적으로 돌아가지 않을 때 무슨 문제가 있냐고 단순히 물어보거나 혹은 문맥상 아무 이상없는데 뭐가 문제냐고 반문할 때나 상대방의 행동을 이해할 수 없다며 비난할 때 사용하면 된다. with 이하에는 사람이 와도 되고 사물(명사, ~ing)이 와도 된다.

A: When Sandy called, I told her she could just go to hell.

B: What's wrong with you? That's a terrible thing to say.

    A: 샌디가 전화했을 때, 지옥에나 가라고 했어.
    B: 왜 그랬어? 그런 끔찍한 말을 하는 게 아냐.

A: What is wrong with you that you don't feel guilty?

B: I feel tons of guilt, so back off.

    A: 죄책감을 못느끼다니 당신 뭐 잘못된 거 아냐?
    B: 엄청 죄책감 느끼니까 꺼지라고.

이왕이면 이것도 함께!

▶ What's wrong with that?
그거 뭐 잘못됐어?

▶ I don't know what's wrong with her
걔한테 뭐가 잘못되었는지 모르겠어

▶ What's wrong with getting a little help?
도움 좀 받는게 뭐 잘못된거야?

You're dead wrong 넌 완전히 틀렸어

상대방의 말이나 주장이 완전히 틀렸다고 확신이 드는 경우에 사용하면 된다. dead는 구어체에서 「아주」(very)라는 의미를 지닌 단어로 따라서 「네 말은 틀렸어」에 해당하는 You are wrong에다가 dead를 삽입하면 그 틀린 정도가 심하다는 말이 된다.

A: I hate that guy. He acts like a psycho.

B: You're dead wrong. He's actually really nice.

    A: 난 저 애가 싫어. 사이코같이 굴어.
    B: 완전히 잘못 짚었어. 실제로 그 친구 얼마나 멋진데.

A: I said I was sorry, Tom. I have to help Chris. I'm all he's got.

B: Actually, you're wrong. He's got me.

    A: 탐, 내가 미안했다고 했잖아. 난 크리스를 도와야 돼. 걔한테는 나밖에 없어.
    B: 실은 네가 틀렸어. 내가 걔를 돕고 있어.

이왕이면 이것도 함께!

▶ Admit you're wrong
네가 틀렸다는 것을 인정해

▶ That's where you're wrong
그 부분이 바로 네가 틀린거야

▶ What if you're wrong?
네가 틀리면 어떻게 할거야?

▶ You're wrong about him
넌 걔에 대해 틀렸어

I feel the same way 나도 그렇게 생각해

▪▪▪

상대방과 의견과 같다고 말하거나 상대방의 주장에 동의할 때 쓰는 맞장구치는 표현으로 좀 더 구체적인 대상을 말하려면 ~about를 붙여 쓰면 된다. 반대로 그렇게 생각하지 않는다고 말할 때는 I don't feel the same way라고 하면 된다.

이왕이면 이것도 함께!

▶ I feel the same way about her
나도 걔에 대해 같은 생각이야

A: I think it's time for lunch.

B: I feel the same way. I'm starved.

> A: 점심을 먹으러 갈 시간이 된 거 같은데.
> B: 나도 그렇게 생각해. 배고파 죽겠어.

A: Creeped me out.

B: Daisy feel the same way?

> A: 나 깜짝 놀랐어.
> B: 데이지도 같은 생각이었어?

Say it again? 뭐라구요?, 다시한번 말해줄래요?

▪▪▪

말을 못들어서 다시 한번 말해주겠니?라는 의미의 Can you say that again? 의 축약형으로 Say it again?하면 상대방의 말을 잘 못알아들었 때 뿐만 아니라 상대방의 말에 놀라거나 상대방이 엉뚱한 이야기를 했을 때 당황하여 말할 수 있는 표현이다. 억양이 중요하지만 Excuse me?, Come again? 그리고 What was that again?, What did you say? 등이 같은 친구들이라고 볼 수 있다.

이왕이면 이것도 함께!

▶ What was that again?
뭐라고 했어요?

▶ Come again?
뭐라구요?

A: I can offer this apartment to you at the normal rental price.

B: Say it again? Yesterday you promised me a 20 percent discount.

> A: 이 아파트를 정상적인 임대료로 드리겠습니다.
> B: 뭐라구요? 어제 당신이 20% 깎아주겠다고 했잖아요.

A: Your relatives decided to give you a million dollars.

B: What? Say it again! I can't believe it!

> A: 당신 친척들이 당신에게 백만달러를 주기로 결정했어요.
> B: 뭐라구요? 다시 말해봐요! 믿을 수가 없네요!

That was close 아슬아슬했어, 큰일 날 뻔했다

어떤 큰 사고가 나거나 어떤 위험한 상황을 아슬아슬하게 벗어난 경우에 안도의 한숨을 쉬면서 던질 수 있는 표현. **That was a close call**과 유사한 표현으로 같은 의미로 종종 쓰인다.

A: The police almost stopped you for speeding.

B: That was close. I'm going to slow down for the rest of the trip.

A: 경찰이 널 과속으로 잡으려고 했어.
B: 아슬아슬했지. 남은 여행기간 동안엔 속도를 줄여야겠어.

A: The cops almost caught us stealing this car.

B: That was a close call. We need to be more careful.

A: 이 차 훔치다가 경찰에게 거의 잡힐 뻔했어.
B: 아슬아슬했어. 좀 더 조심해야겠어.

Drop me a line 연락해

헤어지면서 계속 연락을 주고 받자(contact)는 내용으로 예전의 통신수단인 편지, 엽서, 뿐만아니라 전화를 하거나, 이멜을 보내거가, 아니면 문자를 포함한 SNS 등을 통해서 연락을 하자는 포괄적 의미로 쓰인다. **Drop a note**라고 해도 된다.

A: Drop me a line to let me know how you're doing.

B: I will. But I don't have your address.

A: 어떻게 지내는지 궁금하니까 편지나 좀 써.
B: 그럴게. 그런데 주소를 모르는데.

A: It's important that we stay in touch.

B: Drop me a line when you return to Japan.

A: 우리가 연락을 계속 취하는게 중요해.
B: 일본에 돌아오면 연락해.

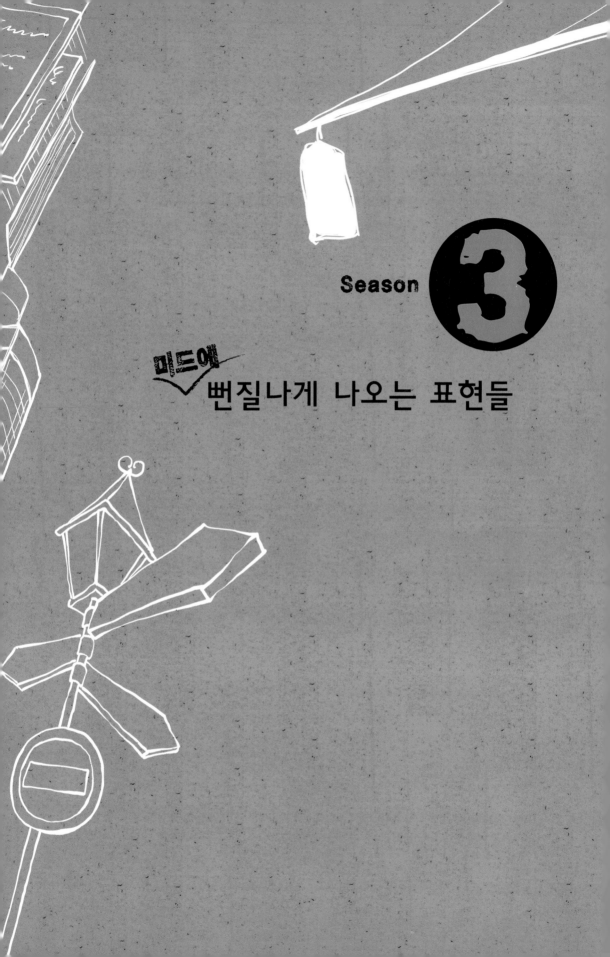

Season **3**

미드에

뻔질나게 나오는 표현들

1_ Don't get me wrong

Ernie   **Here we go again.** Where did all of this work come from?

Bertha   **How should I know?** The company sent it to our office.

Ernie   **Listen to me,** it's just too much to finish today.

Bertha   **Don't get me wrong,** it's a lot, but we can do it.

Ernie   But I'm exhausted. I worked late every day this week.

Bertha   Well, **go get some rest** and come back in an hour or two.

Ernie   You are letting me take a break? **I can't believe it!**

Ernie   또 시작이구만. 이 일 모두 어디서 난거야?   Ernie   하지만 난 지쳤어. 이번주 내내 야근했다고.

Bertha   내가 어떻게 알아? 회사가 우리 사무실로 보냈어.   Bertha   그럼 가서 좀 쉬었다가 한두시간 후에 돌아와.

Ernie   내 말 좀 들어봐, 오늘 끝내기에는 너무 많아.   Ernie   네가 나에게 휴식시간을 주겠다고? 이럴 수가!

Bertha   오해는 말고, 많긴 하지만 할 수는 있어.

여기서 놓치면 안되는 미드 표현들

Here we go again 또 시작이군	**Here we go again.** What's going on with us? 또 그러는구만. 우리에게 무슨 일이 일어나는거야?
How should I know? 내가 어떻게 알아?	**How should I know?** I haven't seen you in months. 내가 어떻게 알아? 오랫동안 널 못봤잖아.
Listen to me 내말 좀 들어봐	**Listen to me.** I'm not gonna make it. 내 말 들어봐. 난 해내지 못할 것 같아.
Don't get me wrong 오해하지마	**Don't get me wrong.** Christine is great. 오해는 하지마. 크리스틴은 아주 대단해.
Go get some rest 가서 좀 쉬어	It's late. **Go get some rest.** 늦었다. 가서 좀 쉬어라.
I can't believe it 설마!, 말도 안돼!, 그럴 리가, 이럴 수가!	That's so beautiful. **I can't believe it.** 정말 멋지네. 믿기지 않아.

Here we go again 또 시작이군

과거에 이미 여러 번 경험한 불쾌한 일이나 귀에 못이 박히도록 들어온 잔소리가 시작되려고 할 때 「또 시작이로군」이라는 의미로 사용되는 표현. 못마땅한 어조가 담겨 있다.

A: Why don't you pick up your clothes from the floor?

B: Here we go again. You complain about everything I do.

    A: 바닥에 네 옷들 좀 주워라.
    B: 또 시작이군. 너는 어떻게 내가 하는 일마다 불만이야.

A: I think the president's policies are all wrong.

B: Oh, here we go again. You are always criticizing the president.

    A: 내 생각엔 사장님 정책이 완전히 잘못된 거 같아.
    B: 아, 또 시작이구나. 넌 맨날 사장님을 헐뜯더라.

이왕이면 이것도 함께!
▶ Oh, god. Here we go again
맙소사. 또 시작이구만
▶ There you go again
또 시작이네

How should I know? 내가 어떻게 알아?

내가 알 수 없는 일에 대해 상대방이 물어보는 경우에 사용하면 된다. 물론 문맥에 따라 짜증섞인 말투로 내뱉는 경우가 빈번하다.

A: Where should I send this paperwork?

B: How should I know? I wasn't working on that project.

    A: 이 서류를 어디로 보내야 하죠?
    B: 내가 어떻게 알아요? 난 그 일을 하지도 않았는데.

A: What is the weather supposed to be like tomorrow?

B: How should I know? I haven't read the newspaper yet.

    A: 내일 날씨가 어떻대?
    B: 내가 어찌 알겠어? 아직 신문도 못봤는데.

이왕이면 이것도 함께!
▶ How should I know? It was a prank call
내가 어찌 알아? 장난전화였어
▶ How should I know? But I loved him
어찌알겠어? 하지만 난 걜 사랑했어

Listen to me   내 말 좀 들어봐

내가 이제부터 하는 이야기에 관심을 갖고 「잘 들어보라고」(emphasizing that you want people to give their attention to what you are saying) 상대방에게 주의를 환기시키는 표현이다.

A: I don't understand why you want to move to Chicago.

B: Listen to me, Chicago is a great place to find a job.

> A: 네가 왜 시카고로 이사가고 싶어하는지 모르겠어.
> B: 내 말 들어봐, 시카고는 일자리 구하기에 아주 좋은 곳이라구.

A: Listen to me. Don't worry about that, okay? Nothing is gonna happen.

B: How can you be so sure?

> A: 내 말 들어봐. 그 문젠 걱정하지마, 알았어? 아무 일 없을 거야.
> B: 어떻게 그렇게 확신하는거지?

이왕이면 이것도 함께!

▶ Are you listening to me?
듣고 있어?

▶ You don't seem to be listening
안듣는 것 같은데

▶ You're just not listening
딴짓하고 있네

Don't get me wrong   오해하지마

get sb wrong은 「…의 말을 잘못 이해하거나 그로 인해 기분 나빠하다」 (understand someone's remarks in the wrong way)라는 의미. 따라서 Don't get me wrong이라고 말하면 「그런 게 아니야」, 「날 오해하지마」 (Don't misunderstand me)라는 이야기가 된다.

A: I heard that you aren't inviting Russ to your birthday party.

B: Don't get me wrong, I like him. It's just that we have too many guests.

> A: 네 생일파티에 러스를 초대하지 않을 거라고 들었는데.
> B: 오해하진마. 러스를 좋아하지만 손님이 너무 많아서 말이야.

A: Why do you think I'm such a bad person?

B: Don't get me wrong... it wasn't you I was referring to.

> A: 뭣 때문에 내가 그렇게 나쁜 사람이라고 생각하는거지?
> B: 내 말을 오해하지마… 널두고 한 말이 아니었어.

이왕이면 이것도 함께!

▶ Don't take this wrong
잘못 받아들이지마

▶ Don't take this the wrong way
나쁜 뜻으로 받아들이지마

Go get some rest 가서 좀 쉬어

■■■

go+동사의 용법과 get some rest의 표현이 합쳐진 것으로 상대방이 수고했거나 너무 피곤해보일 때 말하면 된다. 말 그대로 「가서 좀 쉬어」라는 의미.

A: You look very tired. Go get some rest.

B: Thanks. I'm exhausted after working all night.

<blockquote>
A: 굉장히 피곤해 보이네. 가서 좀 쉬어.
B: 고마워. 밤샘 근무를 했더니 녹초야.
</blockquote>

A: Go home. Get some rest.

B: I'm not tired. Really. I'm not tired.

<blockquote>
A: 집에 가서 좀 쉬어.
B: 나 피곤하지 않아. 정말야. 안피곤해.
</blockquote>

> **이왕이면 이것도 함께!**
> ▶ I need some rest
> 좀 쉬어야겠어
> ▶ I gotta get some rest
> 나 좀 쉬어야겠어
> ▶ You need to get some rest
> 너 좀 쉬어야겠어

I can't believe it! 설마!, 말도 안돼!, 그럴 리가!, 이럴 수가!

■■■

전혀 예상못한 일이나 말도 안되는 얘기를 들었을 때 놀라면서 「설마!」, 「그럴리가!」(be expressing shock or surprise)라고 말하는 표현이 바로 I can't believe it!이다. 놀라운 얘기까지 함께 해주려면 I can't believe that~을 쓰면 된다. 참고로 I don't don't believe it은 퉁명스럽게 「그건 사실이 아냐」(be saying bluntly that something is not true)라는 뜻.

A: I decided to get married next month.

B: I can't believe it. You always said you would stay single forever.

<blockquote>
A: 다음달에 결혼하기로 결심했어.
B: 이럴 수가. 넌 항상 평생 혼자 살거라고 말했잖아.
</blockquote>

A: Billy and I are thinking of coming to visit you this summer.

B: Fancy that! I'll have to get my guest room all ready!

<blockquote>
A: 빌리하고 이번 여름에 너희 집에 갈까 생각 중이야.
B: 어머 정말! 사랑방을 치워 놔야겠네!
</blockquote>

> **이왕이면 이것도 함께!**
> ▶ I can't believe you did that
> 네가 그랬다는 게 믿기지 않아
> ▶ I can't believe this is happening
> 이런 일이 일어나다니 놀라워
> ▶ Fancy that!
> 설마!, 도저히 믿어지지 않는다!
> ▶ Imagine that!
> 어 정말야?, 놀라워!

191

2_ Could you excuse me?

Connie	I heard a rumor about you. **Are you seeing someone?**
Dan	**Are you kidding?** I wouldn't cheat on my girlfriend.
Connie	Someone saw you with another girl. Are you saying **it was nothing?**
Dan	**I don't know what to say.** That girl and I are just friends.
Connie	Look, don't cheat. **It isn't worth the trouble.**
Dan	I've had enough of this conversation. **Could you excuse me?**
Connie	Just think about what I said. It's good advice.

Connie	너에 대한 소문 들었어. 누구 만난다며?	Dan	뭐라고 해야 할지 모르겠네. 걔랑 그냥 친구사이야.
Dan	무슨 소리야? 난 여친두고 바람피지 않아.	Connie	야, 바람피지마. 그건 그럴 가치도 없는거야.
Connie	네가 다른 여자랑 있는 것을 누가 봤어. 그게 아무 것도 아니란 말야?	Dan	이런 대화 못참겠다. 실례해도 되겠지?
		Connie	내 말 생각해봐. 선의의 조언이라고.

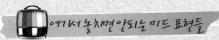 여기서 놓치면 안되는 미드 표현들

Are you seeing someone? 사귀는 사람 있어?	So, how about you? **Are you seeing anyone** interesting? 그래, 너는 어때? 관심있는 사람 누구 만나?
Are you kidding? 농담하는 거야?, 무슨 소리야?	**Are you kidding?** You cannot dump me! I do not get dumped! 뭔 소리야? 넌 날 찰 수가 없에 난 절대 차이지 않아!
It was nothing 별일 아니야	**It was nothing.** I'm not here to complain about a little pain. 별거아냐. 별로 아프지도 않은 걸 가지고 아프다고 할려고 여기 온 것은 아냐.
I don't know what to say 뭐라고 말해야 할지	**I don't know what to say**, they said Hellen wasn't adopted. 뭐라고 말해야 할지, 헬렌은 입양되지 않았대.
It isn't worth the trouble 괜히 번거롭기만 할거야	I've been with a lot of girls. Some of them **worth the trouble**, some not. 난 여러 여자를 만났었지. 일부는 그럴 가치가 있었지만 일부는 그렇지 않았어.
Can you excuse us? 실례 좀 해도 될까요? 자리 좀 비켜주시겠어요?	**Will you excuse me?** I just saw the last person I ever expected to see. 실례 좀. 전혀 예상 밖의 사람을 방금 봐서 말야.

Are you seeing someone? 누구 사귀는 사람 있어?

남녀간에 서로 「사귄다」고 하는 말은 거창한 표현이 따로 있는 게 아니라 동사 see 를 사용하여 see sb로 간단히 표현한다. 하지만 see sb에는 그냥 단순히 「만난 다」는 뜻도 있기 때문에 문맥에 따라 구분을 잘 해야 한다.

A: I haven't seen you out much these days. Are you seeing someone?

B: Actually, yes. I've been dating a guy that I met at a bar.

A: 요즘들어 너 통 안보이더라. 너 누구 만나는 사람 있니?
B: 솔직히 말하면, 그래. 술집에서 만난 애랑 사귀고 있어.

A: Your friend is really good looking. Is she seeing anyone?

B: She's still single. Do you want me to hook you up with her?

A: 네 친구 정말 예쁘더라. 걔 누구 만나는 사람 있니?
B: 걘 아직 혼자야. 걔 너한테 소개시켜 줘?

Are you kidding? 농담하는 거야?, 무슨 소리야?

얼토당토않은 이야기를 하는 상대방에게 「너 지금 장난하는거야?」라고 하는 표현으로 Are you kidding me?라고도 한다. 그밖에 You're kidding!하면 (불신) 「그럴 리가!」, (놀람) 「정말!」, (불확실) 「너 농담이지!」 그리고 No kidding?은 「설마」, No kidding!은 「너 농담해!」, 「이제야 알겠어!」 등등 kidding이 들어가는 표현들을 모아 외워본다.

A: I'm sorry, but I can't recover any of the data from your computer.

B: Are you kidding? All of my files were in that machine!

A: 미안한 얘기지만, 네 컴퓨터의 데이타를 복구할 수가 없어.
B: 정말이야? 내 파일 전부가 여기 다 들어있다구!

A: Are you kidding me?

B: Does it look like I'm kidding you?

A: 너 지금 장난하는거야?
B: 내가 너한테 장난하는 것처럼 보여?

It was nothing 별일 아니야

「별거 아니다」라는 말로 상대방이 감사하다고 할 때 You're welcome, Think nothing of it 등의 대용어로 쓸 수도 있고 혹은 글자 그대로 별거 아니다라고 중요하지 않아서 신경쓰지 않아도 된다고 할 때도 쓰이는 것은 물론이다.

A: Thank you for your help organizing the staff party.
B: It was nothing.

    A: 직원 파티 준비를 도와주셔서 감사합니다.
    B: 별거 아니었는데요 뭘.

A: Wait, what did he say?
B: I don't remember. It was nothing.

    A: 잠깐, 걔가 뭐라고 그랬다고?
    B: 기억안나. 별거 아니었어.

I don't know what to say 뭐라고 말해야 할지

말로 이루 다 표현할 수 없을 정도로 너무나 고마울 때 「뭐라고 해야 할지 모르겠어요」라고 하는데, 여기에 딱 들어맞는 표현이 바로 I don't know what to say이나. 하지만 반드시 고마움의 표시로만 쓰이는 건 아니고 「딱히 뭐라 할 말이 없다」는 의미를 전달하고자 할 때도 두루 쓰는 표현이다.

A: This party is to show our appreciation for you.
B: Thank you. I don't know what to say.

    A: 감사의 표시로 파티를 열었어요.
    B: 고마워요. 뭐라고 해야 할지.

A: How do you feel after your fight with Ted?
B: Right now I'm so angry, I don't know what to say.

    A: 테드하고 싸우고 나니 기분이 어때?
    B: 지금은 뭐랄까, 굉장히 화가 나.

It isn't worth the trouble 괜히 번거롭기만 할거야

worth the trouble은 노력이나 수고를 들일만 하다라는 표현으로 It is worth the trouble하면 「해볼만한 가치가 있다」, 「수고할 만한 가치가 있다」, 반대로 It isn't worth the trouble하면 「그럴 가치가 없다」, 「그럴 필요가 없다」라는 뜻.

A: Do you think that I should put new wallpaper up in my apartment?

B: It isn't worth the trouble. You'll be moving in less than a year.

    A: 우리 아파트를 새 벽지로 도배해야 할까?
    B: 괜한 짓 하지마. 일년도 안돼서 이사할 거잖아.

A: Completely worth it.

B: Glad you thought so.

    A: 정말 그럴 가치가 있어.
    B: 그렇게 생각해줘서 기뻐.

이왕이면 이것도 함께!

▶ It isn't worth it
그럴만한 가치가 없어, 그렇게 중요한 것도 아닌데

▶ I can't tell if she's worth it.
걔가 그럴 가치가 있는지 몰라

▶ It's worth it, believe me
그럴 가치는 충분히 있어, 정말이야

Can[Could] you excuse us?

실례 좀 해도 될까요?, 자리 좀 비켜주시겠어요?

자리를 잠시 비우면서 상대방에게 양해를 구하거나 혹은, 누군가와 긴밀하고도 사적인 이야기를 나누고 싶은데 옆에 있는 사람이 방해가 될 경우 「잠시 자리 좀 비켜주시겠어요?」라고 할 때 사용하는 표현이다.

A: I need to talk to Andrew privately. Could you excuse us?

B: Sure. I'll wait for you in the other room.

    A: 앤드루와 개인적으로 얘기해야겠어요. 실례할게요.
    B: 그러세요. 다른 방에서 기다리죠.

A: I need to make an important phone call. Could you excuse me?

B: Yeah, please go ahead and do that.

    A: 중요한 통화를 해야 되는데, 실례하겠습니다.
    B: 네. 어서 하세요.

이왕이면 이것도 함께!

▶ Excuse us
실례 좀 할게요

▶ Excuse us for a minute, all right?
잠시 자리 좀 비울게요, 알았죠?

3_ I've had enough of you

Placido	Walk back to my apartment, we'll have a good time, **no strings attached.**
Ina	**Say what?** You want me to be in your apartment alone?
Placido	Why not? **One way or another,** we're attracted to each other.
Ina	Uh, no, I don't think so. **I should really get going.**
Placido	Just relax. **Take your time** and think about it.
Ina	Honestly, **I've had enough of** your advances tonight.
Placido	Come on, don't be so heartless. I like you a lot.

Placido 내 아파트로 돌아와, 우리 아무 조건없이 좋은 시간 갖자고.

Ina 뭐라고? 너랑 단둘이서 네 아파트에 있자고?

Placido 안될게 뭐있어? 어떻게든 우린 서로 끌리잖아.

Ina 어, 그렇지 않아. 난 정말 가봐야겠어.

Placido 긴장풀어. 서두르지 말고 생각해봐.

Ina 솔직히 말해서 오늘밤 너 껄떡대는데 지쳤어.

Placido 그러지마, 너무 매정하게 굴지마. 난 널 정말 좋아해.

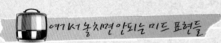

여기서 놓치면 안되는 미드 표현들

No strings (attached)
아무런 조건없이

I just want to have some fun. You know dinner, drinks. **No strings attached**.
그냥 재미있게 놀고 싶어서. 저기, 저녁먹고 술먹고, 아무런 조건없이.

Say what?
뭐라고?, 다시 말해줄래?

Say what? Is Jack really dead?
뭐라고? 잭이 정말 죽었다고?

One way or another
어떻게든 해서

Everything's going to work out. **One way or another.**
모든 일이 잘 풀릴거야. 어떻게든 말야.

Let's get going
이젠 어서 가자, 서둘러 가봐야겠어

Okay. Well, uh, I **should get going**. Bye.
좋아. 저기, 난 그만 가봐야겠어. 안녕.

Take your time
천천히 해

Take your time. There's no rush.
천천히 해. 서두를 것 없어.

I've had enough of you 이제 너한테 질렸어

I've had enough of you. I'm moving out.
이제 너한테 질렸어. 나 짐싸고 나갈거야.

No strings (attached) 아무런 조건없이

뭔가 제안을 하거나 받으면서 혹은 돈을 빌려주거나 빌리거나 할 때 아무런 다른 조건없이 순수하게 하자고 말할 때 쓰는 것으로 attached를 빼고 그냥 No strings라고 된다.

이왕이면 이것도 함께!

▶ No strings, no obligations
아무 조건이나 의무같은 것 없이

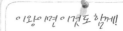

A: I will give you $10,000 today.

B: Really? No strings attached?

<blockquote>
A: 내가 오늘 너한테 만달러를 줄게.
B: 정말? 아무 조건도 없이?
</blockquote>

A: One night, just sex. No strings attached?

B: Yeah-yeah, we never had that.

<blockquote>
A: 하룻밤 섹스야. 아무런 조건도 없이?
B: 그래, 그래, 우리 그런 적이 없었지.
</blockquote>

Say what? 뭐라고?, 다시 말해줄래?

What did you say?의 축약형으로 기본적으로는 상대방의 말이 잘 안들렸거나 못알아들었을 경우에 하는 표현. 주로 상대방의 불쾌하고 기분나쁜 말에 화가 날 때 주로 많이 쓰인다. 또한 ~and say what?처럼 문장 끝이나 혹은 단독으로 쓰이면 「뭘 말하라고」, 「뭐라고 말하라고?」라는 뜻이 된다.

이왕이면 이것도 함께!

▶ Say what? I'll say anything.
뭐라고 말하라고? 난 아무 얘기도 안할거야

▶ ~and say what?
뭘 말하라고?, 뭐라고 말하라고?

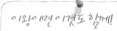

A: If you want tickets to the concert, you'll have to come back tomorrow.

B: Say what? We just drove two hours to get here!

<blockquote>
A: 콘서트 표가 필요하면 내일 다시 와야 합니다.
B: 뭐라고요? 2시간이나 차를 몰아서 막 도착한 건데요!
</blockquote>

A: Maybe you should go talk to her.

B: And say what?

<blockquote>
A: 넌 가서 걔한테 말을 하는게 나을거야.
B: 그리고 뭐라고 말하라고?
</blockquote>

One way or another 어떻게든 해서

어떤 일의 해결방안에 대해서 잘 모르거나 잘 알 수 없는 경우, 명확한 해결책이 아직은 없지만 어떻게 해서든 해보겠다는 표현. 즉 방법과 수단을 가리지 않고 뭔가 성공적으로 해보겠다는 강한 의지의 문구.

이왕이면 이것도 함께!
▶ One way or the other
어떻게 해서든지

A: I don't think you're ever going to get her. She's too good for you.

B: **One way or another** I'm gonna marry her.

> A: 너 그 여자를 차지하려는 건 아니겠지. 너한테는 과분해.
> B: 어떻게든 그 여자랑 결혼할거야.

A: Why don't you just call a professional plumber?

B: No, I'm going to fix it myself. **One way or another.**

> A: 전문 배관공을 부르는 게 어때?
> B: 아냐, 내가 직접 고칠 거야. 무슨 수를 써서든 말이야.

Let's get going 이젠 어서 가자, 서둘러 가봐야겠어

get going은 좀 늦어진 것을 「다시 시작하기 위해서 움직인다」는 의미로 주로 약속장소에 늦거나 비행기 시간이 빠듯한 상황 등에서 「지금이라도 빨리 서둘러서 가자」는 의미로 많이 쓰인다. I should get going도 비슷한 문맥의 표현이다.

이왕이면 이것도 함께!
▶ I should get going
나 서둘러 가봐야겠어
▶ Let's leave
가자, 출발하자

A: We're going to be late for the party. **Let's get going.**

B: Just a minute. Wait until I shut off my computer.

> A: 파티에 늦겠어요, 어서 갑시다.
> B: 잠깐만요. 컴퓨터 좀 끄고요.

A: I have to wake up early tomorrow. **I should get going.**

B: Alright. Can I give you a ride to your house?

> A: 내일 일찍 일어나야 하거든. 서둘러 가봐야겠어.
> B: 알았어. 집까지 태워다줄까?

Take your time 천천히 해

━━

"급할수록 돌아가라"는 속담도 있듯, 「서두르지 말고 여유를 가지라」(use as much time as is necessary)는 뜻으로 할 수 있는 말이 Take your time. Relax나 Slow down 등도 비슷한 표현. 천천히 하라고 말할 때는 take your time ~ing[with~]로 붙여 쓰면 된다.

A: Please don't hurry because I'm here. Take your time.

B: Thanks, I'll be done as soon as I can.

A: 내가 왔으니 서두르지마. 천천히 해.
B: 고마워, 가능한 한 빨리 끝낼게.

A: We're not done yet.

B: Take your time.

A: 우리 아직 못끝냈는데.
B: 천천히 해.

이왕이면 이것도 함께!
▶ Take your time with that
  그거 천천히 해
▶ Take your time doing this
  이거 하는거 너무 서두르지마
▶ Relax
  긴장풀고 천천히 해
▶ Slow down
  천천히 해

I've had enough of you 이제 너한테 질렸어

━━

of 이하가 예전부터 지금까지 계속 충분했다는 현재완료 문장. 그만큼 of 이하가 「지겹다」, 「질린다」라는 의미를 갖는다. 물론 of 이하에는 사람이나 사물, ~ing 다 올 수 있다.

A: This is the third time I've caught you lying. I've had enough of you!

B: Please Glenda, give me one more chance.

A: 거짓말하다 걸린 게 이번이 세번째야. 너한테 질려버렸어!
B: 글렌다, 제발 한번 더 기회를 줘.

A: I've had enough of all of you.

B: What did you just say?

A: 너희들 모두 다 정말 질린다.
B: 너 금방 뭐라고 했니?

이왕이면 이것도 함께!
▶ I've had enough all of you
  너희들 모두 다 질린다
▶ I've had enough of it
  이제 그만 좀 해라
▶ I've had enough of being ignored
  무시당하는 것도 질린다 질려

4_ It's gonna make a difference

Phil	**Nobody knows** who killed the guy in this apartment.
Mona	**What else is new?** Criminals aren't always obvious to us cops.
Phil	We'll need to **keep trying** to find the murderer, and it may take months.
Mona	Do you think **it's gonna make a difference** if we investigate after lunch?
Phil	**Not that I know of.** The dead guy isn't going anywhere.
Mona	**You know what?** I'm hungry for some spaghetti.
Phil	Great. There's a good Italian restaurant right on the corner.

Phil	이 아파트에서 저 사람을 누가 죽였는지 아무도 몰라.		Mona	점심먹고 나서 조사해도 상관없겠지?
Mona	뭐 다른 소식은 없구? 우리 경찰이 누가 범죄자인지 항상 알 수 있는 것은 아니잖아.		Phil	내가 알기론 그렇지. 죽은 사람이 어디 가나.
			Mona	거 말야? 나 스파게티 좀 먹고 싶어.
Phil	살인자를 찾기 위해 계속 노력해야 되고 수개월이 걸릴 수도 있어.		Phil	좋아. 코너에 괜찮은 이태리 식당이 있어.

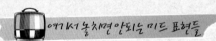 여기서 놓치면안되는 미드 표현들

Nobody knows 아무도 몰라	You were right. **Nobody knows** who I am. 네 말이 맞았어. 아무도 내가 누구인지 몰라.
What else is new? 뭐 더 새로운 소식은 없어?, 그게 다야?	You quit your job? **What else is new?** 직장을 때려 쳤다고? 다른 소식은 없어?
Keep (on) trying 계속해봐	We **keep trying** to act like we can overcome anything. 우리는 뭐든 다 이겨낼 수 있는 것처럼 행동하려고 하고 있어.
It's gonna make a difference 차이가 있을거야	**It's going to make a difference** once the Feds get you, anyway. FBI가 일단 널 잡으면 얘기가 달라지지.
Not that I know of 내가 알기로는 그렇지 않아	**Not that I know of.** The son can't even swim. 내가 알기로는 아냐. 그 아들은 수영도 못하는데.
You know what? 그거 알아?, 근데 말야?	**You know what?** I'm going back. 근데 말야. 나 돌아갈래.

Nobody knows 아무도 몰라

「아무도 모른다」는 말 그대로 전혀 알 수가 없다고 말하는 표현으로 같은 유형의 동
의표현으로는 Who knows, God knows 등이 있다. 모르는 내용까지 한꺼번에
말하려면 Nobody knows that[what, when~]~의 형태로 말해주면 된다.

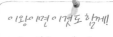

이왕이면 이것도 함께!

▶ Nobody knows this
아무도 이건 몰라

▶ Nobody knows what he's doing
걔가 뭘하고 있는지 아무도 몰라

A: Are Andrew and Gina going to get married next year?

B: Nobody knows. It's a big secret.

A: 앤드류와 지나가 내년에 결혼할까?
B: 아무도 모르지. 극비거든.

A: Nobody knows when or even if she'll wake up.

B: This is awful. Chris must be just devastated.

A: 걔가 언제 의식을 찾을지, 혹은 찾기나 할런지 알 수가 없대.
B: 끔찍하군. 크리스가 충격을 엄청 받았겠네.

What else is new? 뭐 더 새로운 소식은 없어?, 그게 다야?

상대방의 말이 항상 듣던 식상한 말뿐이거나 혹은 듣기 괴로운 소식일 때 화제를 바
꾸고자 「다른 건 없나?」, 의역하면 「그게 다야?」라고 물어보는 표현.

이왕이면 이것도 함께!

▶ Anything else?
다른 건 없니?

▶ Tell me what I don't know
다 아는 얘기말고 다른 얘기 해봐

A: I heard that taxes are going to be raised again.

B: Oh yeah? What else is new?

A: 세금이 또 오른다는 얘기 있더라.
B: 어, 그래? 뭐 더 다른 새로운 소식은 없어?

A: The school is planning to raise our tuition.

B: It's going to be more expensive? What else is new?

A: 학교에서 등록금을 인상할 계획이야.
B: 학비가 더 비싸진다는거야? 다른 소식은 더 없어?

Keep (on) trying 계속해봐

━━━━━━━━━━━━━━━━━━━━━━━━━━━━━━━━

「계속 …하라」는 명령문인 Keep ~ing형 표현. 이 외에 Keep going은 직역하면 「계속 가」란 뜻이지만, 「(하던 일) 계속 해!」(continue doing something)라는 '강요'나 '격려'의 의미로 사용되며 뭘 계속하는지는 on+명사를 덧붙이면 된다.

A: For some reason I can't get connected to the Internet.

B: Keep on trying. I really need to check my email. It's important.

> A: 무슨 이유인지 인터넷에 접속이 되질 않네.
> B: 계속 시도해봐. 난 이메일을 확인해봐야만 된다구. 중요한 일이야.

A: I think we need to talk... You know, I'm your best friend, and um...

B: Keep going.

> A: 우리 얘기 좀 해… 있잖아, 난 네 친한 친구잖아, 그리고 음…
> B: 얘기해 봐.

이왕이면 이것도 함께!

▶ Let's keep going
자 계속하자

▶ Keep going like this
지금처럼 계속해

▶ Keep going on the sales report
매출 보고서 작성이나 계속 해

▶ Keep talking
계속 말해봐

▶ Don't quit trying
포기하지 마

It's gonna make a difference 차이가 있을거야

━━━━━━━━━━━━━━━━━━━━━━━━━━━━━━━━

make a difference는 「…에 중요한 (좋은) 효과를 가져오다」라는 뜻으로 It's gonna make a difference하면 「(좋은 쪽으로) 달라질거야」, 「차이가 날거야」라는 표현. 반대인 It makes no difference to me는 전혀 내게 영향을 미치지 않는다는 말로 「난 아무 상관없다」라는 말이 된다.

A: This new heater is great. It's gonna make a difference.

B: Terrific! This apartment has been very cold.

> A: 새 히터 좋다. 좀 달라졌겠는데.
> B: 끝내주지! 아파트가 너무 추웠거든.

A: What do you want to do tonight?

B: It makes no difference to me. I am flexible.

> A: 오늘밤엔 뭐할래?
> B: 뭘 해도 상관없어. 나는 다 괜찮거든.

이왕이면 이것도 함께!

▶ It makes no difference to me
나는 상관없어

▶ It makes no difference who the guy is
걔가 누군지 상관없어

▶ It's not gonna make any difference
전혀 상관없어

Not that I know of 내가 알기로는 그렇지 않아

질문에 대해 부정적인 답변(negative answer)을 하되 그저 No!란 대답에 비해 좀더 겸손한 느낌을 주는 표현. 즉, 아니긴 아닌데 정확히는 모르겠다는 의미이다. I'll go and check, I'll go make sure(가서 확인해 보겠다) 등의 부연설명이 이어지기도 한다.

이왕이면 이것도 함께!
- Not that I remember [recall]
  내 기억으로는 아냐
- Not that I saw
  내가 본 바로는 아냐

A: Did anyone call for me when I was out of the office.

B: Not that I know of. It's been quiet today.

> A: 내가 나가있을 때 저한테 온 전화 있었나요?
> B: 내가 알기로는 없는데요. 오늘은 조용했어요.

A: This coffee tastes strange. Has anyone complained about it?

B: Not that I know of. Everyone seems pretty happy with it.

> A: 커피맛이 이상해. 누구 불평한 사람 없어?
> B: 내가 알기로는 없는데요. 모두들 아주 좋아하는 것 같던데요.

You know what? 그거 알아?, 근데 말야?

대화 시작시 혹은 새로운 화제를 꺼낼 때 상대방의 주의를 집중시키기 위해 하는 말. 미드에서 많이 들을 수 있는 표현이다. Guess what과 같은 맥락의 문장이다.

이왕이면 이것도 함께!
- You know something?
  그거 알려나?
- (Do you) (want to) Know something?
  알고 싶지 않니, 궁금하지 않니?
- Do you know about this?
  이거 아니?

A: I have to say that I never really liked you very much.

B: You know what? That doesn't matter because I don't like you either.

> A: 말할 게 있는데, 난 당신이 아주 싫어요.
> B: 알랑가 모르겠네, 나도 당신을 싫어하니까 상관없어요.

A: You know what? I'm planning on moving to your neighborhood.

B: Really? I think I'll really enjoy having you live close by.

> A: 있잖아, 나 너희 동네로 이사갈 계획이야.
> B: 정말? 너랑 가까이 살면 정말 좋겠다.

5_ You want some more?

Cleo	**If you don't mind,** could you pass me another bottle of beer?
Bruce	**Do you want some more?** You seem drunk already.
Cleo	So what? **You turn me on** when I drink a lot.
Bruce	Why don't you **get your act together**? I don't want you to be an alcoholic.
Cleo	**What's the difference?** I don't care about my future.
Bruce	**Let's just say** you don't want to ruin your life.
Cleo	Okay, stop lecturing me and hand me a beer already!

Cleo	괜찮으면, 맥주 한 잔 더 줄테야?		Cleo	그게 뭐 어때서? 내 미래는 상관없어.
Bruce	더 먹겠다고? 벌써 취한 것 같은데.		Bruce	넌 네 인생을 망치고 싶지 않을거야.
Cleo	그래서 뭐? 나 취하면 너한테 끌려.		Cleo	좋아, 강의그만하고 맥주나 하나 달라고!
Bruce	정신 좀 차려. 너 알콜중독자되는 것 싫다.			

여기서 놓치면안되는 미드 표현들

If you don't mind 네가 괜찮나변	**If you don't mind**, I'd like a minute to consult with my patient. 괜찮으면 내 환자하고 잠깐 상담 좀 할게.
Do you want some more? 더 먹을래?	You like that? **You want some more?** 너 저거 좋아해? 더 먹을래?
You turn me on 넌 내 맘에 쏘옥 들어, 넌 날 흥분시켜	You know this angry divorce thing really **turns me on**. 이렇게 안좋게 끝나는 이혼은 정말 날 흥분시키잖아.
Get your act together 기운차려	You should take some time and **get your act together**. 넌 시간 좀 갖고 기운을 차리라고.
What's the difference? 그게 무슨 상관이야?	**What's the difference?** I'm guilty. 그게 무슨 상관이야? 난 유죄인데.
Let's just say~ …라고 생각해	**Let's just say** I'm getting sick of the campfires. 난 캠프파이어가 지겹다고 생각해.

If you don't mind 네가 괜찮다면

mind는 「꺼리다」, 「좋아하지 않다」라는 의미로, 이 표현은 부탁을 할 때, 특히 어렵고 거북한 부탁을 할 때 상대방에게 정중하고 예의바른 모습을 나타낼 수 있는 표현이다. 또한 어떤 제안에 대한 대답으로 동의의 의사 표시를 할 때도 사용할 수 있다.

A: If you don't mind, I'd like to ask you a few questions.

B: Sure, go ahead.

    A: 괜찮다면, 몇가지 물어보고 싶은 게 있는데.
    B: 괜찮지 그럼. 어서 말해봐.

A: We're going out to dinner now. Would you like to join us?

B: Sure, if you don't mind.

    A: 지금 저녁 먹으러 나갈 건데, 우리랑 같이 갈래?
    B: 그래, 너희만 괜찮다면.

이왕이면 이것도 함께!

▶ if you don't mind me asking
내가 물어봐도 괜찮다면

▶ If it's okay with you
네가 좋다면, 괜찮다면

Do you want some more? 더 먹을래?

「좀 더 먹을래?」란 말로 Would you like to have another?보다 격이 없는 구어적 표현. 식사끝날 무렵, '매너성 멘트'로도 유용하며, 음식 뿐만 아니라 뭐든 더 하고 싶을 때, 더 갖고 싶을 때 등등 "좀 더…"란 아쉬움의 낌새가 느껴질 때라면 언제든 써먹을 수 있다. 더 줄여서 (Want) Some more?라고도 한다.

A: That was great. Your cooking is always delicious.

B: That's nice of you to say. Do you want some more?

    A: 맛있어. 당신 요리는 늘 끝내준다니까.
    B: 그렇게 말해주니 고마워. 좀 더 먹을래?

A: Do you want some more wine?

B: Sure.

    A: 와인 좀 더 마실테야?
    B: 그래.

이왕이면 이것도 함께!

▶ Have some more
좀 더 들어

▶ Do you want a bite of this?
이거 좀 더 들을래?

You turn me on 넌 내 맘에 쏘옥 들어, 넌 날 흥분시켜

예전 가전기구를 켜고 끌 때는 동그란 것을 돌려서 켜거나 껐다. 그래서 turn on은 전원을 켜다라는 의미로 쓰이며 여기서 파생하여 「…을 맘에 들게 하다」, 「흥분시키다」 등의 의미까지 갖게 되었다. 예로 She turns me on하면 "나 걔보면 흥분돼"라는 뜻이 된다.

A: Hey! Keep your hands off of me! People can see us.

B: I'm sorry honey. I can't help it. You really turn me on.

A: 어머! 내 몸에서 손 떼! 사람들이 쳐다보잖아.
B: 미안해 자기야. 나도 어쩔 수가 없어. 너만 보면 후끈 달아오른다니까.

A: That's where she met Chris, and he was kind of bad boy.

B: I think that's what turned her on.

A: 바로 그곳에서 걔가 크리스를 만났어. 그리고 크리스는 좀 나쁜 놈이었어.
B: 내 생각엔, 바로 그 점에 걔가 끌린 것 같은데.

이왕이면 이것도 함께!

▶ She's sexy, she turns me on
걔 섹시해서 나 흥분돼

▶ It really turns me on
그게 정말 날 끌리게 만들어

▶ Does this turn you on?
이게 끌려?

▶ He took a liking to me
걔 날 좋아해

Get your act together 기운차려

연기자가 자신의 연기(act)를 함께 모으다, 즉 좀 더 집중력있는 연기를 펼쳐보인다는 말에서 유래한 것으로 실망하고 낙담하여 기운이 빠져 있는 사람에게 격려용 멘트로 사용하면 된다.

A: Listen to me, you better get your act together.

B: And what if I don't?

A: 내 말 잘 들어. 너 말야 정신차려야 할거야.
B: 정신 안차리면 어쩔건데?

A: Kelly was late for work again today.

B: When is she going to get her act together?

A: 켈리가 오늘 또 지각했어.
B: 걔 언제나 정신차릴려나?

이왕이면 이것도 함께!

▶ Check it out. I got my act together
봐봐. 나 기운차렸다고

▶ He wanted to get his act together
걔 정신차리고 싶어했어

What's the difference? 그게 무슨 상관이야?

무언가를 선택해야 하는 상황 혹은 어떤 일이 자신에게 미치는 영향에 대해 얘기할 때 어느 쪽이든 「나에겐 아무 상관없다」, 「그게 무슨 상관이야?」, 「그런다고 뭐가 달라져?」라는 뉘앙스의 표현. 물론 단순히 차이점을 물어볼 때도 사용한다.

A: Would you like to eat Chinese food or Italian food?

B: **What's the difference?** When we're together, I feel happy eating anything.

A: 중국 음식 먹을래, 이탈리아 음식 먹을래?
B: 그게 무슨 상관이야? 너랑 같이 있으면 난 뭘 먹어도 행복한데.

A: So **what's the difference** now that you're married?

B: The only difference is that I don't have to get out of bed to fart.

A: 결혼하고 나서 달라진 게 뭐야?
B: 방귀뀌려고 침대 밖으로 안나가도 된다는 게 유일하게 달라진 점야.

이왕이면 이것도 함께!

▶ What difference does it make?
그게 무슨 차이야?

▶ What's the difference between us?
우리들 사이에 그게 무슨 상관이야?

Let's just say~ …라고 생각해, …라고 해보자

뭔가 사실이 아닌 것을 한번 「…라고 가정해보자」, 「생각해보자」, 혹은 단순히 그냥 확정적으로 단정짓지 않기 위한 표현법으로 「…라고 말해두자」, 「…인 것 같다」라고 이해하면 된다. 이 두번째 의미는 앞서 나온 Let me just say와 유사하다.

A: I heard that Jim hates his job.

B: **Let's just say** he thinks he should quit.

A: 짐이 자기가 하는 일을 싫어한다고 들었어.
B: 관둘 생각인 거 같아.

A: That's impossible.

B: Even if it is, **let's say** it's not.

A: 그건 불가능해.
B: 그렇다 하더라도, 그렇지 않다고 생각하자.

이왕이면 이것도 함께!

▶ Let me just say
…라 할 수 있지

▶ Let's just say he came home first
걔가 집에 먼저 온다고 가정해 보자

6_ That makes me sick

Jack   Excuse me, miss. **Can I have a word with you?**

Penny   **Who do you work for?** Why are you here?

Jack   I'm with the New York Police Department, and I need some help.

Penny   Are you here because of the murder? **That makes me sick.**

Jack   **My fingers are crossed** that you know some important information.

Penny   My friend may know something, but I don't. **Please leave me alone.**

Jack   I need to talk to your friend. **Let's get in touch with** her.

Jack   실례합니다, 아가씨. 잠깐 얘기 좀 할 수 있을까요?

Penny   뭐 하시는 분예요? 왜 여기 오셨구요?

Jack   뉴욕경찰입니다. 도움이 필요해서요.

Penny   살인사건 때문에 오신거예요? 끔찍해요.

Jack   뭐 좀 중요한 정보를 알고 계시기를 바래요.

Penny   내 친구가 뭐 좀 알지 몰라요. 저는 몰라요. 그냥 놔두세요.

Jack   친구분하고 얘기해야겠군요. 연락 좀 하십시다.

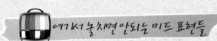
여기서 놓치면 안되는 미드 표현들

Can I have a word? 잠깐 얘기 좀 할까?(~with you)	**Can I have a word with you** in private? 개인적으로 잠깐 얘기 좀 할까?
Who do you work for? 어디서 일해?	You know, this is my turf! **Who do you work for?** 저기, 여긴 내 구역야! 당신 어디서 일해? She wants to stay here and **work for** you. 걘 여기 남아서 네 회사에서 일하고 싶어해.
This makes me sick 역겨워	I know what you did. **It makes me sick** and I'm going to tell. 네가 무슨 짓을 했는지 알아. 역겹고 사람들한테 알릴거야.
My fingers are crossed 행운을 빌어	She just got placed with a foster family, so, **fingers crossed**. 걔는 위탁가정에 들어갔으니 행운을 빌어주자고.
Leave me alone 나 좀 내버려둬, 귀찮게 좀 하지마	**Leave me alone!** You're not my mommy! 나 좀 내버려 둬! 네가 내 엄마냐!
Let's get[keep] in touch! 연락하고 지내자!	If we wanted to **get in touch** with you, how would we reach you? 당신과 연락하려면 어떻게 해야 되죠?

Can I have a word (with you)? 잠깐 얘기 좀 할까?

have a word with sb는 「…와 잠깐 얘기 좀 하다」라는 뜻이어서 Can I have a word with you?하면 You got a sec?과 같은 말이다. 아주 간단히 A word?라고만 하고 나머지는 눈빛으로 말해도 된다. 하지만 have words with 하면 「…와 싸우다」, 「다투다」라는 표현으로 달라진다.

이왕이면 이것도 함께!

▶ I'd like to have a few words with you
잠깐 얘기 좀 하죠

▶ Can I have a word with you in your office?
네 사무실에서 잠깐 이야기하자

▶ I had words with her
난 걔와 다투었어

A: Listen Mindy, there's a problem with your report. Can I have a quick word with you?

B: Sure, Steve. What's the matter with it?

A: 이봐 신디. 자네 보고서에 문제가 하나 있어. 얼른 몇 마디 나눌 수 있을까?
B: 예, 스티브. 뭐가 문제인가요?

A: Could I have a word with you outside for a moment?

B: Why?

A: 밖에서 잠시 얘기 좀 나눌 수 있을까?
B: 왜?

Who do you work for? 어디서 일해?

우리는 보통 「어디에서 일하냐?」고 해서 Where를 떠올리기 십상이지만, 영어에서는 Where 대신 Who를 이용해 「누구를 위해서 일해?」라고 말한다. work for는 「…에서 일하다」라는 의미로 for 다음에는 사장 혹은 회사명을 말하면 된다. 물론 work at[in]도 쓰인다.

이왕이면 이것도 함께!

▶ I work for Mr. James
제임스 씨 회사에서 일해

▶ I work at the clinic
클리닉에서 일해

A: Who do you work for?

B: I work for Gladstone, Inc.

A: 어디서 일하세요?
B: 글래드스톤 주식회사에서 일해요.

A: I'm a teacher. What do you do?

B: I work for Mr. James.

A: 전 교사예요. 당신은 무슨 일 하세요?
B: 제임스 씨 회사에서 일해요.

This makes me sick 역겨워

직역하면 나를 아프게 하다, 나를 역겹게 하다라는 뜻으로 사람이나 어떤 일 때문에 질리거나, 역겨울 때 요긴한 표현이다. 가끔 문맥에 따라 조크성으로 질투섞인 어조로 「부럽다」라는 뜻으로도 쓰인다.

A: Can you believe how much money they wasted? This makes me sick.

B: Don't worry about it. It's not your money.

A: 그 사람들이 얼마나 돈을 펑펑 뿌리고 다니는지 말도 못해. 역겨울 정도야.
B: 신경꺼. 네 돈도 아니잖아.

A: I've slept with hundreds of women.

B: You make me sick! I hate men like you.

A: 난 수많은 여자들과 잤지.
B: 역겨워! 너같은 사내놈들을 증오해.

이왕이면 이것도 함께!
▶ You make me sick!
너 정말 질린다!
▶ It makes me sick to [that~]
…하는 것이 정말 역겨워

My fingers are crossed 행운을 빌어

두 손가락으로 십자가 모양으로 만든다는 이미지에서 나온 표현으로 상대방에게 행운을 빌어준다고 하는 표현이다. 기본형은 cross one's fingers이고 좀 꼬면 keep one's fingers crossed 그리고 아주 간단히 My fingers (are) crossed라고 하면 된다.

A: Well, today I will have my third interview with Dell Inc.

B: I know you want that job. I'll keep my fingers crossed.

A: 저기, 오늘 나 델컴퓨터 3차 면접이 있어.
B: 그 회사에 들어가고 싶지. 내가 행운을 빌어 줄게.

A: Do you think it's possible to find my lost phone?

B: Maybe. You should keep your fingers crossed.

A: 잃어버린 핸드폰 찾을 수 있을 것 같아?
B: 글쎄. 운을 빌어야지.

이왕이면 이것도 함께!
▶ I'll keep my fingers crossed!
내가 행운을 빌어줄게!
▶ I'll keep my fingers crossed that ~
…가 하도록 행운을 빌어줄게
▶ Keep your fingers crossed!
행운을 빌어줘!

Leave me alone 나 좀 내버려둬, 귀찮게 좀 하지마

혼자 좀 놔두라는 말로 그냥 단순히 혼자 있고 싶을 때, 귀찮게 하는 상대방에게 그만 쫌 꺼지라며 짜증내면서 하는 표현으로 「그만 좀 귀찮게 하라」라는 의미.

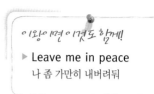
이왕이면 이것도 함께!
▶ Leave me in peace
나 좀 가만히 내버려둬

A: What's the matter? Why are you crying?

B: Just leave me alone. I don't want to talk to anyone.

    A: 무슨 일이야? 왜 울고 있어?
    B: 그냥 내버려둬. 아무하고도 얘기하고 싶지 않아.

A: What do you want from me?

B: I want you to leave me alone!

    A: 나보고 어찌라고?
    B: 나 좀 그만 귀찮게 하라고!

Let's get[keep] in touch! 연락하고 지내자!

get[keep] in touch는 「계속 연락하다」(contact constantly)라는 뜻으로 「제안」을 나타내는 let's와 함께 어울려 「서로 연락을 주고 받자」라는 표현으로 애용된다. 반대로 「연락을 끊다」는 lose touch라고 한다. 또한 be[get, keep] in touch with sth은 어떤 상황 등을 잘 알고 있다라는 의미.

이왕이면 이것도 함께!
▶ I tried to get in touch with you
너한테 연락을 계속 했었어
▶ Keep in touch, okay?
연락해, 알았지?
▶ I hope to see you again (sometime)
(조만간에) 다시 한번 보자, 나중에 얼굴 한번 봐요
▶ She's in touch with her emotions
걘 자기 감정을 잘 알고 있어

A: Are you planning to come back to New York any time soon?

B: Yes, I'll be back next month. Let's keep in touch.

    A: 곧 뉴욕으로 돌아올 생각이세요?
    B: 네, 다음달에 돌아오려구요. 계속 연락합시다.

A: I hear you will be moving away soon. Let's keep in touch.

B: OK. Would you like me to give you my new address?

    A: 이사할 거라면서요. 계속 연락하고 지내요.
    B: 좋아요. 새 주소 드릴까요?

7_ How could you do that?

Kurt	**I have a question for you.** Are you pregnant?
Lynn	**Are you out of your mind?** It's stupid to think I'm pregnant.
Kurt	**I'm not sure what you mean.** Your stomach has gotten larger.
Lynn	**You're making fun of me?** Are you saying I'm fat?
Kurt	Well, maybe you have gotten fat. I told everyone you were pregnant.
Lynn	**How could you do that?** You know it isn't true!
Kurt	I guess I was mistaken. Excuse me, **I must be going** now.

Kurt	네게 질문이 하나 있어. 너 임신했어?	Kurt	저기, 네가 뚱뚱해졌을 수도 있겠지만 난 네가 임신했다고 사람들에게 말했어.
Lynn	너 제정신이야? 내가 임신했다고 생각하다니 한심하다.	Lynn	어떻게 그럴 수가 있어? 사실이 아닌 것을 알고 있잖아!
Kurt	무슨 말인지 모르겠구만. 네 배가 많이 불렀어.	Kurt	내 잘못한 것 같으네. 미안하지만 나 지금 가야겠어.
Lynn	너 나 놀리는거야? 내가 뚱뚱하다고 말하는거야?		

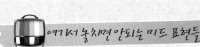 여기서 놓치면 안되는 미드 표현들

I have a question for you 질문 있는데, 물어볼 게 있어	**I have a question for you.** Do you have a crush on Julie? 물어볼게 하나 있어. 너 줄리에게 빠졌냐?
Are you out of your mind? 너 제정신이야?	You nearly got that kid killed. **Are you out of your mind?** 너 거의 그 아이를 죽일 뻔했어. 너 제정신이야?
I'm not sure what you mean 무슨 말인지 모르겠어	**I'm not sure what you mean** when you say "deja-vu." 네가 "기시감"이라고 말하는데 무슨 말인지 모르겠어.
You're making fun of me? 너 지금 나 놀리냐?	**Are you making fun of** my size? Don't make fun of me because of my size! 너 내 크기갖고 놀리는거야? 내 크기로 날 놀리지마!
How could you do this [that]? 어쩜 그럴 수가 있니?	**How could you do that** to an old man? 너 어떻게 나이드신 분에게 그럴 수가 있어?
I must be going 그만 가봐야 될 것 같아	Thanks for buying me lunch. **I must be going.** 점심 사줘서 고마워. 나 그만 가봐야 돼.

I have a question for you 질문 있는데, 물어볼게 있어

상대방에게 물어볼 게 있을 때 본론부터 들이대기 전에 먼저 질문이 있음을 알리는 표현. I've got a questions for you로도 많이 쓰이고 강조하려면 I do have a question for you라고 하면 된다.

A: I've got a question for you.

B: Shoot.

    A: 물어보고 싶은 게 있어.
    B: 물어봐.

A: Actually, I do have a question. Do you have a second?

B: Sure. How can I help?

    A: 실은, 물어볼게 있는데, 시간돼요?
    B: 그럼요. 뭔데요?

이왕이면 이것도 함께!

▶ I do have a question for you
정말로 물어볼 게 있다구

▶ We have questions for you
우린 네게 물어볼 것들이 있어

▶ I have a question about that
난 그거에 대해 질문이 있어

Are you out of your mind? 너 제정신이야?

be[go] out of one's mind은 「자기 정신이 아니다」, 즉 「미치다」, 「제정신이 아니다」(be mad[crazy])라는 표현. 또한 be out of one's mind with~하면 「…로 제정신이 아니다」, put[get] sth out of one's mind하면 「…을 잊어버리다」가 되니 하나의 의미에 만족하지 말고 다 익혀두기로 한다.

A: I plan to go skydiving in New Zealand next month.

B: Are you out of your mind? That's extremely dangerous!

    A: 다음 달에 뉴질랜드로 스카이다이빙 하러 갈거야.
    B: 너 제정신이니? 엄청 위험하다구!

A: Come on. We're gonna have sex, and it's not gonna mean a thing!

B: Are you out of your mind?!

    A: 이러지마, 우리 섹스하자, 별 의미없이!
    B: 너 미쳤냐?!

이왕이면 이것도 함께!

▶ So you put him out of your mind
그럼 넌 걜 잊은거구나

▶ I'm losing my mind
내가 제정신이 아니야

▶ She's out of her mind with worry
걘 걱정으로 제정신이 아냐

I'm not sure what you mean 무슨 말인지 모르겠어

상대방이 무슨 말을 하는지 그 의미를 못 알아들었을 때 쓰는 What do you mean?(무슨 소리야?)과 기본적인 의미는 같지만 한번쯤 돌려서 조금 완곡하게 표현하는 방법. mean의 주어만 바꾸어 I'm not sure what it[he] means(그게 [그 사람 얘기가] 무슨 뜻인지 잘 모르겠어) 등으로도 활용이 가능하다.

A: We have to consider this experiment a failure.

B: I'm not sure what you mean. It seemed successful to me.

  A: 이 실험은 실패했다고 봐야겠어.
  B: 무슨 말인지 모르겠네. 내가 보기에는 성공적인 것 같은데.

A: Time is running out for all of us.

B: I'm not sure what you mean. Are we in danger?

  A: 우리 모두에게 시간이 부족해.
  B: 무슨 말이야. 우리가 위험에 처했다는거야?

이왕이면 이것도 함께!

▶ What do you mean?
  그게 무슨 말이야?

▶ I'm not sure what you mean when you say~
  네가 …라 말할 때 그게 무슨 말인지 모르겠어

▶ I don't know what you mean
  네가 무슨 말하는지 모르겠어

You're making fun of me? 너 지금 나 놀리냐?

make fun of sb[sth]는 「놀려대다」는 기본표현. 조금 어렵게 하려면 poke fun at이나 「놀리다」, 「난처하게 하다」라는 pull sb's leg를 쓰면 된다. 친한 사이에 격의없이 쓰려면 I'm fucking with you라고 하는데 이는 「장난친거야」, 「놀려먹은거야」 정도로 이해하면 된다.

A: Wow! You are a really smart girl.

B: You're making fun of me?

  A: 우와아! 너 정말 똑똑하다.
  B: 지금 나 놀리는 거지?

A: You mean, he seems like my type? Are you kidding? He's gross!

B: I'm just fucking with you.

  A: 그러니까 네 말은, 걔가 내 타입같단 말이야? 농담하나? 걘 밥맛이야!
  B: 그냥 널 놀려먹어본 거야.

이왕이면 이것도 함께!

▶ You making fun of my accent?
  너 내 억양 놀리는거야?

▶ Are you pulling my leg?
  나 놀리는 거니?

▶ Don't pull my leg
  놀리지 말아요

▶ I'm fucking with you
  널 놀리는거야, 너한테 장난치는 거야

How could you do this[that]? 어쩜 그럴 수가 있니?

상대방의 어처구니 없는 말과 행동을 탓하며 난감한 목소리로 던지는 표현. 질책과 비난 그리고 실망을 가득 담은 말이다.

A: I heard that you started a fight in the bar. How could you do that?

B: I don't know. I guess I was a little drunk.

A: 술집에서 네가 싸움을 걸었다면서. 어떻게 그럴 수가 있니?
B: 몰라. 좀 취했었나봐.

A: What? You broke my car? How could you do this?

B: I'm so sorry. It was an accident.

A: 뭐? 내 차를 망가뜨려? 너 어떻게 이럴 수 있냐?
B: 정말 미안해. 사고였어.

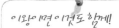

이왕이면 이것도 함께!

▶ How could you do this to me?
나한테 어떻게 이럴 수 있니?

▶ How could you do something like this to her?
어떻게 걔한테 그런 짓을 할 수 있어?

▶ That takes the cake!
정말 너무하는구만!

I must be going 그만 가봐야 될 것 같아

조동사 must를 이용하여 상황이 여의치않아 가봐야하는 나의 사정을 토로하며 양해를 구하는 말이다. 상대방이 잡기에는 비교적 무리일 정도로 확실히 가겠다는 의사표시 표현.

A: Thank you for inviting me here. I must be going.

B: I'm glad we had the chance to spend some time together.

A: 초대해주셔서 감사합니다. 전 이만 가봐야겠어요.
B: 함께 시간을 보낼 수 있어서 즐거웠습니다.

A: Why do you have your coat on? Are you cold?

B: No, but I must be going before the subway closes.

A: 왜 코트를 입고 있니? 추워?
B: 아니, 근데 지하철 끊기기 전에 가봐야해서 말야.

이왕이면 이것도 함께!

▶ I think I'd better be going
저 그만 가봐야 될 것 같아요

215

8_ Got a minute?

Chrissy   **Got a minute?** I really need to talk with you.

Gary   Yeah, sure. So **here we are**. What do you want?

Chrissy   Listen, **do you have a problem with me?**

Gary   **Don't make me laugh. I get along with you** just fine.

Chrissy   So why did you ignore me when we worked together?

Gary   Look, **everything's going to be all right**. I was just hired at the company.

Chrissy   Oh, I didn't know that. I'm a stranger here myself.

Chrissy 시간돼? 너랑 얘기 좀 해야겠는데.   Chrissy 그럼 함께 일할 때 나를 무시한거야?

Gary 그래, 물론. 그래 왜 그러는데?   Gary 이봐, 다 잘 될거야. 나도 입사한지 얼마 안됐어.

Chrissy 저기, 너 나한테 불만있어?   Chrissy 어, 난 몰랐네. 나도 얼마 안됐어.

Gary 웃기지마. 난 너랑 잘 지내고 있는데.

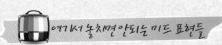
여기서 놓치면 안되는 미드 표현들

Got a minute? 시간돼?	You **got a minute?** I'm a little down. 시간 돼? 내가 좀 울쩍해.
Here we are 자 (드디어) 도착했다, 여기 있다	Well, **here we are**, in Massachusetts, a state with no death penalty. 자, 이제 사형제도가 없는 매사추세츠주에 드디어 왔다.
Do you have a problem with me? 나한테 뭐 불만있는거야?	I don't think **you have a problem with me** as a lawyer. 변호사로서 내게 불만이 있을거라 생각안해.
Don't make me laugh! 웃기지 좀 매, 웃음 밖에 안 나온다!	**Don't make me laugh.** You're buggin' me. 웃기지마. 너때문에 짜증난다.
I get along with you 나 너와 잘 지내고 있어	**We get along with** everyone in our neighborhood. 우리는 우리 이웃들과 다 잘 지내고 있어.
Everything's gonna be all right 다 잘 될거야	It's all right! **Everything's gonna be all right.** 괜찮아. 다 잘 될거야.

Got a minute? 시간 돼?

■■■

상대방에게 개인적으로 할 말이 있으니 잠깐 시간을 낼 수 있냐고 물어보는 표현.
주어(you)도 조동사(have)도 과감하게 무시해버린 초간단 표현으로, 「잠깐 얘기
좀 할 수 있을까?」 정도의 뉘앙스. 앞서 나온 Do you have time?과 같은 의미.

이왕이면 이것도 함께!

▶ You got a minute?
시간 좀 돼?

▶ You got a sec(cond)?
잠깐 시간 돼?

A: Got a minute? I need to talk to you.

B: I'm really busy now. Can we talk during lunch?

 A: 시간있어? 할 얘기가 있는데.
 B: 지금 내가 정말 바쁘거든. 점심 먹으면서 할 수 있을까?

A: Got a minute to review the notes from the meeting?

B: Sure, let's go to my office and take a look at them.

 A: 회의에서 나온 사항을 검토할 시간 있으세요?
 B: 물론이죠. 내 사무실로 가서 한번 봅시다.

Here we are 자 (드디어) 도착했다, 여기 있다

■■■

봐도봐도 헷갈리는 표현. Here we are는 먼저 글자 그대로 우리가 여기에 있다
라는 말로 이동을 해서 어딘가에 「드디어 도착했다」, 그리고 뭔가 보여주면서, 건네
주면서 「자 여기 있어」라고 할 때 쓰는 표현이다.

이왕이면 이것도 함께!

▶ Here we are, John!
Sorry we're late
존, 도착했다. 늦어서 미안

▶ Here we are again
또 시작이네

A: Here we are. Everyone get out of the car.

B: Thank God! That was a long trip.

 A: 다 왔어요. 모두 차에서 내립시다.
 B: 어휴! 길고 긴 여행이었네.

A: Where did I put that magazine? Ah, here we are.

B: Which article did you want to show me?

 A: 내가 그 잡지를 어디에 두었더라? 아, 여기 있다.
 B: 나한테 보여주려는 기사가 뭐야?

Do you have a problem with me? 나한테 뭐 불만있는거야?

have a problem with sb[sth]는 그냥 단순히 문제가 있다고 할 수도 있지만 주로 서로 맘이 맞지 않을 때 「뭐 불만있나?」, 「뭐 문제있나?」, 「뭐 떫나?」 정도의 의미로 시비를 걸 때 자주 쓰인다.

A: I need you to work faster. Do you have a problem with that?

B: No, sir. I'll have it done by 5.

   A: 자네 좀 더 속도를 내서 일해야겠네. 내 말에 불만 있나?
   B: 아닙니다 부장님. 5시까지 마치겠습니다.

A: I don't think you have done a good job.

B: Why not? Do you have a problem with me?

   A: 내가 보니까 자네는 일을 제대로 하는 것 같지가 않아.
   B: 왜 그러시죠? 저한테 무슨 불만이라도 있으신 거예요?

이왕이면 이것도 함께!
▶ Do you have a problem with that?
   그거 뭐 문제있어?, 뭐 떫어?
▶ Does anybody have a problem with that?
   누구 문제 있는 사람 있어?

Don't make me laugh! 웃기지 좀 마!, 웃음 밖에 안 나온다!

상대방이 좀 말도 안되는 이야기를 할 때 「말도 안되는 소리하지마」, 「웃기지마라」라는 의미의 표현. 재미있어서 웃는게 아니라 말도 안되서 웃기지 말라는 말씀. 하지만 문맥에 따라 정말 황당한 말에 「야 웃기지마라」라는 의미로도 쓰이는 문맥을 항상 잘 봐야 한다.

A: If you mess with me, I'll punch you in the nose.

B: Don't make me laugh. You're so weak you'd hurt your hand.

   A: 쓸데없이 참견하면, 코를 묵사발로 만들어놓겠어.
   B: 웃기시네. 너무 약해서 네 손이 다칠라.

A: I'm telling you, I'm not a cop.

B: Don't make me laugh!

   A: 정말예요, 난 경찰이 아녜요.
   B: 말도 안되는 소리마.

이왕이면 이것도 함께!
▶ Don't make me laugh. I'm gonna wet myself
   웃기지마. 오줌 싸겠어
▶ You make me laugh
   너 때문에 웃는다, 웃고있네
▶ It was fun. She made me laugh
   재밌었어. 걔 때문에 웃었어

Everything's gonna be all right 다 잘 될거야

곤란에 빠졌거나 고민과 걱정에 사로잡힌 상대방에게 건네는 착한 위로의 표현. 일단 결과는 아무도 알 수 없는 상황일지라도 덕담으로 다 잘 될거라 희망을 심어주는 표현. be all right 대신에 be okay, be fine을 써도 된다.

A: Is she gonna be all right?

B: Yeah, I think so.

<blockquote>
A: 걔는 괜찮을까?
B: 어, 그럴거야.
</blockquote>

A: I'm very worried about getting a job after I graduate.

B: Everything's gonna be all right. You'll find a company to work for.

<blockquote>
A: 졸업하고 취직할 일이 너무 걱정돼.
B: 다 잘될 거야. 직장을 찾게 될 거니까.
</blockquote>

I get along with you 나 너와 잘 지내고 있어

get along (with sb)은 주로 「(…와) 잘 지내다」, 「좋은 관계를 유지하다」라는 표현. 서로 잘 지낸다고 할 때는 get along with each other이라고 하면 된다.

A: Did you get along with your parents?

B: No. No, I didn't.

<blockquote>
A: 부모님하고 사이가 안 좋았어?
B: 아니, 안 그랬어.
</blockquote>

A: Chris gets along okay with his family? His stepmom?

B: Yeah, he and Jessica got along really well.

<blockquote>
A: 크리스가 가족들과 잘지내? 계모하고도?
B: 어, 걔하고 제시카는 정말 잘 지내.
</blockquote>

9_ Back off!

Willy	It's getting late. **I'm gonna take off** in a few minutes.
Georgia	**Are you leaving so soon?** I don't understand.
Willy	My wife is going to have a fit if I get home late.
Georgia	**You've got to be kidding.** Doesn't she trust you?
Willy	Hey, **back off**. This is a personal thing between her and me.
Georgia	Fine. But **I'm telling you**, you should stay longer.
Willy	Maybe next time. Thanks for inviting me over tonight.

Willy 늦겠어. 몇분내로 출발할거야.
Georgia 이렇게 일찍 가는거야? 이해가 안돼.
Willy 아내가 내가 늦게 집에 가면 노발대발할거야.
Georgia 농담하는거지. 아내가 널 못믿는거야?

Willy 야, 그만둬. 이건 우리 부부간의 개인사야.
Georgia 알았어. 하지만 정말이지 좀 더 있다가.
Willy 다음에 그럴게. 오늘밤에 초대해줘서 고마워.

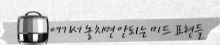
여기서 놓치면 안되는 미드 표현들

I must be off 이제 가봐야겠어	I think I'm gonna **take off** now 나 지금 가봐야 될 것 같아. We were just about to **take off** and see a movie. 방금 나가서 영화보려고 하고 있었어.
Are you leaving so soon? 벌써 가려구?, 왜 이렇게 빨리 가?	What are you doing? **Are you leaving?** 뭐하는거야? 벌써 가려구?
You've got to be kidding! 농담말아!, 웃기지마!, 농담하지마!	**You gotta be kidding me!** I don't believe this! 장난하는거지! 말도 안돼! **You're kidding!** That's great! 정말야! 대단하다!
(You) Back off! 비켜	**Back off**, all right. It's none of your business. 그만두라고, 그래. 그건 네가 상관할 바가 아니야.
I'm telling you 정말이야, 잘 들어	**I'm telling you:** If you're innocent, you go to the police. 정말이지, 네가 결백하다면 경찰에 가라고.

I must be off 이제 가봐야겠어, 그만 일어서야겠어

be 동사와 부사 off가 만난 be off는 「떠나다」(leave), 「출발하다」(start)라는 뜻의 동사구. 집을 나서며 「나 간다」는 뜻으로 하는 말로, off 뒤에 to를 연결해 to 다음에는 목적지를 언급해주거나 이동의 목적을 나타내는 동사를 이끌 수 있다. take off를 써도 되는데 take off는 이밖에도 「옷벗다」, 「이륙하다」라는 뜻으로도 쓰인다.

이왕이면 이것도 함께!

- ▶ (I'd) Better be off
  난 가봐야겠어
- ▶ I'd better go now
  이젠 가야겠어
- ▶ I have to leave
  출발해야겠어
- ▶ (It's) Time for me to go
  진작 일어났어야 했는데
- ▶ I'm off to bed 자러 갈래
- ▶ I'm off to see your dad
  너희 아빠 만나러 갈래
- ▶ (I've) Got to fly
  난 이만 사라져야겠어

A: Come on sweetheart, just stay a little bit longer.

B: No, I must be off. My parents want me to be home by 11pm.

A: 자기야 제발, 조금만 더 있다 가자.
B: 안돼, 가야돼. 부모님이 11시까지 들어오라고 하셨어.

A: Well guys, I'm gonna take off now.

B: Alright. Thanks for coming over and bringing the beer.

A: 저 여러분, 그만 일어서야겠어요.
B: 좋아요. 맥주까지 가지고 와주셔서 고마워요.

Are you leaving so soon? 벌써 가려구?, 왜 이렇게 빨리 가?

파티나 모임에서 먼저 일어나겠다고 하는 사람에게 더 있으라고 진심이든, 혹은 진심은 가기를 원하면서도 형식상 잡을 때 사용하면 된다. 또한 너무 오래 머무른 사람이 일어나면서 하는 말은 I don't want to wear out my welcome으로 「너무 번거롭게 만드는 것은 아닌지 모르겠네요」라는 뜻이다.

이왕이면 이것도 함께!

- ▶ Are you leaving so early?
  이렇게 일찍 가?
- ▶ I don't want to wear out my welcome
  폐끼치고 싶지 않아

A: Are you leaving so soon?

B: Yes, I have to get home and see my family.

A: 벌써 가시려구요?
B: 네, 집에 가서 식구들 봐야죠.

A: Why don't you ask your co-workers for some help?

B: I just started last week. I don't want to wear out my welcome.

A: 동료들한테 좀 도와달라고 그러지 그래?
B: 지난 주에 들어온 주제에 성가시게 만들고 싶진 않아.

You've got to be kidding!

농담말아!, 웃기지마!, 농담하지마!, 장난하는거지!

상대방의 말이 어처구니 없거나 도저히 믿기지 않는 이야기일 때 던질 수 있는 표현. 문맥에 따라서는 뜻밖의 소식에 놀라움을 나타내거나 상대방의 의도를 잘 모르겠다며 「너 거짓말이지?」라는 의미를 갖기도 한다.

A: I'm sorry sir, there are no more buses from the airport tonight.

B: **You've got to be kidding!** How am I going to get to downtown?

A: 죄송합니다, 손님. 오늘밤 공항에서 나가는 버스는 끊겼는데요.
B: 그럴리가요! 그럼 시내에 어떻게 가라구요?

A: The prisoners were planning to escape tonight.

B: **You're kidding.** They seem so well behaved.

A: 죄수들이 오늘밤 탈출할 계획이었어.
B: 농담마. 그 사람들이 얼마나 모범적인데.

이왕이면 이것도 함께!

▶ You've got to be kidding me
농담마

▶ You gotta be kidding me
농담마, 웃기지마

▶ You're kidding me, right?
장난하는거지, 맞지?

▶ You're kidding
웃기지마

(You) Back off! 비키시지!

물리적으로 뒤로 물러나 비키라는 말. 비유적으로는 관심끊으라는 의미로도 쓰인다. back away from도 같은 표현. Back off 단독으로도 쓰이지만 from sb[sth]을 붙여 쓸 수도 있다.

A: You'd better get out of here or I'm going to beat you up.

B: **Back off!** You aren't tough enough to fight me.

A: 꺼지는 게 좋을거야. 안 그러면 흠씬 두들겨줄테니까.
B: 비키시지! 넌 나한테 짭도 안된다구.

A: Hey, **back off**, man.

B: You're gonna pay for this.

A: 야, 물러서.
B: 넌 대가를 치뤄야 돼.

이왕이면 이것도 함께!

▶ Back away from the gun!
총에서 떨어져!

▶ Can you just back off?
뒤로 물러설래?

▶ You need to back off
뒤로 물러서

I'm telling you 정말이야, 잘 들어

지금까지 얘기한 내용이 정말임을 강조하거나 이제부터 하려는 얘기가 아주 중요하다는 것을 강조하는 표현. 「정말이야」, 「잘 들어라」는 말로 I'm telling you the truth, What I say is true, Believe me와 같은 맥락의 표현.

이왕이면 이것도 함께!

▶ Believe me
정말이야

▶ I'm telling you that~
…는 틀림없어

▶ I'm telling you, he's evil!
정말야, 걔 악마야!

A: I'm telling you that he took the money.

B: The problem is we have no proof.

A: 그 사람이 돈을 가지고 간 것이 틀림없어.
B: 문제는 아무런 증거가 없다는거야.

A: I'm telling you, with my broker, you'll make a great deal of money.

B: OK, leave his phone number with me and I'll give him a call.

A: 잘 들어, 내가 아는 중개상하고라면 돈을 엄청 벌거야.
B: 좋아, 그 사람 전화번호를 알려주면 전화해볼게.

놓치면 아까운 미드 토막상식

Do you smoke after sex?

브렌다의 활약이 돋보이는 수사물 *The Closer* 시즌 1에서 나온 문장. 사건이 해결된 후 용의자로 심문을 받았지만 범인이 아닌 것으로 밝혀진 한 불량배가 브렌다에게 주차장에서 던진 말이다. "섹스를 한 후에 담배를 피냐?"는 상투적인 문장을 이용한 말장난 조크로, 섹스후에 연기를 내냐 라는 것은 비유적으로 그만큼 격렬하게 열정적으로 섹스를 하냐라고 물어보는 것이다. 또한 Pardon my french를 내가 프랑스어를 써서 미안하다고 하는 경우가 있는데,

백년전쟁으로 프랑스와 사이가 안 좋은 영국에서 나온 표현으로 여기서 french는 쌍욕을 말한다. 그래서 Pardon my french는 내가 내뱉은 상스러운 말을 사과할 때 사용하는 표현이다. 그래도 이 정도는 그럴 수 있다고 치지만 감탄사인 Oh, man을 "오, 남자여"라고 번역하는 것은 아무리 이해하려고 해도 좀… . 하여간 쉬운 단어들로 구성된 표현이라도 문맥상 이상하면 여러사전을 두루두루 살펴보면서 번역을 하고 이해하는게 가장 좋은 방법이다. 그렇지 않으면 change the baby(기저귀를 갈다)를 아기를 바꿔치기하는 사기단의 문장으로 오해할 수도 있고, think outside of the box(창의적으로 생각하다)를 상자밖에서 생각하다라고 잘못 이해할 수 있기 때문이다. 마지막으로 dig은 '땅파다' 외에도 미드에서는 '이해하다,' '밥을 먹기 시작하다' 라는 뜻으로 많이 쓰이기도 한다.

10_ No harm done

Carol	**Can I get you something** more to eat?
Brad	No, I'm on a diet. **Please stop bugging me** about food.
Carol	Well, **it was fun having you**. I didn't mean to mess up your diet.
Brad	**No harm done.** I just have to be careful about what I eat.
Carol	Good. I'm glad you aren't upset. **Let's be friends**, rather than arguing.
Brad	I'm not upset at all with you. **Not even close.**
Carol	How about a cup of coffee? There aren't any calories in that.

Carol	뭐 먹을거 좀 더 갖다줄까?		Brad	뭐 괜찮아. 단지 먹는거 조심하려는 것뿐이야.
Brad	아니, 다이어트하고 있어. 음식갖고 괴롭히지마.		Carol	좋아. 화안났다니 다행야. 다투지말고 친구로 지내자.
Carol	너랑 같이 있는게 즐거웠어. 네 다이어트를 망치려는 건 아니고.		Brad	너한테 전혀 화나지 않았어. 조금도 말야.
			Carol	커피한잔 어때? 칼로리가 들어있지 않잖아.

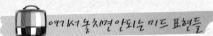

여기서놓치면안되는 미드 표현들

Can I get you something? 뭐 좀 사다줄까?, 뭐 좀 갖다줄까?	Excuse me. **Can I get you something** to drink? Some coffee or something? 실례지만 뭐 마실 것 좀 줘요. 커피나 뭐 그런걸루요?
Please stop bugging me 나 좀 귀찮게 하지마	I'll be likeable, sympathetic, sincere, **stop bugging me**! 난 우호적이고, 호의적이고, 진정성있게 행동할테니, 그만 좀 귀찮게 해!
It was fun having you 같이 해서 즐거웠어	**It was fun having you** visit my house. 네가 우리집 방문해줘서 즐거웠어.
No harm (done) 손해본건 없어, 잘못된 거 없어, 괜찮아	It's fine. **No harm done.** 괜찮아. 아무렇지도 않은데. **No damage,** so it wasn't dropped from a great height. 파손된 것이 없으니, 아주 높은데서 떨어진 것은 아냐.
She's friends with my brother 그녀는 우리 형하고 친구야	Are any of **your clients friends with Monica**? 네 고객중 누구 모니카와 친구인 사람있어? Look, **we're just friends** now! Okay? 이봐, 우린 이제 친구사이야! 알았어?
Not even close 어림도 없어	We're **not even close**. Let's go over it again. 헛짚었어. 다시 검토해보자. **Not even close.** Which means she didn't drown there. 완전히 틀렸어. 그 말은 그 여자는 거기서 익사하지 않았다는거야.

Can I get you something? 뭐 좀 사다줄까?, 뭐 좀 갖다줄까?

방문한 손님에게 「뭐 좀 갖다드릴까요?」라고 묻거나, 혹은 친구를 남겨두고 잠깐 뭐 사러 가면서 「네 것도 뭐 좀 사다줄까?」하고 물어볼 때 쓸 수 있는 말이다. 술집이나 식당의 종업원에게서 쉽게 들을 수 있는 말.

A: Well, I'm gonna get another espresso. Can I get you something?

B: Thanks. I'll have a cup of coffee and a muffin.

A: 음, 난 에스프레소 한 잔 더 마셔야겠다. 뭐 좀 사다줄까?
B: 고마워. 그럼 커피 한 잔하고 머핀 하나 먹을래.

A: Can I get you some coffee?

B: Yes. De-caff, please.

A: 커피 좀 갖다드릴까요?
B: 네. 카페인 없는 걸로요.

이왕이면 이것도 함께!

▶ Can I get you some coffee? 커피 좀 갖다줄까?

▶ Can I get you anything? 내가 뭐 사다줄[갖다줄] 까?

▶ Can I get you something to drink? 뭐 마실 것 갖다줄까?

▶ What can I get for you? 뭘 갖다 줄까요?

▶ What's your order? 뭘 주문하시겠습니까?

▶ What would you like to order? 뭘 주문하시겠습니까?

Please stop bugging me 나 좀 귀찮게 하지마

bug는 벌레라는 의미지만 미드에서는 「전화도청(하다)」, 「짜증나게하다」(annoy)라는 뜻으로 많이 쓰인다. 짜증나게 하는 내용 같이 쓰려면 be bugging sb about~이라고 하면 되고 bug sb to do의 형태로 쓰면 「짜증날 정도로 …해달라」고 부탁하는 것을 말한다.

A: Hey, sis, you're so ugly.

B: Will you please stop bugging me?

A: 동생아, 너 너무 못생겼다.
B: 나 좀 그만 못살게 굴래?

A: Come on, Tina, something's obviously bugging you.

B: You wanna know what's bugging me?

A: 이봐, 티나야, 뭔가 널 짜증나게 하는게 있는게 분명해.
B: 뭐 때문에 짜증나는지 알고 싶어?

이왕이면 이것도 함께!

▶ You're bugging me 너 때문에 귀찮다

▶ You know what's bugging me? 내가 뭐 때문에 귀찮은지 알아?

▶ What's bugging you? 널 귀찮게 하는 게 뭐야?

▶ Stop picking on me 못살게 굴지 좀 마

▶ Don't bother me 귀찮게 하지 좀 마

▶ Stop bothering me 나 좀 가만히 둬

It was fun having you 같이 해서 즐거웠어

모임이나 만남을 가진 후 헤어질 때 네가 와줘서, 「너와 시간을 함께 해서 즐거웠다」고 말하는 표현. 좀 예의바르고 정중한 표현법이다.

이왕이면 이것도 함께!

▶ We enjoyed your company
함께 해서 즐거웠어요

A: Thanks for inviting us over. We had a great time.

B: **It was fun having you.**

A: 초대해 주셔서 감사합니다. 즐거웠어요.
B: 함께 해 주셔서 즐거웠어요.

A: Thank you for inviting me on this tour.

B: I'm glad you came. **It was fun having you.**

A: 이번 투어에 초대해줘서 고마워.
B: 네가 와줘서 기뻐. 함께 해서 기뻤어.

No harm (done) 손해본건 없어, 잘못된 거 없어, 괜찮아

harm은 피해(damage)를 입거나 일이 잘못되는 것(wrong)을 뜻하는 말로, No harm done이라고 하면 이미 벌어진 일에 대하여 「손해 본 거 없어」, 「일이 잘못된 것은 아니야」, 그러니 걱정말라는 의미를 띄는 표현이다. 앞으로 일어날 일을 두고 「피해가 없을 것」이라고 하려면 there's no harm, it does no harm을 사용한다.

이왕이면 이것도 함께!

▶ There's no harm
피해는 없어요
▶ It does no harm
별일 아니에요
▶ No damage
피해본 것 없어

A: Oops. I spilled wine all over your dress.

B: That's okay. **No damage.**

A: 이런. 와인을 당신 옷에다 온통 쏟아버렸네요.
B: 괜찮아요. 별일 아니에요.

A: I'm really sorry about what happened. I won't do that type of thing again.

B: **No harm done.**

A: 이런 일이 생기다니 정말 죄송해요. 다시는 이런 일 없을 거예요.
B: 피해본 건 없으니 걱정말아요.

She's friends with my brother 걘 우리 형하고 친구야

잘 알려진 단어인 friends를 이용한 표현 몇 개. be friends with는 「…와 친구이다」, make new friends는 「새 친구를 사귀다」라는 뜻. 특히 We're just friends는 이성친구로 오해받을 때 그냥 단순한 친구라고 말할 때 사용하는 전형적인 표현이다.

A: How did you meet Angela?

B: **She's friends with my brother.** They've known each other a long time.

A: 안젤라를 어떻게 만났어?
B: 걘 우리 형하고 친구야. 둘은 오랫동안 알고 지내왔어.

A: I don't want to date you. **Let's just be friends.**

B: I don't know if I can **be friends with** you. I find you very attractive.

A: 너랑 데이트할 생각없어. 그냥 친구로 지내자.
B: 너랑 친구로 지낼 수 있을지 모르겠어. 네가 너무 매력적이라서.

이왕이면 이것도 함께!

▶ Did you make any new friends?
새 친구들은 사귀었니?

▶ Let's just be friends
그냥 친구하자

▶ We're just friends
우린 그냥 친구사이야

Not even close 어림도 없어

전혀 근접하지 않았다라는 말로 뭔가 「완전히 헛짚다」, 「틀리다」 혹은 「…하려면 아직 멀었다」라는 부정답변으로 사용할 수 있다. 아직 도달하지 못한 목표를 말할 때는 be not even close to~라고 하면 된다.

A: I imagine that you paid at least a hundred dollars for that bag.

B: **Not even close.** It was much cheaper.

A: 그 가방 적어도 100달러는 줬을 것 같은데.
B: 천만의 말씀. 훨씬 더 싸.

A: You have to believe me. It's over now.

B: No, you're wrong. It's **not even close to** being over.

A: 내 말 정말이야. 이제 다 끝났어.
B: 아니, 틀렸어. 아직 끝나려면 멀었어.

이왕이면 이것도 함께!

▶ I'm not even close to being done
끝내려면 아직 멀었어

▶ W're not even close
우린 완전히 헛짚었어

11_ Get out of here!

Doris You want to borrow $1,000? **Get out of here!**

Boyd Hey, if you lend me the money, **I'm for it**.

Doris You need to **take it easy** with all the money you use.

Boyd **Very funny.** I'm just using it to pay my rent this month.

Doris Take a look at this book. It teaches how to save money and **do it right**.

Boyd Do you think it will teach me to be a millionaire?

Doris **Easy does it**, becoming a millionaire takes a lot more work.

Doris 천달러를 빌려달라고? 웃기지마!

Boyd 야, 내게 돈 빌려주면 내가 좋을 것 같아.

Doris 너 돈 좀 아끼고 절약해서 써야 돼.

Boyd 웃기네. 난 단지 이번달 월세내려고 할 뿐이야.

Doris 이 책을 봐봐. 돈을 어떻게 절약하고 제대로 사는지 알려주고 있어.

Boyd 이거보면 백만장자되는 법을 알게 되는거야?

Doris 진정하라구, 백만장자는 그냥 되는게 아니잖아.

여기서 놓치면 안되는 미드 표현들

Get out of here!
꺼져!, 웃기지마!

Get out of here! Get out of my room now!
나가! 당장 내방에서 꺼져!

I'm for it
난 찬성이야

Helen suggested we go see a movie, and **I'm for it**.
헬렌이 영화보자고 그랬는데 난 찬성이야.

Take it easy
좀 쉬어가면서 해, 진정해, 잘 지내

Let's **take it easy**. Everybody's a little emotional here.
진정하라고. 다들 좀 감정적이야.

Very funny!
그래 우습기도 하겠다!

Did you hide my car keys? **Very funny!**
내 차키를 숨겼다고? 참 웃기지도 않는다!

Do it right
제대로 해

Let's take it slow this time. **Do it right.**
이번에는 천천히 제대로 해보자고.

Easy does it
천천히 해, 조심조심, 진정해

Easy does it. Don't say a single word unless I say it.
진정해. 내가 그걸 말하기 전까지는 한마디도 하지마.

228

Get out of here! 꺼져!, 웃기지 마!

■■

보통 험악한 장면에서는 더 이상 얘기하고 싶지 않으니 「여기서 나개」라는 말이지만, 말도 안되는 소리를 하는 사람에게 「웃기지마」(no kidding), 「내가 그 말을 믿을 것 같아?」(Don't expect me to believe that!) 라는 뜻으로도 쓰인다.

A: Why are you in my apartment? Get out of here!

B: OK, OK! Just don't call the police.

   A: 네가 왜 내 아파트에 있는 거야? 썩 꺼져!
   B: 알았어, 알았어! 경찰만 부르지 말라구.

A: I'm not going to let you go out there.

B: Get out of my way or I'll knock you down.

   A: 난 너 거기 못가게 할거야.
   B: 비켜줘, 안그러면 너 박살을 내놓을 테니까.

I'm for it 난 찬성이야

■■

다양한 용법의 전치사 for가 be동사를 만나면 「…에 찬성하다」(support)라는 동사구가 된다. 반대로 「반대」할 경우에는 for 대신 against를 쓰면 되는데, 두 표현 모두 be동사와 전치사 사이에 all을 넣어 의미를 강조할 수 있다. 한편 I'm on your side도 찬성과 지지를 나타내는 표현.

A: What do you think of Betty's proposal to shorten the workweek?

B: Are you kidding? I'm for it!

   A: 주당 근무시간을 줄이자는 베티의 제안에 대해 어떻게 생각해?
   B: 장난하니? 당연히 찬성이지!

A: I'd appreciate you being on my side.

B: Hey! I'm on your side.

   A: 내 편이 되주면 고맙겠어.
   B: 얘! 난 네 편이야.

229

Take it easy 좀 쉬어가면서 해, 진정해, 잘 지내

▪▪▪

기본적인 의미는 「긴장을 풀고 한 템포 줄이라」는 것. 한창 열받아 있는 사람에게 Take it easy하면 화를 가라앉히고 「진정하라」는 뜻이고, 헤어지면서 이 표현을 쓰면 「편히 잘 지내라」는 작별인사가 되기도 한다.

A: Did you see that guy? What an idiot!

B: Hey, **take it easy**. No need to become so angry while you're driving.

    A: 저놈 봤어? 이런 멍청이 같으니라구!
    B: 야, 진정해. 운전중에 그렇게 화낼 필요 뭐 있어.

A: Well, I'll see you later.

B: Okay, **take it easy**.

    A: 자 그럼, 다음에 보자.
    B: 그래, 잘 지내.

이왕이면 이것도 함께!

▶ Take it easy, man, deep breath, just relax
  이 친구야, 진정해, 심호흡하고 긴장풀어

▶ Can you take it easy with that?
  그거 좀 살살할테야?

Very funny! 그래 우습기도 하겠다!

▪▪▪

상대방이 말도 안되는 이야기를 할 때 속을 뻔 했지만 믿지 않는다고 할 때 하는 말. 「웃기지마라」, 「참 우습기도 하겠다」라는 뜻이며 또한 What's so funny?는 좀 짜증난 상태로 「뭐가 그렇게 웃겨서 그렇게 웃냐」라고 반문하는 표현이다.

A: You let the air out of the tires on my car? **Very funny!**

B: Don't get angry. It was just a joke.

    A: 네가 내 차 타이어에서 바람을 빼놨지? 그래 참 우습기도 하겠다!
    B: 화내지 마. 그냥 장난이었어.

A: Chris play rugby? I don't think so.

B: **What's so funny about that?**

    A: 크리스가 럭비를 한다고? 설마.
    B: 그게 뭐가 우습다는거야?

이왕이면 이것도 함께!

▶ What's so funny?
  뭐가 그리 우스워?

▶ What's so funny about that?
  그게 뭐가 우스워?

Do it right 제대로 해

말 그대로 「뭔가 일을 제대로 똑바로 하다」라는 말. 다만 do it right away처럼 away가 붙으면 「뭔가를 즉시 하다」라는 말이 되므로 구분해야 한다.

A: This is a difficult job to complete.

B: Yeah, but **do it right**. I don't want to come back again.

A: 이건 마무리하기 힘든 작업이에요.
B: 그래요, 그래도 제대로 하세요. 처음부터 다시 하긴 싫으니까.

A: Where do you want me to put these extra uniforms?

B: **Use your head!** Put them where we store all of the other extra uniforms.

A: 이 남는 유니폼들은 어디에 둘까?
B: 머리를 좀 써! 남는 유니폼들 보관해두는 곳에 둬.

이왕이면 이것도 함께!

▶ We can do it right!
우린 제대로 잘 할 수 있어!
▶ Let's just do it right
제대로나 하자
▶ Use your head!
머리를 좀 써라!
▶ Where're your head at?
머리는 어디다 둔 거야?

Easy does it 천천히 해, 조심조심, 진정해

마음만 앞서 허둥거리는 사람에게 그렇게 서두르지 말고 「천천히 정신차려서 해」(do it slowly and carefully)라는 뜻으로, 또는 어떤 일에 화가 잔뜩 난 사람에게 「진정해」(calm down)라는 의미로 쓸 수 있는 표현.

A: Alright, we're almost finished, **easy does it**.

B: It's really hard work moving this piano.

A: 자, 거의 다 끝났으니 천천히 하세요.
B: 이 피아노 옮기기 정말 힘드네요.

A: Ow! My arm really hurts! I think I need to go to the hospital.

B: Let me take a look at it. **Easy does it.**

A: 아! 팔이 너무 아파! 병원에 가야할 것 같아.
B: 어디 좀 보자. 조심조심.

이왕이면 이것도 함께!

▶ Easy, easy, easy!
천천히 조심조심!

231

12_ I'm just saying

Alex	Morris said he'd meet us. Oh look, **here he comes**.
Hilda	I don't trust him. He **made a move on** me once.
Alex	Really? Well, **here's to you** for not getting upset with him.
Hilda	Honestly, it bothered me a little bit at the time.
Alex	**If there's anything you need** to talk about, **don't hesitate to** let me know.
Hilda	Don't worry, it wasn't serious. **I'm just saying** he wanted to go on a date.
Alex	I see. Well, in that case, I won't worry about it.

Alex	모리스가 우리를 곧 만날거라고 했어. 어, 저기봐, 걔 온다.	Alex	얘기할게 좀 더 있으면 주저하지 말고 알려줘.
Hilda	쟨 믿지 못하겠어. 한번은 내게 추근대더라고.	Hilda	걱정마, 심각한 것은 아니야. 내 말은 걔가 데이트를 하고 싶었던거라는거야.
Alex	정말? 음, 걔한테 열받지 않은 건 잘했어.	Alex	알았어. 저기, 그런 경우라면 난 걱정하지 않을게.
Hilda	솔직히 말해서, 그때는 좀 짜증났어.		

여기서 놓치면 안되는 미드 표현들

Here he comes
저기 오는구만

Here he comes. Watch out, boy, he'll chew you up.
저기 걔가 온다. 야, 조심해, 걔가 널 엄히 다스릴거야.

He made a move on me 그 사람 내게 추근대던데

Did **she make a move on you**?
걔가 네게 들이댔어?

Here's to you
당신을 위해 건배,
너한테 주는 선물이야

Here's to you. Thanks for all your hard work.
너한테 주는 거야. 열심히 일해줘서 정말 고마워.

If there's anything you need, don't hesitate
필요한 거 있으면 바로 말해

If there's anything you need, don't hesitate to ask.
필요한 거 있으면 언제든지 물어봐.

I'm just saying (that)
내 말은 단지 …라는 거야

I'm just saying, she's gotta do yoga or something.
내 말은 단지 걔가 요가나 뭐 그런 걸 해야 된다는 뜻이야.

Here he comes 저기 오는구만

Here he comes는 "저기 걔가 온다"라는 의미로 Here를 강조하기 위해 앞으로 뺀 표현이다. 또한 There it is는 뭔가 건네주면서 「여기 있어」라고 할 때 혹은 만족스럽지 않은 상황이나 어쩔 수 없는 상황을 말하기도 하는데 이때는 There you are[go]와 같은 맥락의 표현이다.

이왕이면 이것도 함께!
▶ There he goes
  그 사람 저기 온다
▶ There it is
  여기 있어, 상황이 어쩔 수 없네

A: Which guy did you think was really attractive?

B: Here he comes. I'll introduce you to him.

    A: 어떤 애가 그렇게 매력있다고 생각을 한거야?
    B: 저기 오는구만. 널 그 사람한테 소개시켜 줄게.

A: There it is. There's your baby. Can you see?

B: I can see it. Is it a boy or a girl?

    A: 저기 있네. 네 아기야. 보여?
    B: 보여. 아들이야 딸이야?

He made a move on me 그 사람 내게 추근대던데

make a move하면 움직이다, 시작하다라는 뜻이지만 make a move on sb 하면 「성적으로 접근하다」, 「찝적대다」라는 뜻이 된다. 비슷한 표현으로 make a pass at sb가 있는데 이는 최종목적인 섹스를 염두에 두고 수작거는 것을 말한다.

이왕이면 이것도 함께!
▶ She made a pass at me
  걔가 내게 수작을 걸었어

A: How's your date go with Cindy?

B: It was okay. But when I made a move on her,
   she wouldn't let me do anything.

    A: 신디와의 데이트 어떻게 됐어?
    B: 좋았어. 근데, 걔한테 수작을 걸어봤는데 절대 손도 못대게 하더라.

A: Did I make a pass at you?

B: Yes, you wrapped your arms around me and
   pressed your body against mine.

    A: 내가 너한테 추근거렸어?
    B: 어 팔로 나를 껴안더니 네 몸을 나한테 들이댔어.

Here's to you 당신을 위해 건배, 너한테 주는 선물이야

▪▪

술자리에서 애용되는 Here's to you!는 행운을 빌어주거나 감사의 맘을 전하며 「당신을 위해 건배」(Here's a toast to you!)라고 외치는 말. 건배의 대상은 to 이하에 넣어주면 된다. 또 선물 등을 건네주며 이 말을 하면 「이거 너한테 주는 거야」라는 의미.

A: To my best friend, on his wedding day. Here's to you.

B: Thank you. I'm so happy you are all here.

A: Jack, you helped us make a huge profit. Here's to you.

B: Thanks boss. I feel really happy to be employed by our company.

A: 잭, 자네 덕분에 큰 이익을 냈어. 자 받게.
B: 감사합니다 사장님. 우리 회사에서 일하고 있다는 게 정말 기쁩니다.

> 이왕이면 이것도 함께!
>
> ▸ I'd like to propose a toast
>   축배를 듭시다
> ▸ Cheers!
>   건배!
> ▸ Here's to your health!
>   당신의 건강을 위하여!
> ▸ I have a hangover
>   술이 아직 안깼나봐

If there's anything you need, don't hesitate

필요한 거 있으면 바로 말해

▪▪

상대방에게 친절을 베푸는 착한 표현. 「필요한게 있으면 주저하지 말고 말하라」는 호의성 발언으로 If you need me, you know where I am이나 Make yourself at home 등과 같은 맥락으로 보면 된다.

A: You can sleep in the spare bedroom. If there's anything you need, don't hesitate to ask.

B: Thanks. I'll see you in the morning.

A: 남는 방에서 자면 돼. 필요한 게 있으면 언제든 말해.
B: 고마워. 아침에 보자.

A: Thank you for all your help. We really appreciate it.

B: Well, if you need me again, you know where I am.

A: 도와주셔서 고마워요. 정말 감사합니다.
B: 뭘요. 또 필요하면 바로 연락하세요.

> 이왕이면 이것도 함께!
>
> ▸ If you need me, you know where I am
>   도움이 필요하면 바로 불러
> ▸ You know where to find me
>   내 연락처는 알고 있지
> ▸ If you need a little extra, you know where to find it
>   더 필요하면 어디로 가야 하는지 알지

I'm just saying (that) 내 말은 단지 …라는 거야

상대방이 불만을 가질 수도 있는 말을 할 때 혹은 상대방이 불만을 좀 표출했을 때 사용하는 표현. 상대의 불만이나 오해를 풀기 위해 자신이 한 또는 할 말의 진의를 전달하려는 문장이다.

이왕이면 이것도 함께!
▶ I'm just saying if S+V
…일 수도 있다는 거야

A: Do you mean to tell me that I need to work overtime this week?

B: I'm just saying that it's really busy, and you may have to stay late sometime.

A: 이번주에 제가 야근을 해야 한다는 말을 하시는거죠?
B: 난 그냥 그게 아주 급하니까, 나중에 늦게까지 남아서 해야 할지도 모른다는 말을 하는거야.

A: I'm just saying. You're not making a very good impression on the jury.

B: Peter. Please shut up.

A: 내 말은 단지 네가 배심원에게 좋은 인상을 주지 못하고 있다는거야.
B: 피터. 그만 좀 입다물어.

놓치면 아까운 미드 토막상식

11th Hour

미드제목들을 보다 보면 주인공의 이름을 내세우거나 아니면 주인공의 직업을 내세우는 경우도 많다. 하지만 그 외에도 극의 전체적인 방향이나 흐름에 따라 제목을 다는 경우도 많아 제목만 보고 오해하는 경우도 많다. 일례로 영화 *Good Will Hunting*은 제목만 봐서는 사냥을 아주 인간적으로 하나보다라고 생각하기 쉬운데 영화를 보고나면 막상 Will Hunting이 사람이고 Good은 형용사로, "착한 윌 헌팅"이 되는 것이다. 미드 *House*도 마찬가지이다. 우리가 너

무나 잘 아는 단어라 *House*하면 무슨 주택에 관한 이야기로 생각할 수도 있을 것 같지만 사실 주인공 박사의 이름이다. 이렇게 주인공 이름을 따서 만든 미드로는 스파르타쿠스, 덱스터, 본즈, 몽크 등이 있다.

또한 조기 종영했지만 *11th Hour*란 미스터리 수사물의 제목은 원래 성경에 나오는 구절로 인류최후의 시간, 사람들에게 주어진 마지막 기회라는 뜻을 갖는다. 일반적으로는 '막판에,' '최후의 순간에' 라는 표현으로 쓰이는 이 미드는 제리브룩하이머가 영국원작을 토대로 만든 드라마로 과학기술의 발달이 인간의 무분별한 욕망과 결합되어 어떤 비극이 일어나는지를 경고하는 수작드라마이다. 또한 *Fringe*는 원래 중심이 아닌 가장자리, 주변이란 뜻으로 엑스파일처럼 우리 일상의 범죄가 아닌 상식적으로 이해할 수 없는 특이하고 이상한 미스테리한 사건들을 뜻한다. 또한 최근에 유행하는 문구로 서로 정서적인 관계없이 단지 육체적인 섹스만을 하는, 즉 fuck buddy라 할 수 있는 *The Friends with Benefits*라는 제목의 미드도 있다.

13_ I never thought I'd get better

Charo   **Did you hear?** The doctor said I'll be able to leave the hospital.

Brent   That's the best news I've heard in a long time. Congratulations.

Charo   **I made it! I never thought I'd get better** after the accident.

Brent   **Calm down.** You don't want to give your body extra stress.

Charo   **Can I talk to you for a second**, though? I have nowhere to go now.

Brent   Why don't you **come over to my house**. Stay for as long as you want.

Charo   Thanks for the offer, but it isn't to my taste. I'll find an apartment to rent.

Charo   얘기 들었어? 의사가 나 퇴원할 수 있을거래.
Brent   오랜간만에 듣는 최고의 소식이네. 축하해.
Charo   내가 해냈어! 사고 후에 나아지리라고 생각못했거든.
Brent   진정해. 네 몸 더 나빠질라.

Charo   그래도 잠깐 얘기 좀 해. 내가 당장 갈 데가 없어.
Brent   우리 집에 와. 원하는 만큼 머물러.
Charo   제의는 고마운데, 내 스타일이 아니어서. 내가 임대할 아파트를 찾아볼게.

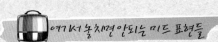 여기서 놓치면 안되는 미드 표현들

Did you hear? 너 얘기 들었니?	**Did you hear?** We lost the game. 얘기 들었어? 우리가 게임에서 졌대. I'm not gay, everyone! **Do you hear that?** I love the ladies. 어려분, 난 게이가 아냐! 그 말 들었어? 난 여성들을 좋아한다고
I made it! 해냈어!	I spent every day in terror, but **I made it.** 매일 두려움 속에서 지냈지만 결국 해냈어. **You made it.** You are now officially my partner. 너 해냈구나. 넌 이제 공식적으로 내 동업자야.
(I) Never thought I'd be get better 내가 좋아지리라고 생각도 못했어	**I never thought** that she would be sick. 걔가 아프리라고는 전혀 생각도 못했어.
Calm down 진정해	**Calm down.** It's not that big of a deal. 진정해. 별일도 아니잖아 .
Can I talk to you for a second? 잠깐 얘기 좀 할까?	Sounds good. Carrie, **can I talk to you for a second?** 좋아. 캐리, 잠깐 얘기 좀 할까?
Come over to my place 우리 집에 들려	You can **come over to my place**; we'll get together before **work!** 내 집에 들려. 일하러 가기 전에 같이 놀재!

Did you hear? 너 얘기 들었니?

Did you hear?는 「그 소식(소문) 들었니?」(Have you heard?)라는 뜻이고 Did you hear that?하면 뭔가 좀 이상한 이야기를 듣고 그게 사실인지 상대방에게 확인할 때 그리고 Do you hear?는 「들리니?」, 「내 말 듣고 있어?」, Do you hear me?는 「내 말 알아들었어?」, 마지막으로 Did you hear me? 역시 「내 말 이해했어?」라는 뜻이 된다.

A: **Do you hear that?** It sounds like an airplane.

B: No, I think it's just a noisy truck.

> A: 저 소리 들리니? 비행기 소리 같은데.
> B: 아니야, 내 생각에는 그냥 시끄러운 트럭 소리야.

A: There was a terrorist attack today. **Did you hear that?**

B: Yeah, there have been a lot of reports about it on TV.

> A: 오늘 테러리스트의 공격이 있었어. 그 얘기 들었니?
> B: 응, TV에서 그 기사 많이 나오던데.

이왕이면 이것도 함께!

▶ **Do you hear?** 들려?

▶ **Do you hear me?** 내 말 이해해?, 내 말 듣고 있어?

▶ **Did you hear me?** 내 말 이해했어?

▶ **You hear that?** 저 소리 들리니?

▶ **Did you hear?** 그 소식 들었어?

▶ **Did you hear that?** (이상한 얘기듣고) 그 얘기 들었어?

I made it! 해냈어!

쉽지 않은 일을 성취해냈을 때 또는 어려운 시기를 극복하고 난 뒤, 열심히 노력한 결과 「목표했던 것을 이뤄냈다」는 기쁨을 나타내는 표현이다. 참고로 make it+장소는 「제시간에 도착하다」(arrive in time)라는 뜻. 또한 He didn't make it은 생사의 고비에서 해내지 못했다, 즉 「죽었다」라는 의미로도 많이 쓰인다.

A: **I made it!** Harvard sent me a letter of acceptance today.

B: That's great! You deserve it after all of the studying you've done.

> A: 내가 해냈어! 오늘 하버드에서 입학 허가서가 왔어.
> B: 잘됐다! 그 동안 열심히 공부를 했으니 그럴 만하지.

A: Congratulations son. **You made it.**

B: Thanks. I'm really proud that I never gave up.

> A: 축하한다. 아들아. 네가 해냈구나.
> B: 고맙습니다. 포기하지 않았다는 게 스스로 대견스러워요.

이왕이면 이것도 함께!

▶ **You made it!** 너 해냈구나!

▶ **He didn't make it** 돌아가셨어요

▶ **pull off** (어려운 일에 도전) 성공하다

▶ **go places** 승진하다, 미래가 촉망되다

▶ **get there** 목표를 달성하다

I never thought I'd be better 내가 좋아지리라고 생각도 못했어

뭔가 전혀 생각을 해보지 않았다, 생각해본 적이 없다라는 강한 부정의 표현. 한 단계 나아가 문맥에 따라서는 예상치 못한 놀람을 표현할 때도 이용할 수 있다. I never thought S+would~ 혹은 I never though of (sb) ~ing의 두가지 형태를 알아두면 된다.

A: Oh! Man, I never thought I'd be here.

B: Me either.

    A: 오! 나도 내가 여기 오게 될 줄은 정말 몰랐어.
    B: 나도 그래.

A: I never thought I'd say this but I kind of feel sorry for Paul.

B: I wish I could. I still feel like something's not right.

    A: 이런 말을 하게 될 줄 몰랐지만, 폴이 좀 안됐어.
    B: 나도 그러고 싶지만 아직 뭔가 좀 이상한 것 같아.

이왕이면 이것도 함께!

▶ I just never thought about it
전혀 생각해보지 않았던거야

▶ I never thought of you coming over 네가 오리라고는 전혀 생각 못했어

▶ I never thought of that before
이 생각은 해본 적이 없어

▶ I never thought I'd say this, but~ 내가 이 말을 하리라고 생각못했지만…

Calm down 진정해

싸우거나 다투거나 등 감정이 통제되지 않고 흥분하여 날뛸 때 진정하라고(relax) 하면서 상대방의 감정을 가라앉히고자 할 때 쓰는 전형적인 표현. 이런 식의 진정하다라는 표현으로는 cool off, cool it, cool down, take it easy, hold your horse 등이 있다.

A: Those bastards! When I catch them, I'll break their legs!

B: Calm down.

    A: 저 자식들! 잡기만 하면 다리를 분질러 놓을거야!
    B: 진정해.

A: I really don't like her at all.

B: Cool it. You two need to be nice to each other.

    A: 그 여잔 정말 좋아할래야 좋아할 수가 없다니까.
    B: 진정해. 서로 좋게 대해야지.

이왕이면 이것도 함께!

▶ Cool off
진정해

▶ Cool it
진정해

▶ Cool down!
진정해!

Can I talk to you for a second? 잠깐 얘기 좀 할까?

상대의 허가 내지는 동의를 구하는 조동사 can을 써서 「얘기 좀 하자」고 청하는 표현. 그냥 Can I talk to you?라고만 해도 되고, 그리 오래 걸리지 않는다는 의미로 뒤에 for a second[sec], for a minute 등의 표현들을 붙여줘도 된다.

이왕이면 이것도 함께!
- ▶ Can I talk to you about it?
  잠시 그 얘기 좀 할까?
- ▶ Can I talk to you (for) a minute?
  잠깐 얘기 좀 할까?
- ▶ Can I talk to you outside?
  밖에서 얘기 좀 할까?

A: Are you busy? **Can I talk to you for a second?**

B: Sure. What's the problem?

    A: 바빠? 잠시 이야기 좀 나눌 수 있을까?
    B: 그럼. 무슨 일인데?

A: You look worried. What's wrong?

B: I need your help. **Can I talk to you for a second?**

    A: 걱정스러워 보이는데. 무슨 문제 있니?
    B: 네 도움이 필요해. 잠깐 얘기 좀 할 수 있을까?

Come over to my place[house] 우리 집에 들려

visit보다 훨 캐주얼하게 많이 쓰이는 표현으로 주로 집에 들르다라는 의미. place의 경우 특히 소유격과 합세하여, my place, your place하면 살고 있는 집을 뜻한다. 저녁먹으러 들르다라고 하려면 come over for dinner라고 하면 된다. 참고로 drop by[in] 등은 예고없이 잠시 들르는 것을 뜻한다.

이왕이면 이것도 함께!
- ▶ Drop by for a drink
  언제 한잔하게 들려
- ▶ Drop in sometime
  언제 한번 들려

A: Where can we go to study?

B: **Come over to my place.** It's quieter there.

    A: 어디 가서 공부할까?
    B: 우리집으로 와. 거기가 좀 더 조용해.

A: Hey John. Sorry to just **drop by** like this, can I come in?

B: Sure, who are you?

    A: 안녕, 존. 이렇게 불쑥 들러서 미안하지만 들어가도 돼요?
    B: 물론이지만 누구시죠?

14_ Shame on you

Kelly   Your reservation to Jamaica is **all set**. I bought the tickets for you.

Pat   I changed my mind about going. **Let me think about it.**

Kelly   **Shame on you** for wasting all of that money on this trip!

Pat   **It's none of your business** what I spend my money on.

Kelly   Yes, but you are wasteful. **No wonder** you're always broke.

Pat   But I'm not ready to go to Jamaica. **Maybe some other time.**

Kelly   The tickets say there is no refund if you don't use them.

Kelly 자메이카 예약은 다 준비됐어. 항공권을 샀어.

Pat 나 가는거 맘바꿨는데. 생각 좀 해보고.

Kelly 이 여행으로 쓴 돈을 날리면 안되잖아.

Pat 내가 내돈을 어디에다 쓰건 네 알바아냐.

Kelly 알아, 하지만 넌 너무 낭비적이야. 네가 항상 돈이

없는 것도 당연해.

Pat 하지만 난 자메이카로 갈 준비가 안됐어. 다음에 갈까봐.

Kelly 항공권은 네가 사용하지 않으면 환불이 안된다고 쓰여 있어.

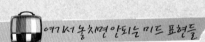

여기서 놓치면 안되는 미드 표현들

All set 준비 다 됐어	**All set**? You don't want me to miss the ruling, do you? 준비됐어? 판결을 놓치면 안되잖아, 그지?
Let me think about it 생각 좀 해볼게	**Let me think about it** and get back to you, okay? 내가 생각 좀 해보고 네게 연락할게, 알았지?
Shame_on you! 부끄러운 줄 알아야지!, 창피한 일이야!	Stop using my name! And **shame on you**! 내 이름 도용하지마! 창피한 줄 알아야지!
It's none of your business 상관 말라구	You talked to my wife about my marriage and **it's none of your business**! 내 아내에게 내 결혼에 대해 말했다는데 남의 일에 신경쓰지 말라구!
No wonder 당연하지	**No wonder** she was so pissed off. 걔가 열받는 것도 당연하다.
Maybe some other time 다음을 기약하지	**Maybe some other time** when you're feelin' up to it. 네가 기분이 내키는 다음에 하자.

All set 준비 다 됐어요

■■

set이 prepared 혹은 ready의 뜻을 가진 형용사로 쓰인 경우. 여행준비나 행사
준비 등 준비가 필요한 여러 가지 상황에서 두루 사용할 수 있는 표현으로 I'm
ready와 동일한 의미이다. 원래 be all set이지만 단독으로 All set이라고 많이
쓰인다.

A: I'm all set. Is everybody ready to go to the
   beach?

B: We're ready! Let's go!

> A: 난 준비 다 됐어. 다들 해변에 갈 준비됐어?
> B: 준비됐어! 가자구!

A: How is it coming? Are you finished hooking up
   the Internet on my computer?

B: All set. Try it now.

> A: 어떻게 돼가요? 인터넷 연결 끝났어요?
> B: 다 됐어요. 이제 해보세요.

Let me think about it 생각 좀 해볼게

■■

잠시 생각할 시간이 필요하다(I'll have to think about it for a while)란 말
로, 대화 도중 즉석에서 결론을 내리기 애매할 때 시간을 벌어주는 표현. 때에 따라
서는 면전에 대놓고(in someone's presence) 안 된다고 하기가 껄끄러워서
완곡하게 거절할(reject euphemistically) 때도 쓰이므로 분위기 파악을 잘 해
야 한다.

A: I'd like to give you an answer, but let me think
   about it.

B: OK, take as much time as you need.

> A: 답을 주고 싶은데 생각 좀 해볼게요.
> B: 필요한 만큼 충분히 시간을 갖고 생각하세요.

A: I want to invite the investors to see our
   operation.

B: Let me think about that and I'll get back to you.

> A: 투자가들을 불러서 우리 회사를 둘러보게 하는 게 좋겠어.
> B: 생각 좀 해보고 얘기해 줄게.

Shame on you! 부끄러운 줄 알아야지!, 창피한 일이야!

주로 아이들의 잘못된 행동이나 어린애같은 행동을 하는 철없는 어른들에게 핀잔을
주거나 잘못을 꾸짖을 때 사용하는 표현. on 이하만 바꿔서 Shame on him!(그
친구는 창피한 줄 알아야 해!) 등으로 활용할 수도 있다. 혼전임신한 딸에게 아버지
가 Shame on you for getting pregnant without being married!라고
할 수 있다.

이왕이면 이것도 함께!
► You should be ashamed
  창피한 줄 알아야지
► Fool me once, shame
  on you, fool me twice,
  shame on me
  한번 속으면 네 탓, 두번 속으
  면 내 탓이다

A: I was caught stealing from my co-workers.

B: What made you do something so stupid?
   Shame on you!

> A: 동료 것을 훔치다가 잡혔어요.
> B: 어쩌다 그런 어처구니 없는 짓을 한 거야? 창피한 줄 알아!

A: Shh, they are talking about Chris and Serena.

B: Are you eavesdropping? Shame on you!

> A: 쉿, 쟤네들이 크리스와 세레나 얘기를 하고 있다구.
> B: 너 엿듣고 있는거야? 창피한 줄 알아!

It's none of your business! 상관 말라구!

「너와는 상관없는 일」(It's none of your business)이니 상관하지 말고 「네 일
이나 신경쓰시지」라는 뜻. 다시 말해 「참견 말고 네 일이나 잘하셔!」라는 말이다.
Mind your own business라고도 하는데 약어로 MYOB로 쓰기도 한다.

이왕이면 이것도 함께!
► Keep[Get] your nose
  out of my business
  내 일에 참견마
► I'll thank you to mind
  your own business
  신경 꺼주셨으면 고맙겠네요
► That's really my business
  그건 정말 내 일이라구
► Mind your own business!
  상관 말라구!
► Butt out! 참견마!

A: Divorcing your wife is a really stupid idea.

B: This is a private matter. Mind your own
   business.

> A: 이혼하겠다는 건 정말 어리석은 생각이야.
> B: 이건 개인적인 문제야. 신경꺼.

A: You're going to have to stop getting drunk all the
   time.

B: Butt out. What I do in my spare time doesn't
   concern you.

> A: 늘상 술마시고 취해 있는 버릇 버려야 돼.
> B: 참견마. 내가 여가 시간에 뭘하든 네가 신경쓸 문제는 아니잖아.

No wonder   당연하지

▪▪

이상(wonder)하지 않다(no)고 하니 전혀 놀라거나 당황하지 않고 당연히 예상했던 거라는 말씀. It's no wonder에서 It's가 생략된 것이다.

이왕이면 이것도 함께!
▶ It's no wonder that~
  …하는 것도 당연하다

A: I can't believe I got an 'F' in History.

B: No wonder. You were absent from half of the classes.

> A: 내가 역사에서 "F"를 받다니 믿을 수가 없어.
> B: 무리도 아니지. 수업시간의 반은 결석했잖아.

A: No wonder your partner dumped you.

B: What'd you just say to me?

> A: 네 파트너가 너를 버린 것도 당연해.
> B: 왜 나한테 그런 말을 하는거야?

Maybe some other time   다음을 기약하지

▪▪

초대나 만나자는 제의를 받은 사람이 사정이 안돼 다음으로 미루자고 할 때 쓰는 대표표현. 비슷한 표현으로 rain check이 있는데, 이는 경기가 우천 등으로 연기될 경우 관중들에게 다음에 다시 볼 수 있도록 나누어주는 확인표로 take a rain check하면 「약속을 미루다」라는 뜻이 된다.

이왕이면 이것도 함께!
▶ We'll try again some other time
  나중을 기약하자
▶ I'll take a rain check
  이번에는 다음으로 미룰게
▶ Do you mind if I take a rain check?
  다음으로 미뤄도 될까?
▶ Rain check
  다음에 하자

A: I can't attend your party, but maybe some other time.

B: OK, I'll let you know when I plan to have my next one.

> A: 파티에 못 갈 것 같아요. 다음을 기약하죠.
> B: 좋아요, 다음 파티 할 때 알려줄게요.

A: Would you like to come up to my apartment for a drink?

B: Not tonight. I'll take a rain check this time.

> A: 우리 집으로 가서 한잔 할래?
> B: 오늘밤은 안되겠어. 다음으로 미뤄야겠어.

15_ That's no excuse

Skyler **We're done for the day.** I can't work with Kevin anymore.

Vera **What's the matter with you?** What did Kevin do?

Skyler **He's got a big mouth.** I'm so sick of listening to him talk.

Vera **That's no excuse.** Everyone else just ignores what he says.

Skyler **Suit yourself,** but I'm not going to put up with him.

Vera You'll probably get fired because of this, but **you asked for it**.

Skyler I know, but I'd rather have another job than work here.

Skyler 그만가자. 난 더이상 케빈하고 일 못하겠어.	**Vera** 이것 때문에 너 해고될 수도 있어, 네가 초래한 것이고.
Vera 무슨 일인데? 케빈이 어떻게 했는데?	**Skyler** 알아, 하지만 여기서 일하느니 다른 직장을 알아보는게 낫겠어.
Skyler 완전 떠벌이야. 걔가 말하는 걸 듣는게 지겨워.	
Vera 그건 이유가 안돼. 다들 걔말은 무시하잖아.	
Skyler 맘대로 해, 난 걜 견디지 못할거야.	

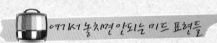

여기서 놓치면안되는 미드 표현들

We're done for the day 그만 가자, 그만 하자

I guess **you're not done for the day** after all. But when you are, call me. 어차피 아직 일도 끝나지 않았네. 끝나면 전화해.

What's the matter with you? 무슨 일야?, 도대체 왜 그래?

What's wrong? **What's the matter with you?** 왜 그래? 무슨 일이야?

He has got a big mouth 입이 엄청 싸구만

He has got a big mouth and he better shut up. 걘 입이 너무 싸서 입을 좀 다무는게 나을거야.

That's no excuse 그건 변명거리가 안돼

That's no excuse. There are more important things in life than winning. 그건 말이 안돼. 인생에서 이기는 것보다 더 중요한 것은 많아.

Suit yourself! 네 멋대로 해!, 맘대로 해!

Suit yourself. But for the record, I was rooting for you to land him. 맘대로 해. 하지만 참고로 말해두지만, 난 네가 걜 잡는데 응원했었어.

You asked for it 자업자득이지, 네가 자초한 일이잖아, 그런 일을 당해도 싸다

Chris asked for it, and he got what he deserved. 크리스가 자초한 일이야. 걘 당해도 싸.

We're done for the day 그만 가자, 그만 하자

오늘 일은 「다 끝냈다」, 「그만 하자」, 「그만 가자」라는 의미로 have gone for the day라는 표현과 같은 맥락이다. go 대신에 leave나 quit을 사용해서 leave for the day 혹은 quit for the day라고 해도 된다.

A: Is your store still open?

B: No, we're done for the day. Come back tomorrow.

> A: 가게 아직 해요?
> B: 아니요, 영업 끝났어요. 내일 다시 오세요.

A: It looks as if Jeff has gone for the day.

B: What makes you say that?

> A: 제프가 퇴근한 것 같은데.
> B: 어째서 그런 소리를 하는 거야?

이왕이면 이것도 함께!
- He's gone for the day
  걔는 퇴근했습니다
- He's done for!
  그 사람 죽었다!

What's the matter with you? 무슨 일이야?, 도대체 왜 그래?

상대방에게 「안 좋은 일 있었냐」, 「어디 아프냐」고 물어보거나 혹은 상대방이 바보같거나 이해할 수 없는 행동을 할 경우에 「왜 그러냐」고 물어보는 표현. 그냥 간단히 What's the matter?라고만 해도 된다.

A: You've made six simple mistakes this morning. What's the matter with you?

B: I don't know. I can't seem to concentrate.

> A: 오늘 아침에 간단한 일을 여섯번이나 실수했어. 무슨 일이니?
> B: 모르겠어. 집중을 할 수가 없어.

A: Hey baby! Why don't you come home with me?

B: What's the matter with you? Why are you being such a jerk?

> A: 자기야! 나랑 우리 집에 같이 갈래?
> B: 왜 그래? 왜 그렇게 얼간이처럼 굴어?

이왕이면 이것도 함께!
- What's the matter?
  무슨 일이야?
- What's the matter with your leg?
  너 다리 왜 그래?

He has got a big mouth 입이 엄청 싸구만

입의 중요한 기능 두 가지라면 '먹는 것' 과 '말하는 것' 인데, 이 표현은 '말하는 것' 과 관련한 표현. 「말이 너무 많다」(talk too much), 즉 「입이 싸다」, 「저 놈은 입 만 살았어」 라는 의미이다.

A: Don't tell him about that. He's got a big mouth.

B: Yeah, I don't want to give him a chance to spread rumors.

A: 그 사람한테 그 얘기하지 말아요. 입이 싸잖아요.
B: 네, 그 사람한테 소문낼 기회를 주긴 싫어요.

A: I heard that you can't tell him any secrets.

B: It's true. He's got a big mouth.

A: 너 걔한테는 절대 비밀얘기 안한다며?
B: 사실이야. 걘 너무 입이 싸.

- ▶ You're such a loud mouth
  목소리만 큰 놈이군
- ▶ You and your big mouth
  너희 그 잘난 싼 입

That's no excuse 그건 변명거리가 안돼

매사에 자기의 잘못을 인정하기 보다는 변명만을 일삼는 사람에게 「변명하지마」라고 따끔하게 일침을 놓을 수 있는 말이 바로 That's no excuse이다.

A: I was late for work because I couldn't catch a taxi.

B: That's no excuse. You should have used a bus or the subway.

A: 택시가 안 잡혀서 늦었습니다.
B: 그걸 변명이라고 해? 버스나 지하철을 탔어야지.

A: What do you think of John's excuse?

B: To be frank, I don't buy it at all.

A: 존의 변명에 대해 어떻게 생각해?
B: 솔직히 말해 난 전혀 안 믿어.

이왕이면 이것도 함께!
- ▶ That doesn't excuse your behavior
  네 행동을 용인할 수가 없어
- ▶ That hardly explains your actions
  그건 네 행동에 대한 변명이 안돼

Suit yourself! 네 멋대로 해!, 맘대로 해!

기본적으로 「너 하고 싶은대로 하라」는 뜻이지만 특히 명령문 형태로 구어체에서 쓰이면 좀 퉁명스럽게 난 맘에 안들지만 「네 멋대로 할래면 해라」라는 방관형 표현.

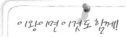
이왕이면 이것도 함께!
▶ Bite me!
배째라!, 어찌라구!

A: Look, I'm going to the party, even if it makes you angry.

B: Suit yourself! Don't expect me to be here when you get back though!

A: 보라구, 네가 화를 내도 난 파티에 갈거야.
B: 맘대로 해! 근데 네가 돌아왔을 때 내가 여기 있을 거란 기대는 하지마.

A: Why do you spend so much time with Rachel? You two must be in love. Ha ha! Little lovers!

B: Bite me! We're just friends.

A: 레이첼이랑 같이 보내는 시간이 왜 그렇게 많아? 너희 둘이 사랑에 빠졌구나.
　하하! 귀여운 연인들이라!
B: 어쩌라구! 우린 그냥 친구사이야.

You asked for it 자업자득이지, 네가 자초한 일이잖아, 그런 일을 당해도 싸다

「네가 자초한 일이다」(You're getting what you requested), 나아가 「그런 일을 당해도 싸다」(You deserve the punishment)란 의미로 발전되기도 하는데, 뭔가 어려운 상황에 처한 사람에게 위로는 못할 망정 속을 벅벅 긁어대는 표현이다.

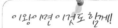
이왕이면 이것도 함께!
▶ You've brought this on yourself
네가 초래한거야
▶ You had it coming
네가 초래한거야

A: I was fired today. Can you believe that?

B: You asked for it. You were always late and neglecting your work.

A: 나 오늘 잘렸어. 이게 말이 돼?
B: 당해도 싸다. 맨날 지각에다 업무태만이었으니.

A: I can't believe she slapped me in the face.

B: You asked for it.

A: 그 여자가 내 따귀를 때렸다는 게 말이나 되냐구.
B: 맞을 짓 했지 뭘 그래.

16_ You won't believe this

Leslie	I just decided to **break up with** my boyfriend.
Gene	**You can't do that!** He's been so good to you.
Leslie	**You won't believe this**, but he's not so nice when we're alone.
Gene	It's not going to make any difference. People will think you've been unfaithful.
Leslie	But I haven't! **This is a totally different situation.**
Gene	Are you sure you don't want to **carry on** seeing him?
Leslie	Yes. It's time for me to make this change in my life.

Leslie	남친하고 헤어지기로 맘먹었어.
Gene	그러지마! 걘 네게 정말 잘해주었잖아.
Leslie	믿기지 않겠지만, 걘 둘이 있을 때는 잘해주지 않아.
Gene	그렇다고 달라지는게 없을거야. 사람들은 네가 진실하지 않았다고 생각할거야.
Leslie	하지만 난 그렇지 않았어! 이건 전혀 다른 상황이라고.
Gene	정말이지 더 이상 걔를 만날 생각이 없는거야?
Leslie	어. 내 인생에서 이런 변화를 줄 때라고 생각해.

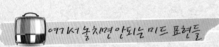
여기서 놓치면 안되는 미드 표현들

I'm gonna break up with you 우리 그만 만나자	**I want you to break up with** my sister. 너 내 여동생과 헤어져.
You can't do that! 그러면 안되지!	**You can't do this** to me 나한테 이러면 안되지, 이러지마! **You can't do this**! I am not a bad person! 그럼 안되지! 난 나쁜 사람이 아니잖아!
You won't believe this 이거 믿지 못할 걸	**You won't believe it**, Jennifer. We did it. 제니퍼, 믿기지 않을거야. 우리가 해냈어. **You won't believe** what Chris bought me. 크리스가 내게 뭘 사줬는지 너 믿지 못할거야.
This is a totally different situation 전혀 다른 상황야	**This is a totally different situation**, and I know that I'm not gonna regret this. 이건 전혀 다른 상황이야, 그리고 난 이걸 후회하지 않을거라는 것을 알고 있어.
Carry on 계속해	I'm with you. **Carry on**. 네 말에 동의해. 계속해.

I'm gonna break up with her! 난 걔랑 헤어질거야!

남녀사이에 헤어졌다고 할 때는 꼭 나오는 표현이 바로 이 break up with이다. 그냥 break up이라고 해도 되고 헤어지는 놈까지 말하려면 break up with를 쓴다. 또한 이렇게 헤어져서 완전히 상대를 잊었다고 할 때는 I'm over you를 사용하면 된다.

A: Why are you still going out with Molly? You two fight almost every day.

B: I know. **I'm gonna break up with her** soon.

A: 왜 몰리하고 계속 만나는 거야? 너희 둘은 거의 매일같이 싸우잖아.
B: 맞아. 어서 정리해야겠어.

A: Did you know your ex-husband got married again?

B: Who cares? **I am over him.** He can do what he likes.

A: 네 전남편이 재혼한다는 거 알고 있었어?
B: 뭔 상관이람? 그 사람하곤 완전히 끝났어. 하고 싶으면 하면 되지 뭐.

이왕이면 이것도 함께!

▶ I'll break it off with her
재랑 헤어질거야

▶ I am over you
너랑은 끝났어, 이제 괜찮아

▶ I'm through with you
너랑 이제 끝이야

▶ I split up with my girlfriend
여자친구랑 헤어졌어

You can't do that! 그러면 안되지!

비이성적이고 상식밖의 행동을 하는 상대방을 말릴 때 혹은 상대방의 언행이 자신에게 직접적인 피해를 끼칠 때 사용하는 표현으로 여기 can't는 금지를 나타낸다.

A: I'm sorry, Ms. Bates. I have to fire you.

B: **You can't do this** to me! I've been working here for 20 years.

A: 미안하지만 베이츠 씨, 당신을 해고해야겠습니다.
B: 나한테 이럴 수는 없어요! 난 여기서 20년 동안 일했다고요.

A: I'm going to divorce you and take the children with me.

B: What? **You can't do this** to me! I can't live all alone.

A: 당신이랑 이혼하고 애들은 내가 맡겠어.
B: 뭐라구? 당신 나한테 이럴 순 없어! 난 혼자서는 못살아.

이왕이면 이것도 함께!

▶ You can't do this to me 나한테 이러면 안되지, 이러지마

▶ Why are you doing this to me?
내게 왜 이러는거야?

▶ What have you done to me? 내게 무슨 짓을 한거야?

▶ Why are you trying to make me feel bad? 왜 날 기분 나쁘게 만드는거야?

You won't believe this 이거 믿지 못할 걸

뭔가 이해하지 못하거나 혹은 놀랄만한 소식을 전달할 때 미리 안전대비용 혹은 호기심자극용으로 사용하기에 좋은 표현. 「너는 내가 하는 말을 믿을 수 없을 정도로 놀랄거야」라는 뜻. You won't believe what[how~]의 형태로 놀란 내용까지도 말할 수 있다.

이왕이면 이것도 함께!
▸ You won't believe it
   넌 믿지 못할거야
▸ You're not gonna believe this
   넌 이거 못믿을 걸
▸ You'll never guess what I heard
   내가 들은 얘기는 넌 짐작도 못한 걸거야

A: You won't believe this, but I just saw Brad Pitt walking down the street.

B: Oh, come on. I think you must be mistaken about that.

A: 믿지 않겠지만, 길거리에서 브래드 피트 걸어가는거 봤어.
B: 야, 왜 이래. 너 뭔가 잘못봤겠지.

A: We cannot help you unless you tell us everything.

B: I am telling you everything, you just won't believe me.

A: 우리에게 다 말하지 않으면 너를 도울 수가 없어.
B: 내가 다 말하면, 믿지 못할거야.

This is a totally different situation

전혀 다른 상황야, 그러면 얘기가 달라지지

우리가 예상했던 상황과 다르다는 점에서 혹은 비슷해 보이지만 실제로는 많이 달라서 주의를 해야 한다고 하면서 사용하는 표현. 혹은 상대방의 주장과 다르다는 것을 강조할 때도 사용된다.

이왕이면 이것도 함께!
▸ That's another story
   그건 다른 이야기이지
▸ That's a whole different story
   그건 전혀 다른 이야기야

A: Are you planning to travel overseas on vacation?

B: Well, I might go overseas to work, but that's a totally different story.

A: 휴가 때 해외 여행 갈 생각이니?
B: 그게 말야, 해외 근무를 갈지도 모른다구. 그거랑은 완전히 다른 얘기지.

A: Oh no, Tom, you don't actually need another wife.

B: Well, need? No. But want? That's a different story.

A: 이런, 탐, 너 실제로 아내가 더 필요한 건 아니잖아.
B: 저기, 필요하지는 않지. 하지만 원한다? 그건 또 다른 얘기지.

Carry on 계속해

명령형 형태로 Carry on!하게 되면 하고 있던 일을 「계속하라」는 의미의 문장이 된다. 특히 carry on은 carry on with~, carry on ~ing의 형태로 「뭔가 계속 하고 있다」는 의미의 표현을 만들어낸다.

이왕이면 이것도 함께!
▶ You're good. Carry on
잘하고 있어. 계속해

A: Sir, would you like me to give you a tour of the factory?

B: No, just carry on working as usual.

A: 제가 공장을 구경시켜드릴까요?
B: 아뇨, 평소대로 계속 일이나 하세요.

A: What happened when the rainstorm came?

B: We just carried on working as usual.

A: 폭풍우가 몰아칠 때 어땠어?
B: 우린 평상시처럼 일을 계속했어. .

놓치면 아까운 미드 토막상식

Homeland

탄탄한 즐거리와 작품성, 그리고 배우들의 열연으로 인기몰이하고 있는 Homeland는 고국, 국토라는 의미. 미 국토안보국을 Homeland Security라고 한다. Glee는 합창단이라는 의미로 한 고등학교 합창단을 주인공으로 해서 그들의 성장하는 모습을 그린 작품으로 매우 많은 인기를 얻고 있는 미드이다. 또한 The Closer에서 closer는 마무리하는 사람이라는 의미로 야구에서는 마무리 투수라고 불리는 단어이다. 여기서는 수사반장 브렌다의 심문으로 범인을 꼼짝 못하게 해서 사건을 마무리한다고 해서 붙여진 이름이다.

Gilmore Girls에서 Gilmore는 성으로, 젊은 엄마 Lorelai Gilmore와 딸 Rory Gilmore를 중심으로 삶을 헤쳐나가는 시트콤으로 제목은 이 둘을 가리키는 '길모어네 여자들'이라는 뜻이 된다. Band of Brothers는 2차 세계대전 당시 미군의 한 중대원들의 증언으로 만들어진 드라마로 제목은 세익스피어의 한 작품에서 따온 것으로 서로의 목숨을 맡기고 함께 싸우는 전장의 전우들을 더 애절하게 표현한 문구이다. Game of Thrones는 판타지 미드로 미드족으로부터 많은 사랑을 받고 있는 작품으로 서로 왕위찬탈을 목표로 싸우는 내용이고 Mad Men은 1960년대 광고업계에 종사하는 사람들을 지칭하는 속어로 광고업계 사람들을 배경으로 현대인의 고뇌와 갈등, 외로움 등을 소란하지 않게 잘 담은 고밀도 작품으로 중독성이 매우 크다. 또한 In plain sight는 숙어로 눈에 잘 띄는 그래서 역설적으로 너무 평범해서 눈에 띄지 않는다라는 뜻으로 증인보호프로그램을 맡은 두 US Marshall의 증인을 보호하는 과정을 현실감있게 보여주고 있는 미드이다.

17_ God only knows

Miranda	**I'm frustrated with you!** You haven't paid back the money you borrowed.
Frank	**How much to I owe you?** A million dollars?
Miranda	**I'm not kidding.** When are you going to pay me?
Frank	**Hold your horses.** Maybe I can get some money from my boss.
Miranda	Alright, let's go ask him if you can do that.
Frank	I'm sorry, but we can't. He's gone for the day.
Miranda	Geez, **God only knows** when you'll be able to get it.

Miranda 너에게 정말이지 실망했어! 빌려간 돈 돌려주지 않잖아.
Frank 얼마인데? 백만달러나 돼?
Miranda 농담아냐. 언제 줄거야?
Frank 서두르지마. 사장한테 돈 좀 얻을 수 있을지도 몰라.

Miranda 좋아, 네가 그렇게 할 수 있는지 가서 물어보자.
Frank 미안하지만, 안돼. 퇴근하셨어.
Miranda 이런, 네가 언제 돈을 얻을 수 있을지 아무도 모르겠구만.

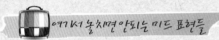
여기서 놓치면안되는 미드 표현들

I was frustrated with you! 너 땜에 맥이 풀렸어!	**We're frustrated** because we wanted Peter to be a witness at your trial. 우리는 피터가 네 재판의 증인이 되기를 바랬기 때문에 절망했어.
How much do I owe you? 내가 얼마를 내면 되지?, 얼마죠?	**How much do I owe you** for these items? 이 물건들 얼마예요?
I'm not kidding 정말이야, 장난아냐	**I'm not kidding**. If you do not knock it off, I'm going to call the police! 정말이야. 네가 그만두지 않으면, 난 경찰을 부를거야!
Hold your horses 서두르지마	**Hold your horses**, young man. Here in Texas, we pray before we eat. 젊은이, 진정하고, 여기 텍사스에서는 먹기 전에 기도를 한다네.
God (only) knows! 누구도 알 수 없지!	**God only knows** what your father is gonna say. 네 아버지가 무슨 말씀을 하실지는 아무도 모르지.

I was frustrated with you! 너 땜에 맥이 풀렸어!

먼저 frustrated란 단어의 정확한 의미를 알아야 한다. 이 단어는 자기가 원하던 목표가 다른 이유로 꺾인 상태를 말하는 단어로, 좌절된 상황을 말한다 그래서 위처럼 be frustrated with sb하게 되면 sb 때문에 좌절된 상태라는 뜻이 된다. 참고로 embarrass는 「초초하게하다」, 「난처하게하다」라는 뜻.

이왕이면 이것도 함께!

▶ I was frustrated because
S+V
···때문에 좌절하다

▶ That was so embarrassing
그거 정말 당황스러웠어

A: Why have you been refusing to answer your phone when I call?

B: I was frustrated with you. Even after we talk, nothing improves.

A: 넌 왜 내가 전화할 때마다 안 받는거야?
B: 너 때문에 맥이 풀려서 그래. 얘기를 하고 나도 나아지는 게 없잖아.

A: It's embarrassing. People were looking at us like we were crazy.

B: Why do you care?

A: 당혹스러웠어. 사람들이 우리를 미친 사람처럼 쳐다보고 있었어.
B: 뭐하러 신경써?

How much do I owe you? 내가 얼마를 내면 되지?, 얼마죠?

상대에게 갚을 돈이 얼마인지 물을 때, 구입한 물건 값을 치를 때(when you pay for something purchased) 혹은 식당에서 음식값을 계산할 때 간단히 「얼마죠?」란 뜻으로 사용되는 활용빈도 높은 표현.

이왕이면 이것도 함께!

▶ Check, please
계산서 좀 주세요

▶ What do I owe you?
얼마인가요?

▶ What's the damage?
얼마예요?

A: I finished all the work on your house.

B: How much do I owe you?

A: 고객님 집은 작업이 모두 끝났습니다.
B: 얼마인가요?

A: Mr. Smith, your car repair is finished. You can pick it up now.

B: What's the damage?

A: 스미스 씨, 자동차 수리가 끝났습니다. 이제 가져가셔도 됩니다.
B: 얼마예요?

I'm not kidding 정말이야, 장난아냐

kid는 동사로 다른 사람을 「속이다」(fool)라는 뜻으로 be kidding하게 되면 「사실이 아닌 것을 말하다」라는 의미가 된다. 따라서 I'm not kidding하면 자기가 한 말을 상대방이 믿지 않을 때 자신의 말이 진실임을 강조하면서 쓰는 표현이다.

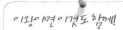

이왕이면 이것도 함께!
- ▶ I am (dead) serious
  (정말) 진심이야
- ▶ I kid you not
  장난삼아 하는 말 아냐

A: I'm not kidding, we lost the contract.

B: What are we going to tell the boss?

    A: 농담아닌데, 그 계약을 따내지 못했어.
    B: 사장한테 뭐라고 하지?

A: Do you seriously want to buy this hotel?

B: Yes, I'm not kidding. I have all of the finance money ready.

    A: 이 호텔을 정말 살거야?
    B: 응, 정말이야. 구입자금이 준비가 되어있어.

Hold your horses 서두르지마

Hold your horses는 원래 말(horse)이 흥분했을 때 "날뛰는 말을 붙잡으라"는 뜻으로 쓰던 표현. 그 뒤 말뿐만 아니라 흥분한 말처럼 안절부절 못하는 사람에게 비유적으로 사용되기 시작하면서 「진정해」(Calm down), 「서두르지마」라는 뜻으로 그 의미가 확대되었다.

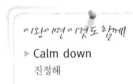

이왕이면 이것도 함께!
- ▶ Calm down
  진정해

A: Are you ready to go yet? It's getting late.

B: Hold your horses. I'll be finished with my makeup soon.

    A: 이젠 갈 준비 됐어? 늦었어.
    B: 닥달하지마. 곧 화장 끝난다구.

A: Tony, I just can't wait any longer for you to come back. The kids are driving me nuts.

B: Hold your horses, honey. I'll be home in 30 minutes.

    A: 토니, 너 빨리 좀 돌아와. 아이들 때문에 미치겠어.
    B: 자기야, 진정해. 30분 후면 도착할거야.

God (only) knows! 누구도 알 수 없지!

■■■

신만이 안다는 이야기는 아무도 알 수 없다는 말. 앞서 나온 Who know!와 같은 의미. God 대신에 비슷한 분위기의 Heaven, Lord, Christ 그리고 Hell을 써도 된다. 다만 God know what~ 등은 「아무도 알 수 없다」라는 뜻이지만 God know that S+V는 「정말이지 …하다」라는 강조어법이 된다는 점에 주의한다.

이왕이면 이것도 함께!

▶ Heaven[Lord/Christ/Hell] knows!
아무도 몰라!

▶ God knows who
누구인지는 아무도 몰라

▶ God knows why
이유는 아무도 몰라

▶ God knows what~ …가 무엇인지 아무도 모를거야

▶ God knows that~
정말이지 …야

A: Now that you've graduated, what would you like to do?

B: God only knows. I guess I should try to earn a lot of money.

A: 너 졸업했는데, 뭘 하고 싶니?
B: 아무도 모르죠. 돈 많이 벌어야겠죠.

A: Now, the evidence proves you committed this crime.

B: God knows that I'm innocent.

A: 자, 증거에 의하면 네가 범인임이 드러났어.
B: 맹세코, 전 결백해요.

놓치면 아까운 미드 토막상식

Sugar daddy

범죄나 연애물이나 미드에서 빼놓을 수 없는게 섹스이다. 특히 여자를 가리키는 많은 속어들이 나오는데 그 중 몇몇을 알아보도록 한다. 매력적이기는 하지만 머리에 든게 없어 보이는 bimbo, 잡년이라고 옮겨지는 slut은 노는게 좀 난잡한 여자를, bitch는 암캐란 뜻으로 여자를 경멸하며 부르는 단어이고, 아주 뒤로 넘어갈 정도로 멋진 여자는 knockout, 남녀공학의 여자대학생은 coed라 한다. 또한 돈많은 남자를 후려쳐서 돈을 갈취하는 꽃뱀은 gold digger, 그리  고 데미 무어처럼 젊은 남자를 품기 좋아하는 여자는 cougar라 한다.

그리고 turnoff는 너무 평범해서 성적으로 전혀 남성에게 어필하지 못하는 사람을 말하고 그냥 성적인 상대로 여자를 비하할 때는 lay란 단어를 써서 easy lay, good lay란 표현을 만들어낸다. 그리고 프로로 돈을 받고 몸을 대주는 창녀는 prostitue, hooker, 또는 whore라고 한다. 좀 고상하게 말하면 escort, working girl이라고 해도 한다. 이렇게 매춘부들을 거느리고 장사하는 사람은 pimp. 그리고 반대로 여자를 밝히는 사람은 womanizer, lady killer, modelizer라 하고 바람둥이는 two-timer라 한다. 아니면 돈을 후원하고 성관계를 맺는 남자는 sugar daddy, 젊은 여자를 밝히는 노친네는 dirty old man이라고 하면 된다. 마지막으로 이런 돈이 오고가지 않고 편안하게 부담없이 섹스하는 친구는 fuck buddy, friends with benefits 라 한다. 이런 섹스를 한마디로 하자면 casual sex.

18_ I'm sick of this

Aaron	**Can you give me a hand?** We're moving this week.
Bela	I thought you already left your apartment. **Are you still there?**
Aaron	We wanted to leave early, but **you're not supposed to do** that.
Bela	I'll bring a truck for your furniture. When can I come and get it?
Aaron	How about tomorrow? **We really appreciate this.**
Bela	It's no problem. By the way, what made you choose another apartment?
Aaron	**I'm sick of** my old place. It's totally falling apart.

Aaron	좀 도와줄래? 이번주에 이사해.
Bela	난 네가 벌써 이사한 줄 알았어. 아직도 거기 사는 거야?
Aaron	일찍 이사하려 했는데 네가 안된다고 했잖아.
Bela	가구 옮길 트럭을 가져올게. 언제 와서 가구 가져

	갈까?
Aaron	내일은 어때? 정말 고마워.
Bela	뭘. 그나저나 왜 다른 아파트로 가려는거야?
Aaron	이 낡은 아파트에 짜증나서. 완전히 엉망야.

여기서놓치면안되는 미드 표현들

Can you give me a hand?
좀 도와줄래?

Can you give me a hand with all this stuff?
이 물건들 정리하는 것 좀 도와줄테야?

Are you still there?
듣고 있는거야?, 여보세요?, 아직 거기 있어?

Garcia, **are you still there?**
가르시아, 아직 듣고 있는거야?

You're not supposed to do that 그러면 안되는데

You're not supposed to do that. That's holy water.
너 그러면 안되지. 저거 성수야.

I really appreciate this
정말 고마워

Thanks you guys, **I really appreciate this.**
고마워, 친구들, 정말이지 고마워.

I am sick of this
진절머리가 나

I'm sick of everyone telling me what to do.
다들 내게 이래라저래라 하는게 지겨워.

256

Can you give me a hand? 좀 도와줄래?

■■

우리도 '손'이 도와주는 사람, 즉 「도움」을 뜻하듯 영어에서도 give me a hand
하면 「도와달라」는 의미가 된다. 특히 hand는 어떤 추상적인 부탁보다는 구체적
혹은 현장에서 물리적인 힘을 이용한 도움이란 뜻으로 많이 사용된다.

A: I can't figure out this math problem. Can you
give me a hand?

B: Sure. Which one were you having trouble with?

A: 이 수학 문제 이해가 안돼. 좀 도와줄래?
B: 그래. 어떤 게 안 풀려?

A: Those books look like they're heavy.

B: Can you give me a hand with them?

A: 그 책들 무거울 거 같은데.
B: 같이 좀 들어줄래?

이왕이면 이것도 함께!

▶ (Do you) Need a hand?
도움이 필요해요?

▶ Can you help me?
나 좀 도와줄래요?

▶ Is there anything I can
do to help?
뭐 도와줄 것 없니?

▶ give me a hand with~
…을 도와주다

Are you still there? 듣고 있는 거니?, 여보세요

■■

문자 그대로 하자면 「아직도 거기 있니?」라는 의미로도 쓰이고 또한 전화 통화시에
는 Are you still on the line?과 같은 의미로 통화를 하다가 갑자기 연결 상태
가 좋지 않을 때 혹은 상대방이 전화를 끊지 않았는지 확인할 때 사용한다.

A: Hello. Are you still there?

B: Yes. Sorry. I am in the subway so my phone isn't
working well.

A: 여보세요. 듣고 있니?
B: 응. 미안해. 지하철 안이라 전화가 잘 안돼.

A: How long was he there?

B: Well, he was still there when I left.

A: 걔가 얼마동안 거기에 있었어?
B: 어, 내가 나올 때도 여전히 거기 있었는데.

이왕이면 이것도 함께!

▶ call back
전화를 다시 걸다, 전화회답을
해달라

▶ call again
전화를 다시하다

You're not supposed to do that 그러면 안되는데

be supposed to+V의 형태는 「…하기로 되어 있다」로 옮겨지지만 주어가 의무, 책임, 법, 약속 및 평판 등을 근거로 「마땅히 …하리라 강하게 기대되다」라는 의미이다. 따라서 여기서처럼 부정의 형태가 되면 상대의 행동을 제약하는 「금지」의 표현이 된다.

A: I think I'll turn left here. It's shorter this way.

B: You're not supposed to do that! It's against the law.

> A: 여기서 좌회전해야겠어. 이렇게 가는 게 더 빨라.
> B: 그러면 안돼! 법규를 어기는 거라구.

A: Would you like some coffee?

B: I'm not supposed to drink coffee.

> A: 커피 좀 드실래요?
> B: 난 커피 마시면 안돼요.

이왕이면 이것도 함께!

▶ I am not supposed to be here
난 여기 있으면 안되는데

▶ What's that supposed to mean?
무슨 뜻으로 하는 말이야?

I really appreciate this 정말 고마워

감사의 마음이 차고 흘러넘쳐 Thank you나 Thanks로는 모자랄 때, 혹은 좀 더 정중하게 말하고 싶을 때에 appreciate을 이용한다. appreciate은 「감사히 여기다」라는 타동사로 목적어를 필요로 한다는 것에 유의하자.

A: Thanks for the help. I really appreciate this.

B: It's no problem.

> A: 도와줘서 고마워. 정말 고맙다.
> B: 별일 아닌걸 뭐.

A: Here are some ideas for your presentation.

B: Great! I really appreciate this.

> A: 네가 할 프리젠테이션에 대해 몇가지 생각해놓은 게 있어.
> B: 잘됐군! 정말 고마워.

이왕이면 이것도 함께!

▶ I appreciate your help
도와주셔서 감사합니다

▶ I appreciate the support
지원해주셔서 감사합니다

▶ I appreciate you giving me an opportunity here
저에게 이런 기회를 주셔서 감사합니다

I am sick of this 진절머리가 나

sick은 여기서 아프다라기 보다는 of 이하의 일이나 사람에 넌더리 나거나, 역겹고 지겨울 때 사용하는 표현. be sick and tired of~라고 강조해도 된다.

A: It's rained every day of our vacation. I'm sick of this.

B: Yeah, I wanted to spend some time lying on the beach.

A: 휴가인데 매일 비야. 지긋지긋해.
B: 맞아, 해변에 좀 누워있고 싶었는데.

A: You wanted the other boys to respect you.

B: I'm sick of everyone picking on me.

A: 넌 다른 남자애들이 널 존중해주기를 바랬지.
B: 다들 날 놀려먹는데 질렸어.

이왕이면 이것도 함께!

▶ I'm sick of you lying to me 난 네가 나한테 거짓말하게 역겨워

▶ I'm sick of talking about sex 섹스이야기하는거 이젠 질려

▶ I'm sick of being alone 외로운게 질려

▶ I'm really fed up with it 그러는 거 이제 정말 짜증난다

▶ I was sick and tired of his crap 걔의 헛소리에 질려버렸어

놓치면 아까운 미드 토막상식

I got a long ride on her last night!

미국의 어느 3류 대학으로 얼떨결에 유학간 미국 대학 기숙사에서 미국인 roommate와 생활하게 된 K군. 한 방을 쓰면서도 말이 안 통해 답답하지만, 여기까지 온 이상 영어라도 제대로 익혀야겠다는 기특한 다짐을 하며 틈날 때마다 roommate에게 말을 붙이기로 작정한다. 오늘은 무슨 말을 걸어볼까 궁리하던 K군은, "오늘 데이트가 있다"(I have got a date)며 나갔다가 midnight이 되어도 오지 않  는 roommate를 기다리다가 잠이 들고 말았다. 다음날 동틀 무렵, 인기척에 K군은 잠이 깨어 무심결에 How was your date?라고 묻는다. 헌데, 무슨 역사(役事)를 치렀는지 무척이나 초췌해 보이는 미국인 친구는 야릇하지만 스스로 대견한(flattering himself) 표정으로 "I got a long ride on her last night"이라고 말하는 것이었다. 잠결에 ride를 들은 K군은 차로 여자를 먼 집까지 데려다 준 것으로 생각하고는 "How long did you drive?"란 순진한 질문을 던지지만… K군에게 돌아온 것은 roommate의 어리둥절한 표정과 "What are you talking about?"이란 반문이었다나? 「(차에) 타다」란 뜻으로 유명한 ride는 slang으로 「성관계를 갖다」(screw; mount) 혹은 같은 뜻의 명사로 쓰이기도 한다. 우리말에서도 「타다」란 동사를 써서 have sex라는 의미를 표현하기도 하는데, 「여자와 자는 것」을 「차에 타는 것」에 비유하는 건 동서양을 막론하고 매한가지인 모양. 물론 남자만 '타는' 것은 아니다. "She mounted and rode him until they climaxed together"라고 할 수도 있다.

19_ I'm outta here

Rachel	**Are you available** to look at a patient, doctor?
Blake	Yes, **let's get started**. What's her problem?
Rachel	She fell down on some ice, and **just like that**, she hurt her back.
Blake	The patient told me **that never happened**.
Rachel	She denies it, but it happened. **She's a smooth talker.**
Blake	If she is going to lie to me, **I'm outta here.**
Rachel	Don't worry doctor, she just lies when she's nervous.

Rachel 선생님, 환자보실 시간 있으세요?

Blake 예, 시작합시다. 어디가 아프시대요?

Rachel 얼음 위에서 넘어진게 다예요, 허리가 아프대요.

Blake 그 환자는 그런 일이 전혀 없었다고 했는데.

Rachel 말은 아니라고 하지만 그랬어요. 말을 번지르르하게 잘하는 사람예요.

Blake 내게 거짓말할거면 나 빠질래.

Rachel 선생님 걱정마세요, 너무 긴장해서 한 거짓말예요.

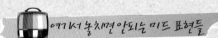

여기서 놓치면안되는 미드 표현들

Are you available? 시간 돼?	I was wondering if **you were available** for a follow-up interview. 후속 인터뷰를 할 수 있을지요.
Let's get started 자 시작하자	I don't know what you just said, so **let's get started**. 네가 말하는게 뭔지 모르겠어, 그러니 시작하자고.
Just like that 그냥 그렇게, 그렇게 순순히	**Just like that**, I had made a Saturday night date with Chris. 그냥 그렇게 됐어, 난 크리스와 토요일 밤 데이트 약속을 했어.
It never happened 이런 적 한번도 없었어	Sometimes it feels like yesterday; sometimes it feels like **it never happened**. 때때로 어제처럼 느껴지기도 하지만, 때로는 전혀 그런 적이 없는 것 같아.
She's a smooth talker 쟤는 정말 말 잘해 (남을 설득 잘하는 사람)	Oh that's right. **You're the talker**. 어 맞아. 너 말이 많아. **You're not much of a talker**, are you, Walter? 너 말수가 적지, 그지 월터?
I'm outta here 나 갈게	**I'm outta here**. Good luck tonight, you guys. 나 갈게. 얘들아, 오늘 밤에 운이 좋기를 바래.

Are you available? 시간돼?

「이용할 수 있는」의 뜻으로 비행기 좌석은 얼마나 있고, 호텔에 방이 얼마나 있는지, 상점이나 식당의 이용할 수 있는 시간 등을 말할 때 공식처럼 나오는 단어. 또한 손이 비어 도와줄 수 있는 경우 및 약속시간을 잡을 때 시간이 되는지 물어볼 때도 자주 사용된다.

A: I have to talk to you. Are you available now?

B: Oh, well, I'm afraid not right now. Can we talk after the meeting?

A: 할 말이 있어. 지금 시간 돼?
B: 어, 글쎄, 지금 당장은 안되는데. 회의 끝나고 얘기해도 될까?

A: Diane's not available.

B: You tell her it's her mom calling.

A: 다이앤은 지금 통화 못하시는데요.
B: 엄마가 전화했다고 말해줘요.

이왕이면 이것도 함께!

▶ This place is available now!
이곳은 이제 이용해도 돼!

▶ I'm available for lunch
난 점심시간 괜찮아

▶ I'll see if he's available
걔가 시간이 되는지 알아볼게

Let's get started 자 시작하자

get started는 「뭔가 일을 시작하다」, 「첫발을 디딘다」라는 의미. 시작하는 일은 get started on~의 형태로 이어 말하면 된다. 결국 Let's begin과 같은 표현으로 get moving, get cracking과 같다고 보면 된다. 또한 Let's roll도 동일한 의미로 「착수하다」란 뜻.

A: We're already 30 minutes behind schedule.

B: Okay. Let's get started.

A: 벌써 예정보다 30분이나 지체됐어.
B: 좋아. 출발하자.

A: The gas tank is full and the car is all loaded up.

B: Okay. Let's roll!

A: 차에 기름 꽉꽉 채웠고 짐도 다 실었어.
B: 좋았어. 출발하자구!

이왕이면 이것도 함께!

▶ Let's get started on the wedding plans!
결혼식 계획 실행합시다!

▶ I gotta get started on my speech!
연설을 시작하겠습니다!

▶ Don't get me started on this
이걸 나한테 시키지 말아요

▶ I'll do it immediately
당장 할게

▶ Let's roll
시작하다(Let's begin)

Just like that 그냥 그렇게, 그렇게 순순히

뭔가 일이 매우 빠르게, 매우 쉽게 그리고 너무 간단히 일어났다는 것을 강조하기 위한 표현. Just like that?이란 의문형태로도 많이 쓰이는데 이는 말하는 사람이 상대방에게 확인하기 위해서 약간 찜찜한 표정을 지으면서 말할 때이다.

A: I heard that the car accident happened quickly.

B: Yeah, everything was normal, then we got hit.
   Just like that!

    A: 그 자동차 사고가 순식간에 일어났다면서요.
    B: 네, 모든 게 다 정상이었는데, 누가 우리 차를 들이받았죠. 그냥 그렇게요!

A: Dropped her off on Blue Diamond Road.

B: In the middle of nowhere, just like that?

    A: 걔를 블루 다이아몬드가에 내려줬어요.
    B: 그 인적드문 곳에, 그냥 그렇게요?

이왕이면 이것도 함께!
▶ It's like she vanished,
  just like that other girl
  다른 여자애처럼 개도 사라진
  것 같아
▶ It arrived, just like that?
  그게 도착했다구, 그냥 그렇게?

I'm outta here 나 갈게

여기(here)서부터 없어진다(be out of)는 의미로 「나 이제 갈게」, 「나 이제 간다」라는 뜻을 전달하는 표현이다. outta는 out of를 뜻하는데, 이는 발음나는대로 표기하는 현상 중의 하나. I'm gone 또한 「나 간다」라는 뜻이고 I'm not here은 거짓말을 시키는 것으로 「나 여기 없는거다」라는 표현.

A: This party sucks. **I'm outta here.**

B: Just wait a while longer. More people are
   coming.

    A: 이 파티 정말 구리다. 나 갈래.
    B: 좀만 더 기다려봐. 사람들이 더 올거야.

A: Charlie, your wife just called looking for you.

B: **I'm not here.** Tell her I left 15 minutes ago.

    A: 찰리, 금방 부인이 전화해서 찾던데.
    B: 나 여기 없는 거야. 15분 전에 나갔다고 해줘.

이왕이면 이것도 함께!
▶ I'm getting out of here
  나 간다, 지금 나 갈건데
▶ Let's get out of here
  나가자, 여기서 빠져 나가자
▶ I have to get out of here
  여기서 가야 되겠어
▶ I'm gone
  나 간다
▶ I'm not here
  나 여기 없는거야

(It) Never happened 이런 적 한번도 없었어

▪▪▪▪▪▪▪▪▪▪▪▪▪▪▪▪▪▪▪▪▪▪▪▪▪▪▪▪▪▪▪▪▪▪▪▪▪▪▪

뭔가 놀랍고 황당한 일이 벌어졌을 때 입을 쫙 벌리고 할 수 있는 말. 「이런 적이 없었는데」라는 말로 It[That] never happened!라고 말하면 된다. 물론 그냥 「그런 적[일]이 없었다」라는 단순한 정보를 전달하는 표현으로도 쓰는 것은 물론이다.

A: I called to see if they've received the report, but they said it never happened.

B: You'd better send them a duplicate copy.

A: 리포트를 받았는지 알아보려고 전화했었는데, 그런 적이 없다고 하더라고.
B: 그럼 복사본을 한 부 더 보내.

A: Oh, Jack, I hope that we can put this behind us.

B: We can. Let's pretend it never happened.

A: 잭, 우리 이거 잊도록 하자.
B: 그러자. 없었던 척 하자고.

이왕이면 이것도 함께!

▶ Pretend (like) it never happened 아무 일도 없었던 것처럼 행동해

▶ It's like it never happened 전혀 그런 적이 없었던 같아

▶ What never happened? 뭐가 그런 적이 없다는거야?

▶ That never happened to me (before) 난 이런 일 처음이야

She's a smooth talker 쟤는 정말 말 잘해(남을 설득 잘하는 사람)

▪▪▪▪▪▪▪▪▪▪▪▪▪▪▪▪▪▪▪▪▪▪▪▪▪▪▪▪▪▪▪▪▪▪▪▪▪▪▪

talker하면 말을 많이 하는 사람 혹은 어떤 특정한 방식으로 말하는 사람이라는 단어. 그래서 big talker하면 「수다장이」, be not much a talker는 「말수가 적은 사람」, 그리고 smooth talker하면 말을 아주 잘해서 「남 설득을 잘하는 사람」을 말한다.

A: We need someone to become a salesperson.

B: How about Kate? She's a smooth talker.

A: 영업사원이 될 사람이 필요해.
B: 케이트 어때? 말이 번지르르 하잖아.

A: Is Calvin okay? He's been pretty quiet.

B: He's fine. He's not much of a talker.

A: 캘빈이 괜찮은거야? 요즘 좀 조용하더라고.
B: 괜찮아. 걔 원래 말수가 적어.

이왕이면 이것도 함께!

▶ big talker 수다장이

▶ quite a talker 말이 많은 사람

▶ You're the talker 넌 말이 많아

▶ He's not much of a talker 걔 말수가 적어

20_ That makes sense

Tara	**Pull yourself together!** Do you want me to order a drink for you?
Bruno	**Nothing for me, thanks.** I don't want to get drunk.
Tara	**That makes sense.** Is this your first date with Sue?
Bruno	Yes, it is. I'm coming in with a **take it or leave it** attitude.
Tara	**Well done.** Then you won't be disappointed if it goes poorly.
Bruno	That makes sense, doesn't it? I want to be realistic.
Tara	I hope that you two have a really good time.

Tara	기운 좀 내! 술 주문해줄까?		Tara	잘했어. 그럼 잘 안되도 실망하지 않을거야.
Bruno	고맙지만, 난 괜찮아. 취하고 싶지 않아.		Bruno	일리가 있지, 그렇지 않아? 현실적으로 되고 싶어.
Tara	그렇겠구나. 수와 첫데이트지?		Tara	너희 둘 정말 좋은 시간 되기를 바래.
Bruno	어, 맞아. 잘되든 말든 괜찮다는 맘으로 왔어.			

여기서 놓치면안되는 미드 표현들

Pull yourself together 기운내, 똑바로 잘해	**Pull yourself together** and do this. 기운 좀 내고 이거 해.
Nothing for me, thanks 고맙지만 전 됐어요	**Nothing for me, thanks.** I'm not hungry. 고맙지만 됐어. 난 배고프지 않아.
That makes sense 일리가 있군	So you charged him. **That makes sense.** 그래서 걔한테 비용을 청구한거구나. 말이 되네.
Take it or leave it 선택의 여지가 없어, 받아들이든지 말든지 알아서해	Three years probation, **take it or leave it.** 3년간 보호감찰, 받아들이든지 말든지 해.
Well done 잘했어	**Well done**, Warrick. You found our mole. 잘했어, 워릭. 첩자를 찾아냈어.

Pull yourself together 기운내, 똑바로 잘해

control your feelings(감정을 잘 조절하다)는 뜻. 특히 아주 힘겨운 상황에 처해 어찌할 바를 몰라하거나 시름에 빠져있는 상대에 대한 위로 · 충고의 말로 자주 쓰인다. put your affairs in order(똑바로 잘 해)라는 의미를 나타내기도 하며 get it together, get your act together와도 바꿔쓸 수 있다.

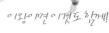

이왕이면 이것도 함께!
▶ Keep your chin up
힘 좀 내
▶ Gather yourself
기운내라고

A: My life is a mess. I don't know what to do.
B: Pull yourself together. Things will get better.

> A: 사는 게 엉망이야. 뭘 해야 할지 모르겠어.
> B: 기운내. 좋아질거야.

A: I can't forget about Roger. He was the love of my life.
B: You need to pull yourself together. That relationship has been over for months.

> A: 로저를 잊을 수가 없어. 내가 가장 사랑하는 사람이었다구.
> B: 정신 좀 차려. 너흰 몇달 전에 끝났다구.

Nothing for me, thanks 고맙지만 난 됐어

상대방의 권유에 대해 정중하게 거절하는 방법으로 고맙지만 난 됐어요라는 뜻. 하지만 일반적인 어구로 사용될 때는 (There's) Nothing for me to~라는 뜻으로 「내가 …할 것은 없다」라는 뜻이 되니 유의한다.

이왕이면 이것도 함께!
▶ Nothing for me left to do here
여기서 내가 할 일이 없어
▶ do nothing for sb
…을 위해 아무것도 안하다, 도움이 안되다

A: What kind of beer can I get for you guys?
B: Nothing for me, thanks. I don't like the taste of beer.

> A: 얘들아, 무슨 맥주 가져다 줄까?
> B: 고맙지만 난 됐어. 난 맥주를 안 좋아해.

A: There's something I need to talk to you about. It's important.
B: There's nothing for us to talk about.

> A: 너와 얘기 나눌게 좀 있어. 중요한거야.
> B: 우리 사이 얘기나눌게 없어.

That makes sense 일리가 있군

상대방이 전하는 얘기나 의견이 「(논리적으로) 이해가 되거나」, 혹은 「도리와 이치에 맞다」(be reasonable)라고 생각할 때 쓸 수 있는 표현으로 우리말로는 「일리가 있다」, 「말이 된다」 정도에 해당한다.

A: Why don't we all pitch in and buy Gary a nice birthday present?

B: **That makes sense.** Then we can buy something really nice.

A: 다같이 돈을 모아서 게리에게 근사한 생일선물을 사주는 게 어때?
B: 그거 말 된다. 그렇게 하면 정말 근사한 걸 사줄 수 있을거야.

A: I plan to save money until I'm able to buy a house.

B: **That makes sense.** A house is a good investment.

A: 집 장만할 수 있을때까지 돈을 모을 생각이야.
B: 일리 있는 말이야. 집은 투자가치가 있지.

이왕이면 이것도 함께!

▶ That does make sense
그건 정말 일리가 있는 말이야

▶ That makes sense to sb
…에게 납득이 되다

▶ That doesn't make any sense to me
말도 안돼

Take it or leave it 선택의 여지가 없어, 받아들이든지 말든지 알아서해

받아들이든지(take) 아니면 그냥 놔두든지(leave)라는 말로 「양자택일해라」, 「싫으면 관두고」, 「네 맘대로 해」 등의 뉘앙스를 갖는 표현.

A: I don't think I want to pay that much. It's a little expensive.

B: Well, **take it or leave it.** That's the best price I can give.

A: 그렇게 많이 내고 싶지 않은데. 좀 비싸네요.
B: 음, 더이상은 안되니 사든가 말든가 결정하세요. 최대한 봐드린 가격이라구요.

A: What are you offering for my car?

B: I'll give you $1,500, **take it or leave it.**

A: 내 차 얼마쳐줄래요?
B: 1,500달러 줄게요, 싫으면 관두구요.

이왕이면 이것도 함께!

▶ Two years probation, take it or leave it
2년간의 보호감찰, 싫으면 관두고

Well done 잘했어

Good job과 같은 말로 상대방이 뭔가 일을 잘했을 때 칭찬으로 하는 말. 어려운 말로는 Top notch!가 있다. 물론 Well done은 고기의 익힌 상태를 말하는 것으로도 유명한 표현이다.

이왕이면 이것도 함께!

▶ Top notch!
최고야!, 훌륭해!

A: You made this report, didn't you? Well done.

B: Thank you, sir.

A: 자네가 이 보고서 작성했지? 잘했네.
B: 감사합니다.

A: Good job, Chris! Well done! Top notch!

B: You liked it? You really liked it?

A: 크리스, 잘했어! 정말 잘했어! 훌륭해!
B: 맘에 들었어? 정말 좋았어?

놓치면 아까운 미드 토막상식

Fucking A!

fuck하면 제일 먼저 떠오르는 것은 뭐니뭐니 해도 가운데 손가락 (middle finger) 하나만 곧추 세우면 누구든 열받게 만들 수 있는 Fuck[Damn] you!이다. 악명높은 fuck의 용례는 비단 욕설에만 국한되지 않고 좋지 않은 의미의 일상어로도 쓰인다. fuck up은 쓸데 없이 끼어들어 오히려 일을 「엉망으로 만들다」의 뜻인가 하면, fuck around는 특별한 목적 없이 「시간 낭비하다」라는 의미. 또한 fuck with는 「…를 가지고 놀다」, 「…를 속이다」. fucking은 「나쁜」이라  는 뜻의 비속어로, 특별한 의미없이 모든 단어 앞에 붙을 수 있는 만능어(?). 지금쯤이면 fuckhead [fuckface]가 「바보」(asshole)라는 걸 눈치채지 못할 fuckhead는 없겠죠? 또한 Fucking A는 틀림없이란 뜻으로 Absolutely라는 말과 비슷하지만 점잖은 자리에서 쓰면 좀 그런 표현이고 I don't give a fuck은 전혀 신경안쓴다는 표현이다. 물론 fuck 대신에 care, damn, shit을 써도 된다.

267

21_ What did you say?

David **What did you say?** I couldn't hear you.

Ruby I said **you are not yourself** today. What's up?

David My job interview was lousy. I **gave it a try**, but I failed.

Ruby **Don't feel so bad about it.** What went wrong?

David **Who knows?** The interview committee just didn't like me.

Ruby That's unfortunate. **Could you hold?** I have another call coming in.

David Don't worry, I'll call you back later tonight.

David 뭐라고? 못들었어.

Ruby 너 오늘 제정신이 아니라고 했어. 무슨 일이야?

David 나 취업면접에서 망쳤어. 한번 시도해봤는데 실패했어.

Ruby 너무 속상해하지마. 뭐가 잘못되었는데?

David 누가 알겠어? 면접관들이 날 그냥 싫어했어.

Ruby 안됐다. 잠깐만 기다릴래? 다른 전화가 오네.

David 됐어, 오늘 밤에 내가 전화 다시 할게.

여기서 놓치면 안되는 미드 표현들

What did you say?
뭐라고 했는데?, 뭐라고?

Wait. I'm sorry, I can't hear! **What did you say?**
잠깐. 미안, 들리지 않아! 뭐라고 했어?

You are not yourself
제정신이 아니네

Apparently **I'm not myself** today.
누가봐도 오늘 내가 제정신이 아냐.

Give it a try!
한번 해봐!

Come on, Jackie. Why don't you **give it a try**?
어서, 재키. 한번 해보라고.

Don't feel so bad about it
너무 속상해하지마

I **don't feel so bad about** sleeping with Chris.
난 크리스하고 잠자리한 걸 속상해하지 않아.

Who knows?
누가 알겠어?

Who knows? It might even be fun.
누가 알겠어? 재미있을 수도 있지.

Could you hold?
잠시 기다리세요

Could you hold? I'll try to reach my boss.
잠시 기다리세요. 사장님 연결해볼게요.

What did you say? 뭐라고 했는데?, 뭐라고?

조금 투박한 표현이지만 그렇다고 꼭 다툴 때만 사용하는 것은 아니다. 친한사이나 격의없을 때는 자연스럽게 다시 한번 말해달라고 할 수 있고 또 문맥상 상대방의 말에 놀라거나 화난 분위기에서는 "뭐라고?"라는 말로 쓰인다.

A: I'm sorry Susan. I couldn't hear you. **What did you say?**

B: Nothing. It's not important.

<blockquote>
A: 미안, 수잔. 못들었어. 뭐라고 했어?
B: 아무것도 아냐. 중요한거 아냐.
</blockquote>

A: **What did you say?**

B: Well, I'm sorry, I didn't mean it like that.

<blockquote>
A: 뭐라고?
B: 저기, 미안, 그런 뜻으로 말한게 아닌데.
</blockquote>

이왕이면 이것도 함께!

▶ What did you say to her?
  걔한테 뭐라고 했니?
▶ Wait, what did you say?
  잠깐, 뭐라고?

You are not yourself 제정신이 아니네

「너는 너자신이 아니다」라는 재미있는 표현. 다시말해, 지금의 "You"는 「평소의 네 모습(yourself)이 아니다」라는 말로 평소와 다르게 이상한 언행을 하는 상대방에게 던지는 말.

A: Oh my God! I feel so stressed out today!

B: Look, Thomas, go home and relax. **You are not yourself.**

<blockquote>
A: 어휘! 오늘은 스트레스 받아서 완전히 돌아가시겠어!
B: 이봐 토마스, 집에 가서 푹 쉬어. 너 제정신이 아냐.
</blockquote>

A: Janet, you made three mistakes. **You are not yourself** today.

B: Yeah, I know. I've been feeling sick recently.

<blockquote>
A: 자넷, 실수를 3개나 했네요. 오늘 평소답지 않아요.
B: 네, 그래요. 최근에 몸이 계속 안좋아서요.
</blockquote>

이왕이면 이것도 함께!

▶ I'm not myself
  나 지금 제 정신이 아냐
▶ I'm out of sorts
  제 정신이 아냐
▶ You seem spaced out
  너 정신이 나간 것 같구나

Give it a try! 한번 해봐!

■■■

「시도」하면 떠오르는 단어인 try를 활용한 표현으로 결단을 못내리고 우유부단한 태도를 보이고 있는 상대방에 용기를 불어 넣어주는 격려의 말이다.

A: What's this?

B: It's a kind of seafood. **Give it a try.**

A: 이게 뭐야?
B: 일종의 해산물이지. 한번 먹어봐.

A: Have you seen this new email program?

B: No. How does it work?

A: It's really easy. **Give it a try.**

A: 새로 나온 이 이메일 프로그램 본 적 있어?
B: 아니. 어떻게 작동되는데?
A: 아주 간단해. 한번 해봐.

이왕이면 이것도 함께!

▶ Let's give it a try
한번 해보자

▶ Why don't you try it?
해보지 그래?

▶ Have a go at it
해보는 거야

▶ Give it a whirl!
해보라구!

Don't feel so bad about it 너무 속상해하지마

■■■

feel bad는 기분이 나쁘다라는 말로 Don't feel so bad하면 뭔가 일이 안되어 속상하거나 화난 사람에 너무 기분 나빠하거나 낙담 말라고 위로해주는 표현. 속상한 일을 함께 말하려면 Don't feel so bad about~이라고 이어주면 된다.

A: **I don't feel so bad about** sleeping with Chris.

B: **I feel so bad** for you.

A: 나 크리스하고 잔거 그렇게 기분나쁘지 않아
B: 너 참 안되보인다.

A: I'm really sorry that I'm late. Are you angry with me?

B: No, it's OK. **Don't feel so bad about it.**

A: 늦어서 정말 미안해. 화났어?
B: 아냐, 괜찮아. 너무 속상해하지마.

이왕이면 이것도 함께!

▶ I don't feel so bad
나 그렇게 기분나쁘지 않아

Who knows? 누가 알겠어?

반어법 문장으로 아무도 모른다는 내용을 강조하는 표현으로 God (only) knows와 같은 의미. 과거형으로 Who knew?하면 「이렇게 될지 예전에 누가 알았겠느냐?」라는 말.

이왕이면 이것도 함께!
▶ Who can tell?
누가 알겠어?
▶ Who knows what [where] ~?
무엇이[어디서] …한지 누가 알아?

A: When do you expect your boss to return?

B: **Who knows?** He doesn't have a set schedule today.

A: 사장님이 언제 돌아오실까요?
B: 누가 알겠어요? 오늘 예정된 일정이 없거든요.

A: How do you think the economy will be next year?

B: **Who knows?** Everyone seems to have a different opinion on it.

A: 내년 경제가 어떨 것 같니?
B: 누가 알겠어? 경제 전망들이 모두들 다른 것 같은데.

Could you hold? 잠시 기다리세요

전화상에서 찾는 사람[부서]을 바꿔줄 때는 Hold on (a moment)을 쓰지만, Could you hold는 연결하는데 시간이 걸리거나 내가 잠시 다른 전화를 받을테니 기다려달라고 할 때에 쓰면 적절한 표현. 물론 hold는 잡다, 들다라는 뜻이 있어 Could you hold sth?하면 「…좀 들어줄래?」라는 뜻이 된다.

이왕이면 이것도 함께!
▶ Could you hold on a sec?
잠시 기다려주실래요?
▶ Can you hold this for a sec?
이것 좀 잠시 들어줄래?

A: Is Mr. Kincaid in?

B: He's on the other line. **Can you hold?**

A: 킨케이드 씨 있나요?
B: 다른 전화를 받고 계십니다. 기다려 주시겠어요?

A: **Can you hold** on a moment? I have another call.

B: Sure.

A: 잠깐 기다릴테야? 다른 전화가 와서.
B: 그래.

22_ How could this happen?

Carlo **I don't believe this!** You're dating Freddie?

Rita Yes, I am. **He asked me out**, and I accepted.

Carlo **How could this happen?** That guy is a total jerk.

Rita I think he's fine. **Don't tell me what to do!**

Carlo Hey, I don't care. If you really like him, **go for it!**

Rita I think he's great. **He's really my type**, and I'm glad I found him.

Carlo Alright, but don't come crying to me if he breaks your heart.

Carlo	말도 안돼! 네가 프레디하고 데이트하고 있다고?	Rita	걔 대단한 것 같아. 내 타입이고, 걔를 발견해서 기쁜 걸.
Rita	어 그래. 걔가 데이트 신청을 했고 내가 받아들였어.		
Carlo	어떻게 그럴 수가 있어? 걔 완전히 또라이인데.	Carlo	좋아, 하지만 걔가 네 맘을 상처내면 내게 와서 질질 짜지마.
Rita	난 괜찮은 애같아. 나에게 이래라저래라 하지마!		
Carlo	야, 난 상관안해. 네가 정말 좋아한다면 그렇게 해!		

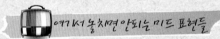
여기서 놓치면 안되는 미드 표현들

I don't believe this!
이건 말도 안돼!

I don't believe this! The two of you are in on it?
말도 안돼! 너희 둘이 그거에 연루되었어?

He asked me out
걔가 데이트 신청했어

Well, **she asked me out** again and I said yes.
저기 걔가 다시 데이트를 신청해서 좋다고 했어.

How could this happen?
어떻게 이럴 수가 있니?

Think. **How could this happen?** There must be an explanation.
생각해봐. 어떻게 이럴 수가 있어. 설명이 있어야 돼.

Don't tell me what to do!
나에게 이래라 저래라 하지마!

Don't tell me what to do! Okay?
내게 이래라 저래라 하지마! 알았어?

Go for it 한번 시도해봐,
찬성하다, 허락하다

So do you think your father will **go for it**?
그럼 네 아버지가 찬성할거라 생각해?

He's really my type
그 사람 내 타입이네

I never lured her anywhere. **She wasn't my type.**
난 걔를 어디서도 유혹한 적이 없어. 걘 내 타입이 아냐.

I don't believe this! 이건 말도 안돼!

앞서 나온 I can't believe it!은 예상못한 뜻밖의 일에 놀라며 하는 말이고 I don't believe this!는 이건 사실이 아닌 거짓으로, 혹은 너무 황당해서 말도 안된다고 격하게 반응하는 표현이다.

A: I'm sorry, but you'll have to move from this apartment.

B: I don't believe this! I've lived here for eight years.

<blockquote>
A: 유감이지만, 이 집에서 이사 나가 주셔야겠어요..
B: 이건 말도 안돼! 내가 여기 산 지 8년째라구요.
</blockquote>

A: I don't believe this. You've always been so cool.

B: I have to ask. It's part of the job.

<blockquote>
A: 이건 말도 안돼요. 항상 쿨하셨잖아요.
B: 난 물어봐야 돼. 그것도 내 일이야.
</blockquote>

이왕이면 이것도 함께!

▶ I don't believe it!
말도 안돼!

▶ I don't believe in you
난 너를 못믿어

He asked me out 걔가 데이트 신청했어

ask sb out은 식사를 하든 저녁을 먹든 이성교제를 전제로 데이트를 신청하는 것을 말한다. 좀 길게 쓰면 ask sb out on a date라고도 한다.

A: How is the new office worker?

B: He's really nice. He asked me out.

<blockquote>
A: 새로 들어온 직원은 어때?
B: 정말 괜찮은 사람이야. 나한테 데이트 신청 하더라.
</blockquote>

A She certainly does have sex appeal.

B: I'm going to ask her out on a date.

<blockquote>
A: 걔 정말 성적매력이 넘쳐.
B: 내가 데이트 신청을 해볼까 해.
</blockquote>

이왕이면 이것도 함께!

▶ Did she ask you out?
걔가 너에게 데이트 신청했어?

▶ Are you asking me out on a date?
나한테 데이트 신청하는거야?

▶ I haven't been out on a date in so long
오랫동안 데이트를 못했어

▶ Not interested in going out on a date
데이트하는데 관심없어

How could this happen? 어떻게 이런 수가 있니?

전혀 예상치 못한 일들이 벌어진 상황을 접하고 놀라움과 충격 속에 나오는 외침. 자신의 신세 한탄용으로도 애용되지만 그런 상황을 상대방이 초래한 경우에는 진상 규명용 및 질책용으로도 쓰인다. 따라서 의문문 형태지만 실제 의문문은 아니다.

A: I'm sorry to inform you that your home was robbed today.

B: **How could this happen?** I don't own anything valuable.

A: 이런 일을 알려드리게 돼 유감이지만, 오늘 선생님 댁에 강도가 들었습니다.
B: 어떻게 이런 일이? 값나가는 거라곤 하나도 없는데.

A: All of my investments have failed. **How could this happen?**

B: I think you'd better hire a different investment counselor.

A: 내가 투자한 종목이 전부 실패했어. 어떻게 이럴 수가 있지?
B: 다른 투자상담가를 고용해야 될 것 같구나.

이왕이면 이것도 함께!
▶ How could this happen to me?!
나한테 어떻게 이런 일이 생긴단 말야?!
▶ How can this be happening?
어떻게 이런 일이 일어나는거지?

Don't tell me what to do! 나에게 이래라 저래라 하지마!

"내가 니 시다바리가"를 떠올리면 쉽게 이해할 수 있는 표현. tell sb what to~를 응용한 문장으로 사사건건 이래라 저래라 하는 부모나 직장상사 혹은 친구에게 던질 수 있는 저항의식(?)이 담긴 표현이다.

A: Ma'am, you need to be quiet. The other customers can't hear the movie.

B: **Don't tell me what to do!** You're not my mother!

A: 이보세요, 좀 조용히 해주세요. 다른 손님들이 영화 못 보잖아요.
B: 나한테 이래라 저래라 하지 마쇼! 당신이 우리 엄마라도 되는 거요?

A: Hey! You have no right to **tell me what to do.**

B: I'm not telling you what to do! I am telling you what not to do!

A: 야! 넌 내게 이래라 저래라 할 권리가 없어.
B: 네게 이래라 저래라 하는게 아냐! 하면 안되는 것을 말하는 거라구!

이왕이면 이것도 함께!
▶ You can't tell me what to do
내게 이래라 저래라 하지마
▶ Tell me what to do
어떻게 해야 되는지 말해줘

Go for it 한번 시도해봐

머뭇거리거나 결정을 못내리는 사람에게 한번 해보라고 권유하는 표현. Go ahead와 같다고 보면 된다. go for it은 뭔가 목적을 달성하기 위해 「최대한 노력을 기울이다」라는 뜻이다.

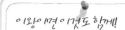

이왕이면 이것도 함께!

▶ Let's go for it
   한번 시도해보자
▶ You'd better go for it
   한번 해봐

A: I want to ask that girl for her phone number. What do you think?

B: Go for it, man.

> A: 저 여자한테 전화번호를 물어보고 싶은데, 어떻게 생각해?
> B: 한번 시도해봐, 친구.

A: You asked me what I thought and I told you to go for it. I'm sorry.

B: It's not your fault.

> A: 네가 내 생각을 물어봤고 내가 한번 해보라고 했지. 미안해.
> B: 네 잘못이 아냐.

He's really my type 그 사람 내 타입이네

sb is (not) one's type은 우리가 잘 하는 말로 「저 사람 딱 내 타입이야」, 「내 타입이 아니야」에 해당되는 표현.

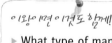

이왕이면 이것도 함께!

▶ What type of man [woman] do you like?
   어떤 남자[여자]를 좋아해?

A: Have you seen that new guy in our French class?

B: Yes! He's exactly my type!

> A: 프랑스어 수업 때 새로 들어온 그 남자애 봤니?
> B: 그럼! 완전히 내 스타일이야!

A: How's it going with your new girlfriend?

B: We get along great. She's really my type.

> A: 새 여자친구랑은 어떻게 지내?
> B: 우리 아주 잘 지내. 걘 완전히 내 이상형이라구.

23_ What are you doing here?

Allison **Are you following me?** You've been walking behind me for blocks.

Ken Of course not. But **I can see that** we are going in the same direction.

Allison I guess so. Well, **what are you doing here?**

Ken I'm on my way home. **Tell me something**, do you live around here?

Allison **Are you coming on to me?** I'm not telling you where my apartment is!

Ken **No kidding?** Do you think I'm some crazy person?

Allison Who knows? You might be some type of psycho.

Allison 미행하는거예요? 몇 블럭째 내 뒤를 쫓고 있잖아요.
Ken 물론 아니지만 우리 같은 방향으로 가는 것 같아요.
Allison 그렇겠죠. 저기, 여기서 뭐하러 오는거예요?
Ken 집에 가는 길예요. 저기, 이 근처에 사세요?

Allison 내게 수작거는 거예요? 내가 어디 사는지 말하지 않을거예요!
Ken 농담하는거예요? 날 미친 놈으로 생각하는거예요?
Allison 누가 알겠어요? 일종의 사이코일 수도 있죠.

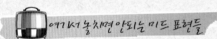
여기서 놓치면 안되는 미드 표현들

Are you following me?
알아듣고 있지?, 날 미행하는거야?

Then why **are you following me**, Tom?
탐, 그럼 왜 나를 미행하는거야?

I can see that!
알겠어!, 알고 있어요!,
···임을 알겠다, ···이구나

I can see that! What did you guys do to her?
알겠어! 너희들 걔한테 무슨 짓을 한거야?
I can see that you are quite prepared.
너 준비가 단단히 되어있구나.

What are you doing here? 여긴 어쩐 일이야?

Answer my question. **What are you doing here?**
내 질문에 답해. 여기는 어쩐 일이야?

Tell me something
말 좀 해봐

Tell me something, Malcolm. Were you high when you beat my daughter? 말콤, 말 좀 해봐. 너 내 딸을 때렸을 때 약에 취했어?

Are you coming on to me? 지금 날 유혹하는 거예요?

I think **you're coming on to me**.
네가 날 유혹하는 것 같은데.

No kidding
설마?, 너 농담하나!, 진심야

No kidding. Well, there's always a first for everything.
진심이야. 저기, 모든 거에는 항상 처음이라는게 있는거야.

Are you following me? 알아듣고 있지?

follow의 일차적 의미는 뒤를 쫓아가는 것이고 비유적 의미로는 상대방의 말을 따라가다, 즉 이해하다, 알아듣다라는 뜻으로 Are you following me?하면 「나를 따라오는거야?」 혹은 「내 말 이해돼?」라는 표현이 된다.

A: These are the economic figures. Are you following me?

B: I'd like you to explain them more in depth.

A: 여기 있는 게 경제 수치입니다. 이해되십니까?
B: 좀 더 깊이있게 설명을 해주었으면 합니다.

A: You're fired! Don't ever come back! Get the message?

B: Yes, I get it! I always hated this job anyway.

A: 당신 해고야! 절대 다시 돌아올 생각말라구! 알아들었어?
B: 예, 알겠어요! 어찌됐든 전 항상 이 일이 싫었어요.

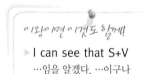

이왕이면 이것도 함께!

▶ Do you get my drift?
내 말뜻을 이해하겠어?

▶ Am I getting through on this?
이거 관해서 내 말 잘 알겠지?

▶ Get the message?
알아들었어?

I can see that! 알겠어!, 알고 있어!, …임을 알겠다, …이구나

상대방이 말을 하기 전에 분위기상 이미 예상하고 있는 상황하에서 쓸 수 있는 표현. 네가 말하는 걸로 보나, 아님 상황상 「그럴거라고 생각했다」라는 뉘앙스를 풍긴다.

A: I'm so happy that I got married.

B: I can see that. You smile a lot more than you did when you were single.

A: 결혼해서 기분이 매우 좋아.
B: 알겠어. 미혼일 때보다 훨씬 더 많이 웃는 걸 보니 말야.

A: I can see that he really doesn't like you.

B: I don't know why he doesn't.

A: 보니까 그 사람 널 정말 싫어하는 것 같더라
B: 왜 그러는지 모르겠네.

이왕이면 이것도 함께!

▶ I can see that S+V
…임을 알겠다, …이구나

What are you doing here? 여긴 어쩐 일이야?

예상 못한 시간 혹은 장소에서 아는 사람을 만났을 때 하는 표현으로 상황에 따라 반가운 맘을 담아 할 수도 있고, 아니면 근무시간에 찜질방에서 만난 직원에게 던지는 말이라면 이 시간에 왜 여기 있느냐는 불쾌함을 담은 표현이 될 수 있다.

A: Is that you Steven? What are you doing here?

B: Well, I had to come to town for a business conference.

> A: 너 스티븐 아니니? 여기 웬일이야?
> B: 음, 비즈니스 회의 때문에 왔어.

A: Actually, we have all the evidence we need.

B: Then what the hell are you doing here?

> A: 사실은 필요한 모든 증거는 갖고 있어.
> B: 그럼 여기서 뭐하는거야?

이왕이면 이것도 함께!

▶ What the well are you doing here?
여기서 뭐하는거야?

Tell me something 말 좀 해봐

상대방에게 뭔가 질문을 하기 전에, 앞서 내세우는 말의 일종. 자연 바로 이어지는 문장은 의문문으로 상대방의 의견이나 견해 등을 묻게 된다.

A: So, tell me something. What do you think about our new boss?

B: I think he's pretty nice.

> A: 그래, 말해봐봐. 우리 사장님에 대해 어떻게 생각해?
> B: 그분은 정말 좋으신 분이라고 생각해.

A: Tell me something, Payton. Why did you decide to study at this university?

B: I guess because it has a good reputation and good professors.

> A: 말해봐봐, 페이튼. 이 대학에서 공부하기로 결심한 이유가 뭐야?
> B: 지명도도 있고 교수님들도 훌륭하다고 생각하거든.

이왕이면 이것도 함께!

▶ You want to tell me something, Chris?
크리스, 뭐 얘기하고 싶은거야?

▶ Tell me something I don't know
내가 모르는 얘기를 해봐, 다른 얘기는 없는거야

▶ Tell me something I want to hear
내가 듣고 싶어하는 걸 말해줘

Are you coming on to me? 지금 날 유혹하는 거야?

come on to sb는 이성관계 혹은 성관계를 갖기 위해 유혹하는 것을 말하며, 비슷한 표현으로는 hit on sb가 있는데 이 역시 말이나 신체접촉을 통해 추파를 던지며 성적인 관계를 맺기 위해 유혹하는 걸 말한다.

A: I don't know what Pam told you, but she came on to me.

B: I'm sorry. I didn't quite catch that.

　　A: 팸이 뭐라고 했는지 몰라도 걔가 날 유혹했어요.
　　B: 미안하지만 그 얘기를 듣지 못했어요.

A: Why's Kevin taking so long up at the bar?

B: I think he's hitting on some girl.

　　A: 케빈이 술집에서 왜 그렇게 오래 있는 거지?
　　B: 아가씨들 꼬시고 있는 것 같아.

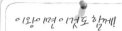

이왕이면 이것도 함께!

▶ She came on to me
　개가 날 유혹했어

▶ Are you hitting on me?
　날 꼬시는거야?

No kidding 설마?, 너 농담하냐!, 진심야

이 표현은 상황에 따라 여러가지 미묘한 뉘앙스의 차이를 갖는데, 먼저 상대방의 말에 놀라며 「설마」, 「정말이야?」, 또한 남들 다 아는 이야기를 이제야 알았다고 말하는 사람에게 「너 농담하냐」, 「장난하냐」 그리고 마지막으로 내가 한 말이 진실임을 재차 강조하며 「진심이야」라는 뜻으로 각각 쓰인다.

A: The snack that you're eating originally came from Africa.

B: No kidding. It has a very interesting flavor.

　　A: 네가 먹고 있는 그 과자는 원래 아프리카에서 만든 거야.
　　B: 설마. 맛이 너무 좋은데.

A: I went home to read a book.

B: No kidding?

　　A: 책읽으려고 집에 갔어.
　　B: 정말이야?

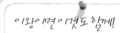

이왕이면 이것도 함께!

▶ No kidding?
　Congratulations!
　정말이야? 축하해!

279

24_ You have my word

Bryson	**Welcome aboard.** I think you'll like working at this company.
Tina	**What do you mean by that?** Is this a good place to work?
Bryson	You'll make a ton of money here, **you have my word**.
Tina	**What makes you think so?** Will we have to work 7 days a week?
Bryson	**Don't be ridiculous.** We work a normal schedule, Monday to Friday.
Tina	Really? That's great, especially if we get paid well.
Bryson	**That's what I'm saying.** All of the employees love it here.

Bryson	함께 일하게 된 걸 환영해요. 이 회사에서 일하는 것을 좋아할 거예요.	Bryson	무슨 소리를요? 월요일에서 금요일까지 정상적인 스케줄에 따라 일해요.
Tina	그게 무슨 말이예요? 일하기 좋은 곳이라는 거예요?	Tina	정말요? 잘 됐네요, 급여도 많이 받는다면서요.
Bryson	여기서 돈 많이 벌거예요, 정말예요.	Bryson	내가 하려는 말이 바로 그거예요. 여기 직원들은 여기를 아주 좋아해요.
Tina	왜 그렇게 생각해요? 일주일에 하루도 쉬지 않고 일해야 하나요?		

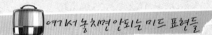 여기서 놓치면안되는 미드 표현들

Welcome aboard 함께 일하게 된 걸 환영해, 귀국[귀향]을 축하해	**Welcome aboard** flight 672 to London. We will now begin serving lunch. 런던행 비행 672편에 탑승하신 걸 환영합니다. 지금부터 점심식사를 드리도록 하겠습니다.
What do you mean by that? 그게 무슨 말이야?	**What do you mean by that**, "the nature of our work"? "우리 일의 성격"이라는게 무슨 말이야?
You have my word 내 약속하지	If I have any news, I'll call you. I promise. **You have my word.** 무슨 소식이 있으면 전화할게. 약속할게, 정말야.
What makes you think so? 왜 그렇게 생각하니?, 꼭 그런건 아니잖아?	**What makes you think** that I might not be okay? 내가 괜찮지 않을 수도 있다고 왜 생각하는거야?
Don't be ridiculous 바보같이 굴지마	Okay, **don't be ridiculous**. Let me talk to him. 좋아, 바보같이 굴지마. 내가 걔하고 얘기해볼게.
That's what I'm saying 내 말이 그 말이야	**That's what I'm saying**, we can't get him out. 내 말이 그 말이야, 걔를 빼낼 수가 없어.

Welcome aboard 함께 일하게 된 걸 환영해, 귀국[귀향]을 축하해

▰▰▰▰▰▰▰▰▰▰▰▰▰▰▰▰▰▰▰▰▰▰▰▰▰▰▰▰▰▰▰▰▰▰▰▰

원래는 비행기나 선박에 탑승한 승객들에게 하는 인사말이지만, 거기서 발전하여 회사에 막 입사한 신입사원 등 뭔가 새로 함께 하게 된 사람을 환영하는 인사로 자주 사용된다.

A: Hi, I'm Fran. I'm going to be working in your communications department.

B: Welcome aboard, Fran. I think that you'll like working here.

> A: 안녕하세요, 전 프랜이에요. 홍보부에서 일하게 됐어요.
> B: 환영해요, 프랜. 여기서 일하는 게 마음에 드실 거예요.

A: Hi, I'm Brad. I'm your new office employee.

B: Welcome aboard Brad. I'll introduce you to everyone.

> A: 안녕하세요, 저는 브래드라고 합니다. 이 사무실의 신입사원입니다.
> B: 입사를 환영해요, 브래드. 사람들에게 소개시켜 드리죠.

이왕이면 이것도 함께!
▶ Oh, great! Welcome aboard!
어 잘됐다! 함께 일하게 돼서 축하해!

What do you mean by that? 그게 무슨 말이야?

▰▰▰▰▰▰▰▰▰▰▰▰▰▰▰▰▰▰▰▰▰▰▰▰▰▰▰▰▰▰▰▰▰▰▰▰

What do you mean by~?는 상대가 한 말의 의도를 정확히 파악하지 못했을 경우, 혹은 상대의 말에 불만을 토로할 때 사용하면 된다. by 뒤에 상대방이 방금 한 말을 그대로 옮겨 붙여 「…라니 무슨 얘기죠?」, 또는 「…라니요?」하고 상대방 말의 진의를 물을 때 쓸 수 있는 표현이다.

A: Lisa seems like an odd type of girl.

B: What do you mean by that? We've been friends since elementary school.

> A: 리사는 이상한 아이 같아.
> B: 그게 무슨 말이야? 우린 초등학교때부터 친구였잖아.

A: Where have you been?

B: What do you mean where have I been?

> A: 어디 있었어?
> B: 내가 어디 있었냐니 그게 무슨 말이야?

이왕이면 이것도 함께!
▶ What do you mean?
그게 무슨 의미야?
▶ What do you mean by that?
그게 무슨 말이야?
▶ What do you mean S+V?
…라니 무슨 말이야?

You have my word 내 약속하지

직역하면 네가 내 말(약속)을 갖는다, 즉 너한테 내 말(약속)을 준다는 말로 의역하면 「내가 약속할게」, 「내가 꼭 약속을 지킬게」라는 의미. I will give you my word 라고 해도 된다.

A: We'll deliver your supplies by noon tomorrow. You have my word.

B: Good. It's important that they arrive as soon as possible.

A: 내일 정오까지 물품을 배달해드리겠습니다. 약속합니다.
B: 좋아요. 가능한 한 빨리 도착하는 것이 중요해요.

A: Are you sure this car is in good condition?

B: You can trust me. I'd never sell a car that I thought had serious problems.

A: 이 차의 상태가 좋은 게 확실하죠?
B: 제 말을 믿으셔도 됩니다. 저는 문제가 심각한 차를 절대 팔지 않습니다.

이왕이면 이것도 함께!

▶ You have my word on that 그점은 내가 약속할게
▶ I give you my word (that~) (…을) 약속할게
▶ You have my promise 맹세해요
▶ Believe what I say 내 말 믿어줘
▶ Mark my words! 내 말 잘들어!
▶ (You can) Trust me 믿어봐
▶ Have faith in me 날 믿어줘

What makes you think so?

왜 그렇게 생각하니?, 꼭 그런건 아니잖아?

여기서 so는 상대방이 앞에서 말한 내용을 받는 것인데, 구체적인 내용을 밝히려면 so 자리에 that 절을 이어서 What makes you think that S+V?(…라고 생각하는 이유가 뭐야?)로 나타내면 된다.

A: I don't think you'll have much luck with Susan.

B: What makes you think so?

A: She's a lesbian.

A: 난 네가 수잔하구 연이 안닿을 거라고 봐.
B: 왜 그런 생각하는거야?
A: 걔 레즈비언이거든.

A: What makes you think Gary killed your boy?

B: He admitted it.

A: 왜 게리가 당신 아들을 죽였다고 생각해?
B: 그 놈이 인정했어.

이왕이면 이것도 함께!

▶ What makes you think that S + V?
왜 …라고 생각하는 거예요?

282

Don't be ridiculous 바보같이 굴지마

ridiculous는 「우스꽝스러운」, 그래서 「조소를 받아 마땅한」이라는 형용사. 따라서 Don't be ridiculous는 상대방에게 비난조로 충고할 때 쓰는 표현이다.

A: How would you like to go to Miami this year?

B: Don't be ridiculous. We don't have enough money to do that.

    A: 올해 마이애미 갈까?
    B: 웃기지마. 그럴 돈 없다구.

A: Don't be ridiculous. You should never go out with him.

B: That's silly. Why not?

    A: 바보같이 굴지마. 넌 그 남자하고 사귀면 안돼.
    B: 말도 안돼. 왜 안되는데?

That's what I'm saying 내 말이 그 말이야

상대방이 자신의 말을 알아들었을 경우 반가운 맘으로 "바로 그게 내가 하려는 말이야"라고 맞장구 치는 강조 표현. speak[talk] the same language 또한 「얘기가 되다」, 「말이 통하다」라는 문구이다.

A: My dad won't let me get earrings, and I'm 15.

B: You see? That's what I'm saying.

    A: 아빠는 내가 15살인데도 귀걸이도 못하게 하셔.
    B: 거봐? 그게 바로 내가 하는 말이잖아.

A: You're saying you're not into old friend Vicky?

B: That is exactly what I'm saying.

    A: 오랜 친구인 비키에게 관심이 없다는 말이지?
    B: 내 말이 바로 그거야.

25_ What took you so long?

Denny   Sorry that I kept you waiting . **What's happening?**

Barb   You're over an hour late. I told you to **step on it**!

Denny   **Look at you!** Your face is red and you look angry.

Barb   Yeah, of course I'm angry. **What took you so long?**

Denny   My subway station was closed. **It was the last thing I expected.**

Barb   It's rush hour. Did you get here using a taxi?

Denny   No, **not that way**. I actually had to walk to another subway station.

Denny   기다리게 해서 미안해. 어떻게 지내?

Barb   너 한시간이나 늦었어. 서두르라고 했잖아!

Denny   얘 좀 봐! 너 얼굴이 붉고 화나보여.

Barb   어, 물론 화났지. 왜 이렇게 오래 걸린거야?

Denny   내가 타려는 지하철역이 폐쇄됐어. 전혀 예상못했어.

Barb   러시아워잖아. 택시타고 왔단말야?

Denny   아니, 택시는 안탔어. 실은 다른 지하철역까지 걸어 갔어.

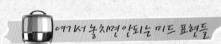

여기서 놓치면안되는 미드 표현들

What's happening?
어떻게 지내?, 잘 지내니?,
무슨 일이야?

What's going on? **What's happening?** What are you telling me?
어떻게 된거야? 무슨 일이야? 무슨 말을 하는거야?

Step on it! 빨리 해!,
(자동차 엑셀레에터를) 더 밟아!

Step on it! We're almost an hour late!
어서 서둘러! 거의 한시간 늦겠다!

Look at you! 얘 좀 봐라!,
(어머) 얘 좀 봐!

Hey, you guys! Look what I found! **Look at this!**
야, 얘들아! 내가 찾은 걸 봐봐! 이것 좀 봐!

What took you so long?
뭣 때문에 이렇게 오래 걸렸어?

Finally, you walk into my life. **What took you so long,** handsome? 마침내 내 인생과 함께 하네. 멋진 사람아, 왜 이리 오래 걸린거야?

It was the last thing I expected 생각도 못했어

I can't believe it. **It was the last thing I expected.**
말도 안돼. 그건 생각도 못했던 일이야.

Not that way!
그런식으론 안돼!

I never touched her, **not that way.**
난 그런식으로 걔를 절대 만지지 않았어.

What's happening? 어떻게 지내?, 잘 지내니?

일어나다, 발생하다라는 동사 happen을 이용한 인사법. 다른 인사용 표현들과 마찬가지로 일반적이고 막연한 안부를 묻는 표현이다.

A: Yo Johnny, what's happening?

B: Not too much. I'm the same as I've always been.

> A: 야 자니, 별일 없고?
> B: 특별한 일 없어. 항상 똑같지 뭐.

A: Bill, I'm glad you decided to join us. How are you?

B: Good, man. What's happening?

> A: 우리랑 함께 하기로 했다니 기쁘다. 어떻게 지내?
> B: 좋아, 친구. 어때?

이왕이면 이것도 함께!

▶ What's the story?
어떻게 지내?

▶ How are you getting on?
어떻게 지내?

Step on it! 빨리 해!, (자동차 엑셀레에터를) 더 밟아!

늦었기 때문에 자동차 속도를 내는 말로 Step on the gas라고도 한다. 우리말로는 「더 밟아!」 정도에 해당된다. 여기서 발전하여 일반적으로 「서둘러」(Hurry up)이라는 뜻으로도 쓰인다.

A: Where are you going, sir?

B: I'm going to the airport. And step on it. My plane leaves at 4:00.

> A: 어디로 모실까요, 손님?
> B: 공항으로 가주세요. 그리고 좀 밟아주세요. 비행기가 4시에 출발하거든요.

A: Step on it! We need to get to the hospital fast!

B: Why are we going to the hospital? Are you hurt?

> A: 속도를 더 내요! 빨리 병원에 도착해야 돼요!
> B: 왜 병원에 가는건데요? 다치셨어요?

이왕이면 이것도 함께!

▶ Step on the gas!
더 밟아!

▶ Ease up on the gas!
좀 천천히 달려!

Look at you! 얘 좀 봐라!, (어머) 얘 좀 봐!

▪▪

주로 상대방이 좀 차려입었을 때나 바람직한 행동을 했을 때 감탄의 표시로 말하거나, 아니면 억양을 바꿔 말썽 핀 사람에게 「얘 좀 보게나」 식의 비난으로 쓰기도 한다. 또한 Look at this는 「이것 좀 봐」, 그리고 구체적으로 뭔가 보여주려면 Look at this+N 형태를 이용한다.

A: I don't want to go to work! Work sucks!

B: **Look at you!** You are acting worse than a child!

    A: 출근하기 싫어! 아주 엿같다구!
    B: 얘 좀 봐! 어린애보다도 못하게 구네!

A: **Look at this** antique vase.

B: Wow, that must be really old.

    A: 이 골동품 도자기 좀 봐.
    B: 이야, 굉장히 오래된 것 같구나.

> ▶ Look at you! So handsome!
> 얘 좀 봐! 정말 잘 생겼다!
>
> ▶ Look at you all grown up!
> 야, 너 좀봐, 다 컸네!
>
> ▶ Look at you two, it's perfect match
> 너희 둘 좀 봐, 천생연분이네
>
> ▶ Look at this place!
> 이 집 좀 봐!

What took you so long?

뭣 때문에 이렇게 오래 걸렸어?, 뭣 때문에 그렇게 시간을 끌었니?

▪▪

Why가 아닌 What으로 이유를 묻는 영어의 속성을 재확인할 수 있는 부분이다. 여기서 take는 「시간이 걸리다」라는 의미로 뭔가 일이 예상보다 오래 걸렸거나 시간이 지체되었을 때 쓸 수 있는 표현이다.

A: On our date tonight, I asked Mindy to marry me.

B: **What took you so long?** You guys have been going out for years.

    A: 오늘밤 데이트하면서 민디에게 청혼했어.
    B: 뭣 때문에 그렇게 시간을 끌었어? 둘이 사귄 지 한참 됐잖아.

A: Isn't Bob supposed to be at this meeting?

B: Yeah, **I don't know what's keeping him.** I'll call his cell phone and find out.

    A: 밥이 이 회의에 참석하기로 하지 않았나요?
    B: 네, 왜 아직 안 오는지 모르겠네요. 휴대폰으로 전화해서 알아볼게요.

> ▶ What took you so long to call me?
> 전화하는데 왜 그렇게 오래 걸렸어?
>
> ▶ I don't know what's keeping him
> 걔가 뭐 때문에 늦어졌는지 모르겠어

286

It was the last thing I expected 생각도 못했어

예상보다 놀라운 소식을 접하고 나서 하는 말. 전혀 뜻밖의 일로 생각하지도 못했다는 의미를 내포하고 있다.

이왕이면 이것도 함께!

▶ That's the last thing I remember
그거 내가 전혀 기억하고 싶지 않은거야

▶ That's the last thing you want to do
그건 네가 가장 하기 싫은 일이야

A: I'm sorry to hear that you and your husband are getting a divorce.

B: Yes, I wish we weren't. **It's the last thing I expected.**

A: 남편과 이혼한다니 유감이야.
B: 그래. 이혼은 안하고 싶었지. 생각도 못했던 일이야.

A: I'm serious! I just got to talk to her about all this.

B: No, **that is the last thing you** want to do!

A: 장난아냐! 난 이 모든 것에 대해 걔와 얘기를 나눠야겠어.
B: 안돼, 그건 네가 가장 바라지 않는 일이야!

Not that way! 그런 식으론 안돼!

상대방의 실수나 잘못을 바로 잡아주기 위한 부정의 표현. It's not that way의 줄인 말로 봐야 하며, 우리말로는 「그런 식으로는 안돼!」, 「그런 식은 아니야!」라는 의미.

이왕이면 이것도 함께!

▶ We're not that way
우린 그런 식으로 안해

A: I think I am supposed to install the software like this.

B: Wait! **Not that way.** You're going to mess it up.

A: 이 소프트웨어는 이렇게 설치하면 되는 것 같은데.
B: 잠깐만! 그렇게 하면 안돼. 엉망진창이 될 거야.

A: You need money, so we should steal it.

B: I won't steal to get money. **Not that way!**

A: 너 돈 필요하니까 우리 훔치자.
B: 난 돈을 훔치지 않을거야. 그런 식으론 아냐!

26_ I'm listening

Rick	You want to break up? **How is that possible?**
Liza	You're just too selfish for me. **I mean it.**
Rick	But I can change and become nicer. **I promise you!**
Liza	How are you going to do that? **I'm listening.**
Rick	**I don't know what to do**, but I want to make you happy.
Liza	**I know what you are saying**, but this relationship just isn't working.
Rick	So that's it? You don't want to see me again?

Rick	헤어지자고? 어떻게 그럴 수가 있어?
Liza	넌 내게 너무 이기적이야. 정말야.
Rick	하지만 내가 변하고 더 착해질게. 약속할게!
Liza	어떻게 그렇게 할건데? 말해봐.
Rick	어떻게 해야 할지 모르겠지만 널 행복하게 해주고

	싶어.
Liza	무슨 말인지 알겠어, 하지만 이 우리 관계는 안될 것 같아.
Rick	그럼 이걸로 끝이야? 날 다시 보고 싶지 않다고?

여기서 놓쳐면안되는 미드 표현들

How is that possible?
어떻게 그럴 수가 있지?

Wait minute. **How is that possible**, doctor?
잠깐만요. 선생님, 어떻게 그럴 수가 있어요?

I mean it
진심이야

I mean it. Don't be late!
정말야. 늦지 말라고!

I promise you!
정말이야!, 내 약속할게!

I promise you, Chris, that will never happen.
크리스, 내 약속할게, 절대 그런 일 없을거야.

I'm listening
듣고 있어, 어서 말해

Go on, **I'm listening**.
계속해봐. 듣고 있으니.

I don't know what to do 어떻게 해야 할 지 모르겠어

I don't know what to do. What do I do?
어떻게 해야 할 지 모르겠어. 내가 어찌해야 돼?

I know what you're saying 무슨 말인지 알아

I know what you're saying. You want my son.
무슨 말인지 알겠어. 넌 내 아들을 원하는거지.

How is that possible? 어떻게 그럴 수가 있지?

예상밖의 놀라운 일이 발생했을 때 놀라며, 당황하며, 혹은 화를 내며 내뱉는 표현.
아니 「어떻게 그럴 수가 있어?」라는 의미이다.

A: I heard that Douglas won the election last night.

B: How is that possible? Nobody liked him.

    A: 선거에서 어젯밤 더글러스가 당선됐대.
    B: 어떻게 그럴 수 있지? 아무도 그 사람을 좋아하지 않는데.

A: We weren't prepared for that.

B: How is that possible?

    A: 우리는 그걸 준비하지 못했어.
    B: 어떻게 그럴 수가 있어?

이왕이면 이것도 함께!

▶ How is that even possible?
어떻게 그럴 수가 있는거야?

▶ Is that possible?
그게 가능해?

I mean it 진심이야

자신이 말하는 내용이 농담도 거짓도 아니고 진심이라는 것을 강조하는 표현. 여기
서 it은 자기가 말한 내용이다. 비슷한 표현으로는 I mean business가 있다.

A: You had better leave right now. I mean it.

B: Okay, okay, calm down. I'm sorry I made you so
angry.

    A: 넌 지금 가는 게 좋겠다. 정말이야.
    B: 알았어. 알겠다고. 진정해. 널 화나게 해서 미안하다.

A: When I told you I didn't have any more time to
wait, I meant it.

B: I know you did.

    A: 내가 더 기다릴 시간이 없다고 했을 때, 진심이었어.
    B: 그런 줄 알았어.

이왕이면 이것도 함께!

▶ This time I mean it
이번엔 진심이야

▶ I mean business
진심이야

▶ I don't mean maybe!
장난아냐!

▶ I meant it as a
compliment
난 칭찬으로 한 말인데

I promise you! 정말이야!

자신의 말에 못미덥다는 반응을 보이는 상대에게 내 말이 사실임을 확신시키고자 할 때 사용하는 표현. 그냥 I promise라고만 해도 된다.

A: How could you do something like that?

B: I won't do that again. I promise you.

A: 어떻게 그럴 수가 있어?
B: 다신 안그럴게. 약속해.

A: You spent all of our money gambling? I want a divorce.

B: It will never happen again, I promise you.

A: 당신 도박하느라 우리 돈을 전부 다 쓴 거야? 나 이혼하고 싶어.
B: 다신 이런 일이 없을 거야, 약속해.

이왕이면 이것도 함께!

▶ I promise
약속할게

▶ Promise?
약속하는거지?

I'm listening 듣고 있어, 어서 말해

listen은 hear와 달리 가만히 있는데 들리는게 아니고 자신의 의지를 갖고 듣는다 라는 뜻으로 I'm listening은 머뭇거리는 상대방에게 내가 듣고 있으니 어서 말해 라고 하는 표현이다. 미드에서 무지무지 많이 나오는 문장.

A: I do this for you. You do something for me.

B: I'm listening.

A: 널 위해 이걸 할테니 너도 날 위해 뭔가 해줘.
B: 어서 말해봐.

A: You're gonna have to act fast.

B: I'm, I'm listening.

A: 행동을 빨리 해야 될거야.
B: 어서 말해줘봐.

이왕이면 이것도 함께!

▶ I'm not listening to you!
난 네 말 안 듣는다고!

▶ They're not listening to me
개네들은 내 말 들으려고 하지도 않아

I don't know what to do 어떻게 해야 할 지 모르겠어

난감하고 당혹스러운 상황에서 「도대체 어떻게 해야 되는 거지?」란 의미로, 그리고 좌절과 체념의 상황에서는 「아… 난 어쩌란 말인가」란 의미로 쓰인다. 유명한 동의 표현으로 I don't what I should do가 있다.

A: You look so depressed. What's wrong with you?

B: Samantha said she wanted to break up with me. **What should I do?**

> A: 너 기분이 안좋아 보인다. 무슨 일 있어?
> B: 사만다가 나하고 헤어지고 싶대. 어떻게 해야 하지?

A: I feel so unhappy about my life right now. **What should I do?**

B: Why don't you go and get counseling? I think it would really help.

> A: 사는 게 너무 우울해. 어떻게 해야 하지?
> B: 가서 상담을 좀 받아보는 게 어때? 훨씬 도움이 될 것 같아.

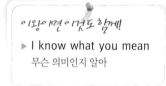

이왕이면 이것도 함께!

▶ I don't know what to
   do about this
   이거 어떻게 해야 할지 모르겠어

▶ What am I going to do?
   어떻게 하지?

▶ What am I going to say?
   뭐라고 말하지?

I know what you're saying 무슨 말인지 알아

상대방이 무슨 말을 하려는 건지, 말의 의도가 뭔지 안다는 표현. 도시 무슨 말인지 모를 때는 I don't know what you're saying, 좀 확실하지 않을 때는 I'm not sure what you mean이라고 하면 된다.

이왕이면 이것도 함께!

▶ I know what you mean
   무슨 의미인지 알아

A: Gosh, the girls here are really gorgeous.

B: **I know what you are saying.** It's a great place to come and look.

> A: 와, 여기 여자들 정말 끝내준다.
> B: 그러게나 말야. 와서 둘러 보기에는 좋은 곳이지.

A: I'm so bored. There's nothing to do here.

B: **I know what you mean.** This place sucks.

> A: 와 지겹다. 여기서 뭐 할게 아무 것도 없네.
> B: 무슨 말인지 알겠어. 여기 정말 후졌어.

27_ I got it

Jill	Hey, did you get your diagnosis yet?
Walter	**I got it.** They say I have a form of cancer.
Jill	**How about that?** Did they tell you if it's serious?
Walter	It's bad, but **I'll get better. You just wait and see.**
Jill	I'm real sorry. **I'll be there for you** whenever you need me.
Walter	Do you hear that? Is the nurse bringing my medicine?
Jill	Yeah, **here she comes.** I'll come back when she's finished.

Jill	야, 너 진단결과 나왔어?	Jill	정말 안됐다. 네가 필요할 때 언제든 네 옆을 지켜줄게.
Walter	나왔어. 암의 형태를 띄고 있대.		
Jill	그게 어떻대? 심각한 거라고 말해?	Walter	저 소리 들었어? 간호사가 내 약을 가져오나봐.
Walter	안좋지만 좋아질거야. 두고보라고.	Jill	어, 간호사가 오네. 간호사가면 돌아올게.

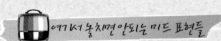

여기서 놓치면 안되는 미드 표현들

I got it 알았어, 내가 할게, 받았어	I know, no sugar after five. **I got it.** 알아, 5시 이후에는 설탕들은 건 금지. 알았어.
How about that! 거 근사한데!, 그거 좋은데!	She's gonna sue you people! **How about that?** 걔는 너희들을 고소할거야. 어때?
I'll get better 좋아질거야	I know it's tough now, but things **will get better.** 현재 어렵다는 것은 알지만 상황이 좋아질거야.
You (just) wait and see 두고보라고	We'll have to **wait and see.** 우리는 두고 지켜봐야 돼.
I'll be there for you 내가 있잖아	We will be there for you the whole time! 우리는 언제나 네 옆을 지킬거야!
Here it comes 자 여기 있어, 또 시작이군, 올 것이 오는구만	Oh my god! **Here it comes!** 오 맙소사! 올 것이 오는구만! **Here she comes**! How do I look? 걔가 온다! 나 어때 보여?

I got it 알았어, 내가 할게, 받았어

만능동사 get의 가장 중요한 의미 중의 하나는 understand이다. I got it의 got 역시 「이해하다」라는 뜻으로 (I) Got it하면 「상대방이 하는 말을 알아들었다」는 가장 구어적인 표현이 된다. 물론 물리적으로 「뭔가 받았다」는 의미로도 쓰인다.

A: So we hope to improve customer service next year, alright?

B: **I got it.** We'll begin work on a plan to do that right away.

<blockquote>
A: 그래서 우리는 내년에 고객 서비스를 향상시켰으면 합니다. 알겠어요?
B: 알겠습니다. 우리는 즉시 이를 위한 계획을 짜기 시작할 겁니다.
</blockquote>

A: Your report will be due on Monday. Is that clear to you?

B: **I got it.** It's no problem because my report is nearly finished.

<blockquote>
A: 당신 보고서 시한은 월요일까지예요. 잘 알겠어요?
B: 알겠습니다. 문제 없습니다. 거의 다 됐거든요.
</blockquote>

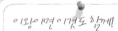

이왕이면 이것도 함께!

▶ I get the idea
알겠어요

▶ I understand
이해합니다

▶ I got it from my mom
엄마한테서 받았어

▶ I got it from the gift shop
기념품점에서 샀어

How about that! 거 근사한데!, 그거 좋은데!

How about that?과 How about that!은 의미가 다르다. 빨리 번역하다 보면 실수하기 쉬운 표현들 중 하나이다. How about that?은 의견을 묻는 것인 반면 'that'을 강하게 발음하며 How about that!하면 That's great!처럼 「대단한데!」라는 의미.

A: I was able to close a $3 million deal for our company.

B: **How about that!** I always knew you'd be successful.

<blockquote>
A: 내가 회사에 3백만 달러짜리 계약을 성사시켰어요.
B: 굉장하군요! 나는 항상 당신이 성공할거라는걸 알고 있었죠.
</blockquote>

A: My son just got into Yale University.

B: **How about that!** You must be so proud.

<blockquote>
A: 내 아들이 예일대에 입학했어.
B: 굉장하네! 자랑스럽겠다.
</blockquote>

이왕이면 이것도 함께!

▶ How about that?
그건 어때?

▶ How about you?
넌 어때?

You (just) wait and see 두고보라고

서두르지 않고 상황이 어떻게 돌아가는지 지켜보면서 판단을 하겠다는 신중한 표현.
혹은 상황이 어떻게 돌아갈지 모르니 신중히 관망해보자는 뜻을 갖는다.

A: Are you sure you can do it?

B: **You just wait and see.** I'm gonna be a big star!

    A: 자네 정말로 할 수 있겠나?
    B: 지켜봐주세요. 전 대스타가 될테니까요!

A: So what are her chances?

B: **Wait and see.**

    A: 그럼 걔의 가능성은 어때요?
    B: 두고봐야 돼요.

이왕이면 이것도 함께!

▶ You wait!
두고 봐!

▶ Wait and see!
두고 봐!

▶ Wait and see what happens
어떻게 되는지 두고보라고

▶ We'll have to wait and see
우리는 두고 봐야 돼

I'll be there for you 내가 있잖아

*Friends*의 주제가. 직역하면 「내가 널 위해 거기 있을 거다」라는 뜻으로 누군가가 곤경에 처해 도움을 필요로 하고 있거나 외로움을 느끼고 있을 때, 믿음직한 미소를 띠면서 말해줄 수 있는 듬직한 표현으로, 「내가 옆에 있잖아」라는 의미.

A: **I'll be there for you** if you need my help.

B: I really appreciate that.

    A: 내 도움이 필요한 거라면 얼마든지 도와줄게.
    B: 정말 고마워.

A: I'm really nervous about giving this presentation in front of the directors.

B: Don't worry. **I'll be there for you** in case anything goes wrong.

    A: 이사님들 앞에서 설명회를 하려니까 매우 긴장돼요.
    B: 걱정마. 잘못되더라도 내가 있어줄테니.

이왕이면 이것도 함께!

▶ Be there for you
내가 여기 있잖아

▶ We'll be there for you
우린 네 옆에 있을 거야

▶ I'll always be there for you
늘 네 옆에 있을게

▶ Just be there for her
걔 옆에 있어줘

I will get better 난 좋아질거야

get better는 어떤 상황이나 사정(things) 혹은 병으로부터 점점 호전되고 있는 것을 말한다. 특히 getting better처럼 진행형으로 많이 쓰인다.

A: What if there's a chance he can get better?

B: He's not going to get better. You know that.

A: 걔가 나아질 가능성이 있으면?
B: 걔는 나아지지 않을거야. 알잖아.

A: We'll let Jack take care of her when he gets better.

B: He's not getting better if we don't get some stronger antibiotics.

A: 걔가 나아지면 잭이 걜 돌보도록 할거야.
B: 강력한 항생제를 주지 않으면 나아지지 않을거야.

> 이왕이면 이것도 함께!
> ▶ Things will get better
> 상황이 나아질거야
> ▶ Just rest and get better
> 쉬면서 회복해
> ▶ It's getting better
> 점점 좋아지고 있어

Here it comes 자 여기 있어, 또 시작이군, 올 것이 오는구만

직역하면 그게 이리로 온다는 말로 뭔가 건네 주면서, 혹은 똑같은 일이 반복될 때 「또 시작이구만」, 혹은 예상은 했었지만 「올 것이 오는구만」이라는 뜻으로 쓰인다.

A: Helen, is the dinner ready to eat yet?

B: Yes, I'm bringing it out of the kitchen now. Here it comes!

A: 헬렌, 이제 저녁 준비 다 됐어?
B: 응, 지금 가져가고 있어. 자, 대령이요!

A: There's no reason to hurt anyone.

B: Here it comes.

A: 누굴 해칠 이유가 없어요
B: 또 시작이구만.

> 이왕이면 이것도 함께!
> ▶ Here it come. Our first kiss!
> 자 이제 시작이네. 우리의 첫 키스!
> ▶ Here it comes. It's coming. Get ready
> 올 것이 왔어. 지금 닥칠거야. 준비하라고.

28_ I don't see why not

Maude   Are you telling me you're gay? **I've never heard of such a thing.**

Parker   **I don't see why not.** There are a lot of gay people around.

Maude   **I have no problem with that,** but you're my son!

Parker   So **tell me what you're thinking.** I want to understand.

Maude   I'll be there for you, but I wish you weren't gay.

Parker   Being gay isn't my choice. **I have nothing to do with this.**

Maude   I'm still your mother, and I'll always love you anyhow.

Maude   네가 게이라는 말이야? 말도 안돼.
Parker   안될게 있나요. 주변에 게이들이 많은데요.
Maude   그건 상관없지만, 넌 내 아들이잖아!
Parker   그럼 엄마 생각을 말해봐요. 이해하고 싶어요.
Maude   엄만 네 편이지만 네가 게이가 아니었음 해.

Parker   게이가 되는 건 내 선택이 아니에요. 난 그거와는 상관없어요.
Maude   난 여전히 네 엄마이고 어쨌거나 언제나 널 사랑할 거야.

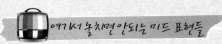
여기서 놓치면안되는 미드 표현들

I never heard of such a thing
말도 안돼, 금시초문야

I told her **I never heard of it.** 난 그걸 전혀 들어보지 않았다고 말했어.
Never heard of her. She was his little secret.
걔에 대해서 들어본 적이 없어. 걘 그의 비밀이었어.

I don't see why not
그래

It may be evidence, but **I don't see why not.**
증거가 될 수도 있겠지만 왜 안되는지 모르겠어.

I have no problem with that
난 괜찮아

I got no problem with that. I'm not a priest.
난 그거에 아무 문제없어. 난 성직자가 아냐.
I have no problem with women. 난 여자들하고 아무런 문제가 없어.

Tell me what you're thinking
네 생각이 뭔지 말해봐

Just **tell me what you're thinking.**
그냥 네 생각이 뭔지 말해봐.

I have nothing to do with this
난 아무 관련이 없어

You said **you had nothing to do with** Jane's murder.
너는 제인의 살인과 아무런 관련이 없다고 했어.

I never heard of such a thing 말도 안돼, 금시초문이야

예상못한 놀라운 이야기를 들었을 때, 그런 이야기는 들어본 적이 없다며 눈이 동그
래지면서 하는 문장. 문맥에 따라 단순한 놀람을 표현할 수도 있고 아니면 자신은
전혀 모른다고 강한 부정을 할 때 사용한다.

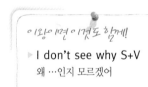

이왕이면 이것도 함께!
▶ I've never heard of that
금시초문이야
▶ Never heard of her
걔는 전혀 못들어봤어

A: I never heard of him.

B: So you shot someone you didn't know?

A: 그 사람 전혀 모르는데요.
B: 그럼 알지도 못하는 사람을 쐈다는말야?

A: You know what sodium hydroxide is?

B: Never heard of it.

A: 수산화나트륨이 뭔지 알아?
B: 처음 들어봐요.

I don't see why not 그래요, 안될 이유가 없지

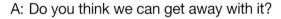

이중부정으로 결국 긍정의 표현이라고 생각하면 편하다. 안되는(not) 이유(why)
를 모르겠다(don't see)라는 뜻이기 때문이다.

이왕이면 이것도 함께!
▶ I don't see why S+V
왜 …인지 모르겠어

A: Do you think we can get away with it?

B: I don't see why not.

A: 우리 벌받지 않고 무사히 넘어갈 수 있을까?
B: 그럼.

A: Sweetie, you think you can get in there?

B: I don't see why not.

A: 얘야, 저기 들어갈 수 있겠니?
B: 안될 이유가 있겠어요.

I have no problem with that 난 괜찮아

상대방이 말하는 내용에 다른 사람은 몰라도 「자신은 별 불만없다」는 것으로 동의 내지는 수락의 의미. I have no problem with sb하면 「…에게 불만없다」, I have no problem with sb ~ing하면 「…가 …해도 난 괜찮다」라는 뜻.

A: We would like to start the meeting at 9 am tomorrow.

B: I have no problem with that. I'll make sure my presentation is ready.

A: 내일 오전 9시에 회의를 시작하려고 합니다.
B: 전 괜찮아요. 제 프리젠테이션 준비를 확실히 해놓겠습니다.

A: I think we should host a housewarming party. Is that OK with you?

B: Sure, I have no problem with that. Parties are fun.

A: 우리 집들이를 해야 될 거 같은데. 당신 괜찮아?
B: 그럼, 좋지. 파티는 재미있잖아.

이왕이면 이것도 함께!

▶ I have no problem with men
난 뭐 남자들과 문제는 없어

▶ I have no problem with you going there
네가 거기가는데 문제 없어

Tell me what you're thinking 네 생각이 뭔지 말해 봐

상대방의 생각을 알고 싶을 때 쓰는 표현으로 「네 생각이 뭔지」, 「넌 어떻게 생각하는지 말해달라」는 문장이다.

A: Come on, honey. Tell me what you're thinking.

B: I just think we aren't a good couple. Maybe we should break up.

A: 왜 그래, 자기. 무슨 생각을 하는지 말해 봐봐.
B: 난 그냥 우리가 좋은 커플이 아닌 거 같다는 생각이 들어. 헤어져야 할 것 같아.

A: I'm a big girl, I can take it. Tell me what he said.

B: He said you were too fat.

A: 난 다 큰 숙녀야, 이해할테니 걔가 뭐라고 했는지 말해 봐.
B: 네가 너무 뚱뚱하다고 했어.

이왕이면 이것도 함께!

▶ Tell me what you know
네가 알고 있는 것을 말해봐

▶ Tell me what he said
걔가 뭐라 했는지 말해봐

I have nothing to do with this 난 아무 관련이 없어

have nothing to do with~는 「…와 아무 상관[관련]이 없다」(have no connection with)는 말. 반면 「…와 어느 정도 관계가 있다」고 하려면 nothing 자리에 something을 넣고, 「큰 상관이 있다」고 하려면 a lot을 붙이면 된다.

A: Sir, what's going on here? Why are you fighting?

B: I have nothing to do with this.

    A: 손님, 무슨 일입니까? 왜들 싸우시는 거지요?
    B: 저는 아무 상관 없어요.

A: Why is Amy so angry? Did something happen to her?

B: Don't look at me. It doesn't **have anything to do with me.**

    A: 에이미는 왜 그렇게 화가 난거야? 걔한테 무슨 일 있었어?
    B: 날 쳐다보지마. 난 전혀 모르는 일이야.

이왕이면 이것도 함께!

▶ He had something to do with that affair
그 사람은 그 사건과 어떤 관계가 있어

▶ It doesn't have anything to do with me
난 모르는 일이야

▶ I didn't cause this
내가 이런 건 아냐

▶ It's not my problem
나하곤 상관없어

놓치면 아까운 미드 토막상식

Suck

입과 혀로 물체를 「빨아들이는 동작」을 뜻하는 suck은 suck face(키스하다)나 suck sb off(…에게 구강성교하다) 등 '입과 혀를 이용한 애정행각' 묘사에 특히 유용(?)하다 할 수 있다. 이 중 suck sb off는 그 같은 행위를 동원해서라도 「누군가에게 잘보이려고 간살떠는」 것을 비유적으로 나타내기도 하는데, suck up to sb도 같은 표현이며 이런 사람, 즉 「아첨꾼」을 egg-sucker라 한다. 그 밖에도 suck은 Love sucks!(사랑은 부질없어!)에서처럼 「부질없다」, 「재미없다」

(be without value or interest)라는 뜻의 자동사로 자주 사용되며 뭔가가 뜻대로 안될 때는 What a suck!(제기랄!) 정도의 감탄사를 내뱉을 수 있다. 아기가 젖을 빨듯 뭔가를 강하게 빨아당기는(draw strongly) 행동이 바로 suck이어서 특정 대상으로부터 지식, 이익, 가치 등을 「빨아당기는」 것 역시 suck sth (from)으로 표현할 수 있는데, 그 정도가 심해 「대상의 가치를 완전히 말라버리게 한」(take all the good things from it until there is nothing left) 경우에는 suck sth dry라 한다. 또한 be sucked into는 자기 뜻에 상관없이 「…에 끌려들어가는」(be unable to prevent oneself from becoming involved in) 것을 말하며, -er을 붙여 sucker가 되면 「잘 속는 사람」이나 특정 대상을 너무 좋아해서 「사족을 못쓰는 사람」(who likes something so much)을 가리킨다.

29_ What're you talking about?

Angela **We need to talk to you about** the robberies you've done.

Tito **What are you talking about?** You think I'm a thief?

Angela **Something's come up**, and we got information that you stole some things.

Tito I think you're trying to frame me! You don't care that I'm innocent! **That's it!**

Angela **It happens.** No one will care if we frame you.

Tito **That's not what I mean.** I mean I didn't do any robberies.

Angela I'm the cop. I'll decide if that's true or not.

Angela 네가 저지른 도둑질에 대해 얘기 좀 나누자.

Tito 무슨 말예요? 내가 도둑이라고 생각하는거예요?

Angela 뭔가 나왔고 네가 뭘 좀 훔쳤다는 정보를 얻었지.

Tito 내게 누명을 씌우려는거죠! 내가 결백하다는 것은 상관도 안하고! 그거죠!

Angela 그럴 수도 있지. 우리가 누명을 씌워도 아무도 신경안쓸걸.

Tito 그런 뜻이 아니라. 도둑질을 하지 않았다는 말예요.

Angela 난 경찰야. 사실여부는 내가 결정해.

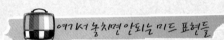 여기서 놓치면 안되는 미드 표현들

We need to talk 우리 얘기 좀 해야 돼	There's something **I need to talk to you about**. 너에게 얘기해야 되는게 있어.
What are you talking about? 무슨 소리야?	**What are you talking about?** What do you mean? 무슨 소리야? 무슨 의미냐고?
Something's come up 일이 좀 생겼어	I will talk later. Yeah, **something's come up**. 나중에 얘기할게. 어, 뭔 일이 좀 생겼어. **Something's come up** in the investigation. 수사 중에 뭔가가 나왔어.
That's it 바로 그거야, 그게 다야, 그만두자	All I'm asking is for you to tell me how to find her. **That's it.** 내가 바라는 것은 네가 걔를 어떻게 찾을 수 있는지 나한테 말해달라는거야. 그게 다야.
It happens 그러는거지, 그럴 수도 있지 뭐	**It happens.** Medically we don't know why. 그럴 수도 있어. 의학적으로는 이유를 몰라.
That's not what I mean 실은 그런 뜻이 아냐	**That's not what I meant.** I loved Mindy. 실은 그런 뜻이 아니었어. 난 민디를 사랑했었어.

We need to talk (to you about that) 우리 얘기 좀 해야 돼

상대방과 뭔가 중요한 이야기를 할 필요가 있다고 말하는 것으로 We have to talk보다 상황이 진지하고 무슨 난제가 있음을 내포하고 있다. 얘기할 사람은 to sb, 얘기할 내용은 about~라 붙여쓰면 된다.

이왕이면 이것도 함께!
▶ We have to talk
얘기 좀 하자
▶ I gotta talk to you
할 얘기가 있어
▶ I want to talk to you
(about that)
얘기 좀 하자고

A: Mr. Brown, please come to my office. We need to talk.

B: Oh my God, I hope I'm not in trouble.

A: 브라운 씨, 제 사무실로 좀 오세요. 얘기 좀 해야겠어요.
B: 오, 이런. 무슨 문제가 있는 게 아니었으면 좋겠네요.

A: Hey, did you see my sales report? I can't find it anywhere.

B: I want to talk to you about that. Um... I think I dumped it with the garbage, by mistake.

A: 이봐, 내 판매보고서 못봤어? 다 찾아봐도 없네.
B: 그 문제에 대해 얘기 좀 하자. 음… 내가 실수로 쓰레기하고 같이 버린 것 같아.

What are you talking about? 무슨 소리야?

상대방의 이야기가, 단순히 이해가 되지 않거나, 아님 놀람과 당혹감을 주었을 때, 혹은 과도하게 신경을 거스릴 경우 등 상황에 따라 다양한 의미로 사용되는 표현이다.

이왕이면 이것도 함께!
▶ I know what you're talking about
네가 무슨 소리를 하는지 알아
▶ I'm not sure what you're talking about
난 네가 무슨 얘기를 하는지 잘 모르겠어

A: I'm sorry, but we don't have any record of your transaction here.

B: What are you talking about? I deposited the money yesterday!

A: 죄송합니다만 당신의 거래 내역이 없어요.
B: 무슨 소리를 하는거죠? 제가 어제 입금을 했어요!

A: I can't believe you were flirting with that guy all night.

B: What are you talking about? We were just chatting about school.

A: 밤새 그 애와 시시덕거렸다는 걸 믿을 수가 없어.
B: 무슨 말을 하는 거야? 우린 학교에 대해 얘기하고 있었을 뿐인데.

Something's come up 일이 좀 생겼어

come up은 긴급한 일을 알리거나 그로 인해 부득이하게 약속을 변경해야 할 때 예기치 않은 「…일이 일어나다」(happen unexpectedly)라는 뜻. 그래서 Something's come up은 Something has come up의 줄인 형태로 「일이 생겼어」라며 약속을 못지킬 때 쓰는 유용한 표현.

A: What did Bill say on the phone?

B: **Something's come up** and he can't attend our wedding.

A: 빌이 전화해서 뭐래?
B: 일이 생겨서 우리 결혼식에 참석할 수가 없대.

A: **Things come up.** I gotta do overtime.

B: I heard that line for 20 years.

A: 일이 생겼어. 야근해야 돼.
B: 20년간 들었던 말이야.

이왕이면 이것도 함께!
▸ I'm afraid something's come up
무슨 일이 생긴 것 같아
▸ I'm sorry, but something's come up
미안하지만 무슨 일이 생겼어
▸ Nothing's come up so far
지금까지는 아무 일도 없어
▸ Things come up
일이 좀 생겼어

That's it 바로 그거야, 그게 다야, 그만두자

내 생각을 상대가 콕 찍어서 말하거나 행동으로 옮겼을 때 「바로 그거야」(That's what I meant)하면서 하는 말. 또한 일이나 말을 맺으면서 「그게 다야」(That's all), 혹은 어떤 문제에 대해 더 이상 말하기 싫을 때에 「그만 두자!」(Don't go there again!)라는 의미로도 쓰인다.

A: Is this the paperwork that you've been looking for?

B: **That's it!** Thank God you found it!

A: 이게 네가 찾던 서류니?
B: 바로 그거야! 네가 찾아내다니 아이고 고마워라.

A: Here is the amount we can offer you.

B: **That's it?** This is much too low.

A: 이게 우리가 너한테 줄 수 있는 양이야.
B: 그게 다야? 이건 너무 적은데.

이왕이면 이것도 함께!
▸ That's it?(= Is that it?)
이걸로 끝이야?,
아니 이게 다야?

It happens 그러는거지, 그럴 수도 있지 뭐

뜻밖의 실수 혹은 원치 않는 상황 때문에 괴로워하고 있는 사람을 위로하기 위한 표현. 살다보면 누구에게나 「그런 일은 일어날 수 있으니 걱정하지 말라」(Don't worry)는 말이다. 한편 과거형 동사를 쓴 It happened는 실제로 그 일(It)이 발생한 것으로 「어쩌다 보니 그렇게 됐다」는 전혀 다른 의미.

A: I think it's really sad when a young couple decides to get a divorce.

B: **It happens.** Sometimes two people just can't live together.

A: 젊은 부부가 이혼을 결심하는 건 정말 슬픈 일 같아.
B: 그럴 수도 있지. 두 사람이 도저히 같이 살 수 없는 경우도 있으니까.

A: God! I'm all wet because of that sudden rainstorm.

B: **That happens.** It's good to carry an umbrella during this time of the year.

A: 이런! 갑자기 소나기가 와서 흠뻑 젖었어.
B: 그런 일도 있기 마련이지. 일년중 이 시기엔 우산을 가지고 다니는 게 좋아.

이왕이면 이것도 함께!

▶ It happens to everybody
누구에게나 그럴 수 있어

▶ Don't worry about that man, that happens 걱정하지마, 그러기도 하는거야

▶ Those[These] things happen
그런 일도 생기기 마련이야

▶ It could happen
그럴 수도 있지

▶ It's not that common! It doesn't happen to every guy! 그리 흔한 일은 아니지! 누구한테나 그런 일이 생기는 건 아니라구!

That's not what I mean 실은 그런 뜻이 아냐

상대방이 자신의 말을 잘못 알았들었거나 오해하고 있을 때 자기 말의 진의를 제대로 다시 전달하기 위해 사용하는 표현. 「내가 말하려는 것은 그게 아니다」, 즉 「실은 그런 뜻이 아냐」라는 말이 된다.

A: Are you saying that you're unhappy with my work?

B: No, **that's not what I mean.** But you need to try harder.

A: 제가 한 일이 맘에 안든다는 말씀이신가요?
B: 아니, 실은 그런 뜻이 아니야. 하지만 좀 더 열심히 해야겠어.

A: Meaning you know something, you just can't say.

B: **That's not what I mean.**

A: 뭔가 알고는 있지만 말할 수 없다는 말야?
B: 내 말은 그런 게 아니예요.

이왕이면 이것도 함께!

▶ That's not what I said
내 말은 그런 게 아냐

▶ That's (so) not what I meant
내 말뜻은 (전혀) 그게 아냐

30_ What's with you?

Lara   I'm a psychologist. What can I do for you?

Mitchell   **If you ask me**, a psychologist can't help me.

Lara   **What's with you?** I heard you've been having PTSD.

Mitchell   **You have no idea.** I have nightmares about being a soldier in the war.

Lara   Tell me about your nightmares. **You can count on me** to keep them secret.

Mitchell   **What for?** You don't need to keep them secret.

Lara   I want to respect your privacy. I want to help you.

Lara   난 심리학자예요. 뭘 도와줄까요?

Mitchell   제 생각을 말씀드린다면, 심리학자는 도움이 되지 않아요.

Lara   무슨 문제지요? 외상후 스트레스 증상을 앓고 있다면서요.

Mitchell   선생님은 모르실거예요. 전쟁터에 나가는 것에 대

해 악몽을 꾸고 있어요.

Lara   그 악몽에 대해 말해봐요. 절대 비밀로 할테니 믿어요.

Mitchell   뭐 때문에요? 비밀로 할 필요없어요.

Lara   당신 사생활을 존중하면서 돕고 싶어서 그래요.

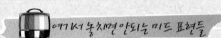
여기서 놓치면 안되는 미드 표현들

If you ask me 내 생각은, 내 생각을 말한다면	She should still be arrested, **if you ask me**. 내 생각에 여전히 걔는 체포되어야 한다고 생각해.
What's with you? 뭐 땜에 그래?	What's that? **What's with** the face? 그게 뭐야? 얼굴이 왜 그래? **What's with you**, Kevin? Fever, delirium? 케빈, 너 왜 그래? 열이 나는 거야 섬망증이야?
You have no idea 넌 모를거야	This is unbelievable Tony. **You have no idea.** 이건 정말 놀라운 걸, 토니. 넌 모를거야. **You have no idea** what I've been through. 내가 무엇을 겪었는지 너는 모를거야.
You can count on me 나한테 맡겨	**You can count on us**, we're on it. 우리한테 맡겨, 우리가 할게.
What for? 왜요?	You want my blood? **What for?** 내 피를 달라고요? 왜요?

If you ask me　내 생각은, 내 생각을 말한다면

상대방에게 공손하게 자기의 생각을 말하고자 할 때 꺼내는 말로, 「내 의견으로는」, 「내 생각엔」이라는 의미이다. **In my opinion**과 같다고 간단히 생각하면 된다.

A: If you ask me, she is making a big mistake.

B: I agree with you. She should not quit her job.

> A: 내 생각에, 그 여자는 큰 실수를 하는거야.
> B: 내 생각도 그래. 그 여자는 일을 그만두면 안돼.

A: If you ask me, I am doing you a really big favor.

B: Excuse me?

> A: 내 생각은 말야, 난 네게 큰 호의를 베풀고 있는거야.
> B: 뭐라고?

이왕이면 이것도 함께!
▶ to[in] my way of thinking
  내 생각에
▶ if you want my opinion
  내 생각으로는

What's with you　뭐 땜에 그래?

기운없이 축 늘어져 있거나 울그락불그락한 얼굴로 펄펄 뛰는 사람에게, 혹은 잔뜩 들떠 있거나 흥분한 사람에게 「무슨 일 때문에 그러냐?」고 건네는 관심 또는 위로의 표현. 또한 **What's with sth?**이 되면 「…가 왜 그러냐?」고 놀라고 의아해서 묻는 말.

A: This place sucks. I can't wait to get out of here.

B: What's with you? You're usually more cheerful.

> A: 여기 정말 밥맛이야. 당장이라도 나가고 싶어.
> B: 뭣 때문에 그래? 평소엔 쾌활한 사람이.

A: Oh my God, what's with your hair?

B: The stylist screwed up my perm. Now I have to go back to see if she can fix it.

> A: 이런 세상에, 머리가 왜 그 모양이야?
> B: 미용사가 파마를 망쳐놨어. 지금 가서 고쳐줄 수 있는지 알아봐야겠어.

이왕이면 이것도 함께!
▶ What's with her[him, the guys]?
  쟤(들) 왜 저래?
▶ What's with your hair?
  네 머리가 왜 그래?

You have no idea 넌 모를거야

상대방에게 어떤 것이 얼마나 좋은지 혹은 나쁜지를 강조하는 상황에서 곧잘 사용하는 표현으로 「너는 모를거야」, 「넌 상상도 못할거야」 정도의 뉘앙스. 단독으로 쓰기도 하지만 what절, how절 등을 덧붙여서 상대방이 이해못하는 부분을 밝혀줄 수도 있다.

A: It looks like you are very tired today.

B: You have no idea. I was up all night with the baby.

A: 너 오늘 굉장히 피곤해보인다.
B: 넌 모를거야. 밤새 애보느라 잠을 못잤거든.

A: Does your workplace get very busy?

B: You have no idea. Sometimes we don't even have time for lunch.

A: 회사 일이 많이 바쁜가요?
B: 상상도 못하실 거예요. 점심 먹을 시간도 없을 때가 있다니까요.

이왕이면 이것도 함께!

▶ You have no idea what this means to me!
이게 나한테 얼마나 중요한 건지 넌 모를거야!

▶ You have no idea how much I need this
이게 나한테 얼마나 필요한지 넌 몰라

▶ You have no idea how much this hurts 이게 얼마나 아픈지 넌 모를거야

You can count on me 나한테 맡겨

count는 「수를 세다」라는 뜻 외에도 「의지하다」라는 의미가 있어 You can count on me하면 도움을 요청받았거나, 무슨 힘든 일에 맞닥뜨렸을 때 자신감을 피력하고 상대에게 확신을 심어주는 표현이 된다.

A: Honey, will you always love me and never leave me?

B: You can count on me.

A: 자기야, 언제나 나를 사랑하고 절대 떠나지 않을 거지?
B: 나만 믿어.

A: Honey? Leave it to the pros.

B: I actually know someone in advertising.

A: 자기야? 전문가에게 맡겨.
B: 실은 광고업계에 아는 사람이 있어.

이왕이면 이것도 함께!

▶ Leave it to me!
나한테 맡겨!, 내가 할게!

▶ Let me handle it[this]
내가 처리할게

What for? 왜요?

상대방에게 이유를 물어보는 표현. What are friends for?에서도 알 수 있듯이 What ~~ for?하게 되면 이유를 물어보는 문장이 된다.

이왕이면 이것도 함께!

▶ What's that for?
그게 어디에 쓰는거야?

▶ For what?
왜?, 뭐때문에?

A: Will you get me some water, please?

B: What for?

A: 물 좀 갖다줄테야?
B: 왜?

A: So, what was the party for?

B: Me. I have a book coming out.

A: 그래, 파티는 왜 한 거야?
B: 나 때문에. 내 책이 나오거든.

놓치면 아까운 미드 토막상식

fat chance?

기본 실력으로 보자면 분명 기회가 풍부하다는 의미로 해석하기 쉽다. 하지만 이는 반어적 표현으로 '빈약한 기회' 라는 의미로 쓰인다. 이렇게 두개의 단어가 모여 좀 엉뚱한 의미로 쓰이는 표현들이 있다. 아주 많이 등장하는 best man은 신랑의 들러리, hard truth는 딱딱하고 어려운 진실이 아니라 받아들이기 힘든 사실을, hit man은 살인청부업자, 버스와 관련된 소년으로 생각하기 쉬운 bus boy는 식당의 웨이터 보조로 그릇을 나르고 씻는 등의 잔일을 하는 사람을  말한다. 그리고 missionary position은 성직이 아니라 선교사들이 아프리카 사람들에게 가장 기본적인 체위를 알려주었다고 해서 정상위라는 의미를 갖는다. 또한 private eye는 사립탐정을 nose job은 코성형수술, blow job은 오럴섹스를 뜻한다. 그리고 모르는 사람에게 전화해서 마케팅을 하는 것은 cold call, punch line은 농담이나 광고문구 그리고 연설 등에서 마지막에 나오는 말로 전체적인 이야기의 핵심이나 결론을 밀도 있게 축약한 짧은 문구를 말한다. deep throat는 내부에서 정보를 빼내 제공하는 밀고자를 뜻하며 social disease는 성병, private parts는 사람의 주요부위 그리고 끝으로 rat race하면 과도한 경쟁사회를 비유적으로 말하는 표현이 된다.

31_ What do you think?

Jerry | My theory is our victim was killed with a gun. **What do you think?**

Maria | That theory **suits me**. It looks like a bullet wound to the head.

Jerry | **We're almost there.** We just need to find the shooter.

Maria | I think **we're out of luck**. There aren't any suspects.

Jerry | **I wish I could** find more evidence, **but I can't**.

Maria | Right. There is not a single clue here. **Not a thing.**

Jerry | Let's go ask if the neighbors saw or heard anything.

Jerry | 내 생각은 피해자가 총으로 살해되었다는거야. 어 떻게 생각해?

Maria | 나도 그런 것 같아. 머리에 총상이 있는 것 같아.

Jerry | 거의 다 됐는데, 총을 쏜 놈만 잡으면 돼.

Maria | 우리 운이 없는 것 같아. 용의자가 한 명도 없잖아.

Jerry | 증거를 더 찾을 수 있으면 좋겠는데 안되네.

Maria | 맞아. 하나의 단서조차 없네 그랴. 전혀 없어.

Jerry | 주변 사람 탐문조사를 해보자.

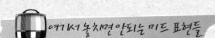 여기서놓치면안되는 미드 표현들

What do you think?
네 생각은 어때?, 무슨 말이야?, 그걸 말이라고 해?

How 'bout I fix you two up? **What do you think?**
너희 둘 소개시켜줄까? 어때?

It suits me (fine)
난 좋아

Okay. Back to the big city **suits me**, boss.
좋아요. 대도시로 돌아가는 건 좋죠, 보스

We're almost there
거의 다 됐어, 거의 끝났어, 거의 다왔어

We're almost there. Turn right at the next light.
거의 다 왔다. 다음 신호등에서 우회전해.

I'm out of luck
난 운이 없어

She was shot. **We're out of luck.**
걔는 총에 맞았어. 우리는 운이 없어.

I wish I could, but I can't 그러고 싶지만 안되겠어

Look, **I wish I could** help you. **But I can't.**
이봐, 널 돕고 싶지만 안되겠어.

Not a thing
전혀

A: Do you know anything about babies? B: No, **not a thing**.
A: 아기들에 대해 너 좀 아는 것 있어? B: 아무것도 몰라.

308

What do you think? 네 생각은 어때?, 무슨 말이야?, 그걸 말이라고 해?

어떤 사안에 대해 어떻게 생각하는지, 상대방의 의견과 견해를 물어보는 가장 기본적인 표현 중의 하나. 하지만 상대방이 영 엉뚱한 소릴 할 경우 「도대체 무슨 생각으로 그런 말을 하는 거야?」, 「그걸 말이라고 해?」라며 타박을 주는 표현으로도 쓰일 수 있다.

A: Wow! Did you get your hair done?

B: Yeah. What do you think?

    A: 이야! 너 머리 했구나?
    B: 응. 어떤 것 같아?

A: You know Cathy, don't you? How about I fix you two up? What do you think?

B: That's a good idea!! Thanks.

    A: 너 캐시 알지, 응? 내가 너네 둘 소개시켜줄까? 어때?
    B: 그거 좋지!! 고맙다.

이왕이면 이것도 함께!

▶ What do you think S+V?
   …라는 사실에 대해 어떻게 생각해?

▶ What do you think of that?
   넌 그걸 어떻게 생각해?

▶ What is your opinion?
   네 의견은 어때?

▶ What is your idea about this?
   여기에 대해 네 생각은 어때?

It suits me (fine) 난 좋아

상대방의 의견이나 제안에 찬성하는 표현으로 「난 좋아」, 「내 생각엔 괜찮은 것 같아」라는 의미이다.

A: Do you enjoy living in Las Vegas?

B: It suits me fine. I like to gamble.

    A: 라스베거스에서 사는게 즐거워?
    B: 난 좋아. 도박을 좋아하거든.

A: Is everything okay with your dinner?

B: It's terrific. This food suits me just fine.

    A: 저녁 다 괜찮았어?
    B: 끝내줬어. 이 음식 정말 딱 좋아.

이왕이면 이것도 함께!

▶ It doesn't quite suit me
   내가 원하는 거하고 달라, 그다지 썩 맘에 들지 않아

We're almost there 거의 다 됐어, 거의 끝났어

물리적인 목표 지점에 「거의 다 도달했다」, 혹은 추상적으로 하고 있는 일을 「거의 다 끝냈다」는 뜻으로 It's almost complete나 We're nearly finished의 의미이다.

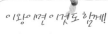

이왕이면 이것도 함께!
▶ You're almost there
   넌 거의 다 도달했어

A: What's going on? Why are we slowing down?

B: 'Cause we're almost there.

A: 무슨 일이야? 왜 속도를 늦추는거야?
B: 거의 다와서.

A: You're almost there. Now push, push!

B: Nurse? Please don't say that.

A: 거의 다 됐어요. 힘줘서 밀어요 밀어!
B: 간호사님? 제발 그 얘기는 하지 말아줘요.

I'm out of luck 난 운이 없어

재수가 없는 사람은 뒤로 넘어져도 코가 깨진다고 했던가? 지지리도 운이 없는 사람의 unlucky한 상황을 말한다. 비슷한 표현으로 (That's) Just my luck이 있는데 이는 「내가 그렇지 뭐」라는 자조적인 뜻으로 내뱉는 하소연.

이왕이면 이것도 함께!
▶ (That's) Just my luck
   내운이 그렇지 뭐
▶ Tough luck
   재수 더럽게 없네

A: The weatherman says there's a hurricane coming this weekend.

B: That's just my luck. I was going to go to the beach Saturday.

A: 기상 예보관이 그러는데 이번 주말에 허리케인이 올 거래.
B: 제기랄. 토요일에 바닷가에 가려고 했는데.

A: She told me she hated me and never wanted to see me again.

B: Tough break! I'm sorry to hear about it.

A: 걔가 날 미워한다면서 다시는 꼴도 보기 싫대.
B: 재수 옴 붙었군! 안됐다.

310

I wish I could, but I can't 그러고 싶지만 안되겠어

상대방의 제안에 대한 완곡한 거절의 표현. I wish I could는 현재와 반대되는 상황을 나타낸다. 따라서 「그러고 싶지만 현재로서는 그럴 수 없다」는 아쉬움을 표현하는 것. 뒤의 but I can't는 생략해도 상관없다.

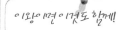

이왕이면 이것도 함께!
▶ I wish I could help you
널 도울 수 있으면 좋겠는데

A: Are you coming to the party this weekend?

B: I wish I could, but I can't.

> A: 이번 주말에 파티에 올거야?
> B: 그러고는 싶지만 못가.

A: This is a great investment. You should put in some money.

B: I wish I could, but I can't. I'm broke.

> A: 훌륭한 투자상품이에요. 투자하셔야 돼요.
> B: 그러고는 싶지만 안돼요. 빈털터리예요.

Not a thing 전혀

not a+명사의 형태는 강한 부정을 나타내는 표현법으로 Not a thing하면 결국 Nothing을 강조한 표현으로 볼 수 있다.

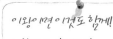

이왕이면 이것도 함께!
▶ Not a chance!
안돼!
▶ (There is) No chance!
안돼!

A: What did you do during your vacation?

B: Not a thing. I stayed home every day.

> A: 휴가 동안 뭐했어?
> B: 아무 것도 안했어. 맨날 집에 있었어.

A: Doris, have you prepared anything for the hearing?

B: Not a thing.

> A: 도리스, 청문회 준비해놓은거 있어?
> B: 아무 것도 없어.

32_ Hear me out

Larry   You don't want me to meet my ex-girlfriend? **Give me a break!**

Patty   **Hear me out.** I think she wants to get back together with you.

Larry   She doesn't. **How could you say such a thing?**

Patty   Well, **here goes.** She has called at least nine times.

Larry   Really? **I am going to miss you** when she and I get back together.

Patty   Don't even joke about that! **I've already had a bad day.**

Larry   Okay, sorry. Trust me, I won't go and meet her.

Larry   옛 여친을 만나지 말라고. 좀 봐주라!

Patty   내 말 들어봐. 걔가 너랑 다시 합치고 싶은 것 같아.

Larry   아냐. 어떻게 그런 이야기를 할 수 있어?

Patty   저기, 자 이런거야. 걔가 적어도 9번은 전화했어.

Larry   정말? 걔하고 내가 합치면 네가 그리워질거야.

Patty   그런 농담은 하지도마! 오늘 일진이 안좋단 말야.

Larry   좋아, 미안. 날 믿어, 걔를 만나지 않을게.

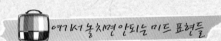

여기서 놓치면 안되는 미드 표현들

Give me a break
좀 봐줘요, 그만 좀 해라

Give me a break. Come on, she's my type!
그만 좀 해라. 이봐, 걘 내 타입이라고!
Come on, **give me a break.** I'm late for a meeting.
이러지마, 한번 좀 봐주라. 나 회의에 늦어.

Hear me out
내 말 끝까지 들어봐

Please, just **hear me out.** I have waited my whole life to find love. 내 말 끝까지 들어봐. 난 평생 사랑을 찾기 위해 기다려왔어.

How could you say such a thing?
네가 어떻게 그런 말을 할 수 있니?

How can you say that? Of course we want to go home.
어떻게 그런 말을 해? 당연히 우린 집에 가고 싶지.
How can you say it doesn't matter?
어떻게 그게 중요하지 않다고 말할 수 있니?

Here goes
한번 해봐야지, 자 시작한다,

I'll give you my opinion. **Here goes.**
내 의견을 말할게. 자 시작한다.

I'm going to miss you
보고 싶을 거야

I can't believe I'm saying this, but **I'm going to miss you.**
내가 이런 말을 할 줄 몰랐지만, 네가 보고 싶어질거야.

I had a bad day
진짜 재수없는 날이야

I had a bad day, too, Chuck. I was taken advantage of.
척, 나도 오늘 안좋은 날이었어. 내가 이용을 당했거든.

Give me a break 좀 봐줘요, 그만 좀 해라

잘못하고 나서 한 번만 눈감아 달라고 하거나 만회할 수 있는 기회를 달라고 조를 때 「좀 봐주세요」(give me one more chance)하고 상대방에게 머리 조아리며 쓰는 말. 한편, 누군가 말도 안되는 소리를 할 때는 「그만 좀 해라」, 「작작 좀 해라」(do not bother me)라는 의미로도 쓴다.

A: I really wish you wouldn't drive so fast. It's dangerous.

B: Give me a break. You were driving a lot faster than me a little while ago!

A: 너무 속력을 내지 말았으면 정말 좋겠어. 위험하잖아.
B: 좀 봐줘라. 얼마 전까지만 해도 나보다 훨씬 속도를 냈으면서!

A: I'm going to be a star when I grow up!

B: Give me a break. You'll be lucky to get a job at Burger King.

A: 난 커서 스타가 될 거야.
B: 아이고 그만 좀 해 두시지. 버거킹에 일자리를 구하는 것만도 행운일 게다.

Hear me out 내 말 끝까지 들어봐

상대방에게 꼭 중요한 말을 끝까지 해야 된다고 생각할 때 혹은 상대가 말을 끝까지 듣지 않으려거나 말을 자를 때 하는 말로, 「내 말 좀 끝까지 들어봐」라는 간곡형 표현.

A: You shouldn't have come here.

B: Please hear me out.

A: 넌 여기 오지 말았어야 했어.
B: 내 말 좀 끝까지 들어봐.

A: I think your plan sounds really foolish.

B: Hear me out. I can explain how everything works if you give me a chance.

A: 자네 계획안은 아주 엉뚱한 것 같구만.
B: 내 말 좀 들어보세요. 기회를 주신다면 모든 것이 어떻게 돌아가는지 설명해 드릴 수 있습니다.

How could you say such a thing?

네가 어떻게 그런 말을 할 수 있니?

상대방의 말에 당황하고 놀라고 어이가 없을 때 혹은 심한 배신감을 느낄 때, 화가 나 짜증을 내면서 How can[could] you say~?라고 하면 된다. say 다음에 단순히 that을 붙일 수도 있고 such a thing이라고 강조해도 된다.

이왕이면 이것도 함께!
▶ How can you say that?
어떻게 그렇게 말할 수 있어?
▶ How can you say that to me?
어떻게 내게 그렇게 말할 수 있어?

A: I hate math and never want to study it again!

B: **How can you say that?** Studying math is essential to enter a good university.

A: 난 수학이 싫어. 다시는 수학공부 하고 싶지않아.
B: 어떻게 그런 말을 할 수 있니? 좋은 대학에 들어가려면 수학공부는 필수라구.

A: I told Terry that she is fat and really needs to go on a diet.

B: **How could you say such a thing?** She'll never forgive you.

A: 테리한테 비만이니까 꼭 다이어트를 해야 한다고 말했어.
B: 어쩜 그런 말을 할 수 있니? 테리는 절대 널 용서 안할 거야.

Here goes 한번 해봐야지, 자 시작한다, 자 이런거야

처음 주사를 놓는다든가, 사랑고백을 한다든가, 뭔가 힘들고 어려운 것을 시도하거나 말을 꺼낼 때 어렵지만, 그리고 어떻게 될지 모르겠지만 「한번 해보겠다」는 의미로 하는 말이다.

이왕이면 이것도 함께!
▶ Okay. Here goes
좋아. 한번 해보지

A: You studied all night. Are you ready to take your test now?

B: Yeah, I think so. **Here goes.**

A: 밤새 공부했구나. 이제 시험볼 준비 된거니?
B: 예, 그런 것 같아요. 한번 해봐야죠.

A: Well, I'm not sure if this investment will work, but here goes.

B: I'm sure you'll be making a lot of money soon.

A: 저기, 이번 투자가 성공을 거둘지는 확실하지 않지만 한번 해보죠.
B: 틀림없이 곧 큰 돈을 벌게 될 거예요.

I am going to miss you 보고 싶을 거야

웬수가 아니라면 헤어지면서 꼭 해야 되는 예의 표현. 떨어져 있으면 보고 싶고 그리울거라는 말로, 강조하려면 I'm already missing you라고 하면 된다.

A: I know you have to leave, but I'm going to miss you.

B: Don't be so sad. We'll be together again soon.

    A: 네가 가야 된다는 거 알아. 보고 싶을 거야.
    B: 너무 서운해하지마. 곧 다시 만나겠지.

A: I'm gonna miss you. And I'm so sad that you're leaving.

B: Oh, you know what? Let's not say anything else. I love you.

    A: 네가 보고 싶어. 그리고 네가 떠나서 너무 슬퍼.
    B: 저 말이야? 아무 말도 하지 말자. 사랑해.

이왕이면 이것도 함께!

▶ I will miss you
  네가 그리울 거야

▶ I miss you already
  벌써 그리워지려고 해

I had a bad day 진짜 재수없는 날이야

모두 좋은 하루를 보내고 싶지만 현실은 어찌 그럴 수 있나. 재수없는 날을 보냈으면 have a bad day, 힘든 날을 보냈으면 have a rough[long] day, 그리고 정신없이 바빴으면 have a hectic day라고 하면 된다.

A: What's the matter? You look unhappy.

B: I had a bad day at work.

    A: 무슨 일이야? 기분이 안좋아 보인다.
    B: 회사에서 힘들었거든.

A: How was work?

B: Stressful. I had a pretty hectic day.

    A: 일은 어땠어?
    B: 스트레스 많이 받았어. 정신없이 바빴다구.

이왕이면 이것도 함께!

▶ I had a rough day
  힘든 하루였어

▶ Rough day for you?
  힘든 하루였지?

▶ It was a long day
  힘든 하루였어

▶ I had a pretty hectic day
  정신없이 바빴어

33_ It dosn't matter to me

Gabe   Are you moving out? **How could you not tell us?**

Tiff   **Not to worry.** I'll find another roommate to live here.

Gabe   **It doesn't matter to me.** But it's important that the person has money.

Tiff   **I know the feeling.** You can't have someone who doesn't pay the rent.

Gabe   So, are you making extra money that allows you to rent a bigger place?

Tiff   **I'm doing OK.** I just got a promotion at my job.

Gabe   **I'm happy for you.** We'll miss you when you're gone.

Gabe	이사가는거야? 어떻게 내게 말도 하지 않을 수 있어?	Gabe	그럼, 넌 더 큰 집 월세를 낼 여유돈을 버는거야?
Tiff	걱정마. 여기 살 다른 룸메이트 내가 구할게.	Tiff	난 괜찮아. 직장에서 승진했거든.
Gabe	그건 중요한 게 아냐. 걔한테 돈이 있냐가 중요하지.	Gabe	네가 잘되서 기뻐. 네가 가면 보고 싶어질거야.
Tiff	그 심정 알아. 월세를 안내는 사람하고 살면 안되지.		

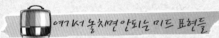 여기서 놓치면안되는 미드 표현들

How could you not tell us? 어떻게 우리에게 말하지 않을 수 있지?

I mean **how could you not tell me?** We lived together, we told each other everything.
내 말은 어떻게 내게 말하지 않을 수 있어? 우리는 함께 살았고, 서로 모든 것을 말했잖아.

Not to worry 걱정 안해도 돼

Tell her I've had a small breakdown. **Not to worry.**
걔한데 약한 신경쇠약이라고 말해줘. 걱정 안해도 된다고.

Doesn't matter to me 난 아무래도 상관없어

If you wanna be gay, be gay. **Doesn't matter to me.**
너 게이가 되고 싶으면 게이가 되라고. 난 상관없어.

I know the feeling 그 심정 내 알지

I know the feeling. I'm not looking for a longterm relationship either. 그 심정 알아. 나도 역시 장기적인 관계는 찾지 않아.

I'm doing OK 잘 지내고 있어

I'm doing okay. I think it's going well.
나 잘 지내고 있어. 잘 될거라 생각해.

I am happy for you 네가 잘돼서 나도 기쁘다

That's great! I mean, **I'm happy for you** guys.
잘됐다! 내 말은 너희들이 잘되서 기쁘다고.

How could you not tell us? 어떻게 우리에게 말하지 않을 수 있지?

당연히 상대방이 말해줘서 알고 있어야 될 일을 배신하기 위해서 혹은 혼날까봐 겁나서 말해주지 않은 상대방에게 다그치면서 하는 말로 How could not+동사?의 형태로 다른 다양한 문장을 만들 수 있다.

A: I guess I should have told you sooner Mom and Dad, but I'm pregnant.

B: What? How could you not tell us?

A: 아빠, 엄마에게 더 일찍 말씀드렸어야 했는데요, 저 임신했어요.
B: 뭐라구? 너 어떻게 우리한테 말을 안 할 수가 있니?

A: I didn't tell Chris I had a baby.

B: How could you not mention it?

A: 크리스에게 애가졌다는 말을 안했어.
B: 어떻게 그걸 말하지 않을 수 있어?

이왕이면 이것도 함께!

▶ How could you not tell me that S+V?
어떻게 …을 말하지 않을 수 있는거야?

▶ How could you not mention it? 어떻게 그걸 말하지 않을 수 있어?

▶ How could you not love this?
어떻게 이걸 좋아하지 않을 수 있어?

Not to worry 걱정 안해도 돼

중요한 문제는 아니니까 상대방에게 걱정하지 말라고 하는 말. Don't worry, There's nothing to worry about과 같은 맥락의 표현이다.

A: This elevator is out of service right now.

B: Not to worry. I can use the stairs.

A: 이 엘리베이터는 지금 운행이 안돼요.
B: 걱정 안해도 돼요. 전 계단으로 가면 되니까요.

A: I can assure you I didn't assault anyone.

B: Then you got nothing to worry about.

A: 정말이지 난 어떤 사람도 폭행하지 않았어요.
B: 그럼 아무 걱정 안하셔도 되요.

이왕이면 이것도 함께!

▶ You don't have to worry
걱정하지마

▶ There's nothing to worry about
걱정할 것 하나도 없어

▶ You've got nothing to worry about
걱정하지 않아도 돼

317

(It) Doesn't matter to me 난 아무래도 상관없어

앞서 배운 It makes no difference to me와 같은 맥락의 표현으로 「난 이러나 저러나 상관없다」는 표현이다. 그냥 (It) Doens't matter만 써도 된다.

A: What restaurant would you like to go to?

B: It doesn't matter to me. I'm really hungry.

    A: 어느 식당 가고 싶니?
    B: 아무데나 괜찮아. 너무 배고파서 말야.

A: It doesn't matter what was on that tape.

B: It matters that your daughter was raped.

    A: 그 테입에 무엇이 담겨있든 상관없어.
    B: 네 딸이 강간당하는 장면이 중요한 문제지.

이왕이면 이것도 함께!

▶ It doesn't matter that [how~] S+V
   …는 상관없어

▶ It matters that~
   …가 중요해

▶ It matters to me
   그건 내게 중요한 문제이다

I know the feeling 그 심정 내 알지

배신감에 혹은 사기당해 화나거나 우울하거나 처지가 안된 상대방을 위로하는 표현으로 「나도 그 심정을 잘 안다」라는 뜻. 달리 표현하자면 I know just how you feel이라고도 한다.

A: I can't believe she lied to me.

B: Oh, I know the feeling.

    A: 걔가 나한테 거짓말을 하다니 믿을 수가 없어.
    B: 아, 그 심정 내 알지.

A: These days I have a lot of stress about my salary.

B: I know just how you feel. There never seems to be enough money.

    A: 요즘 월급 때문에 스트레스 엄청 받아.
    B: 그 기분 이해해. 돈이란 늘 부족한 거 같아.

이왕이면 이것도 함께!

▶ I know just how you feel
   네 기분 이해해

I'm doing OK 잘 지내고 있어

별 특별한 일없이 잘 지내고 있다는 표현으로 가장 많이 쓰이는 okay를 do와 결합한 기본표현.

A: How are you doing?

B: I'm doing OK. What's new with you?

    A: 어떻게 지내?
    B: 잘 지내고 있지. 넌 뭐 좀 새로운 일 있나?

A: You doing okay?

B: Not really, but having you here helps.

    A: 잘 지내고 있어?
    B: 그렇지 않지만 네가 있어 도움이 돼.

이왕이면 이것도 함께!
▶ You doing okay?
잘 지내지?
▶ She's doing okay
걔 잘 지내고 있어

I am happy for you 네가 잘돼서 나도 기쁘다

기쁨은 나누면 두배가 된다는 걸 보여주는 표현. 상대방이 승진을 했다거나 무슨 일을 성공적으로 끝냈다는 기쁜 소식을 들었을 때 이렇게 맞장구 쳐주면 된다. 물론 상황에 따라 비꼬는 말로도 쓸 수 있다.

A: Once Richard is promoted, we plan to move to a larger house.

B: I'm happy for you. He must be getting a large salary increase.

    A: 리차드가 일단 승진하게 되면 우린 더 큰 집으로 이사갈 계획이야.
    B: 잘돼서 기쁘다. 월급이 많이 오르겠지.

A: I've finally found the perfect boyfriend.

B: I'm happy for you. Why don't you give me all of the details?

    A: 나 드디어 완벽한 남자친구를 만났어.
    B: 어머 정말 잘됐다. 자세히 좀 말해봐.

이왕이면 이것도 함께!
▶ I'm very happy for you
네가 잘돼 정말 기뻐
▶ I'm happy for you both
너희 둘다 다 잘되서 기뻐
▶ You know that I'm happy for you
네가 잘돼 기쁘다는거 알잖아

Season **4**

미드 ✓ 에서나 볼 수 있는 표현들

1_ Get off my back!

Abbie	**I'm all yours.** We can spend the evening together.
Major	**I'm so into you**, but tonight won't work.
Abbie	You can't stay? Well, **it's your funeral**. You'll regret it.
Major	Please **get off my back**. I have work to do. It's not my fault.
Abbie	Really? So what do you have to rush off to do?
Major	We have a huge project at the office. **Could I be excused** for tonight?
Abbie	Yes, I understand. Go ahead, and **don't give it a second thought**.

Abbie	난 네가 너무 좋아. 우리 오늘 저녁 같이 보내자.	Abbie	정말? 그럼 뭘 그리 급하게 해야 되는데?
Major	나도 네가 무척 좋지만 오늘 밤은 안돼.	Major	회사에서 프로젝트 큰 거 진행중야. 오늘 밤은 그 만 일어날게.
Abbie	같이 못지낸다고? 저기, 알아서 해. 후회하게 될거야.	Abbie	그래. 이해해. 어서 가, 걱정하지 말고.
Major	그만 좀 귀찮게 해. 나 일해야 돼. 내 잘못이 아냐.		

 여기서 놓치면 안되는 미드 표현들

I am all yours 난 24시간 대기야, 난 네꺼야, 네 맘대로 해	I'm just gonna go jump in the shower, and then, **I'm all yours**. 샤워를 언능하고, 그리고 나서 난 네꺼가 될거야.
I'm so into you 너한테 푹 빠져 있어	I hate to bother you, but in college **I was so into you**. 귀찮게 해서 미안하지만, 대학교 때 난 너한테 푹 빠져있었어.
He's dead man 쟨 이제 죽었다	I mean, if you get out of the car **you're a dead man**. 내 말은 네가 차에서 내리면 넌 죽은 목숨이야.
Get off my back 귀찮게 굴지 말고 나 좀 내버려둬	I don't know nothin' about the case. Now **get off my back**. 난 그 사건에 대해 아무 것도 몰라. 나 좀 내버려 둬.
Could I be excused? 양해를 구해도 될까요?, 이만 일어나도 될까요?	**Could I be excused?** I have a meeting to attend. 그만 일어나도 될까요? 참석할 회의가 있어서요.
Don't give it a second thought 걱정하지마	It was nothing. **Don't give it a second thought.** 별거아니니 걱정하지마.

I am all yours 난 24시간 대기야, 네가 원하면 언제든지

직역하면 「난 완전히 네 것」이라는 뜻인 I'm all yours는, '난 네 맘대로 해도 되는 존재」니 "얼마든지" 부탁이나 도움을 청해도 된다는 호의적 표현이다. 결국 I'm ready to help you whatever[whenever] you need라는 말.

A: Scott, can we talk for a minute?

B: I'm all yours. What's up?

> A: 스캇, 잠깐 시간 좀 내줄래?
> B: 얼마든지. 무슨 일이야?

A: I'd like a hotel room with a large bath and cable TV.

B: Whatever you ask, we will try to do.

> A: 난 큰 욕실과 케이블 TV가 있는 호텔 방으로 해줘.
> B: 뭐든 말만 해, 우리가 어떻게 해볼테니까.

이왕이면 이것도 함께!

▶ Whatever you ask
  뭐든 말만 해
▶ Whatever you say
  말만 해, 전적으로 동감이야
▶ Whatever it takes
  무슨 수를 써서라도
▶ Anything you say
  말만 하셔

I'm so into you 나, 너한테 푹 빠져 있어

be into sb[sth]은 「…에 폭 빠져있다」라는 말로 sb가 나오면 사랑에 눈이 먼 상태, 사물이 나오면 거기에 관심이 많이 있다, 열심히 하고 있다라는 뜻이 된다. 물론 부정으로 I'm not into it하게 되면 「난 그거에 관심없어」, 「나 그런 거 안해」라는 뜻이 된다.

A: I think I'm going to ask Gina out on a date.

B: I wouldn't do that. Derek will kill you. He's really into her.

> A: 지나한테 데이트신청을 하려고 해.
> B: 나라면 안하겠는데. 데릭이 널 죽이려 들 걸. 걘 지금 지나한테 푹 빠져있다구.

A: How can I let Lisa know that I have feelings for her?

B: Why don't you send her some flowers or write a poem for her?

> A: 어떻게 하면 리사한테 내가 사랑하고 있다는 걸 알릴 수 있을까?
> B: 꽃을 보내거나 시를 써서 주면 어떻겠어?

이왕이면 이것도 함께!

▶ I'm crazy for[about] you
  너한테 빠져있어
▶ I have feelings for her
  나 걔한테 감정이 있어
▶ I am nuts about you
  널 미친듯이 좋아해
▶ I'm mad about you
  너한테 푸욱 빠졌어
▶ You've had feelings for me? 너 나한테 마음있지?
▶ I still have loving feelings for him 걜 사랑하는 마음이 아직 남아 있어
▶ I have got a crush on her 난 걔한테 빠졌어

He's dead man 쟨 이제 죽었다

우리말 「이제 죽었다」와 같은 맥락의 표현. 잘못을 저지른 사람에게 「아주 혼찌검을 내주겠다」는 의미이다. 바로 상대방에게 넌 죽은 목숨이야라고 하려면 You're a dead man이라 하고, It's your funeral, 그리고 문맥에 따라 Party's over 또한 비슷한 의미로 쓰이기도 한다.

이왕이면 이것도 함께!
▶ You're a dead man
넌 죽은 목숨이야
▶ It's your funeral
그 날로 넌 끝이야
▶ Party's over
이제 넌 끝장이야

A: It was Bill who stole the money from you last week.

B: He's a dead man. Just wait until I catch him.

    A: 지난 주에 네 돈 훔친 사람이 바로 빌이더라구.
    B: 쟨 이제 죽었어. 잡기만 해봐라.

A: I don't feel like studying for the exam. Let's go drink some beer.

B: It's your funeral. You'll regret it later.

    A: 시험 공부하기 싫어. 맥주나 마시러 가자.
    B: 그러면 넌 끝이야. 나중에 후회할걸.

Get off my back 귀찮게 굴지 말고 나 좀 내버려둬

마치 등 뒤에 달라붙은 것처럼 쫓아다니면서 괴롭히는(annoy; pick on) 찰거머리와 같은 사람에게 「저리 가란 말야」, 「괴롭히지 좀 매」(stop bothering me!)라고 내뱉는 slang 표현.

이왕이면 이것도 함께!
▶ Get off my case!
귀찮게 하지 좀 마!
▶ Get off my tail
날 좀 내버려둬
▶ You're driving me up the wall
너 때문에 미치겠다
▶ You're driving me crazy
너 때문에 미치겠어

A: Jerry, your room is dirty, your grades are always bad, and your hair is too long!

B: Get off my back, Mom. I can do what I want!

    A: 제리, 네 방은 더럽고 성적은 언제나 바닥이고 머리도 너무 길구나!
    B: 좀 내버려둬요 엄마. 나도 하고 싶은 대로 할 수 있는 거잖아요!

A: You're driving me crazy with that!

B: Okay, I'll stop.

    A: 그거 때문에 나 미치겠다!
    B: 알았어, 그만둘게.

Could I be excused? 이만 일어나도 될까요?

대화중에 제 3자가 와서 상대방에게 잠깐 자리를 비우겠다고 할 때나 그냥 사적인 전화를 하거나, 화장실을 가거나 등의 용무로 잠시 (자리를 비우며) 「실례해도 될까요?」, 「그만 일어나도 될까요?」라는 문장. Can you excuse me for a sec? 은 다시 돌아온다는 전제가 깔린 반면 May[Could] I be excused?는 잠시 후에 돌아오거나 아니면 그냥 완전히 가버린다라는 뜻으로도 쓰인다는 점이 다르다.

A: Where did Frieda go? I thought she was here.

B: She excused herself to go to the bathroom.

A: 프리다가 어디갔어? 여기 있는 줄 알았는데.
B: 잠시 화장실에 갔어.

A: May I be excused? I have some urgent work.

B: Yes, of course. We'll meet again tomorrow.

A: 그만 실례할게요. 급한 일이 있어서요.
B: 그럼요. 그럼 내일 다시 만나죠.

이왕이면 이것도 함께!

▶ May I be excused?
실례 좀 해도 되겠어요?

▶ May we please be excused?
우리 일어나도 될까요?

▶ Can you excuse me for a sec?
잠깐 실례해도 될까요?

▶ He excused himself to the restroom 걔 양해를 구하고 화장실에 갔어

▶ If you'll excuse me 양해를 해주신다면

Don't give it a second thought 걱정하지마

걱정하고 있는 상대에게 고민하지 말라고 할 때 쓸 수 있는 표현. 사람들은 어떤 일이 생기면 그 일과 관련해서 「이런 저런 불필요한 연상」, 즉 second thought를 갖게 되는 데 그런 생각을 하지 말라고 할 때 쓸 수 있는 말이다. 「별다른 걱정은 하지마」 정도의 뜻이다. a second 대신 another를 넣어주기도 한다.

A: How can I ever repay you?

B: Don't give it a second thought.

A: 제가 어떻게 보상해야 하죠?.
B: 걱정마세요.

A: We'd like to thank you for inviting us to this reception.

B: Don't give it a second thought. It was good of you to come.

A: 저희를 환영회에 초대해주셔서 감사합니다.
B: 너무 그렇게 생각하지 마세요. 와주셔서 기뻐요.

이왕이면 이것도 함께!

▶ Don't think about it anymore
더이상 그것에 대해 생각하지 말아요

▶ Don't worry about it
걱정하지마

2_ You're telling me

Amanda   If you cops want to arrest me, **be my guest**.

Deacon   **You're telling me** you don't mind if we arrest you?

Amanda   **What do you want me to say?** You want to take me? Let's go!

Deacon   **Have it your way.** I'm taking you to jail.

Amanda   But **if worst comes to worst**, I'll be in jail for years. I don't want that.

Deacon   **I don't blame you.** It's miserable in there.

Amanda   Look, officer, maybe I don't want to go with you after all.

Amanda 너희 경찰들이 날 체포하려면 맘대로 해요.

Deacon 체포해도 괜찮다는 말인가요?

Amanda 나보고 어찌라고요. 날 데려갈거면 어서 갑시다!

Deacon 좋으실대로. 감방으로 갑시다.

Amanda 하지만 최악의 경우, 나 오랫동안 감방에 있을텐데 그건 싫은데요.

Deacon 그럴 만도 하지요. 감방생활은 비참하죠.

Amanda 저기, 경찰관님, 같이 가지 않으면 안되나요.

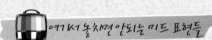 여기서 놓치면 안되는 미드 표현들

Be my guest! 그럼!	Do you think you could do better than me? Well, **be my guest!** 네가 나보다 더 잘할 수 있다고? 그래, 맘대로 해봐!
You're telling me 누가 아니래!, 정말 그래!, 나도 알아!	So **you're telling me** that there is nothing going on between you and Chris. 그럼 너는 크리스와 아무런 관계가 아니라는 말이야?
What do you want me to say? 무슨 말을 하라는 거야?, 나보고 어쩌라고?	**What do you want me to say?** Whatever you want me to do, I'll do it. 나보고 어떻게 하라고? 네가 뭘 하라고 하던지, 내 할게.
Have it your way 네 맘대로 해, 좋을대로 해	**Have it your way.** You go talk to your people. 너 좋을대로 해. 가서 네 사람들하고 얘기해.
If worse comes to worst 최악의 경우라 해도	**If worst comes to worst**, I'll be there for you. 최악의 경우라도, 난 네곁을 지킬거야.
I don't blame you 그럴 만도 해, 네가 어쩔 수 없었잖아	I know you hate me right now. And **I don't blame you**. I should've called. 지금 날 무척 싫어하는구만. 그럴 만도 하지. 내가 전화했어야 했는데.

326

Be my guest! 그럼요!, 맘대로 하세요!

상대방의 요청을 흔쾌히 허락할 때(Please feel free to do so), 또 엘리베이터 입구 등에서 옆 사람에게 기쁜 마음으로 양보할 때(Please go in front of me) 자주 쓰는 예절 표현. guest란 단어를 이용하여 허락하는 이의 기꺼운 마음을 넉넉하게 드러내는 경우라 하겠다.

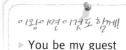

이왕이면 이것도 함께!
▶ You be my guest
맘대로 하세요

A: Excuse me, may I use your toilet?

B: Be my guest. It's down the hallway, on your left.

　　A: 죄송합니다만, 화장실을 사용해도 될까요?
　　B: 그럼요. 복도를 따라 쭉 가면 왼쪽에 있어요.

A: That's a beautiful ring. May I take a look at it?

B: Be my guest. It was handcrafted in Italy.

　　A: 반지 예쁘다. 한번 봐도 될까?
　　B: 되고 말고. 이탈리아에서 만든 수공예품이야.

You're telling me! 누가 아니래!, 정말 그래!, 나도 알아!

상대방의 말에 전적으로 동의할(showing very strong agreement) 때 맞장구치는 표현. 또한 이미 다 알고 있는 안좋은 이야기를 새삼 다시 거론하는 사람에게 「나도 안다고」라며 짜증낼 때도 사용된다.

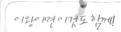

이왕이면 이것도 함께!
▶ Tell me about it!
누가 아니래!
▶ You're telling me that S+V
…라고 말하는 거야?
▶ I see it the same way
나도 그렇게 생각해

A: I wasn't expecting the weather to be so hot today.

B: You're telling me. I shouldn't have worn this jacket.

　　A: 오늘 날씨가 이렇게 더울거라고는 생각도 못했어.
　　B: 누가 아니래. 이 재킷을 입지 말았어야 했어.

A: I can't believe the prices at this restaurant.

B: You're telling me.

　　A: 이 식당은 비싸도 너무 비싸.
　　B: 그래 맞아.

What do you want me to say?

무슨 말을 하라는 거야?, 나보고 어쩌라고?

▪▪▪

직역하면 "너는 내가 무슨 말을 하기를 원하느냐?"라는 말로 정말 상대방의 의중이 궁금해서 물어보는 표현이라기 보다는 살짝 험악한 분위기에서 「도대처 나보고 어찌라고요?」라고 불만과 짜증을 내는 문장으로 많이 쓰인다.

A: You committed a crime!

B: What do you want me to do? Turn myself in?

> A: 너 범죄를 저질렀어!
> B: 나보고 어쩌라고? 자수하라고?

A: You really hurt me when you cheated on me with that woman.

B: What do you want me to say, honey? I already said I'm sorry.

> A: 그 여자하고 바람을 피우다니, 당신은 나한테 정말 큰 상처를 줬어.
> B: 내가 뭐라고 하길 바래, 자기야? 미안하다고 했잖아.

이왕이면 이것도 함께!

▶ What do you want from me?
나보고 어찌라고?

▶ What do you want me to do?
나보고 어찌라고?

Have it your way 네 맘대로 해, 좋을 대로 해

▪▪▪

상대방의 의견이나 행동이 썩 내키지는 않지만 조언을 해도 듣지 않으니 「네 맘대로 하라」, 「네 멋대로 해라」(do it whatever way you want to)는 뜻으로, 무관심의 표현이다.

A: I don't care if they say it's unsafe. I'm still going to go there.

B: Have it your way. But don't be surprised if you get injured.

> A: 위험하다고 해도 상관없어. 그래도 난 거기 갈테니까.
> B: 너 좋을 대로 해. 하지만 다치더라도 놀라지마.

A: My favorite hobby is parachuting out of airplanes.

B: Whatever turns you on.

> A: 내가 가장 좋아하는 취미는 비행 공중 낙하야.
> B: 뭐든 간에.

이왕이면 이것도 함께!

▶ Do as you like
좋을 대로 해

▶ Do what you want
원하는 대로 해

▶ He gets his way
걘 제멋대로야

▶ Whatever turns you on
뭐든 좋을대로

▶ So be it
(그렇게 결정됐다면) 그렇게 해

If worse comes to worst 최악의 경우에는, 아무리 어려워도

최악의 상황이 벌어져도 자신은 예정된 것을 하겠다는 의지의 표현. if worse comes to worst 혹은 if the worst comes to the worst라 써도 된다.

A: What are we going to do if it rains during our picnic or something?

B: Well, if worse comes to worst, we'll just have the picnic inside.

A: 피크닉 가 있는 동안 비가 오기라도 하면 뭘 하지?
B: 음, 최악의 경우라 해도 실내에서 피크닉을 즐기지 뭐.

A: Bad kissers are the worst.

B: The worst. When it comes to the worst, they're at the top.

A: 키스 못하는 사람들은 최악이야.
B: 최악이지. 최악에 관한 한 그 사람들이 최고일거야.

이왕이면 이것도 함께!

▶ If the worst comes to the worst
최악의 상황 하에서도

▶ When it comes to the worst
최악에 관한 한

I don't blame you 그럴 만도 해, 너도 어쩔 수 없지

blame은 「비난하다」(criticize), 「흠을 잡다」(find fault with)라는 뜻이어서 I don't blame you를 단순히 「널 비난하지 않는다」라고 해석할 수 있지만, 실제로는 「그럴만도 하지」(It is right and reasonable for you to do something)라는 의미이다. 「나라도 그랬을거야」하면서 상대방의 말이나 행동에 동조할 때 유용하게 쓰인다.

A: I'm going to stay inside tonight.

B: I don't blame you. It's cold outside.

A: 오늘밤엔 안에 있을래요.
B: 어쩔 수 없죠. 바깥 날씨가 추우니.

A: I am so sorry that I hit your car.

B: I don't blame you. It was just an accident.

A: 차를 박아서 정말 미안합니다.
B: 어쩔 수 없었잖아요. 어쩔 수 없이 일어난 사고였는걸요.

이왕이면 이것도 함께!

▶ I don't blame you for being angry.
네가 화낼 만도 하지

▶ Don't blame yourself for what happened
일어난 일 때문에 자책하지마

3_ That works for me

Rita	Sorry for causing you problems. **I want to try to make it up to you.**
Carl	**I get your point.** You shouldn't have started rumors about me.
Rita	**So shoot me!** But I'm willing to change the way I act.
Carl	You want to be a better person? **That works for me.**
Rita	**I know what I'm doing.** I'll never spread rumors again.
Carl	**Let me sleep on it.** I'm still not sure you're being honest.
Rita	Fair enough. It will take some time for you to trust me.

Rita	문제를 일으켜 미안해. 보상을 해주고 싶어.	Rita	내가 알아서 행동한다고, 다신 절대 소문내지 않을게.
Carl	무슨 말인지 알겠어. 나에 대한 소문을 안냈어야지.	Carl	곰곰히 생각해보고, 네가 솔직한지 아직 확신이 안서.
Rita	그래서 뭐! 하지만 내 기꺼이 내 행동을 고치겠다고.	Rita	그럴만도 하지. 날 믿으려면 시간이 좀 걸릴거야.
Carl	더 나은 사람이 되겠다고? 그럼 괜찮지.		

 여기서 놓치면안되는 미드 표현들

I want to try to make it up to you 내가 다 보상해줄게	I'm so sorry. Let me **make it up to you**. 미안해. 내가 보상해줄게.
I get your point 무슨 말인지 알아들었어, 알겠어요	All right, **I get your point**. 좋아, 무슨 말인지 알겠어.
So shoot me 그래서 어쨌다는거야	You don't like my attitude? **So shoot me.** 내 태도가 맘에 안든다고? 그래서 어쩔건데?
(It) Works for me 난 괜찮아, 찬성이야	All right. **That works for me.** 좋아. 난 괜찮아. Okay. I killed somebody. **That works for you?** 그래. 난 누군가를 죽였어. 너한테 도움 돼?
I know what I'm doing 내가 다 알아서 해	**I know what I'm doing.** I just wanted to put a stop to this. 내 할 일은 알아서 한다고. 난 단지 이걸 끝내고 싶었을 뿐이야.
Let me sleep on it 곰곰이 생각해봐야겠어	Don't you think you should **sleep on it** before you make such a huge decision? 이런 커다란 결정을 하기 전에 곰곰히 생각해봐야 된다고 생각하지 않아?

I want to try to make it up to you 내가 다 보상해줄게

make up은 돈이나 빌린 것들을 「갚는다」는 뜻. 따라서 make it up to you하면 「너한테 그것(it)을 갚다」가 되는데 여기서 it은 자신의 잘못이나 상대방의 도움 등을 가리키는 대명사로 결국 「보상[보답]하다」라는 비유적인 표현이 된다.

A: Why did you forget my birthday, honey?

B: I'm sorry. I'll try to make it up to you. I promise.

> A: 여보, 어째서 내 생일을 잊어버린 거야?
> B: 미안. 대신에 다른 걸로 보상해줄게. 정말이야.

A: I know you're angry that I went out with another girl last night. I'll try to make it up to you.

B: Okay, but you'd better try very hard.

> A: 내가 어젯밤에 다른 여자애하고 데이트해서 화난 거 알아. 앞으로 잘 할게.
> B: 좋아, 하지만 아주 열심히 해야 할거야.

이왕이면 이것도 함께!

▶ We'll make it up to you
우리가 다 갚아줄게

▶ I will make it up to you
내가 다 보상할게

▶ Let me make it up to you
내가 보상해줄게

I get your point 무슨 말인지 알아들었어, 알겠어요

상대방이 한 말의 요지와 핵심이 무언지 이해했다(I understand what you're saying)는 말. 전체적인 문맥이나 상황을 이해한다(understand the whole situation)는 뜻의 get the picture와 같은 맥락의 표현이다.

A: We need to clean this place up. It's a mess.

B: I get your point. Let's get started.

> A: 여기 좀 치워야겠다. 아수라장이야.
> B: 알겠어. 시작하자고.

A: It is important to buy items of good quality.

B: You have a point there. If something is of good quality, we won't be disappointed.

> A: 품질이 우수한 제품을 구입하는 것이 중요합니다.
> B: 바로 그 말이에요. 품질이 좋으면 실망하는 일이 없을 겁니다.

이왕이면 이것도 함께!

▶ I (can) see your point
네 말을 알겠어

▶ You've got a point
맞는 말이야

▶ You have a point there
네 말이 맞아

So shoot me 그래서 어쨌다는 거야?(화자의 무관심)

상대방이 자신의 잘못을 틀렸음을 말하거나 지적할 때 자존심 때문이지, 인정하기 싫어서인지 "자신이 말한 게 틀렸건 말건 그게 뭐 중요한거냐"라는 뉘앙스를 품고 「그래서」, 「뭐 어쩌라고」에 해당되는 표현이다.

A: This is the fourth time you've missed a meeting.

B: So shoot me. I've been busy.

> A: 자네가 회의에 빠진 게 이번이 네번째야.
> B: 어쩌라구. 바빠서 그런 걸.

A: No one likes your new hairstyle.

B: So shoot me. I'm not going to change it.

> A: 아무도 네 새론 머리스타일 좋아하지 않아.
> B: 그래서 어쨌다구. 난 바꾸지 않을거야.

이왕이면 이것도 함께!
▶ Whatever
어쨌거나
▶ I don't give a fuck
난 상관없어

(It) Works for me 난 괜찮아, 찬성이야

여기서 it은 앞서 말한 제안이나 의견의 내용 전체를 지칭하는 대명사로, Does it work for you?는 그것을 받아들이거니 동의힐 수 있는지 물어보는 표현이 된다. 특히 약속잡을 때 시간이 괜찮냐고 Does it work for you?라는 문장이 많이 쓰인다.

A: I had to rearrange the office so that there's enough room to walk through. Does it work for you?

B: Sure. It looks fine to me.

> A: 사무실 배치를 다시 해서 지나다닐 공간을 충분하게 했어요. 괜찮죠?
> B: 그럼요. 아주 좋아보이는데요.

A: Can you meet me here at 3 pm tomorrow?

B: OK, that works for me.

> A: 내일 오후 3시에서 여기서 만날래?
> B: 그래, 난 좋아.

이왕이면 이것도 함께!
▶ Does it work for you?
너 괜찮아?

I know what I'm doing 내가 다 알아서 해

못미더운 눈치를 보이며 내가 하는 일마다 꼬투리를 잡고 늘어지는 사람에게 「내가 하는 일을 나 말고 누가 더 잘 알겠냐」, 「내가 하는 일에 대해선 잘 알고 있으니 걱정마라」(Don't worry, I can handle it)고 하는 표현.

A: Have you ever driven a motorcycle before?

B: It's OK. I know what I'm doing.

이왕이면 이것도 함께!

▶ You know what you're doing?
잘 알겠지?, 어떻게 하는지 알지?

▶ I know what I'm saying
나도 알고 하는 말이야

▶ I know what I'm talking about
나도 다 알고 하는 얘기야

> A: 오토바이 몰아본 적 있어?
> B: 괜찮아. 나도 다 아니까 신경 꺼.

A: You have been drinking all day. I don't think you should talk to your parents now.

B: I know what I'm saying. I'm in full control of myself.

> A: 진종일 마셔대는군. 지금은 부모님이랑 얘기하면 안되겠다.
> B: 내가 알아서 해. 나 하나는 건사할 수 있다구.

Let me sleep on it 곰곰이 생각해봐야겠어

중요한 결정을 해야 하는데 그 자리에서 곧바로 결론을 내리기(make a decision)는 애매할 때, 「하룻밤 시간을 갖고 생각을 다시 해보겠다」는 표현.

이왕이면 이것도 함께!

▶ Let me think about this
생각 좀 해볼게

A: Are you interested in joining our country club?

B: Let me sleep on it and I'll let you know soon.

> A: 우리 골프클럽에 회원으로 가입할 생각 있으세요?
> B: 생각 좀 해보고 곧 알려드리죠.

A: Sweetheart, would you please marry me?

B: I don't know if I'm ready. Let me sleep on it and I'll give you the answer in the morning.

> A: 자기야, 나하고 결혼해줄래?
> B: 내가 준비가 됐는지 모르겠어. 생각 좀 해보고 아침에 대답해 줄게.

4_ Do I make myself clear?

Karen   I want to adopt a child. **Do I make myself clear?**

Rex   **What's the big deal?** You really want a kid soon?

Karen   **You said it.** I can't get pregnant, so we have to adopt.

Rex   Well, honey, **work comes first** for me. I don't have time to be a dad.

Karen   **I don't know about that.** You'll do just fine in your free time.

Rex   Is this a book on parenting? Where did you get it?

Karen   It's from my mom. **She gave it to me.**

Karen 아이를 입양하고싶어. 내 말이 무슨 말인지 알겠어?
Rex 별 일도 아닌 것 가지고. 정말, 벌써 아이를 원하는 거야?
Karen 그렇고 말고. 내가 임신이 안되니 아이를 입양해야지.
Rex 저기, 자기야, 나한테는 일이 우선이야. 아버지가

될 시간이 없다고.
Karen 글쎄, 자기 여가시간에 잘해낼거야.
Rex 이책은 육아책이야? 어디서 났어?
Karen 엄마꺼야. 내게 주셨어.

여기서 놓치면 안되는 미드 표현들

Do I make myself clear? 알았들었어?

Let me make myself clear. This is a mistake.
내가 분명히 말할게. 이건 실수아.

What's the big deal? 별거 아니네?, 무슨 큰 일이라도 있는거야?

What's the big deal, Susan? Just ask him to dance.
수잔, 별것도 아닌데. 걔한테 가서 춤추자고 해.

You said it 네 말이 맞아, 맞는 말이야

A: Yeah. Small world, huh? B: Yeah, **I'll say.**
A: 그래, 세상 참 좁지, 어? B: 그래, 맞는 말이야.

Work comes first 일이 우선이다

Since my career **comes first**, you may have to support me. 내 경력이 우선이니까, 나를 도와줘야지.

I don't know about that 글쎄

I don't know about that. It seems wrong.
잘 모르겠지만, 틀린 것 같아.

She gave it to me 나 걔한테 혼쭐이 났어, 나 걔고 섹스했어

She gave it to me when she caught me cheating.
컨닝하다 걔한테 걸려서 혼났어.
She gave it to me on the first date. 첫 데이트해서 난 걔와 섹스했어.

334

Do I make myself clear? 분명히 알겠어?, 알아들었어?

잔소리를 늘어놓다가 「무슨 소린지 알아듣겠어?」라며 얘기를 마무리지으며 다짐받을 때, 혹은 얘기를 길게 하다가 상대가 제대로 이해하고 있는지 확인할 때 사용하는 표현. Do you know what I'm saying?과도 같은 의미이다.

A: I want you kids to clean your room. Do I make myself clear?

B: OK Dad. But please take us to the park when we finish.

A: 너희들 방 좀 치워라. 무슨 말인줄 알겠니?
B: 예, 아빠. 하지만 방 청소 끝나면 공원에 데려가 주세요.

A: I want this work taken care of immediately. Do you read me?

B: Yes sir, I'll get it done.

A: 이 일을 즉시 처리했으면 해. 내 말 알아들어?
B: 알겠습니다. 제가 해놓겠습니다.

이왕이면 이것도 함께!

▶ Is that clear?
분명히 알겠어?

▶ I didn't make myself clear 제 말 뜻을 이해하지 못하셨군요

▶ Let me make myself clear.
내가 분명히 말할게

▶ Do you read me?
내 말 들려?, 무슨 말인지 알겠어?

What's the big deal? 별거 아냐?, 무슨 큰 일이라도 있는거야?

뭔가 좋지 않은 상황을 만나 지나치게 걱정 혹은 당황하고 있는 상대방을 진정시키는 표현. deal은 「사업상의 합의[거래]」를 뜻하지만 여기선 「해결해야 할 문제」(problem to be treated)란 의미. 「별거 아닌데 왠 호들갑이야?」라는 뜻. 또한 Don't worry. That's no big deal(별 거 아니니까 너무 신경쓰지마)는 사소한 잘못을 사과하는 친구를 안심시키고 너그럽게 받아넘길 때 아주 유용하다.

이왕이면 이것도 함께!

▶ That's no big deal
별거 아냐

A: Everyone seems to hate my long hair. What's the big deal?

B: Not many men wear their hair long here.

A: 다들 내 긴머리를 싫어하는 거 같더라. 그게 무슨 대수라고?
B: 여긴 머리를 기르는 남자들이 많지 않거든.

A: Yeah, what did you do last night?

B: Look, what's the big deal?

A: 그래, 어제 밤에 뭘 했어?
B: 저기, 그게 뭐가 중요해요?

You said it 네 말이 맞아

상대방의 말에 동의하는 표현. 물론 글자 그대로 "네가 그렇게 말했어"라는 뜻으로 쓰이기도 한다. 하지만 You said it하면 뭔가 잘못된 일을 인정할 때 혹은 상대방의 제안에 동의할 때 쓴다. I'll say, You can say that again과 같은 맥락의 표현.

A: The Yankees are likely to have another good season this year.

B: You said it. That's why they are my favorite baseball team.

A: 양키즈가 이번 시즌에 또 한번 좋은 성적을 거둘거 같아.
B: 맞아. 그래서 내가 제일 좋아하는 팀이 양키즈라니까.

A: Is this what you had in mind?

B: I'll say.

A: 네가 맘에 두고 있던 게 이거야?
B: 맞아.

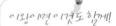

이왕이면 이것도 함께!

▶ I'll say
정말이야, 맞아
▶ You can say that again
그렇고 말고

Work comes first 일이 우선이다

come first하면 순위상 「첫째 가다」, 「우선하다」. Children come first라는 어머니들의 유명한 슬로건(?)으로 잘 알려진 표현.

A: Are you planning to have a vacation in Thailand this year?

B: No, I'm too busy. Work comes first.

A: 올 휴가는 태국으로 가실 건가요?
B: 아뇨, 너무 바빠서요. 일이 우선이죠.

A: You have to concentrate on what you're doing here. Work comes first.

B: Sorry, I've been kind of distracted by my personal problems.

A: 지금 하는 일에 집중하세요. 일이 우선이잖아요.
B: 최송해요. 사적인 문제 때문에 정신이 좀 산만했어요.

이왕이면 이것도 함께!

▶ whichever comes first
어떤게 먼저 오든지
▶ Baby comes first
애가 우선이지
▶ The client comes first
고객이 우선이야

I don't know about that 글쎄

글자 그대로 "그거에 대해서 잘 모른다"라는 말로 상대방의 의견에 명확한 의견이나 공감을 말하지 못할 때 사용하면 된다. 정말 그것에 대해 전혀 모른다고 할 때는 I don't know anything about that이라고 한다.

A: I'll bet the Rangers will make it to the World Series this year.

B: I don't know about that.

    A: 올해 레인저스 팀은 틀림없이 월드 시리즈에 진출할거야.
    B: 글쎄.

A: Think even she would be impressed.

B: I don't know about that.

    A: 걔조차도 감동받았을거야.
    B: 글쎄.

이왕이면 이것도 함께!
▶ I'm not sure
  잘 모르겠어

She gave it to me 나 걔한테 혼쭐이 났어, 나 걔하고 섹스했어

give it to me는 우선 가장 많이 쓰이는 경우로 그냥 단순히 「그것을 내게 주다」라는 의미지만 현지영어에서는 「혼쭐내다」 뜻으로, 그리고 더 깊숙이 들어가면 남녀가 사랑놀이를 할 때 「섹스하다」, 즉 명령문 형태로 상대방에 좀 더 분발(ㅋ)하라고 할 때 사용한다.

A: They really gave it to me at the meeting!

B: I guess they were still upset about last month's sales.

    A: 그 사람들이 회의에서 날 정말 호되게 몰아세우더라구!
    B: 지난 달 판매실적 때문에 그때까지도 화가 나 있었던 모양이군.

A: A woman does need to be loved, and since you didn't give it to me, I had to find it elsewhere.

B: So that's what the teenager was doing in our bedroom. Filling you with love.

    A: 여자는 사랑을 받아야 돼. 그리고 네가 안해주니 난 다른 곳에서 그걸 찾아야 했어.
    B: 그래서 저 십대애가 우리 침대에서 그걸 하고 있었던거야. 네게 사랑을 채워주는거.

이왕이면 이것도 함께!
▶ Give it to me! It's mine
  내게 줘! 그거 내꺼야
▶ Give it to me straight
  숨기지말고 솔직히 말해

5_ So I figured it out

Mina	**There you go again.** You're really angry at Bill.
Flynn	Yeah, I'm angry. My money was missing, **so I figured it out**. He took it.
Mina	Your desire for revenge is crazy. **See what I'm saying?**
Flynn	No, it isn't. He said he didn't steal my money, but **I'm not buying his story**.
Mina	Well, **mum's the word**. You can't just threaten revenge.
Flynn	**You can say that again.** I've got to keep this secret.
Mina	So tell me, what do you plan to do to him?

Mina 또 시작이구만. 너 빌한테 엄청 화났지.

Flynn 어, 화났어. 내 돈이 없어졌는데, 그 이유를 알게 되었어. 걔가 가져갔어.

Mina 복수하겠다는 네 맘은 쓸데없는 짓이야. 내 말 무슨 말인지 알지?

Flynn 아니 그렇지 않아. 걔는 돈을 훔치지 않았다고 말

하는데 난 걔말을 못믿겠어.

Mina 그럼, 이건 비밀이야. 걔한테 그냥 복수하겠다고 협박하지마.

Flynn 물론이지. 이건 비밀로 해야지.

Mina 그럼 말해봐, 걔한테 어떻게 할건데?

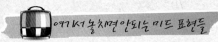

여기서 놓치면안되는 미드 표현들

There you go again
또 시작이군

There you go again, checking out my basket.
또 시작이구만, 내 바구니에 뭐 있나 확인하고.

So I figured it out
그래서 (연유를) 알게 되었지

So I figured it out after looking at it carefully.
그걸 자세히 본 후에야 그 연유를 알게 되었어.

See what I'm saying?
무슨 말인지 알지?

There's no way to do it. **See what I'm saying?**
그걸 할 수가 없어. 무슨 말인지 알지?

We aren't buying your story 네 얘기 믿을 수 없어

You gotta everybody to **buy your story**.
모든 사람들이 네 이야기를 믿게끔 해.

Mum's the word
입 꼭 다물고 있어

Mum's the word. It has to be a surprise.
입 다물어. 깜짝파티이어야 돼.

You can say that again
그렇고 말고, 당근이지

You can say that again. You're totally right.
그렇고 말고. 네가 정말 맞아.

There you go again 또 시작이군

There you go라고만 하면 「그것봐, 내 말이 맞지」, 혹은 물건 따위를 건네줄 때
「자, 이거 받아」라는 뜻. 그런데 여기에 again이 붙으면 얘기는 달라져서, 썰렁한
농담밖에 할 줄 모르는 친구가 또 재밌는 얘기 해주겠다고 나설 때, 마누라가 또 똑
같은 잔소리를 시작했을 때, 미간에 주름잡으며 「또 시작이로군」이라고 할 때 쓰는
말이 된다.

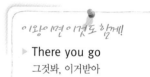

이왕이면 이것도 함께!
▶ There you go
그것봐, 이거받아

A: Let's go out shopping for clothes on Saturday.

B: There you go again, always trying to spend all
the money we have.

A: 토요일날 옷 사러 가자.
B: 또 시작이구나. 항상 돈만 있으면 몽땅 써버리려는 거 말야.

A: Why do you always wear those awful pants?

B: There you go again, lecturing me on my fashion
sense.

A: 그런 흉칙한 바지는 왜 맨날 입고 다니는 거야?
B: 또 시작이군. 내 패션감각을 놓고 이러쿵 저러쿵 하는 거 말야.

So I figured it out 그래서 (연유를) 알게 되었지

figure out은 어떤 문제나 어려움에 대해 해결 방안을 「생각해내다」, 「이해하다」,
문맥에 따라서는 「…을 계산해내다」라는 뜻으로 사용되는 것으로 So I figured it
out하게 되면 그래서 결국 알아내다, 해결했다, 이제 알았어라는 표현이 된다.

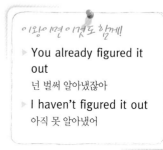

이왕이면 이것도 함께!
▶ You already figured it
out
넌 벌써 알아냈잖아
▶ I haven't figured it out
아직 못 알아냈어

A: I wanted to know how to use this computer, so I
figured it out.

B: Is it very useful to you?

A: 이 컴퓨터 사용법을 알고 싶었는데 말야, 결국 알아냈다구.
B: 그게 너한테 아주 유용한 거야?

A: I was curious about the math equation, so I
figured it out.

B: I didn't realize you liked math.

A: 수학 방정식이 아리까리했는데, 해결했어.
B: 네가 수학을 좋아하는지 몰랐네.

See what I'm saying? 무슨 말인지 알지?

상대방이 내 말을 이해했는지 혹은 나와 같은 생각인지 물어볼 때 쓰는 표현. 비슷한 표현으로 You know what I mean?이 있는데 이는, 평서문으로 문두에 나올 때는 「너도 알겠지만」, 「너도 알잖아」의 의미로 자기가 앞으로 하는 말에 대해 상대방의 동의를 구하는 다른 표현이 된다.

이왕이면 이것도 함께!

▶ (Do) (You) Know what I'm saying?
무슨 얘기인지 알겠어?

▶ (Do) You understand what I'm saying?
제 말 이해돼요?

▶ You know what I mean?
무슨 말인지 알겠어 (평서문)
너도 알겠지만

A: This plan makes sense. See what I'm saying?

B: Yeah, I think you're right.

A: 이번 계획은 타당성이 있네. 무슨 말인지 알겠어?
B: 그래, 네 말이 맞다고 생각해.

A: I think you and Bob argue too much.

B: Yeah, but we still like each other a lot. You know what I mean?

A: 너랑 밥하구 너무 많이 다투는 것 같다.
B: 응, 그래도 우린 서로 너무 좋아해. 무슨 말인지 알지?

We aren't buying your story 네 얘기 믿을 수 없어

buy가 「사다」라는 뜻외에 「믿다」라는 뜻으로 쓰인다면? 못 믿겠다고? 그렇다. 바로 그렇게 상대의 말을 「못믿겠어」(I don't believe it)라고 할 때 구어체에서 자주 쓰이는 표현이 바로 I don't buy it. 여기서 buy는 believe 또는 accept의 뜻이다.

이왕이면 이것도 함께!

▶ We aren't buying your story
네 얘기 믿을 수 없어

▶ I don't buy it
못 믿어

▶ I can't accept that
인정 못해

A: Sir, if you purchase something, I'll give you a big discount.

B: I don't buy it. These products are really overpriced.

A: 손님, 뭐든 사시면 대폭 할인해드리겠습니다.
B: 안 믿어요. 이 물건들은 가격이 너무 높게 매겨져있다구요.

A: Someone erased the report from my computer.

B: We aren't buying your story.

A: 누군가가 내 컴퓨터에서 보고서를 지워버렸어요.
B: 당신 얘길 믿을 수가 있어야 말이죠.

Mum's the word 입 꼭 다물고 있어

여기서 mum은 두 입술을 꽉 다물 때 나는 소리를 흉내낸 단어로 Mum's the word하면 지금 하는 이야기는 「비밀이니까 함구하라」는 말이 된다. 간단히 Mum! 이라고만 하기도 한다.

A: Steve's surprise party is tomorrow night. Mum's the word.

B: Don't worry. I won't tell him about it.

A: 스티브를 위한 깜짝 파티가 내일 밤이야. 입 다물고 있어.
B: 걱정마. 스티브한테 얘기 안해.

A: This time don't bring up what happened at the last meeting.

B: Don't worry, my lips are sealed.

A: 이번에는 지난 번 회의 때 나왔던 이야기는 하지 맙시다.
B: 걱정말아요, 입다물고 있을 테니.

이왕이면 이것도 함께!
▶ Keep it quiet
조용히 하고 있어
▶ My lips are sealed
입다물고 있을게요
▶ I won't breathe a word (of it)
입도 뻥긋 안 할게

You can say that again 그렇고 말고, 당근이지

"말 되는 소리는 더 해도 돼"라는 지당하신 말씀이 바로 You can say that again. 이는 that이 가리키는 것, 즉 앞서 내놓은 상대방의 의견에 대해 「전적인 동의」(strong agreement)를 나타내어 「그렇고 말고」(that's certainly true)라는 뜻으로 사용된다.

A: God, it is so cold outside tonight!

B: You can say that again. I can't wait until summer arrives.

A: 이런, 오늘밤엔 바깥이 너무 춥다!
B: 그러게 말야. 하루 빨리 여름이 왔으면 좋겠는데.

A: Bad day?

B: You could say that. You?

A: 오늘 일진 안좋아?
B: 그렇다고 할 수 있지. 넌?

이왕이면 이것도 함께!
▶ You could say that
두말하면 잔소리지, 그렇다고 할 수 있지
▶ You might say that
그러게 말야
▶ Well said
그 말 한번 잘했어, 맞는 말이야
▶ I'm with you
나도 같은 생각이야

6_ I'm pissed off

Cindy	**I'm pissed off.** My parents always give my brother more money.
Doug	**That doesn't make sense.** Why don't you treat your parents nicer?
Cindy	**Like what?** You mean I should try to be more sweet?
Doug	Of course. Treat them kind and they will reward you. **It works.**
Cindy	OK, **I'm with you.** I can act like a really good daughter.
Doug	**Are you in?** That's good to hear. Everyone will be happier now.
Cindy	And maybe they'll start to give me more money than my brother.

Cindy 열받아. 부모님은 언제나 오빠한테 돈을 더 준단말야.
Doug 말도 안돼. 부모님께 더 잘해드려.
Cindy 예를 들면? 내가 더 착해지려고 노력해야 한다는 말야.
Doug 당근이지. 잘 대해드리면 네게 보상해주실거야. 그

게 통한다니까.
Cindy 그래, 알았어. 정말 착한 딸처럼 행동할 수 있어.
Doug 그렇게 하겠다는거지? 반가운 소리네. 다들 이제 더 행복해질거야.
Cindy 그러면 오빠보다 돈을 더 주기 시작할 지도 몰라.

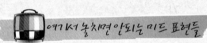

여기서 놓치면안되는 미드 표현들

I'm pissed off 열받아, 진절머리나	**You were pissed off** that she broke up with you? 걔가 너와 헤어져서 화가 났었어?
It doesn't make any sense 무슨 소리야, 말도 안돼	**This doesn't make any sense.** Why is she reporting this now? 그건 전혀 말도 안돼. 왜 걔가 지금 그걸 보고하는거야?
Like what? 예를 들면?	**Like what?** We already matched the guy's voice. 예를 들면, 우린 이미 그 사람의 목소리가 일치하는 걸 알아냈잖아.
It works! 제대로 되네!, 효과가 있네!	We only see what we wanna see and believe what we want to believe. And **it works**. 우리는 단지 보고 싶은 거만 보고 믿고 싶은 것만 믿지. 그리고 그게 통한다니까.
Are you with me? 내 말 이해돼?, 내 편이 돼줄테야?	**I'm with you.** He even asked me if I thought you'd go out with him. 동감야. 걘 네가 걔하고 데이트할거라 생각하냐고 내가 물어보기까지 했어.
Are you in? 너도 할래?	I mean, we know you're out, but **are you in?** 내 말은, 우리는 네가 안하는 걸로 아는데, 하지만 다시 들어와 함께 할래?

I'm pissed off 열받아, 진절머리나

piss는 동사로 오줌싸다라는 배설동사 중 하나이지만 비유적으로는 「화나게 하다」, 「짜증나게 하다」(annoy)의 의미로 자주 쓰인다. 특히 off와 결탁하여 piss sb off, be[get] pissed off의 형태로 미드에 자주 나오는 슬랭이다.

A: What's the matter?

B: I'm pissed off at my sister. She borrowed my favorite sweater and tore a hole in it.

  A: 무슨 일이야?
  B: 언니 땜에 열받어. 내가 제일 아끼는 스웨터를 빌려가서는 구멍을 내놨지 뭐야.

A: Meg got a promotion yesterday.

B: That really burns me up! Everybody knows I work twice as hard as her.

  A: 멕이 어제 승진했어.
  B: 그것 때문에 정말 신경질나 죽겠어! 내가 멕보다 배로 열심히 일한다는 건 모두들 아는 사실인데 말야.

이왕이면 이것도 함께!

▶ She isn't pissed at us
  걔는 우리에게 화내지 않았어
▶ Why are you pissed off?
  너 왜 열받았어?
▶ You pissed off the Judge.
  넌 판사를 열받게 했어
▶ That burns me up
  정말 열받네
▶ piss oneself
  옷에 오줌을 지리다
▶ Piss off!
  꺼져!(Go away!)

It doesn't make any sense 무슨 소리야, 말도 안돼

make sense는 상대방이 전하는 얘기나 의견이 「(논리적으로) 이해가 되거나」 (be comprehensible) 「도리와 이치에 맞다」(be reasonable)는 것으로 「일리가 있다」, 「말이 된다」 정도에 해당된다. 반대로 말도 안되는 얘기를 떠들어댈 때는 It doesn't make any sense(무슨 소리야, 말도 안돼)라 한다.

A: He went there hoping to see her again.

B: But he reported her missing. That makes no sense.

  A: 걘 그녀를 다시 보기 위해 거기로 갔어.
  B: 하지만 걘 그녀가 실종되었다고 신고했잖아. 이건 말이 안돼.

A: That's why we have to find him. It's the only way we'll know the truth.

B: It just doesn't make any sense. Tim is such a sweet kid. I can't imagine him doing anything that terrible.

  A: 그래서 우리는 걜 찾아야 돼. 그게 우리가 진실을 알 수 있는 유일한 길이야.
  B: 말도 안돼. 팀은 착한 아이인데, 그런 끔찍한 짓을 했다는게 상상이 안돼.

이왕이면 이것도 함께!

▶ It makes no sense (to me)
  (내겐) 그건 말도 안돼
▶ Does that make any sense?
  그게 말이 되는 거 같니?
▶ This is crazy
  말도 안돼

Like what? 예를 들면?

상대방의 이야기를 좀 더 이해하기 위해 혹은 확인하기 위해 구체적인 예를 들어달라고 하는 말. Such as?와 같은 맥락의 표현이다. 한편, Like this?라고 하면「이렇게 하면 돼?」라고 상대방의 의견을 물어보는 문장이 된다.

이왕이면 이것도 함께!

▶ Such as?
예를 들면?
▶ Like this?
이렇게?

A: I think we should try a new method for this.

B: Like what? Do you have something in mind?

　　A: 내 생각에 이거는 새로운 방법을 시도해봐야 할 것 같아요.
　　B: 이를테면? 생각하는 거라도 있어?

A: Can you think of something specific?

B: Like what?

　　A: 뭐 좀 구체적인 것을 생각할 수 있어?
　　B: 이를테면 뭐?

It works! 제대로 되네!, 효과가 있네!

work은 문맥에 따라 여러가지 뜻을 가지고 있는데 여기서는 work가 (계획한 바가)「잘 되어가다」,「제대로 작동되다」또는「효과가 있다」란 의미로 쓰이는 경우. 반대로「효과가 없다」고 하려면 It doesn't work라고 하면 된다.

이왕이면 이것도 함께!

▶ Trust me, it works!
날 믿어, 효과가 있어!
▶ Let's just hope it works
제대로 되길 바라자
▶ It doesn't work (like that)
(그렇게는) 작동이 안돼
▶ The security camera doesn't work
보안카메라가 작동이 안돼

A: How's the new mouse working on your computer?

B: It works like a charm.

　　A: 새 마우스 잘 돼?
　　B: 맘에 쏙 들게 잘 되네.

A: It works! This is terrific!

B: What does your invention do?

　　A: 야, 된다! 끝내주는데!
　　B: 네 발명품 용도가 뭔데?

Are you with me? 내 말 이해돼?, 내 편이 돼줄테야?

자기가 말한 걸 상대방이 이해하고 있는지(Do you see my point?) 혹은 동의하고 있는지(Do you agree?)를 물어보는 표현. 뒤에 on this라고 붙여 말하는 경우도 많다. 문맥에 따라 「나와 같은 입장에 서주겠냐」라고 도움을 청하는 의미가 되기도 한다.

A: Let's try to convince him to extend the deadline. Are you with me on this?

B: Sure, it'd be great to have some more time.

A: 그 사람을 설득해서 마감시한을 연장해보자. 내 의견에 동의하니?
B: 그럼요, 시간이 좀 더 있으면 좋을 거예요.

A: I refuse to accept the salary cut that we are supposed to get.

B: I'm with you. I can't afford a lower salary.

A: 난 예정된 봉급 삭감을 받아들일 수 없어.
B: 나도 너와 같은 생각이야. 더 낮은 봉급으론 살 수가 없어.

이왕이면 이것도 함께!

▶ I'm with you
동감야, 알았어

▶ I'm with you there
나도 그 말에 공감해.

▶ I'm on your side
난 네 편이야

▶ I'm standing behind you
네가 뒤에 있잖아

▶ I'll stand by you
네 옆에 있어줄게

Are you in? 너도 할래?

참 간단한 표현이지만 실상 쓰려면 잘 나오지 않는 표현. 우리말로도 In할거야 Out할거야라고 쓰듯이 상대방보고 같이 할거냐고 물어보려면 (Are) You in?, 나도 하겠다고 하면 I'm in이라고 하면 된다. Count me in(나꺼줘), Count me out(난 빼줘)도 같은 맥락의 표현이다.

A: We got some free tickets to the game tonight. Are you in?

B: Sure. Count me in.

A: 오늘 밤 경기를 볼 수 있는 공짜 티켓이 몇 장 있어. 너 갈래?
B: 물론이지. 끼워줘.

A: But we gotta be there in an hour. Are you in?

B: Am I in?

A: 하지만 우리는 한시간내로 거기 가야 돼. 너도 갈래?
B: 나도 갈거냐고?

이왕이면 이것도 함께!

▶ You are in 너도 하는 거야

▶ You want in? 너도 낄래?

▶ You game?
너도 할래?

▶ Count me in
나도 껴줘

▶ Count me out
난 빼줘

▶ Is that a yes or a no?
예스야, 노야?

7_ I'm done with it

Lee   I'm going to break up with you. **I've had it with** our lousy sex life.

Regis   **Give it a break!** You are always complaining about me.

Lee   **I'm totally burned out** on you. You never give me an orgasm.

Regis   **How should I put it?** You've gotten kind of fat and unattractive lately.

Lee   You think I'm fat? **I'm done with** this relationship!

Regis   Well, maybe I should have tried to be more romantic.

Lee   **Don't be so hard on yourself**, we just aren't compatible.

Lee	헤어져야겠어. 엉망인 우리 성생활이 이제 지겨워.	·	도 없어졌어.
Regis	그만 좀 해! 넌 늘상 나에게 불만을 늘어놓잖아.	Lee	내가 뚱댕이라는 말이야? 우리 관계 이제 끝이야!
Lee	너한테 지쳤어. 나 오르가즘 느껴본 적도 없어.	Regis	저기, 내가 좀 더 분위기잡는 노력을 했어야 했는데.
Regis	어떻게 말해야 할까? 너 좀 살도 쪘고 최근에 매력	Lee	너무 자책하지마, 우리는 안맞는 것일 뿐이야.

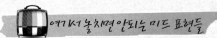

여기서 놓치면안되는 미드 표현들

I've had it with you guys 너희들한테 질려버렸어

I've had it with you. You are unteachable!
난 너한테 질렸어. 넌 구제불능야!

Give it a break! 그만 좀 하지 그래!

Give it a break! We've heard you complain all morning.
그만 좀 해! 아침내내 네 불평 듣고 있잖아.

I am totally burned out 완전히 뻗었어

Were you **burned out** on your marriage?
너 결혼생활에 완전히 지친거였어?

How should I put it? 뭐랄까?

Okay. Let me **put it this way**.
좋아. 이렇게 말해볼게.

I'm done with this 이거 다 끝냈다

I'm done with great love. I'm back to great lovers.
난 위대한 사랑은 이제 안해. 난 멋진 연인을 다시 만날거야.
You're right. I should just say **I'm done with him**.
네 말이 맞아. 난 걔와 끝났다고 해야겠지.

Don't be so hard on yourself 너무 자책하지마

Peter, **don't be so hard on yourself**. It's not going to happen over night. 피터, 너무 자책하지마. 그게 하루 저녁에 일어나는 것은 아냐.

I've had it with you guys 너희들한테 질려버렸어

「더 이상은 못참아」, 「이제 더 이상 상대하지 않겠다」는 폭발직전의 외침이다. 치가 떨리는 인간이나 일은 with 이하에 연결하여 have it with sb[sth]라 쓴다. 또한 I've had it에 up to here를 붙여 쓰면 의미가 더욱 강조된다.

A: I'm sorry my report is late, but I was sick last week.

B: I've had it up to here with you. All you ever do is give me lousy excuses.

<blockquote>
A: 보고서가 늦어서 죄송해요. 지난 주에 아팠거든요.
B: 자네라면 이제 치가 떨리네. 늘 허접한 변명만 늘어놓는군.
</blockquote>

A: I'm sorry Cathy. I lost my salary gambling.

B: I've had it up to here with you wasting our money.

<blockquote>
A: 미안해 캐씨. 도박을 하다보니 월급을 다 날렸지 뭐야.
B: 당신 그렇게 돈 낭비하고 다니는 거 이젠 진절머리나.
</blockquote>

이왕이면 이것도 함께!

▶ I've had it[enough]!
지겹다!, 넌더리나!

▶ I've had it up to here
아주 지긋지긋해

▶ I've had it up to here with you
너라면 치가 떨린다

▶ That does it!
이젠 못참아! [주로 장난 삼아 화난 척할 때]

Give it a break! 그만 좀 하지 그래!

그것을(it)을 그만 두라(a break)라는 의미로 주로 상대방이 짜증나는 이야기나 행동을 할 때, 「그만 둬라」, 「내버려 둬라」라고 할 때 사용하는 표현. give it a rest라고 해도 된다.

A: I want you to start looking for a new job.

B: Give it a break. I'm sick of hearing you nag me.

<blockquote>
A: 일자리 좀 알아보기 시작해라.
B: 그만 좀 해. 네 바가지 긁는 소리 이젠 지겨워.
</blockquote>

A: I'm really sick of our mayor. He's such a jerk. I think he's a...

B: Give it a break. I know you don't like him already.

<blockquote>
A: 시장에게 정말 넌덜머리가 난다니까. 굉장한 멍청이야. 내 생각에 그 사람은…
B: 그만 좀 해라. 네가 그 사람 안좋아한다는 건 이미 알고 있으니까.
</blockquote>

이왕이면 이것도 함께!

▶ Give it a rest!
그만 둬!

▶ Lay off!
관둬!

I am totally burned out 완전히 뻗었어

burn(타다, 태우다)에 「완전히」(completely)란 의미의 부사 out이 붙어 만들어진 표현으로 「기력을 완전히 소진하다」라는 뜻. 주로 장기간에 걸친 과로나 스트레스 등이 원인이 될 경우 사용한다.

A: I am totally burned out. I don't think I can work another minute.

B: You'd better take a break.

    A: 난 완전히 뻗었어. 단 일분도 더 일 못하겠어.
    B: 쉬는 게 좋겠다.

A: I am wiped out. Let's go home.

B: But we have a lot of work to do.

    A: 지쳤다. 집에 가자.
    B: 하지만 우린 할 일이 많은데.

이왕이면 이것도 함께!
▶ I am stressed out
  스트레스로 지쳤어
▶ I'm tired out
  진이 다 빠졌어
▶ I'm worn out
  녹초가 됐어
▶ I'm wiped out
  완전히 뻗었어
▶ I'm so beat
  지쳤다

How should I put it? 뭐랄까?

대화시 갑자기 말문이 막히거나 생각이 머리 속에서만 맴돌고 나오지 않을 때 우리말로 「어떻게 얘기해야 할까?」라고 하는데, 이에 대한 영어표현이 바로 How should I put it?이다. 여기서 put은 「표현하다」(express)라는 의미.

A: I must decline his invitation politely. How should I put it?

B: Tell him you're sorry but you have other plans.

    A: 난 그 사람 초대를 정중하게 거절해야 해. 어떻게 말해야 하지?
    B: 미안하지만 다른 일이 있다고 얘기해.

A: How's the new recruit doing?

B: How should I put it? He's impressing everyone.

    A: 신입사원 어때요?
    B: 뭐랄까? 모두 감탄하더군요.

이왕이면 이것도 함께!
▶ How can I say this?
  글쎄, 이걸 어떻게 말하죠?
▶ Put it another way
  달리 표현하자면
▶ Let me put it this way
  이렇게 말해볼게

I'm done with this 이거 다 끝냈다

▮▮▮▮▮▮▮▮▮▮▮▮▮▮▮▮▮▮▮▮▮▮▮▮▮▮▮▮▮▮▮▮▮▮▮▮▮▮

be done with는 be finished with와 마찬가지로 with 이하를 「끝냈다」라는 기본적인 의미를 갖는다. 하지만 이 표현은 미드영어에서 무척 단골로 등장하는데 with 이하에 다양한 사람이나 사물 등이 오며 문맥에 따라 맞춰 이해를 해야 한다. 끝내다라는 맥락에서 「더 이상 못참겠다」라는 의미도 갖는다.

A: How's your presentation coming?

B: I'm done with this. It's giving me a headache.

    A: 프리젠테이션 준비는 어떻게 되어가니?
    B: 거의 다 끝났어. 이것 땜에 골치가 아파요.

A: At least let me go to the prom, what's the big deal?

B: We're done here.

    A: 적어도 프롬파티엔 가게 해주세요, 별일 아니잖아요?
    B: 얘기 다 끝났으니 말마라.

이왕이면 이것도 함께!

▶ I'm not done
못했어요

▶ I'm done with my choices
선택을 끝냈어

▶ When you've done with your tea
네가 차 다 마시고 나면

▶ We're done here
얘기 다 끝났어, 이제 끝이야

Don't be so hard on yourself 너무 자책하지마

▮▮▮▮▮▮▮▮▮▮▮▮▮▮▮▮▮▮▮▮▮▮▮▮▮▮▮▮▮▮▮▮▮▮▮▮▮▮

Don't be too hard on me는 너무 못 살게 굴지 좀 말아달라는 뜻으로, Don't give me a hard time이란 표현과 같다. 여기서는 sb 대신 oneself를 써서 「스스로를 탓하지 마라」, 즉 「자책하지 말라」는 의미.

A: Don't be so hard on yourself, Chris. Everybody makes mistakes.

B: You know, I'm good at a lot of things.

    A: 너무 자책마, 크리스. 실수 안하는 사람이 있나.
    B: 그래, 잘 하는 일이 많은데.

A: I have been here for hours trying to replicate her recipe and nothing have even come close!

B: Don't be so hard on yourself.

    A: 난 네시간동안 걔 요리법을 따라했는데 전혀 비슷하지도 않아!
    B: 너무 자책마.

이왕이면 이것도 함께!

▶ Stop torturing yourself
자학하지마

▶ Stop beating yourself up!
그만 자책해라!

▶ Don't blame yourself!
자책마!

8_ How'd it go?

Cora   Are you using drugs again? **I can't take it anymore!**

Norman   **You're saying** that I'm addicted to prescription drugs?

Cora   **How can I tell?** You keep the amount you use secret.

Norman   **Could you lay off please?** I can handle the drugs I use.

Cora   **I don't know what else to do.** You need professional help.

Norman   I went to see an addiction counselor last year.

Cora   **How'd it go?** I think you went one time and then never again.

Cora   너 또 약하니? 더 이상 못참겠다!

Norman 내가 처방약에 중독됐다고 말하는거야?

Cora   내가 어떻게 알아? 네가 먹은 양을 비밀로 하잖아.

Norman 제발 그만 좀 해. 내가 복용하는 약은 내가 조정할 수 있어.

Cora   달리 어떻게 해야 할지 모르겠어. 넌 전문가의 도움이 필요해.

Norman 작년에 중독상담가의 진찰을 받으러 다녔잖아.

Cora   어땠어? 한번 가고 다시는 가지 않았잖아.

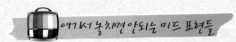
여기서 놓치면 안되는 미드 표현들

I can't take it anymore
더 이상 못 견디겠어

I can't take it anymore! I feel like an animal caught in a trap! 더 이상 못 참겠어! 덫에 걸린 짐승같아!

You're just saying that
그냥 해보는 소리지?,
괜한 소리지?

You're just saying that to hurt my feelings.
내 맘 속상하게 하려고 그냥 하는 말이지.
You're saying that you knew they were fakes?
넌 그것들이 가짜라는 것을 알고 있었단 말야?

How can I tell?
내가 어찌 알아?

How can I tell if my computer has a virus?
내 컴퓨터에 바이러스가 있는 것을 내가 어떻게 알아?

Could you lay off, please? 그만 좀 할래요?

All right, I get the point. **You can lay off** the sarcasm.
좋아, 알았어. 비아냥은 그만 좀 해.

I don't know what else to do
달리 어떻게 해야 할 지 모르겠어

I don't know what else to do, okay?
달리 어떻게 해야 할 지 모르겠어, 응?

How'd it go?
어떻게 됐어?, 어땠어?

Hey. **How'd it go** at the hotel? 야. 호텔에서 어떻게 됐어?
How'd it go with Chris last night? 어젯밤 크리스와 어땠어?

I can't take it anymore 더 이상 못 견디겠어

take는 「참다」, 「견디다」(endure), 「감내하다」란 의미로 I can't take it anymore는 견딜 수 없을 정도로 화가 나는 상황에서 사용하면 된다.

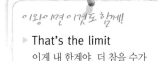

이왕이면 이것도 함께!
▶ That's the limit
이게 내 한계야, 더 참을 수가 없어

A: That construction noise has been going on all night. I can't take it anymore.

B: Well, maybe they'll be finished soon.

    A: 공사 소음이 밤새도록 계속이야. 더이상 못참아.
    B: 저, 아마 곧 끝나겠지.

A: I can't take it anymore. Every day my boss harasses me.

B: So why don't you quit your job?

    A: 더 이상은 못참겠어. 매일 사장이 볶아댄다구.
    B: 그럼 때려치우는 게 어때?

You're just saying that 그냥 해보는 소리지, 괜한 소리지

상대방이 나를 위로하거나 그냥 기분좋게 하기 위해 과장을 해서 말을 할 때, 너 맘에 없지만 그냥 해보는 소리지, 의미없이 하는 괜한 소리지라는 뜻의 표현. 단독으로 쓰이기도 하고 괜한소리를 that 이하에 써서 You're just saying that~ 이라고 써도 된다.

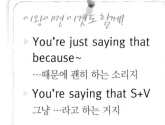

이왕이면 이것도 함께!
▶ You're just saying that because~
…때문에 괜히 하는 소리지
▶ You're saying that S+V
그냥 …라고 하는 거지

A: You look more beautiful than I've ever seen you.

B: You're just saying that, but thank you for the compliment.

    A: 너 지금까지 이렇게 예뻐보인 적이 없었어.
    B: 그냥 해보는 소리지? 그래도 칭찬 고마워.

A: You're just saying you think Jack is right.

B: Might be right.

    A: 잭이 맞을 수도 있다고 그냥 해보는 말이지.
    B: 진짜 맞을 수도 있구.

How can I tell? 내가 어찌 알아?

tell은 말하다라는 기본 뜻 외에도 「구분하다」라는 뜻도 있다. How can I tell?에서 쓰인 tell은 「구분하다」, 「알아채다」라는 뜻으로 「내가 어떻게 알 수 있느냐?」라고 단순질문일 수도 있고 혹은 짜증을 내면서 「내가 어찌 알아?」라는 의미로도 쓰인다.

이왕이면 이것도 함께!

▸ How can I tell what's real?
뭐가 진짜인지 어떻게 알아?

▸ How can I tell her?
걔한테 뭐라고 할까?

A: Sometime soon you will have to replace this machine.

B: How can I tell? What are the signs that it needs to be replaced?

A: 조만간에 자네가 이 기계를 교체해야 해.
B: 제가 어떻게 알 수가 있죠? 어떤 표시가 교체해야 한다는 표시죠?

A: Your son might be using some kind of drugs.

B: How can I tell? He seems normal to me.

A: 네 아들이 약물같은 것을 할 수도 있어.
B: 내가 어떻게 알아? 내겐 정상으로 보이던데.

Could you lay off, please? 그만 좀 할래요?

lay off는 일반적으로 경기불황에서 일시적으로 근로자를 해고하는 뜻으로 유명하나 구어체에서 상대방의 잔소리 등 날 「짜증나게 하는 것을 그만두라고」, 「그만 좀 하라」고 할 때 많이 쓰이는 표현이다.

이왕이면 이것도 함께!

▸ Would you stop doing that?
그만 좀 해라

▸ Lay off the caffeine
커피 좀 줄여

▸ Lay off the whole evening
저녁 다 제쳐버려

A: Why don't you ever take me out anymore? You aren't very romantic.

B: Could you lay off, please? I'm really tired of this.

A: 왜 이젠 나랑 밖에서 데이트 안해? 넌 너무 낭만이 없어.
B: 그만 좀 할래? 이러는 거 정말 지겨워.

A: I just can't afford a motel right now.

B: Jim mentioned that you were laid off from your job.

A: 난 당장 모텔 들어갈 돈도 없어.
B: 짐이 네가 직장에서 잘렸다고 하더라고.

I don't know what else to do 달리 어떻게 해야 할 지 모르겠어

I don't know what to do에서 what 다음에 else만 하나 더 붙은 문장으로 I don't know what to do(어떻게 해야 할 지 모르겠어)보다 좀 당황함을 강조한 표현이다. 미드영어에서 무척 많이 나오는 표현이니 잘 기억해두기로 한다.

A: What are you going to do?

B: I don't know. I've tried everything. I don't know what else to do.

A: 어떻게 할 건데?
B: 몰라. 이미 이것저것 다 해봤는걸. 뭘 더 어떻게 해야 할지 모르겠어.

A: Well, I don't know what else to do.

B: What you do is try again.

A: 저기, 뭘 어떻게 해야 할 지를 모르겠어.
B: 네가 할 일은 다시 한번 해보는거야.

이왕이면 이것도 함께!

▶ I don't know what else to say
달리 뭐라고 해야 할지 모르겠어

▶ I don't know what else to tell you
네게 뭐라고 해야 할 지 모르겠어

How'd it go? 어떻게 됐어?, 어땠어?

어떤 일(it)의 진전 상태를 물어보는 표현. 또한 누군가와의 관계가 어떻게 되어가는 지를 물어보려면 How did it go with sb?라 말하면 된다.

A: I heard that you just got back from that big meeting with Microsoft. How'd it go?

B: Great. I got the account.

A: 마이크로 소프트 社하고 중요한 회의를 하고 왔다면서요. 어떻게 됐어요?
B: 잘 됐어요. 그 건을 따냈어요.

A: I finally met my girlfriend's parents.

B: Well, how'd it go?

A: 드디어 여자친구 부모님을 뵈었어.
B: 그래, 어떻게 됐어?

이왕이면 이것도 함께!

▶ How did it go with Jill?
질하고 어떻게 됐어?

▶ How did it go with Joshua last night?
어젯밤에 조슈아하곤 어떻게 됐어?

▶ How did it go at the doctors?
병원에 간 일은 어떻게 됐어?

▶ How was it with your friends? 친구들은 어땠어?

9_ This can't wait

Shirley Son, I need to talk to you. **This can't wait.**

Bernie Is this about my marriage? It's going to be fine. **I'm on a roll.**

Shirley **Take my word for it**, you're not on a roll. There are going to be problems.

Bernie Problems? Marriage is difficult, but **I'll get the hang of it**.

Shirley You don't understand. This girl is wrong for you, **I swear**.

Bernie What is it? What don't you like about her?

Shirley She's a slut. **If anything happens** and you get hurt, I won't forgive myself.

Shirley 아들, 얘기 좀 하자. 급한거야.

Bernie 내 결혼식에 관한 거예요? 잘 될거예요. 잘 풀리고 있어요.

Shirley 내 말 믿어, 잘 풀리고 있지 않아. 문제들이 좀 있을거야.

Bernie 문제들요? 결혼이 어려운 것은 알지만 적응해나갈 거예요.

Shirley 넌 이해를 못해. 이 아이는 너한테는 어울리지 않아, 정말야.

Bernie 뭐라구요? 왜 걔에 대해 싫어하는 거예요?

Shirley 걘 좀 못된애야. 만약 무슨 일이 생기고 네가 상처를 받으면, 내가 나 자신을 용서못할게다.

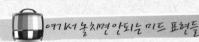
여기서 놓치면안되는 미드 표현들

That can't wait 이건 급해	You got something **that can't wait**, Nick? 급한게 있다며, 닉? I'm sorry, **it can't wait.** 미안해, 이건 급한거야.
She is on a roll 걔 한창 잘나가고 있어	Sounds like Brian's **on a roll**. 브라이언이 잘 풀리고 있는 것 같아.
Take my word for it 진짜야, 내 말 믿어	You'll have to **take my word for it**. 너 내 말을 믿어야 돼.
You'll get the hang of it 금방 손에 익을거야	Darn. I can't seem to **get the hang of that**. 젠장헐. 난 금방 손에 익지 않을 것 같아.
I swear 맹세해	**I swear to god,** I will kill her. 맹세코, 난 그 여자를 죽일거야.
If anything happens 무슨 일이 생기면	People know where I am **if anything happens** to me. 내게 무슨 일이 생기면 사람들은 내가 어디 있는지 알거야.

That can't wait 이건 급해

아주 기본단어로 구성된 몇단어 안되는 짧은 표현이지만 미드에서는 무척 많이 쓰이는 문장이다. 일단 주어는 This, That, It, 혹은 사물명사가 나오며 다음에 can wait나 can't wait를 쓰면 된다. 의미는 「급하다」, 「급하지 않다」이며 대명사 주어는 생략되기도 한다.

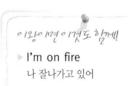

이왕이면 이것도 함께!
- ▶ Can't that wait?
  급한거야?, 미루면 안돼?
- ▶ This can wait
  나중에 해도 돼

A: Well, can it wait? Um, the surgery?

B: No. It can't wait.

  A: 저기, 미룰 수 있어? 음, 수술말야?
  B: 아니. 급한거야.

A: This paperwork can wait. We need to take a break for some dinner.

B: Sounds good to me. I'm starving.

  A: 이 서류작업은 좀 이따가 하자. 저녁 먹으면서 좀 쉬어야겠어.
  B: 그거 괜찮겠다. 나 배고파.

She is on a roll 그 여자 한창 잘나가고 있어

도박에서 연속해서 돈을 따는 것을 말하는 것으로 비유적으로 운이나 성공적인 일들이 연이어 이어질 때 이 표현을 쓰면 된다. 「요즘[한창] 잘나가고 있다」, 「잘 풀리고 있다」라는 의미.

이왕이면 이것도 함께!
- ▶ I'm on fire
  나 잘나가고 있어

A: I heard Tina won a big golf tournament last weekend.

B: Wow, she's on a roll. That's the third tournament she's won this year.

  A: 티나가 지난 주에 열린 대형 골프 대회에서 우승했대.
  B: 와, 걔 잘 나가네. 올해 벌써 세번째 우승이잖아.

A: Look at that score. I'm on fire!

B: You sure are. I didn't know you could bowl so well.

  A: 저 점수 좀 봐. 잘 풀리네!
  B: 정말 그러네. 네가 그렇게 볼링을 잘하는지 미처 몰랐는걸.

355

Take my word for it 진짜야, 내말 믿어

상대방에게 자신이 하는 말을 강조하는 표현으로 「진짜라니깐, 내 말을 믿어줘」(I'm telling you the truth)라는 뜻. 같은 표현으로 Trust me나 Believe me, You have my word 등이 있다.

이왕이면 이것도 함께!

▶ Trust me
  내 말 믿어
▶ Believe me
  정말야
▶ You can take it from me
  그 점은 내 말을 믿어도 돼

A: What do you think about travelling to Hawaii?

B: It's nice, but it's very expensive. Take my word for it.

  A: 하와이로 여행가는 거 어떻게 생각해?
  B: 좋아, 근데 너무 비싸잖아. 정말이야.

A: Take my word for it, he's the best in the business.

B: Maybe I'll give him a try.

  A: 진짜야. 그 사람이 그 업계에서는 제일이라니까.
  B: 기회나 한번 줘보지.

You'll get the hang of it 금방 손에 익을거야, 요령이 금방 붙을거예요

매달다라는 뜻의 동사 hang은 명사로 「일을 하는 방법」을 말한다. 따라서 get the hang of는 물건의 사용법이나 일하는 「요령을 터득하다」(acquire the ability to use or do)라는 의미. 「요령」이란 뜻의 knack을 써서 get the knack of라고 하거나, 우리말 「감 잡았어!」에 해당하는 get a feel for라고 해도 같은 의미.

이왕이면 이것도 함께!

▶ Until you get the hang of it
  네가 요령을 터득하기까지
▶ You'll get the knack of it
  점차 요령이 붙을거야
▶ I got a feel for this area
  이 지역 내가 잘 알아

A: The subway system is really complicated here. I keep getting lost.

B: Don't worry. You'll get the hang of it.

  A: 여긴 지하철 시스템이 정말 복잡해. 계속 길을 잃어버리고 있잖아.
  B: 걱정마. 요령을 터득하게 될테니까.

A: How are your Spanish lessons going?

B: Spanish is difficult, but I'm getting the hang of it.

  A: 스페인어 수업 어때?
  B: 어렵지만 요령이 붙고 있어.

I swear 맹세해

자기 한 말이 진심이고 꼭 그렇게 하겠다고 약속하고 다짐하는 표현. I swear 단독으로 문장 처음이나 문장 끝에 써도 되고 I swear S+V의 형태로 써도 된다. 강조하려면 I swear to you[God] (that~)이라고 해도 된다.

A: It's not true. I never called you a bastard.

B: You did so. I swear.

    A: 아니야. 난 널 나쁜놈이라고 한 적 없어.
    B: 그랬다니까. 맹세해.

A: I never said anything to anyone. I swear to god.

B: You're a liar.

    A: 하나님께 맹세코, 난 아무한테도 얘기하지 않았어.
    B: 거짓말쟁이.

> **이왕이면 이것도 함께!**
> - ▶ I swear to you,
>   네게 맹세코,
> - ▶ I swear to God,
>   하나님께 맹세코,
> - ▶ I swear I told you all about it
>   맹세코 다 얘기한 거라니까
> - ▶ I swear to God I had nothing to do with it
>   하나님께 맹세코 난 그거와 관계없어

If anything happens 무슨 일이 생기면

어떤 일이 벌어지다(occur)라는 의미의 동사 happen을 이용하여 만약의 경우를 가정하는 표현으로, 만약 무슨 일이라도 생기면이란 의미. 누구에게 「만약 …일이 생긴다면」이라는 뜻으로 if anything happens to sb의 형태로 많이 쓰인다.

A: Well, have a safe trip. If anything happens just call me on my cell phone.

B: Okay, I will.

    A: 음, 조심해서 다녀와. 무슨 일 있으면 내 핸드폰으로 전화해 주고.
    B: 알았어, 그렇게.

A: Your daughter is going to Africa, isn't she?

B: Yes. If anything happens to her there, I'd be really upset.

    A: 네 딸이 아프리카로 간다구?
    B: 그래. 거기서 무슨 일이라도 생기면 나 정말 열받을거야.

> **이왕이면 이것도 함께!**
> - ▶ if anything should happen
>   만약 무슨 일이라도 생긴다면
> - ▶ if anything happens to that child
>   만약 그 아이에게 무슨 일이 생기면

10_ Why would you say that?

Ted   Are you sleeping with your friend's boyfriend? **You never learn.**

Macy   **It's no big deal.** We're not in a serious relationship.

Ted   **Why would you say that?** It's really going to hurt your friend.

Macy   **We're just goofing around.** No one else has to know about it.

Ted   **There you are**, always acting like a selfish bitch!

Macy   Oh, **you don't say**. Why do you think you can judge me?

Ted   Because I see that you're going to cause a lot of damage.

Ted	너 네 친구의 남친하고 잤어? 구제불능이구만.		를거야.
Macy	뭐 별일 아닌데. 심각한 관계 아니야.	Ted	이것봐, 항상 이기적인 여자로 행동하네!
Ted	왜 그런 말을 하는데? 네 친구에게 큰 상처를 주게 될거야.	Macy	어, 설마. 네가 뭔데 나를 비난하는거야?
Macy	우린 그냥 별 생각없이 뒹군거야. 다른 누구도 모	Ted	네가 많은 피해를 일으킬 것 같으니까.

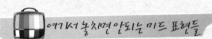

여기서 놓치면안되는 미드 표현들

You never learn 넌 구제불능이야	**You never learn.** You always make the same mistakes. 넌 구제불능이야. 넌 늘상 같은 실수를 되풀이한다니까.
That's no big deal 별거 아냐	Everyone's doing it. **It's no big deal.** 다들 그러고 있어. 별 일 아냐.
Why would you say that? 왜 그런 말을 하는거야?	You said that? **Why would you say that?** 뭐라고? 왜 그런 말을 하는거야?
We're just goofing around 우린 그냥 빈둥거리고 있어, (가벼운 관계로 남녀가) 뒹굴다	**We were just goofing around** and I dared him to try them on. 우리는 그냥 빈둥거리고 있었고 난 걔한테 그것들을 입어보라고 부추겼어.
There you are 여기 있어[왔네], 그것봐, 내가 뭐랬어	**There you are.** You're lucky you made it while the turkey's still hot. 여기 왔네. 칠면조가 아직 식지 않을 때 올 수 있었어 다행이다.
You don't say! 설마!, 아무려면!, 정말?, 뻔한 거 아냐?	**You don't say?** What's this world coming to, huh? 설마? 이 세상이 어떻게 돌아가는거야, 어?

You never learn 넌 구제불능이야

늘상 문제만 일으키고 다니는 주제에 마이동풍격으로 남의 말은 죽어도 안 듣는 고집불통에게 던지는 악담. 한마디로 You're impossible이란 말씀.

이왕이면 이것도 함께!
▶ You're impossible
넌 구제불능이야
▶ You're hopeless
넌 안돼, 구제불능이야

A: My date was a disaster. It always happens.

B: You never learn. Women prefer men who aren't so cheap.

A: 데이트 완전히 망쳤어. 항상 그래.
B: 몇번이나 말해야 알겠니? 여자들은 너무 인색하게 굴지 않는 남자를 더 선호한다구.

A: That car that I bought is broken again.

B: You never learn. If you want a good car, buy a new one.

A: 내가 차를 샀는데 저놈의 차가 또 고장이야.
B: 그렇게 얘기해도 못 알아듣네. 좋은 차를 갖고 싶으면 새 차를 사라니까.

That's no big deal 별거 아냐

뭔가 좋지 않은 상황을 만나 지나치게 걱정 혹은 당황하고 있는 상대방을 진정시키기 위한 표현으로, deal은 여기선 「해결해야 할 문제」(problem to be treated)란 의미이다. 잘못을 사과하는 사람에게 Don't worry. That's no big deal이라고 하면 매우 퍼펙트한 영어!

이왕이면 이것도 함께!
▶ It's no big deal
별거 아냐
▶ No biggie
(=No big deal)
별거 아냐

A: Sorry about that.

B: Don't worry! It's no big deal.

A: 정말 유감이야.
B: 걱정 마! 별거 아냐.

A: I'm sorry for being late to work today.

B: That's no big deal. But make sure not to be late again.

A: 오늘 지각해서 죄송합니다.
B: 별거 아니니 신경쓰지 말게. 하지만 다시는 지각하지 말라구.

359

Why would you say that? 왜 그런 말을 하는 거야?

상대방이 납득할 수 없는 말을 하였을 때, 「왜 네가 무슨 근거로 그런 말을 하는지 모르겠다」며 그 연유를 따지는 표현. 즉 상대방의 의견에 동의할 수 없음을 말한다.

A: I think that Alan is suffering severe health problems.

B: Why would you say that? He looks OK to me.

A: 앨런이 심각한 건강 문제를 겪고 있는 것 같아.
B: 어째서 그런 얘기를 하는 거야? 내가 보기에는 괜찮은데.

A: I never loved you. I only married you for your money.

B: Why would you say that? I thought we shared some deep emotions.

A: 난 당신을 사랑한 적이 없어. 난 당신 돈을 보고 결혼한 것뿐이야.
B: 왜 그런 얘기를 하는 거야? 난 우리가 깊이 사랑하고 있다고 생각했는데.

이왕이면 이것도 함께!

▶ Why would you say that to me?
내게 왜 그런 말을 하는거야?

▶ Why would you say she's whore?
왜 걔가 창녀라고 말하는거야?

▶ Why would you say you could?
왜 할 수 있다고 말하는거야?

We're just goofing around 우린 그냥 빈둥거리고 있어

별로 바람직하지 않은 표현. 게임을 하거나, 술을 먹거나, 아니면 잠을 자거나 전혀 생산적인 일을 하지 않고 시간을 보내는 것을 뜻한다. fool around, jerk around 등과 같은 맥락의 표현. 하지만 fool around와 마찬가지로 성적인 의미가 있어 「섹스하다」라는 뜻으로 쓰일 때도 있다.

A: Hey. It's me. What are you up to?

B: I'm just goofing around on the computer.

A: 야, 나야. 뭐해?
B: 그냥 컴퓨터나 만지작거리고 있지 뭐.

A: Chris, I want you to know that I really enjoy fooling around with you.

B: Yeah, I get that a lot.

A: 크리스, 너랑 같이 보내는 시간이 너무 좋다는 걸 알아줘.
B: 어, 나 그런 얘기 많이 들어

이왕이면 이것도 함께!

▶ I'm just goofing around
난 그냥 시간때우고 있어

▶ Stop goofing around
그만 좀 빈둥거려라

▶ He caught us fooling around in his office
우린 걔 사무실에서 하다 걔한테 걸렸어

There you are 여기 있어[왔네], 왔구나, 그것봐, 내가 뭐랬어

▬▬▬▬▬▬▬▬▬▬▬▬▬▬▬▬▬▬▬▬▬▬▬▬▬▬▬▬▬▬▬▬▬

상황에 따라 다양한 의미로 쓰이는 표현으로 제일 먼저 뭔가 건네 주면서 혹은 기다
렸던 사람이 돌아올 때 이 문장을 쓰면 된다. 또한 뻔한 일이 다시 반복되었을 때
「그것봐」, 「내가 뭐랬어」라는 의미로도 쓰인다.

A: Would you mind lending me your dictionary for
my next class?

B: OK, **there you are.** I need you to return it by 3
pm, though.

A: 다음 수업시간에 쓰려고 하는데 네 사전 좀 빌려주겠니?
B: 그래, 여기 있어. 하지만 3시까지는 돌려줘야해.

A: **There you are.** What's going on?

B: I'll tell you what's going on.

A: 여기 있네. 무슨 일이야?
B: 무슨 일인지 말해줄게.

> 이왕이면 이것도 함께!
>
> ▶ There you are, where
> have you been?
> 여기오네, 어디 있었어?
>
> ▶ There you are. I was
> worried
> 이제 오네. 걱정했잖아
>
> ▶ There you are. What
> are you doing?
> 여기 있네. 뭐하고 있어?

You don't say! 설마!, 아무려면!, 정말?, 뻔한 거 아냐?

▬▬▬▬▬▬▬▬▬▬▬▬▬▬▬▬▬▬▬▬▬▬▬▬▬▬▬▬▬▬▬▬▬

이런 표현은 억양이 중요하다. 직역해서 너는 말하지 않는다고 이해한다면 어찌할
수 없지요.. 이 표현은 역설적으로 두가지 의미인데 첫째는 상대방의 말에 놀라서
「설마 그럴리가」라고 놀라는 것이고 또 하나는 전혀 놀라지 않았다는 말로 「뻔한 거
아냐」라고 되받아치는 뜻이다.

A: Pretty soon they are going to build an apartment
complex on this land.

B: **You don't say.** I imagine those apartments will
be pretty expensive.

A: 좀 있으면 이 땅에 아파트 단지가 들어설거야.
B: 설마. 여기 아파트는 꽤 비쌀텐데.

A: They say that doctors make a lot of money.

B: **You don't say?** I thought everyone knew that.

A: 의사들이 돈을 많이 번다고 하던대.
B: 당근이지. 다들 알고 있을텐데.

> 이왕이면 이것도 함께!
>
> ▶ You don't say anything
> to her
> 걔한테 아무 말도 하지마
>
> ▶ You don't say a word
> 너 한마디도 하지마
>
> ▶ You don't say no
> 반대하지마

361

11_ You got it?

Wilson	The cops caught someone robbing the neighbors. **Isn't it amazing?**
Bonnie	**Big time.** I thought there was no crime around here.
Wilson	**You're right on.** I rarely hear about any problems.
Bonnie	You'd better double check that the door is locked. **You got it?**
Wilson	Okay, I'll do that now. **It completely slipped my mind.**
Bonnie	Do you want to watch the news to see if they report on the incident?
Wilson	Maybe later. **I'm not in the mood** right now.

Wilson	경찰이 이웃집 도둑질하는 것을 잡았어. 멋지지 않아?	Wilson	알았어, 지금 그렇게 할게. 깜박 잊었네.
Bonnie	정말 그러네. 여기는 범죄가 없는 줄 알았는데.	Bonnie	사건을 보도하는지 뉴스를 볼래?
Wilson	맞아. 무슨 문제가 있다는 말을 거의 들은 적이 없어.	Wilson	나중에 보자. 지금 그럴 기분이 아니어서.
Bonnie	문을 잠궜는지 재확인해야 돼. 알겠지?		

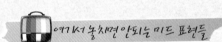 여기서 놓치면 안되는 미드 표현들

Isn't it amazing?
대단하지 않냐? 정말 놀랍구나!

She is so amazing! You have no idea.
걔 정말 대단해! 넌 모를거야.

Big time
그렇고 말고, 많이

You guys owe me **big time**. 너희들 나한테 크게 신세졌어.
Little?! You freaked out **big time**! Okay?
조금이라고?! 너때문에 엄청 놀랐어! 알아?

You're right on
좋아!, 맞아!

When you say it's too hot, **you're right on**.
네가 너무 덥다고 말하는 건 정말이지 맞는 말이야.

You got it
맞아, 바로 그거야, 알았어

You got it. I already have your address. 맞아. 나 네 주소 알고 있지.
All right now, memorize it. **You got it?** 좋아, 그것 암기해둬. 알았어?

It completely slipped my mind 깜박 잊었어

And **that just slipped your mind**?
그리고 그걸 깜박 잊은거야?

I'm not in the mood
그럴 기분이 아냐

I'm really **not in the mood** to see a movie anymore.
난 더이상 영화를 볼 기분이 아냐.

362

Isn't it amazing? 대단하지 않냐?, 정말 놀랍구나!

▀▀▀▀▀▀▀▀▀▀▀▀▀▀▀▀▀▀▀▀▀▀▀▀▀▀▀▀▀▀▀▀▀▀

미드가 좋아하는 형용사 중의 하나인 amazing을 활용한 표현. amazing 자체가 「놀랍다」라는 의미가 있지만 자신의 놀라움을 더 강조하기 위해 여기서는 부정의 문문 형태를 취하고 있다.

이왕이면 이것도 함께!

▶ Isn't that great?
대단하지 않니?
▶ Unbelievable!
믿을 수가 없어!
▶ (It's, That's) Awesome!
끝내주네!, 대단하네!
▶ That's terrific!
끝내주네!
▶ That's really something
거 굉장하네

A: Oh my God, did John paint this picture?

B: Yeah, isn't it amazing? He's got a real artistic talent.

> A: 이런, 존이 이 그림을 그렸니?
> B: 어, 놀랍지 않니? 걘 진짜 예술가적 재능이 있어.

A: What do you think about the score my son got on his SAT?

B: That's really something. The kid must be a genius.

> A: 내 아들이 SAT에서 받은 성적이 어때?
> B: 정말 대단하군요. 아이가 천재인가 봐요.

Big time 그렇고 말고, 많이

▀▀▀▀▀▀▀▀▀▀▀▀▀▀▀▀▀▀▀▀▀▀▀▀▀▀▀▀▀▀▀▀▀▀

어떤 말에 「전적으로 동의한다」(agree absolutely)고 응수할 때 뿐만 아니라 주로 문장의 뒤에서 「아주 많이」(a lot)라는 뜻의 부사적 용법으로도 자주 사용된다.

이왕이면 이것도 함께!

▶ I owe you big time
크게 신세졌어
▶ I screwed up big time
내가 크게 망쳤어

A: Personally, I think that Jeff has been acting like a jerk recently.

B: Big time. He needs to stop being so arrogant.

> A: 내 개인적 생각으론, 제프가 요새 바보같은 행동을 하는 것 같아.
> B: 그러게나 말야. 걘 건방진 짓 좀 그만해야 해.

A: Don't be sorry.

B: But I screwed up big time.

> A: 미안해 하지 말라구.
> B: 하지만 제가 큰 실수를 했는 걸요.

You're right on 좋아!, 맞아!

뒤에 붙은 on 때문에 좀 생소해 보일 수도 있는데, 이 역시 상대방의 말에 「좋아」,
「맞아」(Exactly correct!)하며 전적인 동의나 찬성을 나타내는 말.

이왕이면 이것도 함께!
▶ You're right on the money
바로 맞혔어
▶ You're right on time
너 딱 맞춰 왔구나

A: I suspect that your problems are due to a
computer virus.

B: You're right on. We need software to protect
against viruses.

> A: 네 컴퓨터의 문제는 바이러스 때문인 거 같아.
> B: 네 말이 맞아. 바이러스 예방 프로그램이 필요하다니까.

A: If we reform the school system, we'll have better
students.

B: You're right on the money. Schools need to be
improved.

> A: 학교 제도를 개혁하면 더 우수한 학생들이 들어올 거예요.
> B: 바로 그거예요. 학교가 개선되어야 한다구요.

You got it 맞아, 바로 그거야, 알았어

대표적인 의미는 상대방이 제대로 이해했다는 말로 You're right, That's
correct이란 뜻. 또한 상대방의 말에 동의하는 것으로 「알았어」, 「알겠어」라는 의미
로도 쓰인다.

이왕이면 이것도 함께!
▶ You got it?
알았어?
▶ You got that?
알아 들었어?
▶ You got that right?
제대로 알아들었어?

A: Can you take care of my children tomorrow?

B: You got it. I'll pick them up in the morning.

> A: 내일 우리 애들 좀 봐줄래?
> B: 그러지 뭐. 아침에 데리러 갈게.

A: I'm confused. Do you want a burger or a
sandwich?

B: I want a sandwich. You got that?

> A: 헷갈리네. 버거를 먹고 싶은거야, 샌드위치를 먹고 싶은거야?
> B: 샌드위치라니까. 알겠어?

It completely slipped my mind 깜박 잊었어

사람이 살다보면 또 나이가 들다보면 이러저런 일을 곧잘 잊어버리는 수가 있다. 이 때 쓸 수 있는 표현이 바로 It slipped my mind. 「아, 참 내 정신 좀 봐, 깜빡했네」 정도의 말이다. 비슷한 표현으로 I totally forgot이 있다. 주의할 점은 forget 동사와 달리 slip은 잊어버린 사람이 아니라 「잊어버린 내용」을 주어로 쓴다는 것이다.

A: Did you bring the book that I lent you?

B: Oh no, I'm sorry. It completely slipped my mind.

    A: 내가 빌려준 책 가져왔니?
    B: 오 이런, 미안해. 까맣게 잊고 있었어.

A: Can you tell me the name of the street we're looking for?

B: Sure! Just a minute, it's on the tip of my tongue.

    A: 우리가 찾아가고 있는 거리명 좀 알려줄래?
    B: 물론이지! 잠깐만, 혀 끝에서 뱅뱅 도는데.

I'm not in the mood 그럴 기분이 아냐

mood는 일시적인 기분을 말하는 것으로 be in the mood to+V가 되면 「…하고 싶은 기분이 든다」라는 의미이다. 같은 맥락에서 be in the mood for+N는 「…가 좋다」는 표현. 또한 mood 자체가 안좋은 기분, 화난 상태를 뜻해 be in a mood하면 「기분이 꿀꿀하다」라는 의미.

A: Hey, I heard there's a great party tonight. Do you want to go?

B: I'm not in the mood. Let's just stay home and watch TV.

    A: 오늘 밤에 근사한 파티가 있다고 들었는데. 갈래?
    B: 별로 그럴 기분 아니야. 그냥 집에서 TV나 보자구.

A: What's the matter? You don't look so good.

B: I'm a little under the weather today.

    A: 무슨 일이야? 별로 안좋아 보이는데.
    B: 오늘 컨디션이 좀 안좋아.

12_ Don't let me down

Patton   **I just can't stand your friends**, they've made you depressed.

Debbie   It's been a terrible couple of weeks, **if you know what I mean**.

Patton   **I get the picture.** You thought you could trust them but you couldn't.

Debbie   That's right. Even my boyfriend **let me down**.

Patton   I know. I told you that he didn't **have a heart**.

Debbie   You were right. **He made love to me** then he dumped me.

Patton   Many things seem bad now, but they are going to get better soon.

Patton 네친구들 더 이상 못 참겠어. 널 우울하게 만들잖아.	Debbie 맞아. 내 남친조차 날 실망시켰어.
Debbie 내 말뜻을 안다면, 몇주간 끔찍했어.	Patton 알아. 걔 정이 별로 없다고 말했잖아.
Patton 알았어. 걔네들을 믿을 수 있다고 생각했었는데 그럴 수 없다는거지.	Debbie 네가 맞았어. 나랑 사랑을 나누더니 나를 차버렸어.
	Patton 많은 일들이 지금은 안좋아보이지만 곧 나아질거야.

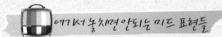
여기서 놓치면안되는 미드 표현들

I just can't stand your friends 네 친구들은 정말 지겨워	**I can't stand people** touching my things. 난 사람들이 내 물건들을 만지는 것을 참을 수 없어.
if you know what I mean 내가 무슨 말하는지 안다면 말야	He's not just the boss in your office, **if you know what I mean**. 그 남자는 네 사무실에서 단순한 상관이 아니잖아, 내가 무슨 말을 하는지 안다면 말야.
I get the picture 알겠어	**I get the picture.** All right, look, there are six victims. 알겠어. 좋아, 이봐, 6명의 피해자가 있어.
Don't let me down 기대를 저버리지마	I'm tired of you men acting like boys. **You let me down.** 너희들이 애들처럼 행동하는거에 지쳤어. 나를 실망시켰어.
Have a heart 한번만 봐줘, 온정을 베풀라구	Don't you **have a heart**! He is a little boy. 넌 인정도 없어! 걘 어린 소년이잖아. UNOS called. We **have a heart**. 장기이식센터에서 전화왔어. 심장이 있대.
He made love to me 그 사람과 난 사랑을 나눴어	Chris, you're so handsome! I wanna **make love to you** right here, right now! 크리스, 너 정말 멋져! 지금 여기서 당장 너와 사랑을 나누고 싶어.

366

I just can't stand your friends 네 친구들은 정말 지겨워

can't stand sb[sth]는 「…을 매우 싫어하는」 것을 뜻한다. 의미보다는 쓰이는 형태를 잘 알아두었다가 써먹는게 중요하다. sb[sth] 대신에 can't stand ~ing, can't stand sb ~ing, can't stand the sight of~, can't stand to do sth 등 다양하게 쓰인다.

A: I like being alone with you, but I just can't stand your friends.

B: Why not? They're very nice people.

A: 너랑 둘이만 있고 싶어. 네 친구들 지겨워.
B: 왜 그래? 아주 좋은 애들이야.

A: I'm afraid that I broke your stereo today.

B: That's the last straw! I don't want to be your roomie anymore.

A: 내가 오늘 네 스테레오를 망가뜨렸어.
B: 참을 만큼 참았어! 더 이상 나랑 방 같이 쓰기 싫어.

이왕이면 이것도 함께!

▶ I can't stand this
이건 못참겠어
▶ I can't stand losing
지고는 못살아
▶ I can't stand feeling like this
이런 기분은 참을 수가 없어
▶ I can't stand you being here alone 네가 여기 혼자 있는 건 못참겠어
▶ You can't stand to be close 너는 가까워지는 것을 견딜 수가 없는거야
▶ That's the last straw
더 이상 못 참겠어

if you know what I mean 내가 무슨 말 하는지 안다면 말야

상대방에게 뭔가 충고나 조언 혹은 무슨 말을 하고 나서 상대방이 내가 하는 말의 진의를 잘 파악했냐고 가볍게 확인하는 문구로 I think you understand what I'm hinting at 정도로 생각하면 된다.

A: I hope my daughter will be able to attend a good university.

B: She can, but she'll have to study hard, if you know what I mean.

A: 내 딸 아이가 좋은 대학에 들어갈 수 있으면 좋겠어.
B: 할 수 있을 거야. 하지만 열심히 해야 할거야. 내 말이 무슨 말인지 안다면 말야.

A: Soon with Chris on top of me, if you know what I mean.

B: See? Evil! Evil!

A: 곧 크리스가 내 위에 올라탈거야, 내 말이 무슨 뜻인지 안다면 말야.
B: 봐! 넌 악마야, 악마!.

이왕이면 이것도 함께!

▶ He's not all there, if you know what I mean
걘 제 정신이 아냐, 내 말이 무슨 말인지 안다면 말야
▶ I prefer to go quietly, if you know what I mean
난 조용히 갈래, 무슨 말인지 알지.

I get the picture 알겠어, 무슨 얘긴지 알겠어

━━━

상대방이 말하는 것은 알아들었다고 말하는 것으로 상대방의 말이 직접적일 수도 있고 간접적일 수도 있다. 우리말에도 "그림이 이해된다"라는 말이 있듯이 「이해하다」는 표현이다.

A: Maybe we should try to date other people for a while.

B: I get the picture. You want to break up with me.

>A: 우리 잠시 다른 사람들과 사귀어 보도록 해.
>B: 무슨 얘긴줄 알겠다. 너 나랑 헤어지고 싶은 거구나.

A: You get the picture?

B: Getting the picture isn't the problem. It's getting rid of it.

>A: 이해했어?
>B: 이해하는게 문제가 아냐. 제거하는게 문제지.

이왕이면 이것도 함께!

▶ You get the picture?
  너 이해했냐?

▶ Now you're getting the picture?
  상황이 어떻게 돌아가는지 이해하겠니?

Don't let me down 기대를 저버리지마, 실망시키지마

━━━

let sb down은 「…를 실망시키다」(disappoint someone), 「기대를 저버리다」(fail to meet one's expectations)란 의미. 따라서 Don't let me down하면 「나를 실망시키지 말라」는 뜻의 부정 명령문이 된다.

A: I promise I'm going to be a better husband in the future, honey.

B: Please don't let me down.

>A: 앞으로 좀더 훌륭한 남편이 되겠다고 약속할게, 여보.
>B: 날 실망시키지 말아요.

A: You really let me down.

B: If you give me a second chance, I swear I'll make it up to you.

>A: 정말 날 실망시키는구나
>B: 한번만 더 기회를 주면 꼭 보상할게.

이왕이면 이것도 함께!

▶ You let me down, son
  아들아 넌 날 실망시켰어

▶ Don't disappoint at me
  날 실망시키지마

▶ What a letdown!
  진짜 기운빠지네, 실망이야!

▶ Don't discourage me
  날 낙담시키면 안 돼

Have a heart 한번만 봐줘, 온정을 베풀라구

▪▪

우리말에도 "넌 심장도 없냐"라는 말이 있다. 어려움에 처한 사람들이 이성적으로 생각해서 「온정을 베풀어달라」고, 「한번만 봐달라」고 쓰는 표현이 바로 have a heart이다. 물론 의학미드에서는 이식용 심장이 있다라는 뜻이 될 수도 있다.

A: I don't like to see you anymore. Get out of here!

B: I'm not God. Everybody makes mistakes. Please have a heart!

    A: 더이상 보기 싫으니 꺼져.
    B: 내가 신도 아니고 누구나 실수는 한다구. 제발 한번만 봐주라!

A: I'm not giving you any more money.

B: Have a heart. I can't pay my rent.

    A: 난 네게 더 돈을 주지 않을거야.
    B: 좀 봐주라. 월세 낼 돈이 없어서.

> 이왕이면 이것도 함께!
> ▸ We have a heart for him
> 걔한테 이식할 심장을 찾았어
> ▸ Show him you have a heart
> 걔한테 네가 인정이 있다는 것을 보여줘

He made love to me 그 사람과 난 사랑을 나눴어

▪▪

거의 누구나 때가 되면 하는 have sex를 아름답게 표현한게 make love to sb 이다. make love는 정신적인 사랑을 육체적인 사랑으로 확인하는 것으로 "My girlfriend and I don't fuck, we make love"라는 문장이 나오게 된다. 속어로는 do it, get it on, make out, fuck 등이 있다

A: Do you remember our honeymoon in Hawaii?

B: How could I forget? We made love all night and all day for three days.

    A: 하와이에서 우리 신혼여행 기억해?
    B: 어떻게 잊을 수가 있겠어? 우린 3일 밤낮으로 사랑을 나누었잖아.

A: What's all that noise in the apartment upstairs? I can't sleep!

B: I think that couple is doing it again. They have sex almost every night.

    A: 여기 아파트 위층에서 나는 이 소리가 뭐죠? 잠을 잘 수가 없어요.
    B: 부부가 또 그거 하고 있는거 같은데. 그 사람들 거의 매일밤 하네.

> 이왕이면 이것도 함께!
> ▸ (Did you) Get(ting) any?
> 요즘 좀 했어? (=Did you have sex recently?)
> ▸ Let's get it on
> 자 섹스하자
> ▸ I need to get laid
> 나 섹스를 해야 돼
> ▸ Did you get lucky?
> 섹스했어?
> ▸ I wanna sleep with you
> 너랑 잠자리하고 싶어
> ▸ I wanna make out with my girlfriend
> 애인하고 애무하고 싶어
> ▸ We ended up cuddling
> 결국 부둥켜안게 되었어

13_ Don't take it personally

Lucy **Don't take it personally**, but I wonder if your shrink is helping you.

Charles **I can't say** he's made my life much easier.

Lucy But he keeps charging you a lot of money. **Am I getting warm?**

Charles He does charge a lot, but **I can't complain**. Psychiatrists are expensive.

Lucy **Get real!** You're getting cheated out of your money!

Charles Yeah, maybe. But I need to be healthy mentally.

Lucy **I couldn't agree with you more**, but try going to another shrink.

Lucy 기분나쁘게 받아들이지마, 하지만 네 상담의가 도움이 되는지 궁금해서.

Charles 내 인생을 더 편하게 만들어줬다고는 말할 수는 없고.

Lucy 하지만 너 돈을 많이 내잖아. 맞는 얘기지?

Charles 비싸지만 불평없어. 정신과 상담의는 비싸잖아.

Lucy 정신차려! 너 바가지 쓰고 있는거라구!

Charles 어, 그럴지도 모르지. 하지만 정신적으로 건강해야 되니까.

Lucy 그건 네 말에 전적으로 동의해, 하지만 다른 상담의 찾아보도록 해.

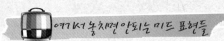 여기서 놓쳐면안되는 미드 표현들

Don't take it personally
기분 나쁘게 받아들이진마

Don't take it personally. He's kind of married to his job.
기분나쁘게 받아들이지마. 걘 좀 자기 일과 결혼한 셈이지.

I can't say
잘 몰라

I can't say. It's classified. 난 모르지. 기밀이야.
I can't say we disagree with you. 너와 의견이 다른 것은 아니지

Am I getting warm?
(정답 등에) 가까워지고 있는거야?

I think she may be guilty. **Am I getting warm?**
걔가 유죄일 수도 있어. 내가 점점 맞춰가지?

I can't complain
잘 지내

My health is pretty good, so **I can't complain**.
건강이 아주 좋아서 잘 지내고 있어.

Get a life! (or Get real)
정신차려!

Get a life. Get some independence. Get out of there.
정신차려. 좀 자립하고 거기서 빠져나와.

I couldn't agree with you more 정말 네 말이 맞아

Couldn't agree with you more. Well anyway, take Sean back! 정말 네 말이 맞아. 어쨌든, 션을 데려와!

Don't take it personally 기분 나쁘게 받아들이진마

상대방의 기분이 상할 만한 이야기를 꺼내면서(when criticizing someone) 기분 나쁘게 받아들이진 말아 달라고 운을 떼는 말. 개인적인 감정이 있어서 하는 말은 아니니까, 「나쁘게 받아들이지 말라」는 의미이다.

A: What did Jesse say about me?

B: Don't take it personally, but he said you were incompetent.

<blockquote>
A: 제시가 나에 대해서 뭐라고 그래?
B: 기분 나쁘게 받아들이진마, 제시가 너더러 무능력하대.
</blockquote>

A: Last night you told me that you wished that I was dead.

B: I didn't mean it. I was just angry at you then.

<blockquote>
A: 어젯밤에 너 내가 죽었으면 좋겠다고 했지.
B: 정말 그런 뜻으로 한 말은 아냐. 그땐 너한테 화가 나서 그랬지.
</blockquote>

이왕이면 이것도 함께!

▶ Don't be offended
기분나빠 하지마

▶ Don't get upset about this
이거 속상해하지마

▶ I didn't mean it
일부러 그런건 아냐

▶ I didn't mean any harm
맘 상하게 할 생각은 없었어

I can't say 잘 몰라

확신이 없거나 괜히 잘못 말해서 해코지를 당할 가능성이 있을 때는 말을 조심스럽게 해야 하는 법. 이럴 때 I can't say는 잘 모르겠어, I can't say S+V하면 「…라고는 할 수 없다」라는 자제형 표현이 된다.

A: Do you think it will snow tomorrow?

B: I can't say. The weather has been strange lately.

<blockquote>
A: 내일 눈이 올까?
B: 몰라. 요샌 날씨가 이상해서 말이야.
</blockquote>

A: Are you saying she was murdered?

B: I can't say anything official yet.

<blockquote>
A: 걔가 살해됐다는 말이야?
B: 아직 공식적인 것은 말할 수가 없구.
</blockquote>

이왕이면 이것도 함께!

▶ (I) Can't say for sure
확실히는 몰라

▶ I can't say I'm surprised
놀랐다고 할 수는 없지

▶ I can't say I love you
널 사랑하다고 말하지 못하겠어

▶ I can't say no
거절할 수는 없지

▶ I can't say anything (to~) (…에게) 아무 말도 말 할 수 없지

Am I getting warm? (정답 등에) 가까워지고 있는 거야?

■■

warm은 '따스한'이라는 기본형용사이지만 구어체에서 get warm하면 뭔가 「숨겨져 있는 곳에 근접하다」, 「사실을 밝혀내기 직전이다」라는 뜻으로 쓰인다. 특히 퀴즈놀이를 하면서 내가 정답에 근접했는지 여부를 물을 때 사용할 수 있다.

A: How old do you think I am?

B: Thirty? Thirty-one? Thirty-two? Am I getting warm?

  A: 내가 몇살 같아요?
  B: 서른? 서른 하나? 서른 둘? 제가 거의 비슷하게 대고 있나요?

A: Guess what I bought at the department store.

B: Is it a new shirt? Am I getting warm?

  A: 내가 백화점에서 뭐 샀을 것 같아?
  B: 새로운 셔츠? 내가 맞춘거야?

이왕이면 이것도 함께!

▶ You're getting hot!
  거의 맞춰가고 있어!

▶ You came close!
  (퀴즈 등) 거의 다 맞췄어!

I can't complain 잘 지내

■■

서로 인사를 주고 받을 때 쓰는 표현 중의 하나. 직역하면 "불평을 할 수 없다"로 다시 말하면 「잘 지내고 있다」라는 내용이다. No complaints, Nothing to complain about라 해도 된다.

A: How are things since you got divorced?

B: Everything is OK. I can't complain.

  A: 이혼한 뒤로 어떻게 지내?
  B: 다 좋아. 잘 지내.

A: Did you get the job that you were applying for?

B: No, but I got a better one. It's the best job I've ever had. I couldn't ask for more.

  A: 지원했던 자리에 취직했니?
  B: 아니, 하지만 더 좋은 자리에 들어갔어. 지금까지 중 최고의 일자리야. 더이상 바랄 게 없어.

이왕이면 이것도 함께!

▶ (I have) Nothing to complain about
  잘 지내

▶ No complaints
  잘 지내

▶ I couldn't ask for more
  최고야, 더이상 바랄 게 없어

Get a life! 정신차려!

현실 감각없이 허황된 꿈을 쫓는 사람, 사소한 일에 목숨거는 사람, 하는 일없이 빈둥거리는 사람에게 현실로 돌아와서 「제발 좀 정신차려!」, 「철 좀 들어라」, 「인생 똑바로 살아라」 등의 의미로 한마디 해줄 수 있는 표현.

A: You use the Internet way too much, Ben. Get a life!

B: But the Internet is much more interesting than going out with my friends.

A: 넌 인터넷을 너무 많이 사용해, 벤. 제발 정신차려!
B: 하지만 친구들하고 나가 노는 것보다 인터넷이 훨씬 더 재밌는걸요.

A: I think a lot of girls find me attractive.

B: You wish! If that is true, why aren't you on a date right now?

A: 내게 매력을 느끼는 여자애들이 많은 것 같아.
B: 행여나! 그게 사실이면 지금 당장 데이트 안하고 뭐하니?

이왕이면 이것도 함께!
▶ Get real 정신 좀 차려
▶ Act your age!
나이값 좀 해!
▶ Come back[down] to earth 정신 차려
▶ You have to grow up
철 좀 들어라
▶ Dream on!
꿈 한번 야무지네!
▶ In your dreams! 꿈 깨셔!
▶ You wish!
행여나! [상대방이 실현 불가능한 걸 기대할 때]

(I) Couldn't agree with you more 정말 네 말이 맞아

부정어(not, never)와 비교급이 함께 쓰이면 강한 긍정이 된다. 여기서는 not과 more가 함께 나와서 "나는 너에게 이보다 더 동의할 수 없을게다"라는 뜻으로 정말 「네 말이 맞아」라는 문장이 된다. 강한 동의를 나타내는 것으로 I'll drink to that도 있다.

A: We should reserve a room at the Hilton for next month's conference.

B: I couldn't agree more. They are going to be completely booked soon.

A: 다음달 회의를 위해서 힐튼 호텔에 방을 예약해둬야겠어.
B: 백번 옳은 얘기야. 좀 있으면 완전히 다 차버릴거야.

A: I hope that we can enjoy a lifetime of happiness and prosperity.

B: I'll drink to that! Good luck to everyone!

A: 우리 모두 평생 행복과 번영으로 가득하기를 바랍니다.
B: 옳소! 모두에게 행운이 있기를!

이왕이면 이것도 함께!
▶ I can't argue with that
두말하면 잔소리지, 물론이지
▶ I'll drink to that!
옳소!, 찬성이오! (술자리 외에 일상적 상황에도 사용됨)

14_ Is that some kind of joke?

Oswald   **If it's not too much trouble**, maybe you could divorce your husband.

Janet   **Is that some kind of joke?** It's really not funny.

Oswald   Sorry, **it was a slip of the tongue**. Sometimes I'm very attracted to you.

Janet   **Keep your mouth shut about** our affair. I mean it.

Oswald   **The way I see it**, we should be together forever.

Janet   Just sit back and drink your beer for now. **Bottoms up.**

Oswald   Bottoms up. Let's have a toast to our future.

Oswald 너무 힘들지 않다면 네 남편하고 이혼 할 수도 있어.   Janet 우리 불륜은 절대 비밀이야. 정말야.

Janet 장난하는거지? 정말 재미없거든.   Oswald 내가 보기엔, 우리 영원히 함께 해야될 것 같아.

Oswald 미안, 말이 헛나왔네. 때때로 내가 너한테 끌려서 말야.   Janet 지금은 죽치고 앉아서 맥주나 마셔. 위하여.

   Oswald 위하여. 우리 미래를 위해서 건배.

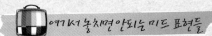

여기서 놓치면안되는 미드 표현들

If it's not too much trouble 수고스럽지 않다면

Could you do me one favor, **if it's not too much trouble**?
너무 수고스럽지 않다면 한가지 부탁 좀 들어줄래?

Is this some kind of joke? 장난하는거지?

What do you think, **this is some kind of joke**?
뭐라고 생각하는거니, 장난인거야?

It was a slip of the tongue 실언했네

I didn't mean to say it. **It was a slip of the tongue.**
일부러 그말을 하려는게 아니었어. 실언이었어.

Keep your mouth shut 누구한테도 말하면 안돼

If you **keep your mouth shut** 'til tomorrow, I'll let you touch that girl's boobs again before she leaves.
내일까지 비밀지키면, 그 여자가 가기 전에 가슴 한 번 더 만지게 해줄게.

The way I see it 내가 보기엔

The way I see it is that I was lucky enough to find someone that I really love.
내가 보기에, 나는 운좋게도 내가 정말 사랑하는 사람을 찾은 것 같아.

Bottoms up! 위하여!

Come on! Everybody, **bottoms up!**
어서! 다들, 위하여!

If it's not too much trouble 수고스럽지 않다면

상대방에게 뭔가 물어보거나 부탁을 할 때 미안한 마음을 품고서 하는 인사성 표현. if you don't mind, if it is okay for you와 같은 맥락의 문장으로 우리말로는 「너무 폐가 되지 않는다면」, 「너무 힘들게 하는게 아니라면」 정도에 해당되는 표현이다.

이왕이면 이것도 함께!

▶ if it's not too much trouble for you
너한테 그렇게 폐가 되지 않는다면

A: Would you like me to fix you some coffee?

B: If it's not too much trouble. That would be great.

A: 커피를 준비해 드릴까요?
B: 수고스럽지 않으시다면야, 좋죠.

A: If it's not too much trouble, please, can I speak to Mr. Suh, please?

B: He is at the rehearsal dinner.

A: 너무 번거롭지 않으시다면, 서선생님과 통화할 수 있을까요?
B: 지금 결혼식전 저녁만찬 중이세요.

Is this some kind of joke? 장난하는거지?

상대방이 말도 안되는 소리나 불쾌한 이야기에 받아치는 문장으로 미드에서 무척 많이 들리는 표현. 살짝 짜증낸 얼굴로 이 문장을 말하면 금상첨화이다.

이왕이면 이것도 함께!

▶ You must be joking
농하는 거지
▶ You're joking?
장난아니지?
▶ Is this your idea of joke?
넌 이게 웃긴다는거야?

A: I'm sorry to tell you this, but you must leave this apartment within 30 days.

B: Is this some kind of joke? I have a contract to rent here.

A: 이런 말 하게 돼서 미안한데요, 30일 안에 이 아파트를 비워줘야겠어요.
B: 농담하시는거죠? 여기 임대 계약서가 있는데요.

A: They think that I'm some kind of joke. They think I'm worthless.

B: Carrie, you are not worthless.

A: 걔네들은 나를 호구로 생각해. 내가 쓸모없는 인간이래.
B: 캐리, 넌 쓸모없지않아.

It was a slip of the tongue 실언했네

말하면 안되는 비밀이나 정보 등을 실수로 입밖에 내놓았을 때 수습하기 위한 구차한 변명. 실수로 입에서 「말이 잘못 나왔다」, 「말실수했네」, 「실언했네」라는 의미. 하지만 한번 엎지른 물 어찌할 수 있남…

이왕이면 이것도 함께!
▶ I let the secret slip
비밀을 흘려버렸어
▶ I let the cat out of the bag
비밀이 들통났어
▶ I spoke out of turn
말이 잘못 나왔어

A: Did you say that Harry was going to run for mayor?

B: Whoops, I didn't mean to give you that information. **It was a slip of the tongue.**

A: 해리가 시장 선거에 출마할거라고 했니?
B: 이런, 너한테 그런 말을 해줄 생각은 아니었는데. 말 실수했네.

A: I'm sorry for making that suggestion. **I spoke out of turn.**

B: I expect you to control yourself when you attend these meetings.

A: 그런 말을 꺼내서 죄송해요. 말이 잘못 나왔어요.
B: 이런 회의에 참석할 때는 자제하길 바래요.

Keep your mouth shut 누구한테도 말하면 안돼

입이 싼(have a big mouth) 사람들이 얼떨결에 하지 말아야 될 말을 하는(it was a slip of the tongue) 경우가 너무 많기 때문에 중요한 이야기를 하면서 비밀유지를 약속받을 때 사용하면 된다.

이왕이면 이것도 함께!
▶ Couldn't keep your big mouth shut! 넌 그 싼 입 다물지를 못하는구나!
▶ He's keeping his mouth shut on this
걘 그거, 비밀을 지키고 있어
▶ Keep your mouth shut until tomorrow!
내일까지 함구해!
▶ Your secret's safe with me 비밀은 지킬게
▶ Shut your face! 입다물어!
▶ I'll take it to my grave
그 얘기 무덤까지 가지고 가
▶ Could you keep a secret? 비밀로 해줄래?

A: I know that you and Kelly are having a secret affair.

B: **Keep your mouth shut about** that or it'll cause a lot of trouble.

A: 너랑 켈리랑 몰래 바람 피우고 있는거 다 알아.
B: 입 다물고 있어. 안그러면 큰 분란이 생길테니까.

A: Please don't tell anyone about how depressed I've felt.

B: I won't. **Your secret's safe with me.**

A: 내가 풀이 죽었다고 누구한테도 말하지 말아줘요.
B: 그럴게요. 비밀 지켜드릴게요.

The way I see it 내가 보기엔

분명한 사실을 단정적으로 말하는 게 아니라 자신의 관점에서 봤을 때의 의견임을 강조해서 말할 때 사용하는 표현. 「내가 보기엔」이라는 뜻으로 As I see it과 같은 의미.

이왕이면 이것도 함께!

▶ As I see it
내가 보기로는

▶ The way I look at it is ~
내가 보기엔 …이다

A: Do you feel that the government is doing a good job?

B: **The way I see it**, there have been too many scandals this year.

　　A: 정부가 잘 하고 있다고 보니?
　　B: 내가 보기에는 올해는 추문이 너무 많았어.

A: Is Sandy still angry at you today?

B: Yes, **the way I look at it is** that I'll just have to wait until she calms down.

　　A: 샌디가 오늘도 너한테 화내니?
　　B: 응, 내가 보기에는 걔 맘이 진정될 때까지 기다려야 할 것 같아.

Bottoms up! 위하여!, 원샷!

술자리에서 쓰는 말로 글자 그대로 해석하면 잔을 끝까지 비우자는 말로 우리식의 "원샷"에 해당되지만 문맥에 따라 그냥 「위하여!」라는 Cheers!와 같은 의미로도 많이 쓰인다. 하지만 대부분 일반적으로 잔을 다 비우자고 할 때 쓰는 표현이다.

이왕이면 이것도 함께!

▶ Here's to Mike and Jane!
마이크와 제인을 위하여!

▶ I'd like to propose a toast 건배하죠

A: Alright everyone, **bottoms up!**

B: Waitress! Can you get us another pitcher of beer?

　　A: 자 여러분, 건배!
　　B: 웨이트리스! 맥주 피쳐 하나 더 줄래요?

A: **I'd like to propose a toast.** My divorce papers finally came through. To divorce!

B: Oh, no. If you're gonna drink to divorce, drink alone!

　　A: 건배합시다. 내 이혼 서류절차가 다 끝났어. 이혼을 위하여!
　　B: 이런. 이혼을 위해 축배를 들려면 혼자서 해!

15_ Let me get this straight

Al   Hello, 911? **Let me tell you something.** There's a fight outside.

Martina   **Not again.** Didn't you report a fight outside your house last night too?

Al   Search me. I **was drunk** and can't remember what I did yesterday.

Martina   **Let me get this straight.** Are you drunk right now?

Al   **That all depends.** How much do I have to drink to get drunk?

Martina   I'm sure you've had a lot of alcohol. You sound drunk.

Al   **You win.** I've been drinking with my friends for the last five hours.

Al   여보세요, 911이죠? 뭐 좀 말할게 있어요. 밖에 싸움이 났어요.

Martina   또요. 지난 밤에도 싸움났다고 신고하지 않았어요?

Al   몰라요. 난 취해서 어제 일은 기억이 안나요.

Martina 이거하나 분명히 하죠. 지금 취했어요?

Al   경우에 따라 다르지요. 얼마나 마셔야 취하는데요?

Martina 술을 많이 드신 것 같네요. 취한 목소리예요.

Al   내가 졌어요. 지난 5시간 동안 친구들과 술을 마시고 있거든요.

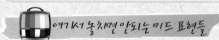 여기서 놓치면 안되는 미드 표현들

Let me tell you something 내가 하나 말할 게 있는데, 정말이지	**Let me tell you something.** For my whole life, whenever I've truly wanted something, I've always gotten it. 내 하나 말하지. 평생, 내가 진정으로 뭔가 원할 때마다, 난 항상 가졌어.
Not again! 어휴 또야!, 어떻게 또 그럴 수 있어!	No way! Not me, no. **Not again**, no. 절대 안돼!, 난 안돼, 아냐. 어떻게 또 그럴 수 있어, 안돼.
She got drunk! 걘 취했어!	I'm so glad you guys **got drunk** and had sex! 너희들이 취해서 섹스를 했다니 정말 기뻐!
Let me get this straight 이건 분명히 해두자	**Let me get this straight**, it's okay for you to flirt, but not for me. 이거 분명히 해두자, 네가 집적대는 건 좋은데, 날 위해선 그럴 필요 없어.
That (all) depends 상황에 따라 다르지	Well, **that depends**. What are your expectations? 저기, 경우에 따라 다르지. 네 기대치는 어떤데?
You win 내가 졌어	You never had sex on honeymoon? **You win.** 신혼여행가서 한번도 섹스도 안했다고? 내가 졌다.

Let me tell you something 내가 하나 말할 게 있는데, 정말이지

뒤에 안좋은 이야기나 진지한 이야기를 꺼낼 때, 특히 화자가 「자기주장」이나 「자기입장」 그리고 「속마음」 등을 털어놓는 상황에서 말 첫머리에 사용한다. 비슷한 표현인 I have to tell you는 말하기 꺼리는 것을 솔직히 말하겠다는 뉘앙스가 있다.

A: This company really needs to replace its old computers.

B: Let me tell you something, they aren't going to be replaced until next year.

A: 이 회사에 있는 오래된 컴퓨터를 교체해야 합니다.
B: 말씀드릴 게 있는데, 컴퓨터는 내년에 교체할 예정입니다.

A: Can you meet me later?

B: No, it's very important. I have to tell you something.

A: 나중에 보면 안될까?
B: 안돼, 이거 아주 중요해. 꼭 할 말이 있단 말야.

이왕이면 이것도 함께!
▶ Can I tell you something?
말씀 좀 드려도 될까요?
▶ I have to tell you (something)
정말이지, 할 말이 있어
▶ I have to[gotta] tell you this
이 말은 해야겠는데요

Not again 어휴 또야!, 어떻게 또 그럴 수 있어!

귀찮고 짜증나는 일이 계속해서 일어나는 경우 짜증섞인 말투로 「어휴, 또야」라고 내뱉는 말이 Not again!이다. 푸념뿐만 아니라 다시는 그러지 말았으면 하는 심정도 담고 있다.

A: I hate to tell you this, but Lisa isn't coming to work today.

B: Not again! She is always missing work.

A: 이런 말씀 드리긴 싫지만 리사가 오늘 출근 못한대요.
B: 또야! 걔 일 하는 꼴을 못봤어.

A: It looks like your computer has crashed.

B: Not again! This happened last month.

A: 네 컴퓨터 고장난 것 같은데.
B: 또야! 지난달에도 그러더니.

이왕이면 이것도 함께!
▶ Oh, no, not again
오, 안돼, 또야
▶ Don't you dare do that!
그럴 꿈도 꾸지마!

She got drunk! 개 취했어!

get[be] drunk는 가장 일반적으로 취했다라는 의미의 표현. 약간 취했을 때는 get tipsy를, 고주망태가 되었을 때는 be dead drunk, be drunk as a fish 등을 쓰면 된다. 참고로 「음주운전」(drunk driving)은 DUI라고 하는데 Driving Under the Influence의 약자이다.

이왕이면 이것도 함께!

- ▸ Don't get drunk
  취하지마라
- ▸ She was drunk as a skunk
  걘 만취상태였어
- ▸ I was drunk as hell
  난 엄청 취했어
- ▸ while under the influence
  술 취한 상태에서

A: How old were you when you first **got drunk**?

B: Oh, 16, 17.

  A: 넌 몇살 때 처음 취했어?
  B: 어, 열여섯이나 열일곱 때.

A: Was your daughter Vicky arrested on a DUI charge in May, 2012?

B: Yes.

  A: 당신 딸인 비키가 2012년 5월에 음주운전으로 체포되었죠?
  B: 네.

Let me get this straight 이건 분명히 해두자, 얘기를 정리해보자고

상식적으로는 이해하기 힘든 말, 무리한 요구사항에 대해 「이건 분명하게 짚고 넘어가자」는 말. get sth straight은 「…을 제대로 해놓다」라는 뜻이며, 분명히 해둘 내용(this)은 그 뒤에 덧붙이면 된다.

이왕이면 이것도 함께!

- ▸ Let's just get one thing straight
  이거 하나는 분명히 해두자
- ▸ We need to get this straight
  이건 분명히 해둬야 돼
- ▸ That ain't the way I heard it 내가 들은 이야기랑 다르네

A: **Let me get this straight,** you can't find your new cell phone?

B: That's right. I left it right here on the desk but it's gone now.

  A: 이건 집고 넘어가자. 새 휴대폰 잃어버린 거지?
  B: 맞아. 책상 위 바로 여기에 놔뒀는데 없어진 거 있지.

A: So after he insulted me, I punched him in the nose.

B: **That ain't the way I heard it.** I heard that you were scared and ran away.

  A: 그 녀석이 날 모욕하길래 그 녀석 코에다 한방 날렸지.
  B: 내가 듣기론 그게 아니던데. 네가 겁먹고 달아났다면서.

That (all) depends 상황에 따라 다르지, 경우에 따라 달라

상대방의 질문에 분명한 답변을 해줄 수 없을 때 유용한 표현으로 의미는 상황이나 경우에 따라 다르다라는 것이다. 답변을 유보하는 것으로 좀 더 구체적으로 말해주려면 That[It] depends wh~[how~]로 표현하면 된다.

A: Can you provide me with all of the materials?

B: **That depends.** What exactly do you need?

A: 자료를 전부 제공해주실 수 있습니까?
B: 상황에 따라 다르죠. 정확히 어떤 게 필요하신데요?

A: Is that good or bad?

B: **It depends.**

A: 그게 좋은거예요 나쁜거예요?
B: 경우마다 다르지.

You win 내가 졌어

영어는 부정의문문 답변에서도 보듯이 다분히 상대를 기준으로 표현을 할 때가 많다. 그래서 그런지 「내가 졌다」고 할 때도 You win이란 형태의 문장을 참 많이 쓴다. 물론 내가 이겼을 때는 I win[won]이다.

A: I refuse to go on the vacation you have planned.

B: OK, **you win.** Where do you want to go?

A: 네가 세운 휴가 계획대로 가기 싫어.
B: 좋아, 내가 졌다. 그럼 넌 어디로 가고 싶은 거야?

A: Okay all right. **You win.**

B: Drop it. Drop the gun!

A: 그래요, 좋아요. 당신이 이겼어요.
B: 내려놔. 총 내려놓으라고!

16_ No way to tell

Judy   It looks like **things could be better** between you and your girlfriend.

Kurt   **We're on a break** right now. She's upset with me.

Judy   That happens. Sometimes couples need time apart from each other.

Kurt   **I couldn't care less about** her. I'm enjoying my freedom.

Judy   That's interesting. So you're saying life **couldn't be better** for you?

Kurt   Exactly. We may never get back together. **There's no way to tell.**

Judy   Sorry to hear that. I think you two make a good couple.

Judy 너와 여친 사이가 별로인 것 같아.	좋다는 말이야?
Kurt 지금은 잠시 떨어져 있어. 나한테 화났거든.	Kurt 그렇지. 우린 아마 다시 안 합칠 수도 있어. 알 수 없는 노릇이잖아.
Judy 그럴 수도 있지. 때때로 커플들은 서로 떨어져 있는 시간이 필요해.	Judy 그런 소리를 들으니 안됐네. 난 너희 둘이 좋은 커플이 될거라 생각하는데.
Kurt 난 걔 생각도 안해. 내 자유를 만끽하고 있어.	
Judy 흥미롭구만. 그럼 너한테는 지금이 더할나위 없이	

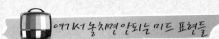
여기서 놓치면 안되는 미드 표현들

Things could be better 별로야, 그냥 그래	I know you think that. But your life **could be better**. 네가 그렇게 생각하는 줄은 알고 있지만 네 인생은 그저 그래.
We're on a break 잠시 떨어져 있는거야	By the way, it seems to be perfectly clear that **you were on a break**. 그건 그렇고, 너희들이 잠시 헤어져있었던 것은 명백한 것 같아.
I couldn't care less 알게 뭐람	What are you talking about? **He couldn't care less**. 무슨 얘기야? 걘 전혀 관심도 없는데.
It couldn't be better 최고야	You introduced me to all your friends. My business **couldn't be better**. 네가 네 친구들 모두에게 날 소개시켜줬잖아. 내 사업은 아주 좋아.
There's no way to tell 알 길이 없어	**There's no way to tell** whether it was forcible. 그게 강압적이었는지 여부는 알 길이 없어.

(Things) Could be better 별로야, 그냥 그래

먼저 Things는 생략될 수도 있고 혹은 다른 명사가 올 수가 있다. 이에 따라 단순한 안부인사가 될 수가 있고 아니면 어떤 상황에 대한 답변일 수도 있다. 문제는 Could be better인데 직역하면 더 좋아질 수도 있다, 하지만 현재는 그렇지 않다, 즉 「별로이거나」, 「문제가 많다」라는 부정적 표현이다.

A: How is everything at your office?

B: Things could be better. The economic downturn meant we lost a lot of business.

    A: 너희 사무실은 요즘 어떠니?
    B: 그냥 그래. 경기 침체 때문에 거래처가 많이 떨어져 나갔잖아.

A: How are things going around here?

B: Could be better. It's been not so good since we got that new neighbor.

    A: 여기 일이 어떻게 돼가니?
    B: 별로야. 이웃에 그 사람들이 새로 이사온 뒤로는 그저 그래.

이왕이면 이것도 함께!
- Could be better, but it's gonna be okay
  별로지만 좋아질거야
- What could be better than this?
  이보다 뭐가 더 좋을 수 있을까?
- Could be worse
  괜찮다

We're on a break 잠시 떨어져 있는거야

break는 명사로 Prison Break에서 보듯 탈출을 뜻하기도 하고 coffee break에서 보듯 하던 일을 잠시 쉬는 것을 말한다. be on a break하면 특히 「연인사이의 냉각기」를 말한다. take some time apart란 말씀. 이러다 누가 차면(dump, ditch) 둘은 break up with하게 되는 거지요.

A: Are you still dating Joseph?

B: We're on a break. Our relationship wasn't working out well.

    A: 너 아직도 조셉이랑 사귀니?
    B: 냉각기야. 좀 삐걱거려서 말이야.

A: What happened to you and Scott? I heard you broke up.

B: I dumped him because I found out he was cheating on me!

    A: 너하고 스캇, 어떻게 된 거야? 헤어졌다는 얘길 들었는데.
    B: 내가 찼어. 스캇이 바람피우는 걸 알게 됐거든!

이왕이면 이것도 함께!
- You're gonna ditch me?
  날 버릴 거야?
- I dumped him
  내가 걔 찼어
- He bailed on me and left town
  걘 날 버리고 떠나버렸어

I couldn't care less 알게 뭐람 (전혀 관심없다)

I don't care보다 관심없는 정도의 강도가 센 것으로 「전혀 관심이 없다」라는 뜻을 갖는다. 관심없는 일까지 같이 말하려면 뒤에 about~, if~ 등을 붙여쓰면 된다. 또한 Who cares! 또한 「전혀 신경쓰지 않겠다」라는 말씀. I could care less(~)도 같은 의미.

이왕이면 이것도 함께!

▶ I could care less about you
난 너 별로 신경안써

▶ Who cares!
누가 신경이나 쓴대!

▶ for all I care
내 알바 아니야

A: There are many rumors that you are being unfaithful to your wife.

B: I couldn't care less. My wife knows what the truth is.

> A: 자네가 자네 부인 몰래 바람을 폈다는 소문이 무성하더군.
> B: 알게 뭐야. 우리 집사람이 사실이 뭔지 알고 있는데.

A: This is the third time this week you've left dirty dishes in the sink.

B: Who cares? If they bother you, go ahead and wash them.

> A: 싱크대에 지저분한 접시들을 그냥 놔둔 게 이번 주만 세번째다.
> B: 상관마. 거슬리면 네가 가서 닦든지.

It couldn't be better 최고야

문자 그대로 옮기면 「더 좋을 수가 없다」는 얘기. 부정+비교급=최상급을 적용하면 「더할 나위 없이 좋다」(be in the best condition)는 의미임을 바로 알 수 있다.

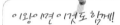
이왕이면 이것도 함께!

▶ Things have never been[felt] better
최고야

▶ Never better
최고야

A: How are you doing?

B: Couldn't be better! I've got a date with Jane this evening.

> A: 좀 어때?
> B: 최고야! 오늘 저녁에 제인이랑 데이트하기로 했거든.

A: This is the nicest resort I've ever been to. It couldn't be better.

B: Yeah, the staff is really friendly and the food is great too.

> A: 이 휴양지가 지금까지 가본 곳 중 제일 멋져. 더할 나위없군.
> B: 그러게, 직원들은 정말 친절하고 음식도 근사하고 말야.

There's no way to tell 알 길이 없어

▪▪

어떤 일이 도저히 불가능하다고 할 때는 There's no way to~ 혹은 There's no way that S+V의 형태를 쓴다. 여기서는 to 다음에 tell을 써서 There's no way to tell하게 되면 도저히 알 길이 없다라는 말이 된다. 물론 There's는 생략할 수도 있다.

이왕이면 이것도 함께!
▶ No way to tell who
   누구인지 알 수가 없어
▶ There's no telling what you think
   네가 무슨 생각을 하는지 알 길이 없어

A: So there's no way that she shot Chris?

B: It could have been an accident.

    A: 그럼 걔가 크리스를 쐈다는 것은 불가능한건가?
    B: 사고였을 수도 있어.

A: There's no telling what they're gonna think.

B: You talk to Tina. See what you think.

    A: 걔네들이 어떻게 생각할 지 알 길이 없구만.
    B: 티나하고 얘기해봐. 네 생각을 정리해봐.

놓치면 아까운 미드 토막상식

Intimacy

미드에 몰입해서 푹 빠지면 평범하게 살아가는 미국인들보다도 더 많은 슬랭과 이상한 표현들을 많이 알게 될 수도 있다. 다시 말해 미드는 미국인들도 다 경험하지 못하는 범죄세계와 어두운 이면의 모습들을 적나라하게 보여주기 때문이다. 따라서 현지 미국인들도 잘 모르는 노골적인 표현들이 많이 등장하기는 하지만 반면 또한 직설적인 표현을 자제한 완곡어법 또한 많이 나온다. 가장 잘 알려진 것으로는 돌아가셨다고 할 때는 die가 아니고 pass away란 표현을 쓴

다는 것이다. 그리고 우리나라 사람들이 오역하기 쉬운 단어로 intimacy가 있는데 이는 그냥 서로 사이가 좋아서 친한 것이 아니라 성관계를 맺는 그런 친한 사이란 말이다. 그래서 함부로 친한 친구라고 말한답시고 intimate friend라고 했다가는 오해받을 수 있으니 조심해야 한다. 또한 화장실을 직설적으로 말하지 않기 위해 powder room, ladies[men's] room이라고 하고 우리도 싸다라는 표현도 하지만 '볼 일 본다'고 하듯이 piss 대신에 do one's business, take a leak, relieve oneself 등을 쓰기도 한다. 같은 맥락에서 속어로 raincoat하면 콘돔을, get into trouble이나 expect하면 임신하다라는 뜻이 된다.

17_ That reminds me

Glenda	**I keep bumping into** you and Mindy. Are you seeing her?
Frank	**I'm just flirting with** her. It's no big deal, **believe me**.
Glenda	**That's not the point.** You already have a girlfriend!
Frank	**How dare you** think I'm going to cheat on my girlfriend!
Glenda	I hope that you won't, but I don't understand your behavior.
Frank	**That reminds me**, didn't you just break up with your boyfriend?
Glenda	Yes, but it is because we live a long distance from each other.

Glenda	너와 민디, 자주 부딪히는데. 너 걔랑 사귀냐?	Glenda	네가 안 그러길 바래. 하지만 네 행동이 난 이해가 안된다.
Frank	그냥 노닥거리는거야. 별거아냐, 정말야.	Frank	그러고보니 생각나는데, 너 남친하고 헤어지지 않았어?
Glenda	내 말의 핵심은 그게 아니잖아. 넌 여친이 이미 있잖아!	Glenda	어, 하지만 서로 너무 멀리 떨어져 있기 때문야.
Frank	어떻게 내가 여친을 놔두고 바람을 핀다고 생각할 수 있어!		

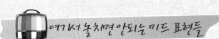

여기서 놓치면 안되는 미드 표현들

I keep bumping into you 우리 자꾸 마주치네요	**I kept on bumping into** her. 난 걔와 계속 마주쳤어.
I'm just flirting 좀 추근거린 것뿐이야	**Are you flirting with** me to get a better seat? 더 좋은 자리를 얻으려고 내게 집적대는거야?
Believe me 정말이야	**Believe me**, I got hit by a deer. 정말이야, 난 사슴한테 치였다고.
That's not the point 핵심은 그게 아니라고, 그게 중요한 것은 아니잖아	You can dress it up or dress it down. Anyway, **that's not the point**. 옷을 차려입어도 돼고 안해도 돼. 어쨌든 그게 중요한 것은 아니야.
How dare you + V ~ ? 어떻게 …할 수가 있냐?	**How dare you** call me a hooker! 어떻게 나보고 창녀라고 할 수 있어?
That reminds me 그리고 보니 생각나네	**That reminds me.** My insurance check still hasn't come yet. 그러고보니 생각나네. 내 보험사에서 수표가 아직 오지 않았어.

386

I keep bumping into you 우리 자꾸 마주치네요

우연히 길에서 아는 사람을 만났을 때 하는 말. 한 번이면 모르겠는데 자주 마주쳤을 때는 keep ~ing을 써서 keep bumping into을 쓰면 된다. 그밖에 come across, run across, run into 등이 「우연히 마주치다」라는 표현들이다.

A: It's been ages since I've seen Mr. Jackson.

B: Really? I keep bumping into him down at the gym.

A: 잭슨 씨를 만나본 지 오래 됐어.
B: 정말? 난 헬스클럽에서 계속 오며가며 마주치고 있는데.

A: Have you seen Ted lately?

B: Yes. In fact, I ran into him at the library the other day.

A: 요새 테드 봤니?
B: 응. 사실 요전날 도서관에서 마주쳤어.

I'm just flirting 좀 추근거린 것뿐이야, 작업 좀 들어간 것뿐인데

flirt은 진지하게 사귀어보겠다거나 상대방을 반드시 사로잡아야겠다는 굳은 결의없이 「가볍게 작업(?)에 들어가다」, 「재미삼아 집적거리다」라는 의미로 대개 flirt with sb의 형태로 쓰인다.

A: Are you interested in dating that woman?

B: No, I'm just flirting.

A: 너 그 여자랑 데이트하고 싶니?
B: 아니, 그냥 한번 건드려보기만 하는 거야.

A: Jasmine, you know Terry is married.

B: It's OK. I'm just flirting with him.

A: 재스민, 알다시피 테리는 유부남이야.
B: 상관없어. 그냥 추근대기만 하는 거니까.

Believe me 정말이야

자신의 말이 사실임을 믿어달라고 상대방에게 호소하는 표현. 강조하려면 Believe you me라고 하면 된다.

A: Are you sure that they will hire you for the job?

B: Believe me, I'm the best person that their company will be able to find.

A: 그 자리에 고용될 거라고 자신하는 거야?
B: 내 말을 믿으라구, 그 회사에서 아무리 찾아봐도 나 만큼 훌륭한 사람은 없지.

A: Believe me, Kate, I'm still a loser.

B: No, you're not! You've got your life together now.

A: 정말이야, 케이트, 난 아직도 패배자야.
B: 아냐, 넌 그렇지 않아! 지금 넌 정신차리고 힘을 내고 있잖아.

이왕이면 이것도 함께!

▶ You don't believe me?
내 말 못믿는거야?

▶ Believe you me
정말 진심이야

▶ Nothing happened. Believe me
아무 일도 없었어. 정말야

▶ It wasn't fun! Believe me
재미없었어! 정말야

That's not the point 핵심은 그게 아니라고

열심히 설명을 했는데 상대방이 못 알아듣거나 딴소리할 때, 「내가 말하려고 하는 건 그게 아니라니까」(That's not what I mean)라고 사용하는 표현. 상대방 역시 point를 이용해서 「그럼, 무슨 말을 하고 싶은 건데?」라는 뜻으로 What's the point?라고 물어볼 수 있다.

A: You have a good job, a nice car, and a big apartment.

B: That's not the point. I'm still not very happy.

A: 넌 좋은 직장에, 좋은 차에, 그리고 큰 아파트까지 있잖아.
B: 문제는 그게 아니야. 난 아직도 행복하지가 않다구.

A: The situation in this office is getting worse.

B: That's my point. I've been telling you we should quit.

A: 우리 사무실 상황이 점점 안좋아지고 있어.
B: 내 말이 그거야. 내가 때려치워야 한다고 말해왔잖아.

이왕이면 이것도 함께!

▶ It doesn't matter. That's not the point
상관없어. 핵심은 그게 아냐

▶ That's my point
내 말이 그거야

How dare you+V ~ ? 어떻게 …할 수가 있냐?

dare는 「감히 …하다」라는 상당히 당돌한 단어이다. 그래서 How dare you~? 하게 되면 상대방의 당돌하고 염치없는 행동을 보고 「어떻게 …할 수가 있냐?」라고 반은 놀라면서, 반은 화를 내면서 말하는 표현이 된다. 단독으로 How dare you! 란 표현이 미드에서는 무척 많이 들린다.

A: You are the biggest bitch I've ever met!

B: **How dare you** insult me!

A: 살다 살다 너같이 싸가지없는 애는 첨 본다!
B: 나한테 어떻게 그런 욕을 할 수가 있니!

A: **How dare you** talk to me like that?

B: They know about your penis problems!

A: 네가 어떻게 나한테 그런 말을 하는거야?
B: 너의 고추문제는 다들 알고 있다고!

That reminds me 그러고 보니 생각나네

remind A of B로 유명한 remind를 이용한 표현으로 That reminds me 혹은 That reminds me of~라고 써도 된다. 「그러고보니(That) (…가) 생각나네」라는 뜻으로 That으로 뭔가 기억이 떠올랐을 때 쓰는 표현이다.

A: I have to go to a meeting downtown at 3:00.

B: **That reminds me**, I have to pick up a book downtown this afternoon.

A: 3시에 시내로 회의 참석하러 가야돼.
B: 그 얘길 하니 생각나는데, 나 오늘 오후에 시내로 책 사러 가야돼.

A: That song just **reminds me of** my boyfriend. My ex-boyfriend, I should say.

B: Oh, no! Did he dump you? That's horrible.

A: 저 노래를 들으니 남친 생각이 나. 옛남친이라고 해야되겠지.
B: 이런! 차였어? 안됐다.

18_ Go easy on me

Erin	**Don't even think about** watching sports on TV today!
Will	**Go easy on me.** I don't like being yelled at.
Erin	**You don't even have a clue** why I'm angry. We never go out anymore!
Will	**Don't tell me that.** We've been married ten years. Things change.
Erin	Yeah, you've gotten fat and lazy! **Don't even ask me** why I married you!
Will	**Lucky for you**, I'm still patient when you act crazy.
Erin	You bastard! You better start trying to make me happy!

Erin	오늘은 TV로 스포츠 볼 생각조차 하지마!		Erin	그래, 넌 뚱뚱해지고 게을러졌잖아! 내가 왜 너와 결혼했는지 나한테 묻지마!
Will	좀 봐줘. 누가 나한테 소리치는거 싫어.		Will	다행이다, 난 여전히 네가 발광할 때는 참고있잖아.
Erin	내가 왜 화났는지 넌 짐작조차 못할거야. 우린 더 이상 외출을 안하잖아!		Erin	이 개자식! 날 기쁘게 해주려고 노력해봐!
Will	그런 말마. 결혼 10년 됐는데 상황이 바뀌는거지.			

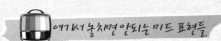

여기서 놓치면안되는 미드 표현들

Don't even think about it 꿈도 꾸지마	**Don't even think about it!** Let's go! 꿈도 꾸지마! 자 가재!
Go easy on me 좀 봐줘	I can't believe they're doing that to him! I told them to **go easy on him**! 걔네들이 걔한테 그랬다니 믿기지 않아! 걔네들한테 살살하라고 말했는데!
He doesn't (even) have a clue 걘 하나도 몰라	If they don't have kids, **they don't have a clue**. 아이들을 키워보지 않으면, 아무 것도 몰라.
Don't tell me 설마!, 그런 말마, 말하지마	Please **don't tell me** you have low self-esteem. 네가 자존감이 낮다는 것은 아니겠지. I don't want to know. Even if I beg, **don't tell me.** 알고 싶지 않아. 내가 애걸해도 내게 말하지마
Don't ask me 나한테 묻지마	**Don't ask me.** Go ask your mom over there. 내게 묻지마. 저쪽에 있는 네 엄마한테 물어봐.
Lucky for you 다행이다	**Lucky for you**, I ain't greedy. 참 다행이야. 난 욕심이 게걸스럽지는 않거든.

Don't even think about (doing) it

꿈도 꾸지마, 절대 안되니까 헛된 생각하지마

상대방의 황당하고 올바르지 못한 말에 강하게 반대, 부정하거나 혹은 정신차리라고 혼내는 표현. 「절대 하지 말라」고 하는 것으로, 그냥 Don't even think about it, 혹은 구체적으로 말해서 Don't even think about ~ing라고 말하면 된다.

이왕이면 이것도 함께!

▸ Don't even think about applying
지원할 생각도 하지마

▸ Don't even think about it. OK?
꿈도 꾸지마, 알았어?

A: I might have to cheat on the exam.

B: Don't even think about it. You'll get caught.

    A: 시험칠 때 컨닝을 해야 할지도 모르겠어.
    B: 꿈도 꾸지마. 걸릴 거야.

A: Can we talk to you for a minute?

B: Don't even think about it.

    A: 잠시 얘기해도 될까?
    B: 꿈도 꾸지마.

Go easy on me 좀 봐줘

한 유명한 게임의 여자 캐릭터가 싸움 전에 하는 말로 유명한 표현. 「살살 좀 해라」, 즉 「넘 심하게 하지 말라」는 표현. 단 go easy on sth의 경우에는 「적당히 …해라」라는 뜻이 된다.

이왕이면 이것도 함께!

▸ Go easy on the whisky
위스키 좀 적당히 마셔

A: I am going to have to punish Kelly. She's been very bad lately.

B: Go easy on her. She's a good kid. She'll behave if we just talk to her.

    A: 켈리한테 벌을 줘야겠어. 요즘 버릇이 아주 나빠.
    B: 살살 해. 착한 애잖아. 말로 타이르면 얌전하게 굴거야.

A: What is the best way to lose weight?

B: You should go easy on snacks and ice cream.

    A: 살빼는데 가장 좋은 방법은 뭐야?
    B: 스낵과 아이스크림을 적당히 먹어야 돼.

He doesn't (even) have a clue 걘 하나도 몰라

clue란 뭔가 알아내기 위한 혹은 사건 등을 해결하기 위한 단서란 뜻으로 not have a clue란 말은 「전혀 모른다」라는 뜻. have no idea와 같은 의미이다.

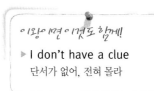

이왕이면 이것도 함께!
▶ I don't have a clue
단서가 없어, 전혀 몰라

A: I feel terrible about Frank's situation.

B: Yeah, he doesn't have a clue that the boss is going to fire him today.

    A: 프랭크의 처지가 딱해.
    B: 그러게, 걘 사장이 오늘 자기를 해고할 거라는 걸 눈치도 못채고 있어.

A: Do we even have a clue who did this?

B: A jealous boyfriend, maybe?

    A: 누가 그랬는지 알기나 하는거야?
    B: 질투심 많은 남친, 아마도?

Don't tell me 설마, 그런 말마, 말하지마

상대방이 말도 안되는 이야기나 도저히 믿을 수 없는 이야기를 하려는 것이 예상될 때 미리 「그런 말마」라고 차단하는 표현. Never tell me라고 해도 된다. 말도 안 되는 내용을 함께 말하려면 Don't tell me that~로 이어서 말하면 된다.

이왕이면 이것도 함께!
▶ Never tell me
설마
▶ Don't tell me you believe this
설마 이걸 믿는건 아니겠지
▶ Don't tell me what to do
내게 지시하지마

A: Rob, you're never going to guess who I saw downtown today.

B: Don't tell me. Was it a famous actor?

    A: 랍, 너 내가 오늘 시내에서 누굴 봤는지 모를거다.
    B: 설마 유명한 배우였니?

A: You're blushing. Oh! Don't tell me she has a crush on you.

B: I don't wanna talk about it.

    A: 얼굴 붉어지는거봐. 어, 걔가 너한테 반한 건 아니겠지.
    B: 그 얘긴 하고 싶지 않아.

Don't ask me 나한테 묻지마

입에 담기도 싫고 또 답이 무엇이든 난 상관하지 않을 정도로 무관심하니까 내게 묻지말라는 표현.「나한테 묻지마」,「내가 어찌 알아」정도의 의미이다.

A: Do you think the economy will improve next year?

B: Don't ask me. I don't know anything about economic forecasts.

> A: 내년엔 경기가 좀 좋아질까?
> B: 모르지. 난 경제 전망에 대해선 아는 게 없다구.

A: What do you do exactly? Real estate or construction?

B: Dude, don't ask.

> A: 정확히 하시는 일이 뭐예요? 부동산 아니면 건설업예요?
> B: 이 친구야, 말 꺼내지마.

이왕이면 이것도 함께!
- ▶ Don't ask
  (얘기하고 싶지 않으니) 말 꺼내지마
- ▶ Don't ask why, just try it
  이유를 묻지말고 그냥 해봐
- ▶ Don't ask, don't tell
  묻지도 말고 답하지도 마

Lucky for you 다행이다, 잘됐다

상대방에게 좋은 일이 일어났을 때 그 이야기를 꺼내기 앞서 먼저 하는 인사말.「다행이다 야」,「잘됐다, 야」정도에 해당한다고 보면 된다. 단독으로 쓰이기도 하지만 한 문장에 표현할 때는 (It's) Lucky for sb to[that~]으로 하면 된다.

A: Did he give us homework? Oh, I didn't realize that!

B: Lucky for you, the teacher is absent today.

> A: 숙제 내줬었니? 이런 몰랐네!
> B: 너 운 좋다. 선생님 오늘 안나오셨어.

A: Buyers don't know he's dead.

B: Lucky for us.

> A: 구매자들은 걔가 죽었는지 몰라.
> B: 우리에겐 잘됐네.

이왕이면 이것도 함께!
- ▶ Lucky for you, he's gonna be fine
  다행이다, 걘 괜찮을거야
- ▶ How lucky for her
  걔 정말 다행이야
- ▶ Lucky for you, neither do I
  잘됐다, 나도 안그랬어

19_ He set me up with her

Wendy	Are you still here at the office? I thought you'd left.
Roger	I have to go meet Allen. Do you want to come with me?
Wendy	Don't try to **set me up with** Allen. **He's not my cup of tea.**
Roger	**Why not? He could be Mr. Right** for you.
Wendy	No, I don't buy it. He's arrogant and selfish.
Roger	Alright, **I have to go.** What time are you coming in tomorrow?
Wendy	**Your guess is as good as mine.** I have a dentist appointment before work.

Wendy	아직까지 사무실에 있었어? 퇴근한 줄 알았는데.		Wendy	아냐, 안 믿어. 걘 거만하고 이기적이야.
Roger	앨렌을 만나러 가야 돼. 나랑 같이 갈래?		Roger	알았어, 나 갈게. 내일 몇시에 나올거야?
Wendy	앨렌을 소개시켜주려고 하지마. 걘 내 타입이 아냐.		Wendy	나도 잘 몰라. 출근 전에 치과예약이 있거든.
Roger	왜 아냐? 네게 이상형일 수도 있는데.			

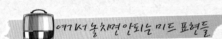 여기서 놓치면 안되는 미드 표현들

set[fix] sb up with ...에게 소개시켜주다	You're not trying to **set me up with** her? 너 날 걔한테 소개시켜줄려고 하지 않겠지?
That's not my cup of tea 내 취향이 아냐	I don't like camping. **That's not my cup of tea.** 난 캠핑가는거 싫어해. 내 취향이 아냐.
Why not? 왜 안해?, 왜 안되는거야?, 그러지 뭐	**Why not?** We're on the same team. 물론, 우리는 같은 팀인데. I mean, **why not?** I got my law degree. 내 말은 왜 안되는거야? 난 법학학위도 있는데.
He is Mr. Right 걘 내 이상형이야	She found **the right one.** 걔는 이상형을 찾았어.
I have (got) to go 이제 가봐야겠어, 이제 끊어야겠어	**I gotta go**, I got a date with Linda. 나 가야겠어, 린다하고 데이트있어.
That's anybody's guess 아무도 몰라, 모르긴 나도 매한가지야	No, your guess is as good as mine, Chris. 아니, 크리스, 모르긴 나도 마찬가지야.

He set me up with her 걔가 그녀를 소개시켜줬어

미드보다 보면 많이 나오는 You set me up!은 "날 함정에 빠트렸다"는 말이지만 set sb up with sb하게 되면 「이성을 소개해주다」, 「사람을 연결시켜주다」는 표현이다. set 대신에 fix를 써서 fix sb up with sb라고 해도 된다. 또한 hook sb up with 또한 많이 쓰인다.

이왕이면이것도함께

▶ He set me up with a jerk
걘 내게 머저리를 소개시켜줬어

▶ How about you set me up with someone?
네가 내게 소개팅을 해주면 어때?

A: Don't you have any friends that you can hook me up with?

B: No, they're too old for you.

A: 나 소개시켜줄 친구 없어?
B: 없어, 다들 너보다 나이가 너무 많아.

A: You set her up with a married man?!

B: That's what she's into!

A: 걔한테 유부남을 소개시켜줬다고?!
B: 걔가 좋아하는게 바로 그거라고!

That's not my cup of tea 내 취향이 아냐

어떤 사람이나 사물이 내 취향과 맞지 않을 때 쓰는 표현으로 It isn't to my taste라고도 한다. 물론 간단히 Not my cup of tea라고 해도 된다.

이왕이면이것도함께

▶ It isn't to my taste
내 취향이 아냐

A: Wow! That actor is very handsome. I wish I could date someone like him.

B: You do? Hmm... I think he's not my cup of tea.

A: 이야! 저 배우 진짜 잘생겼다. 저런 사람하고 사귀어봤으면.
B: 그래? 흠… 내 취향은 아닌 것 같다.

A: What did you get for your birthday?

B: Well, I got this hat, but I'm going to exchange it. It isn't exactly to my taste.

A: 생일에 뭘 받았니?
B: 음, 이 모자를 받았는데 바꾸려고 해. 별로 내가 좋아하는 스타일이 아니거든.

Why not? 왜 안해?, 왜 안되는 거야?, 그러지 뭐

먼저 상대방의 부정적인 답변에 대해 「왜 안 된다는 거야?」(Please, explain your negative answer)라며 이유를 묻는 표현이기도 하고, 또는 어떤 제의에 대해 「그러지 못할 이유가 어디 있느냐」(I can't think of any reason not to do)고 반문하는, 즉 강한 yes를 의미하는 표현이기도 하다.

A: Would you like a cup of coffee?

B: Why not? I still have a few hours before I have to go home.

> A: 커피 한 잔 하실래요?
> B: 좋죠. 퇴근하려면 몇 시간 더 있어야 하니까요.

A: Can I go home tomorrow?

B: Tomorrow? Why not tonight?

> A: 내일 집에 가도 돼?
> B: 내일? 오늘은 왜 안되고?

이왕이면 이것도 함께!

▶ Why not her?
갠 왜 안돼?

▶ Why not just divorce me?
그냥 나랑 이혼하면 안돼?

He is Mr. Right 걘 내 이상형이야

결혼해서 평생을 해로할 「천생연분」, 즉 「이상형」을 영어에서는 right이란 단어를 사용해 표현하는데 the right man[guy, woman], 혹은 Mr. Right, Miss Right, be right one이 바로 그것.

A: I heard you got engaged recently. What's your fiance like?

B: He's Mr. Right. He's the perfect man for me.

> A: 너 최근에 약혼했다고 들었어. 약혼자는 어떤 사람이야?
> B: 정말 이 남자다 싶어. 나한테는 완벽한 사람이야.

A: Donna is going to fix me up with a guy in her office. Maybe he is the Mr. Right I've been waiting my whole life to meet.

B: Yeah, and maybe not.

> A: 다나가 직장동료를 소개시켜 주기로 했어. 그 사람이 내가 평생을 기다려온 이상형일지도 몰라.
> B: 그래, 아닐 수도 있고.

이왕이면 이것도 함께!

▶ He's the right man
나한테 딱 맞는 사람이야

▶ The right woman is just waiting for you
네 연분이 널 기다리고 있다구

I have (got) to go 이제 가봐야겠어, 이제 끊어야겠어

have to, have got to 등의 표현을 사용하여 가야되는 상황을 완곡하게 나타낸다. 전화를 끊으려고 할 때도 사용할 수 있는 말이다.

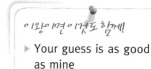

이왕이면 이것도 함께!

▶ I got to go, I'll call you
끊어야겠어, 내 전화할게

▶ I gotta go. I'm at work
그만 끊을게. 업무중야

A: **I have to go.** My husband is waiting for me at a restaurant.

B: Well, please give me your e-mail address so I can send you some other information.

A: 가야겠어요. 남편이 식당에서 기다리고 있거든요.
B: 좋아요, 다른 정보를 보낼 수 있게 이메일 주소 좀 알려주세요.

A: Can you stay late at work tonight?

B: No, **I have to go.** My children are waiting for me at their school.

A: 오늘 야근할 수 있어요?
B: 아뇨, 가봐야 해요. 우리 애들이 학교에서 기다리고 있어서요.

That's anybody's guess 아무도 몰라, 모르긴 나도 매한가지야

누구나(anybody) 추측(guess)만 할뿐이지 그것이 사실인지 거짓인지, 답이 맞는지 안 맞는지 「아무도 모른다」는 말.

이왕이면 이것도 함께!

▶ Your guess is as good as mine
모르긴 나도 매한가지야

A: We hope profits will go up this year, but **that's anybody's guess.**

B: You can say that again.

A: 올해 이윤이 증가했으면 하는데 아무도 모르는 일이죠.
B: 맞는 말이야.

A: Which one of these restaurants has the best food?

B: **Your guess is as good as mine.** Today is the first time I've been here.

A: 어떤 식당 음식이 가장 맛있니?
B: 모르긴 나도 마찬가지야. 난 오늘 여기 처음 왔는데.

20_ It's on me

Greg   **I owe you one** for getting me this job.

Dana   **You really hit it off with** my boss. He likes you.

Greg   He asked if I was ready to work, and I told him to **bring it on**.

Dana   Great. Well, **I've got to get moving**. Time to go home.

Greg   **Let's call it a day.** Do you want to go grab a few beers?

Dana   Sure, that would be great. It would give us a chance to relax.

Greg   You can order whatever you want. **It's on me.**

Greg 이 직장에 다니게 해줘서 큰 신세졌어.	Dana 잘했어. 저기, 나 가야 되겠어. 퇴근할 시간야.
Dana 너 사장하고 정말 잘 맞더라. 사장님이 너 좋아하셔.	Greg 오늘은 그만 하자고. 가서 맥주 몇 잔 할까?
Greg 나보고 일할 준비가 되었냐고 해서, 언제든지 할	Dana 물론, 그럼 좋지. 그러면 좀 긴장이 풀릴거야.
수 있다고 했지.	Greg 뭐든지 원하는 거 주문해. 내가 낼테니.

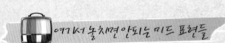
여기서 놓치면 안되는 미드 표현들

I owe you one 신세가 많구나	Thanks. **I owe you one.** 고마워. 내가 신세졌어. You **owe** me at least that much! 너 적어도 나한테 그만큼은 빚진거라구!
They really hit it off 쟤네들은 바로 좋아하더라고	Maybe now we'll **hit it off**. It might be fun. 이제 우리 서로 잘맞을 것 같아. 재미있을 수도 있어.
Bring it on 한번 덤벼봐, 어디 한번 해보자구	I may have something to help you on that. **Bring it on.** 내가 그 문제가 도와줄 수 있는게 있을지 모르겠어. 어디 한번 해보자고.
I('ve) got to get moving 가봐야겠어	Enough talking! **I have to get moving!** 얘기 좀 그만해! 나 가야 돼! We **got to get moving** quickly on this. 우리는 이거에 대해 빨리 움직여야 돼.
Let's call it a day 퇴근합시다	I think we should just **call it a night**. 우리 오늘 그만하는게 낫을 것 같아.
It's on me 내가 낼게	**It's on me**, don't worry. 걱정마, 내가 낼게.

I owe you one 신세가 많구나

■■

I owe you는 상대방의 도움에 깊이 고마움을 느낄 때 「당신에게 한가지 빚을 졌다」라고 말하는 표현. one 대신 money나 apology와 같은 명사를 쓸 수 있다. 신세를 크게 졌을 때는 I owe you a lot, I owe you a big favor 혹은 I owe you a big one이라고 한다.

A: Thanks for loaning me that money. I owe you one.

B: Don't worry about it. Just pay me back.

<blockquote>
A: 그 돈을 빌려주셔서 고맙습니다. 제가 신세를 많이 지네요.
B: 그런 걱정마세요. 그냥 갚기만 하세요.
</blockquote>

A: Here, you can use my suit to wear to the interview.

B: Wow, thanks Brian. I owe you one.

<blockquote>
A: 자, 면접 때 내 정장 입어.
B: 와, 고마워 브라이언. 신세만 지네.
</blockquote>

> 이왕이면 이것도 함께!
> ▶ I owe you a favor
>   내가 신세졌네
> ▶ I owe you some money
>   네게 갚아야 할 돈이 있네
> ▶ I owe you a long overdue apology
>   늦었지만 깊이 사과드립니다
> ▶ I owe it to my colleague
>   내 동료 덕분이야

They really hit it off 쟤네들은 바로 좋아하더라고

■■

hit it off하게 되면 만난지 얼마 안되서 그만 친구로 친해진 상황을 말하는 것으로 우리말로는 「죽이 잘 맞다」 정도로 생각하면 된다.

A: I'm looking forward to meeting your sister.

B: I just know that you'll hit it off.

<blockquote>
A: 네 여동생 만날 날만 손꼽아 기다리고 있어.
B: 넌 내 동생하고 잘 맞을거야.
</blockquote>

A: What a remarkable woman.

B: Yeah, I thought you guys might hit it off.

<blockquote>
A: 정말 멋진 여자야.
B: 그래, 너희들이 잘 맞을거라 생각했어.
</blockquote>

> 이왕이면 이것도 함께!
> ▶ I (really) hit it off with her
>   난 걔랑 정말 금세 좋아졌어
> ▶ She hit it off with Chris
>   걔는 크리스랑 바로 죽이 잘맞아
> ▶ I thought you'd hit it off
>   난 너희들이 잘 맞을 줄 알았어

Bring it on 한번 덤벼봐, 어디 한번 해보자구

원래 스포츠 경기에서 유래된 표현으로 「어디 한번 덤벼봐라」, 「내가 다 상대해주지」라는 뉘앙스를 띤 표현이다. 다투거나 싸울 때 쓰는 말로 You want a piece of me?(내 맛 좀 볼래?)와 함께 알아둔다.

A: You're the most stupid person I've ever met.

B: You want to fight? Bring it on!

    A: 너처럼 멍청한 사람은 처음 본다.
    B: 한판 붙고 싶어? 덤벼!

A: You're a retard. I can't believe they let you in here.

B: You want a piece of me, boy? I'll kick your ass!

    A: 너 바보구나. 너같은 애를 여기 들여보내다니 말도 안돼.
    B: 너 맛 좀 볼래? 혼쭐을 내줄테다!

이왕이면 이것도 함께!

▶ Gang up on me!
  다 덤벼봐!
▶ So, sue me
  그럼 고소해 봐
▶ You want a piece of me, boy?
  한번 맛 좀 볼래?

I('ve) got to get moving 가봐야겠어

get moving은 일을 시작하거나(get started) 일을 열심히 하는 것을 말하는 것으로 I gotta get moving이나 You'd better get moving은 「뭔가 늦어 빨리 가봐야겠다」라는 의미로 쓰인다.

A: I haven't started my homework. I've got to get moving.

B: You're right. If you don't finish it, you'll fail the class.

    A: 숙제를 아직 시작도 못했어. 가봐야겠어.
    B: 맞아. 숙제 못 끝내면 그 과목 낙제받을거야.

A: You'd better get moving if you want to catch the subway.

B: Yeah, you are right. I guess it is pretty late.

    A: 지하철 타려면 서둘러 가는게 좋겠어.
    B: 어, 맞아. 꽤 늦은 것 같아.

이왕이면 이것도 함께!

▶ I'd better be moving on
  가보는 게 좋겠다
▶ You'd better get moving
  너 그만 가봐야지

Let's call it a day 퇴근합시다

▪▪

Let's call it a day는 할 일이 다 끝나진 않았지만 하던 일을 그만 멈추고(stop the work we are doing) 「여기까지만 합시다」라는 뜻으로 일반적으로는 「퇴근합시다」라는 의미로 사용된다. Let's call it a night 혹은 Let's call it quits라 해도 된다.

A: As long as we're finished our work we can **call it a day**.

B: That sounds like a good idea.

> A: 우리가 맡은 일을 끝내면 오늘 그만 쉬자구.
> B: 좋은 생각이야.

A: I'm completely exhausted and I can't seem to concentrate anymore.

B: Why don't we **call it a day** and go for dinner?

> A: 완전히 녹초가 돼서 더이상 집중도 못하겠다.
> B: 오늘은 그만하고 저녁 먹으러 가는 게 어때?

이왕이면 이것도 함께!

▶ Let's call it a night
오늘은 그만두자

▶ Let's call it quits
퇴근하자

▶ I really should call it a night
정말 오늘은 그만둬야겠어

It's on me 내가 낼게

▪▪

시쳇말로 「내가 쏜다」에 해당하는 것으로, 식당이나 술집 등에서 일어설 때 테이블의 「계산서를 집으며」(pick up the tab) 「자신이 계산하겠다」(I'll pay for it)라고 하는 표현. This one is on me도 같은 말이다. 반면 It's on the house는 가게(house)에서 내겠다는 흐뭇한 이야기.

A: How much is the bill?

B: Don't worry about it. **It's on me.**

> A: 얼맙니까?
> B: 신경쓰지 마세요. 제가 낼게요.

A: Waiter, we didn't order this side dish.

B: Don't worry. **It's on the house.**

> A: 웨이터, 이 음식은 주문하지 않았는데요.
> B: 걱정마십시오. 저희 식당에서 서비스해드리는 겁니다.

이왕이면 이것도 함께!

▶ This one is on me
이번엔 내가 낼게

▶ I'm buying 내가 살게

▶ This is my round
이건 내가 쏜다

▶ I'll pick up the tab
내가 계산할게

▶ It's on the house
이건 서비스입니다

▶ (This is) My treat
내가 살게

▶ This will be my treat
내가 계산할 겁니다

21_ No offense

Angela	Hey boss. You look worried. **What's cooking?**
Tony	**What can I say?** We've got a big problem. Joey talked to the cops.
Angela	**What's your point?** Are you thinking we'll have to kill him?
Tony	**I'd have to say no**, not yet. But I won't let him put us in jail.
Angela	I'll say. If he tries that, I'll make him disappear.
Tony	Really? Are you tough enough to do that?
Angela	**No offense**, but I'm tougher than any of the guys in this gang.

Angela 두목, 걱정있어보이세요. 무슨 일입니까?

Tony 뭐라고 해야 되나? 큰 문제가 생겼어. 조이가 경찰에 불었어.

Angela 어떻게 할까요? 없애야 한다고 생각하십니까?

Tony 아직까지는 아니라고 해야 되겠지. 하지만 그놈이 때문에 우리가 감방에 가지는 않을거야.

Angela 물론입죠. 그놈이 그런다면 없애버리겠습니다.

Tony 정말? 그렇게 할 정도로 강인한가?

Angela 오해는 마십시오, 하지만 이 조직에서 어느 누구보다도 강인합니다.

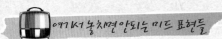 여기서 놓치면안되는 미드 표현들

What's cooking?
무슨 일이야?, 뭐가 문제야?

What can I say?
난 할 말이 없네, 나더러 어쩌라는 거야, 뭐랄까?

What's your point?
요점이 뭔가?, 하고 싶은 말이 뭔가?

I'd have to say no
안되겠는데

No offense
악의는 없었어, 기분 나빠하지마

I've found what I'm looking for. Come on. **What gives?**
난 내가 찾는 것을 찾았어. 이봐, 무슨 일이야?

What can I say? I like your company.
뭐랄까? 네 회사가 맘에 들어.

I had a drug problem. **What's your point?**
난 약물문제가 있었어. 뭘 말하고 싶은거야?

I'd have to say, you were terrific and I can't wait to hear you sing again.
너 정말 대단했고 네가 노래를 다시 부르는 것을 빨리 듣고 싶다고 해야겠지.

No offense, but do you really want to do that?
기분 나빠하지마, 하지만 정말 그렇게 하고 싶어?

What's cooking? 무슨 일이야?, 뭐가 문제야?

cook은 여기서 어떤 사건이나 일이 「발생하다」(happen; take place)라는 뜻의 동사. 따라서 What's cooking?하면 What's happening? 혹은 What's going on?과 동일하게 상대방의 현재 상태나 근황을 묻는 표현이 된다.

A: Hey John. What's cooking?

B: Oh, nothing much. I'm just trying to get my job done.

A: 이봐 존, 무슨 일이야?
B: 아, 별일 아니야. 일을 끝내려는 것뿐이야.

A: You've been acting odd lately. What's eating you?

B: My store isn't doing well and I've been worrying about it.

A: 너 요즘 행동이 이상해. 뭐가 문제야?
B: 가게가 잘 안돼서 걱정이야.

▶ How's business?
어떻게 지내?
▶ What's eating you?
무슨 걱정거리라도 있어?
▶ What gives?
무슨 일 있어?
▶ Why the long face?
왜 그래?, 무슨 기분 안좋은 일 있어?

What can I say? 난 할 말이 없네, 나더러 어쩌라는 거야, 뭐랄까?

상황에 따라 다양한 의미로 해석되는 표현. 먼저 뭐라고 이야기해야 할지 모를 경우 난감함을 표시하는 말이 될 수 있고, 때론 그런 상황에서 「뭐랄까?」하며 뜸을 들이는 말로도 쓰인다. 가끔은 「도대체 어쩌란 말이야」하며 짜증난다는 식의 뉘앙스를 풍길 수도 있다.

A: Are you saying that you have three girlfriends?

B: What can I say? I love women.

A: 네 여자친구가 세명이라는 거야?
B: 글쎄 뭐라고 해야 할까? 난 여자들이 좋아.

A: Your boss is making you work too many hours every week.

B: What can I do? He's the boss. I can't complain or I will lose my job.

A: 당신 사장은 매주 일을 지나치게 많이 시키고 있다구.
B: 내가 뭘 어쩌겠어? 사장님이잖아. 찍소리 않고 일할 수밖에. 안그럼 짤리든가.

이왕이면 이것도 함께

▶ What can I tell you?
뭐라고 얘기하면 되지?, 어쩌라구?
▶ What can I do?
내가 (달리) 어쩌겠어?
▶ What more[else] can I do?
달리 방도가 있어?
▶ (I) Can't help it
나도 어쩔 수 없어

403

What's your point? 요점이 뭔가?, 하고 싶은 말이 뭔가?

상대방의 말을 잘 이해못했거나 아니면 그 말의 진의를 다시한번 확인하고 싶을 때 "너 하고 싶은 이야기가 뭐냐?"고 단도직입적으로 물어보는 문장. 문맥에 따라서는 상대의 진의를 알고 나서도 짜증섞인 목소리로 내뱉을 수 있는 표현.

A: I really don't think you are reaching your true potential.

B: What's your point? Do you think I need to get a better job?

<blockquote>
A: 난 네가 너의 진정한 잠재적 능력을 발휘하고 있다고 전혀 생각하지 않아.
B: 말의 요지가 뭐야? 내가 좀 더 괜찮은 일을 해야 한다고 보는 거니?
</blockquote>

A: It would probably benefit you to get out and exercise more.

B: What are you trying to say? Do I look unhealthy?

<blockquote>
A: 나가서 운동 좀 하는 게 너한테 도움이 될거야.
B: 무슨 얘기를 하려는 거야? 내가 허약해 보여?
</blockquote>

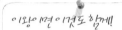

이왕이면 이것도 함께!

▶ What are you trying to say? 무슨 말을 하려는 거야?
▶ What are you driving at? 말하려는 게 뭐야?
▶ What's the bottom line? 결국 요점이 뭐죠?
▶ Don't beat around the bush 말 돌리지 마, 핵심을 말해

I'd have to say no 안되겠는데

I'd have to say~는 조동사 would를 넣어서 I have to say보다 한결 내용을 부드럽게 전달하는 방법이다. 그래서 I'd have say no하게 되면 상대방이 기분나쁘지 않게 거절하는 것으로 나도 어쩔 수 없음을 어필하는 표현법이다.

A: Do you think you will be home for Christmas?

B: Unfortunately, I'd have to say no.

<blockquote>
A: 크리스마스에 집에 올 거니?
B: 안타깝게도 안될 것 같아.
</blockquote>

A: Is this the strangest thing that's ever happened in your OR?

B: I'd have to say that it is.

<blockquote>
A: 이게 선생님 수술실에서 일어난 일 중 가장 이상한 것인가요?
B: 그렇다고 해야되겠죠.
</blockquote>

이왕이면 이것도 함께!

▶ I would have to say that~ …라고 말할 수밖에 없어

No offense 악의는 없었어, 기분 나빠하지마

자신이 한 말 혹은 할 말로 상대방이 오해하거나 상처받을 수도 있을 것 같을 때, 바로 내가 한 말에 기분나쁠 수도 있겠지만 악의는 아니라고 자신의 진심을 얘기하는 표현. 오해방지용이라고 할 수 있다.

A: No offense, but I think you should shower more often.

B: Why do you think that? Do I have a body odor?

A: 악의가 있어서 하는 말은 아니지만, 넌 샤워를 좀 더 자주해야 할 것 같아.
B: 왜? 냄새나냐?

A: I apologize. I didn't mean to insult you.

B: It's OK. No hard feelings.

A: 사과드릴게요. 당신을 모욕할 생각은 아니었어요.
B: 괜찮아요. 악의는 아닌데요 뭘.

이왕이면 이것도 함께!

▶ I didn't mean to offend you 기분상하게 할 의도는 아니었어

▶ I really didn't mean any offense 정말 아무런 억하심정도 없었어요

▶ (There's) No hard feelings (on my part) 악의는 아냐, 기분 나쁘게 생각하지마

놓치면 아까운 미드 토막상식

magazine?

미드는 그네들의 일상과 생활, 단순히 살아있는 영어보다 더 살아서 통통 튀는 언어들이 등장한다. 그래서 우리가 아는 단어인데도 실생활에서 전혀 엉뚱하게 쓰이는 것에 당황하곤 한다. 예를 들어 magazine하면 우린 잡지로만 알고 있지만 범죄수사물에서 magazine하면 '총의 탄창'을 말한다. 이렇게 우리 뒤통수를 치는 단어들로는 chemistry가 궁합, company가 같이 시간을 보내는 것, delivery가 출산을, traffic이 마약이나 총기를 불법거래하다, book이 체포하다, ground가 외출금지시키다, 그리고 high는 정말 미드에 많이 나오는 표현으로 마약에 취한 상태를 말하는 것 등이 있다. 또한 move는 제안하다, fly가 바지지퍼, game은 사냥감이나 속셈을 뜻하는 경우가 있으니 미드를 보면서 아는 단어라 너무 방심하면 정말 믿는 도끼에 발등 찍힐 수도 있으니 조심해야 한다. 말 나온 김에 몇가지 더 얘기하자면 lemon은 불량제품, literature는 안내책자나 전단을, loud는 옷이 야한, milk는 정보를 캐내다라는 의미로도 쓰인다.

22_ What do you want from me?

Sherry	I asked Tina who broke her heart, and she said **you did it**!
Tyler	I broke up with Tina, but **you don't know the first thing about it.**
Sherry	It's been hard for her to **hang in there**. You're acting like a jerk.
Tyler	**Don't call me names.** It's really not my fault.
Sherry	Are you going to make excuses now? **I'm all ears.**
Tyler	**What do you want from me?** I think you want someone to blame.
Sherry	Of course I blame you. You really hurt my best friend!

Sherry	티나에게 누가 네 맘에 상처를 줬냐고 물어봤더니 네가 그랬다며!	Sherry	이제 변명하시겠다고. 그래 열심히 들을테니 말해봐.
Tyler	난 티나와 헤어졌는데 넌 아무 것도 모르잖아.	Tyler	나보고 어쩌라는거야? 넌 누군가 비난할 사람이 필요한 것 같아.
Sherry	걔가 견디기가 어려웠다고. 넌 또라이같이 행동하고.	Sherry	물론, 널 비난하지. 넌 내 절친에게 상처를 줬어.
Tyler	나한테 욕하지마. 정말 내 잘못이 아니라고.		

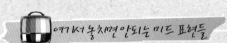 여기서 놓치면 안되는 미드 표현들

You did it! 해냈구나!	Congratulations! **You did it!** You can relax now. 축하해! 네가 해냈어! 이제 쉬어도 돼. **I did it!** I figured out a way to make money! 내가 해냈어! 돈을 버는 방법을 생각해냈어.
You don't know the first thing about it 쥐뿔도 모르면서	**You don't know the first thing** about me. 넌 나에 대해 쥐뿔도 모르면서.
Hang in there 끝까지 버텨	You're doing great. **Hang in there**, honey. 너 잘하고 있어. 끝까지 버텨, 자기야.
Don't call me names! 욕하지마!	You're not going to yell at me? **Call me names?** 나한테 소리지르지 않을거지? 욕할거야?
I am all ears 귀 쫑긋 세우고 들을게	I'm totally listening. **I'm all ears.** Go. 열심히 듣고 있어. 귀기울이고 들으테니 어서 말해봐.
What do you want from me? 나보고 어쩌라는 거야?	**What do you want from me?** I'm working the case. 나보고 어쩌라고? 이 사건 지금 다루고 있잖아.

406

You did it! 해냈구나!

I did it!은 I made it!과 유사하지만 I made it!이 주로 일정 시간내에 뭔가 목표를 달성했다는 기쁨이 배어 있는 표현인 반면 I did it!은 좀 더 포괄적으로 쓰이는 것으로 자기가 정한 「목표를 성공적으로 달성할」 때 쓰인다. 「상대방이 해냈구나」라고 하려면 You did it!이라고 하면 된다. "또한 네가 그랬다"라는 글자 그대로의 의미로도 쓰이는 것은 물론이다.

이왕이면 이것도 함께!

▶ I did it
  내가 해냈어
▶ I did it myself
  난 스스로 해냈어
▶ You did it! I'm happy for you
  해냈구나! 네가 잘돼 기뻐

A: Did I qualify for the next round of the competition?

B: You did it! Now you will have to compete against three other finalists.

A: 제가 다음 경기에 나갈 자격이 되나요?
B: 넌 해냈어! 이제 다른 결선진출자들 3명과 싸우게 될거야.

A: I did it! I was able to solve the crossword puzzle in today's newspaper!

B: Calm down. It's not that big of a deal.

A: 해냈다! 내가 오늘 신문에 나온 크로스워드 퍼즐을 풀어냈다구!
B: 진정해. 뭐 그리 대단한 일이라구.

You don't know the first thing about it 쥐뿔도 모르면서

글 그대로 해석하면 어렵지 않게 이해할 수 있는 표현. 「그거에 관해 아무 것도 모른다」, 「쥐뿔도 모른다」라는 뜻이 된다. about 다음에는 명사나 ~ing가 온다. 비슷한 표현으로 You don't know the half of it하면 「넌 그거에 관해 잘 모른다」라는 의미이다.

이왕이면 이것도 함께!

▶ You don't know the half of it
  넌 그거 잘 모르잖아

A: You don't know the first thing about me.

B: Well, I know that you've been lying to us for three days.

A: 넌 나에 대해 아무 것도 모르잖아.
B: 음, 네가 3일간 우리를 속여왔다는 것은 알고 있지.

A: Get a job.

B: I've never had a job. I don't know the first thing about having a job.

A: 직장을 구해.
B: 직장에 다녀본 적이 없어. 직장다니는 것에 대해 난 아무 것도 몰라.

Hang in there 끝까지 버텨

어려운 상황에 처한 사람에게 아무리 힘들더라도 「포기하지 마라」, 「끝까지 버텨라!」 (remain brave)고 기운을 북돋아주는 표현.

A: **Hang in there**, Joyce. The first week on a new job is always tough.

B: I know, but I really hate my new boss.

A: 견뎌봐, 조이스. 새 직장에서 보내는 첫주는 늘 힘든 법이야.
B: 알아, 하지만 새로운 상사가 정말 싫어.

A: My score on the entrance exam was not good.

B: You should **never say die**! Start preparing to take it again.

A: 입학 시험 점수가 안 좋았어.
B: 약한 소리하지 말고 입시 준비 다시 시작하라구.

이왕이면 이것도 함께!
▶ Hang tough
참고 견뎌
▶ Never say die!
기운내!, 약한 소리하지마!

Don't call me names! 욕하지마!

여기서 중요한 것은 names 앞에서 my가 아니라 me라는 점이다. 즉 「…의 이름을 단순히 부르는」게 아니다. call sb names하면 「욕하나」, 「험담하다」라는 표현이 되니 주의해서 봐야 한다.

A: You are such a dumb ass!

B: **Don't call me names!**

A: 이런 멍청한 자식같으니라구!
B: 나한테 그딴 식으로 말하지 마!

A: What made Aaron so angry today?

B: Some school kids were **calling him names**.

A: 왜 오늘 애론이 그렇게 화가 난거야?
B: 학교애들한테 욕을 먹었대.

이왕이면 이것도 함께!
▶ Don't call my son names
내 아들에게 욕하지마

I am all ears 귀 쫑긋 세우고 들을게

「네 말에 귀 쫑긋 세우며 열심히 듣고 있다 (그러니 계속 말해라)」는 의미. 상대방의 말에 집중하고 있다는 것을 비유적으로 표현한 것으로, You have my attention이나 I'm listening carefully와 같은 뜻이 된다.

A: Would you like to hear about how I became rich?

B: Absolutely. I'm all ears.

    A: 내가 어떻게 부자가 됐는지 들어볼래요?
    B: 그러죠. 귀 쫑긋 세웠어요.

A: Alright, tell me how you met George. I'm all ears.

B: Well, we met during an educational conference that we were both attending.

    A: 좋아요. 조지하고 어떻게 만났는지 얘기해줘요. 귀기울여 들을테니.
    B: 음, 우리 둘 다 교육자 총회에 참석했다가 거기서 만났어요.

이왕이면 이것도 함께!
- She was all ears
  그 여자는 열심히 경청했어
- I am all thumbs
  난 서툴러

What do you want from me? 나보고 어쩌라는거야?

상대방 말의 진의가 뭔지, 상대방이 뭘 생각하고 내게 요구하는지 단도직입적으로 「그럼 내가 어떻게 하기를 바라는거지?」, 「날더러 어쩌라는거야」라고 물어보는 표현이다. 미드에 무척 많이 나오니 달달 외워두자.

A: We keep having the same problems, again and again.

B: **What do you want from me?** I think we both have to change our attitudes.

    A: 우리는 계속해서 같은 문제를 겪고 있어.
    B: 나보러 어쩌라는거야? 우리 모두 태도를 바꿔야 한다고 생각해.

A: I never have enough money when I go out shopping.

B: **What do you want from me?** I do the best I can to earn a good salary.

    A: 돈을 여유있게 가지고 쇼핑해본 적이 없어.
    B: 나한테 뭘 기대하는거야? 난 최선을 다해 돈을 많이 벌어오고 있다구.

이왕이면 이것도 함께!
- What do you want from us?
  우리에게 바라는게 뭐야?
- Why? What do you want from me?
  왜? 나보고 어쩌라고?

23_ You tell me

Danny **I don't know how to tell you this, but** we found your husband yesterday.

Lana **I don't get it.** How did you find him? Is he okay?

Danny No, he's dead. Now **let's get down to business**. He was murdered.

Lana **Stop saying that!** He's dead? How was he killed?

Danny **You tell me.** People say you two were always fighting.

Lana But we still loved each other. Please, how did he die?

Danny You'd like to know how he died? Someone shot him.

Danny 어떻게 얘기해야 할지 모르겠지만 남편분을 어제 발견했습니다.

Lana 무슨 말이예요? 어떻게 남편을 발견했다는 거예요? 괜찮은 거예요?

Danny 아뇨, 사망했습니다. 본론으로 들어가자면 살해되셨습니다.

Lana 그런 말 마요! 죽었다고요? 어떻게 살해되었는데요?

Danny 당신이 말해봐요. 사람들 얘기가 두분이 늘상 싸웠다면서요.

Lana 하지만 우린 서로 사랑했어요. 제발요, 어떻게 죽었어요?

Danny 어떻게 사망했는지 알고 싶으세요? 총을 맞았어요.

 여기서 놓치면 안되는 미드 표현들

I don't know how to tell you this, but~
어떻게 이걸 말해야 할지 모르겠지만…

I don't know how to tell you this, but your son is gay.
어떻게 말해야 할지 모르겠지만, 네 아들 게이야.

I don't get it[that]
모르겠어, 이해가 안돼

I don't get it, she seemed so happy to see me yesterday.
이해가 안돼, 걘 어제 날 기쁘게 만나는 것 같았는데.

Let's get down to business
자 일을 시작합시다

We don't have much time. **Let's get down to business.**
시간이 많지 않아. 자 일을 시작하자고.

Stop saying that!
닥치라고!, 그만 좀 얘기해!

Will you **stop saying that**? It is a big deal.
그만 좀 말할래요! 중요한 문제거든요.

You tell me
그거야 네가 알지

You were married. **You tell me.**
네가 결혼했었잖아. 네가 말해봐.

I don't know how to tell you this, but~

어떻게 이걸 말해야 할지 모르겠지만…

━━━━━━━━━━━━━━━━━━━━━━━━━━━━━━━

뭔가 어렵고 힘든 이야기를 꺼낼 수밖에 없는 상황에서 문두에 이 표현을 먼저 말해 주면 상대방의 놀람과 충격을 줄여주는 효과를 갖는다.

A: You look upset. Is something wrong?

B: I don't know how to tell you this, but I'm afraid your mother passed away.

<blockquote>
A: 너 침울해 보인다. 뭐가 잘못된거야?
B: 이걸 어떻게 말해야 할지 모르겠지만 너희 어머니께서 돌아가셨어.
</blockquote>

A: Why do you think that he is treating me so badly?

B: I'm sorry I didn't tell you this before, but he heard some negative rumors about you.

<blockquote>
A: 그 남자가 나한테 못되게 구는 이유가 뭔 거 같아?
B: 전에 이 말을 안한 건 미안한데, 그 사람이 너에 대한 안좋은 소문을 들었더라구.
</blockquote>

I don't get it[that] 모르겠어, 이해가 안돼

━━━━━━━━━━━━━━━━━━━━━━━━━━━━━━━

여기서 get은 「이해하다」(understand), 「듣다」(hear). 상대방이 말한 것(it)을 제대로 이해하지 못했을 때(I don't understand it)나 못알아 들었을 때(I can't hear you) 구어에서는 get을 이용하여 I don't get it이라고 하고 반대로 잘 알 아들었을 때는 I got it.

A: Tara is going out with John. I don't get it. He's so dumb.

B: Everyone has different tastes in who they date.

<blockquote>
A: 타라는 존과 데이트갔어. 이해가 안돼. 존은 아주 멍청한 놈인데.
B: 누구나 데이트할 때도 각자의 취향이 있는거라구.
</blockquote>

A: Computer stocks have gone down for the third month in a row.

B: I don't get it. They were supposed to make huge profits.

<blockquote>
A: 컴퓨터 관련주가 석달 연속으로 하락이야.
B: 이해가 안되네. 그 쪽이 엄청난 이익을 낼거라고 했는데.
</blockquote>

Let's get down to business 자 일을 시작합시다

▪▪

잠시 쉬다가 다시 일을 시작할 때 사용하며 to 이하에는 주로 work, business, case 등이 오게 된다. 의미는 「진지하게 일에 착수하다」(begin to work on something seriously).

이왕이면 이것도 함께!

▶ I'll come to the point
딱 잘라 말할게

▶ Let's cut to the chase
단도직입적으로 물어볼게, 까 놓고 이야기하자고

A: We need to get down to business.

B: Isn't there time to eat?

> A: 본격적으로 시작해야겠어요.
> B: 뭐 좀 먹을 시간 없을까요?

A: Hi Mr. Smithers. You look great today.

B: Let's cut to the chase. I have to fire you because your performance is down.

> A: 안녕하세요 스미더스 씨. 오늘 멋있어 보이네요.
> B: 단도직입적으로 얘기하지. 자네 실적이 낮아서 자넬 해고해야겠네.

Stop saying that! 닥치라고!, 그만좀 얘기해!

▪▪

늘상 반복되는 이야기를 하거나 듣기 싫은 이야기만을 골라서 하는 상대방에게 이제 지겨우니까 그 얘기는 작작하라고 짜증을 확 내면서 하는 말. 좀더 정중하게 하려면 Would you stop that!, You gotta stop that!이라고 하면 된다.

이왕이면 이것도 함께!

▶ Stop saying that! I hate that!
닥쳐! 그거 정말 싫어!

▶ Would you stop that!
그만 좀 해라!

▶ Please don't say it!
Just stop saying that!
그말 하지마! 그만 좀 얘기해!

A: Elly is a real bitch. She thinks that she's better than everyone else.

B: Stop saying that. You don't even know her.

> A: 엘리는 정말 못됐어. 자기가 제일인 줄 알고 있다니까.
> B: 그만해. 그 앨 잘 알지도 못하면서.

A: You're a bum. You have never had a good job and you never will.

B: Stop saying that. Someday I'll make you proud. You'll see.

> A: 형편없는 사람 같으니. 당신은 이제껏 직업도 변변찮았고 앞으로도 그럴 거라구.
> B: 그만 좀 해. 언젠가는 자랑스러운 남편이 될게. 두고봐.

You tell me 그거야 네가 알지

상대방이 더 잘 알고 그래서 상대방이 결정하고 판단해야 할 일을 고민한답시고 말할 때 "야, 그거야 네가 더 잘 알지, 내가 어떻게 알아"의 뉘앙스로 말하는 표현. 역시 미드에서 많이 들을 수 있는 표현 중 하나. You tell me~의 경우는 단순히 말하라는 경우가 많으니 구분해야 한다.

> ▶ You tell me where he is
> 걔가 어디있는지 말해
> ▶ I wouldn't know
> 내가 알 도리가 없지, 그걸 내가 어떻게 알아

A: Do you think that I should be getting married right now?

B: I don't know, **you tell me**. You are going to have to make that decision yourself.

A: 내가 지금 당장 결혼해야 한다고 생각해?
B: 모르겠어, 그건 네가 알지. 네가 알아서 결정을 해야만 할거야.

A: How did your friend die? Was it quick or was it slow?

B: **You tell me.** You know, you were there.

A: 네 친구가 어떻게 죽었어? 빠르게 아님 천천히 죽은거야?
B: 네가 말해야지. 네가 거기에 있었잖아.

놓치면 아까운 미드 토막상식

Fed?

언어는 그 속성인 편리함을 추구하며 계속 진화 발전하고 있다고 봐야 한다. 시대에 따라 단어의 의미변화, 그리고 철자의 간편화 등이 그 실례라 할 수가 있다. 이렇게 줄여서 약어로 쓰는 것 또한 살아있는 미드에서 자주 부딪히는 현상 중 하나이다. ex는 전 배우자이거나 애인을, Fed는 미연방준비이사회나 아니면 미연방수사국인 FBI를 말하는데 이는 앞뒤 문맥에 맞춰서 해석을 해야 하는데 무조건 미연방준비이사회라고 생각하면 안된다. 또한 vet은 수의사, perm  은 퍼머, temp은 임시직을 말한다. 또 자주 보이는 aka(also known as)는 일명 …인, IOU(I Owe You)는 차용증서를, RSVP는 참석여부를 알려달라고 말하는 초대장 결구로 쓰인다. 미국의 사립명문고는 prep, 졸업생은 grad, ER(Emergency Room)은 응급실을 OR(Operation Room)은 수술실을 뜻한다. 그리고 ETA(Estimated Time of Arrival)는 예상도착시간을, DOA(Dead on Arrival)는 도착시 사망이라는 말로 병원에서 많이 쓰인다. 먹는 것으로 BLT는 bacon, lettuce, and tomato의 약어로 베이컨과 양상추, 토마토를 넣은 샌드위치를 말한다. 또한 파티용어인 BYOB는 Bring Your Own Bottles이란 것으로 주류는 각자지참이라는 형태의 파티를 말한다. 그리고 끝으로 요즘 거리에서 남녀가 애정행위를 표현하는데 거침이 없는데 이런 모습은 PDA, 즉 Public Display of Affection이라고 한다.

24_ I'll get right on it

Spanky	**I'll try my luck** at sleeping with my girlfriend for the first time tonight.
Laura	**It could happen**, but you'll have to be romantic.
Spanky	**Level with me**, should I buy her flowers and chocolates?
Laura	Sure. **It's stuff like that** which will make her feel special.
Spanky	**I'll get right on it** then. Thinking about tonight makes me nervous.
Laura	I know just how you feel. It's a big step in your relationship.
Spanky	**Wish me luck.** I hope everything will go well.

Spanky	오늘밤 처음으로 여친하고 한번 자보려고.	Spanky	그럼 당장 그렇게 할게. 오늘 밤일을 생각하니 초조해져.
Laura	그럴 수도 있겠지, 하지만 넌 분위기를 잡아야 돼.		
Spanky	솔직히 말해줘, 꽃과 초콜릿을 사줘야 해?	Laura	그 심정 알겠어. 너희들 관계에서 커다란 발전이지.
Laura	그럼. 그런 것들이 걔의 기분을 특별하게 만들어줄 거야.	Spanky	행운을 빌어줘. 모든 일이 다 잘되기를 바래.

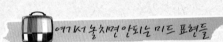
여기서 놓치면 안되는 미드 표현들

I will try my luck (되든 안되든) 한번 해봐야겠어	**I will try my luck** at the hotel's casino. 카지노에서 내 운을 테스트해봐야겠어.
It could happen 그럴 수도 있겠지	**It could happen** to anybody. Don't worry. I've got your back. 누구나 그럴 수 있지. 걱정마, 내가 뒤에 있잖아.
Level with me 솔직히 말해봐	**Level with me.** Who do you think raped Catherine? 내게 솔직히 말해봐. 누가 캐서린을 강간한 것 같아?
It's stuff like that 그 비슷한거야	You shouldn't say **stuff like that** about your fans. 너는 네 팬들에게 그런 것들을 이야기하면 안돼.
I'll get right on it 당장 그렇게 할게	We're a little busy. But we'll **get right on it**. 좀 바쁘지만 바로 시작할게.
Wish me luck 행운을 빌어줘	All right, I am heading out of here. **Wish me luck.** 좋아, 나 이제 출발한다. 행운을 빌어줘.

I will try my luck (되든 안되든) 한번 해봐야겠어

▪▪

「자신의 운을 시험해본다」라는 try one's luck at[with]은 결과가 잘 되든 혹은
실패하든 「내 운에 맡기고 한번 해보겠다」는 호연지기 있는 표현이다.

A: It's going to be difficult to get a ticket for that
movie.

B: I'll try my luck at getting a ticket anyhow.

A: 그 영화표를 구하기가 힘들 것 같아.
B: 어쨌든 한번 해볼게.

A: I'm going to Vegas for a week or two.

B: Really? Are you going to try your luck at the
casinos?

A: 한 일이주 라스베거스에 가려고.
B: 정말? 카지노에서 운을 시험해볼거야?

이왕이면 이것도 함께!

▶ Want to try your luck?
네 운을 시험해보고 싶어?

▶ You can try your luck
with the Appeals Court
항소법원에 한번 운을 맡겨볼
수 있어

It could happen 그럴 수도 있겠지

▪▪

상대방을 위로하거나 혹은 세상사 아무도 모른다는 맥락으로 사용할 수 있는 표현
이다. 「그럴 수도 있다」는 말로 그럴 수 있는 대상은 It could happen to~라고
이어주면 된다.

A: Do you think that McDonald's would give me a
job?

B: It could happen, but you'd better be prepared
for your interview.

A: 맥도날드에서 날 채용할까?
B: 그럴 수도 있겠지. 넌 네 면접 준비나 해.

A: You have no idea who did this?

B: I don't understand how something like this
could happen

A: 누가 이랬는지 전혀 짐작가는게 없어?
B: 어떻게 이런 일이 일어날 수 있는지 이해가 안돼.

이왕이면 이것도 함께!

▶ It could happen to
anyone
누구나 그럴 수 있어

▶ Anything could happen
무슨 일이든 일어날 수 있어

▶ What's the worst thing
that could happen?
이보다 더 나쁜 일이야 있겠어?

Level with me 솔직히 말해봐

우리에겐 명사로 익숙한 level의 동사적 용법을 활용한 표현. level은 보통 level with sb의 형태로 쓰여 speak truly and honestly with sb(…에게 거짓없이, 솔직하게 다 털어놓다)라는 의미를 나타낸다. 「솔직한」이란 뜻의 숙어 on the level도 함께 알아둔다.

A: Level with me on this; do you like our proposal?

B: From what I've seen, your proposal looks very solid.

A: 이 점에 관해 터놓고 말해주세요. 우리 제안이 맘에 드세요?
B: 검토해 본 결과, 그쪽 제안은 매우 믿을 만한 것 같네요.

A: I like you, but I don't think we should date.

B: I want you to level with me. Can we ever be more than friends?

A: 네가 좋지만, 데이트힐 생각은 없어.
B: 솔직해줬으면 해. 우린 친구 이상 될 수 없는 거니?

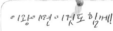

이왕이면 이것도 함께!

▶ Give it to me straight
솔직히 말해봐

▶ Put your cards on the table
다 털어놔봐

▶ Tell me the truth
사실대로 말해

▶ I'll level with you
솔직히 말할게

▶ Go ahead and spill it
자 어서 털어놔봐

It's stuff like that 그 비슷한거야

예를 들거나 혹은 말하고 싶은 정확한 단어가 떠오르지 않거나 구체적으로 말하고 싶지 않을 때 긴요한 단어가 바로 이 stuff. something like that처럼 stuff like that하면 「뭐 그런 비슷한 것」이라는 뜻이 된다.

A: When I got out of work, my car was gone. It had been towed.

B: It's stuff like that which makes you feel frustrated.

A: 사무실에서 나와보니 차가 없는 거야. 견인됐더라구.
B: 사람 기운빠지게 만드는 게 바로 그런 류의 일이지.

A: What are you doing talking to her about stuff like that?

B: I'm trying to help you.

A: 너 뭐하는 짓이야, 걔한테 그런 것들을 얘기하고?
B: 널 도와주려는거야.

이왕이면 이것도 함께!

▶ You think about stuff like that?
그런 비슷한 생각하는거야?

I'll get right on it 당장 그렇게 하겠습니다

어떤 일을 당장 실행에 옮기겠다는 말. 주로 직장에서 자주 하게 되는 말로 상사의 지시에 따라 「바로 일을 착수하겠다」는 의미의 표현이다.

A: Tammy, I want to see those reports on my desk by 3 o'clock.

B: Yes, sir. I'll get right on it.

A: 태미, 그 보고서들을 다 작성해서 3시까지 내 책상 위에 놔두세요.
B: 네 부장님. 바로 시작하겠습니다.

A: This paperwork is urgent. We need to submit it soon.

B: All right, I'll get right on it.

A: 이 서류업무가 급해요. 곧 제출해야 합니다.
B: 좋습니다, 바로 착수하죠.

> 이왕이면 이것도 함께!
> ▶ Let's get the show on the road
> 자 시작합시다

Wish me luck 행운을 빌어줘

wish sb luck은 sb에게 「행운을 빌어주다」라는 것으로 좀 더 구체적으로 행운이 필요한 일을 말하려면 wish sb luck on[with] sth이라고 하면 된다. Wish me luck이라고 할 때 답은 Good luck이라고 하면 된다.

A: Well, guys, wish me luck today. I have a job interview.

B: All right. Good luck, man.

A: 자, 다들 오늘 내게 행운을 빌어줘. 취업면접이 있어.
B: 그래, 행운을 빌어, 친구야.

A: I just wanted to wish you luck before your surgery.

B: That's so sweet. You came all the way down here just for me.

A: 수술하기 전에 행운을 빌어주고 싶었어.
B: 고마워라, 날 위해 여기까지 멀리 와주다니.

> 이왕이면 이것도 함께!
> ▶ Good bye Chris, I wish you luck
> 잘가 크리스, 행운을 빌어
> ▶ I just want to wish you luck
> 네게 행운을 빌어주고 싶어

25_ I'm talking to you!

Gerta	**Look who's here.** It's my loser ex-boyfriend.
Slim	Stop insulting me. **It doesn't work** anymore.
Gerta	**You think you're** so smart, coming to my party.
Slim	**It could be worse.** I could have brought a date with me.
Gerta	I want you to leave right now. **I'm talking to you!**
Slim	**Don't push me.** I'm not leaving until I'm ready.
Gerta	If you don't get out of here, I'm calling the cops!

Gerta	아니, 이게 누구야. 내 한심한 옛남친이잖아.
Slim	그만 좀 씹어. 더이상 통하지도 않는다고.
Gerta	내 파티에 오다니, 넌 네가 스마트하다고 생각하는가 보구나.
Slim	이만하길 다행이지. 데이트 상대를 데려올 수도 있었어.
Gerta	당장 나가줘. 너한테 말하잖아!
Slim	몰아붙이지마. 내가 갈 때 갈테니까.
Gerta	나가지 않으면 경찰을 부르겠어!

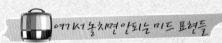

여기서 놓치면안되는 미드 표현들

Look who's here!
아니 이게 누구야!

Look who's here! Merry Christmas, everybody!
이게 누구야. 여러분, 메리 크리스마스!

It doesn't work
제대로 안돼, 그렇겐 안돼

It doesn't work that way over here, Tom. We make decisions together. 탐, 여기서는 그런 식으로는 안돼. 우린 함께 결정을 내려.

She thinks she can dance
제 딴에는 춤 좀 춘다고 생각해

You think you're so cute. 넌 네가 아주 예쁜 줄 알아.
You think you can manage that? 네가 그걸 처리할 수 있겠어?

Could be worse
그럭저럭 잘 지내지, 이만하길 다행야

What's the big deal? It **could be worse**.
별일도 아닌데. 이만하길 다행이지.

I'm talking to you!
내가 하는 말 좀 잘 들어봐!

Ok, really? You think **I'm talking to you**?
그래, 정말? 내가 너하고 말할 줄 알아?

Don't push (me)!
몰아 붙이지마!, 독촉하지마!

Don't push me. I've had a tough day.
너무 몰아 붙이지마. 오늘 힘들었다고.

418

Look who's here! 아니 이게 누구야!

■■■

뜻밖의 장소에서 생각지도 못했던 사람을 만났을 때 쓰는 표현. 「아니 이게 누구야」,
「누가 왔는지 좀 봐」라는 의미로 놀랍고 반가운(I'm surprised to see you
here) 감정이 담겨 있다.

A: Hi Ray, it's me, Tom. How have you been lately?

B: Wow! Hey Cindy, look who's here! It's Tom!

A: 안녕 레이, 나야 탐. 요즘 어떻게 지냈어?
B: 와! 신디, 누가 왔는지 봐! 탐이야!

A: Look who's here. I haven't seen you since we
attended high school together.

B: That's right. It's been a long time.

A: 아니 이게 누구야! 고등학교 때 이후로 처음 보는 거지.
B: 맞아. 오랜만이다.

이왕이면 이것도 함께!

▶ Fancy meeting you here
이런 데서 다 만나다니

▶ (I) Never thought I'd
see you here
여기서 널 만날 줄은 꿈에도 몰
랐어

▶ I didn't expect to see
you here
여기서 널 만날 줄 생각도 못했어

It doesn't work 제대로 안돼, 그렇겐 안돼

■■■

앞서 배운 It work의 부정표현으로 「뭔가 제대로 작동이 안된다」, 「효과가
없다」, 「그렇게 돌아가지 않는다」 등의 의미로 무척 많이 쓰이는 미드표현이다. 간단한 단
어로 구성된 표현이지만 그 의미가 문맥에 따라 조금씩 다르기 때문에 많은 미드를
보면서 몸으로 직접 익혀야 한다.

A: My key still works here. How come it doesn't
work on the front door?

B: I changed the locks.

A: 내 열쇠는 여기서 되는데, 현관에서는 왜 안되지?
B: 내가 열쇠통을 바꿨어.

A: Have you taken your medicine?

B: Yes, but it doesn't work.

A: 약은 먹었어?
B: 응, 근데 잘 안듣더라.

이왕이면 이것도 함께!

▶ It won't work
효과가 없을거야

▶ It doesn't work that way
그런식으로는 안 통해

▶ Doesn't work like that
그처럼 되지는 않아

She thinks she can dance 제 딴에는 춤 좀 춘다고 생각해

그냥 평면적으로 문장을 봐서는 전혀 반대되는 해석이 가능한 경우. 우리말도 상황과 억양에 따라 긍정적인 표현이 비꼬는 표현이 되듯이 영어도 마찬가지이다. 특히 살아있는 미드에서는 더욱 그러니 많은 가능성을 열어두고 문장을 접해야 한다.

이왕이면 이것도 함께!
▶ You think you're so smart[big]
네가 그렇게 똑똑한 줄 알아?

A: I wouldn't have made all of the mistakes you made.

B: Oh, you think you're so smart.

A: 나 같으면 네가 저지른 실수는 하지 않았을 텐데.
B: 야, 넌 네 자신이 그렇게 똑똑하다고 생각하니?

A: Look at Cindy. She thinks she can dance.

B: My God, she looks awful.

A: 신디 좀 봐봐. 걘 자기가 춤 꽤나 춘다고 생각하나봐.
B: 저런. 정말 못봐주겠군.

Could be worse 그럭저럭 잘 지내지

안부인사에 대한 답 혹은 자기 상황에 대해 설명하는 표현으로 더 나쁠 수도 있는데 「최악은 아니다」, 즉 「사소한 문제는 있지만 그다지 못지내는 편은 아니다」라는 다소 긍정적인 표현. worse란 단어 때문에 부정적인 표현으로 생각하면 안된다.

이왕이면 이것도 함께!
▶ It could be worse, right?
그래도 다행이지, 맞지?
▶ Things could be worse
그나마 다행이지

A: Look at all of the snow outside. We won't be able to travel anywhere.

B: It could be worse. At least we are warm here.

A: 밖에 눈 좀 봐. 어디로도 여행을 갈 수가 없겠는데.
B: 지금도 괜찮아. 적어도 여긴 따뜻하잖아.

A: I heard that you lost a lot of money investing in the stock market.

B: Yeah, but it could be worse. I still have money saved in the bank.

A: 주식 시장에 투자했다가 돈 엄청 잃었다며.
B: 어, 그래도 최악은 아니야. 아직 은행에 저축해놓은 돈이 있으니까.

I'm talking to you! 내가 하는 말 좀 잘 들어봐!

자신의 말에 도무지 집중을 하지 않는 상대방에게 「주의깊게 내 말을 들어라」 (listen carefully what I'm saying)하며 주의를 환기시킬 때 쓸 수 있는 관용적인 표현이다. 진행형으로 쓰인다는 점과 talk with가 아니라 talk to의 형태가 된다는 점에 주의한다.

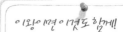
이왕이면 이것도 함께!

▶ Read my lips
내말을 믿어

▶ I'm talking to my client
내 고객하고 얘기하고 있어

▶ I'm talking to you! Will you stop?
너한테 말하잖아! 좀 멈출래?

A: I'm talking to you! Answer me!

B: I'm not going to answer until you show me some respect.

A: 너한테 말하잖아! 대답을 하라구!
B: 날 존중하고 있다는 걸 보여주기 전까진 대답 못해.

A: What are you looking at? Hey! I'm talking to you.

B: Nothing. I'm not looking at anything.

A: 이봐, 어딜 보고 있는 거야? 내가 하는 말 잘 들으란 말야.
B: 아무데도 안 보고 있었어요.

Don't push (me)! 몰아 붙이지마!, 독촉하지마!

물리적으로 밀어붙이는게 아니라 상대방이 뭔가 하라고 재촉하고 다그치면서 스트레스를 줄 때 저항하는 표현. Don't push!라고 해도 되고 Don't push me!라고 해도 된다.

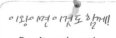
이왕이면 이것도 함께!

▶ Don't rush me!
재촉하지마!, 몰아붙이지마!

A: You can't fire me! I'm too important.

B: Don't push me. I might do it.

A: 날 해고할 순 없어요. 그러기엔 너무 중요한 일을 맡고 있잖아요.
B: 너무 몰아세우지 말게. 그렇게 해야 될 것 같아.

A: Don't push me, Julie. I'll sue you!

B: You know what? Go ahead. Sue me!

A: 재촉마, 줄리. 내가 고소할거야!
B: 그거 알아? 어서 해, 고소하라고!

26_ What's the catch?

Artie   You lost the $1000 that you borrowed from me? **That can't be.**

Paula   **That's the way it is.** It was in my house and someone broke in and stole it.

Artie   **What do you take me for?** Do you think I'm stupid?

Paula   **I'll tell you what**, I'll have the money for you tomorrow.

Artie   Tomorrow? **What's the catch?** How will you get the money that fast?

Paula   I'm going to go out and find a bank to rob.

Artie   Don't lie. **I'm nobody's fool.** You'd better find a way to pay me back.

Artie   나한테서 빌린 천달러를 잃어버렸다고? 그럴 리가.

Paula   사는 게 그런거지 뭐. 집안에 놓았는데 누가 침입해서 훔쳐갔어.

Artie   날 뭘로 보는거야? 내가 바보로 보여?

Paula   근데 말야, 나 내일이면 너 줄 돈이 생겨.

Artie   낼? 뭔 꼼수? 어떻게 그리 빨리 돈을 마련한다는거야?

Paula   나가서 털 은행을 찾아보려고.

Artie   거짓말마. 나 바보아녀. 내 돈값을 다른 방법을 찾아.

 여기서 놓치면안되는 미드 표현들

That can't be
뭔가 잘못된거야, 그럴 리가 없어

That's the way it is
사는 게 다 그런거지

What do you take me for? 날 뭘로 보는거야?

I'll tell you what
이게 어때?, 이러면 어떨까?, 저기 말야

What's the catch?
속셈이 뭐야?, 무슨 꿍꿍이야?

I am nobody's fool!
날 물로 보지마!

That can't be. Nora was dominant with her clients.
그럴 리가. 노라는 손님들을 지배하는 역인데.
Well, **that can't be** good! 저기, 그럴 리가 없어.

We have to obey. **That's the way it is.**
우리는 명령에 따라야 돼. 원래 그런 거야.

What kind of an idiot **do you take me for?**
날 어떤 종류의 멍충이로 보는거야?

I'll tell you what. Here's my business card. You call me.
저기 말야. 여기 내 명함야. 네가 전화해.
If you tell me, **I'll tell you what** Tim said. 네가 말해주면 팀이 말한 걸 말할게

What's the catch? Sexual favors? Wants a little of this here? 무슨 꿍꿍이야? 성상납하라고? 여기서 좀 해달라고?

Let me tell you something else. Chris was **nobody's fool**.
내가 다른 얘기 해줄게. 크리스는 멍충이가 아냐.

That can't be 뭔가 잘못된거야, 그럴 리가 없어

`■■■■■■■■■■■■■■■■■■■■■■■■■■■■■■■■■■■■■■■■■■■`

That's impossible보다 강도가 약한 표현으로 「뭔가 잘못되었다」(must be wrong)거나 「그럴 리가 없다」고 생각될 때 사용하는 표현. That 대신에 It을 써도 된다.

A: I'm afraid I have some bad news. Mr. Jones died last night.

B: That can't be! I just had lunch with him last week and he was fine.

A: 안됐지만 나쁜 소식이 있어. 존스 씨가 어젯밤에 돌아가셨대.
B: 말도 안돼! 지난 주에 같이 점심을 먹었는데, 그땐 건강하셨다구.

A: Hey. Look. You got a D in Professor Moore's class.

B: That can't be. Last week he told me I was doing great!

A: 야, 이거봐, 너 무어 교수님 수업에서 D를 받았구나.
B: 이럴 수는 없어. 지난 주에 나한테 잘 하고 있다고 말씀하셨는데!

> 이왕이면 이것도 함께!
> ▶ It can't be
>   이럴 수가
> ▶ That can't be good
>   [smart]
>   그럴 수가 없어, 그럴 리 없어

That's the way it is 원래 다 그런 거야, 사는 게 다 그런거지

`■■■■■■■■■■■■■■■■■■■■■■■■■■■■■■■■■■■■■■■■■■■`

어떤 일의 발생이나 상황이 필연적인 경우를 가리키는 말. 흔히 일이 맘먹은 대로 안 되거나, 혹은 체념하는 상황에서 사용되는 표현으로 「살다보면 누구나 다 겪을 수 있는 일이다」라는 의미.

A: Why do you think the economy is doing poorly?

B: Sometimes it's good, sometimes it's poor. That's the way it is.

A: 경제 상황이 왜 안좋은 거라고 봐요?
B: 경제는 좋다가 나쁘다가 하죠. 그게 그런 거예요.

A: I'm sorry to hear that you split up with your husband.

B: Yeah, I feel sad about it, but that's life.

A: 남편과 헤어졌다는 얘기를 들었는데 안됐군요.
B: 예, 기분은 안좋지만 뭐 그게 인생 아니겠어요.

> 이왕이면 이것도 함께!
> ▶ That's life 사는 게 그렇지
> ▶ Such is life! 그런 게 인생야!
> ▶ Win a few, lose a few
>   얻는 게 있으면 잃는 것도 있어
> ▶ That's the way the
>   cookie crumbles
>   사는 게 다 그런거지
> ▶ That's the way the ball
>   bounces
>   사는 게 다 그런거야
> ▶ That's the way the
>   mop flops
>   사는 게 다 그렇지 뭐

What do you take me for? 날 뭘로 보는 거야?

take는 「간주하다」, 「생각하다」(consider)로, take A for B하면 「A를 B로 여기다」란 뜻이 된다. 따라서 What do you take me for?하면 「날 뭐라고 생각하는 거야?」란 의미로 상대방에게 불쾌감을 드러내며 따지듯이 하는 말이 된다.

A: I'll give you $100 if you come with me to my hotel room.

B: What do you take me for? Some sort of prostitute?

A: 나랑 호텔방까지 가면 100달러 주지.
B: 날 뭘로 보는 거예요? 창녀라도 되는 줄 아나보죠?

A: If you give my company the government contract, I'll kick back 5% of the profits.

B: What do you take me for? Do you think I'm corrupt?

A: 우리 회사에 그 정부 계약건을 넘겨주면 이익의 5퍼센트를 지불하지.
B: 사람을 어떻게 보고? 내가 그렇게 썩어 문드러진 줄 알아?

이왕이면 이것도 함께!

▶ What kind of an idiot do you take me for?
날 어떤 바보로 생각한거야?

▶ The police mistook you for a drug dealer
경찰은 너를 마약거래상으로 오인했어

I'll tell you what 이게 어때?, 이러면 어떨까?

대화 도중 더 좋은 생각이나 주제가 떠올라서 이를 제안할(to introduce a suggestion or a new topic of conversation) 때 사용하는 표현. 앞에 OK나 Alright이 오는 경우가 많고 뒤로는 I am going to / I'll ~ / Why don't you ~ / Let's + V~ 등의 문장이 자연스레 따라온다.

A: Do you think the bank will loan us another $50,000?

B: I'll tell you what, let's go talk to the loan officer tomorrow.

A: 은행에서 우리한테 5만불을 더 대출해줄까?
B: 이러면 어떨까? 내일 대출 담당자한테 가서 얘기해보자구.

A: I'll tell you what, if I had money, I'd open my own store.

B: That's crazy. The economy is so bad right now your store would never make it.

A: 저 말야, 돈이 있다면 내 가게를 갖고 싶어.
B: 미쳤어? 지금 경제가 이렇게 안좋은데 잘 되기 힘들거야.

이왕이면 이것도 함께!

▶ I tell you what 있잖아
▶ Tell you what 있지
▶ I (will) tell you what I think 내 생각을 말하면 이래
▶ This is what we'll do 이렇게 하자
▶ Here's my plan 내 생각은 이래
▶ Here's my idea 내 생각 들어봐

What's the catch? 속셈이 뭐야?, 무슨 꿍꿍이야?

상대방이 좀 의외의 이야기를 하거나 예상과 다른 제안을 할 경우 좀 이상한 생각이 들어서 상대방의 「속셈」이나 「꿍꿍이」가 뭔지 혹은 말 못할 무슨 어려움이 있는지 물어보는 표현. catch는 또한 「놓치기 아까운 이성」을 말하기도 한다.

A: Swedish pancakes? **What's the catch?**

B: Oh no catch, eat them while they're hot, there's plenty.

A: 스웨덴식 팬케익이라? 무슨 꿍꿍이야?
B: 어, 그런거 아냐. 뜨거울 때 먹어, 많이 있으니.

A: This is Jason's college roommate. And he's **quite the catch!**

B: Oh, wait a minute. Is this a setup? Because I loathe blind dates.

A: 이 사람은 제이슨의 대학룸메이트야. 놓치기 아까운 인물이야!
B: 어, 잠깐. 이건 소개하는거야? 난 소개팅 싫어하는데.

이왕이면 이것도 함께!
▶ There's no catch
  아무런 속셈도 없어
▶ She's quite the catch
  걘 놓치긴 아까운 인물야

I am nobody's fool 날 물로 보지마

nobody's fool은 어느 누구에게도 속아 넘어가지 않는 사람이라는 뜻으로 I'm nobody's fool하게 되면 상대에게 「날 우습게 보지 말라」고, 「물로 보지 말라」고 하는 경계성 발언.

A: We told the teacher we were sick so we could go to the beach today.

B: He knows what you're doing. **He's nobody's fool.**

A: 우리가 선생님한테 아프다고 말해서 오늘 해변으로 갈 수 있게 된 거 아니겠어.
B: 선생님은 너희가 무슨 짓을 하고 있는지 다 아셔. 선생님을 물로 보지 말라구.

A: Catherine was **nobody's fool.**

B: She knew you, all of you.

A: 캐서린을 우습게 보면 안돼.
B: 걔는 너희들 모두에 대해 알고 있어.

이왕이면 이것도 함께!
▶ They look down on everybody
  걔네들은 모두를 무시해
▶ You look down upon what I do for a living
  넌 내 직업을 우습게 보고 있어
▶ Don't look at me like that
  나를 그런 식으로 쳐다보지마

27_ You up for it?

Carmen | I'm going to Vegas this weekend. **You up for it?**

Nick | I need to talk to my wife. **Let me get back to you.**

Carmen | **Please get it done by tomorrow.** I need to know if you're coming.

Nick | Didn't you go to Vegas last month as well?

Carmen | **It was just a one night thing.** There wasn't enough time.

Nick | Okay, well my wife may let me go. **She's very supportive** of my travels.

Carmen | Good. Look, **let's hit the road** around 10 am on Friday.

Carmen 나 이번 주말에 라스베거스에 가. 너도 갈래?

Nick 아내하고 얘기해봐야 돼. 나중에 연락줄게.

Carmen 내일까지는 알려줘. 네가 가는지 알아야 되니.

Nick 지난 달에도 라스베거스에 가지 않았어?

Carmen 그건 일박였어. 시간이 충분하지 않았어.

Nick 좋아, 아내가 가게 할지도 몰라. 내가 여행하는 것을 좋아하거든.

Carmen 좋아. 이봐, 금요일 오전 10시 경에 출발하자고.

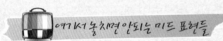

여기서 놓치면 안되는 미드 표현들

You up for it?
하고 싶어?

I'm gonna stick around for a while. **You up for it?**
난 잠시 머물러 있을거야? 너도 그럴래?

Let me get back to you (on that)
나중에 이야기합시다,
생각해보고 다시 말해줄게

I'll have to **get back to you on that.**
나중에 그거에 대해 말할게.
I haven't had a chance to **get back to you.** I'm sorry.
다시 답해줄 기회가 없었어. 미안.

Please get it done by tomorrow 내일까지 마무리해

You have a week. **Get it done.**
일주일 줄테니 그거 끝내도록 해.

It was just one night thing 하룻밤 잔 것뿐이야

She got pregnant from the **one night stand.**
걔는 하룻밤 사랑놀이로 임신을 하게 됐어.

She's very supportive
그 여자는 도움이 많이 되고 있어

It's going to be okay. She**'s been incredibly supportive of me.** 괜찮을거야. 걘 엄청 나를 도와주고 있거든.

Let's hit the road
출발하자고

You two **hit the road**, right now.
너희 둘은 지금 당장 출발해.

You up for it? 하고 싶어?

▪▪▪

단어 그대로 하나하나 풀어보면 의미가 이해되는 표현. 그것(it)을 하려고(for) 준비 태세를 갖추고 있냐(up)는 말로 「무엇을 할 마음이 있냐?」고 물어보는 표현이다. 물론 앞에 Are가 생략된 경우이다.

이왕이면 이것도 함께!
▶ I'm just not up for it tonight
오늘 밤에는 생각없어

A: We were thinking about staying up all night and playing poker. You up for it?

B: Sure. Sounds good to me.

 A: 우린 밤새워서 포커 게임 할 생각이야. 너도 생각있니?
 B: 그럼. 괜찮은 생각인데.

A: It's about ten more miles to the end of the trail. Are you up for it?

B: I don't know if my legs can make it!

 A: 코스 끝까지는 10마일 정도야. 할 수 있겠니?
 B: 내 다리가 배겨낼 수 있을지 모르겠네!

Let me get back to you (on that) 나중에 이야기하자

▪▪▪

get back to는 「나중에 전화하다」(call someone later), 「나중에 논의하다」 (discuss it later)라는 뜻으로 바쁜 와중에 전화가 걸려오거나 혹은 사정상 논의를 미뤄야 할 때 쓸 수 있는 구어체 표현. 특히, 자동 응답기(answering machine)의 부재중 안내 메세지에서 자주 접할 수 있다.

이왕이면 이것도 함께!
▶ I'll get back to you (on that)
(그거) 나중에 이야기하자고
▶ I'll call back later
전화 다시할게
▶ Get back to me
나중에 연락해

A: Can you come to my housewarming party on Friday?

B: I'll get back to you on that. I might have other plans.

 A: 금요일 날 우리 집들이하는데 올 수 있니?
 B: 나중에 말해줄게. 다른 일이 있을지도 모르거든.

A: Are you going to be able to work during our Christmas holiday season?

B: I'm not certain right now. Let me get back to you on that.

 A: 크리스마스 휴가기간 동안에 일할 수 있어요?
 B: 지금으로서는 확실치 않아요. 다시 연락드릴게요.

Please get it done by tomorrow 내일까지 마무리해

get sth done의 형태는 finish sth과 같은 의미. 단 뭔가 좀 늦었거나 빨리 마무리를 해야 되는 경우에 쓰는 경향이 있다. 주로 get it done, get things done, get this done의 형태로 쓰이고 뒤에는 마감시간을 나타내는 경우가 있다.

이왕이면 이것도 함께!

▶ Just get it done, okay?
끝마치라고, 알았어?

▶ I'll get it done
내가 마무리할게

▶ I want[need] it done
그걸 끝내라고

A: This report needs to be on my desk by tomorrow. Please get it done.

B: Yes, Mr. Gardner.

A: 이 리포트 내일까지 내 책상 위에 올려놔요. 다 끝내놓으라구.
B: 네, 가드너 씨.

A: It could help me get it done like bang.

B: That's fine, and if for any reason, you get stuck, just let me know.

A: 그러면 내가 그걸 바로 끝내는데 도움이 될거예요.
B: 좋아, 어떤 이유든 일이 막히면 내게 알려.

It was just one night thing 하룻밤 잔 것 뿐이야

이 방면에서 만큼은 OECD국가 상위권인 국내에도 많이 도입된 듯한 성풍속도의 하나. 진지한 관계가 아니고 그냥 서로 몸과 정신을 맑게 하기 위해 몇 번인지는 모르겠지만 부담없이 성관계를 갖는 것을 one night stand[thing], one night together, 혹은 one night이라고 한다. 물론 일반적인 의미로 하룻밤 걸리는 일이라는 뜻으로도 쓰인다.

이왕이면 이것도 함께!

▶ How about a quickie?
가볍게 한번 어때?

A: Are you serious about dating Debbie?

B: No, it was just a one night stand.

A: 너, 데비랑 진지하게 사귈거니?
B: 아니, 그냥 하룻밤 잔 것뿐이야.

A: Sweetheart, how about a quickie before I go to work?

B: Are you crazy? You're late.

A: 자기야, 나 출근하기 전에 잠깐 한번 어때?
B: 제정신이야? 늦었다구.

She's very supportive 걘 도움이 많이 되고 있어

support의 형용사형이 의외로 미드에서는 많이 쓰인다. helpful과 같은 의미로 be supportive는 도움이 되다, be supportive of sb하면 「…에게 도움이 되다」라는 뜻으로 쓰인다.

A: How does your wife feel about your transfer overseas?

B: She's very supportive. She knows I have to travel to get promoted.

  A: 너 해외로 전근가는 거 아내가 어떻게 생각해?
  B: 그 사람 아주 적극적으로 도움을 주고 있어. 승진하려면 해외근무를 해야 한다는 걸 알거든.

A: It was your first day working for this company, but you were a great help.

B: I'm glad to hear that. I like to be useful.

  A: 우리 회사에서 일하는 첫날이었는데도 큰 도움이 되었습니다.
  B: 그렇게 말씀해주니 기쁘네요. 쓸모있는 사람이 되고 싶습니다.

이왕이면 이것도 함께!

▶ He's been incredibly supportive of me
걘 날 정말 많이 도와 주었어

▶ You were a great help
정말 많은 도움이 되었어

▶ It was a great help
큰 도움이 됐습니다

▶ That is very helpful
정말 도움돼요

Let's hit the road 출발하자고

「도로(road)를 박차고(hit) 나가다」란 뉘앙스. 굳이 여행 같은 긴 여정이 아니더라도 친구 집에서 놀다가 「그만 집에 돌아가 봐야겠다」라고 한다거나 「(공연 등을) 시작하자」라고 할 때도 쓸 수 있다.

A: It's getting boring here. Let's hit the road.

B: Do you want to go to another bar, or do you want to go home?

  A: 점점 지루해지네. 나가자.
  B: 다른 술집으로 갈까, 집으로 갈래?

A: Do you think we should stay here tonight?

B: No, let's hit the road. We can be home in two hours.

  A: 오늘 밤에 우리가 여기 있어야 할까?
  B: 아니, 가자. 두시간이면 집에 도착할 수 있을거야.

이왕이면 이것도 함께!

▶ I'm gonna hit the road
출발할거야

▶ I'd better hit the road
그만 출발해야겠다

▶ hit the beach
해변에 가다

▶ hit the book
공부하다

28_ This has never happened before

Jonas	**So tell me**, how come you are so late today?
Louise	I got stopped by the police. **This has never happened before.**
Jonas	**That's just the way it goes.** Did they catch you speeding?
Louise	**You don't know the half of it.** I was going really fast.
Jonas	So tell me, are you going to have to pay a lot of money?
Louise	Yeah, **you name it**, they gave me a ticket for it. It will be expensive.
Jonas	Oh, that's a shame. Next time be more careful when you're driving.

Jonas	그래 말해봐, 오늘 왜 그렇게 늦은거야?	Jonas	그럼 말해봐, 벌금을 많이 내야 돼?
Louise	경찰에 걸렸어. 이런 일 처음이야.	Louise	어, 여하튼, 딱지를 끊겼고 돈이 많이 나올거야.
Jonas	다 그런거지 뭐. 너 속도위반에 걸린거야?	Jonas	어, 안됐다. 다음에는 운전할 때 좀 더 조심해.
Louise	말도마. 나 정말 빨리 달렸거든.		

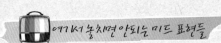 여기서 놓치면 안되는 미드 표현들

So, tell me
자 말해봐

So, tell me. From the start.
그래 말해봐. 처음부터.

That has never happened before
난생 처음 겪는 일이야

This has never happened to me before.
이런 일은 난 처음 겪는 일이야.

That's (just) the way it goes 다 그런 거지 뭐, 어쩔 수 없는 일이야

All the money is gone. **That's just the way it goes.**
돈을 다 써버렸네. 어쩔 수 없는 일이야.

You don't know the half of it 얼마나 심각한지 네가 아직 몰라서 그래

You don't know the half of it. I mean, to be betrayed by somebody you loved that much…
너 얼마나 심각한지 몰라서 그래. 내 말은 네가 그렇게 사랑했던 사람에게 배신당한다는게…

You name it
말만 해, 뭐든지, 여하튼

Height, weight, how much money they have, **you name it.**
키, 체중, 그리고 재산, 기타 등등.

So, tell me 자 말해봐

상대방에게 뭔가 답이나 계획 등의 이야기를 듣고자 할 때 쓰는 표현으로 단독으로 문두에 So, tell me라고 사용하거나 아니면 So, tell me about[wh~]의 문장 형태로 만들어 쓸 수 있다.

이왕이면 이것도 함께!
- ▶ So, tell me about yourself
  자, 너 자신에 대해 말해봐
- ▶ So, tell me what happened
  자, 무슨 일인지 말해봐

A: So, tell me. What are your plans for the future?

B: I plan to get a Masters in psychology and then teach at a college.

A: 자, 말해봐. 장래의 계획이 뭐야?
B: 난 심리학 석사학위를 딸 계획이고 그리고 나서 대학에서 가르칠거야.

A: So, tell me, Tom, have you ever considered being a gardener?

B: Uh, I'm not much good at growing things.

A: 자 말해봐 탐, 정원사가 되기를 생각해본 적이 있어?
B: 어, 난 기르는데 재주가 없잖아.

That has never happened before 난생 처음 겪는 일이야

방금 발생한 일이 자기가 살면서 한번도 경험해보지 못한 새로운 일이라는 걸 강조하는 표현. 많은 경우 to me 뒤에 before란 말을 덧붙여주기도 하지만, 간단히 That never happened라고만 해도 OK!

이왕이면 이것도 함께!
- ▶ That never happened to me before in my life
  내 평생 이런 경험 처음이야
- ▶ So, it never happened
  그래, 이거 전혀 없었던일이야
- ▶ It's like it never happened
  아무 일도 없었던 것 같아

A: You lost your wallet? Then you'd better contact the police.

B: That's a good idea. This has never happened to me before.

A: 지갑 잃어버렸어? 그럼 경찰에 연락해.
B: 좋은 생각이야. 전에는 이런 일 한번도 없었는데.

A: I can't get any hot water to come out of the shower.

B: This has never happened before. Should I call a plumber?

A: 샤워기에서 더운물이 전혀 안나와.
B: 전에는 이런 적이 없었는데. 배관공을 불러야 하나?

That's (just) the way it goes 다 그런 거지 뭐, 어쩔 수 없는 일이야

앞서 나온 That's the way it is와 유사한 표현으로 직역하면 그게 돌아가는 방식이다라는 뜻. 세상 어떻게 돌아가는지 인생을 좀 살아본 사람이라면 금방 피부에 와닿을 말. 「다 그런거야」, 「어쩔 수 없지」 정도로 생각하면 된다.

A: I can't believe he got a promotion before I did!

B: He's the boss's nephew, and that's just the way it goes.

  A: 나보다 먼저 그 녀석이 승진을 했다니 믿어지지가 않아.
  B: 그 사람은 사장의 조카야. 세상 돌아가는 게 그런 거 아닌가.

A: That's the way it works for terrorists.

B: I'm not a terrorist.

  A: 테러리스트들에게 원래 그렇게 해.
  B: 난 테러분자가 아니예요.

이왕이면 이것도 함께!

▶ That's (just) the way it is
  다 그런 거지 뭐

▶ That's not the way it
  works 그건 여기 돌아가는
  방식이 아냐

▶ It's the way it works
  with doctor House
  하우스 박사는 원래 그렇게 해요

▶ That's the way it
  should be 원래 그래야 돼

You don't know the half of it 얼마나 심각한지 네가 아직 몰라서 그래

You don't know the first thing about it(넌 아무것도 몰라)보다 좀 나은(?) 표현. 직역하면 "반도 모른다"로 의역하면 「네가 잘 몰라서 그래」, 「얼마나 사태가 나쁜지 모르고 하는 소리야」 정도에 해당된다. 좀 나은 것 같지만 뭐 오십보백보 아닐까…

이왕이면 이것도 함께!

▶ You don't know shit
  네가 알긴 뭘 알어

A: I heard that Tracey lost a lot of money while gambling.

B: You don't know the half of it. She's going to have to sell everything she owns.

  A: 트레이시가 도박하다가 돈을 엄청 날렸다던데.
  B: 그 정도가 아니야. 가지고 있는 걸 다 팔아야 할 판이라구.

A: You look like you had a terrible day.

B: You don't know the half of it. It really sucked.

  A: 너 아주 끔찍한 하루를 보낸 것 같아.
  B: 말도마. 정말 엿같았어.

You name it 말만 해

어떤 것을 주욱 열거하다가, 일일이 나열하지 못할 정도로 많다는 뜻으로 「뭐든지 말만 해봐」라는 어감을 전달하는 표현이 바로 You name it. 비슷한 표현인 To name a few는 formal한 문장으로 「몇가지 거론하면」이라는 뜻.

> 이왕이면 이것도 함께!
> ▶ To name a few
>   몇가지 거론하면

A: I need to ask for some help here.

B: You name it. What can I do for you?

A: 이것 좀 도와줘야겠는데.
B: 말해 봐, 뭘 도와줘야 하지?

A: Are there some good items on the menu?

B: They have all types of food, you name it.

A: 메뉴에 뭐 좀 좋은게 있어요?
B: 모든 종류의 음식이 있어요, 말씀만 하세요.

놓치면 아까운 미드 토막상식

Russian roulette

미드에는 미국의 문화가 고밀도로 농축되어 있기 때문에 가끔 그네들 표현에 우리가 벽을 느끼는 경우가 많다. 자주 나오지는 않지만 그래도 알아두면 편리하고 재미있는 표현들을 알아보도록 한다. 먼저 Russian roulette은 회전식 권총(revolver)에 총알을 한 발만 장전한 후 자기의 관자놀이(temple)에 총구를 겨누고 방아쇠를 당기는, 죽음을 담보로 하는 위험천만한 게임으로 「목숨을 담보로 한 승부」 등 무모한 행위를 Russian roulette에 비유하는 경우가

많다. 그리고 Stockholm syndrome은 1973년 Sweden의 Stockholm에서 은행강도 사건이 발생했는데 강도는 여직원을 인질(hostage)로 잡고 경찰과 장시간 대치하다 체포되었지만, 이 여직원이 인질범(captor)에게 애정을 느껴 파혼까지 하는 사태가 벌어졌다. 이후 「인질이 범인에게 동조·감화되는 비이성적인 심리현상」(emotional attachment to a captor formed by a hostage)을 Stockholm syndrome이라고 부르게 되었다. 그리고 Madison Avenue는 New York City에 있는 거리명으로, 광고 회사들(advertising agencies)이 집중적으로 몰려 있던 탓에 「미국 광고업계」(advertising alley)를 가리키는 말이 되었다. 그리고 Fifth[5th] Avenue는 New York City, Manhattan의 Midtown에 위치해있으며, 고급 의류 전문매장으로 유명한 Saks Fifth Avenue 백화점과 영화 *Breakfast at Tiffany's*의 무대가 되기도 했던 고급 악세서리점 Tiffany & Co.의 본사가 위치해 있다. 이렇게 최고급 상품(fine article)들만 취급하는 세계적 명품관들이 즐비한 까닭에 Fifth Avenue는 「고급품」의 대명사로 불린다.

433

Season **5**

미드
✓ 냄새 팍팍 풍기는 표현들

1_ Just hang out with me

Michelle	Just **hang out with** me a minute. I've got some questions for you.
Dale	I didn't kill anybody, officer. I'm an honest man. **Just try me.**
Michelle	**Will you listen to yourself?** You sound guilty already.
Dale	**Here's the deal.** Talking to a cop like you makes me nervous.
Michelle	Well, we caught you with a dead body. I think **you've gone too far**.
Dale	I was in the wrong place. **I blew it.** But I'm not a murderer.
Michelle	You know, I think you are lying to me.

Michelle	나랑 잠깐 있자고. 몇 가지 질문할게 있어.	Michelle	음, 우린 시체옆에 있는 너를 잡았거든. 네가 무리한 짓을 한거지.
Dale	아무도 안 죽였어요, 경찰관님. 난 정직한 사람예요. 그냥 나 믿어봐요.	Dale	내가 엉뚱한 곳에 있다 망쳐버린거죠. 하지만 살인범은 아녜요.
Michelle	멍청한 소리 그만해. 유죄같은 소리하고 있네.	Michelle	저말야, 네가 나한테 거짓말하는 것 같아.
Dale	이런거죠. 당신같은 경찰하고 얘기하면 초조해져요.		

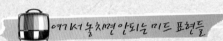

여기서 놓치면 안되는 미드 표현들

Just hang out with me 나랑 그냥 놀자	Jack asked us to **hang out** with Mr. Novak after work. 잭은 우리에게 근무 후에 노박 씨와 어울리자고 했어.
Just try me 나한테 한번 (얘기)해봐, 기회를 한번 줘봐	Oh, honey, that makes me feel bad. **Try me.** 어, 자기야, 그 때문에 내가 기분나빠지네. 기회를 한번 줘봐. A: I'll tell you. But you're not going to believe me. B: **Try me.** A: 네게 말할게. 하지만 믿지 못할거야. B: 한번 해봐.
Listen to yourself 멍청한 소리 그만해	Shut up and **listen to yourself**. You're disgusting. 입 닥치고 멍청한 소리 그만해. 넌 정말 역겨워.
Here's the deal 이렇게 하자, 이런 거야	Well, **here's the deal**. You have two options. 저기, 이런 거야. 너한테는 두 개의 선택권이 있어. Ok, here's the deal. You come see me in Brooklyn. 좋아, 이렇게 하자. 네가 브루클린으로 와서 날 만나는거야.
You have gone too far 네가 너무했어, 심했다	**You've gone too far**, this time. 이번에는 네가 너무 심했어.
I blew it (기회 등을) 망쳤다, 날려버렸다	We were gonna get married but then **I blew it** and we split up too. 우리는 결혼할 예정이었는데 내가 망쳐버렸고 그래서 헤어졌지.

436

Just hang out with me 나랑 그냥 놀자

■■

hang out 또는 hang around는 뒤에 with가 붙어 「…와 어울리다」, 「…와 어울려 시간을 보내다」라는 뜻. 단 hangout처럼 붙여쓰면 명사로 「단골술집」 등 자주 가서 친구들을 만나며 시간 때우는 곳을 뜻한다.

A: What did you do last weekend?

B: Nothing much. I just hung out with some friends at the mall.

    A: 지난 주말에 뭐 했어?
    B: 별거 없지 뭐. 친구들하고 쇼핑몰이나 어슬렁거렸어.

A: Do you know of any cool places to hang out?

B: I know of two or three.

    A: 가서 놀 만한 데 어디 근사한 데 알아?
    B: 두 세 군데 알지.

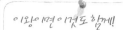

이왕이면 이것도 함께!
- ▶ Let's hang out
  우리 놀자
- ▶ I'm gonna hang around here
  난 여기서 놀게

Just try me 나한테 한번 (얘기)해봐, 기회를 한번 줘봐

■■

역시 간단한 것 같지만 문맥에 따라 의미가 다르니 감각적으로 이해해야 한다. 먼저 일반적으로는 「내게 얘기해봐」, 「내가 의견을 줄게」(Tell me about something and I'll give you my opinion)라는 것이고 두번째 의미는 어떤 목표를 이루기 위해 「기회를 달라」는 표현으로 쓰인다.

A: This is a strange story. You'll never believe it.

B: Try me. I have an open mind.

    A: 이거 이상한 얘기야. 넌 못 믿을거야.
    B: 한번 얘기 해봐. 난 마음이 넓다구.

A: Whatever it is, I can do it. Just try me.

B: It's an all Chinese cast. Can you be Chinese?

    A: 뭐든지, 난 할 수 있어요. 기회를 줘봐요.
    B: 모두 다 중국인 역인데 중국인 역 할 수 있어요?

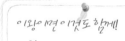

이왕이면 이것도 함께!
- ▶ Okay, try me
  그래 나한테 말해봐

Listen to yourself

멍청한 소리 그만해, 틀릴 수도 있으니 다시 한번 생각해봐

listen to는 「…의 말을 귀담아 듣는다」라는 뜻으로 이번에는 to 다음에 자기 자신이 와서 결국 네 자신에 귀를 기울여라는 뜻으로 「정신나간 소리나 멍청한 소리하지 마라」라는 표현이 된다. Listen to you라고 해도 된다.

A: Nobody loves me. Why does everyone hate me so much?

B: Listen to yourself. You sound like a spoiled child.

> A: 아무도 날 좋아하지 않아. 왜 다들 날 그렇게 싫어하는 걸까?
> B: 바보같은 소리. 넌 꼭 삐딱한 어린애 같은 소릴 하는구나.

A: I decided I'm going to tell Jim about me and Chris.

B: I'm glad you finally decided to listen to your conscience.

> A: 짐에게 나하고 크리스에 대해 말하기로 결심했어.
> B: 마침내 양심에 귀 기울였다니 기쁘다.

Here's the deal 이렇게 하자, 이런 거야

Here's~가 뭔가를 건네주면서 「여기 있어요」라고 하는 말이니, Here's the deal도 뭔가를 제시하면서 쓰는 표현이라는 것을 짐작할 수 있다. 이는 상대방에게 「이렇게 하자」고 뭔가를 제안할 때나, 어떻게 된 상황인지 자초지종을 설명을 할 때 쓸 수 있는 문장이다. 단 Here's a deal은 가격을 협상할 때 사용하는 표현이다.

A: Here's the deal, I'll loan you the money, and you pay me back with interest.

B: How much interest do you want to charge me?

> A: 이렇게 하자. 내가 돈을 빌려줄테니까 이자 쳐서 갚아.
> B: 나한테 이자를 얼마나 받고 싶은데?

A: Tell me what you plan to study at school.

B: Here's the deal, I don't know which subject to chose.

> A: 학교에서 뭘 공부할 지 말해봐.
> B: 문제는 말야, 어떤 전공을 선택해야 할지 모르겠어.

You have gone too far 네가 너무했어, 심했다

■■

go too far하면 지나치게 많이 나가다라는 말로 정도를 벗어나 「너무하다」, 「도가
지나치다」라는 비유적 의미로 많이 쓰인다.

A: You have gone too far. Your husband is going to
be really angry.

B: Why? Do you think $10,000 is too expensive for
a sofa?

 A: 너 심했어. 너희 신랑 정말 화내겠다.
 B: 왜? 소파 하나에 만 달러가 너무 비싸다는거야?

A: I'm taking over complete control of this project.

B: You have gone too far. Everyone is going to be
angry at you.

 A: 이 프로젝트는 제가 완전히 맡을게요.
 B: 너무 하는군요. 다들 화낼거예요.

이왕이면 이것도 함께!

▶ You go too far
   너 오바야
▶ You're going too far
   너무하는군
▶ This time she's gone
   too far!
   이번에는 걔가 너무 심했어!

I blew it (기회 등을) 망쳤다, 날려버렸다

■■

blow는 「날려버리다」라는 뜻으로 I blew it!하게 되면 뭔가 성공할 수 있는 일을
망치거나 아주 좋은 기회 등을 날려버렸을 경우, 자책을 하면서 내뱉는 말.

A: How did you do on your math test?

B: I blew it. I forgot all the answers.

 A: 수학시험 어땠어?
 B: 다 망쳤어. 답이 전부 생각이 안났다구.

A: You blew it, buddy.

B: We didn't do anything wrong.

 A: 친구야, 네가 망쳐버렸어.
 B: 우린 잘못한 게 아무 것도 없는데.

이왕이면 이것도 함께!

▶ You screwed up. You
   blew it, big-time
   네가 망쳤어. 네가 크게 망쳐버
   렸어
▶ You really blew it
   네가 정말 기회를 날렸어

2_ Tell me about it

Mona	I wasn't coming to this high school reunion, but decided to **give it a shot**.
Jason	**Tell me about it.** I thought this was going to be real boring.
Mona	Isn't that the girl you'd wanted to date? **Can't beat** that stylish outfit she's wearing.
Jason	**Don't mess with me.** I told you I was too shy to talk to her.
Mona	Don't just stare at her. She's looking over here.
Jason	I think she sees me. Oh no, **I am so busted**.
Mona	Don't be so afraid. **Go with it.** Go over and talk to her.

Mona	고등학교 동창회에 오지 않으려고 했는데 한번 와 보기로 맘먹었어.	Jason	나한테 장난치지마. 난 너무 수줍어서 걔한테 말도 못했다고 했잖아.
Jason	무슨 말인지 알겠어. 정말 지겨울거라 생각했어.	Mona	쟤 바라보지마. 이쪽을 바라보고 있어.
Mona	쟤, 네가 데이트하려던 얘 아냐? 입고 있는 세련된 의상 멋지다.	Jason	쟤가 날 본 것 같은데. 오 이런, 딱 걸렸네.
		Mona	겁내지마. 부딪혀봐. 가서 얘기 걸어보라고.

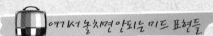 여기서 놓치면 안되는 미드 표현들

Give it a shot 한번 해봐	Well, maybe we should **give it a shot**. It's not too late. 저기, 우리 한번 해봐야 되겠어. 너무 늦지 않았거든.
Tell me about it! 그 얘기 좀 해봐!, 누가 아니래!	**Tell me about it.** Every time we fix one of these, another one pops up. 누가 아니래. 이것들 중 하나를 고치면 다른 게 또 튀어나온단 말야.
Can't beat that 짱이야, 완벽해	This is a gold ring, and you **can't beat that**. 이건 금반지야. 이거 최고야.
Don't mess with me 나 건드리지마, 까불지마,	Never **mess with** a guy's sister. 오빠가 있는 여자는 건드리지마. **Don't mess with me**, Sam. Don't do it. 까불지마, 샘. 그러지마.
I am so busted 딱 걸렸어	Dude, **you are so busted**. 이 친구야, 너 딱 걸렸어.
Go with it 부딪혀봐, 시류에 따라라	Yeah, it's great. I'd **go with it** right now, 그래, 아주 좋다. 당장 그것으로 할게.

440

Give it a shot 한번 해봐

shot은 총의 발사를 말하는 것으로 「한번 쏴봐라」는 뜻. 여기서 출발하여 상대방에게 한번 시도해볼 것을 권유하는 표현이 된다. 실패하든 성공하든 확실하지 않아도 「최선을 다해보다」라는 의미가 된다. It was a long shot(가능성이 적다), call the shots(명령을 내리다)도 함께 외워둔다.

이왕이면 이것도 함께!
▶ Let's give it a shot
한번 해보자
▶ Let me have a shot at it
내가 한번 해볼게

A: That looks really hard. I'm not sure I can do it.

B: Give it shot. You can do it.

> A: 정말 힘들어 보이는데. 할 수 있을지 모르겠어.
> B: 한번 해봐. 넌 할 수 있어.

A: I've never been bowling before. I probably can't do it very well.

B: Come on. Just give it a shot. If you don't like it we'll do something else.

> A: 전에 볼링을 해본 적이 한번도 없어서 아마 그리 잘 못할 거야.
> B: 그러지 말고 한번 해봐. 네가 만약 잘 못하면 다른 걸 하자.

Tell me about it! 그 얘기 좀 해봐!, 그러게 말야!, 누가 아니래!

글자 그대로 해석하여 그 얘기를 해달라는 의미로도 쓰이지만 상대방의 말에 동의하면서 앞부분에 엑센트를 강하게 주면 「누가 아니래」, 「그러게 말야」(I know just what you mean!, You don't have to explain it to me!)라는 의미가 된다.

이왕이면 이것도 함께!
▶ I agree
그래
▶ I agree with you 100%
전적으로 동감이야
▶ You wanna tell me about it?
나한테 털어놓을래?

A: The prices in this store are sure expensive.

B: Tell me about it. I don't want to buy anything here.

> A: 이 가게는 너무 비싸.
> B: 내 말이 그 말이야. 여기선 아무것도 안 살래.

A: The Internet service to the office seems slow today.

B: Tell me about it. It's taking twice as long for my data to download.

> A: 오늘 사무실 인터넷이 느린 것 같더라.
> B: 그러게나 말야. 내 데이타를 다운로드 받는 데 시간이 두 배로 걸리고 있어.

Can't beat that 짱이야, 완벽해

▰▰▰▰▰▰▰▰▰▰▰▰▰▰▰▰▰▰▰▰▰▰▰▰▰▰▰▰▰▰▰▰

(You) Can't beat that은 누구도 that을 능가할 수 없다라는 말로 「최고다」라
는 의미가 된다. 반면 일인칭 주어로 I can't beat that하면 I am beaten, I
am defeated로 「내가 졌다」, 「내가 못하다」라는 표현이 된다.

이왕이면 이것도 함께!

▶ Can't top that
끝내준다
▶ There is nothing like that!
저 만한 게 없지!

A: I got us two tickets to Disney Land for only 20$!

B: You can't beat that! That's a great deal.

> A: 나 디즈니랜드 티켓 두장을 단돈 20달러에 샀어.
> B: 굉장하네! 잘 샀어.

A: Wow, this sauna feels great. I was so cold and
tired from skiing.

B: Yeah, there's nothing like it!

> A: 와, 이 사우나 괜찮다. 스키 타느라 춥고 힘들었는데.
> B: 그래, 사우나 만한 게 없지!

Don't mess with me 나 건드리지마, 까불지마, 장난치지마

▰▰▰▰▰▰▰▰▰▰▰▰▰▰▰▰▰▰▰▰▰▰▰▰▰▰▰▰▰▰▰▰

mess with sb는 「…을 화나게 하다」, 「방해하다」, 「문제를 일으키다」라는 뜻이지
만 mess with sth하면 「뭔가 안좋은 일에 연루되다」라는 의미가 된다. 이
mess는 다양한 의미로 미드에서 자주 쓰이는데 정말 이해하기에 messy하다.

이왕이면 이것도 함께!

▶ Don't mess with her
걔 건드리지마
▶ Drugs can mess with
the sleeping
약물이 수면장애를 일으킬 수
있어
▶ It can mess with your
head
그 때문에 네가 혼란스러울 수
있어

A: Everyone knows Sam liked to mess with her.

B: What makes you think she killed him?

> A: 샘이 걔를 열받게 하는 걸 좋아했다는 건 다 알고 있어.
> B: 왜 그 여자가 샘을 죽였다고 생각하는거야?

A: Take it easy there, tough guy.

B: Don't even talk to me. You picked the wrong guy
to mess with.

> A: 거기, 터프가이, 진정하쇼.
> B: 말도 걸지마. 너 사람 잘못 건드렸어.

I am so busted 딱 걸렸어

bust는 「여자의 가슴」 외에는 좋은 뜻으로 쓰이는 경우가 별로 없다. 「체포하다」 등의 부정적인 뜻이고 여기서처럼 get[be] busted for하면 뭔가 「잘못된 일을 하다 들켰다」, 「딱 걸렸다」라는 의미. 또한 bust one's chops는 「분투하다」, bust sb's chops하면 「괴롭히다」, 그리고 명사로는 「경찰불시단속」 혹은 「완전한 실패」를 뜻한다.

A: My wife found out about my affair. I am so busted.

B: Does this mean that you'll be getting a divorce?

A: 내가 바람 핀 걸 아내가 알아버렸어. 딱 걸렸다구.
B: 그럼 너 이혼하게 될거라는 얘기야?

A: Are you trying to steal food from this supermarket?

B: You caught me. But I don't have much money to feed myself.

A: 당신, 이 수퍼마켓에서 음식을 훔치려고 했지?
B: 헉 들켰다. 그렇지만 전 먹고 살 돈이 없다구요.

이왕이면 이것도 함께!

▶ We're not here to bust you 널 체포하러 온 게 아냐

▶ He got busted for dealing drugs 걘 약팔다 걸렸어

▶ We busted you for rape 강간죄로 널 체포했어

▶ You thinks I'm busting her chops 넌 내가 걔를 괴롭힌다고 생각하고 있지

▶ Test was a bust 테스트는 완전 실패야

▶ He caught me smoking 난 담배피우다 걔한테 들켰어

▶ You caught me 들켰다

I'm going with it 난 그것으로 하겠다

go with하면 「어울리다」, 「…와 함께 가다」라는 기본적인 뜻도 있지만 미드에서는 go with it하면 선택의 의미로 「내가 하겠다」(Let me do that), 「난 그것으로 하겠다」라는 표현으로도 쓰이니 조심해야 한다. 또한 Go with it하면 Go with the flow와 같은 말로 「대세에 따르라」, 「자신의 운을 받아들여라」라는 조언.

A: Who wants to start the game?

B: I'll go, if no one else wants to.

A: 누가 먼저 시작할래?
B: 아무도 안하면 나부터 할게.

A: I think he is going to go with another law firm.

B: Relax, we still have a couple of hours before he makes his decision.

A: 그 사람이 다른 법률회사로 갈 것 같아요.
B: 진정해요, 그 사람이 결정을 내리기까진 아직 몇 시간 남았어요.

이왕이면 이것도 함께!

▶ I'll go
내가 할게

▶ I'm going with it
그것으로 할게

▶ Just go with it
그냥 대세에 따라

3_ Does that ring a bell?

Brandon   Hey sweetheart, let's get together after work. **What do you say?**

Rachel   **Spare me.** I'm not interested in dating a co-worker.

Brandon   **You've got it all wrong.** I want to have sex, not a date.

Rachel   **I'm not into it.** I don't want any type of relationship with you.

Brandon   **That sucks!** I thought you were all hot for me.

Rachel   This is sexual harassment. **Does that ring a bell?**

Brandon   Look, don't complain to the boss. I don't want to be fired.

Brandon	야, 자기야, 퇴근 후에 만나자. 어때?
Rachel	그만둬. 직장동료와 데이트하는거 관심없거든.
Brandon	네가 잘못 알고 있는거야. 난 데이트가 아니라 섹스를 하고 싶은거야.
Rachel	나 흥미없어. 너와 어떤 종류의 관계도 원치 않아.
Brandon	젠장! 난 네가 나하고 하고 싶어서 달아오른 줄 알았는데.
Rachel	이건 성희롱야. 뭐 기억나는거 없어?
Brandon	이봐, 사장한테는 항의하지마. 잘리기 싫으니까.

여기서놓치면안되는 미드 표현들

What do you say? 어때?	Let's go to Europe in January. **What do you say?** 일월에 유럽에 가자. 어때?
Spare me 집어치워!, 그만둬!	**Spare me!** I don't want to hear your complaints. 집어치워! 네 불평거리 듣고 싶지 않아.
You've got it all wrong 잘못 알고 있는거야	I'm telling ya, Joan's **got it all wrong**. Okay? 정말이지, 조앤이 잘못 알고 있는거야. 알았어?
I'm not into it 그런 건 안해요	He wanted to go skiing, but **I'm not into it**. 걘 스키를 타고 싶어했지만 난 그런거 안해.
It sucks! 밥맛이야, 젠장할! *It stinks 젠장, 영 아니야	**This sucks!** Being alone, **sucks**! 정말 형편없어. 혼자있는 건 정말 아니야. I think what you did **stinks**. It was dishonest. 네가 한 일은 정말 밥맛이야. 비열한 짓이었어.
That rings a bell 얼핏 기억이 나네요	Let me see if any of this **rings a bell** for you. 이 중 네게 기억나는게 있는지 볼게.

What do you say? 어때?

상대방에게 제안이나 의향을 물어보는 전형적인 표현. 제안내용을 미리 말하고 나서 What do you say?라고 해도 되고 아니면 같은 문장에 What do you say to+명사[~ing, S+V]?로 말해주면 된다.

이왕이면 이것도 함께!

▶ What do you say we call it a night?
우리 오늘 그만하는게 어때?
▶ What do you think?
네 의견은 어때?
▶ What would you say?
그러면 어떻겠어?
▶ Why would you say that?
왜 그렇게 말한거야?

A: I was thinking about going to see a movie after dinner tonight. What do you say?

B: Sounds like a good idea to me.

A: 오늘밤에 저녁먹고 나서 영화를 보러갈까 하는데. 어떻게 생각해?
B: 괜찮은 생각인 것 같은데.

A: So what do you say we all go out for ice cream?

B: Oh, I'd love to, but I brought work home.

A: 그럼, 우리 모두 아이스크림 먹으러가는게 어때?
B: 어, 그러고 싶지만 일거리를 집에 가져왔어.

Spare me! 집어치워!, 그만둬!

여기서 spare는 뭔가 불쾌하고 언짢은 것을 「피하다」, 「겪지않다」라는 말. Spare me!하면 상대방의 말이 지겹고, 거짓같아 듣고 싶지 않으니 「그만두라」고 하는 표현이다. spare sb the details도 같은 맥락의 문구이다.

이왕이면 이것도 함께!

▶ Spare me the sales pitch
영업은 그만하시고

A: I only stayed out late because of my boss.

B: Spare me. I know you didn't want to come home early.

A: 우리 사장님때문에 늦게까지 밖에 있었어.
B: 변명 그만둬라. 집에 일찍 들어가고 싶어하지도 않았으면서.

A: I've been feeling really lost.

B: Oh, spare me, Chris. The only thing that is lost is your sense of responsibility

A: 내가 좀 정신적으로 경황이 없었어.
B: 어, 그만둬, 크리스. 잃어버린 유일한 것은 네 책임감이야.

You've got it all wrong 잘못 알고 있는거야

■■■

이번에는 get sth wrong 구문. 목적어인 사물을 「잘못 이해하다」라는 의미로, 보통 자신의 의도를 상대방이 나쁜 쪽으로 오해할 때 쓸 수 있는 표현이다. 참고로 여기서 wrong은 부사.

이왕이면 이것도 함께!

A: Lisa said she saw you with another girl last night. She's really angry.

B: She's got it all wrong! That girl was just helping me study.

> A: 네가 어젯밤에 다른 여자애하고 같이 있는 걸 리사가 봤대. 리사가 정말 화났어.
> B: 완전 오해야! 그 여자앤 내 공부를 도와주고 있었던 것뿐이라구.

A: You are under arrest for driving a stolen car.

B: Officer, you've got it all wrong. I borrowed this car from my friend.

> A: 당신을 절도차량 소지 혐의로 체포합니다.
> B: 경관님, 정말 오해세요. 이 차는 내 친구한테서 빌린 거라구요.

- ▶ You're on the wrong track
  네가 잘못 생각했어
- ▶ You got the wrong idea
  틀린 생각이야
- ▶ I did it wrong
  내가 잘못했어

I'm not into it 그런 건 안해요

■■■

안으로의 이동을 나타내는 전치사 into가 be 동사와 결합한 be into sth은 「…에 열중하다」, 「푹 빠져 있다」는 의미. 즉 뒤에 오는 대상(sth)에 「관심이 많다」, 「열중하다」, 「푹 빠져 있다」는 말인데 여기서 그 부정으로 관심이 없음을 말할 때 사용한다.

이왕이면 이것도 함께!

A: I meant it must be hard. No one there to back you up.

B: I know you're trying to be nice, but I'm not into the whole pity thing.

> A: 어려웠을거야. 거기 아무도 널 도와주지 않잖아.
> B: 잘해주려는 것은 알겠는데 동정을 주고 받는 것에는 관심없어.

A: Do you want to go to that hip new bar after work?

B: I'm into it.

> A: 끝내주는 술집이 새로 생겼는데, 퇴근 후에 갈래?
> B: 거, 끌리는데

- ▶ I'm not into games
  나 게임같은 것 안해
- ▶ It happens, but I'm not into that
  그럴 수도 있지만 난 안해
- ▶ I'm not into meth
  난 약물은 안해
- ▶ I'm not into getting a lingerie model
  속옷모델되는데 관심없어

It sucks! 밥맛이야!, 젠장할!

suck을 자동사로 쓴 sth+sucks!은 자신이 처한 상황에 화가 나거나 부당하다고 생각될 때 요긴하게 사용할 수 있는 표현으로 「…는 정말 싫다」, 「…때문에 열 받는 다」라는 뜻. It stinks 또한 많이 들리는데 이 또한 같은 맥락의 표현이지만 원래 의미인 악취가 난다라는 의미로도 쓰인다.

A: Are you enjoying your new job?

B: No, it sucks! All of the other employees are really arrogant.

A: 새 직장 재미있어요?
B: 아뇨, 죽을 맛이에요! 다들 너무 잘난 척을 해서요.

A: How is the food in that Chinese restaurant?

B: It stinks. It's better if you avoid that place.

A: 그 중국집 음식 어때?
B: 으웩이야. 거긴 안가는 게 좋을거야.

이왕이면 이것도 함께!

▶ You suck! 재수없어!
▶ That[This] sucks! 빌어먹을!
▶ This vacation sucks 이번 휴가는 엉망진창이야
▶ It stinks 젠장, 영 아니야
▶ What stinks? 무슨 냄새야?
▶ That marriage stinks 저 결혼은 영 아니야
▶ This party stinks 이 파티는 역겹구만

That rings a bell 얼핏 기억이 나네

누가 머릿속에서 딸랑딸랑 벨을 울려주기라도 한 듯, 뭔가가 불현듯 떠오르는 것을 비유적으로 나타낸 표현. 직접 말하기 뭐한 내용을 전달할 때, 상대에게 힌트를 주면서 Does it ring a bell?(뭐 생각나는 거 없어?)이라며 재치를 발휘할 때도 쓰이고, 확실하게 설명하긴 어려워도 「감이 와」라고 말할 때 역시 It rings a bell이라는 표현을 쓸 수 있다.

A: Do you remember a guy named Roy Blount? I ran into him last night.

B: That name rings a bell. Was he in our senior class?

A: 로이 블런트라는 남자 기억나? 어젯밤에 우연히 마주쳤어.
B: 이름을 들어본 것 같은데. 우리보다 상급생이었지?

A: Remember when there was a big festival downtown when we were kids?

B: Hmm... That rings a bell but I'm not sure. Where was it?

A: 우리 어렸을 때 시내에서 큰 축제 언제 열렸는지 기억나?
B: 음… 그랬던 듯도 한데 잘 모르겠어. 어디서 열렸지?

이왕이면 이것도 함께!

▶ Does it ring a bell? 뭐 생각나는 거 없어?
▶ Nope, doesn't ring a bell 아니, 기억이 안나

4_ How are you holding up?

Sienna	You've been at the casino for a while. **How are you holding up?**
Ray	**You got me there.** I think I lost a lot of money
Sienna	**Show me what you got.** I'll let you know how much is left.
Ray	**What's there to know?** This is all of my money.
Sienna	Wow, you've lost thousands. If **you go back out there**, don't bet anymore.
Ray	**Let's move on.** I'm sick of wasting money here.
Sienna	Okay. Do you want to go get something to eat?

Sienna	한동안 카지노에 죽치고 있었지. 어떻게 버티고 있어?	Sienna	와, 몇 천 달러를 잃었네. 다시 카지노에 가면 더이상 베팅하지마.
Ray	나도 잘 모르겠어. 돈을 많이 잃은 것 같아.		
Sienna	갖고 있는거 보여줘봐. 얼마 남았는지 알려줄게.	Ray	다른 곳으로 가자. 여기서 돈 잃는데 짜증난다.
Ray	뻔한 걸? 이게 내가 갖고 있는 돈 다야.	Sienna	좋아. 나가서 뭐 좀 먹을까?

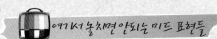 여기서 놓치면 안되는 미드 표현들

How are you holding up? 어떻게 버티고 있어?, 어떻게 견디고 있어?	So **how you holding up**? You must be exhausted. 그래 어떻게 견디고 있어? 완전 녹초가 되어 있을텐데.
You got me (there) 난 모르겠는데, 내가 졌어	**You got me there** 모르겠어, 네 말이 맞아 **You got me there.** I started seeing someone. 눈치깠네. 난 누구 만나기 시작했어.
Show me what you got 갖고 있는걸 보여줘, 네 실력을 보여줘	Okay, so why don't you **show me what you got**. 좋아, 그럼 네 실력을 보여줘봐.
What's (there) to know? 뻔하잖아?	**What's to know?** He preyed on young boys. 뻔하잖아? 걘 젊은 소년들을 먹잇감으로 삼았어.
You go back out there 다시 뛰어야지, 다시 그곳으로 돌아가다	**You go back out there** and you seduce her till she cracks! 다시 가서 걔가 무너질 때까지 유혹해!
Let's move on 다음으로 넘어가자, 다른 곳으로 가자	That's funny. But maybe it's time to **move on**, let it go, y'know? 웃기네. 하지만 그만 다음으로 넘어가야 할 때인 것 같아, 그만 잊어, 알았지?

448

How are you holding up? 어떻게 견디고 있어?

███

미드를 보다 보면 수없이 들을 수 있는 인사성 표현. 하지만 단순한 안부를 묻는게
아니라 상대방이 어려움을 겪고 있거나 겪었던 사람에게 그 어려움을 어떻게 버티고
있는지 물어보는 문장이다.

A: So how are you holding up?

B: Better, now that you're here.

    A: 그래 어떻게 지내고 있는거야?
    B: 나아졌어, 이제 너도 같이 있잖아.

A: How're you holding up?

B: I'm all right. A little worried about Susan.

    A: 어떻게 견디고 있어?
    B: 괜찮아. 수잔이 좀 걱정 돼.

이왕이면 이것도 함께!

▶ How you holding up?
어떻게 버티고 있어?

▶ How's Chris holding up?
크리스는 어떻게 견디고 있어?

You got me 난 모르겠는데, 내가 졌어

███

기본적으로 「모르겠다」(I don't know), 「내가 졌다」(You beat me or I lose)
라는 뜻으로 쓰이는 경우이다. 반면 You got me there는 마찬가지로 「모르겠
어」라는 의미와, 「네 말이 맞아」(You're right)라는 의미를 갖는다. 하지만 You
got me sth의 일반적인 문장과 헷갈리면 안된다.

A: Who left the umbrella on the coffee table?

B: You got me. It's been there a few days.

    A: 커피놓는 탁자 위에 우산을 놓고 간 사람이 누구죠?
    B: 모르겠는데요. 며칠 됐어요.

A: I think you haven't been working hard.

B: You got me there. I'll try to be more serious
about my job.

    A: 내 보기엔, 너 그 동안 일을 열심히 안 한 것 같아.
    B: 네 말이 맞아. 앞으로 좀더 진지한 자세로 일하려구.

이왕이면 이것도 함께!

▶ You got me there
모르겠어, 네 말이 맞아

▶ You got me a car?
차주는거야?

▶ You got me in trouble
너 때문에 곤경에 처했어

Show me what you got 네 실력을 보여봐

그냥 글자 그대로 「네가 가지고 있는 것을 보여달라」고 할 때 쓰는 표현. 비유적으로 상황에 따라 싸움질 직전 혹은 격려용 문장으로 네가 가진 것, 즉 「네 실력을 보여줘봐」라고 하는 문장이다.

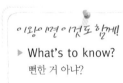

이왕이면 이것도 함께!
▶ Show me what's in the boxes
박스 안에 뭐가 있는지 보여줘

A: I'm looking for jewelry. Show me what you got.

B: Well, we have some nice diamond necklaces.

　　A: 보석류를 찾고 있는데요, 있는 것 좀 보여주세요.
　　B: 어, 멋진 다이아몬드 목걸이가 좀 있습니다.

A: I can play the guitar very well.

B: Alright, grab your guitar and show me what you got.

　　A: 난 기타를 아주 잘 쳐.
　　B: 좋아, 기타잡고 실력을 보여줘봐.

What's there to know? 뻔한 거 아냐?

뭘 아냐고 물어보는 문장이 아니다. 당연한 이야기를 물어보는 사람에게 핀잔을 줄 때 사용하는 반어적인 의문문으로 「거 물어볼게 뭐 있나?」라는 뉘앙스로 「뻔한거 아냐?」라고 반문하는 표현이다. there은 써도 되고 안써도 된다.

이왕이면 이것도 함께!
▶ What's to know?
뻔한 거 아냐?

A: You should study math harder.

B: Why? What's there to know?

　　A: 너 수학 공부 좀 더 열심히 해야겠다.
　　B: 왜? 뻔한 얘기 아냐?

A: You don't know the first thing about the stock market.

B: What's to know? Buy sell, high low, bears bulls...

　　A: 주식시장에 대해 아무 것도 모르면서.
　　B: 뻔한 거 아냐? 사고 팔고, 올라가고 내려가고, 약세, 강세…

You go back out there 다시 뛰어야지, 다시 그곳으로 돌아가다

직장에서 학교에서 그리고 연애계(?)에서 열심히 뛰다보면 지치고 피곤해서 이것저것 다 그만두고 싶을 때가 있다. You go back out there는 이렇게 치열한 경쟁에 지쳐 힘들어 하는 사람들에게 「다시 돌아가서 열심히 뛰라」고 격려하는 말.

이왕이면 이것도 함께!

▶ You gotta get back in the game
다시 시작해야지

A: I think I hurt my knee.

B: It looks OK. **You go back out there** and finish the game.

A: 무릎을 다쳤나봐요.
B: 보기엔 괜찮은데. 다시 나가서 경기 끝날 때까지 열심히 뛰라구.

A: I got a bad grade on my test at school today.

B: **You go back out there** and show them you won't quit.

A: 오늘 학교에서 시험봤는데 성적이 엉망이야.
B: 기운내서 다시 시작해봐. 네가 포기하지 않는다는 걸 보여주라구.

Let's move on 다음으로 넘어가자, 다른 곳으로 가자

move on 또한 미드에서 무척 자주 들리는 표현. 그냥 단순히 「다음 단계로 넘어가자」고 할 때도 있고 문맥과 상황에 따라 힘든 상황이나 경험은 「잊어버리고 다시 시작하자」는 의미이다. 넘어가는 단계까지 말하려면 move on to로 하면 된다.

이왕이면 이것도 함께!

▶ Let it go
그만 잊어버려

▶ Let's move on, okay?
넘어가자고, 알았어?

▶ You deal with it and you move on
처리하고 다음으로 넘어가

A: We've got plenty of cases with living victims.

B: I know. We've got to **move on** if this was a suicide.

A: 살아있는 피해자 사건이 많아.
B: 알아. 이 사건이 자살이면 넘어가야겠구만.

A: Why are you bringing it up again?

B: I'm trying to **move on**, live with it somehow.

A: 왜 그 얘기는 다시 꺼내는거야?
B: 잊으려고 했는데, 어쨌거나 계속 생각하고 있는 셈이지.

Episode

5_ You heard me

Marcus   I was so sorry to hear your husband **didn't make it**.

Carol   He was a bad guy. He **put me through** hell when we were together.

Marcus   Really? He seemed so nice. So he **screwed you over**?

Carol   **You heard me.** I'm not at all sorry he's gone.

Marcus   Well, you should find another man. **You gotta get back in the game.**

Carol   **Consider it done.** I've already been on Internet dating sites.

Marcus   I'm kind of shocked that you did that before your husband's funeral.

Marcus 남편이 생명을 잃다니 정말 안됐어.
Carol 나쁜 사람였어. 함께 있을 때 난 지옥같았어.
Marcus 정말? 사람 좋게보였는데. 그럼 걔가 널 속인거야?
Carol 내 말했잖아. 걔가 죽었다고 전혀 슬프지 않아.

Marcus 저기, 너 다른 사람을 찾아야겠다. 다시 뛰어야지.
Carol 그래야지. 이미 인터넷 데이트사이트에 가입했거든.
Marcus 남편 장례식 끝나기도 전에 그랬다니 좀 충격인데.

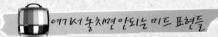 여기서 놓치면 안되는 미드 표현들

He didn't make it
살아나지 못했어

He just **didn't make it**. I'm so sorry. We did everything we could. 그분이 해내지 못했어요. 죄송합니다. 우린 최선을 다했습니다.

I never wanted to put you through this
절대로 난 네가 이걸 겪게 하고 싶어하지 않았어

You don't know what they **put me through**.
걔네들이 나를 어떻게 힘들게 했는지 넌 몰라.
I'm so sorry, **I never wanted to put you through this**. I just can't do it anymore.
미안, 절대로 이걸 겪게 하고 싶지 않았어. 난 단지 더 이상 할 수가 없었어.

You screwed me!
날 속였군!

Hey, I told you from the beginning what would happen if **you screwed me**. 야, 네가 날 속이면 어떻게 될지는 처음부터 네가 말했잖아.

You heard me
명심해, 내 말 들었잖아

I know **you heard me**. You're like a whiny little boy.
내 말 들었잖아. 넌 징징대는 어린 소년 같아.

You gotta get back in the game 다시 뛰어야지

It's time for you to shake off the rust and **get back in the game**. 부진을 털어내고 네가 다시 뛰어야 할 때야.

Consider it done
걱정마, 그렇게 할게, 문제없어

Consider it done. It will be finished by morning.
걱정마. 내일 아침까지 마무리 될거야.

452

He didn't make it 해내지 못했다, 살아나지 못했어

make it은 많은 의미로 쓰이는 문구. 성공하다, 제 시간에 도착하다는 이미 앞서 나왔었다. 여기서는 미드에서 범죄현장이나 병원에서 많이 사용하는 표현으로 He didn't make it하면 해내지 못했다, 즉 「죽었다」라는 말이 된다.

A: What happened to the accident victim?

B: I'm sorry, but she didn't make it.

    A: 사고 피해자는 어떻게 됐어?
    B: 미안하지만 생명을 건지지 못했어.

A: My dad went to the hospital, but he didn't make it.

B: You mean that he died today?

    A: 아버지가 병원에 가셨는데 운명하셨어.
    B: 오늘 돌아가셨다는 말이야?

> **이왕이면 이것도 함께!**
> ▸ I didn't make it
> 난 성공하지 못했어
> ▸ He couldn't make it
> 걘 여기 올 수가 없대

I never wanted to put you through this

네가 이걸 겪게 할 생각이 전혀 없었어

put sb through 또한 참 미드에서 많이 쓰이는 표현이다. 기본적으로 「전화로 연결시켜주다」, 「학교다니는데 돈을 대다」라는 뜻이 있지만 미드에서는 좀 「힘들고 어려운 일을 겪게 하다」(make sb experience some trouble)라는 뜻으로 자주 볼 수 있다.

A: You don't know what he put me through!

B: Oh, don't look at me like that.

    A: 넌 내가 무슨 일을 겪었는지 몰라!
    B: 어, 그런 표정으로 날 쳐다보지마.

A: I wanna apologize for putting you through all this.

B: What are you talking about? I'm fine.

    A: 이 모든 일을 겪게 해서 사과하고 싶어.
    B: 무슨 말이야? 난 괜찮은데.

> **이왕이면 이것도 함께!**
> ▸ Why put me through this?
> 왜 내가 이런 일을 겪게 한거야?
> ▸ He put me through hell
> 걔 때문에 지옥같았어
> ▸ I'm sorry to put you through this 네가 이런 일을 겪게 해서 미안해
> ▸ He put me through law school
> 걘 내 로스쿨학비를 대줬어

You screwed me! 날 속였군!

미드영어를 말하면서 screw를 빼먹을 순 없지요…. 「성관계하다」부터 screw up 하면 「망치다」, 그리고 screw (over)하면 「속이다」(do a number on sb)라는 뜻이 돼, I got screwed하면 「망신당하다」라는 의미가 된다.

A: What happened?

B: **He screwed me.** He sold me this car and later I found out it was stolen.

    A: 무슨 일인데?
    B: 그 녀석이 날 물먹였어. 이 차를 나한테 팔았는데 나중에 알고보니 이 차, 훔친 거였어.

A: I heard that **you got screwed** by your new boss.

B: Yeah, he gave me the worst hours imaginable.

    A: 새로 부임한 사장한테 망신당했다면서.
    B: 그래, 생각조차 하기 싫은 시간이었어.

이왕이면 이것도 함께!
- ▶ You screwed me!
  날 속였군!
- ▶ They did a number on me
  걔네들한테 당했어
- ▶ I got screwed
  망신당했어

You heard me 명심해, 내가 말했잖아

대개는 윗사람이 아랫사람에게 화내거나 타이를 때 완고하고 강압적 분위기에서 하는 말로, 「내가 말했지, 명심해」 정도의 의미. You heard+사람[직책/대명사]이 와서 「명령이므로 입다물고 말 들어라」라는 얘기가 된다.

A: Do you mean that you plan to vacation by yourself this summer?

B: **You heard me.** I'm tired of only going where you want to go.

    A: 올 여름엔 너 혼자 휴가갈 생각이란 말이야?
    B: 내가 말했지. 너 가고 싶은 데만 가는 거 지겨워.

A: **You heard me.** If I find a better job, I'm quitting this one.

B: But you can't quit. We need you to stay here.

    A: 내가 말했죠. 더 좋은 직장을 찾으면 여기 그만둘거라구요.
    B: 하지만 그만둘 순 없어요. 여기 있어줘야 된다구요.

이왕이면 이것도 함께!
- ▶ So I've been told
  그렇다고 들었어

You gotta get back in the game

다시 뛰어야지, 다시 한번 싸워야지

앞서 나온 You go back out there와 같은 의미로 정말 문자 그대로 게임에 다시 나가야 된다고 할 수도 있지만 비유적으로 상처받은 사람, 어려움을 겪은 사람, 실연당한 사람에게 「다시 일어나 활동을 해야 된다」고 충고하는 표현이다.

A: **You gotta get back in the game** or we're going to lose.

B: I can't. I injured my arm on that last play.

A: You gotta set me up, **you gotta get me back in the game.**

B: Well, that shouldn't be a problem.

A: 나 좀 소개시켜줘. 날 다시 뛰게 만들어줘.
B: 저기, 그건 별 문제가 아니지.

Consider it done 걱정마, 그렇게 할게, 문제없어

상대방이 뭔가 부탁하거나 지시를 할 때의 답변으로 「문제없다」(No problem), 「그렇게 처리할게」라는 의미의 미드냄새 팍팍 풍기는 표현. 이는 답변으로 상대에게 질문할 때는 쓰지 못하며 상대방의 부탁 등에 대한 답변으로만 쓰인다.

A: There's important papers to be presented.

B: You don't have to explain. **Consider it done.**

A: 제출할 중요한 서류가 있어서요.
B: 설명안해도 돼. 걱정말고.

A: Are you sure that you're okay with that?

B: **Consider it done.**

A: 그거 정말 너 괜찮은게 확실해?
B: 그렇게 처리해줄게.

6_ How do you do that?

Dillon	**We're going in** to kidnap his daughter for ransom money.
Bette	**How will you do that?** It sounds dangerous.
Dillon	You want to know the details of our plan? No way. **Nice try.**
Bette	**Up yours!** I was only interested in helping you out!
Dillon	We don't need your help with this. **You're excused** from this job.
Bette	Come on, you're really going to need me.
Dillon	**Let it go.** This isn't any of your business.

Dillon	우리가 걔 딸을 납치해서 몸값을 받아낼게.	Dillon	이 일에는 네 도움이 필요없어. 이 일에서는 빠져 주라.
Bette	어떻게 할건데? 무척 위험스럽게 들린다.	Bette	그러지마, 정말이지 날 필요로 할거야.
Dillon	우리 계획의 세부사항을 알고 싶어? 절대 안돼. 넘어갈 뻔 했네.	Dillon	그냥 잊어. 너랑 전혀 상관없는 일이야.
Bette	젠장헐! 난 단지 너를 도와주려고 한 거라고!		

여기서 놓치면안되는 미드 표현들

We're going in
우리가 맡을게, 우리가 들어간다

I heard you **were going into** an autopsy.
선생님이 또 다른 부검을 한다고 들었어요.

How do you do that?
어쩜 그렇게 잘하니?

That slap looks so real! **How do you do that?**
그 빰때리기 정말이지 진짜 같았어! 어떻게 한거야?

Nice try
(목적은 실패했지만) 잘했어

Nice try, Ms. Curry, but the grand jury testimony is out.
시도는 좋았어요, 커리 씨, 하지만 대배심은 끝났어요.

Blow me (or Up yours!)
제기랄

Then I told my boss to **blow me**, and I quit.
그리고 나서 난 사장에게 욕지거리를 하고 그만뒀어.

You're excused
그러세요, 괜찮다, 그만 나가
보거라(꾸지람)

You're excused, Detective.
형사, 그만 나가봐.

Let it go
그냥 잊어버려, 그냥 놔둬

Grace, **let it go**, okay? He's a colleague.
그레이스, 그냥 잊어버려 알았어? 동료잖아.

456

We're going in 우리가 맡을게

여러 사람이 모인 자리에서는 사람들 눈치를 보느라 말을 꺼내기도 어떤 행동을 취하기도 쉽지가 않다. 이런 상태에서 「누가 먼저 (이야기 혹은 행동) 할래」(Who's gonna take the first shot?; Who is going to speak first?)라는 질문에 선뜻 「하겠다」고 나설 때 사용하는 표현. 물론 물리적으로 그냥 들어가겠다는 뜻도 된다.

A: Will you be able to fix the broken gas pipe?

B: Sure we will. We're going in.

    A: 부서진 가스관을 고칠 수 있겠어?
    B: 당근이지. 우리가 맡을게.

A: OK, guys, get ready. We're going in.

B: Wow, this is really exciting.

    A: 자, 얘들아, 준비됐지. 시작하자.
    B: 와, 이거 정말 재밌네.

이왕이면 이것도 함께!

▶ Suck it up. We're going in.
받아들여. 우리가 맡을게

▶ Cover the back door we're going in
우리가 들어가는 동안 뒷문을 맡아

How do you do that? 어쩜 그렇게 잘하니?, 어떻게 해낸 거야?

생각지도 못했던 놀라운 능력을 보이는 사람에게 「어떻게 그렇게 잘할 수 있는 거야?」, 「어떻게 그것을 해낸거야?」라고 말하는 놀람과 감탄의 표현.

A: That was a great scene! And that slap looks so real! How do you do that?

B: Oh, just years of experience.

    A: 굉장한 장면이었어!. 게다가 뺨 때리는 건 정말 리얼했다구! 어쩜 그렇게 잘해?
    B: 글쎄, 다년간의 경험 덕분이지.

A: Just looking at you, I'd say that you probably found a new girlfriend.

B: How do you do that? I haven't told anyone about my girlfriend yet.

    A: 척 보니 너 새 여자친구 생겼나보구나.
    B: 어떻게 알아? 여자친구에 대해서 아직 아무한테도 말 안했는데.

이왕이면 이것도 함께!

▶ How do you know that?
어떻게 안 거야?

▶ How did you know that?
어떻게 알았어?

Nice try (목적은 실패했지만) 잘했어, 가상하다, 넘어갈 뻔 했네

잘했다가 아니라 시도만 좋았다라는 말. 상황에 따라 열심히 했지만 목적달성을 못한 상대방을 위로할 때 혹은 잘하긴 했지만 「내 상대는 안돼」, 「내가 안 속아넘어가」 등 비아냥거릴 때도 사용된다.

A: What do you think about the results of my examination?

B: Nice try. Unfortunately that score is too low for you to receive a passing grade.

A: 제 시험결과 어때요?
B: 열심히 했지만. 아쉽게도 성적이 낮아서 학점 이수는 힘들겠구나.

A: Just help me for a few minutes tonight.

B: Nice try! You want me to work all night.

A: 오늘 밤 몇 시간 만 좀 도와줘.
B: 시도는 좋았어! 밤새 일 시키려고 하는거지.

이왕이면 이것도 함께!
- ▶ Nice try, but impossible
  시도는 좋았지만 불가능해
- ▶ Nice try, but no
  잘했지만 안돼
- ▶ Nice try, though
  그래도 가상하다
- ▶ Very nice try
  넘어갈 뻔 했네

Blow me! 제기랄!, 빌어먹을!

Blow me에서 blow는 blow job의 blow로 blow job의 명령형이자 상당히 상스러운 욕으로 쓰이는 퓨현이다. 또한 Up yours 또한 Go to hell!, Fuck you!에 해당되는 역시 차마 입에 담을 수 없는 그러나 살다보면 쓰지 않을 수 없는 욕지거리이다.

A: You haven't completed the work you were assigned.

B: Blow me. I quit!

A: 자네는 일을 맡기면 완수한 적이 없군.
B: 제기랄. 그만 두겠어!

A: Well, then, you won't mind if I take a look in that suitcase.

B: Up yours! I may be a gold digger, but I am no thief.

A: 그럼, 저 가방 안 둘러봐도 괜찮겠지요.
B: 염병할! 내가 꽃뱀은 해도 도둑질은 안해.

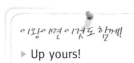

이왕이면 이것도 함께!
- ▶ Up yours!
  염병할!

You're excused 그러세요, 괜찮다, 그만 나가 보거라(꾸지람)

앞서 나온 excuse oneself나 May I excused가 자리를 잠시 비울 때 사용하는 것인 반면 You're excused는 그에 대한 대답으로 「가도 좋다」, 혹은 「일이 다 끝났으니 가셔도 된다」라는 뜻이다. 또한 「상대를 꾸짖고 나서 그만 나가봐」라 할 때는 이 표현을 쓰면 제격이다.

이왕이면 이것도 함께!

▶ Class dismissed
수업 끝났습니다

▶ You're dismissed!
가도 좋아!, 해산!

A: Alright class, we've finished studying today. **You're excused.**

B: See you next week, professor.

A: 좋아요 여러분, 오늘 수업 끝났습니다. 나가보세요.
B: 다음 주에 뵈요, 교수님.

A: We find the defendant, Chris Suh, guilty.

B: Thank you for your service. **You're excused.**

A: 피고인 크리스 서는 유죄입니다.
B: (배심원) 여러분 수고 많으셨습니다. 가보셔도 됩니다.

Let it go 그냥 잊어버려, 그냥 놔둬

사소한 일로 고민 삼매경인 상대에게 빨리 잊으라고 하는 충고. Let it go 자체에 It's not a big deal(별거 아니야)이 함축되어 있다고 보면 이해가 더 쉬울 것이다. 한편 let it go를 이용하여 I'll let it go, You'll let it go, He couldn't let it go 등 다양한 문장을 만들 수 있다는 점도 알아둔다.

이왕이면 이것도 함께!

▶ Would you let it go?
잊어버려요

▶ Let it be
내버려둬

▶ Go with the flow
잊어버려, 그냥 내버려둬

▶ Give it a go
그냥 둬

A: I can't believe that my best friend would betray me like that.

B: **Let it go.** You'll find better friends than her.

A: 가장 친한 친구가 그렇게 배신할 줄이야.
B: 잊어버려. 걔보다 더 좋은 친구가 생길 거야.

A: He told me that he'd pick me up at eight, but he never came.

B: **Let it go.** It was just a stupid date.

A: 그 남자가 8시에 데리러 오겠다더니 아예 안나타난 거 있지.
B: 잊어버려. 유치한 데이트 정도였잖아.

7_ I'll catch you later

Olive   I'm so lonely tonight. Please come over and **keep me company**.

Blake   **I don't feel up to it.** I worked overtime every day this week.

Olive   **Don't give me that!** You can still come by.

Blake   **Cut me some slack.** I'm really tired and just want to sleep.

Olive   **That figures.** You like sleeping more than being with me.

Blake   **You lost me.** I'd come over if I wasn't so tired.

Olive   Okay, okay, never mind. I'll just call someone else and invite them over.

Olive	나 오늘밤 무척 외로워. 내게 와서 같이 있어줘.	Olive	그럼 그렇지. 넌 나하고 있기보다 자는 걸 더 좋아해.
Blake	나 못해. 이번 주 내내 야근했어.	Blake	무슨 말이야? 피곤하지 않으면 내가 들릴텐데.
Olive	그런 말 매! 그래도 올 수 있잖아.	Olive	좋아, 알았어, 신경쓰지마. 다른 사람 전화해서 집
Blake	좀 봐주라. 난 정말 피곤하고 자고 싶어.		으로 오라고 초대할거야.

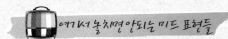 여기서 놓치면 안되는 미드 표현들

I have company 일행이 있어요	Sounds like **you have company**. 너 일행이 있는 것 같은데. I'll **keep you company** until she comes back. 걔가 돌아올 때까지 너와 같이 있어줄게.
I don't feel up to it 내 능력으론 안돼	We'll just talk as long as you **feel up to it**. 네가 가능할 때까지만 이야기를 할게.
Don't give me that! 그런 말매!, 정말 시치미떼기야!	**Don't give me that!** You're my best friend! 그런 말 매 넌 내 절친이잖아!
Cut me some slack 좀 봐줘요, 여유를 좀 줘	**Cut me some slack.** I was on call last night. 좀 봐줘. 어젯밤에 당직이었다고.
That figures 그럴 줄 알았어, 그럼 그렇지	**That figures.** All right, I'll have CSU comb the place. 그럴 줄 알았어. 좋아, CSU보고 이잡듯이 그곳을 뒤지라고 할게.
You lost me 못 알아듣겠는데, 무슨 말이야	I hope you know what you just said, 'cause **you lost me**. 네가 방금 말한 거 알고 있겠지, 내가 놓쳤거든. **You lost me** at the start of the story. 이야기 처음부터 못 알아 들었어요.

460

I have company 일행이 있어

일상회화에서 company는 「회사」라는 뜻보다는 「동료」, 「친구」, 「일행」이란 의미로 더 많이 쓰인다. keep sb company, have[expect] company, enjoy sb's company 등이 대표적인 경우이다.

이왕이면 이것도 함께!
▸ Please keep company
  말동무 해줘
▸ I enjoy your company
  함께 해서 즐거웠어
▸ I'm expecting company
  일행을 기다리고 있어요

A: Can I stop by to see you tonight?

B: Well, I have company now. Why don't you come over tomorrow night?

> A: 오늘 밤에 들러서 좀 볼까?
> B: 음, 지금 친구가 와있는데. 내일 밤에 오는 건 어때?

A: Do you mind if I sit here?

B: Not at all. You can keep me company while I wait for my car to be repaired.

> A: 여기 앉아도 될까요?
> B: 그럼요. 제 차가 수리되길 기다리는 동안 저하고 얘기나 하시죠.

I don't feel up to it 내 능력으론 안돼

feel up to는 to 이하를 하기에 충분한 능력이 되고 준비가 잘 되어있다라는 말로, I don't feel up to it하면 「내 능력 밖이거나 그럴 기분이 아니다」라고 거절하는 표현이다. to 다음에 명사나 ~ing를 쓰면 된다.

이왕이면 이것도 함께!
▸ (You) Feel up to talking?
  얘기나눌래?
▸ I'm not up to that yet
  아직 그 정도는 안돼

A: I can't help you with your homework. I don't feel up to it.

B: Do you know someone else who can help me?

> A: 난 네 숙제 도와줄 수 없어. 내 능력 밖이라구.
> B: 도와줄 만한 사람 누구 없을까?

A: Honestly, I just don't feel up to going out this year.

B: But it's our anniversary. It's our fifth anniversary. Come on.

> A: 솔직히, 금년에는 외출하고 싶지 않아.
> B: 하지만 우리 기념일이잖아. 5주년 기념일인데 그러지마.

Don't give me that! 그런 말 마!, 정말 시치미떼기야!

직역하면 「그걸 내게 주지 말라!」라는 뜻으로 상대방이 말도 안되는 이야기, 상식 밖의 이야기, 얼토당토않는 변명을 늘어놓을 때 따끔하게 하는 충고. 「그런 말도 안되는 소리는 하지마」라는 게 이 표현의 핵심이다.

이왕이면 이것도 함께!
▶ Don't give me that shit!
쓸잘데 없는 소리마!
▶ Don't give me that look!
그런 표정 짓지마!

A: And I don't stay where I'm not wanted.

B: **Don't give me that.**

   A: 그리고, 난 나를 원하지 않는 곳에는 있지 않아.
   B: 그런 소리하지마.

A: **Don't give me that!** I know that you told the cops that Mark set that fire.

B: I didn't say he set the fire.

   A: 그런 말 마! 난 네가 경찰에게 마크가 그 불을 질렀다고 말한 걸 알아.
   B: 걔가 불질렀다고 말하지 않았어.

Cut me some slack 좀 봐줘요, 여유를 좀 줘, 너무 몰아세우지마

명사일 때 slack은 뭔가 「느슨하게 풀어진 상태」, 「여유로움」을 뜻한다. 따라서 cut me some slack은 나에게도 느슨함을 좀 나눠줘라, 즉 너무 빡빡하게 굴지 말고 「여유를 좀 달라」라는 말. 앞에서 나온 Go easy on me와 비슷한 표현이다.

이왕이면 이것도 함께!
▶ I can cut him some slack
걔 좀 봐줄 수도 있지
▶ Cut him some slack
걔 좀 봐줘

A: If you don't pay on time I'll have to take your car.

B: **Cut me some slack.** I lost my job and I have 3 children. I just need more time.

   A: 제 날짜에 돈을 내지 않으면 차를 가져가야겠습니다.
   B: 좀 봐줘요. 직장을 잃은데다 아이가 셋이라구요. 시간을 더 줘요.

A: You're late again.

B: **Cut me some slack.** I'll come to work early tomorrow.

   A: 또 늦었군.
   B: 좀 봐주세요. 내일은 일찍 출근할게요.

That figures   그럴 줄 알았어, 그럼 그렇지

■■■■■■■■■■■■■■■■■■■■■■■■■■■■■■■■■■■■■■

figure는 「사리에 합당하다」, 「당연한 것으로 여겨지다」라는 뜻으로, 사전에 충분히 예상할 수 있었던 그래서 전혀 놀랍지 않은 일이 벌어졌을 때 사용하는 표현. 따라서 문맥에 따라서는 비아냥거릴 때도 자주 사용된다.

이왕이면 이것도 함께!
▶ I knew it
  그럴 줄 알았어

A: I heard Allen Iverson injured his knee and can't play tomorrow.

B: **That figures.** Tomorrow's game is the most important game this season.

   A: 앨런 아이버슨이 무릎 부상으로 내일 출전할 수 없다고 하던데.
   B: 내 그럴 줄 알았다니까. 내일 경기는 이번 시즌에서 제일 중요한 시합인데.

A: Did you hear? The teacher said we have an extra day to finish our reports.

B: **That figures.** I stayed up all night last night working on it.

   A: 얘기 들었어? 선생님이 리포트 완성하라고 하루 더 주신다고 했대.
   B: 그럴 줄 알았어. 난 그 리포트 쓰느라고 어젯밤을 꼬박 샜는데 말야.

You lost me   못 알아듣겠는데

■■■■■■■■■■■■■■■■■■■■■■■■■■■■■■■■■■■■■■

대화를 하다가 상대방이 갑자기 난이도(?) 높은 이야기를 꺼내거나 납득하기 어려운 이야기를 한 경우에 「(지금까진 계속 당신 말을 이해했는데) 방금 한 말은 무슨 말인지 모르겠다」, 그러니 「다시 말해달라」는 뜻으로 쓰는 표현.

이왕이면 이것도 함께!
▶ You just lost me
  무슨 말인지 모르겠어
▶ You lost me (back) at~
  …부터는 무슨 얘긴지 모르겠어
▶ I can't get it right
  제대로 이해 못하겠어
▶ I don't know what
  you're getting at
  네가 무슨 말하는지 모르겠어

A: Do you understand your assignment?

B: No, I'm sorry, **you lost me**.

   A: 자네가 할 일이 뭔지 이해가 되나?
   B: 아뇨, 죄송합니다. 모르겠어요.

A: I'm sure that he is the smartest employee that we have.

B: **You lost me** there. Why do you think that he is smart?

   A: 그 사람이 우리 중에서 제일 똑똑한 직원이라고 믿어요.
   B: 그 부분을 이해못하겠어요. 왜 그 사람이 똑똑하다고 생각하죠?

8_ Don't go there

Alice	**I screwed up.** I had an accident while driving your car.
Bryce	**Beats me** how you are so careless when you drive.
Alice	**I won't let it happen again.** I'm really very sorry.
Bryce	Well **I'm bummed out**. You need to ask your dad for money to fix the car.
Alice	Oh no, **don't go there**. I can't do that!
Bryce	**Cut the crap.** You don't have the money yourself.
Alice	I know, but if I tell my dad about the accident, he'll be very angry.

Alice	나 완전히 망했어. 운전하다가 사고가 났어.	Alice	어 아냐, 그런 이야기 하지마. 나 그렇게 못해!
Bryce	운전할 때 네가 얼마나 부주의한지 몰라.	Bryce	헛소리마. 너한테는 돈이 없잖아.
Alice	다시는 그러지 않을게. 정말이지 미안해.	Alice	알아, 하지만 아빠한테 얘기했다간 엄청 화내실거야.
Bryce	음, 실망야. 네 아빠한테 수리비를 달라고 해야겠네.		

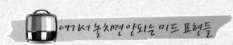
여기서 놓치면 안되는 미드 표현들

I screwed up! 완전히 망했네!	Tony, face it. **You screwed up.** So all you can do is apologize. 토니, 현실을 직면해. 네가 망쳤어. 그러니 네가 할 일은 사과하는 것뿐이야. I guess **we screwed up**. 우리 완전히 망친 것 같아.
Beats me 잘 모르겠는데, 내가 어떻게 알아	**Beats me.** If I'd known he was impotent, I never would've gone out with him in the first place. 몰라. 걔가 발기불능이라는 것을 알았다면, 난 무엇보다도 절대 데이트를 하지 않았을거야.
Don't let it happen again 다신 그러지 마, 다신 그런 일 없을거야	I probably shouldn't have said that. Just **don't let it happen again**, okay? 아마도 내가 그 얘기를 하지 말았어야 하는데. 그냥 앞으로는 그런 일 없도록 해, 알았지?
I am bummed out 실망이야	**I am bummed out** because I'm broke. 돈이 다 떨어져서 난 너무 실망이야.
Don't go there 그 얘기 하지마	**Don't go there**, I don't want to talk about it. 그 얘기 하지마, 난 그거에 관해 말하고 싶지 않아.
Cut the crap 바보 같은 소리마	**Cut the crap**, Detective. This is harassment. 말도 안되는 소리 그만해요, 형사님. 이건 괴롭힘이예요.

464

I screwed up! 완전히 망했네!

screw up은 ruin, spoil, mess up 등과 같은 맥락의 표현으로 「(일 등을) 망치다」라는 뜻. 한편, 명사 screwup은 「실수」, 혹은 「실수를 연발하는 사람」, 즉 idiot 정도의 의미를 나타내는 말이라는 것도 참고로 알아두자.

A: I really screwed up. I forgot to tell Erica that the game was canceled.

B: She's going to kill you!

A: 내가 일을 완전히 망쳤어. 에리카한테 경기가 취소됐다는 얘기를 깜박 잊고 안 했지 뭐야.
B: 너 이제 에리카한테 죽었다!

A: Damn it, I screwed up again. I just can't seem to finish this drawing!

B: Relax. Just take your time and concentrate.

A: 이런, 또 망쳤네. 이 그림을 영영 끝낼 수 없을 것만 같아.
B: 진정해. 천천히 집중해서 해봐.

이왕이면 이것도 함께!

▶ I screwed up. I'm sorry
내가 망쳤어. 미안

▶ It's done. You screwed up
다 끝났어. 네가 망쳤어

▶ I screwed up the case
내가 그 사건을 망쳤어

Beats me 잘 모르겠는데, 내가 어떻게 알아?

앞서 이야기한 내용을 가리키는 대명사 It이 생략된 형태로, (It) Beats me는 어떤 말이 전혀 이해가 안 되거나 상대방의 질문에 대한 답을 모를 때, 「내가 그걸 어떻게 알겠나」는 의미로 사용되는 구어체 표현.

A: Where did Donna go to this morning?

B: Beats me. She just told me that she had a meeting downtown.

A: 다나는 오늘 아침에 어디 갔어?
B: 내가 어찌 알겠수. 나한테는 시내에 모임이 있다고 했는데.

A: So tell me, how's the nightlife in this town?

B: Search me. I just moved here a few weeks ago.

A: 그래 얘기 좀 해봐. 이 도시에선 야간 유흥생활이 어때?
B: 몰라. 겨우 몇 주전에 이사와서 말야.

이왕이면 이것도 함께!

▶ Search me
나도 몰라

▶ I do not have the slightest idea
나야 전혀 모르지

465

Don't let it happen again 다신 그러지 마

땡땡이치다 들켰을 때, 술 마시고 늦게 귀가했을 때 엄마나 아내에게 「다신 안 그럴게, 한 번만 봐줘요」(I won't do it again, I promise!)라고 두 손 싹싹빌며 용서를 구할 때 쓸 수 있는 표현. 문두에 I swear(맹세할게)를 덧붙이면 의미를 더욱 강조할 수 있다.

A: I'm sorry, Mom. I guess I just didn't study.

B: Well, just **don't let it happen again.**

    A: 죄송해요, 엄마. 공부를 하지 않았어요.
    B: 음, 다시는 이러지 마라.

A: If I ever see you with another girl, we are finished!

B: I'm sorry honey. I won't **let it happen again.**

    A: 네가 또 다시 딴 여자랑 있는 게 눈에 띄기만 하면 우린 끝이야!
    B: 미안해 자기야. 다시는 안그럴게.

이왕이면 이것도 함께!

▶ I won't let it happen again
다신 그런 일 없을거야

▶ It won't happen again
이런 일 다시는 없을거야

▶ It'll never happen again
다시는 이런 일 없을거야

▶ (I swear) I won't do it again, I promise
다시는 안 그러겠다고 맹세할게, 믿어줘

I am bummed out 실망이야

be bummed out은 「실망하다」, 「낙담하다」라는 뜻으로 out은 생략되기도 한다. 또한 실망한 이유는 ~ about that 등과 같이 붙여주면 된다.

A: Why do you look so pathetic today?

B: My boyfriend and I had another fight. I'm **bummed out.**

    A: 오늘 왜 그렇게 슬퍼보이니?
    B: 남자친구랑 또 싸웠어. 살 맛 안나.

A: I don't do that anymore. They fired me.

B: Hmm, **bummer.**

    A: 더는 안할래. 거기서 날 잘랐다구.
    B: 이런, 별꼴이네.

이왕이면 이것도 함께!

▶ Bummer
별꼴이야, 엿같군

▶ I feel so used
기분 참 더럽네

▶ This is a slap in the face
창피해서 원, 치욕스러워서리

Don't go there 그 얘기 하지마

오역하기 쉬운 표현. 거기에 가지 말라는 뜻이기는 하지만 미드에서는 가끔 대화 중에 상대방이 자신이 얘기하고 싶지 않은 토픽을 꺼내려 할 때 그 얘기하지 말라고 말을 끊거나 짜증내면서 던질 때 사용된다. 꽤 많이 쓰이는 슬랭이나, 점점 사용빈도 수는 줄어드는 추세이다.

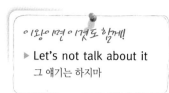

이왕이면 이것도 함께!
▶ Let's not talk about it
그 얘기는 하지마

A: Why did he need mistresses?

B: Ladies... **don't go there.**

> A: 왜 걔는 내연의 여자들이 필요했어?
> B: 숙녀분들, 그 얘기는 하지 맙시다.

A: I want to hear when you plan to get married.

B: **Don't go there.** That's personal information.

> A: 네가 언제 결혼 계획을 하고 있는지 궁금해.
> B: 그 얘기는 그만해요. 사적인 문제이잖아요.

Cut the crap 바보 같은 소리마, 쓸데 없는 이야기 좀 그만둬

별로 중요하지도 않고 거짓말 같은 소리를 해대는 상대방에게 「그만 좀 해」라고 면박을 주는 표현이다. crap이란 단어로 짐작이 가겠지만 매우 무례한 표현이다. 이보다는 좀 점잖게 하려면 Come off it!이라고 하면 된다.

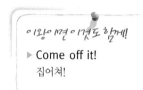

이왕이면 이것도 함께!
▶ Come off it!
집어쳐!

A: Boss, I feel sick and think that I should go home now.

B: **Cut the crap** and get back to work, Gary.

> A: 사장님, 아파서 지금 퇴근해야겠습니다.
> B: 헛소리 그만하고 가서 일해, 게리.

A: You left me standing by the bar so you could go and talk to her all night.

B: **Come off it.** It was only for a few minutes.

> A: 그 여자한테 가서 밤새 얘기하려고 술집에서 나를 그렇게 내팽개쳐둔거야?
> B: 그만해둬. 고작 몇분이었어.

467

9_ That's not how it works

Ralph	I'm quitting my job to go back to school. **How do you like that?**
Jackie	You can't just go back to school. **That's not how it works.**
Ralph	You may be my wife, but **I'm calling the shots** here.
Jackie	But studying **is not your thing**. Why go back to school?
Ralph	My father said it was my best option, **or words to that effect.**
Jackie	**I've got to hand it to you**, this is the worst plan you've had.
Ralph	Come on, don't be negative. Everything will turn out okay.

Ralph	직장 때려치우고 학교에 다시 다닐거야. 어때?
Jackie	그냥 학교로 돌아가면 안되지. 그렇게 하면 안돼.
Ralph	당신이 내 아내지만 이 문제 결정은 내가 해.
Jackie	하지만 공부하는 건 당신과 어울리는 일이 아니잖아. 왜 학교로 돌아가려고 해?
Ralph	아버지가 그게 내 최선의 선택이다라는 뭐 그런 비슷한 말씀을 하셨어.
Jackie	내 손 들었다. 이 결정은 당신이 한 것 중 최악의 계획일거야.
Ralph	그러지마, 부정적으로 생각하지 말라고. 만사가 다 잘 될거야.

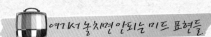 여기서 놓치면안되는 미드 표현들

How do you like that?
저것 좀 봐, 황당하지 않나?, 어때?

You are no longer Mrs. Rice. **How do you like that?**
너 더 이상 라이스 부인이 아냐. 어때?

That's not how it works 그렇게는 안돼, 그렇게 하는게 아니야

First of all, **that's not how it works**.
무엇보다도, 그렇게 하는게 아니야

I'm calling the shots
내가 결정할래

Charlie's the dominant one. He's the one **calling the shots**. 찰리가 통제하는 놈이어서 걔가 결정을 내리는 걸거야.

That's not my thing
난 그런 건 질색이야

That's not my thing! I do not love getting divorced!
그런 건 난 질색이야! 나는 이혼하는 것을 좋아하지 않는다고!

or words to that effect
뭐 그 비슷한 말이었어

She said she wanted a divorce, **or words to that effect**.
걘 이혼을 원한다고 했어, 뭐 그 비슷한 말이었어.

I've got to hand it to you! 너 정말 대단하구나!, 나 너한테 두 손 들었다!

I gotta hand it to Chris. It's been over a month, and he's still pretending to be sick.
크리스에게 손들었어. 한달이 더 지났는데도 여전히 아픈 척하고 있어.

How do you like that? 저것 좀 봐, 황당하지 않냐?, 어때?

뜻밖의 상황이 발생했을 때(someone does something unexpected or something unexpected happens) 「황당하지 않냐?」, 「이상하지 않냐?」고 놀라면서 하는 말. 또한 뭔가 보여주면서 「맘에 드느냐」고 혹은 처벌해놓고 「(매) 맛이 어떠냐」고 물을 때도 사용된다.

A: Did you hear that it's going to snow tomorrow?

B: I thought it was too early for snow. How do you like that?

A: 내일 눈 올 거라는 얘기 들었어?
B: 눈이 오기에는 좀 이르다고 생각했는데, 황당하지 않냐?

A: How would you like to go skiing this weekend?

B: Wow! That would be great.

A: 이번 주말에 스키타러 가는 거 어때?
B: 이야! 그거 신나겠다.

이왕이면 이것도 함께!

▶ How would you like to pay?
어떻게 지불하시겠어요?

▶ How would you like to get together?
한번 만나는 게 어때?

▶ How would you like a beer? 맥주 한잔 마실까?

▶ How would you like it if I ruined it? 내가 그걸 망가트리면 어떻겠어?

▶ How would you like it prepared?
그거 어떻게 준비해드릴까요?

That's not how it works 그렇게는 안돼, 그렇게 하는게 아니야

방법이 틀렸음을 지적해 주는 표현으로 That's not how we do things here(여기서는 그렇게 하는 게 아냐)라는 표현도 비슷한 의미로 많이 쓰인다. how를 the way로 대체할 수도 있다.

A: So, if I invest in the stock market, will I get rich?

B: That's not how it works. Many people lose their money.

A: 그래서 내가 주식 시장에 투자를 하면 돈 좀 만지겠어?
B: 그렇게 되는 건 아니야. 돈 잃는 사람이 많아.

A: Judge, I paid the fine. Can I go now?

B: That's not the way it works. You have to stay in jail one more night.

A: 판사님, 벌금을 냈어요. 이제 가도 되나요?
B: 그렇게는 안됩니다. 하룻밤 더 감옥에 있어야 합니다.

이왕이면 이것도 함께!

▶ That's not how we do things here
여기서는 그렇게 하는 게 아니야

I'm calling the shots 내가 결정할래

━━━━━━━━━━━━━━━━━━━━━━━━━━━━━━━━━━━

직장생활 해본 사람들은 사장의 한마디가 얼마나 막강한 힘을 갖는지 알 것이다. 고로 「당신이 사장이다」라는 이 표현은 나는 비록 내키지는 않아도 「당신이 결정하는 대로 따르겠다」, 「당신 하고 싶은 대로 해라」라는 의미.

A: You need to send them a gift.

B: I'm calling the shots here. I'm not going to send anything.

    A: 그 사람들한테 선물을 보내야 돼.
    B: 이건 내가 결정할래. 아무 것도 안 보낼거야.

A: Could you look at this and make sure there are no mistakes?

B: You're the boss.

    A: 이것 좀 보고 실수한 데 없나 확인해줄래요?
    B: 시키는 대로 하죠.

> 이왕이면 이것도 함께!
>
> ▶ You're the boss
>   분부만 내리십시오, 맘대로 하세요
> ▶ You're the doctor
>   네 조언에 따를게
> ▶ What he says goes
>   그 사람 말이면 통해

That's not my thing 난 그런 건 질색이야

━━━━━━━━━━━━━━━━━━━━━━━━━━━━━━━━━━━

That's my thing은 내가 잘하는 거, 즉 「내 전공이야」라는 말이고 반대로 That's not my thing은 「난 그런 것은 질색이야」, 「내가 잘하는 게 아냐」라고 손사레를 치는 표현이다. That 대신에 It 혹은 다른 명사가 와도 된다.

A: I can't do this! Mike, you're a bad kisser!

B: Come on! It's my thing. Where are you going?

    A: 나 못하겠어! 마이크, 너 정말 키스 못한다!
    B: 그러지마! 그건 내 특기야. 어디 가는거야?

A: Confession is not really my thing.

B: That's a shame.

    A: 고해성사는 정말 질색이예요.
    B: 안됐네요.

> 이왕이면 이것도 함께!
>
> ▶ That's my thing
>   그건 내 특기야
> ▶ It's my thing. I'll do it
>   이건 내 전공야. 내가 할게
> ▶ Hugging's not really my thing
>   난 포옹하는건 질색야

470

or words to that effect 뭐 그 비슷한 말이었어

상대방과 예전에 했던 말을 상기시켜주거나 어디서 전해들은 말을 전달할 때 100% 확실하지는 않지만 「뭐 그와 같은 비슷한 말」이었어라고 하는 표현. 조금 틀릴 수도 있다는 여지를 남겨두는 문장이다.

이왕이면 이것도 함께!
▶ or something to that effect
그 비슷한거야

A: What did Kara say about her new boss?

B: She said he's an asshole, or words to that effect.

> A: 카라가 새로운 사장에 대해 뭐라고 했어?
> B: 멍충이라나 뭐 그런 비슷한 말이었어.

A: You kissed my best Chris! Or something to that effect.

B: Okay. Look, it was stupid.

> A: 너는 내 절친 크리스에게 키스나 뭐 그런 비슷한 짓을 했잖아.
> B: 그래. 저기, 그건 멍청한 짓이었어.

I've got to hand it to you! 너 정말 대단하구나!, 나 너한테 두손 들었다!

상대방이 자기보다 더 잘했다고, 더 낫다고 인정하는 표현. 역시 문맥에 따라 칭찬을 할 수도 있으나 비꼴 때 쓰이기도 한다는 점을 유념한다.

이왕이면 이것도 함께!
▶ You got me beat
나보다 낫네

A: How do you like my new house?

B: I've got to hand it to you. This is beautiful.

> A: 새로 산 우리집 어때, 맘에 들어?
> B: 너 정말 대단하구나. 집 좋은데.

A: Look at my golf score!

B: Wow, you got me beat.

> A: 내 골프 점수 좀 봐!
> B: 와, 나보다 낫네.

10_ I'll see what I can do

Nat	**What would you say** if I wanted to join your club?
Cassie	**I'll see what I can do**, but it's not easy to join.
Nat	Oh, is there a hazing process? I can **suck it up**.
Cassie	Would you believe you get hazed and you have to give $1000?
Nat	**The hell with that!** It's way too expensive.
Cassie	Well the club has many expenses. **It all adds up.**
Nat	Yeah, but that's crazy. I can't afford $1000.

Nat	네 클럽에 들어간다면 어떻게 할거야?	Cassie	괴롭힘당하고 천달러를 내야 하는게 믿겨져?
Cassie	어떻게든 해보겠지만 가입이 쉽지 않아.	Nat	말도 안돼! 너무 돈이 많이 들어가잖아.
Nat	오, 신입회원 괴롭히기 같은게 있는거야? 나 잘 견딜 수 있어.	Cassie	클럽하는데 돈이 많이 들어가. 계산이 맞아.
		Nat	그래, 하지만 미쳤다. 난 천달러 여유가 없어.

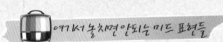
여기서 놓치면 안되는 미드 표현들

What would you say? 어떻게 할거야?, 넌 뭐라고 할래?	What if this poor confused soul begged your forgiveness? **What would you say?** 이 가여운 혼란스런 영혼이 너의 용서를 빈다면? 넌 뭐라고 할래?
I'll see what I can do 어떻게든 해보다	**I'll see what I can do.** Can I take your coat? 내가 어떻게든 해볼게. 나한테 코트 줘.
Suck it up 참아	**Suck it up**, Greg. You're well-rested. 참아, 그렉. 넌 잘 쉬었잖아.
The hell with that! 알게 뭐람! 맘대로 해!, 말도 안돼!	**The hell with that!** We aren't doing it! 알게 뭐야? 우리는 그거 하지 않아!
It all adds up 계산이 맞다, 앞뒤가 들어 맞아	**This all adds up** to prior experience. 이렇게 되면 전과기록과 앞뒤가 맞아.

What would you say?   어떻게 할 거야?, 넌 뭐라고 할래?

would가 쓰인 가정법 문장으로 어떤 일이 발생했을 때 「넌 뭐라고 말하겠니?」라는 의미. 제한된 조건에서 상대방 의견을 물어보는 표현으로 이런 상황이라면 「넌 어떻게 생각하겠느냐」라는 것이다. 「…한다면」의 조건은 if+과거동사 등으로 나타낸다.

이왕이면 이것도 함께!
▶ What would you say if Tim stayed with us
팀이 우리와 함께 한다면 어떨까?

A: **What would you say** to going to Las Vegas and getting married?

B: I think that's a crazy idea!

A: 라스베가스로 가서 결혼하는거 어때?
B: 말도 안되는 생각인 것 같아!

A: **What would you say** if I told you I was going to move to Paris?

B: I say that's a great idea!

A: 내가 파리로 이사갈 거라고 하면 뭐라고 말해줄거야?
B: 그거 좋은 생각이네라고 할거야!

I'll see what I can do   어떻게든 해보다

직역해보면 내가 할 수 있는 것을 알아보겠다라는 말. 상대방이 어려운 부탁을 했을 때 대답하는 문장으로 미드에서 자주 볼 수 있는 표현으로 의역하면 「내가 한번 알아보겠다」, 「내가 어떻게든 해보겠다」라는 의미를 갖는다.

이왕이면 이것도 함께!
▶ All right. I'll see what I can do
좋아, 어떻게든 알아볼게
▶ I'll see what I can do to help
어떻게 도와보도록 할게
▶ I'll see what I can find out
어떻게든 알아내보도록 할게

A: I didn't know it was that important to you. I'll talk to my boss and I will see what I can do.

B: Thank you, mommy.

A: 그게 네게 그렇게 중요한지 몰랐어. 사장님께 말해서 어떻게든 해볼게.
B: 고마워요, 엄마.

A: You need to get me another secretary. Someone more willing to be harassed.

B: I'll see what I can do.

A: 다른 비서를 소개시켜줘. 기꺼이 희롱을 당하려는 사람으로.
B: 내 한번 알아보지.

473

Suck it up 참아라

suck은 fuck과 더불어 사랑놀이의 양대산맥. 그나마 양호한 suck은 원래의 의미 외에도 다른 뜻으로도 많이 쓰인다. suck it up은 「싫어도 어쩔 수 없이 불쾌한 상황을 참다」라는 의미. 그리고 suck up to는 「아부하다」라는 표현.

A: Then why can't you suck it up once a month and go and say hi?

B: Try to help him get through this living nightmare.

　　A: 그럼 왜 참지 못하고 한달에 한번 가서 인사를 하는거야?
　　B: 걔가 이 살아있는 악몽을 이겨내는데 도움을 주려고.

A: Can you believe how Chris is sucking up to that young lady?

B: I know. It really makes me sick

　　A: 크리스가 저 젊은 여성에게 얼마나 간살을 떨어대던지.
　　B: 알아. 정말 역겹다니까.

이왕이면 이것도 함께!
- ▶ She won. Suck it up
　　걔가 이겼어. 참아
- ▶ Just suck it up and do it
　　그냥 참고 그걸 해
- ▶ Suck up to her
　　걔한테 잘보여
- ▶ It sucks!
　　엿같아!

The hell with that! 알게 뭐람!, 맘대로 해!, 말도 안돼!

the hell with sth은 난 누가 뭐라고 하든 개의치 않고 내 하고 싶은대로 하겠다는 다소 안하무인적 표현이다. 「맘대로 해라」, 「알게 뭐냐」, 「난 내 할 일 하겠다」는 의미로 with 이하에 거부감있는 대상을 넣으면 된다.

A: I heard that we have to work all day this Sunday.

B: The hell with that! I promised my kids I'd take them on a picnic.

　　A: 이번 주 일요일에 하루 종일 일해야 한다고 들었어요.
　　B: 알게 뭐예요! 난 이미 애들하고 소풍가기로 약속했다구요.

A: The best thing to do would be to apologize.

B: The hell with that. I'll never apologize to that woman.

　　A: 사과하는 게 상책일거야.
　　B: 알게 뭐야. 난 절대 그 여자한테 사과 안할거야.

이왕이면 이것도 함께!
- ▶ To hell with that!
　　상관없어!
- ▶ To hell with tradition
　　전통따위 알게 뭐람
- ▶ The hell with hockey
　　하키고 뭐고 난 몰라

It all adds up 계산이 맞다, 앞뒤가 들어 맞아

■■■

add up은 원래 「계산이 맞다」라는 뜻인데, 「이치에 맞다」, 「논리적이다」라는 비유적인 의미로도 사용된다. 그래서 어떤 일이 앞뒤 논리가 딱 맞아 떨어질 경우에 It adds up이라고 하면 된다. 이해가 잘 안되는 상황에서 그걸 듣고 보니 이해가 된다라는 That explains it도 비슷한 표현.

이왕이면 이것도 함께!

▶ That explains it
그럼 설명이 되네, 아 그래서 이런 거구나

A: I do not hate him!

B: Of course you do! I helped him! You're mad at me! It all adds up!

A: 난 걜 싫어하지 않아!
B: 틀림없이 싫어해! 내가 걜 도와줘서 나한테 화가 났잖아. 앞뒤가 딱 들어 맞네!

A: Did you know that Sally has a new boyfriend?

B: That explains it. I was wondering why she's always smiling and daydreaming. She was in love.

A: 샐리가 새로 남자친구를 사귀는 거 알고 있었어?
B: 아 그래서 그랬구나. 걔가 왜 항상 실실 웃으면서 공상에 빠지나 했더니, 사랑에 빠진 거였군.

놓치면 아까운 미드 토막상식

Dear John letter

Dear John (letter)하면 「친애하는 존, 어쩌구 저쩌구 ~」로 시작해서 결국엔 다른 남자가 생겼으니 그만 헤어지자는 내용의 「절교장」 (letter to end a relationship)을 가리킨다. John이 흔한 이름인 까닭에 이렇게 쓰이게 되었는데, John Doe 또한 특정 이름을 거론하지 않고 뭉뚱그려 일반적인 남자나, 정확한 이름을 알 수 없는 용의자 및 신원미상의 시신 등을 지칭할 때 쓰인다. 여자는 'Jane Doe'라고 하면 된다. 또한 keep up with the Joneses에서 Jones의 복

수형 Joneses는 Jones부부 혹은 Jones 네를 말하는 것으로 「(이웃) Jones네 집에 뒤지지 않으려고 안간힘을 쓰다」라는 뜻. 또한 Every Tom, Dick and Harry는 Tom, Dick, Harry는 미국에서 가장 흔한 남자 이름으로 「일반대중」(ordinary people), 「어중이 떠중이 모두」(everyone without discrimination)를 가리키고, Barbie doll은 금발에 푸른 눈, 흰 피부를 자랑하는 「전형적인 미국 여성」의 표상이 되었고 '얼굴 예쁜 여자치고 머리 좋은 사람 없다'는 통념 때문인지 「돌대가리 금발미인」(dumb blonde)을 뜻하기도 한다. Caesarean section은 전설에 의하면 고대 로마의 위대한 장군이자 정치가였던 Gaius Julius Caesar는 어머니의 산도(birth canal)을 통하지 않고 자궁(womb)을 절개(section)해서 태어났다고 한다. 이러한 전설에 따라, 자궁을 절개해 태아를 분만하는 「제왕절개수술」을 Caesarean section이라 하게 되었다. 또한 peeping Tom은 특히 성적인 호기심에서 남을 엿보는 사람(voyeur)을 뜻한다.

11_ I'm on it

Stacey	**I can't get over** my dad dying of a heart attack.
Buddy	**He went overboard** eating unhealthy foods.
Stacey	I tried to get him to go on a diet, but he refused. **Would you believe it?**
Buddy	**Been there, done that.** Your dad was very stubborn.
Stacey	We could probably live healthier lifestyles too.
Buddy	It's true. **We better get a move on it** so we can avoid heart attacks.
Stacey	**I'm on it.** I'll start researching healthy diets this afternoon.

Stacey	심장마비로 돌아가신 아빠를 잊을 수가 없어.
Buddy	건강에 안좋은 음식을 좀 너무 드셨어.
Stacey	다이어트하게끔 했는데 거절하셨어. 그게 말이 되냐고?
Buddy	나도 그런 경험있어. 너희 아빠는 매우 완강하셨잖아.
Stacey	우리는 더 건강한 방식으로 살아갈 수 있을거야.

Buddy	맞아. 빨리 서둘러야겠어, 그래야 심장마비를 피할 수 있지.
Stacey	난 할거야. 오늘 오후부터 건강에 좋은 식단을 조사해보기 시작할거야.

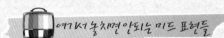

여기서 놓치면안되는 미드 표현들

I can't get over something 정말 놀라웠어요, 놀랍군,	**I can't get over** how much everything around here has changed. 여기 모든 것이 얼마나 변했는지 정말 놀라워.
He went overboard 그 사람이 좀 너무했어	I went a little **overboard**. 내가 좀 너무했어. Did I go too **overboard**? 내가 너무 심했어?
Would you believe it? 그게 정말이야?, 정말 그렇대?	I got a free bottle of whiskey. **Would you believe it?** 공짜로 위스키 한 병을 얻었어. 그거 믿겨져? **Would you believe** I never saw her again? 내가 걔를 다시 보지 못했다는게 믿겨져?
Been there done that (전에도 해본 것이어서) 뻔하지	No thanks, **been there, done that**. 고맙지만 됐어, 뻔한 것인걸.
I'd better get a move on it 빨리 서둘러야겠어	It's late. **I'd better get a move on it.** 늦었어. 빨리 서둘러야겠어.
I'm on it 내가 처리 중이야	Ok. **I'm on it.** Absolutely. 좋아, 내가 당연히 할게.

I can't get over it 정말 놀라웠어요, 놀랍군

get over sth은 뭔가 「극복하거나」, get over sb는 「…을 잊다」라는 의미. 그래서 can't get over sth 혹은 can't get over sb ~ing하게 되면 너무 놀라서 극복할 수 없다, 즉 「정말 놀라다」라는 의미가 된다. 또한 Get over it의 형태로 「그만 걱정, 불평하라」고 할 때 사용하면 된다.

A: I heard that your sister won the lotto jackpot.

B: Yes, I can't get over it. She's so lucky!

> A: 니네 누나가 로또에 당첨됐다면서.
> B: 응. 정말 놀라워. 누구는 운도 참 좋지!

A: Sam, what are you talking about?

B: I still can't get over you cheatin' on me. And I need to hear you apologize again.

> A: 샘, 무슨 얘기하는거야.
> B: 네가 나 몰래 바람핀 걸 아직도 잊을 수가 없어. 난 네가 다시 사과하기를 바래.

이왕이면 이것도 함께!

▶ Let's get it over with
짜증나는 이걸 빨리 끝내자

▶ Let's get over it now! It's done!
이제 잊어버리자! 다 끝났어!

▶ Get over here
이리와봐

▶ Get over it
그만 잊어버려

▶ Get over yourself!
잘난 척 좀 그만해!

He went overboard 걔가 좀 너무했어

go overboard는 너무 극단으로 가다, 특히 너무 열정적으로 혹은 화가 나서 선을 넘어 「너무 무리하게 뭔가를 하다 혹은 말하다」라는 뜻이 된다. go too far와 같은 맥락의 표현이다.

A: Whatever. He cried like a baby. She looked bored.

B: Don't go overboard with compassion, Karen.

> A: 어쨌거나. 걔가 아기처럼 울어댔고 그녀는 따분해보였어.
> B: 너무 지나치게 동정하지마, 카렌.

A: But don't you think he went a little overboard?

B: What's the matter with you? Get out of here!

> A: 하지만 걔가 좀 너무 지나쳤다고 생각하지 않아요?
> B: 너 왜 그래? 당장 꺼져!

이왕이면 이것도 함께!

▶ I went a little overboard here
이 부분은 내가 너무했네

▶ You've gone too far!
네가 지나쳤어!

Would you believe it? 그게 정말이냐?, 믿겨져?

┅┅┅┅┅┅┅┅┅┅┅┅┅┅┅┅┅┅┅┅┅

「그게 정말이야?」라고 상대방에게 사실 확인을 하거나 혹은 놀라움을 표시하는 표현. 또한 Would you believe!는 「그걸 믿으라고」, 「그걸 말이라고 해!」에 해당하는 것으로 말도 안된다거나 혹은 역시 놀라움을 뜻하는 표현이다.

A: I heard you had a great Christmas.

B: My parents bought me a car. **Would you believe it?**

> A: 크리스마스 아주 잘 보냈다며.
> B: 부모님이 차를 사주셨어. 믿겨져?

A: Sarah is getting married for the sixth time.

B: **Would you believe?** What man would want to marry a woman who's been divorced five times?

> A: 새라가 여섯번째 결혼을 할거래.
> B: 그걸 믿으라고? 어떤 남자가 다섯번이나 이혼한 여자랑 결혼하고 싶어하겠냐?

이왕이면 이것도 함께!
▶ Would you believe!
그걸 말이라고 해!
▶ Would you believe me if I said "no?"
내가 거절했다고 하면 믿겠어?

Been there done that (전에도 해본 것이어서) 뻔할 뻔자지

┅┅┅┅┅┅┅┅┅┅┅┅┅┅┅┅┅┅┅┅┅

have been there는 상대방이 겪은 좋지 않은 경험에 대해서 「나도 그런 적이 있다」(I have had the same experience)며 상대의 처지에 대한 동감(sympathy)을 표할 때 흔히 쓰는 표현이다. 여기서 발전한 것이 Been there done that으로 「전에도 해봐서 뻔하다」라는 의미.

A: Thanks for loaning me the money. I'm really broke this week.

B: No problem. I've **been there** myself.

> A: 돈 빌려줘서 고마워. 이번 주엔 정말 개털이라구.
> B: 별소릴 다하네. 그 심정 충분히 이해한다구.

A: Let's go to see the new Sandra Bullock movie tonight.

B: **Been there, done that.** The movie isn't very good.

> A: 오늘밤에 새로 개봉한 샌드라 블록 영화 보러 가자.
> B: 뻔할 뻔자지. 그 영화 그리 재미없다구.

이왕이면 이것도 함께!
▶ I've been there
가본 적 있어, 무슨 말인지 충분히 알겠어, 정말 그 심정 이해해
▶ We have all been there
우리도 다 그런 적 있잖아

I'd better get a move on it 빨리 서둘러야겠어

뭔가 「시작하거나 서두르다」(hurry up)라는 의미. get started나 get going과 같은 말. 명령문으로 Get a move on!하면 상대방에게 「일을 빨리 서두르라」고 재촉하는 표현이 된다.

A: I need to take the late bus home tonight. I'd better get a move on it.

B: Sorry Susan, but the late bus service ended. You'll have to use a taxi.

A: 오늘 야간 버스라도 타고 집에 가야 되거든. 서둘러야겠어.
B: 어쩌죠 수잔. 야간 버스가 끊겼어. 택시를 타야겠네.

A: It's a few minutes after six o'clock.

B: Let's get a move on it. We don't want to be late.

A: 6시 좀 지났어. .
B: 서두르자. 늦지 말아야지.

이왕이면 이것도 함께!

▶ Get a move on. Come on
서두르자, 어서

▶ Let's go. Get a move on
자 가자, 서둘러

▶ Can we get a move on?
우리 서두를까?

▶ Time to move
갈 시간이야, 일어서야겠어

I'm on it 내가 할게, 내가 하고 있어

미드족이라면 참 많이 듣는 표현. 거의 "온잇"이라고 들릴 때가 많을 것이다. 의미는 내가 맡아서 한다라는 의미이지만 문맥과 상황에 따라 「내가 할게」, 「내가 하고 있어」처럼 앞으로 하겠다 혹은 지금 하고 있다라는 뜻을 갖는다.

A: They're heading south towards town.

B: I'm on it.

A: 걔네들이 남쪽으로 향해 시내로 가고 있어요.
B: 내가 맡을게.

A: I need someone to finish this proposal A.S.A.P.

B: I'm on it. It'll be done before you know it.

A: 누군가 이 제안서를 될 수 있는 대로 빨리 마무리 해줘야겠어.
B: 제가 하고 있습니다. 눈깜짝할 사이에 해치울게요.

이왕이면 이것도 함께!

▶ Good. I'm on it
좋아, 내가 맡을게

▶ I'm working on it
내가 하고 있어

12_ I get that a lot

Alan	You're my daughter, and **deep down**, I'm worried about your boyfriend.
Diane	**I get that a lot.** Some people just don't like him.
Alan	**What do you see in him?** I think he's a jerk.
Diane	He's a little rough, but **don't let it bother you Dad**.
Alan	Maybe **this is better left unsaid**, but do you want to marry him?
Diane	**Now there you have me.** I don't know if he would be a good husband.
Alan	Well, take it slow. Don't rush into this relationship.

Alan	넌 내 딸이잖아, 사실, 네 남친이 걱정돼.	Diane	좀 거칠지만 너무 신경쓰지마세요, 아빠.
Diane	그런 말 많이 들어요. 그냥 걔를 싫어하는 사람들도 있어요.	Alan	이거 말해야 할지 모르겠지만, 걔와 결혼하고 싶으냐?
Alan	걔 어떤 점이 좋으냐. 머저리같던데.	Diane	모르겠어요. 걔가 좋은 남편이 될건지 모르겠어요.
		Alan	그럼, 천천히 해. 관계를 맺는데 서두르지 말고.

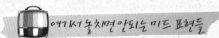 여기서놓치면안되는 미드 표현들

Deep down 사실은 말야	And **deep down**, I think you know that he still has a chance. 그리고 사실은, 걔가 아직 기회가 있다는 것을 네가 알고 있다고 생각해.
I get that a lot 그런 얘기 많이 들어	Actually, I'm not an actor. But **I get that a lot**. 사실, 난 배우가 아냐. 하지만 그런 얘기 많이 들어.
What do you see in her? 그 여자 뭐가 좋아?	**What do you see in** that guy, anyway? 하여간 그 놈의 어디가 그렇게 좋은거야?
Don't let it bother you 너무 신경 쓰지마	**Don't let it bother you.** Everyone has problems at times. 신경쓰지 말도록 해. 누구나 때론 문제들이 있잖아.
Better left unsaid 말 안하는 게 좋겠어	Remember, these secrets are **better left unsaid**. 기억해둬, 이 비밀들은 말안하는게 좋겠어.
Now there you have me 그건 정확한 지적이다, 내가 졌다, 모르겠다	**Now there you have me.** I don't know the answer. 내가 졌어. 나는 정답을 모르겠어.

Deep down 사실은 말야

■■■

마음 속 저 깊은 곳에 도사리고 있는 진솔한 감정을 털어놓거나, 표면적인 진실 밑
바닥에 숨어있는 정보를 언급하면서 사용하는 표현. deep inside라고 해도 같은
의미이며, 뒤에 언급하는 사실에 대해 「평소 미처 깨닫지 못하고 있었다거나 인정하
고 싶진 않지만」이라는 뉘앙스를 전달한다.

A: You know, deep down, I really feel a lot of
compassion for her. It's just that I can't forget
what she did to me

B: Well, it was bad for her to cheat on you.

<blockquote>
A: 있지, 사실은, 걔가 안쓰러워. 걔가 나한테 한 짓을 잊을 수가 없는데도 말야
B: 그래 너 몰래 바람피운 건 잘못한 거지.
</blockquote>

A: No one knew.

B: What if I did know, deep down?

<blockquote>
A: 아무도 몰랐어.
B: 사실, 내가 알고 있었다면?
</blockquote>

이왕이면 이것도 함께!

▶ Deep down, he was
guilty about it 사실 걘 그
거로 죄책감을 느꼈어

▶ Deep down, I knew
you'd kill again
사실, 난 네가 살인을 다시 할
거라 알고 있었어

I get that a lot 그런 얘기 많이 들어

■■■

보고 나니 참 간단한 표현이지만 「그런 얘기 많이 들어」를 영어로 말하려면 결코 쉽
지 않을 것이다. 미드는 정말 어려운 단어나 문장도 나오지만 교과서나 참고서에서
는 배울 수 없는 이런 쉬운 그러나 결코 쉽지 않은 편한 표현들을 많이 접할 수 있
는 황금같은 공간이다.

A: You said you wouldn't call. You're a real bastard,
you know?

B: Yeah. I get that a lot.

<blockquote>
A: 전화 안할거라 했지. 너 정말 개자식이다 그지?
B: 어, 나 그런 얘기 많이 들어.
</blockquote>

A: Are you gay?

B: I get that a lot doing what I do. But I am
straight. I'm engaged actually.

<blockquote>
A: 당신 게이예요?
B: 살면서 그런 이야기 많이 들어요. 하지만 이성애자이고요, 실은 약혼도 했어요.
</blockquote>

이왕이면 이것도 함께!

▶ Yeah, I get that a lot
어, 그런 얘기 많이 들어

▶ We don't get that a lot
그런 얘기 못들어봤는데

▶ It's okay. I get that a
lot 괜찮아. 나 그런 얘기 많이
들어

What do you see in him? 걔가 뭐가 좋아?, 어디가 좋은 거야?

가쉽걸의 세레나가 빅뱅이론의 하워드를 애인으로 데리고 다닐 때 절친 블레어나 세레나 엄마가 가슴을 치며 할 수 있는 말. 물론 답답함이 아니라 그냥 어떤 면이 맘에 들었냐고 단순하게 물어보는 문장으로 쓰이기도 한다. 문제는 항상 문맥과 상황이다. 너무 고정관념에 사로 잡히면 안된다.

이왕이면 이것도 함께!
▶ What do you see in this guy anyway?
그나저나 이 사람 뭐가 좋은거야?

A: Nobody else likes Sandy. **What do you see in her?**

B: I find her really sexy. I can't explain it.

A: 다른 사람들은 아무도 샌디를 좋아하지 않는데, 넌 어디가 좋은 거야?
B: 정말이지 섹시해. 설명 못하겠다.

A: Chris is a jerk. **What do you see in him** anyway?

B: He happens to be good in bed.

A: 크리스는 머저리야. 왜 뭐가 좋다는거야?
B: 방중술이 뛰어나잖아.

Don't let it bother you! 너무 신경 쓰지마!

bother는 「성가시게 하다」, 「괴롭히다」란 뜻. 따라서 Don't let it bother you 하게 되면 「그것이 너를 괴롭히게 하지 말아라」, 즉 「그 일로 더이상 괴로워하지 마라」, 「더이상 신경쓰지 마라」는 의미가 된다. 직장동료가 윗놈 때문에 죽겠다고 할 때 Don't let him bother you라고 쓸 수 있다.

이왕이면 이것도 함께!
▶ Does it bother you?
거슬리니?
▶ Don't let it get you down
그 때문에 괴로워하지마
▶ It doesn't bother you that I'm an alcoholic?
내가 알콜중독이어서 짜증나?

A: The drivers in this city are just too aggressive.

B: **Don't let it bother you.** Just be careful and try to avoid accidents.

A: 이 도시 운전자들은 너무 난폭해.
B: 너무 신경쓰지는 마. 그저 조심해서 사고 안나게 하라구.

A: I heard that you had a fight with your wife. Well, **don't let it bother you.**

B: I'm trying, but I feel very upset right now.

A: 부부싸움 했다면서. 음, 너무 신경쓰지는 마.
B: 그러려고 해. 하지만 지금은 무지 화가 나.

Better left unsaid

말 안하는 게 좋겠어, 입다물고 있는 게 도움이 될 때가 있어

▮▮▮

입다물고 있으면 중간이라도 갈텐데 괜히 말을 꺼냈다가 긁어 부스럼 만드는 상황에 적합한 표현. 맨 앞에는 It is, That is, The details are, Somethings are 정도가 생략되어 있다고 보면 된다.

이왕이면 이것도 함께!

▶ Bite your tongue!
말 조심해!

▶ Hold your tongue!
그 입 좀 다물어!

A: Sometimes I feel like telling her how much I hate her.

B: Well, it's probably **better left unsaid.**

> A: 가끔은 그 여자한테 미워죽겠다고 말하고 싶을 때가 있어.
> B: 글쎄, 입 다물고 있는 게 나을 것 같은데.

A: What an arrogant asshole. He's never done anything good in his life.

B: **Bite your tongue.** You're talking about your boss.

> A: 어찌나 건방진지. 그 자식은 평생 좋은 일이라곤 해본 적이 없다니까.
> B: 말 조심해. 너희 사장 얘기하는거잖아.

Now there you have me 그건 정확한 지적이다, 내가 졌다, 모르겠다

▮▮▮

상대방의 정확하고 날카로운 지적에 대해, 「그래, 내가 그 부분은 솔직히 인정하마」 정도의 뉘앙스를 담고 있는 표현으로 특히, 내기나 경쟁에서 패배를 인정할 경우에 는 「내가 졌다」, 그리고 적절한 답을 찾지 못한 경우에는 「모르겠다」의 의미로 자주 사용된다.

이왕이면 이것도 함께!

▶ You have a good point
잘 지적해줬어

▶ There you have it 바로
그게 답였어, 해결방법이었어

A: You want to study music, but can you get a job when you graduate?

B: **Now there you have me.** It's probably difficult to make money with a degree in music.

> A: 음악공부 하고 싶다구, 근데 졸업하면 직장 구할 수 있을 것 같아?
> B: 그건 잘 지적해 줬어. 음악으로 학위받아 돈 벌기란 아마 힘들거야.

A: If you quit your job, what will you do?

B: **Now there you have me.** I don't have any other plans.

> A: 너 직장 관두면 뭐 할거니?
> B: 그건 모르겠어. 다른 계획 가지고 있는 게 없어.

13_ I don't see that happening

Neil	The guy we arrested, I think **he's not all there**.
Cary	**I can live with that**, because I think he'll be convicted of the murder.
Neil	**I don't see that happening.** We need to find more evidence.
Cary	**Say no more.** We'll go check the crime scene again.
Neil	**I really want my investigative team back.** Can we call them?
Cary	**We should do that.** We need all the help we can get.
Neil	All right, let's tell them to meet us where the murder happened.

Neil	우리가 체포한 놈말야, 제정신이 아닌 것 같아.		보자.
Cary	난 견딜 수 있어, 그 자식 살인죄로 기소될 거니까.	Neil	내 수사팀이 다시 필요해. 전화해도 돼?
Neil	그렇게 안될걸. 우리가 더 많은 증거를 찾아야 돼.	Cary	그렇게 하자. 우린 모든 지원이 필요해.
Cary	무슨 말인지 알았어. 다시 범죄현장에 가서 확인해	Neil	좋아, 범행장소에서 만나자고 전화하자.

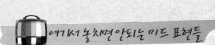
여기서 놓치면안되는 미드 표현들

He's not all there 걘 정신나갔나봐	**He's not all there.** Everyone thinks he's nuts. 걘 제정신이 아냐. 다들 걔를 미친놈으로 봐.
I can live with that 괜찮아, 참을 만해, 견딜 수 있어	If it helps him get through it, **I can live with that**. 그렇게 해서 걔가 그걸 이겨내는데 도움이 된다면 난 참을 수 있어.
I don't see that happening 그렇게는 안될걸	I want us to be friends, and if I keep living here **I don't see that happening**. 난 우리가 친구이기를 바래, 그리고 내가 여기서 계속 산다면 그렇게 안될거야.
Say no more 더 말 안해도 돼, 알았어 무슨 말인지	I got it. **Say no more.** 알았어, 더 말 안해도 알아.
I want my team back 내 팀을 돌려줘	She looks good, but that's not why **I want her back**. I miss her. 걔 멋져 보이지만 그 때문에 걔를 되찾고 싶은 것은 아냐. 걔가 그리워.
You do that 그렇게 해	**You do that** and someone else dies. 그렇게 해 그렇지 않으면 누군가 죽어.

484

He's not all there 쟤 정신나갔나봐

be not all there는 평소에 다르게 행동하는 사람을 묘사할 때 사용하는 표현으로 「맛이 가다」, 「정신이 나가다」라는 의미. be not oneself 또한 자기 자신이 아니다, 즉 평소의 자신과 다르게 행동하는 정신나간 경우를 말한다.

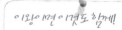

이왕이면 이것도 함께!

▶ I'm not myself today
오늘 내 정신이 아냐

A: Why does that old guy keep talking when there's no one around him?

B: Well, I think that maybe he's not all there.

A: 저 노인네는 주변에 아무도 없는데 왜 계속 떠들어대는거야?
B: 글쎄, 아마 정신이 나간 것 같아.

A: Wendy? I don't believe it.

B: I'm telling you, she's not herself.

A: 웬디가? 말도 안돼.
B: 정말이라니까, 걔 제정신이 아냐.

I can live with that 괜찮아, 참을 만해, 견딜 수 있어

여기서 live with는 「참고 견디다」(be patient with)라는 의미로 상대방이 제시한 조건이나 상황(that)에 대해 「그 정도면 받아들일 수 있겠다」고 수용하는 표현. I'm cool with that, It's okay with me와 같다고 생각하면 쉽다.

이왕이면 이것도 함께!

▶ I guess I can live with it
나는 괜찮을 것 같아

▶ I can live with my pain
내가 받는 고통은 견딜 수 있어

A: If you clean the living room, I'll clean the bedrooms.

B: Sure, I can live with that.

A: 네가 거실을 청소하면 내가 방 청소를 할게.
B: 좋아, 그렇다면 좋아.

A: What do you think of the salary we're offering you?

B: I can live with it. I'll accept the job at your company.

A: 저희가 제시하는 급여에 대해 어떻게 생각하십니까?
B: 그 정도면 됐어요. 그 자리를 수락하겠습니다.

I don't see that happening 그렇게는 안될걸

not see+that[목적어]+동사의 ~ing 형태로 「that이 일어나는 것을 못본다」라는 말. 결국 그런 일은 일어나지 않을 것이다, 즉 그럴 일은 없을 것이다라는 표현이다. 너무 어렵게 접근하지 말고 쉽게쉽게 생각해야 한다.

이왕이면 이것도 함께!
▶ I really don't see that happening.
정말 그렇게는 안될거야

A: She plans to go to L.A. and become an actress next year.

B: I don't see that happening. Her parents are insisting that she continue university.

A: 그 여잔 LA로 가서 내년엔 배우가 되려고 해.
B: 과연 그렇게 될까. 걔네 부모님은 대학에 계속 다니라고 하시잖아.

A: I'd like to open my own business and make lots of money.

B: I don't see that happening. You don't have any experience running a business.

A: 자영업을 시작해서 돈을 많이 벌고 싶어.
B: 그렇게는 안될걸. 넌 사업체를 경영해본 경험이 없잖아.

Say no more 더 말 안해도 돼, 알았어 무슨 말인지

상대방 말의 진의를 알았으니 더 말 안해도 된다고 말짜르는 표현. 상황에 따라 긍정으로 「알았어」, 「물론이지」, 혹은 부정의 의미로 「알아들었으니 그만해」, 즉 무슨 말인지 알았으니 그만하라고 짜증내는 문장이 될 수도 있다.

이왕이면 이것도 함께!
▶ Got it, say no more
알았으니 그만해

A: Could you give me a lift to work tomorrow morning?

B: Say no more. I'll be by your house at 7 am to pick you up.

A: 내일 아침에 나 좀 회사까지 태워줄 수 있니?
B: 물론이구 말구요. 오전 7시에 니네 집으로 태우러 갈게.

A: I have to go home. My pregnant wife is looking for peanut butter and tacos.

B: Dude, say no more.

A: 집에 가야 돼. 아내가 임신해서 피넛버터와 타코를 사오래.
B: 야, 알았으니 그만혀.

I want my team back 내 팀을 돌려줘

돌려달라는 단어를 떠올리면 return가 제일 먼저 생각나는게 우리의 현실. 하지만 미드영어 등 실용영어에서는 want sb[sth] back을 쓰고 이렇게 해서 돌려받는 것은 get sth back이라고 한다.

A: Why do you want me back?

B: Because you're a good doctor.

<blockquote>
A: 너는 왜 나를 다시 필요로 하는거야?

B: 너는 훌륭한 의사이기 때문이지.
</blockquote>

A: I don't care if you like making love at midnight, I'm not coming back!

B: Coming back? What makes you think I even want you back?

<blockquote>
A: 네가 한밤중에 사랑나누기를 좋아하든 말든 상관없어. 나 돌아가지 않아!

B: 돌아온다고? 왜 내가 네가 돌아오기를 바란다고 생각하는거야?
</blockquote>

> **이왕이면 이것도 함께!**
>
> ▶ I want my money back
>   내 돈을 돌려줘
> ▶ I want my dress back now
>   이제 내 드레스를 돌려줘
> ▶ I don't want her back
>   난 걔가 돌아오는 걸 바라지 않아
> ▶ I want you back here today
>   내일 여기로 돌아와

You do that 그렇게 해

역시 아주 간단한 단어로 간단한 문장을 만드는 경우. 이런 문장을 보고서 "야, 이렇게 쓰면 되는구나"라고 느낀다면 희망이 있는 사람들.ㅋ You do that은 「그렇게 해라」, 「네가 해라」라는 뜻으로 상황에 따라 지시, 허가, 상관없음을 의미할 수 있다.

A: Yep. I'll take notes and pictures.

B: Cool, okay. You do that.

<blockquote>
A: 그래. 내가 기록하고 사진을 찍을게.

B: 좋아, 그래. 그렇게 해.
</blockquote>

A: I'll check the weather report.

B: Let's do that.

<blockquote>
A: 일기예보를 확인해볼게.

B: 그렇게 하자고.
</blockquote>

> **이왕이면 이것도 함께!**
>
> ▶ You do that a lot
>   너 그렇게 많이 하더라
> ▶ Let's do that
>   그렇게 하자
> ▶ I'll do that
>   그렇게 할게

14_ It's your call

Carla　　You can't marry Sara. **She's not marriage material.**

Teddy　　**Look who's talking.** You're not the marrying type either.

Carla　　**What's gotten into you?** Are you sure you love her?

Teddy　　Absolutely. Are you sure she won't be a good wife? **Let's have it.**

Carla　　I think she'll be a terrible partner, but if you want to marry her, **it's your call**.

Teddy　　**That's more like it.** Please respect my personal decisions.

Carla　　I will, but don't say I didn't warn you if you have problems.

Carla　넌 새라하고 결혼하지마. 걘 결혼감이 아니야.

Teddy　사돈 남말하네. 너도 결혼상대는 아니야.

Carla　왜 이러는거야? 너 정말 걔 사랑하는거야?

Teddy　당근이지. 걔가 좋은 아내가 되지 않을거라 확신해? 어서 말해봐.

Carla　같이 살기에 끔찍할거라 생각하지만 네가 결혼하고 싶다면 네가 결정해야지.

Teddy　이제 좀 낫구만. 내 개인 결정을 좀 존중해줘.

Carla　그래, 하지만 네가 문제가 생기게 되면 내가 경고를 하지 않았다고는 하지마.

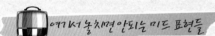

여기서 놓치면안되는 미드 표현들

He's not marriage material
걘 결혼상대는 아냐

What am I not **boyfriend material**?
왜 나는 애인감이 아니라는거야?

Look who's talking
사돈 남말하네

You're one to talk. All my life, that's all you did.
사돈 남말하네. 내 평생, 그게 바로 네가 한 행동이야.

What's got into you?
뭣 때문에 이러는거야?

What's got into you? Why are you acting like a jerk?
왜 이러는거야? 왜 또라이처럼 행동하는거야?

Let's have it
어서 말해봐, 내게 줘

So, come on, **let's have it**.
그래, 그럼, 어서 말해봐.

That's your call　네가 결정할 문제야, 네 뜻에 따르게

Chris, **it's your call.** Do you or don't you want to proceed?
크리스, 결정하세요. 계속 진행할까요 말까요?

That's more like it
그게 더 낫네요

Okay. **That's more like it.**
좋아. 그게 더 낫네.

488

She is not marriage material 그 여자는 결혼상대는 아냐

material이 독해에서는 재료나 자료 정도로 알고 있으면 되었지만 현지영어에서는 어떤 상황이나 어떤 재목감으로 적당한 사람을 뜻하는 단어로 많이 쓰인다. 그래서 marriage material하면 「결혼감」, girlfriend material하면 「애인감」이 된다.

A: So, you still don't think I'm marriage material?

B: Actually, yes. I think we should break up. Sorry.

A: 그래서, 아직도 내가 결혼상대로는 아니라고 생각하는거야?
B: 솔직히 그래. 우리 헤어져야 할 것 같아. 미안해.

A: I think Simon really likes you. Why don't you go out with him?

B: Are you kidding? He's not boyfriend material. He doesn't have a car or a job and all he cares about is sports.

A: 사이먼이 널 아주 좋아하는 것 같더라. 데이트 한번 하지 그래?
B: 웃기네. 걘 남자친구감아냐. 차없지, 직장없지, 온통 스포츠에만 정신팔려 있잖아.

이왕이면 이것도 함께!

▶ He is not boyfriend material
그 사람은 애인감이 아냐

Look who's talking 사돈 남말하네

똥 묻은 개가 겨 묻은 개 나무라는 경우처럼 자기도 결점투성이인 주제에 남의 단점을 들춰내며 왈가왈부하는 사람들에게 던질 수 있는 말이다. 비슷한 표현으로 You're one to talk이란 문장도 있다.

A: You're getting pretty fat Aaron.

B: Look who's talking. You've put on some weight yourself.

A: 아론, 너 뚱보가 되어가는구나.
B: 사돈 남말하시네. 너도 살 좀 쪘다구.

A: You're spending too much of our money on foolish things.

B: You're one to talk. Look at how much jewelry you bought this year.

A: 넌 하찮은 물건에다 돈을 너무 많이 써.
B: 누가 할 소린지 모르겠네. 네가 올해 사다 나른 보석들이 얼마나 되는지 좀 보라구.

이왕이면 이것도 함께!

▶ Take your own advice
너나 잘해
▶ That's what you need to hear
누가 할 소릴

What's got into you? 뭣 때문에 이러는거야?

get into sb는 「…가 이상한 행동을 하게 하다」(make someone act strangely)라는 뜻으로, What's got into you?는 평소와 달리 이상하게 구는 사람에게 「뭣 때문에 이러는거냐?」고 그 이유 또는 원인을 다그치는 말.

이왕이면 이것도 함께!

▶ What's gotten into your head?
무슨 생각으로 그래?

▶ What has gotten into you?
뭣 때문에 이래?

A: You have been spending a lot of money on clothes lately. **What's got into you?**

B: I'm trying to impress a cute girl in my English class.

A: 너 요즘에 옷에다 투자 많이 하더라. 뭣 때문에 그러는거야?
B: 영어 수업을 같이 듣는 귀여운 여자애한테 잘보이려구.

A: I hate studying. It is really boring.

B: **What's got into you?** You used to be an excellent student.

A: 공부하기 싫어. 정말 지루하단 말야.
B: 뭣 때문에 그래? 넌 모범생이었잖아.

Let's have it 어서 말해봐, 내게 줘

글자 그대로 내가 가져보자라는 말로 「내게 줘」(give it to me)라는 일차적 의미를 갖으며 이차적으로는 tell me something, 즉 「어서 말해봐」라는 비유적 의미로 쓰인다.

이왕이면 이것도 함께!

▶ Let me have it!
어서 말해봐!

A: This note is from my teacher.

B: OK, **let's have it.** You better not be causing trouble in school.

A: 선생님한테서 이 통지문이 왔어요.
B: 좋아, 줘봐. 학교에서 문제 좀 일으키지 마라.

A: Did you hear the rumor that's going around?

B: No I didn't. Come on, **let's have it.**

A: 지금 도는 소문들었어?
B: 아니. 뭐야, 언능 말해봐.

That's your call   네가 결정할 문제야, 네 뜻에 따를게

▪▪▪

네가 콜하는 것이다, 즉 「네가 결정한 문제다」, 한발 더 나아가 그렇기 때문에 나나 「우리는 네 뜻에 따르겠다」라는 의미이다. It's your call이라고도 많이 쓰인다. 또한 유명한 It's up to you가 있는데 이는 「…가 책임질 일이다」(be the responsibility of)라는 의미

이왕이면 이것도 함께!

▸ It's up to you
네가 결정할 일이야

▸ You must decide
네가 결정해야 해

▸ The choice is up to you
선택은 너한테 달렸어

▸ The ball's in your court
이제 결정은 네 몫이다

A: Do you think I should ask my girlfriend to marry me?

B: I'm not sure what you should do. **That's your call.**

   A: 여자친구한테 청혼을 해야 할까?
   B: 네가 어떻게 해야할지 나야 모르지. 네가 결정할 문제라구.

A: What would you like to do tonight?

B: **It's up to you.** I don't have any special plan.

   A: 오늘밤에 뭐 할거니?
   B: 너한테 달렸어. 난 특별한 계획이 없거든.

That's more like it   그게 더 낫네

▪▪▪

여기서 like는 …같은, …다운이라는 형용사로 That's more like it하게 되면 그게 더 좋은 방법처럼 보인다라는 뜻. 결국 이러니 「훨씬 낫다」, 「더 좋다」라는 표현이 된다. 상대방의 답변이 더 좋아졌을 경우 혹은 상대방의 제안이나 시도를 듣고서 되받을 때 쓴다.

이왕이면 이것도 함께!

▸ Now that's more like it
이제 훨 낫군

▸ That is better
훨 낫다

▸ Foolish is more like it
어리석다고 하는게 더 낫지

A: The boss said he's going to increase our pay by 50 cents an hour.

B: Now, **that's more like it!**

   A: 사장님이 그러는데, 우리 급료를 시간당 50센트씩 올려주시겠대요.
   B: 훨씬 낫군!

A: No, I'll do whatever you want, Nick.

B: Okay. **That's more like it.**

   A: 아니, 닉, 네가 원하는거 뭐든지 할게.
   B: 좋아. 그러니 훨씬 낫군.

15_ It's not what you think

Armando	**I may be out on a limb here**, but that baby doesn't look like me.
Joan	**Don't get worked up.** He looks like you. He's your son.
Armando	**I was somewhere else** when you got pregnant.
Joan	**It's not what you think.** The pregnancy was just very long.
Armando	No, **that can't happen**. I am not this baby's father!
Joan	That's not true! **You are way off base!**
Armando	Maybe, but I want to do a DNA test to prove whether he's my son.

Armando	이게 맞는 말인지 모르겠지만 쟨 날 닮지 않았어.
Joan	흥분하지마. 걔 널 닮았어. 네 아들이야.
Armando	네가 임신했을 때 난 다른 데 있었거든.
Joan	그건 네 생각과 달라. 가임기간이 길었었어.

Armando	아냐, 그럴 리가 없어. 난 이 아이의 아버지가 아냐!
Joan	그건 사실이 아냐! 네가 잘못 짚었어!
Armando	그럴 수도 있겠지만 난 내 아들인지 DNA 테스트를 해보고 싶어.

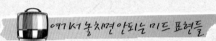

여기서 놓치면 안되는 미드 표현들

I may be way out on a limb here
이게 맞는 말인지 모르겠지만

Let me go out on a limb and say one more thing.
내가 헛짚을 수도 있지만 한 가지만 더 얘기할게.

He got worked up
걔 열 받았어, 걔 대단했어

I had a partner like you, used to **get worked up**.
너같이, 흥분하곤 했던 파트너가 있었어.

I was somewhere else 잠시 딴 생각했어, 다른 곳에 있었어

Which means **she was somewhere else** where he was killed. 그 얘기는, 걔는 그가 살해될 때 다른 곳에 있었다는 의미야.

It's not what you think
그건 네 생각과 달라, 속단하지 마라

I don't meet too many women. **It's not what you think**, I swear.
난 많은 여자를 만나지 않아. 정말이지, 네가 생각하는 그런게 아냐.

That can't happen
말도 안돼, 그렇지 않아

You mocked me in my OR. **That can't happen.**
넌 수술실에서 나를 비웃었는데 말도 안되는 일이야.

I was way off (base)
내가 완전히 잘못 짚었네, 내 생각[행동]이 틀렸네

I'm telling you, **you are way off base** on this one.
정말이지, 넌 이번 건에서는 완전히 틀렸어.

I may be way out on a limb here 이게 맞는 말인지 모르겠지만

out on a limb은 숙어로 다른 사람의 도움이나 동조없이라는 말로 지금 내가 하는 말을 정중하게 포장하여 상대로부터의 공격이나 오해를 선제적으로 방어하는 표현이다. 「나만 이렇게 생각하는 것인지는 모르겠지만」, 「내가 잘못 생각하는 것인지는 몰라도」라는 의미이다. 여기서 limb은 나뭇가지를 뜻한다.

이왕이면 이것도 함께!
▸ I'm out on a limb here
   이게 맞는지는 모르겠는데
▸ I'm gonna go out on a limb and say~
   (비난 받더라도) 할말은 해야겠어

A: I may be going way out on a limb here but I think we should stop selling cars and start selling bicycles.

B: I'll consider it seriously.

A: 이 시점에서 맞는 말인지는 모르겠지만, 제 생각엔 우리가 자동차 판매를 중단하고 자전거 판매를 시작해야 할 것 같습니다.
B: 진지하게 고려해보죠.

A: If nothing criminal happened on that flight, why isn't anybody talking to us?

B: I'm going to go out on a limb here and say, they're hiding something?

A: 그 비행에서 범죄가 발생하지 않았다면, 왜 아무도 우리에게 말은 하지 않는거야?
B: 이게 맞는지 모르겠지만, 그들이 뭔가 숨기고 있을까요?

He got worked up 걔 열 받았어, 걔 대단했어

동사 work의 다양한 용례를 새삼 실감하게 하는 표현. It works(효과가 있다), work out(문제 등이 해결되다) 외에 work sb up하면 「…의 감정을 고조시키다」(excite sb's feelings), 특히 get worked up하면 get excited(흥분하다, 푹 빠지다)의 뜻이 된다. 문맥에 따라 긍정, 부정적 의미를 다 가질 수 있다

이왕이면 이것도 함께!
▸ You're really gettin' worked up here
   너 정말 이걸로 열받았구나
▸ She's a little worked up
   걘 좀 흥분했어
▸ He got me all worked up
   걔 때문에 내가 화가 났어

A: What was Steve so upset about this morning?

B: He got worked up when he found out he had to work on Christmas day.

A: 뭣 때문에 스티브가 오늘 아침에 그렇게 화를 낸 거에요?
B: 크리스마스날에도 일해야 한다는 걸 알고는 열 받은 거죠.

A: Bob really got worked up when he went to the rock concert.

B: Is that right? What kind of things was he doing there?

A: 락 콘서트에서 밥은 정말 흥분했어.
B: 진짜? 거기서 어땠는데?

I was somewhere else 잠시 딴 생각했어, 다른 곳에 있었어

물리적으로 다른 곳에 있었다고 말하거나 비유적으로 상대방과 얘기하다가 잠시 딴 생각을 했다고 말하는 표현. 또한 Where was I?나 Where were we?는 자기가 얘기하다 다른 일로 화제가 바뀐 후 다시 예전 화제로 돌아올 때 「내가 무슨 얘길 했더라?」 혹은 수업시간에 「지난 시간에 어디까지 했지?」라는 의미가 된다.

이왕이면 이것도 함께!

▶ Where was I?
내가 어디까지 얘기했지?

▶ Where were we?
우리 어디까지 얘기했지?

▶ What was I saying?
내가 무슨 말하고 있었지?

A: Martin? Martin, are you alright?

B: Hmm? Oh yes, I'm OK. **I was somewhere else** for a moment.

A: 마틴? 마틴, 괜찮아요?
B: 음? 아 예, 괜찮아요. 잠깐 딴 생각하고 있었어요.

A: I'm sorry I interrupted you. Please go on with what you were saying.

B: OK. Gee, I forgot what I was saying. **Where was I?**

A: 방해해서 죄송합니다. 말씀하시던 거 계속 하세요.
B: 알겠습니다. 이런, 무슨 이야기를 하고 있었는지 까먹었어요. 어디까지 얘기했었죠?

It's not what you think 그건 네 생각과 달라, 속단하지 마라

상대방이 잘못 오해하고 있거나 그럴 여지가 많은 경우 이를 정정해주기 위해서 하는 말. 그건 단지 너의 생각일 뿐 실제는 그렇지 않다는 의미.

이왕이면 이것도 함께!

▶ That's what you think
그건 네 생각이고

A: You smell like smoke! Why were you smoking?

B: **It's not what you think.** My friends were smoking and it just got in my clothes.

A: 너한테 담배 냄새가 나! 너 왜 담배피는거야?
B: 속단하지마. 담배를 핀 건 내 친구들이었는데, 그 냄새가 내 옷에 밴거야.

A: You'd look better if you bought some new clothes.

B: **That's what you think.** These old clothes are just fine.

A: 새 옷 좀 사서 입으면 더 좋아보이겠다.
B: 그건 네 생각이구. 여기 옛날 옷도 괜찮아.

494

That can't happen 말도 안돼, 그렇지 않아

▪▪

happen은 역시 많은 미드표현을 만들어내는 핵심어. That can't happen은 That's impossible이란 말로 「말도 안돼」, 「그렇지 않아」라는 부정적인 의견을 나타내는 표현이다.

이왕이면 이것도 함께!

▶ This can't happen, Jane
제인, 그럴 리가 없어

▶ It just can't happen
이건 그럴 리가 없어

▶ That can't happen again
다시 그럴 리가 없어

A: The building that you designed is having serious structural problems.

B: **That can't happen.** I did all of the calculations myself.

A: 당신이 설계한 건물에는 심각한 구조적 결함이 있어요.
B: 그럴 리 없어요. 직접 전부 계산했는걸요.

A: It hasn't happened to me before either.

B: Well, **it can't happen** to you.

A: 나도 이런 일은 처음이야.
B: 어, 너한테 그럴 일은 없겠지.

I was way off (base) 내가 완전히 잘못 짚었네, 내 생각[행동]이 틀렸네

▪▪

off base는 한마디로 wrong이란 숙어로 주어의 생각이나 말 또는 행동이 틀렸다는 것을 말할 때 사용한다. 특히 앞에 강조부사 be way off base란 형태로 많이 쓰인다. 참고로 be way off sth가 되면 「…로부터 많이 다른」, 「틀린」이라는 표현.

이왕이면 이것도 함께!

▶ You are way off base here
이건 네가 완전 틀렸어

▶ We're way off the mark
우리가 틀렸어

▶ It's the way off the MO
그건 범행방식과 많이 달라

A: Professor, I think you gave Tina an 'A' just because she's hot.

B: **You're way off base** young lady.

A: 교수님, 티나가 섹시하다는 이유만으로 "A"를 주셨다는 생각이 드는데요.
B: 그건 잘못 생각한 걸세, 젊은 아가씨.

A: I think she's losing her touch.

B: What? **You are way off!**

A: 걔가 기량이 떨어지는 것 같아.
B: 뭐라고, 네가 완전히 틀렸어!

16_ We'll see about that

Deena   **What do you know?** Someone said this is your gun.

Gary   **Says who?** I don't even own a gun.

Deena   **We'll see about that.** I think you just robbed that bank.

Gary   **Don't try and pin it on me** just because you're a cop.

Deena   You should know **you'll never get away with it**.

Gary   I'm telling you I'm innocent, but I know who the robber is.

Deena   **Now you're talking.** Tell me more.

Deena   놀랍네. 누가 이게 네 총이라고 하는데.

Gary   누가 그래요? 난 총기를 소지하지도 않아요.

Deena   그건 두고 봐야지. 네가 저 은행을 턴 것 같은데.

Gary   경찰이라는 이유로 나한테 뒤집어 씌우지 마요.

Deena   넌 절대 그런 짓을 하고 벗어닐 수 없다는 것을 알

아야 될거야.

Gary   난 결백하다고 말하잖아요, 하지만 누가 턴지는 알

아요.

Deena   이제 말이 통하는구만. 더 말해봐.

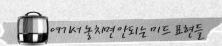

여기서 놓치면 안되는 미드 표현들

What do you know? 놀랍군, 네가 뭘 안다고!	Well, **what do you know?** I guess, I'll be the one who dies first. 저기, 누가 알아? 내가 가장 먼저 죽을 것 같아.
Says who? 누가 그래?, 누가 어쨌다구?	**Says who?** Your dad? 누가 그랬다구? 네 아빠가?
We'll see about that 두고 봐야지	He's not gonna give up the name of a confidential informant. **We'll see about that.** 걘 비밀 정보원의 이름을 대지 않을거야. 두고 봐야지.
Don't try to pin it on me! 나한테 뒤집어 씌우지마!	You killed a fed, and then you **pinned it on me**. 넌 FBI요원을 살해하고 나서 내게 뒤집어 씌웠어.
You'll never get away with it 넌 그걸 피할 수 없어	A lot of people are smart enough to get away with murder. 많은 사람들이 똑똑해서 살인을 하고도 벌을 받지 않고 있어.
Now you're talking 그래 바로 그거야!, 그렇지!	**Now you're talking.** We'll have a great time! 이제 말이 되는군. 우린 좋은 시간을 보낼거야.

What do you know? 놀랍군!, 네가 뭘 안다고!

몰랐던 사실에 대해 「정말 대단해」라고 놀라움과 감탄을 나타내기도 하지만 경우에 따라서는 문자 그대로 「네가 아는 게 뭐가 있냐」, 「살다 보니 별일이 다 있네」라는 비아냥거리는 의미를 갖기도 한다.

A: Remember Joseph? He's studying to be a lawyer.

B: What do you know? I didn't realize he was that smart.

> A: 조셉 기억해? 걔가 변호사 공부를 하고 있어.
> B: 정말 대단한데. 조셉이 그렇게 똑똑한 줄 몰랐어.

A: I want to open a clothing store.

B: What do you know about clothing? You'll just waste your money.

> A: 옷 가게를 하고 싶어.
> B: 네가 옷에 대해 뭘 알아. 괜히 돈만 날릴 걸.

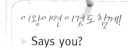

이왕이면 이것도 함께!
- ▶ What do you know about her?
  걔에 대해 네가 뭘 알아?
- ▶ What do you know about being a wife?
  아내가 되는 것에 대해 네가 뭘 알아?

Says who? 누가 그래?, 누가 어쨌다구?

별로 유쾌하지 못한 소식을 접했을 때 혹은 놀란 소식을 듣고 「누가 그렇게 말했냐」, 「그럴 리가 있냐」, 「정말이야」라고 되묻는 표현. 그런가 하면 신경거슬리는 말을 듣고 「그 말이 누구 들으라고 한 말이냐」고 따질 때도 유용하게 사용된다. Says you?라고 해도 된다.

이왕이면 이것도 함께!
- ▶ Says you?
  누가 어쨌다구?

A: You have to wash the dishes after dinner tonight!

B: Says who?

A: Says Mom!

> A: 오늘 밤에 저녁 먹고 네가 설거지해야 해!
> B: 누가 그래?   A: 엄마가!

A: We're not going to get any overtime pay this month.

B: Says who?

A: The president of the company.

> A: 이번 달에는 초과근무 수당을 하나도 못 받을 거야.
> B: 누가 그래?   A: 회사 사장이.

We'll see about that 두고 봐야지

▉▉

직역하면 그거에 대해 두고 보자, 즉 그게 어떻게 되는지 두고보겠다라는 말로 문맥에 따라 단순히 「두고봐야지」라고 쓰일 때도 있고 아니면 의미가 발전하여 「그렇게 되도록 두고 보지는 않을게다」라는 표현으로도 쓴다. 두고 보기는 하지만 방해나 경쟁을 한다는 의미에서 다소 부정적인 의미다.

A: She's probably just busy.

B: Yeah, we'll see about that. I am calling her right now.

A: 걔 아마 바쁠지도 몰라.
B: 어, 두고 봐야지. 지금 바로 전화하고 있으니.

A: Emily says she's going to be first in our class.

B: We'll see about that. I have better grades than her.

A: 에밀리는 자기가 반에서 일등할거래.
B: 두고 봐야지. 내가 걔보다 성적이 좋거든.

> 이왕이면 이것도 함께!
>
> ▶ We'll see about that, won't we?
> 두고 봐야지, 안그래?

Don't try to pin it on me! 나한테 뒤집어 씌우지마!

▉▉

pin sth on sb는 「…에게 …에 대한 책임 혹은 죄를 뒤집어 씌우다」(to place the blame for something on someone)라는 뜻으로 특히 범죄미드에서 많이 등장하는 표현이다. 참고로 pin은 동사로 핀으로 고정시키듯이 사람을 꼼짝 못하게 한다는 뜻으로도 사용된다.

A: I just hope he doesn't pin this loss on me.

B: I know. You've been busting your hump in here trying to get things done.

A: 그 사람이 이번 손실에 대한 책임을 나한테 떠넘기지 않기만을 바랄 뿐이야.
B: 알아. 이번 일 성사시키느라고 뼈골 빠지게 일했잖아.

A: This is not going to end well.

B: They are just two random people who met at a wedding. Can't pin it on me.

A: 이건 끝이 좋지 않을거야.
B: 걔네들은 결혼식장에서 만난 두 명의 사람일 뿐이야. 나한테 뒤집어 씌우지마.

> 이왕이면 이것도 함께!
>
> ▶ You want to pin it on me?
> 나한테 뒤집어 씌우려고?
>
> ▶ He pinned me down
> 걔가 나를 꼼짝 못하게 했어

498

You'll never get away with it 넌 그걸 피할 수 없어

get away with는 with 이하의 나쁜 일을 하고도 잡히지 않고 도망갈(get away) 수 있다는 숙어. 따라서 부정문으로 된 이 표현은 「나쁜 일을 하면 반드시 벌을 받게 될 거다」라는 의미. get away with murder 또한 살인을 저지르고도 벌을 받지 않다라는 것으로 비유적으로 「나쁜 짓하고도 벌받지 않다」라는 의미로 쓰인다.

A: So my idea is to rob the bank on Main Street.

B: That's a stupid idea. **You'll never get away with it.**

> A: 그러니까 내 생각은 메인 스트릿에 있는 은행을 터는거야.
> B: 그건 멍청한 생각이야. 절대로 성공하지 못할거야.

A: Today I'm going to sneak out of work a few hours early.

B: **You'll never get away with it.** The boss will find out.

> A: 오늘은 회사에서 두세시간 일찍 몰래 빠져나올거야.
> B: 그렇게 못할걸. 사장이 알아챌거야.

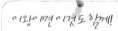

이왕이면 이것도 함께!

▶ Too many criminals get away with it
너무 많은 범죄자들이 처벌을 피하고 있어

▶ Don't let her get away with it
걔가 처벌을 피하지 못하도록 해

Now you're talking! 그래 바로 그거야!, 그렇지!

「이제야 말이 통하는군!」, 상대방이 내가 말하고자 했던 바를 그대로 이해하고 원하던 반응을 보일 때 「그래, 바로 그거야」, 「이제야 말이 통하는군」하며 만족감을 나타내는 표현. "드디어 말을 하는구나"라고 해석하지 말 것.

A: Let's go out and drink some beer.

B: Now you're talking. I haven't had a chance to relax all week.

> A: 나가서 맥주나 좀 마시자.
> B: 좋은 생각이야. 일주일 내내 기분전환 할 기회가 없었는데.

A: Would you like to travel to Europe this summer vacation?

B: Now you're talking. Let's go and check out the museums there.

> A: 이번 여름 방학 때 유럽으로 여행가고 싶니?
> B: 좋다마다. 가자구, 가서 박물관도 둘러보구.

이왕이면 이것도 함께!

▶ Now we're interfacing
이제야 말이 통하네

▶ Bingo!
바로 그거야![내 의도를 맞춘 경우]

499

17_ For what it's worth

Martha	I can't believe Bill broke up with me. **I wish I was dead!**
Stewie	**For what it's worth**, you're still a very attractive woman.
Martha	**Here's the thing**, I feel worthless when I'm alone.
Stewie	Come on now, **you can live without** Bill.
Martha	So I'm supposed to be happy by myself, **or what?**
Stewie	**I'm probably out of line here**, but I would date you.
Martha	Is that true? You find me attractive?

Martha	빌이 나와 헤어지다니. 죽었으면 좋겠어.
Stewie	그렇다해도 넌 여전히 아주 매력적인 여자야.
Martha	내 말은 내가 혼자면 쓸모없는 인간이란 생각이 들어.
Stewie	이러지마, 넌 빌 없어도 되잖아.
Martha	그럼 난 나 혼자서 행복하란 말이야, 뭐야?
Stewie	이렇게 말해도 될지 모르겠지만, 나라면 너와 데이트할거야.
Martha	그거 정말야? 내가 매력적이다고 생각해?

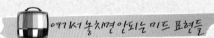
여기서 놓치면 안되는 미드 표현들

I wish I was dead
죽었으면 좋겠어

I'm so depressed, **I wish I was dead.**
난 너무 우울해. 죽었으면 좋겠어.

for what it's worth
그렇다 치고, 모르긴 해도

For what it's worth, you did the right thing.
모르긴 해도, 너는 옳은 일을 한거야.

Here's the thing
내 말인 즉은, 그게 말야

Here's the thing. I would like to hang out with you.
내 말은 말야. 너와 데이트를 하고 싶어.

I could live without it
없어도 돼, 필요없어

Sure I **can live without** them.   물론, 난 그것들 필요없어.
As far as the promotion goes, it's all good, man. **I can live without it.** I'm not you.
승진이란, 아주 좋은 거지. 하지만 난 안해도 돼. 난 너랑 달라.

~ or what?
그게 아니면 뭐야?, 그렇지 않아?, 그런 거 아냐?

So what were you doing in there? You putting the shot in him, **or what?**
그럼 넌 거기서 뭐하고 있었어? 걔한테 총을 쏘고 있던거야, 그게 아니면 뭐야?

I'm probably out of line here
이렇게 말해도 좋을지 모르겠지만

Listen, Ben. **I'm probably way out of line here.**
이봐, 벤. 내가 이렇게 말해도 좋을지 모르겠지만 말야.

500

I wish I was dead (잘못을 저지르고 미안해서) 죽었으면 좋겠어, 이제 죽었다

▪▪▪

우리도 뭔가 잘못하고 큰 실수를 하고 혼날 생각에 "아이고 죽었으면 좋겠다"라고 하듯 미드에서도 같은 의미로 쓰이는 표현이 바로 I wish I was dead이다. 미안함과 괴로움, 그리고 도망가고 싶은 맘이 복합적으로 섞인 문장.

이왕이면 이것도 함께!
▸ You're a dead man
  넌 이제 죽었다

A: I am so embarrassed! I wish I was dead.

B: What's wrong?

A: Another girl is wearing exactly the same dress as me and this is the most important party of the year!

> A: 나 정말 창피해! 차라리 죽어버렸음 좋겠어.
> B: 무슨 일인데?
> A: 어떤 여자애가 나랑 똑같은 드레스를 입었단 말이야, 이번 파티는 올해 제일 중요한 파티인데!

A: You look terrible. What's going on?

B: My wife left me. I wish I was dead.

> A: 너 몰골이 끔찍하다. 무슨 일이야?
> B: 아내가 떠났어. 죽었으면 좋겠어.

for what it's worth 그렇다 치고, 모르긴 해도

▪▪▪

자기가 하는 말이 자신이 없거나 확실하지 않을 때 하지만 말할 가치가 있다고 생각될 때 자기 의견을 말하기 앞서 먼저 꺼내는 표현. 「모르긴 해도」, 「어쨌든」 정도에 해당하는 의미이다.

이왕이면 이것도 함께!
▸ For what it's worth, I'll
  be there tonight
  모르긴 해도 오늘밤 나 거기 갈
  거야
▸ For what it's worth, I
  choose you
  어쨌든 난 널 선택했어

A: I know you're feeling upset, but for what it's worth, everyone has bad days.

B: Yeah, but today is the worst day of my life!

> A: 화나는 거 알아, 하지만 모르긴 몰라도 다들 안 좋은 날들이 있어.
> B: 그래, 하지만 오늘은 내 인생 최악의 날이야.

A: I defended my client to the best of my abilities.

B: For what it's worth, you did the right thing.

> A: 나는 내 힘껏 고객을 변호했어.
> B: 어쨌든, 너 옳은 일을 한거야.

Here's the thing 내 말인 즉은, 그게 말야, 문제는 이거야

앞에서 얘기한 내용에 대한 이유를 대거나 지금 말하려고 하는 게 핵심사항이다라고
하며 분위기를 잡으면 상대방의 귀를 쫑긋하게 만드는 표현이다.

A: I don't understand why you don't like me.

B: Here's the thing. I just don't enjoy being with
you any more.

> A: 네가 왜 날 안 좋아하는지 모르겠어.
> B: 그건 말이지. 너랑 같이 있는 게 더이상 즐겁지 않은 것 뿐이라구.

A: Why didn't you take that job? I thought it was a
good opportunity.

B: Here's the thing. The salary and benefits were
good but I just didn't like the boss.

> A: 왜 그 자리를 받아들이지 않았어? 좋은 기회였는데.
> B: 그건 이래서 그래. 월급도 많고 복지혜택도 괜찮았지만 사상이 맘에 안들더라구.

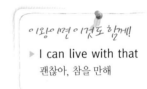

이왕이면 이것도 함께!

▶ Listen, here's the thing
들어봐, 문제는 이거야
▶ The thing is I like your
sister
중요한 것은 내가 네 누나를 좋
아한다는거야

I could live without it 없어도 돼, 필요없어

그것이 없더라도 난 살 수 있는데라는 뜻으로 쉽게 말하자면 없어도 사는데 지장없
고 괜찮은데라는 의미가 된다. 그래서 「없어도 돼」, 「난 필요없어」라는 뜻으로도 쓰
인다. 크게 보면 「괜찮다」라는 의미의 I can live with that과 같은 맥락으로 볼
수 있다.

이왕이면 이것도 함께!

▶ I can live with that
괜찮아, 참을 만해

A: Do you really need to keep your car?

B: I could live without it, but it's convenient for me
to have.

> A: 너 정말 차가 계속 필요한거야?
> B: 없어도 되긴 한데, 있으면 편하지.

A: What do you think of the new computer you
bought?

B: I could live without it. It's too complicated.

> A: 새로 산 컴퓨터 어때?
> B: 없어도 될걸. 너무 복잡해.

~ or what? 그게 아니면 뭐야?, 그렇지 않아?, 그런 거 아냐?

■■

자기가 하는 말에 대해 상대방에게 「그게 아님 뭐냐」고 강력한 동의를 구하는 것으로 "Don't you agree?"라는 의미. 또한 단순히 자기도 정확히 모르지만 「혹은 어떤 다른 이유」(or some other reason that is not stated)라는 뜻으로 쓰인다.

이왕이면 이것도 함께!

▶ You gonna help or what?
나 도울거지, 그런거 아냐?

▶ Or what? You'll kill me?
그럼 뭐야? 날 죽일거야?

▶ Is she great or what?
걔 대단하지 그지 않아?

A: I will be going to study in Hawaii for a year. Is that great or what?

B: Definitely. I really envy you.

A: 하와이에서 1년동안 공부할거야. 괜찮은 생각 아냐?
B: 그럼 좋구 말구. 네가 정말 부러워.

A: Are you telling me that you want to quit, or what?

B: I don't want to quit, but I'd like to take a leave of absence.

A: 그만두고 싶다는 얘기가 아니고 뭡니까?
B: 그만 두고 싶다는 게 아니구요, 휴직을 하고 싶다구요.

I'm probably out of line here 이렇게 말해도 좋을지 모르겠지만

■■

말하는 사람 자신도 백 퍼센트 장담할 수 없는 문제, 그것도 상대방의 심기를 건드릴 수도 있는 민감한 그런 문제를 아주 조심스럽게 꺼낼 때 말문을 여는 표현. 이런 말을 미리 꺼냄으로써 오해나 싸움을 미연에 방지할 수 있다.

이왕이면 이것도 함께!

▶ Look, we were way out of line
도가 좀 지나쳤다구

A: I'm probably out of line here, but I think you don't work hard enough.

B: You're not my boss, so just mind your own business.

A: 이걸 말해도 좋을지는 모르겠지만, 내 생각엔 넌 일을 열심히 하고 있지 않다고 봐.
B: 사장도 아닌데, 네 일이나 신경쓰셔.

A: I'm probably out of line here, but I think you should think about getting a divorce. Your husband doesn't treat you right.

B: That's okay. Maybe you're right.

A: 이런 말해서 어떨지 모르겠는데, 너 이혼을 생각해 봐야 할 것 같아. 남편이 제대로 대접해주지도 않잖아.
B: 상관없어. 하지만 네 말은 맞아.

18_ Where did that come from?

Lois	My parents want me to get married. **It's really getting to me.**
Dell	**Run that by me again.** You don't want to get married?
Lois	No. If I was married, I couldn't **stick with it**.
Dell	**You never know.** You might find an excellent partner.
Lois	I don't want to be serious. **I want to have a fling.**
Dell	**Where did that come from?** I didn't know you were like that.
Lois	Don't you think having a love affair would be romantic?

Lois	부모님은 내가 결혼하기를 바라셔. 정말 짜증나 죽겠어.
Dell	나하고 상의를 해. 넌 결혼을 하고 싶지 않아?
Lois	어. 내가 결혼하면, 결혼을 지속할 수 없을거야.
Dell	그건 모르는 일이잖아. 아주 훌륭한 배우자를 찾을 수도 있잖아.
Lois	난 진지해지는게 싫어. 난 그냥 가볍게 즐기고 싶어.
Dell	왜 그런 생각을 하는거야? 난 네가 그런 줄 몰랐어.
Lois	연애가 낭만적일거라 생각하는 것은 아니지?

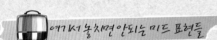
여기서 놓치면안되는 미드 표현들

It's really getting to me 진짜 짜증나게 하네

I think this dating two guys thing is **getting to me**.
이 두 명하고 데이트하는거 정말 짜증나.

Run it[that] by (me) again 다시 한번 설명해줘요
나한테 먼저 상의해

You should **run it by me** first.
넌 내게 먼저 상의해야지.

Stick with it
포기하지마, 계속해

We're moving forward. We **stick with** the plan.
우리 앞으로 나아간다. 우리는 계획대로 할거야.

You never know
그야 모르잖아, 그야 알 수 없지

You never know. We both might learn something.
그거야 알 수 없지. 우리 둘 다 뭔가 배울 수도 있지.

I want to have a fling
번개 좀 해야겠어

Catherine did **have a fling** while her husband was **overseas.** 캐서린은 남편이 해외에 있을 때 바람을 폈어.

Where did that come from?
왜 그런 말을 하는거야?

My husband is a con man? **Where did that come from?**
내 남편이 사기꾼이라구요? 어째서 그런 말을 하죠?

It's really getting to me 진짜 짜증나게 하네

아무리 만능동사라지만 get의 쓰임새는 알면 알 수록 놀라면서도 동시에 또 짜증도 나는 게 사실이다. get sb의 형태로 짜증나게 하는 표현도 있지만 get to sb 형태로도 「…을 화나게 하다」라는 뜻으로 쓰인다는 점을 알아둔다. 별 수 있남. 나올 때마다 이해하면서 암기해줘~

이왕이면 이것도 함께!

▶ It is really starting to get to me
정말 짜증나기 시작해

▶ She's using you to get to me
걘 널 이용해 날 짜증나게 하는 거야

A: What's all that noise outside?

B: They're building a house next door and they start working every morning at 6 a.m. It's really getting to me.

A: 밖에서 나는 저 시끄러운 소리들은 뭐야?

B: 옆집에 집을 짓는데 매일 아침 6시부터 작업을 하더라구. 정말 짜증이 나 죽겠어.

A: I guess the stress is just getting to me.

B: It's getting all of us.

A: 스트레스 때문에 짜증나 죽겠어.

B: 우리 모두 다 그래.

Run it[that] by (me) again 다시 한번 설명해줘

run sth by sb는 "…한테 ~에 대한 의견(opinion)을 물어보거나, 허락(permission)을 구하기" 위해 「말하다」, 「설명하다」라는 뜻. 참고로 Run it by me again은 이해할 수 있도록 「다시 한번 말해[설명해]달라」는 관용 표현.

이왕이면 이것도 함께!

▶ You'd better run it by me
내게 먼저 상의해

A: Do you understand my proposal?

B: Not really. Run it by me again.

A: 내가 제안한 내용 알겠어요?

B: 글쎄요. 다시 한번 설명해주세요.

A: I'm going to cut this tree down. It's too tall!

B: You'd better run that by Dad first. He really likes that tree.

A: 이 나무를 베어내야겠어. 너무 크다구!

B: 먼저 아빠하고 의논해. 아빠는 그 나무를 정말 좋아한다구.

Stick with it 포기하지마, 계속해

stick with sb하면 "…가 보호해줄테니 가까이 붙어있으라"는 말이고 stick with sth하게 되면 바꾸거나 떠나거나 포기하지 말고 sth을 계속하다라는 뜻이다. 특히 Stick with it!은 관용표현으로 「포기하지마」, 「하던 일을 계속해」라는 의미.

A: I'm thinking of quitting my job.

B: Stick with it. It's hard to get a good job these days.

> A: 일 그만둘까봐.
> B: 포기하지마. 요즘같은 땐 좋은 직장 잡기가 힘들다구.

A: So do you want to stick with this color or switch it up or what?

B: I don't know.

> A: 그래 이 색을 고집할거야 아니면 다른 걸로 바꾸고 싶다는거야 뭐야?
> B: 모르겠어.

이왕이면 이것도 함께!

▶ Chris, stick with me
크리스, 내게 바짝 붙어

▶ I think I'll stick with the wine
난 계속 와인을 마실까봐

You never know 그야 모르잖아, 그야 알 수없지

「앞으로 무슨 일이 일어날지 누가 알겠느냐」는 의미. 문맥에 따라 지금 상황이 좋지 않더라도 미래 일은 어떻게 달라질지 아무도 모르기 때문에 희망이 있다, 즉 그럴 것 같지는 않지만 가능성은 있다는 의미를 담고 있는 표현이다.

A: Do you think I'll win lotto?

B: I don't think so, but you never know.

> A: 내가 로또에 당첨될까?
> B: 글쎄다, 그렇지만 모르는 일이지.

A: That interview was really terrible. I won't get that job.

B: You never know. They might think that you are well qualified to work there.

> A: 면접이 정말 형편없었어. 거긴 안될 거야.
> B: 그야 모르지. 네가 거기서 일할 능력이 충분하다고 생각할지도 모르잖아.

이왕이면 이것도 함께!

▶ It's not impossible
불가능한 일은 아니지

▶ You can never tell!
단정할 순 없지!

▶ You never know until you try
해보기 전에는 누가 알아

▶ You never know what can happen 무슨 일이 일어날지 어떻게 알아

I want to have a fling 번개 좀 해야겠어

fling은 애시당초 진지하게 사귀지 않은 두 사람이 스트레스나 그냥 단순히 육체적인 성적욕구를 풀기 위해 몇 차례 맺는 성관계를 말한다. 따라서 one night stand보다는 횟수가 많지만 그렇다고 affair라고 할 정도는 아닌 경우를 말한다.

A: I didn't think you wanted to have a fling.

B: Well, it's been a long time since I've been flung.

A: 네가 번개하고 싶어하는 줄은 몰랐어.
B: 그게 말야, 번개해본 지가 너무 오래됐거든.

A: What do you want to do tonight?

B: Let's go to a club and find some girls. I wanna get laid bad.

A: 오늘밤에 뭐 할래?
B: 클럽에 가서 아가씨들이나 꼬시자. 끝내주게 한번 해야겠어.

이왕이면 이것도 함께!

▶ I wanna get laid
나 섹스하고싶어

▶ She's a good lay
갠 섹스 잘해

▶ She's an easy lay
쟨 헤픈 아이야

Where did that come from? 왜 그런 말을 하는거야?

이유를 물어보는 표현. why 대신에 How come~, What makes you~ 등이 있다고 했는데 이번에는 Where이 Why처럼 쓰인 경우이다. come from이 왔으니 무조건 출처나 고향을 묻는다고 생각하면 미드그만!! 상대방의 말을 이해 못해 「왜 그런 말을 하는거야?」라고 물어보는 표현이 된다.

A: Down! Everybody down! Down!

B: Where did that come from?

A: 엎드려! 다들 엎드리라고!
B: 이게 어디서 날라오는거야?

A: You like to be around death 'cause it thrills you.

B: Now where does that come from?

A: 넌 죽음에서 스릴을 느끼기 때문에 죽음과 관련되는 걸 좋아하지?
B: 그거 왠 뚱딴지 같은 소리야?

이왕이면 이것도 함께!

▶ Where does it say that?
왜 그런 말을 하는거야?

19_ How did it happen?

Alan	**You see that?** Chris was holding hands with Penny
Renee	Of course he was. **He's going out with Penny.**
Alan	I didn't know they liked each other. **How did it happen?**
Renee	Penny was dating Ray, but **she had second thoughts about it.**
Alan	I heard she broke up with Ray! Now **I know what she was up to**.
Renee	That's right, she decided to date Chris. Hey, have you found a girlfriend yet?
Alan	No, not yet, but **I'm working on it**.

Alan	봤지? 크리스가 페니의 손을 잡고 있는거 말야!	Alan	레이와 헤어졌다는 말 들었어! 이제 무슨 의도였는지 알겠네.
Renee	물론 봤어. 걔 페니하고 데이트하나 봐.	Renee	맞아, 걘 크리스하고 데이트하기로 맘먹은거야. 야, 넌 여친 아직 없는거야?
Alan	걔네들이 서로 좋아하는지 몰랐어. 어떡하다 그렇게 된거지?	Alan	어, 아직, 하지만 노력중이야.
Renee	페니는 레이와 데이트 중이었지만 생각을 고쳐먹었나봐.		

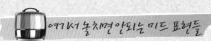

여기서 놓치면안되는 미드 표현들

You see that?
봤지?, 내 말이 맞지?

You see that? I told you the truth.
내 말 맞지? 난 사실을 얘기했어.

He's going out with Jane 걔 제인하고 사귀는 중야

Why didn't you just tell us you were **going out with** Sandy?
넌 왜 샌디와 사귀는 중이라고 우리에게 말하지 않은거야?

How did it happen?
이게 어떻게 된 거야?

You were there, **how did it happen** that I've agreed to date him? 너 거기 있었지, 내가 어떻게 하다 걔와 데이트 약속을 하게 된거야?

We're having second thoughts about it
다시 생각해봐야겠어

I don't know. **I'm having second thoughts.**
나도 모르겠어. 다시 생각해보는 중이야.

What are you up to?
뭐해?, 무슨 수작이야?

You too! So, **what are you up to**?
너도 그래! 그래, 뭐하는거야?

I am working on it
지금 하고 있어

Alright while you guys keep **working on it** I'm gonna go talk to him. 좋아, 너희들이 그거 하고 있는 동안에 난 가서 걔와 얘기할게.

508

You see that? 봤지?, 내 말이 맞지?

Do나 Did가 앞에서 생략된 문장으로 봐야 한다. 자기 말이나 주장이 맞았을 때 스스로 감탄하며 상대방에 으쓱하며 할 수 있는 말로 「봤지?」, 「내 말 맞지?」라는 의미. See, I told you와 같은 맥락의 표현이다.

A: You see that?

B: Yeah, the guy's a jerk.

<blockquote>
A: 내 말이 맞지?
B: 그래, 저 자식이 또라이네.
</blockquote>

A: There's no foam around his mouth and nose. You see that? Take a look at that syringe.

B: There's no blood in it.

<blockquote>
A: 입과 코에 거품이 없어. 봤지? 주사기 확인해봐.
B: 그 안에 피는 없는데요.
</blockquote>

이왕이면 이것도 함께!

▶ See, I told you
거봐, 내가 뭐랬어?

▶ Did you see that?
봤지?

▶ Do you see that?
저거 보여?

▶ Can't you see that?
모르겠어?

He's going out with Jane 걘 제인하고 사귀는 중이야

go out (with)는 외출하다, 나가다라는 일차적 의미로도 많이 쓰이며 비유적으로는 남녀가 같이 시간을 많이 보내면서 사귀거나 데이트하는 것을 말하는 표현으로 이때는 진행형으로 쓰일 때가 많다. with는 꼭 있어야 되는 것은 아니라 대상을 말할 때만 쓴다.

A: I'm not going out with you.

B: Did I ask you to go out with me?

<blockquote>
A: 나 너랑 사귀고 싶은 생각없어.
B: 내가 너보고 사귀자고 했니?
</blockquote>

A: You really go out with some guy you don't know?

B: Well, you can't be worse than the guys I do know.

<blockquote>
A: 너 정말 모르는 사람과 데이트할거야?
B: 내가 아는 사람보다 더 나쁘지 않을 수도 있잖아.
</blockquote>

이왕이면 이것도 함께!

▶ Will you go out with me?
나랑 데이트할래?

▶ Tom's going out with you?
탐이 너랑 사귀니?

▶ I went out with him
난 걔랑 데이트했었어

How did it happen? 이게 어떻게 된거야?

어떤 일이 벌어진 연유와 과정을 물어보는 표현이며 종종 How'd it happen?으로 축약되어 발음된다. 또한 What happened?는 이해할 수 없는 일이 벌어지는 상황에서 어떤 일로 해서 이런 상황이 되었는지를 물어보는 표현.

A: You look terrible. What happened to you?

B: I got caught in the rain without my umbrella.

    A: 꼴이 그게 뭐야. 어떻게 된 거야?
    B: 우산이 없어서 비를 쫄딱 맞았어.

A: Ron was involved in a serious car accident on the way to work yesterday.

B: That's terrible. How did it happen?

    A: 론이 어제 출근길에 차사고가 크게 났다던데.
    B: 끔찍하군. 어쩌다 그렇게 됐대?

이왕이면 이것도 함께!

▶ So how did it happen?
그래, 어떻게 된거야?

▶ Oh, my god. How did it happen?
맙소사. 어떻게 이렇게 된거야?

▶ What happened to [with] you?
너 무슨 일이야?

We're having second thoughts about it 다시 생각해보고 있어

이미 자신이 내린 결정에 "자신이 없을 때 다시 한번 생각해봐야겠다"고 내린 결정을 유보할 때 사용하면 된다. thoughts가 복수임에 주의한다. 또한 on second thoughts는 금방 말한 내용을 반대로 번복할 때 서두에 꺼내는 표현이다.

A: I know we promised to buy your car, but we're having second thoughts about it.

B: You need to honor your promise.

    A: 우리가 당신 차를 사겠다고 한 걸로 아는데요, 다시 생각해봐야겠습니다.
    B: 약속한 건 지키셔야 합니다.

A: Well, I don't pay attention to gossip.

B: I'm just saying I would understand if you had second thoughts about marrying a man who is under a cloud.

    A: 저기, 난 소문에 신경안써.
    B: 난 단지 네가 안좋은 사람과 결혼하는 걸 다시 생각하는게 더 말이 된다는 말이지.

이왕이면 이것도 함께!

▶ Any second thoughts about Bree?
브리에 대해 다시 생각해봤어?

▶ on second thoughts
다시 생각해보니

What are you up to? 뭐해?, 무슨 수작이야?

▰▰▰▰▰▰▰▰▰▰▰▰▰▰▰▰▰▰▰▰▰▰▰▰▰▰▰▰▰▰▰▰▰

be up to는 「어떤 일을 하고 있다」 혹은 「꾸미다」라는 의미. 따라서 What are you up to?하면 단순히 「지금 뭐하냐?」는 의미도 되고 문맥에 따라서 상대방이 어떤 나쁜 일을 꾀하고 있을 거라는 판단 하에 「무슨 짓을 꾸미는 거냐?」는 뜻도 된다. What have you been up to?는 근황을 묻는 말.

A: Hi Jim, it's Rob. **What are you up to?**

B: Well, I just started cooking some spaghetti for dinner.

> A: 안녕 짐. 나야 랍. 뭐해?
> B: 저녁으로 먹으려고 스파게티를 좀 만들던 참이었어.

A: I think **they're up to** something!

B: Me too. They have been laughing the entire time.

> A: 내 생각엔 걔들이 뭔가 꾸미고 있는 것 같아.
> B: 나도 그래. 내내 웃고 있잖아.

이왕이면 이것도 함께!

▶ I wonder what he's up to
걔가 뭔 짓을 꾸미는지 모르겠어

▶ I know what you're up to 네 속셈 다 알아

▶ They are up to something
걔들 뭔가 꾸미고 있어

▶ What have you been up to? 뭐하고 지냈어?

▶ How have you been?
그 동안 어떻게 지냈어?

▶ (I) Haven't seen you in a long time 오랜만이야

I am working on it 지금 하고 있어

▰▰▰▰▰▰▰▰▰▰▰▰▰▰▰▰▰▰▰▰▰▰▰▰▰▰▰▰▰▰▰▰▰

여기서 work on은 어떤 일을 「열심히 하다」(make an effort to do something)라는 의미. on 다음에는 사람이 오기도 하는데, 그 경우 의사가 환자를 「치료하거나」 상대를 「설득하다」라는 뜻이 된다. be working on은 음료나 음식을 「먹고 있는 중」이라고 할 때도 자주 사용된다.

A: How's the project coming along? Are you finished yet?

B: **I'm working on it.** Should be finished soon.

> A: 그 프로젝트는 어떻게 되어가? 이제 끝냈어?
> B: 지금 하고 있어. 곧 끝날 거야.

A: How's the boss? Have you made him happy yet?

B: **I'm working on it.** If I keep working hard this month I think he'll be satisfied.

> A: 사장님은 어떠셔? 만족스럽게 해드렸어?
> B: 노력 중이야. 이번 달에 계속 열심히 일하면 만족하실 것 같아.

이왕이면 이것도 함께!

▶ He's working on an experiment
걔는 실험을 하나 하고 있어

▶ He's working on getting shoe prints
걘 신발자국을 뜨고 있어

▶ Still working on it
아직 하고 있어

▶ Some strange man is working on my wife
어떤 낯선 사람이 내 아내를 설득하고 있어

20_ What do you think you're doing?

Maurice	**What do think you're doing?** Stop touching my back!
Mindy	I'm trying to give you a massage. Don't you like it?
Maurice	No! **Knock it off! That hurts** my muscles.
Mindy	**I'm like you,** it hurt me at first, but I promise it will feel better soon.
Maurice	Okay, I guess my shoulders do feel pretty good.
Mindy	See what I mean? **Can you believe this is already happening?**
Maurice	Wow, it's great. Thanks, **you did a nice job**.

Maurice 너 뭐하는 짓이야? 내 등을 만지지마!

Mindy 마사지해주려고 했지. 좋아하지 않아?

Maurice 싫어! 그만두라고! 근육이 아프잖아.

Mindy 나도 마찬가지야, 처음에는 아프지만 곧 좋아질거야.

Maurice 알았어, 어깨가 가볍게 풀리는 것 같으네.

Mindy   이제 내 말 알겠어? 벌써 이러는데 믿어지지 않지?

Maurice 야, 대단해. 고마워. 아주 잘했어.

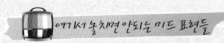
여기서 놓치면 안되는 미드 표현들

What do you think you're doing? 무슨 짓이야?, 너 정신 나갔냐?	**What do you think you're doing**, Sam? You don't work here! 샘 너 뭐하는거야? 넌 여기 직원도 아니잖아!
Cut it out! 그만둬!	**Cut it out**, Randy! What's wrong? 랜디, 그만둬! 왜 그러는거야?
That hurts 그거 안됐네, 마음이 아파	You would rather have sex with me than talk to me? Ow, **that hurts**. 나와 얘기하느니 섹스를 하는게 낫다고? 와, 맘이 아프네.
I'm like you 나도 너랑 같은 생각이야, 나도 너랑 같아	So you're single now. That's a good thing. Now **you're like me,** man. 그럼 너 이제 혼자네. 좋은 일이지. 이제 넌 나와 같구만, 친구야.
Can you believe this is already happening? 벌써 이렇게 됐나?	**Can you believe this is already happening?** I mean it seems like yesterday they just got married. 벌써 이렇게 된거야? 내 말은 걔네들 결혼한 게 어제 같은데 말야.
You did a good[nice] job! 아주 잘했어!	**You did a good job** covering your tracks. 네 흔적을 감추는데 아주 잘했어.

512

What do you think you're doing? 무슨 짓야, 너 정신 나갔냐?

어처구니 없고 말도 안되는 일을 하는 상대방에게 혼을 내는 말. 직역하면 「넌 지금 네가 무엇을 하고 있다고 생각하느냐」, 의역하면 「너 제정신이야?」, 「너 이게 무슨 짓이야?」라는 표현이다. Who do you think you are?하면 「네가 도대체 뭔데 그래?」라는 의미.

이왕이면 이것도 함께!

▶ Who do you think you are?
네가 뭔데 그래?

▶ You are nothing special
당신 대단한 거 없어

▶ You are not so great
그렇게 잘난 것도 없으면서

A: Crazy bitch! What do you think you're doing?! What are you doing?

B: I'm taking my damn space!

A: 미친년! 이게 뭐하는 짓이야?! 뭐하는거야?
B: 빌어먹을 내 주차공간을 차지하는거다!

A: From now on, I'm going to design all of the new schedules.

B: Who do you think you are? No one assigned you that task.

A: 이제부터 새로운 일정은 모두 내가 짤게요.
B: 당신이 도대체 뭔데요? 당신한데 그런 일 맡긴 사람 아무도 없어요.

Cut it out! 그만둬!, 닥쳐!

상대의 언행이 너무 지나쳐서 신경을 거스를 때 「그만해」란 의미로 하는 말. 잔뜩 굵는 인상과 짜증나는 어투는 이 표현 사용시 필수사항.

이왕이면 이것도 함께!

▶ Cut that out!
그거 그만둬!

▶ Knock it off!
조용히 해!, 그만해!

▶ Stop it! 그만해!

▶ Just drop it! 당장 그만둬!

▶ Get your hands off!
그 손 치워!

▶ Let's just leave it at that
그냥 그만두자

A: Can we go to Disneyland, Dad? Huh? Can we?

B: Cut it out! You kids know that we can't afford it this year.

A: 아빠, 우리 디즈니랜드 갈 수 있는 거죠? 네? 그렇죠?
B: 그만 좀 해. 올해는 그럴 여유가 없다는 걸 너희도 알잖니.

A: Why don't you guys knock it off?

B: Sorry, we were only having a little bit of fun.

A: 조용히 좀 해라.
B: 미안해, 그냥 좀 재미있는 일이 있어서 말야.

That hurts 그거 안됐네, 마음이 아프네

That은 앞서 말한 내용으로 그것이 아프게 한다라는 말로 상대방을 위로 할 때는 안됐다, 마음이 아프겠다, 아니면 내가 상처를 받을 때는 아이고 맘이 아파라에 해당하는 문장이다. hurt의 사용법은 sb hurt+신체부위[or sb](다치다, 아프게하다), sb be hurt(아프다) 등이 있다.

A: Actually I divorced a month ago.
B: Oh, that hurts.

　　A: 실은 나 한달 전에 이혼했어.
　　B: 저런, 마음이 아프겠구나.

A: You really hurt Chris, you know that?
B: Why, what did I do?

　　A: 너 정말 크리스에게 상처를 줬어, 알아?
　　B: 왜, 내가 뭘 어쨌는데?

이왕이면 이것도 함께!

▶ My head hurts
　머리가 아파

▶ You're hurting me
　네가 날 아프게 해

▶ I know you're hurt
　네가 아프다는 거 알아

▶ It hurts (like hell)
　너무 아파

▶ Does it still hurt?
　아직도 아파?

▶ I know you're hurt
　네가 아프다는 거 알아

I'm like you 나도 너랑 같은 생각이야, 나도 너와 같아

여기서 like는 전치사로 be like sb하면 …와 마찬가지이다, 닮다, 같은 처지이다 나아가서는 문맥에 따라 「나도 너와 같은 생각이야」라는 뜻으로 쓰인다. 주어와 like 다음의 사람을 바꿔가면서 다양하게 문장을 만들어볼 수 있다. 물론 like 다음에는 일반명사가 오기도 한다.

A: I just don't understand my girlfriend's way of thinking.
B: Hey, I'm like you. I have difficulty seeing a woman's point of view.

　　A: 난 내 여자친구의 사고방식을 이해못하겠어.
　　B: 이봐, 나도 너랑 같은 의견이야. 나도 여자들의 관점을 이해하기가 힘들어.

A: She isn't a hooker. She's like an international party girl.
B: She's a hooker with a passport.

　　A: 갠 창녀는 아냐. 갠 국제적인 파티걸같지.
　　B: 여권이 있는 창녀네.

이왕이면 이것도 함께!

▶ You're like me
　너도 나와 비슷하구나

▶ He's like a drug addict
　갠 약물중독자 같아

▶ She's like a mother to me
　갠 내겐 엄마와 같아

514

Can you believe this is already happening?

벌써 이렇게 됐나?

▄▄▄▄▄▄▄▄▄▄▄▄▄▄▄▄▄▄▄▄▄▄▄▄▄▄▄▄▄▄▄▄▄▄▄▄

역시 happen을 이용해서 만드는 미드문장. 주말이 어제였던 것 같은데 다시 벌써 새로운 금요일이 오는 것처럼 특히 세월의 빠름에 놀라면서 얘기할 때 사용하는 표현이다. 언제 벌써 이렇게 되었지?라는 뜻으로 시간의 흐름, 아이들의 빠른 성장 등을 말할 때 긴요하다.

이왕이면 이것도 함께!

▶ I guess I just can't believe any of this is happening
이런 일이 생기다니 믿을 수가 없는걸

A: It's New Year's day again. Time to celebrate!

B: Can you believe this is already happening? Time passes so fast.

A: 또 새해가 밝았네요. 축하해야 할 시간이네요!
B: 벌써 그렇게 됐나요? 시간 정말 빠르군요.

A: Your children are graduating soon, aren't they?

B: Yes. Can you believe this is already happening? They seem so young.

A: 네 아이들 곧 졸업하지 않나, 맞지?
B: 그래. 벌써 이렇게 됐나 싶어. 걔네들 어리게만 보이는데 말야.

You did a good job! 아주 잘했어!

▄▄▄▄▄▄▄▄▄▄▄▄▄▄▄▄▄▄▄▄▄▄▄▄▄▄▄▄▄▄▄▄▄▄▄▄

상대방이 일을 잘했다고 칭찬할 때 쓰는 표현. good 대신에 nice을 쓰기도 하고 그냥 간단히 Good job!이라고 해도 된다. 잘한 일까지 말하려면 You did a good job with[~ing]라고 하면 된다. 강조하려면 good 대신 great, super, excellent 등을 쓰면 된다.

이왕이면 이것도 함께!

▶ Good[Nice] job!
아주 잘했어!

▶ He did a good job with it
걔 그걸 아주 잘했어.

▶ We did a good job burying Chris
우린 크리스를 잘 묻었어

A: Well, now that the project is finished, you can give me your real opinion. How did I do?

B: You did a good job! I was very impressed.

A: 저기, 프로젝트가 끝났으니까 말야, 네 솔직한 의견을 말해줄 수 있지. 나 어땠어?
B: 정말 잘했어! 매우 인상적이었어.

A: We decorated this place for the party tonight. What do you think?

B: Good job! I like it.

A: 오늘 파티 하려고 집을 꾸몄어. 어때?
B: 잘했어! 맘에 든다.

21_ A deal's a deal

Hank	Did you get an A on the exam? **That's the stuff!**
Frieda	Yeah, you told me **everything would work out all right**.
Hank	It's true, you did well. **Keep up the good work.**
Frieda	My friend failed the exam. I promised to help her tonight.
Hank	**A deal's a deal**, help her to study for the next test.
Frieda	She is very upset that she failed. Maybe **that'll teach her** to try harder.
Hank	Someone's knocking at the door. It may be my friend. **Would you get that?**

Hank	시험에서 A 받았어? 아주 잘했어!		Hank	약속은 지켜야지. 다음 시험 공부하는데 도와줘라.
Frieda	어, 모든게 다 잘 될거라 말했잖아.		Frieda	시험에 떨어져서 열받아있어. 공부를 더 열심히 해야 한다는 걸 깨달았겠지.
Hank	맞아, 네가 잘했어. 지금처럼 계속 열심히 해.		Hank	누가 노크하네. 내 친구일거야. 열어줄래?
Frieda	내 친구는 시험에 떨어졌어. 오늘 밤에 도와주기로 약속했어.			

여기서 놓치면 안되는 미드 표현들

That's the stuff
바로 그거야, 잘했어

You know, **that's the thing**. Why should I feel burdened?
저 말야, 바로 그거야. 왜 내가 부담감을 느껴야 돼?

Things will work out all right 잘 해결될거야

Don't get stressed, **things will work out all right**.
스트레스 받지마, 상황이 다 잘 될거야.

Keep up the good work 계속 열심히 해

She's a good catch. **Keep up the good work!**
갠 놓치기 아까운 얘야. 계속 열심히 잘 해봐!

It's a deal
그러기로 한 거야, 내 약속하지

Alright you give me $50, and **it's a deal**.
좋아 넌 내게 50 달러를 주는거야, 그렇게 하는거야.

That'll teach her!
그래도 싸지!, 당연한 대가야!

Guess **that'll teach her**, right? 걔는 당해도 싼 것 같아, 맞지?
That'll teach him to be rude. 무례하게 굴면 어떻게 되는지 알게 될거야.

Would you get that?
문 좀 열어줄래?,
전화 좀 받아줄래?

Andy, honey, **would you please get the phone?**
앤디, 자기야, 전화 좀 받아줄래?
Mother, **can you get the door?** I'm on hold.
엄마, 문 좀 열어줘요. 전 통화중이예요.

That's the stuff 바로 그거야, 잘했어

▪▪▪▪▪▪▪▪▪▪▪▪▪▪▪▪▪▪▪▪▪▪▪▪▪▪▪▪▪▪▪▪▪▪▪▪▪

상대방의 어떤 행동이나 조치에 대해 그것이 매우 타당하고 자신의 기대에 흡족하게 맞아 떨어졌을 때, 「암 그래야지!」, 「잘 했어!」라고 기분좋게 내뱉는 말.

A: You can do it! That's the stuff!

B: Thanks. I appreciate you cheering for my basketball team.

    A: 넌 할 수 있어! 옳지 그거야!
    B: 고마워. 우리 팀을 응원해줘서 고마워.

A: So what're you going to do?

B: I don't know. That's the thing. I don't know what I want to do.

    A: 그래 이제 뭐 할 거야?
    B: 몰라. 그게 바로 문제야. 뭘 하고 싶은지 모르겠어.

이왕이면 이것도 함께!
- ▶ That's it! That's the stuff!
  그거야! 바로 그거야!
- ▶ That's the ticket!
  그렇지!
- ▶ That's (just) the thing!
  바로 그거야!
- ▶ That's the very thing
  바로 그거야
- ▶ That's the spirit!
  바로 그거야

Things will work out all right 잘 해결될거야

▪▪▪▪▪▪▪▪▪▪▪▪▪▪▪▪▪▪▪▪▪▪▪▪▪▪▪▪▪▪▪▪▪▪▪▪▪

비록 지금 상황이 안 좋지만 앞으로 상황이 호전되면서 결국에 「좋은 결과로 끝날 거」라는, 혹은 「문제가 잘 해결되리라」는 좋은 뜻을 담고 있는 덕담성 표현. 그냥 all right 빼고 쓰기도 하며 with sb의 형태로 일이 잘 해결되는 사람을 표현할 수도 있다.

A: I'm worried that I won't get a good grade on the French exam.

B: Things will work out all right. Ask your teacher if there's any extra credit work you can do.

    A: 프랑스어 시험 성적이 안 좋을 것 같아서 걱정이야.
    B: 다 잘될 거야. 달리 학점을 딸 수 있는 방법이 있는지 선생님께 여쭤봐.

A: I was fired last week and I don't know if I can find another job.

B: Things will work out all right. Don't give up.

    A: 지난 주에 잘렸는데, 다른 일자리를 찾을 수 있을지 모르겠어.
    B: 다 잘 될 거야. 포기하지마.

이왕이면 이것도 함께!
- ▶ Maybe things will work out
  상황이 해결될 수도 있어
- ▶ You think things will work out with my sister?
  내 누이의 상황이 호전될거라 생각해?

Keep up the good work 계속 열심히 해, 계속 잘 하렴

keep up은 「유지하다」라는 뜻. keep it up하면 「계속 열심히 하라」고 상대방을 격려해주는 말이고 관용의 it 대신 the good work가 쓰인 keep up the good work은 과거에 잘해왔던 것처럼 「앞으로도 계속 잘하라」는 뉘앙스가 담겨져 있다.

A: I sold 10 houses last month. That's my best month this year.

B: That's great Jim. Keep up the good work.

A: 지난 달에 집을 열 채나 팔았어요. 올해 최고의 달이었죠.
B: 잘됐군 짐. 계속 수고하게나.

A: Coach. I'm getting really tired. Can I take a break?

B: Keep it up just a little longer then you can rest.

A: 감독님. 정말로 피곤해서 그러는데요. 잠깐 쉬어도 될까요?
B: 조금만 더 계속 해봐. 그런 다음에 쉬라구.

이왕이면 이것도 함께!
▶ Good girl. Keep it up
착하지, 계속 열심히 해
▶ Keep it up. You might get lucky 열심히 해, 운이 좋을 수도 있어

It's a[That's a] Deal 그러기로 한 거야, 내 약속하지

deal은 여기서 명사로 「거래 협정」이라는 의미. 따라서 (It's a[That's a]) Deal 하면 「그러기로 한거다」, 「내 약속하마」, 그리고 (It's a) Deal?하면 제안한 양측 모두에게 이익이 되는 어떤 거래를 할 것에 동의하는지를 묻는 표현이다.

A: Sell it to me for $1,000, that's my final offer. Deal?

B: No, I'm afraid that your offer is much too low.

A: 그거 나한테 천달러에 팔아라, 마지막으로 제안하는 거야. 그럴래?
B: 싫어. 네가 너무 낮게 부르는 것 같아.

A: I'm not sure that I can honor our original agreement.

B: A deal's a deal. If you don't follow our agreement, I'll have to sue you.

A: 원래 합의했던 내용을 지킬 수 있을지 확신할 수가 없어요.
B: 약속은 약속이에요. 안 지키면 고소를 하는 수밖에 없죠.

이왕이면 이것도 함께!
▶ Then it's a deal. Baby
그럼, 그렇게 하는거다, 자갸.
▶ A deal's a deal
약속한거야
▶ (It's a) Done deal
그러기로 한 거야
▶ (It's a) Deal?
그럴래?, 좋아?

518

That'll teach her! 그래도 싸지!, 당연한 대가야!

teach의 특이한 용법으로 사물명사나 That, This, It 등이 앞의 내용을 받아, 그 것으로 어떻게 해야 되는지를 호되게 깨닫다라는 뜻으로 쓰인다. 그냥 단순히 That'll teach her하면 당해 싸다, That'll teach sb to~하면 어떻게 되는지 이제 알겠구만이라는 뜻.

A: Beth was caught cheating on her mid-term exam.

B: **That'll teach her!** She can't cheat when everyone else has to study hard.

A: 베스가 중간고사 중에 컨닝하다 걸렸어.
B: 당연한 대가야! 다들 열심히 공부해야 하는데 컨닝을 하면 안되지.

A: I just got dumped by Jill. Why would she do that?

B: **You had it coming.** You were always seeing other girls behind her back.

A: 방금 질한테 채였어. 걔가 왜 그랬을까?
B: 넌 그래도 싸. 맨날 뒤에서 다른 여자들 만나고 다녔잖아.

이왕이면 이것도 함께!

▶ It serves you right!
넌 그런 일 당해도 싸!, 꼴 좋다!

▶ You'll pay for that!
당해도 싸다!, 꼴 좋군!

▶ You had it coming!
네가 자초한 거야!

▶ That'll teach you to lend her money
이제 걔한테 돈 빌려주면 어찌 된다는 걸 알게 될거야

Would you get that? 문 좀 열어줄래?, 전화 좀 받아줄래?

미드보다가 많이 볼 수 있는 장면. 누가 초인종을 누를 때 TV보고 있으면서 다른 사람에게 문열어달라고 하거나, 핸드폰으로 통화 중인데 집전화 올 때 다른 사람에 게 대신 받아달라고 할 때 자주 들리는 표현. 「내가 받을게」, 「내가 열게」라고 하려면 I'll get it이라 한다.

A: **Would you get that?** My hands are full at the moment.

B: Sure. **I'll get it.** Hello...

A: 전화 좀 받아줄래? 지금 손이 비질 않아서.
B: 알았어. 내가 받을게. 여보세요…

A: What a lively conversation. I'll get some sodas.

B: No, **please allow me.** Why don't you stay here and chat with her.

A: 정말 활기찬 대화네. 소다수 좀 먹을게.
B: 아니, 내가 할게. 그냥 여기서 걔와 대화를 나눠.

이왕이면 이것도 함께!

▶ I'll get it
내가 받을게

▶ Let me
내가 받을게

▶ Allow me
내가 도울게요

22_ What do you got?

Gary	**You're right on time.** This is a major murder case.
Lynn	**What do you have?** Are there any witnesses to the crime?
Gary	Yeah, they are inside. Just go see **what they all say**.
Lynn	Okay, **I got this**. You can go home now.
Gary	**Don't blow me off.** I'll help you with the police work.
Lynn	Well, I think I can find the killer by myself by the end of the night.
Gary	Come on, **tell me another**. It will take a lot of work to find the killer.

Gary	제 때에 왔네. 이건 강력살인사건이야.
Lynn	뭐 나온 것 있어? 목격자는 있어?
Gary	어, 안에 있어. 가서 다들 뭐라 하는지 봐.
Lynn	알았어, 이건 내가 맡을게. 넌 집에 가도 돼.
Gary	날 무시하지마. 경찰 업무하는데 내가 도울게.

Lynn	저기, 난 오늘이 가기 전에 나 혼자서 범인을 잡을 수 있을 것 같은데.
Gary	이러지마, 말되는 소리를 해. 범인을 찾는데 많은 일이 필요할거야.

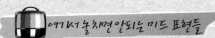 여기서 놓치면 안되는 미드 표현들

You're right on time
제때 왔구나

No, **right on time**. Hold on. 아니, 제 때에 왔어. 잠깐만.
You're right on time. I want you to meet my son, Tom.
제 때 왔어. 내 아들 탐이야.

What do you got?
무슨 일이야?, 어떻게 된거야?

What you got there anyway? 어쨌든 거기 무슨 일이야?
Talk to me, Jack. **What do you got?** 내게 말해봐, 잭. 어떻게 된거야?

That's probably what they'll say 모두 그러겠지

That's probably what they'll say after the funeral.
장례식 후에는 다들 그렇게 말하겠지.

I got this
내가 처리할게, 내가 할게

I got this. You got a problem? 내가 맡을게. 뭐 문제있냐?
Relax, **I got this**. 진정해, 내가 할게.

Don't blow me off
무시하지마, 피하지마

Yeah, I kinda figured you'd try to **blow me off**.
어, 네가 날 무시할거라 생각했어.
How could he just **blow me off**? 어떻게 걔가 날 바람맞힐 수가 있어?

Tell me another
거짓말마, 말이 되는 소리를 해라

Your brother is famous? Yeah, **tell me another**.
네 형이 유명하다고? 어, 말되는 소리를 해라.

You're right on time 제 때 왔구나

in time은 「늦지 않게」(early or soon enough), 「때를 맞춰」라는 말이고, on time은 「딱 정해진 시간에」(at the exact time), 「시간을 어기지 않고」라는 의미. 그래서 You're right on time은 늦지 않게 딱 약속한 시간에 왔다라는 말이 된다. 여기서 right은 on time을 강조하는 부사.

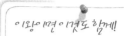

이왕이면 이것도 함께!
▶ Right on time
제때에 왔어
▶ Oh, good, just in time
어 좋아, 제시간 맞게 왔어

A: OK, sorry I'm late.

B: No, you're right on time. We're just getting started

    A: 그래, 늦어서 미안.
    B: 아니, 제때에 맞춰 온거야. 우리도 방금 시작했어.

A: Let's go. We can still make it home in time for dinner.

B: Great. I'm starved.

    A: 가자. 아직 저녁 시간 전에 맞춰 집에 갈 수 있어.
    B: 좋지. 난 배고파.

What do you got? 무슨 일이야?

특히 범죄미드에서 많이 들을 수 있는 표현. 문법적으로는 틀린 문장이다. What do you have?나 What have you got?이라고 해야 한다. 하지만 닥치고 영어를 쓰는 미드에서는 줄여서 What do you got? 혹은 What you got?이라고 한다. 문맥에 따라 「무슨 일이야?」, 「어떻게 된거야?」, 「결과는 어때?」, 「뭐가 있는데?」 등 다양하게 의미를 갖는다.

이왕이면 이것도 함께!
▶ What you got there?
거기 무슨 일이야?
▶ What? What do you got?
뭐야? 뭔데?
▶ What do we have here?
무슨 일이야?, 여기 좀 봐

A: So, what do we have here?

B: Well, a boy was out playing, found the weapon.

    A: 그래, 무슨 일이야?
    B: 어, 한 소년이 밖에서 놀다가 무기를 발견했어요.

A: What do you got?

B: The one thing you don't want to find at a murder scene.

    A: 뭐야?
    B: 범죄현장에서 네가 발견하고 싶지 않은 유일한 거.

521

That's probably what they'll say 모두 그러겠죠

좀 낯설게 느껴질 수도 있으나 은근히 많이 나오는 표현. That's probably what they'll say는 「모두들 그러겠지」라고 예상하는 문장이고, they 대신에 we all이라고 해도 된다. 그리고 Just see what they all say는 「걔네들 의견이 어떤지 물어봐라」라는 뜻이 된다.

A: She said it never happened before.

B: Well that's what we all say.

> A: 걘 전에 이런 적이 전혀 없었다고 말해.
> B: 저기, 다들 그런 식으로 말하지.

A: The victim was asking for it.

B: Isn't that what they all say?

> A: 피해자가 해달라고 했다구요.
> B: 다들 그렇게 말하지 않아?

이왕이면 이것도 함께!

▶ Well, that's what we all say
다들 그렇게 말하지

▶ Just see what they all say
걔네들 의견을 물어봐봐

I got this 내가 할게, 내가 맡아서 처리할게

get이 뭐 안끼는데가 없기는 하지만 I got this 또한 아주 쉬운 문장으로 많은 상황에서 자주 쓰이는 표현이다. 보통은 「내가 할게」(Let me do this, I'll do it)라는 뜻이다. 내가 맡아서 처리하겠다는 의미를 기본적으로 생각하고 문맥에 맞게 그때그때 맞춰서 해석하면 된다.

A: I hear someone knocking at our door.

B: Sit down and relax. I got this.

> A: 누가 노크하는 것 같은데.
> B: 앉아서 진정해. 내가 가볼게.

A: Who is going to work overtime this weekend?

B: I got this. It's my turn to work a weekend shift.

> A: 이번 주말에 누가 야근을 할거야?
> B: 내가 할게. 내가 주말근무할 차례야.

이왕이면 이것도 함께!

▶ No, thank you. I got this myself
고맙지만 됐어. 내가 처리할게

▶ All right, then I got this
좋아 그럼 내가 하지

Don't blow me off 무시하지마, 피하지마

blow off는 약속 시간에 나타나지 않아 「바람맞히다」(stand sb up), 나아가 「무시하다」(ignore)라는 의미로도 쓰인다. 단 blow sth off는 sth를 「일부러 빼먹다」, 「건너뛰다」라는 말이 된다.

이왕이면 이것도 함께!
▶ She didn't blow me off
걔가 나를 바람맞히지 않았어

A: I thought you were going on a date tonight.

B: **She blew me off.** Can you believe that?

  A: 네가 오늘 밤에 데이트하는 줄 알았어.
  B: 걔한테 바람맞았어. 이게 말이나 되냐?

A: What are you so angry about?

B: I gave our boss a suggestion, but he just blew me off.

  A: 왜 그렇게 화가 나 있어?
  B: 사장한테 제안서를 제출했는데 무시해버리더라고.

Tell me another 거짓말마, 말이 되는 소리를 해라

뻔히 드러나는 거짓말을 천연덕스럽게 늘어놓는 사람에게, 어디 「다른 거짓말(another one)도 한번 해보라」는 식으로 비꼬는 말이다. 결국 말도 안되는 「뻥은 그만 치라」는 말씀.

이왕이면 이것도 함께!
▶ Tell me another one
말이 되는 소리를 해라
▶ That's a lie
거짓말마
▶ Tell me another interest of yours
네 취미 중 하나 얘기해봐

A: Eva Longoria and I went out on a date once.

B: Oh, come on! **Tell me another!**

  A: 나 한때 에바 롱고리아와 사귀었어.
  B: 이거 왜이래! 말이 되는 소릴해!

A: Claire Danes used to ask me to have dinner with him several times a year.

B: That's nonsense. **Tell me another one!**

  A: 클레어 데인즈가 나한테 1년에 여러 번 저녁을 같이 하자고 하곤 했어.
  B: 웃기시네. 거짓말마!

23_ I'm flattered

Karen	**You have no chance of scoring with** Matty.
Mark	**I'll bet** she'll want to be with me.
Karen	**You done talking?** She doesn't like you, even though you're handsome.
Mark	You think I'm handsome? **I'm flattered.**
Karen	Look, don't try to date her. **It'll totally freak her out.**
Mark	She'll love me. Everybody loves me. We'll be great together.
Karen	**Speak for yourself.** I'm not sure why you think she likes you.

Karen	너는 매티와 섹스할 가능성이 없어.
Mark	걘 나랑 있고 싶어할게 확실해.
Karen	얘기 다했니? 걘 네가 잘 생겼지만 널 좋아하지 않아.
Mark	내가 핸섬하다는 말야? 기분이 좋은데.
Karen	야, 걔랑 데이트하려고 하지마. 걔가 기겁할거야.

Mark	날 사랑하게 될거야. 다들 날 좋아한다고. 우린 대단한 커플이 될거야.
Karen	너나 그렇게 생각하지. 왜 걔가 널 좋아한다고 네가 생각하는지 모르겠다.

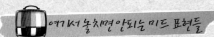

여기서 놓치면안되는 미드 표현들

You have no chance of scoring with her 네가 쟤랑 섹스할 가능성은 전혀 없어	I'm gonna tell you about the chick I **scored with** last night. 어젯밤에 섹스한 여자애에 대해 얘기해줄게.
You bet 확실해, 물론이지	**You bet.** Without a good education, it's hard to get a good job. 물론이지. 좋은 학벌이 없으면 좋은 직장 잡기가 힘들잖아.
You done? 다했니?	You're right, I don't want to talk about it. **You done?** 네 말이 맞아, 난 그 얘기하고 싶지 않아. 넌 다했니?
I'm flattered 그렇게 말해주면 고맙지, 과찬의 말씀을	I would love to! I'm just so **flattered** you'd ask. 그러고 싶어! 네가 부탁한다면 난 고맙지.
She's gonna totally freak out! 걔, 완전히 빡 돌아버릴걸!	If I don't get off the bus in Chicago tomorrow morning, my mom will **freak out**. 내가 내일 아침에 시카고에서 버스를 내리지 않으면 엄마가 난리치실거야.
Speak for yourself 그건 그쪽 얘기죠	**Speak for yourself.** They are a power couple, there's no doubt about it. 너나 그렇지. 걔네들은 힘있는 커플이고 그건 의심의 여지가 없어.

You have no chance of scoring with her

넌 쟤랑 섹스할 가능성은 전혀 없어

score는 경기에서 득점하다, 성공을 거두다라는 뜻에서 score with sb하면 원래 섹스를 하던 사이가 아닌 사람과 「섹스를 하다」, 즉, 「한건하다」라는 속어가 된다. 즉 have a sex with~이란 말씀.

A: I'm taking Debbie to a romantic restaurant tonight and then back to my house.

B: Don't waste your time. You have no chance of scoring with her.

> A: 나 오늘밤에 데비랑 분위기있는 식당에 갔다가 우리 집으로 데리고 갈거야.
> B: 시간 낭비하지 마라. 넌 걔랑 못할거야.

A: I just want you to know that she's only be using you to even the score with me. Don't fall for it.

B: Jessica would never do anything like that. She's a lady.

> A: 걘 나랑 자려고 너를 이용하고 있다는 걸 알라고. 넘어가지마.
> B: 제시카는 그런 짓을 할 사람이 절대로 아냐. 걘 숙녀야.

이왕이면 이것도 함께!

▶ You wanna score with Jack?
너 잭하고 섹스하고 싶어?

You bet 확실해, 물론이지

You bet?하면 「내기할 수 있어?」, 즉 「진짜야?」, 「틀림없어?」하고 진위를 확인하는 것이고, 반대로 You bet하고 끝을 내리면 「내기를 해도 좋다」, 즉 「확실하다」(That's right), 「물론이지」(Sure), 「틀림없어」하며 강한 확신의 표현. 또한 I'(ll) bet하면 상대의 말에 수긍한다는 의미. 종종 빈정대는 문맥에서도 쓰인다. 또한 I'(ll) bet that S+V의 형태로 자기가 말하는 내용이 틀림없는 사실임을 강조할 수도 있다.

A: Are you willing to pay $7,000 for my car?

B: You bet. It's a good deal for such a nice car.

> A: 7,000달러에 내 차를 살테야?
> B: 물론이지. 그렇게 좋은 차인데 그 정도면 좋은 조건이지.

A: He may become the next vice president of our firm.

B: I'll bet. He's smart and most people like him.

> A: 걔가 우리 회사의 차기 부사장이 될지도 몰라.
> B: 정말이야. 걔는 똑똑하고 많은 사람들이 좋아하지.

이왕이면 이것도 함께!

▶ You bet your life
틀림없어

▶ You bet your ass
확실하구 말구

▶ You can bet on it
정말이지, 물론야

▶ I'll bet
확실해, 정말야, 그러겠지

▶ I bet (you) 맹세해

▶ I'll bet you
내 너한테 맹세하마

▶ I bet my life on it
그건 내가 맹세해

You done? 다했니?

상대방에게 주어진 일을 「다 마쳤느냐?」(be through with)고 물어보는 표현이다. 더 줄여서 Done?이라고만 해도 된다. You done ~ing?처럼 해서 「…을 다 끝냈니?」라고 물어볼 수도 있다.

A: You done? I need to use the computer.

B: I'm almost finished. Give me five more minutes.

A: 다 쓰셨어요? 저도 컴퓨터를 써야 하는데.
B: 거의 끝나가요. 5분만 기다려주세요.

A: I'm about ready to go. You done?

B: Just a second and I'll be ready.

A: 갈 준비 다 됐어. 넌 다 됐어?
B: 잠시만 기다려주면 다 될거야.

이왕이면 이것도 함께!

▶ Are you done with this?
이거 끝냈니?

▶ When will you be done with your work?
언제까지면 일이 끝날 것 같아?

▶ Are you done with your meal?
밥 다 먹었니?

I'm flattered 그렇게 말해주면 고맙지, 과찬의 말씀을

flatter가 「우쭐하게 하다」, 「치켜세우다」라는 뜻이므로 I'm flattered하면 「당신의 칭찬으로 내가 우쭐해졌다」, 즉 「과찬이세요」, 「그렇지도 못해요」 정도의 의미가 된다. 왜 기분이 으쓱한 지를 말하려면 I'm flattered (that) S+V이라 써주면 된다.

A: Your hair looks very beautiful tonight.

B: Thank you very much. I'm flattered.

A: 오늘 머리 모양이 굉장히 예쁘네요.
B: 정말 고마워요. 과찬이세요.

A: Thank you for all of the help that you gave us.

B: I'm honored that you asked me to join your project.

A: 저희에게 배풀어주신 도움 감사드려요.
B: 프로젝트에 동참시켜주셔서 제가 영광이죠.

이왕이면 이것도 함께!

▶ Maybe you should be flattered 아마도 넌 기분이 으쓱했을거야

▶ I'm flattered you thought of me
날 생각했다니 기분이 좋으네요

▶ I'm honored
영광인데

She's gonna totally freak out! 걔, 완전히 빡 돌아버릴걸!

freak out의 가장 기본적인 출발점은 "overwhelming feelings," 즉 「감정의 과다분출」에 있다. 슬픔, 두려움, 분노, 기쁨 등 어떠한 감정이든 상관없이 그것이 strong feelings인 경우에는 두루 쓸 수 있는 다용도 표현. 따라서 이 표현을 문맥과 상황 속에서 판단해야지 따로 독립적으로 해석을 하는 것은 무리이다. 또한 freak은 명사로 외모나 생각 행동 등이 「괴짜」인 사람을 뜻한다.

A: Did you tell your father that you crashed his car?

B: Yes. He freaked out and started yelling at me.

> A: 너희 아버지한테 차 망가뜨린 거 말씀드렸니?
> B: 응. 펄펄 뛰시면서 소리치셨어.

A: Do you think I seemed upset after the party?

B: Yes, I do. You freaked out!

> A: 파티 끝나고 내가 엉망진창이었니?
> B: 응. 너 정말 볼 만했어!

이왕이면 이것도 함께!

▶ I'm not freaking out
  안 놀랬어, 난 괜찮아
▶ Freaked 놀랬네
▶ I got so freaked out
  정말 아찔했어
▶ You freaked out!
  굉장하더라!, 가관이었어!
▶ Did you freak out at all?
  너 괜찮아?
▶ Please don't freak out
  침착하라고
▶ It'll totally freak her out!
  그것 땜에 쟤가 정신 못차릴 걸
▶ You freak!
  미친 놈 같으니라구!

Speak for yourself! 그건 그쪽 얘기죠!, 당신이나 그렇지!

speak for sb는 「…위해 대변해 말을 하다」라는 뜻으로 speak for yourself 하면 너 자신을 위해 말하다라는 뜻이 된다. 따라서 Speak for yourself!라는 문장으로 쓰이면 너의 의견은 다른 사람들과 다르다, 즉 「너나 그렇다」라는 핀잔성 표현이다.

A: I don't agree with this plan.

B: Speak for yourself. I think it's a good idea.

> A: 이 계획에는 찬성할 수 없어.
> B: 너나 그렇겠지. 난 괜찮은 생각인 것 같은데.

A: I just don't wanna go! And you know you should have asked me before you said I would.

B: Chris! I am your girlfriend. I speak for you now!

> A: 난 가고 싶지 않아. 그리고 넌 내가 간다고 말하기 전에 내게 물어봤어야 했잖아.
> B: 크리스! 난 네 여친이야. 지금 널 위해 말하는거라고!

이왕이면 이것도 함께!

▶ I can't speak for Kate
  난 케이트를 대변할 수 없어
▶ We speak for the victims
  우리는 피해자를 대변해

24_ It's never going to happen

Jean   Sweetheart, **I've really got a crush on you**.

Colleen   What? **I don't know what you're getting at.**

Jean   I like you very much. I want to **hook up with** you.

Colleen   No, **it's never going to happen**. Forget about it.

Jean   But **I've already fallen for** you. I've wanted you for a long time.

Colleen   How did it happen? How did you fall for me?

Jean   You're just so beautiful, I couldn't help myself.

Jean   자기야, 나 정말 너한테 푹 빠졌어.
Colleen 뭐라고? 무슨 말인지 모르겠어.
Jean   널 무척 좋아한다고. 나 너랑 관계하고 싶어.
Colleen 아니, 그럴 일 없을거야. 잊어버려.

Jean   하지만 난 이미 너에게 빠진 걸. 오랫동안 너와 함께 하고 싶었어.
Colleen 어쩌다 그랬어? 어떻게 하다가 내게 빠진거야?
Jean   네가 너무 이뻐, 나도 어쩔 수가 없었어.

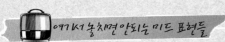

여기서 놓치면 안되는 미드 표현들

I got a crush on you
난 네가 맘에 들어

She **has a serious crush on** an awesome guy named Chris Suh. 걘 크리스 서라는 한 죽여주는 남자에 깊이 빠졌어.

I don't know what you are getting at
무슨 말을 하려는 건지 모르겠어

I'm not sure **I know what you're getting at**, John.
존, 네가 무슨 말을 하려는 건지 잘 모르겠어.

I need to hook up with a woman
여자가 있어야겠어

I hook up with different guys. No one special.
난 여러 남자와 관계를 해요. 특별한 사람은 없어요.

It's never gonna happen
절대 그런 일 없을거야

So you and me? **Never gonna happen.**
그래 너와 내가? 절대 그런 일 없을거야.

Don't fall for it
(속아) 넘어가지마, 사랑에 빠지면 안돼

There are two types of guys that **fall for** beautiful women.
아름다운 여인에게 빠지는 두 타입의 남자들이 있어.

I got a crush on you 난 네가 맘에 들어

주로 상대방이 아직 모르는 상태에서 좋아하는 감정에 휩싸이는 걸 말하며 아직 실제 만나는 관계도 아니고 그리고 진지한 사랑(love)이 싹트지도 않은 걸 말한다. 또한 have a thing for[about]는 「…을 무척 좋아하다」, We're kind of a thing now는 마치 하나같은(kind of a thing) 사이를, have feelings for는 마음이 있다, 그리고 「천생연분」은 It was meant to be라고 한다.

A: Why does Jerry keep staying after school and helping the teacher?

B: I think he has a crush on her.

A: 제리는 왜 방과 후에도 남아서 그 선생님을 도와주는 거야?
B: 제리가 그 선생님한테 반한 것 같아.

A: It seems like Dave and Mary are always together these days.

B: Yeah. I think they're kind of a thing now.

A: 요즘 데이브와 메리가 항상 붙어다니는 것 같은데.
B: 그러게. 쟤네 사귀나봐.

이왕이면 이것도 함께!

▶ He has (got) a thing for her
걘 그 여자를 맘에 두고 있어

▶ We're kind of a thing now
우린 서로 좋아하는 사이야

▶ We have chemistry
우린 잘 통해

▶ It was meant to be 운명이었어, 하늘이 정해준거야

▶ I have feelings for her
나 쟤한테 마음있어

I don't know what you are getting at

무슨 말을 하려는건지 모르겠어

진짜로 말귀를 못 알아들어서라기 보다는, 상대방의 말이 불쾌하거나 진실되지 않다고 생각될 경우 그 말의 진의를 되묻는 표현이다. 직접적으로 What are you getting at?이라고 물어볼 수도 있다.

A: I found this hotel slip in your pocket. Do you have a girlfriend?

B: I don't know what you are getting at. I'm not cheating on you.

A: 당신 주머니에서 이 호텔 숙박권이 나왔어. 당신 여자 있어?
B: 무슨 말을 하려는 건지 모르겠네. 난 바람 안 피워.

A: I was out looking for a job all day.

B: That's a lie. Who do you think you're kidding?

A: 하루종일 밖에서 일자리 구하고 있었어.
B: 거짓말 하고 있네. 설마 나더러 그 말을 믿으라구?

이왕이면 이것도 함께!

▶ What are you getting at?
뭘 말하려는거야?

▶ Who do you think you're kidding?
설마 나더러 그 말을 믿으라는 건 아니지?

▶ Who do you think you're talking to?
너 나한테 그렇게 말하면 재미 없어!

I need to hook up with a woman 여자가 있어야겠어

hook up with sb하면 「함께 일하다」, 「만나다」, 「섹스하다」 등 어떻게든 엮이는 것을 말한다. 앞서 나온 hook sb up with B(소개시켜주다)와 구분해야 한다. 명사로 hookup하면 부담없이 만나서 하는 casual sex를 말한다.

▶ hook[set, fix] A up with B
A에게 B를 소개시켜 주다

A: I need to hook up with a woman soon.

B: Let's go to a nightclub and meet some chicks.

    A: 어서 여자친구를 좀 만들어야겠어.
    B: 나이트클럽에 가서 영계들을 만나보자구.

A: It's eleven o'clock at night, who are you hoping to hook up with now, Chris and Peter?

B: Just tell me if my lipstick is too whorish.

    A: 밤 11시야, 누구와 엮이고 싶어서 그래, 크리스야 피터야?
    B: 내 립스틱이 너무 천박한지나 말해줘.

It's never gonna happen 절대 그런 일 없을거야

「절대 그 일은 일어나지 않을 것이다」라는 뜻. 즉 앞으로 절대 일어나지 않을 일을 강조해서 말하는 표현법으로 예로 들면 남녀관계에서 둘이 사귀게 될 일은 없을 것이라고 말할 때도 이 문장을 사용하면 된다.

이왕이면 이것도 함께!

▶ Never gonna happen
그런 일 없을거야

▶ We're[It's] never gonna happen[work]
우린 절대 안돼

▶ It is never gonna happen again. I swear
내 다짐하는데 절대 다시 그런 일 없을거야

A: If you go out with me, I promise we'll have a great time.

B: Forget it. It's never going to happen.

    A: 나랑 데이트하면 우린 정말 즐거운 시간을 보낼거야.
    B: 관두셔. 그런 일은 절대 없을테니까.

A: I'm forty years old. If I don't make vice president now, it's never gonna happen. This is my career. It's important to me.

B: So was mine, but I'm here, aren't I?

    A: 난 40세야. 지금 부사장이 못되면 앞으로 절대 못돼. 내 경력이라고. 내게 중요하다고.
    B: 내 경력도 중요했어, 하지만 난 그만뒀잖아, 안그래?

Don't fall for it (속아) 넘어가지마, 사랑에 빠지면 안돼

교묘한 속임수나 거짓말에 멍청하게 「속아 넘어(get fooled) 가지 말라」는 경고성
표현이며, fall for는 또한 문맥에 따라 「사랑에 빠지다」라는 동사구로도 사용된다.

A: Lynn says she doesn't care about my money.
   She loves only me.

B: **Don't fall for it.** Lynn's only goal is to get rich.

   A: 린은 내 돈엔 관심없대. 린은 오직 나를 사랑하는거야.
   B: 그 말에 넘어가지마. 린은 부자되는게 목적이라구.

A: The salesman said this watch is a bargain at
   $100. What do you think?

B: **Don't fall for it.** That is a very cheap watch.

   A: 그 점원이 그러는데, 이 시계가 100달러면 거저래. 어떻게 생각해?
   B: 속지마. 그건 아주 싸구려 시계라구.

이왕이면 이것도 함께!

▶ Did you fall for her?
   너 걔한테 빠졌었어?

▶ Does anyone fall for
   that line?
   누구 그런 말에 넘어간 사람있어?